HEIKE POURIAN

WENN WIR
WIEDER
WAHRNEHMEN

MIT BILDERN VON
SIBYLLE REICHEL

BEIHEFT ZUM BUCH

WENN WIR WIEDER WAHRNEHMEN

GRAPHIKEN
BILDER
VISUALISIERUNGEN
VON SIBYLLE REICHEL

1 A *Außen auf dem Umschlag dieses Heftes:* Orange füllt alles aus. Das vorherrschende Narrativ erscheint uns alternativlos und wirkt wie das einzig Mögliche. Der zugehörige Text findet sich im Buch auf → S. 47.

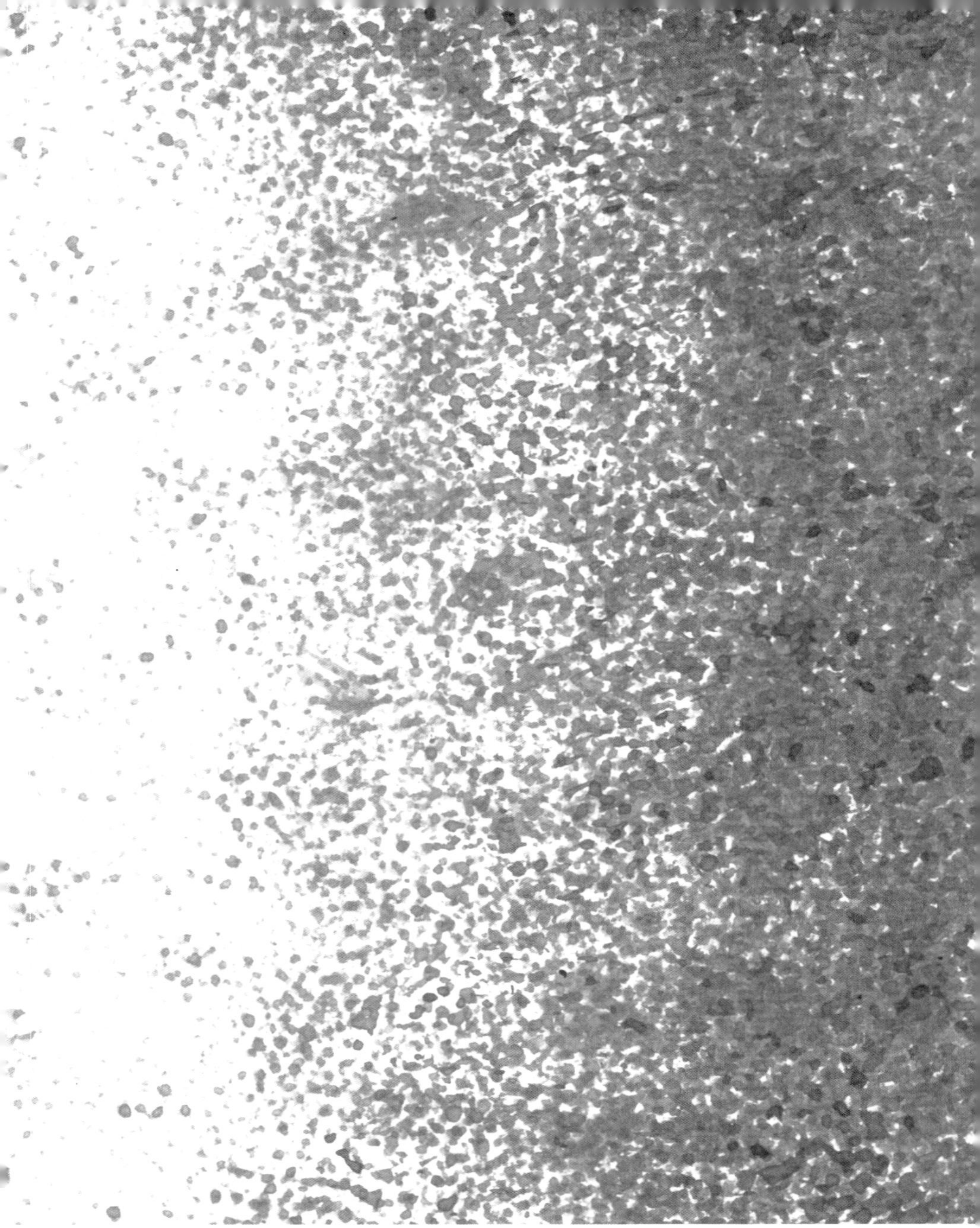

1 B *Diese Doppelseite:* Die alte Geschichte – das Feld in Orange – kann so nicht weitergehen, die neue, türkise, ist noch nicht greifbar. Zwischen den beiden klafft eine Lücke. → S. 47

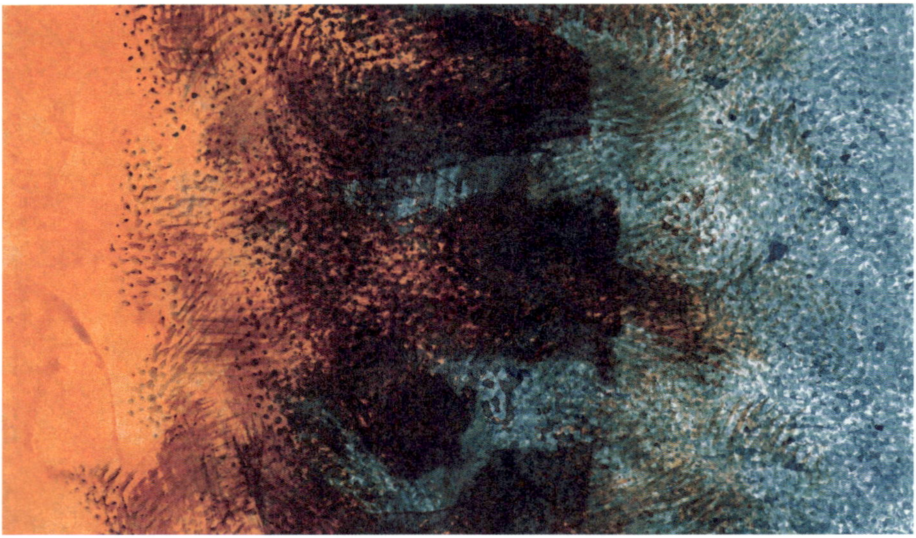

1 C Statt Lücke und Leere können wir auch dies erleben: Wenn sich zwei Narrative übereinanderschieben, klemmt und knallt es an allen Ecken, wir fahren mit zwei Betriebssystemen parallel. → S. 48

1 D Irgendwo muss die Geschichte der Getrenntheit begonnen haben. Und sie wird auch wieder enden, denn sie ist menschengemacht. Rundherum gab und gibt es immer die Geschichte des Interbeing, sie ist das Leben selbst. → S. 50

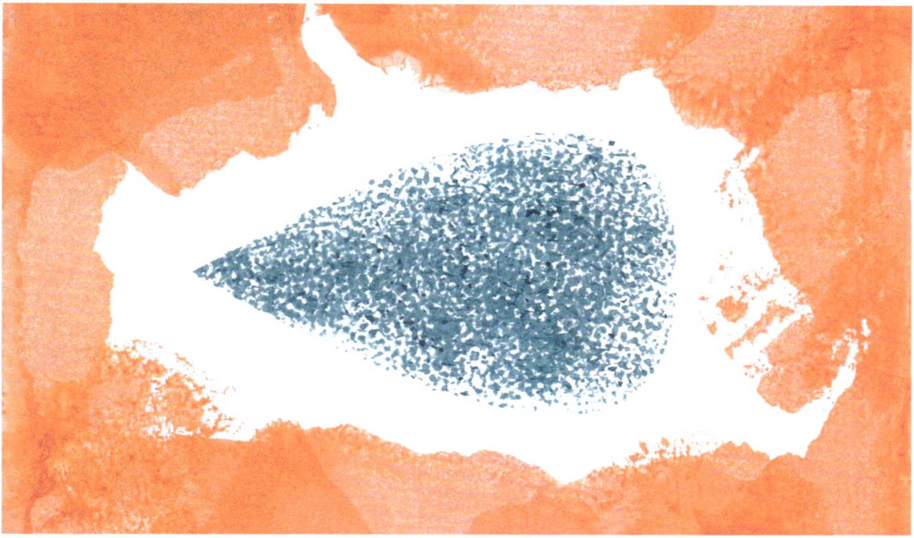

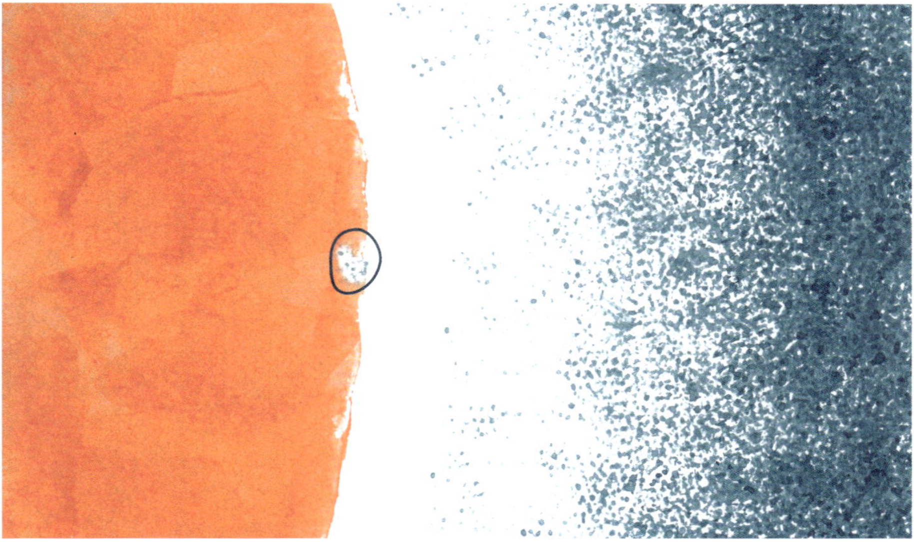

1 E Oder andersherum: Orange hat sich als Narrativ lähmend um alles herumgelegt und sperrt alle lebendigen Impulse ein. → S. 50

1 F Von hier aus können wir uns den kleinen, gangbaren Schritten zuwenden, die anschlussfähig und umsetzbar sind, aber Kompromisse erfordern. → S. 297

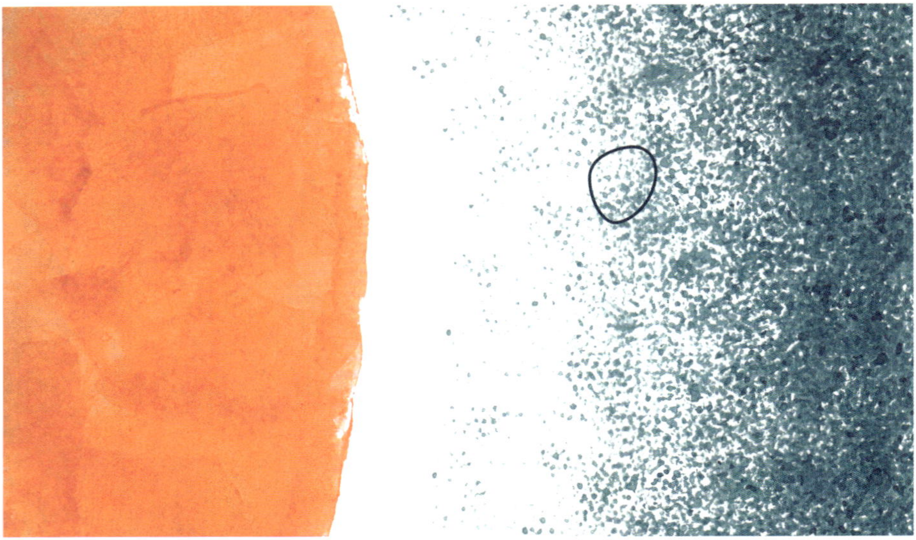

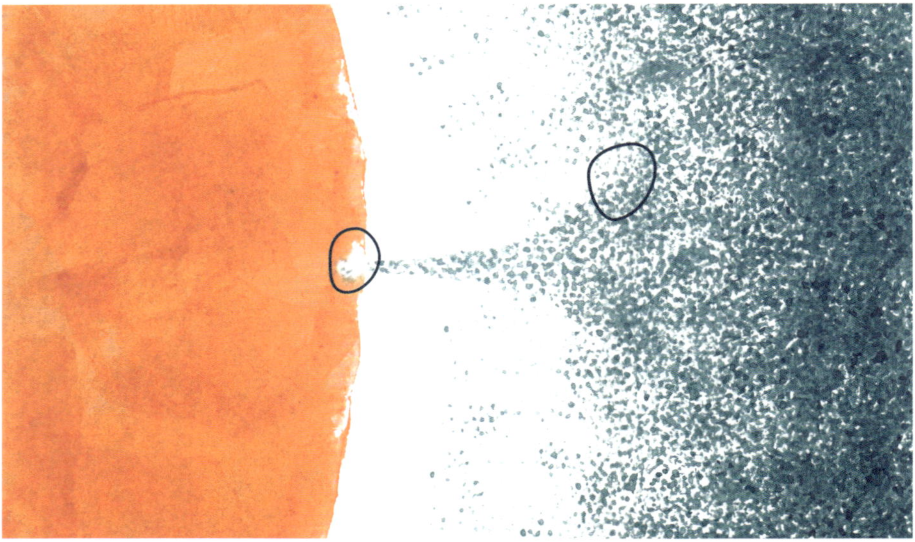

1 G Oder kann Wandel nur von diesem Ort aus gelingen, wo wir radikal unseren Utopien treu bleiben und keinerlei Kompromisse eingehen? → S. 298

1 H Große Visionen und machbare Schritte brauchen und bedingen einander. → S. 302

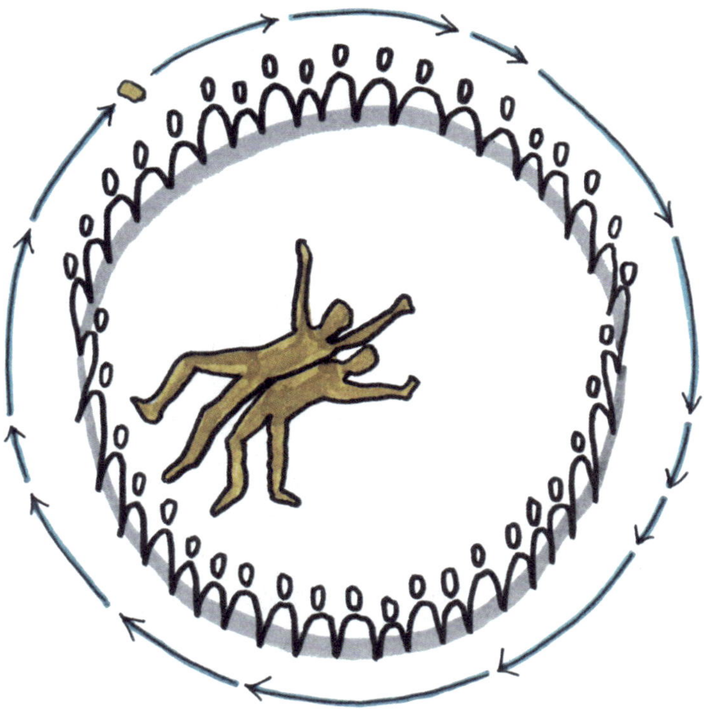

2 *Der Getanzte Vortrag*: Tanzende in der Mitte, Zeug*innen als »lebendige Haut«, kreisender Redegegenstand. → S. 252

3 Spiral-Dynamics-Modell nach Don Beck und Chris Cowan → S. 267
Rechte Seite: Ansicht der Spirale von der Seite
Diese Seite: eine andere Pespektive, Draufsicht

Jeweils links die Ich-Meme (beige, rot, orange, gelb), rechts die Wir-Meme (purpur, blau, grün, türkis). Die gestrichelte Linie zwischen grün und gelb markiert den Übergang vom ersten zum zweiten Rang.
Die zentralen Themen der einzlenen Meme, von
unten nach oben zu lesen, der Entwicklung folgend, entsprechend der Spirale rechts:
↑
türkis: holistisches, fraktales Bewusstsein
gelb: integrales Bewusstsein
grün: Toleranz - Intoleranz
orange: Leistung -Versagen
blau: Richtig - Falsch
rot: Macht - Ohnmacht
purpur: Zugehörigkeit - Ausgeschlossensein
beige: Leben - Tod

JCH WiR

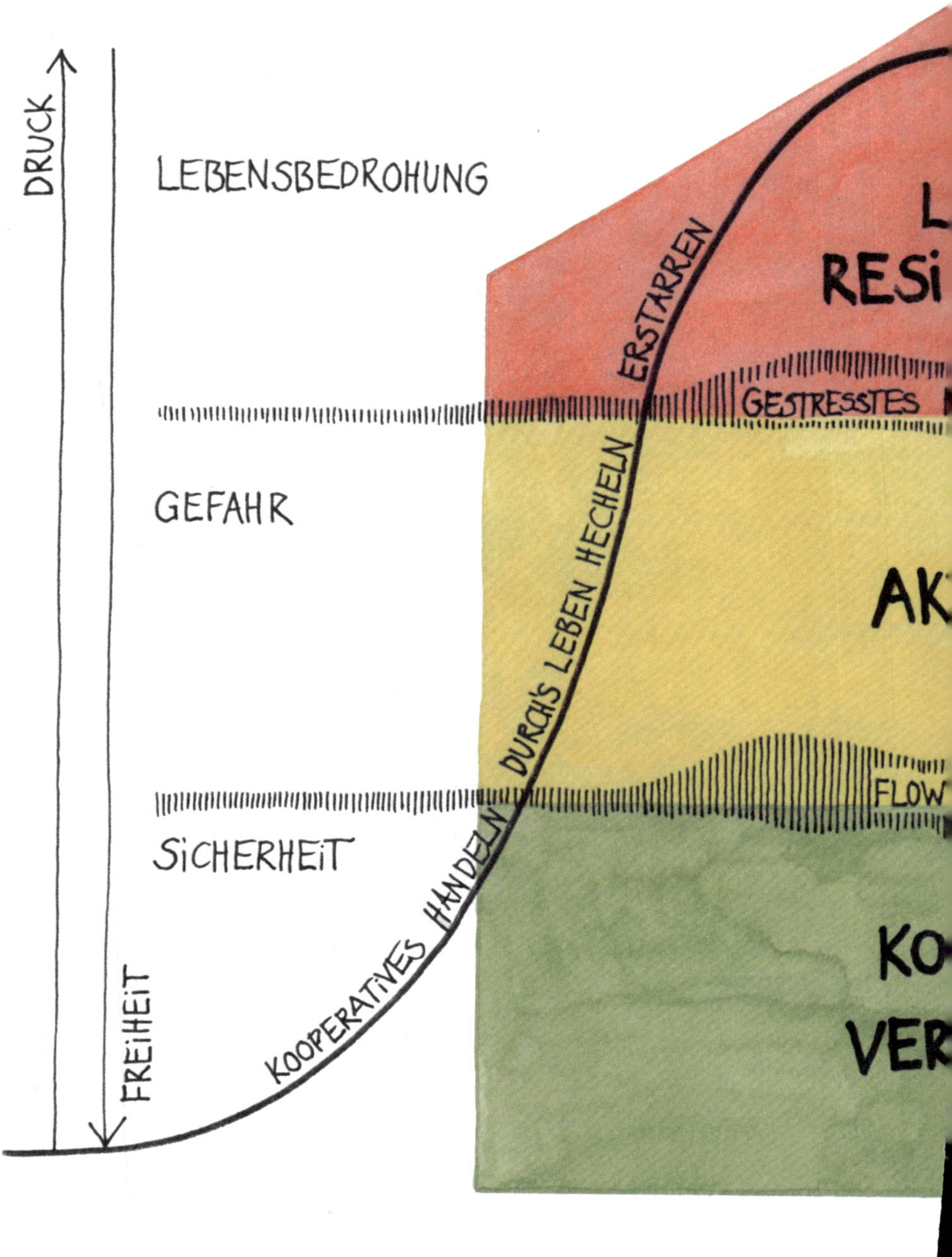

4 Aktivierungskurve nach Urs Honauer → S. 134

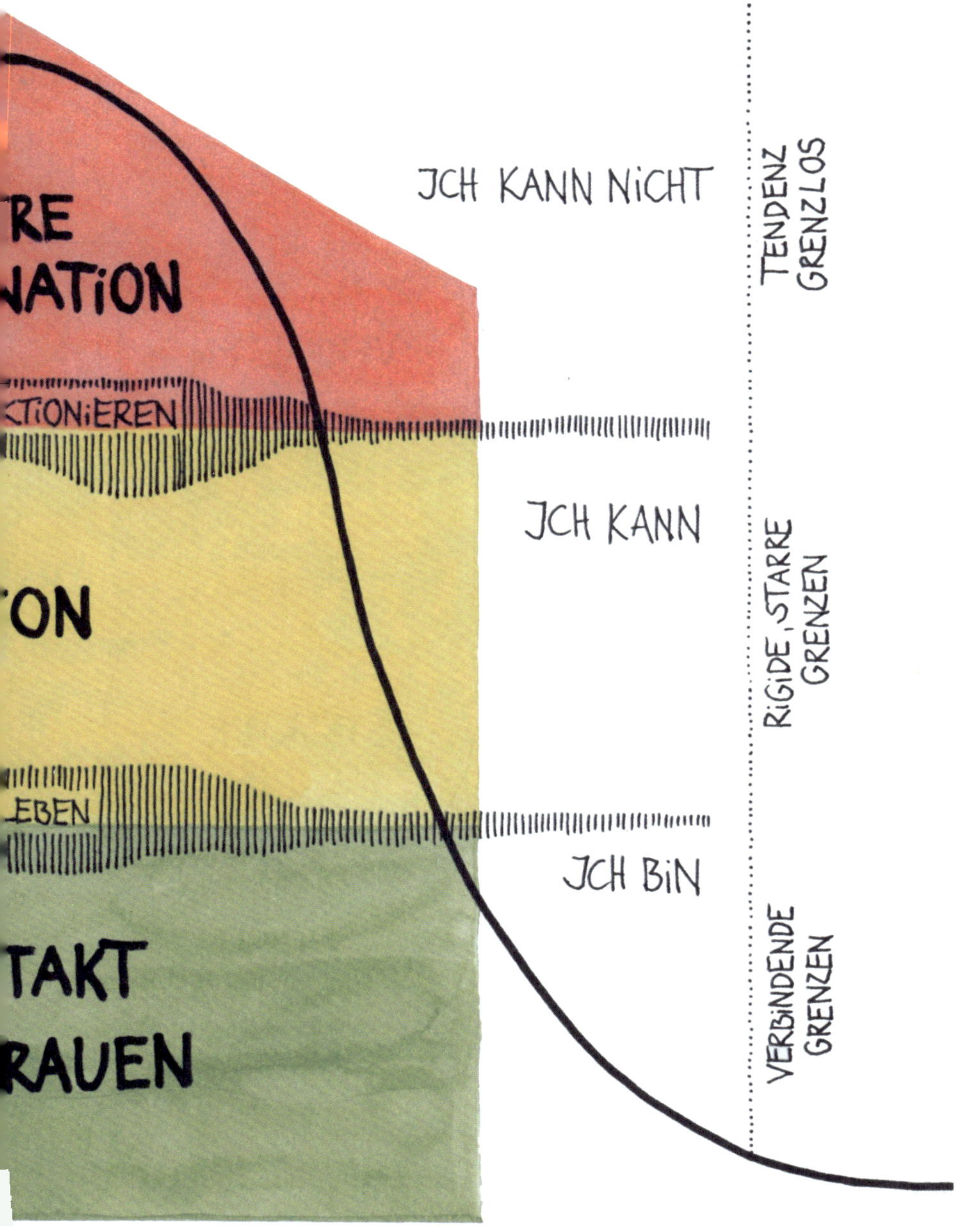

RE
NATiON
KTIONiEREN
ON
LEBEN
TAKT
RAUEN
ICH KANN NICHT
ICH KANN
ICH BIN
TENDENZ GRENZLOS
RIGIDE, STARRE GRENZEN
VERBINDENDE GRENZEN

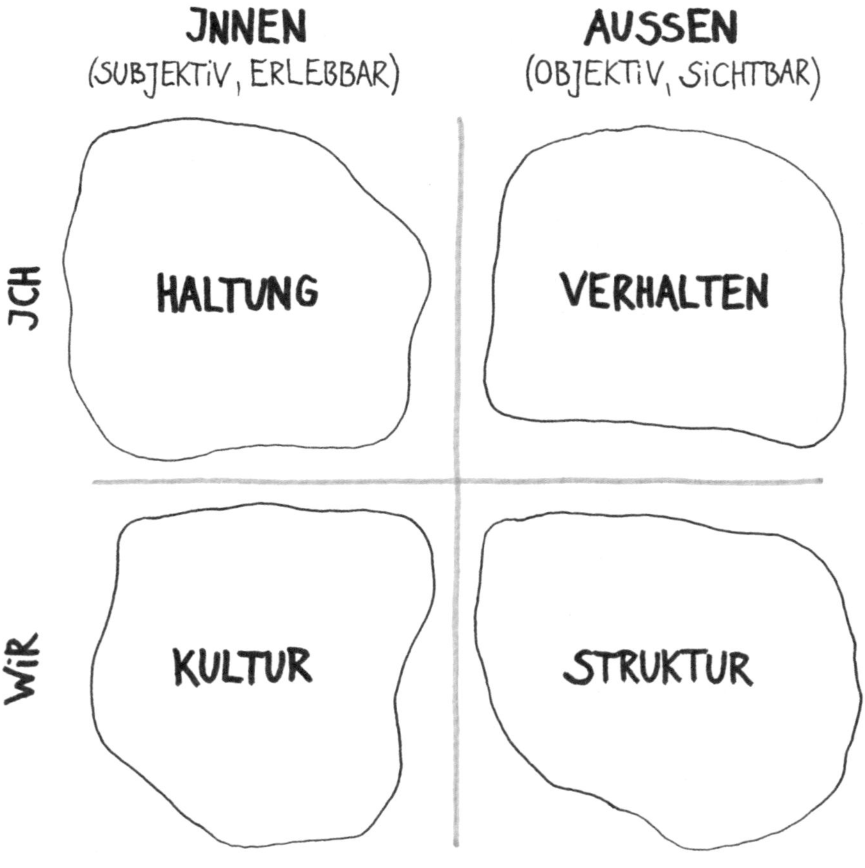

5 *Diese Seite:* Vier-Quadranten-Modell nach Ken Wilber → S. 270

6 *Rechte Seite:* Mit der Erde stehen, Kapitel 7 → S. 375

6 A *Rechte Seite, oben:* Mit der Erde stehen, kauern, liegen.

6 B *Rechte Seite, links unten:* Ein mögliches Erleben beim Stehen mit der Erde.

6 C *Rechte Seite, rechts unten:* Stehende bilden in der Horizontalen ein Netz der Verbundenheit, ihre Vertikalachsen treffen sich im Erdmittelpunkt.

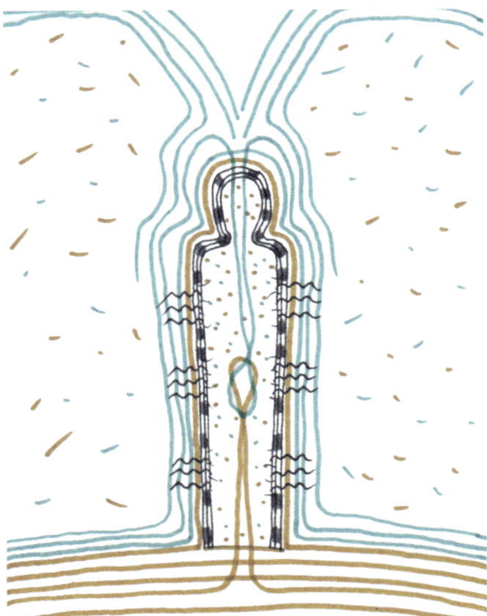

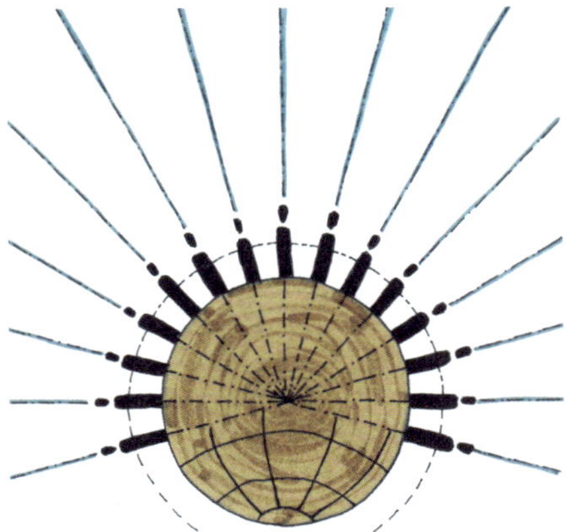

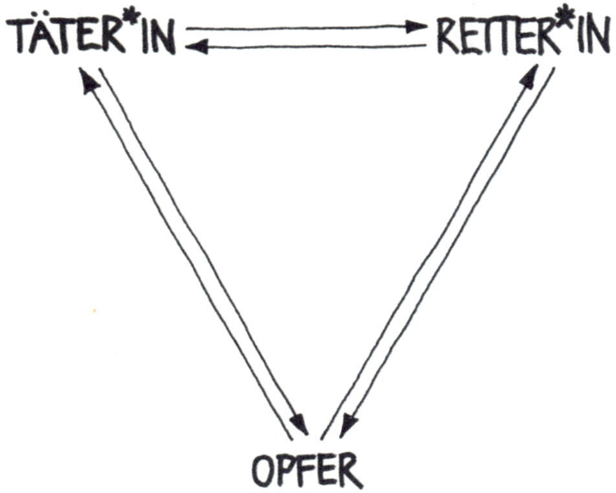

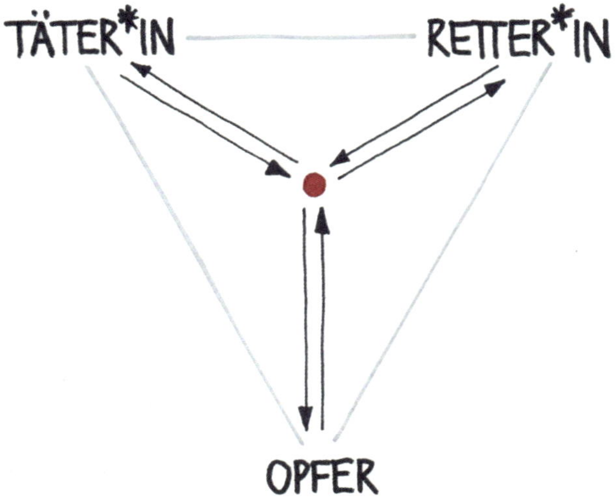

7 Dramadreieck oder Täter*in-Opfer-Retter*in- Dreieck → S. 107

7 A Gegenseitiges Hochschaukeln und Bestätigen in den Rollen.

7 B Von der Mitte aus kann deutlich werden, dass wir alle Rollen in uns selbst vereinen. Wir steigen aus der Rollenidentifikation aus und lösen die Dynamik auf.

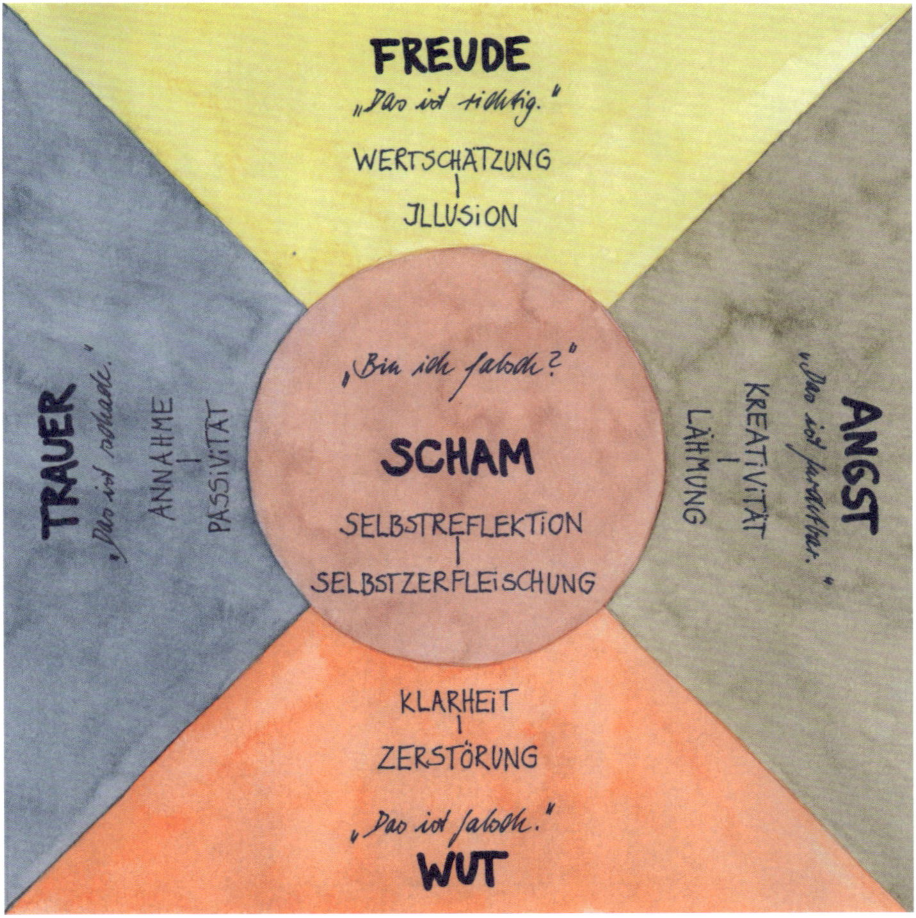

8 Gefühlskompass nach Vivian Dittmar → S. 111
Das Modell zeigt die fünf Grundgefühle (Freude, Angst, Wut, Trauer und Scham) und ordnet jedem von ihnen einen zugehörigen Satz zu (in Schreibschrift), sowie die Kraft und den Schatten dieses Gefühls (in Druckschrift).

9 Komfort-, Lern- und Panikzone → S. 470

9 A Wo Wunder geschehen.

9 B Das klassische Modell: konzentrische Kreise.

9 C Die drei Zonen nebeneinander mit Überschneidungen.

9 D Für viele von uns überschneiden sich Lern- und Panikzone zu großen Teilen.

9 E Lernen, wie es sein kann: weite Überschneidung von Komfort- und Lernzone.

10 Visuelle Hilfe für Aufstellungsformate: Wo stehen wir als Menschheit? → S. 485

10 A Orange: Geschichte der Getrenntheit - Weiß: Raum zwischen den Geschichten – Türkis: Zustand des Interbeing (vgl. Modell in Abb. 1b). Manchmal nennen wir die Felder auch *Gewordensein*, *Sein* und *Werden*.

10 B Hier unterteilen wir zusätzlich den Raum in den individuellen (oben), den die jeweilige Gruppe betreffenden (Mitte) und den kollektiven Aspekt (unten). Links unten befinden wir uns also zum Beispiel im kollektiven Gewordensein.

Begriffe im Buch
– und wo du mehr darüber lesen kannst

HEIKE POURIAN

WENN WIR WIEDER WAHRNEHMEN

MIT BILDERN VON
SIBYLLE REICHEL

ZWEITE
ÜBERARBEITETE
AUFLAGE

WACH UND SPÜREND
DEN KRISEN UNSERER ZEIT BEGEGNEN

Der Lebendigkeit gewidmet.
Dem
ganzen
vollen
prallen
heiligen Leben.

2. Auflage
Waldkappel, 2022
Herausgegeben von Ideen³ e.V.
www.ideenhochdrei.org

Satz und Gestaltung: Sabrina Zeltner
Satz 2. Auflage: Jens-Holger Streck
Lektorat: Janina Erdmann (Janne)
Projektkoordination: Nils Zierath und Janina Erdmann
Umschlaggestaltung: Sibylle Reichel

So ordnet man gemeinhin die Rollen bei der Buchentstehung in einem Impressum wie diesem zu. Wenn wir das geschrieben sehen, merken wir als Team: Das stimmt so nicht. Wir empfinden uns als co-kreatives Gewebe und möchten, dass an dieser Stelle sichtbar wird: Mit diesem Buchprojekt haben wir neue Wege des Arbeitens beschritten, die uns sehr froh machen – und wir erzählen Interessierten gern davon.

Druck und Bindung: gugler, Melk/Donau, Österreich
Cradle to Cradle, ohne Gift und Abfall
gedruckt auf Munken Print white 1,5-fach 80 g/m und Pureprint NSB Fühlkarton

Informationen zum Buch: www.wahrnehmen.org
Bezugsquelle: www.wahrnehmen.org/bestellen
Gib was du kannst!
Richtwert 42 €,
Sockelbeitrag 17 € (reine Herstellungskosten)

Kontodaten

www.wahrnehmen.org/konto
Hier findet sich unsere Bankverbindung sowie Hinweise zum jeweiligen Verwendungszweck, um euren Buchbeitrag oder eine Spende an den herausgebenden Verein Ideen³ zu überweisen.
Danke!

ISBN 978-3-00-072071-0

Herausgegeben von Ideen³

Ideen³
RÄUME FÜR ENTWICKLUNG

0 DER DEPP IM RÜCKEN

Ein sonniger Winternachmittag, ich sitze zu Hause am Schreibtisch und schiele durchs Fenster zum Himmel. Mich zieht es nach draußen, da ist so ein besonderes Licht. Ich möchte gern die Sonne untergehen sehen, sie steht schon recht tief, also laufe ich hoch zur Burg. Inmitten von Touristenströmen finde ich ein Plätzchen auf einer Mauer mit Blick über die Dächer der Stadt. Ich schwinge meine Beine über den Rand, lasse sie baumeln, schließe die Augen und lasse mich zufrieden vom rötlichen Abendlicht bescheinen.

»Sagen Sie, finden Sie das nicht ein bisschen gefährlich? Da braucht doch bloß irgendein Depp von hinten kommen!«

Ich mache die Augen auf, drehe mich um; da steht ein Mann in Security-Dienst-Uniform. Unter meinen Füßen ungefähr vier Meter Luft. Hinter mir jede Menge Menschen. Ich wäre nicht auf die Idee gekommen, einer* von ihnen könne mich schubsen wollen.

»Ich gehe mal davon aus, dass es keinen solchen Deppen gibt«, antworte ich.

Etwas Unverständliches murmelnd wendet der Mann sich ab und geht. Ich bleibe wo ich bin, aber etwas hat sich verändert, der Raum in meinem Rücken fühlt sich anders an. Der Depp steht jetzt als Möglichkeit hinter mir. Unwillkürlich verlagere ich meinen Schwerpunkt ein bisschen nach hinten. Ich habe die Freiheit verloren, einfach da zu sein, irgendwo zwischen Himmel, Erde und dem Horizont, an dem gerade das letzte Fünkchen Rot erlischt.

Kann ich hier sitzenbleiben und den Zustand von vorhin wiedererlangen? Woher könnte ich diese Freiheit nehmen und dieses Vertrauen? Warum deuten wir beide, der Mann vom Sicherheitsdienst und ich, diese Situation so unterschiedlich? Warum fühle ich mich sicher und er denkt Gefahr herbei? Warum vermute ich in den Menschen hier oben auf dem Burgberg die Bereitschaft zu friedlicher Koexistenz, während er mindestens einem* von ihnen zutraut, mir lebensgefährliche Verletzungen zuzufügen?

Weil es sein Job ist. Und weil mein Job mir das Privileg eröffnet, so ziemlich das Gegenteil zu tun, nämlich Räume des Vertrauens zu gestalten. So schaffen wir uns beide mit dem, worauf wir uns täglich ausrichten, unsere jeweils eigene Interpretation der Welt. Und wir haben wohl beide recht mit unserer Perspektive.

Es gibt eine große Sehnsucht nach vertrauensvollem Miteinander in uns Menschen, und zugleich unfassbar viel unterdrückte Aggression, die nur einen Anlass sucht, sich einen Weg zu bahnen – zum Beispiel eine Frau, die sich so provokativ und gefährlich nah an den Abgrund setzt, dass sie doch förmlich danach schreit, geschubst zu werden.

Was kann mir ermöglichen, im vollen Bewusstsein meiner Verletzlichkeit hier zu sein, auch wenn es diesen Deppen, diese Deppin geben könnte? Kann ich auf eine Weise hier sitzen, die andere einlädt, sich zu mir zu setzen und beinebaumelnd den Sonnenuntergang zu bezeugen? Könnte ich diese Unterscheidung loslassen zwischen denen, die so gern vertrauen wollen und denen, den Depp*innen, die das unmöglich machen?

Und was mache ich in diesem Moment eigentlich mit der Deppin in mir, die manchmal vor lauter Zorn und Verzweiflung am liebsten die gesamte depperte Menschheit von irgendeiner Burgmauer schubsen würde, wenn sich die Gelegenheit böte?

Vorbemerkung des herausgebenden Vereins Ideen³

Wie begegnen wir einander wach und spürend in den Krisen unserer Zeit?

Ich erinnere mich noch gut an meinen ersten Abend mit der Radtour *Ideen Erfahren.* Wir saßen mit 30 Menschen in einem Kreis im hippen *Kreativquartier* mitten in München, wo wir unsere Zelte aufgeschlagen hatten. Sascha, einer aus dem Team, stellte die Idee des Redekreises vor: Es spricht nur jene Person, die den Redegegenstand hält, und sie bekommt die ungeteilte Aufmerksamkeit der anderen. Für die meisten von uns war das erst mal ungewohnt; das Format Redekreis war den wenigsten vertraut. Sascha musste immer wieder unterbrechen und uns daran erinnern, dass wirklich nur die Person spricht, die den Gegenstand gerade in der Hand hält. Als ich an der Reihe war, schlug mein Herz bis zum Hals. Was ich damals geteilt habe weiß ich nicht mehr, aber die Intensität der ungeteilten Aufmerksamkeit bleibt mir bis heute in Erinnerung. Im Verlauf der Tour wurde der allabendliche Redekreis zur Selbstverständlichkeit. Wie sollte es anders sein, um in einer so großen Gruppe mitzubekommen, was alle anderen so bewegt?

Viele haben mit *Ideen³* über die letzten zwölf Jahre wahrscheinlich so ähnliche Dinge wie ich erlebt – das erste Mal auf einem Kompostklo zu sitzen, Tomaten von einer solidarischen Landwirtschaft zu naschen und inspirierende Menschen kennenzulernen, die in Gemeinschaft leben. Hinzu kamen Erfahrungen, in denen ich eine Ahnung bekam, was möglich wird, wenn man sich als Gruppe zusammenschließt: Einmal haben wir einen Nachmittag bei einer Gemeinschaft ausgeholfen und mit 30 Leuten ein riesiges Dach innerhalb weniger Stunden gedeckt, indem wir eine lange Kette gebildet haben. So etwas gemeinsam zu bewältigen schweißt zusammen, ist ungemein sinnstiftend und eigentlich ziemlich naheliegend.

Mit *Ideen³* habe ich viele solcher ersten Erfahrungen gemacht, die sich nach Gemeinschaft anfühlen. Irgendwie neu und doch ganz vertraut. Und manchmal ist es auch ziemlich aufregend, in eine Gruppe zu kommen, in der ungewohnte Selbstverständlichkeiten gelten. Für mich waren es die ganz banalen Dinge, die vorher in meinem Alltag kaum vertreten, aber auf der Radtour ganz normal waren, zum Beispiel: sich nach einer langen Radetappe gegenseitig die Schultern zu massieren.

Inzwischen sind körperliche Nähe, achtsame und wohltuende Berührung und die Idee einer »Kultur des Herzens« in meinem Leben tief verankert. Ich lebe nun selbst in einer Lebensgemeinschaft; die ersten Berührungspunkte mit dieser Lebensform hatte ich dank *Ideen³*. Mir scheint, dass vieles, was damals »Nische« war, heute nicht nur in meinem Leben viel selbstverständlicher ist. Ich kenne viele Unternehmen, die eine achtsame Redekultur pflegen. Und sogar in der Politik vollzieht sich ein Wandel; das Umweltbundesamt fördert inzwischen Ökodörfer und Projekte gemeinschaftlichen Lebens. Inzwischen muss ich wandel-interessierten Menschen nicht mehr erklären, was ein Sozialunternehmen, die GLS-Bank oder eine solidarische Landwirtschaft ist. Die Mitgliederzahlen der GLS-Bank haben sich seit 2012 verdoppelt und es gibt inzwischen 244 Betriebe, die nach Prinzipien einer solidarischen Landwirtschaft handeln. Mir scheint, dass die Pionier-Impulse, die *Ideen³* vor über zehn Jahren mit vielen anderen Akteur*innen des Wandels vorangebracht hat, heute bereits viel mehr Menschen zugänglich sind. Damals gab es den Begriff *sozialökologischer Wandel* noch gar nicht – heute definiert sich eine ganze Bewegung so. Und trotzdem stehen wir noch ganz am Anfang, jene Welt zu gestalten, von der unsere Enkel träumen. Die Herausforderung, uns »in eine neue Kultur hineinzugebären« (s. Kapitel 10), ist gewaltig.

Mit der Coronakrise hat *Ideen³*, wie viele andere Organisationen, eine Erneuerung durchlebt. Wir sind dabei, unser Selbstbild zu aktualisieren, da wir merken, dass sich sowohl unser Verständnis von Wandel verändert hat als auch die gesellschaftlichen Rahmenbedingungen. Was sind heute wichtige Impulse für eine lebenswerte Zukunft, die *Ideen³* in den sozialökologischen Wandel tragen will?

Wir freuen uns, mit »Wenn wir wieder wahrnehmen. Wach und spürend den Krisen unserer Zeit begegnen« einem ganz wesentlichen Kulturimpuls – dem des sinnlichen und körperlichen Wahrnehmens – zu mehr Aufmerksamkeit zu verhelfen. Jetzt scheint der richtige Nährboden vorhanden zu sein, damit der hier im Buch vorgestellte radikale Kulturwandel wirklich gedeihen kann. Es sehnen sich immer mehr Menschen danach, sich als Teil eines größeren Ganzen zu erfahren und die Verwobenheit menschlichen Seins zu begreifen und zu verkörpern. Doch wie können wir in solch eine Haltung hineinwachsen? Heikes Buch könnte für den sozialökologischen Wandel dieselbe Bedeutung haben wie ein neues Theorem in der Wissenschaft, das nach jahrelanger Grundlagenforschung veröffentlicht wird. Wir freuen uns riesig, dass unsere Arbeit auf diese Weise ein fundiertes Gerüst bekommt und die Prinzipien, die hinter unserem Wirken stehen, mit diesem Buch sichtbar in die Welt getragen werden. Und wir hoffen, dass »Wenn wir wieder wahrnehmen« viele Menschen begeistert und anregt, sich auf den Weg zu begeben, eine schönere, lebendigere und regenerative Gegenwart und Zukunft zu gestalten!

Und falls euch auf eurem Wandel-Weg gute Ideen zufliegen und ihr sie als Projekt umsetzen wollt, wisst ihr, an wen ihr euch wenden könnt. Wir stehen gerne tatkräftig bei der Realisierung zur Seite!

Robin Dirks, im Namen von *Ideen³*

Als Herausgeberin bilden wir als *Ideen³* die organisatorische Basis und Rechtsform dieses Buches. Seit 2009 gestalten wir als gemeinnütziger Verein Räume für Entwicklung, in denen Menschen aus Unternehmen, Politik und Zivilgesellschaft einander begegnen, zukunftsfähige Ansätze kennenlernen und gemeinsam Ideen gestalten können, Räume, in denen eine lebensdienliche und regenerative Welt schon heute erlebbar wird: ideenhochdrei.org. Auf vielen Radtouren, Oasenspielen und Jahreszeitentreffen haben wir unzählige Menschen an den sozialökologischen Wandel herangeführt und dazu ermutigt, Neues auszuprobieren. Durch vielfältige Initiativen und Projekte werden soziale, ökologische und ökonomische Ideen für eine lebenswerte Zukunft erfahr- und umsetzbar. Wir wünschen uns, auch und gerade durch dieses Buch weiterhin unterschiedliche Akteur*innen, Visionen und Gruppen zusammenzubringen, um so eine regenerative Zukunft zu gestalten.

INHALT

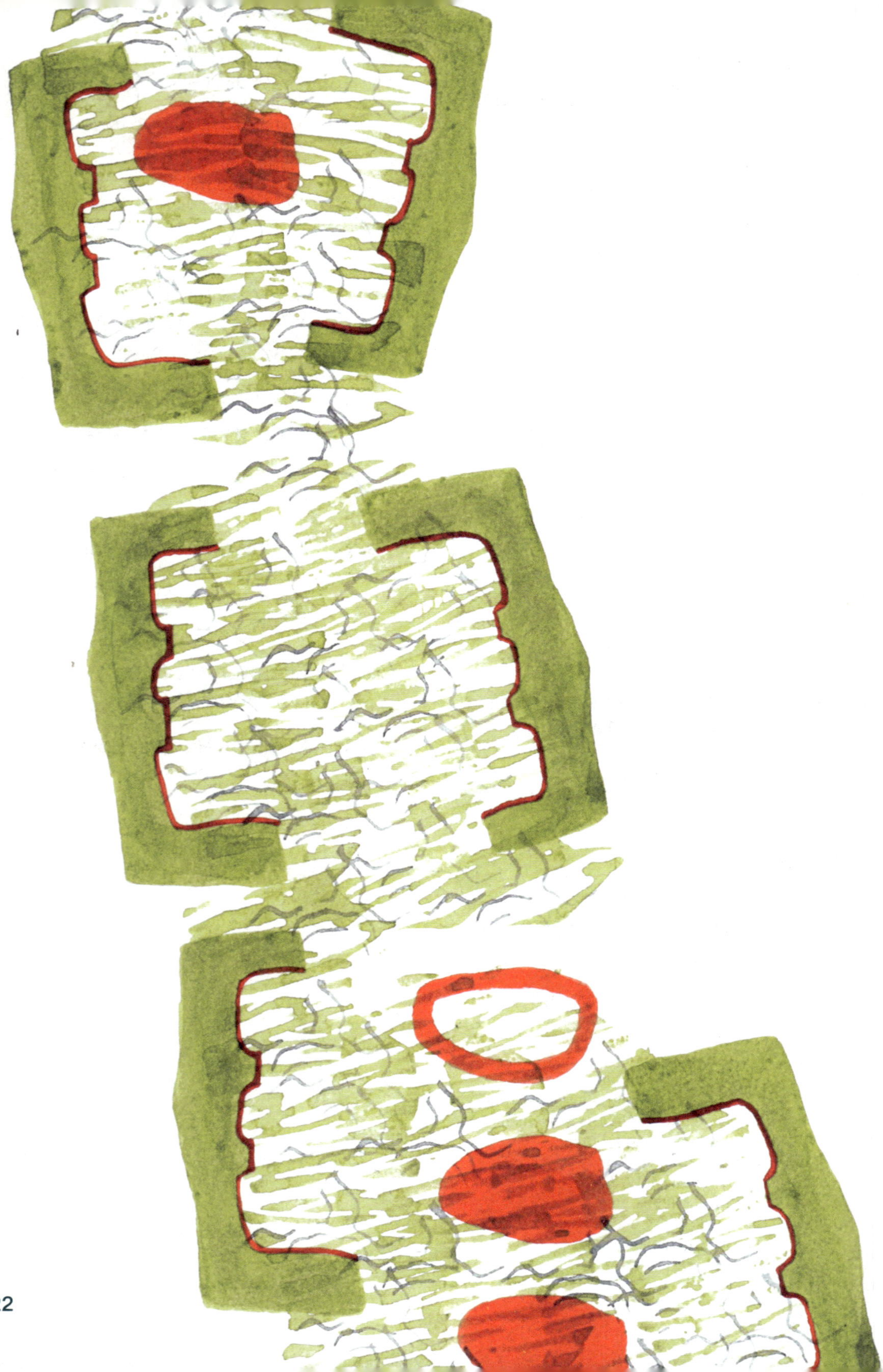

1 LANDKARTE DURCHS BUCH

Willkommen in diesem Buch. Hast du es gerade bequem oder magst du dich noch gemütlicher niederlassen?

Was jetzt kommt, wird eine Begegnung zwischen dir und mir. Aus Erfahrung weiß ich, dass Lesen und Gelesenwerden etwas sehr → Intimes[1] sein kann. Daher werde ich zunächst unser beider Bedürfnissen – deinen und meinen – ein wenig Aufmerksamkeit schenken, damit ein bewusster Raum für unsere Begegnung entstehen kann. Wenn ich »ich« schreibe, stehe ich dazu, Autorin dieser Texte zu sein. Sie zeigen meine Perspektive auf die Welt. Und gleichzeitig ist das Buch so, wie es jetzt in deinen Händen liegt, das Ergebnis eines beglückenden gemeinschaftlichen Prozesses. Es ist so viel *Wir* in dieses Buch geflossen und ich danke allen, die Teil dieses *Wir* waren, vor allem meinem Buchteam: Janne, Sibylle, Sabrina, Nils und für die hier vorliegende zweite Auflage auch Jens. Vielleicht möchtest du zum Lesen ebenfalls ein *Wir* zusammenrufen, dich also gemeinsam mit anderen in dieses Buch vertiefen?

Lies wie du möchtest … und fang möglichst hier an

Was für ein*e Leser*in bist du? Liest du häppchenweise zwischendurch oder kuschelst du dich in dein Bett und machst das Licht erst aus, wenn du auf der letzten Seite angelangt bist? Blätterst du herum und guckst zuerst die Bilder an? Beginnst du am liebsten beim letzten Satz? Kommst

1 Dieser Pfeil weist darauf hin, dass ich zu dem Begriff *intim* einen Text verfasst habe, weil ich das Wort möglicherweise etwas anders verwende als sonst üblich. Du findest meine Gedanken dazu auf S. 191. Mehr über die Verweispfeile und Einschübe in diesem Buch kommt gleich.

du mit der Lektüre eines Buches immer nur bis zur Mitte, verlierst dann das Interesse und fragst dich, wenn du das halb gelesene Buch ins Regal stellst, ob die Essenz vielleicht im hinteren Teil kam, den du nie gelesen hast? Liest du gern anderen vor? Überblätterst du Vorworte grundsätzlich?

Ich möchte dich bitten, diese Einleitung zu lesen! Hier gibt es ein paar Anhaltspunkte, damit du dich orientieren kannst, wie das Buch aufgebaut ist und Zusammenhänge nachvollziehen kannst, selbst wenn du kreuz und quer darin unterwegs sein möchtest.

Landkarte und Navigationshilfen

Das Buch besteht aus verschiedenen Sorten Text, die sich auch vom Layout her unterscheiden:

Haupttext

Vor allem gibt es Text, der so so aussieht wie das, was du gerade liest, zehn Kapitel, die aufeinander aufbauen. Kapitel 5, 7 und 9 spielen eine besondere Rolle, sie haben eine gemeinsame Ober-Überschrift: *Räume öffnen – Schritte gehen.* Hier erzähle ich konkret von meiner Arbeit und verschiedenen Versuchen, das Wahrnehmen zu einer gesellschaftsgestaltenden, einer politischen Kraft werden zu lassen. Wenn du zu den Menschen gehörst, die erst einmal wissen wollen, worauf das alles ganz praktisch hinauslaufen kann, magst du vielleicht zuerst in eines dieser Kapitel hineinlesen.

Zwischenräume

Auf den farbigen Seiten zwischen den großen Kapiteln findest du kurze Texte, die sich jeweils einem Gegensatzpaar widmen. Sie bilden eine kleine Sammlung von Widrigkeiten, Missverständnissen und vermeintlichen Widersprüchen, die uns im Prozess des gesellschaftlichen Wandels begegnen können.

Einschübe und →Verweispfeile

Wenn im Fließtext ein Pfeil (→) vor einem Wort steht, dann gibt es irgendwo im Buch Ausführlicheres dazu: in den Einschüben. Hier erläutere ich, wie ich diese Begriffe verstehe – insbesondere dann, wenn ich sie anders verwende, als du es vielleicht aus dem alltäglichen Sprechen gewohnt bist. Außerdem stelle ich Modelle und Theorien des Wandels vor, die ich auf meinem eigenen Weg als hilfreich erlebte. Die Einschübe sind schwarz gedruckt und zum Nachschlagen alphabetisch ganz hinten im Beiheft aufgelistet.

Leere Seiten

Damit nicht immer nur ich zu Wort komme, gibt es ab und zu Raum für deinen Beitrag. Schreib, male, kritzle etwas hin – wenn du magst. Und es kann natürlich sein, dass die Seiten nicht reichen. Verhilf dir selbst zu mehr Platz.

Selbsterforschung

Gleich zu Beginn dieses Kapitels ist dir eine in diesem Farbton gedruckte Passage begegnet. Davon gibt es noch mehr im Buch. Sie regen dich an, während des Lesens immer wieder zu deiner eigenen Wahrnehmung zurückzukehren. Zum Beispiel jetzt: Kannst du in diesem Moment deinen Atem spüren?

Mir gefällt es, wenn Form und Inhalt eines Buches zusammenpassen. Daher empfinde ich es als stimmig, nicht nur über Körperlichkeit zu schreiben, sondern auch immer wieder daran zu erinnern, dass du diesen Körper beim Lesen dabei hast – und dass er Resonanzraum für die Worte ist, die hier gedruckt sind. Wenn dich das an Schule erinnert und dir – wie vielleicht auch die leeren Seiten – zu bevormundend erscheint, dann überspring es einfach. Wunderbar. Geh mit dem Buch um, wie es für dich passt. Es kann auch sein, dass du deinen Widerstand erforschen magst. Dann kannst du zu Fußnote 1 auf Seite 295 blättern. Auf keinen Fall möchte ich mit diesen kleinen Anregungen das Gängeln fortschreiben, an dem unsere Gesellschaft so krankt. Eigentlich brauchst du keine Anleitung von mir, um dich selber zu spüren. Doch da wir es so gründlich verlernt haben, uns als sinnliche Wesen zu erleben, kann eine Erinnerung hier und da vielleicht helfen.

→ Einschub: somatisch

Der Begriff *somatisch* gehört für die meisten von uns nicht zum Alltagswortschatz. Ich erlebe, dass Menschen das Wort entweder nicht kennen, also auch nie benutzen, oder ständig benutzen und sich fragen, wie sie je ohne auskommen konnten. Es bedeutet: unsere Leiblichkeit betreffend. Ein somatischer Ansatz betrachtet den Körper nicht rein mechanistisch, sondern als beseelten Organismus, der sich nicht vom Geist trennen lässt. Eine somatische Praxis ist alles, was uns hilft, uns als leibliche Wesen bewusst wahrzunehmen. Nicht alles, was irgendwie mit dem Körper zu tun hat, möchte ich allerdings *somatisch* nennen. Die westliche Medizin verfolgt keinen wirklich somatischen Ansatz. Sie betrachtet Körperteile und Krankheiten recht isoliert und kuriert eher Symptome, als dass sie uns zu ganzheitlich wahrnehmendem Körperbewusstsein anregt. Sportarten, in denen es vor allem um Leistung geht, würde ich ebenfalls nicht *somatisch* nennen, ebenso wenig Tanzformen, die den Schwerpunkt mehr auf das Reproduzieren vorgegebener Muster legen als auf Wahrnehmung. Jede forschende Bewegungspraxis gehört für mich dazu, auch viele Berührungs- und Kampfkünste. *Somatisch* ist dieser Definition nach alles, was sich spürend auf den Weg macht, unserem Leib seinen ebenbürtigen Platz einzuräumen im Zusammenspiel mit dem Emotionalen, dem Verstand und dem Geistigen. Nur so kann es meiner Einschätzung nach zu einem umfassenden und ganzheitlichen Entfalten unseres Bewusstseins kommen.

Beiheft

Zu manchen Textstellen gibt es begleitende, veranschaulichende Graphiken oder Bilder. Wir haben sie ins Beiheft ausgegliedert, das du ganz hinten im Buch findest. So kannst du es beim Lesen daneben legen und musst nicht immer hin- und herblättern, während ich mich im Text auf eine Abbildung beziehe. Außerdem sind im Beiheft alle Einschübe aufgelistet, damit du weißt, auf welcher Buchseite du mehr über die Begriffe erfahren kannst, die per Pfeil im Fließtext markiert sind.

Geschichten, Menschen, Namen, Orte und Zeit

Ich sehe mich vor allem als Geschichtenerzählerin. Ich schreibe am liebsten einem Impuls folgend, im besten Fall ohne zu wissen, was dabei herauskommen wird. Manche der Geschichten, die hier zu lesen sind, habe ich ähnlich schon anderswo veröffentlicht, einige in meinem ersten Buch »Eine berührbare Welt«. Jetzt wollten ein paar davon neu erzählt werden. In diesen Geschichten kommen echte Menschen vor. Die meisten konnte ich fragen, ob ihnen das recht ist. Sie erscheinen mit ihrem richtigen Namen hier. Bei allen anderen habe ich den Namen geändert. Mit meinen Kindern, über die ich auch schreibe, habe ich die Frage, ob und wie sie in meinen Texten vorkommen möchten, ausführlich bewegt. Darüber schreibe ich auf Seite 519.

Die hier versammelten Geschichten erstrecken sich über annähernd mein ganzes Leben. Viel davon erzähle ich im Präsens, in der Gegenwartsform. Das mag irritierend wirken – wo in der Zeitlinie befinden wir uns denn gerade? Die Verwirrung nehme ich in Kauf, um beim Erzählen ganz in den Moment des jeweiligen Geschehens eintauchen zu können. Ich lade dich ein, mit mir durch die Zeit zu hüpfen. Eine gewisse Fluidität in unserer Beziehung zur – messbaren – Zeit zu entwickeln, kann meinem Empfinden nach ohnehin nicht schaden.

Bildliche Resonanzen

Die Bilder von Sibylle Reichel stehen – zum Beispiel genau hier – neben dem Text, sie rahmen ihn ein, durchziehen und durchwirken ihn wie ein Gewebe. Ich bin sehr dankbar für diese wunderbar sinnliche Ergänzung zu meinen Worten. Als ich anfing zu schreiben, ahnte ich eines Tages, dass ich mir das so wünsche. Ich rief Sibylle an und sagte: »Ich möchte, dass du mit deiner Kunst in meinem Buch anwesend bist.« Mich berührt das Organische, Zarte, Erzählende, Humorvolle, Vielschichtige in Sibylles Kunst – ich bräuchte noch viel mehr Adjektive, oder vielleicht auch gar keine. Ich liebe, wie sie die Schwebe hält zwischen Konkretem und nicht Fassbarem. Und Sibylle ist seit vielen Jahren mit meiner Arbeit vertraut. Sie hat ein Stück weit bezeugt, wie mir im Laufe der Zeit immer bewusster wurde, worum es mir eigentlich geht in diesem somatisch-politischen Wirken. Ich fragte sie also und sie sagte Ja. Was dieses Ja letztendlich bedeutete, wurde uns beiden erst im Prozess des Zusammenarbeitens bewusst. Sibylles Bildliche Resonanzen machen nicht nur einen wesentlichen Teil der Gestalt des fertigen Buches aus, sie entfalten ihre Kraft auf beglückende Weise bereits jetzt, während des Entstehungsprozesses: Ein fertig geschriebenes Kapitel wandert von mir zu ihr und einige Zeit später schickt Sibylle mir ihre Bilder dazu. Jedes Mal habe ich Herzklopfen, wenn ich die Datei mit den neuen Bildern öffne, denn hier passiert oft genau das, worüber ich schreibe: Ich fühle mich gesehen und bestärkt. Meine Worte, oft tastend gefunden, bekommen einen Resonanzraum und dadurch kann ich meine Wahrheit tiefer spüren. Danke, Sibylle.

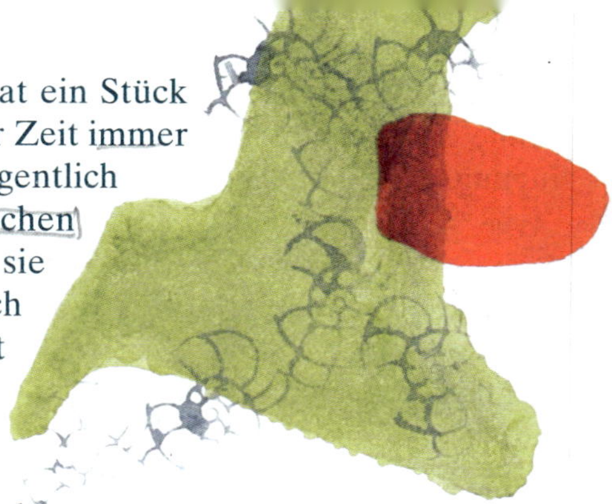

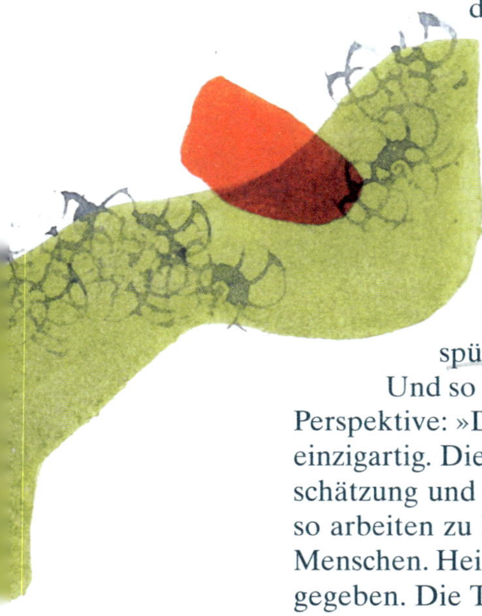

Und so klingt unser gemeinsamer Schaffensprozess aus Sibylles Perspektive: »Die Zusammenarbeit ist für mich in dieser Form bisher einzigartig. Die Resonanzen zwischen uns potenzieren sich. Die Wertschätzung und Würdigung trägt mich durch meine Arbeit. Überhaupt so arbeiten zu können, ist wirklich großartig und ich wünsche es allen Menschen. Heike hat mir über die Jahre viele Impulse in meine Arbeit gegeben. Die Themen, die ich mir als Künstlerin stellte, bekamen oft ihre Dringlichkeit durch mein Erleben und eigene Lernprozesse in ihren Workshops. Noch nie habe ich mich mit meiner Arbeit so sehr am richtigen Platz gefühlt. Ich mag, wie ich in diesem Buch als Künstlerin noch mehr in die Gesellschaft hineinwirken kann. Vielleicht kommt meine Arbeit auf diese Weise noch mehr bei den Menschen an, als durch Bilder in Ausstellungen. Danke, Heike!«

Wenn du unser Zusammenwirken noch besser nachvollziehen möchtest, findest du auf S. 542 eine Liste mit den genauen Textstellen, auf die sich Sibylles Bilder beziehen.

Literaturverzeichnis

Die Literaturliste ist lang geworden. Vielleicht möchtest du dich dabei beobachten, was die Fülle der interessanten Bücher in der Liste ab S. 534 mit dir macht: ob sie Stress auslöst und du dich bei dem Gedanken beobachtest, das müsstest du alles gelesen haben, um mitreden zu können. Oder macht sie dich neugierig, wer an welchen Ecken bereits etwas erforscht oder beschrieben hat? Dankbar und entspannt, weil so viele Menschen ihre Arbeit in den Dienst des Wandels stellen und die Mühe auf sich genommen haben, ihre Erkenntnisse uns allen zur Verfügung zu stellen, indem sie ein Buch darüber verfassten?

Fußnoten und Weiterführendes

Viele Fußnoten verweisen auf weiterführende Informationen, Kontakte und Beispielprojekte. Sie sollen helfen, die Inhalte dieses Buches mit deinem Leben zu verweben. Damit du die Links und Verweise nicht abtippen musst, findest du alles auch auf der Webseite zum Buch, nach Kapiteln sortiert: www.wahrnehmen.org/fussnoten. Da sich in der zweiten Auflage einiges verändert hat, ist auf der Webseite markiert, auf welche Auflage sich der jeweilige Eintrag bezieht. Wir bemühen uns, dort alle Links aktuell zu halten und freuen uns auch über Hinweise von Leser*innen.

Veränderungen in der 2. Auflage, Nachwort

Es ist nun – im Frühling 2022 – über zwei Jahre her, dass ich die ersten Zeilen für dieses Buch geschrieben habe. Im August 2021 kamen 4.000 Exemplare aus der Druckerei und nun sind sie so gut wie weg. Das übertraf all unsere Erwartungen. Wir wollen also nachdrucken, und ich frage mich: Welche Veränderungen braucht es für eine zweite Auflage?

Natürlich haben wir Tippfehler und sachliche Ungenauigkeiten korrigiert. Danke für die vielen wirklich hilfreichen Hinweise!

Es kam und kommt viel inhaltliche Resonanz zu diesem Buch bei uns an. Menschen schreiben, ihnen seien beim Lesen endlich Worte begegnet für etwas, das sie schon lange ahnen, spüren, fühlen, aber nicht hätten ausdrücken können. Ja, dafür habe ich das alles aufgeschrieben und für mich ist es ebenso heilsam, gehört, gelesen, beantwortet zu werden. Danke dafür! Natürlich gibt es auch einige Rückmeldungen, in denen ich mich falsch verstanden oder seltsam vereinnahmt fühle. Ich beschloss, für diese zweite Auflage ein wenig nachzubessern und mich an manchen Stellen differenzierter zu positionieren – ohne das ganze Buch umschreiben zu müssen.

Also ein *Vorwort zur 2. Auflage*? Wir haben uns für ein *Nach*wort entschieden (S. 528), damit Menschen sich auch mit verschiedenen Auflagen auf annähernd gleiche Seitenzahlen beziehen können. Denn seit einigen Monaten entstehen an vielen Orten zu unserer großen Freude Lesekreise. Wir wollen daher nicht alles durcheinanderbringen, sondern etwas hinten anhängen. Es spricht nichts dagegen, das Nachwort vorab zu lesen.

Außerdem habe ich im gesamten Buch an einigen Stellen Formulierungen geschärft, manchmal nur ein Wort durch ein anderes ersetzt, das mir aus heutiger Sicht stimmiger erscheint, manchmal war es ein ganzer Absatz. Das Grundanliegen hat sich natürlich nicht verändert. Und doch fühlt es sich nun noch ein wenig runder an.

Gendersternchen

Es ist nicht einfach, diese Sprache, die nun mal meine Mutter*sprache ist, so zu verwenden, dass alle darin vorkommen.[2] Die ewige Beidegeschlechternennerei empfinde ich als sperrig. Ein schön absurdes Beispiel: »Liebe Schülervertreterinnen und Schülervertreter, liebe Schülerinnenvertreterinnen und Schülerinnenvertreter«. Das wird all jenen nicht gerecht, die sich keinem der beiden Geschlechter zuordnen wollen oder können. Daher mag ich das Sternchen gern. Ich setze es vor die Nachsilbe »-in« oder »-innen« (Autor*in, Leser*innen) und manchmal auch hinter Wörter, die klar auf ein Geschlecht verweisen (sie*, der*, ihr*…), bisweilen dazwischen (dem*der) oder in feststehenden Begriffen, die aber geschlechtsspezifisch sind (Fußgänger*zone oder Mutter*sprache). Ich mag damit spielen, hin und wieder könnten auch Männer* und Frauen* mit einem Sternchen daherkommen – einfach um etwas Luft in die Geschlechterpolaritäten zu bringen. Und dank des feinen Gespürs meiner Lektorin Janne zieren sie gelegentlich auch Wörter wie Hebamme*. Lass dich überraschen und gern ein bisschen verwirren. Genau darum wird es in diesen Texten ohnehin ständig gehen: wahrnehmen, ob das Gewohnte und als normal Daherkommende und Bequeme wirklich stimmig ist. Und anerkennen, dass Umgewöhnen sich etwas holprig und kompliziert anfühlen kann. Die Auseinandersetzung mit Ungewohntem erlebe ich als unvermeidliche Begleiterscheinung des → Paradigmenwechsels. Und das ist eine Überleitung, um von der Struktur zum Inhaltlichen zu kommen: Worum geht es in diesem Buch?

Wenn wir wieder wahrnehmen

Was ist das für ein seltsamer Titel: »Wenn wir wieder wahrnehmen«? Ein halber Satz, das Ende – oder vielleicht auch der Anfang? – bleibt vorenthalten. *Wenn* ..., da müsste doch ein *dann* folgen: Was ist denn dann, was käme dann, was würde passieren, wenn ...?

Das hieße ja auch, dass wir im Moment nicht wahrnehmen. Und das Wörtchen *wieder* – deutet es darauf hin, dass es einmal anders war? Konnten wir mal besser wahrnehmen, aber jetzt haben wir es verlernt? Und geht das überhaupt – das Wahrnehmen verlernen? Ist es möglich, nicht wahrzunehmen? Wenn wir es tatsächlich nicht tun, was tun wir stattdessen? Eigentlich müsstest du, um weiterlesen zu wollen, ja wissen, ob du dieser Behauptung zustimmst: Sind wir eine Gesellschaft der Nichtwahrnehmenden? Da lauert bereits die nächste Frage: Wer ist überhaupt *wir*? Alle, die dieses Buch lesen? Oder ist *wir* gleich die ganze Menschheit? Kann ich mal eben eine Behauptung über die gesamte Menschheit aufstellen: Die Menschheit nimmt nicht wahr?

2 Davon erzählt die Geschichte *Gendern und der Wunsch, gemeint zu sein* (S. 422) in Kapitel 8.

Ich versuche eine Antwort: Mit *wir* meine ich mich und Menschen, die diesen Text lesen, also höchstwahrscheinlich in der westlich geprägten Kultur leben: Es gibt Menschen auf diesem Planeten, auf die all das, was ich hier beschreibe, nicht zutrifft - Menschen, die ein ganz anderes Verhältnis zum Leben in die Wiege gelegt bekamen. Darauf komme ich noch zurück. Ich schreibe dieses Buch aus einer mitteleuropäischen Perspektive und richte mich mit meinen Worten an diejenigen, die in dieser Kultur leben. Das mag wenig divers erscheinen. Doch diejenigen, die ohnehin einer Kultur angehören, die das Leben achtet und auf Wahrnehmen beruht, brauchen dieses Buch vermutlich nicht. Daher erlaube ich mir dieses *Wir*. Was ich schreibe, ist für uns relevant, die wir in einer tendenziell nichtwahrnehmenden und lebensverachtenden Kultur leben und aufgewachsen sind.

Zurück zu den Fragen. Vielleicht hast du Lust, selbst ein wenig Zeit und ein paar leere Seiten damit zu verbringen, bevor du meine Ausführungen liest. Kann sein, dass du dich inspiriert fühlst – dann folge diesem Impuls jetzt und blättere auf Seite 32. Dort ist Platz dafür.

Vielleicht hast du auch keine Lust dazu, fühlst dich an die Schule erinnert, denkst dir: Ich will doch kein Arbeitsheft mit Lückentext haben, sondern ein Buch – wann kommt denn jetzt bitte mal der Inhalt? Dann überblättere die leeren Seiten einfach.

Mein erstes Buch ist eine Sammlung von sechs Einzelheften. Das erste Heftchen heißt »Der leere Raum« und ist – leer. Es steht nichts darin außer diesem Zitat von Joseph Beuys: »Sind wir bereit, uns auf einen Gestaltungsprozess einzulassen, der uns überfordern könnte?« Eine Leserin schrieb mir, das habe auf sie beim ersten Durchblättern doch arg pädagogisch gewirkt: »Zuerst dachte ich: Ganz nett, aber dich werde ich bestimmt nicht brauchen! Doch schon nach 10 Minuten Lesen stand mein erster Eintrag darin!«

Damit will ich nicht besserwissend unken, dass es dir auch so gehen wird. Falls du verärgert bist von den drei nutzlosen leeren Seiten, ist vielleicht das Folgende interessant.

Wer ist Expert*in?

Wenn ich ein Buch schreibe, maße ich mir einen gewissen Expert*innenstatus an. Welche Rolle weise ich meinen Leser*innen damit zu? Sind das die, die belehrt werden müssen? Nein. So mag ich das nicht verstanden wissen. Vielmehr möchte ich mich mit meinem eigenen Fragen, Suchen und Forschen zeigen. Und das ist ein Unterschied zum Verkünden unumstößlicher Wahrheiten. Bitte mach dich nicht klein beim Lesen. Es geschieht ganz schnell: Vor lauter Expert*innentum trauen wir uns nicht zu, selbst etwas zu einem Thema beitragen zu können. Denn was wir zu sagen hätten, würde neben den Worten der Expert*in doch arg banal wirken. Ist das wirklich so? Nicht unbedingt. Möglicherweise können wir alle viel leichter Worte für vage Ahnungen finden, als wir denken – wenn wir es einfach mal versuchen. Wenn wir vergessen, was mit Rotstift am Rand unserer Deutschaufsätze bemängelt wurde. Wenn wir die Überzeugung loslassen, nicht schreiben zu können. Wenn wir unseren eigenen Beitrag, unsere eigene Perspektive auf die Welt für relevant halten. Und damit meine ich keine Stammtischweisheiten und hitzigen Meinungen, nicht diesen vorschnellen Impuls, mit einem vagen Halbwissen überall mitreden zu müssen, sondern unser aller Gespür für das Wesentliche. Und die Fähigkeit, es zu äußern und dafür einzustehen – und sei es noch so vage und zart –, anstatt es zu überdecken mit mehrheitsfähigen Allgemeinplätzen.

Wenn ich die Rolle der Expertin infrage stelle, dann fordere ich dich als Leser*in heraus, mit meinen Beobachtungen und Behauptungen in Beziehung zu treten und aus dem eigenen Erleben und Empfinden heraus einzuschätzen, was davon sich für dich stimmig anfühlt. Ich bitte dich, mir ein*e selbstständige*r, ein*e kritische*r Leser*in zu sein. Damit meine ich nicht krittelig, skeptisch, misstrauisch, sondern dies: Bist du bereit, dich beim Lesen meinem Blick auf die Dinge zu öffnen und dir selbst zu trauen? Wirst du dein Horchen ebenso wichtig nehmen wie das, was ich schreibe?

Und natürlich kann und möchte ich die Rolle der Expertin nicht gänzlich von mir weisen, das wäre Augenwischerei. Ja, mein Forschen und Wirken der letzten dreißig Jahre hat mich zu einer Expertin für die Schnittstelle zwischen dem Somatischen und dem Politischen gemacht, zwischen Verstehen und Spüren, Spiel und Ernsthaftigkeit, Wahrnehmen und Denken. Diese Kompetenz möchte ich dem Wandel zur Verfügung stellen, so gut es geht. Die Erfahrungen, die ich auf meinem Weg sammeln durfte, haben mich in eine wunderbar paradoxe Position gebracht: Ich maße mir die Autorität an, meine Leser*innen mit Nachdruck dazu aufzufordern, nicht allzu autoritätsgläubig zu sein.

Unser allzu höriger – oder wahlweise pubertär-widerständlerischer – Umgang mit Expert*innen-Meinungen hat meiner Einschätzung nach viel damit zu tun, dass wir unser Leben lang belehrt, unterrichtet, informiert, bevormundet werden. Das hat Spuren hinterlassen, unsere Wahrnehmungsfähigkeit ist uns abhanden gekommen. Und genau darum soll es hier gehen. Deshalb also sind die folgenden Seiten leer. Wenn du magst, schreib doch – bevor du anfängst, meinen Text zu lesen – mal selber auf: Was für eine Geschichte, was für ein Gedicht, was für eine wirre Ansammlung von Worten, was für ein brennendes Plädoyer mit dem Titel »Wenn wir wieder wahrnehmen« würdest du schreiben, kritzeln, malen? Welche Situation, welche Frage, welche Ahnung, welche Überzeugung fällt dir dazu ein? Was hat dich eigentlich dazu bewogen, zu diesem Buch zu greifen, was hoffst du, darin zu lesen? Sollte dich die Verallgemeinerung *Wir* abschrecken, dann beginnst du vielleicht lieber so: Wenn ich wieder wahrnehme ...

Ich bin mir recht sicher, wenn du diese leeren Seiten nicht als originelle, aber für dich entbehrliche Idee abtust, wirst du den einen oder anderen Aspekt zu Papier bringen, den ich später auch berühre. Also keine Angst vor der Leere. Mach dich zur Expert*in deiner eigenen Wahrheit – oder deines eigenen Fragens. Das, was hier an Text von mir steht, hat ja auch mal als leeres Blatt – na ja, als leerer Bildschirm – angefangen.

Wissen

Ja, es wird auch Abschnitte geben, in denen es mir ein Anliegen ist, Wissen zu teilen. Auch diese bitte ich nicht absolut zu sehen. Es bleibt ja meine Perspektive, meine Auswahl von Wissen, das ich für relevant erachte. Es bleibt mein Ausschnitt von Informationen, den ich so mit meinen Erfahrungen zusammenfüge, dass sich für mich ein Sinn ergibt. Und wenn es besonders gut zusammenpasst, dann kann es passieren, dass ich schreibe: »So ist es.« Das heißt dann eigentlich: »So stellt es sich für mich heute dar.« Ich werde das nicht immer relativieren, das nähme dem Text seine Kraft und wäre mühsam zu lesen. Bleib du beim Lesen fragend, hinterfragend. Nimm mich nicht ernster als dich. Bleib wach, wo für dich Resonanz entsteht und wo nicht. Mir ist bewusst, dass meine Worte eine Beeinflussung von außen darstellen: Ich lege dir meine Werte ans Herz, habe ein Anliegen und lege dir eine Sichtweise nahe. Ich möchte dir jedoch vor allem erzählen, wie ich mich auf diesem Weg erlebe – auf dem tastenden Weg zu einer lebensbejahenden Kultur –, und dir nicht sagen, wie deiner auszusehen hat. Wir sind es gewohnt, dass die »Wahrheit« von außen an uns herangetragen wird, dass sie als Konzept daherkommt und nicht als Empfindung. Das ist Teil unserer Kultur, einer Kultur, die sogar Gott ins Außen verlegt hat. Das zu überwinden und unserer eigenen Wahrnehmung mindestens ebenso zu trauen wie den Vorschriften, Anweisungen und vermeintlichen Selbstverständlichkeiten, die unser Leben bestimmen – das erlebe ich als zentrale Lernaufgabe in dieser bewegenden Zeit des Wandels.

→ Einschub: Wandel, Veränderung, Transformation, Metamorphose

Dass wir einen umfassenden **Wandel** brauchen ist die Grundannahme, auf der alles beruht, was in diesem Buch zu lesen ist. Wir Menschen können natürlich so weitermachen wie bisher, doch dann wird es uns bald nicht mehr geben, das wird immer offensichtlicher. Wir sind seit vielen Jahrzehnten dabei, unseren Heimatplaneten in eine unbelebbare Wüste zu verwandeln, unbelebbar für uns und all das andere Leben, das wir Tag für Tag bedrohen, zerstören oder bereits ausgerottet haben. **Veränderung** ist also nicht etwas, das ganz nett und vielleicht aufregend wäre, nichts, das wir mal probieren könnten, wenn gerade nichts anderes zu tun ist – also nie. Es ist unabdingbar, dass wir uns »dem Großen Wandel« wie die → Tiefenökologin Joanna Macy ihn nennt, jetzt mit jeder Faser unseres Seins widmen. Wir leben ein Leben, das das Leben an sich weder ehrt noch pflegt und sich somit zunehmend seiner eigenen Grundlage beraubt. Wir brauchen jetzt nicht nur eine umfassende Veränderung, sondern auch einen veränderten Blick darauf, wie Veränderung geschehen kann.

Einen wichtigen Hinweis darauf gibt der Begriff **Transformation**. Er kommt aus dem Lateinischen und setzt sich zusammen aus *trans* (*hinüber, auf die andere Seite*) und *formare* (*formen, gestalten, bilden*). Etwas muss also die Seite wechseln, um sich neu zu bilden. Und dieses *Hinüber* ist wesentlich. Wirkliche Veränderung bezieht sich nicht auf Kleinigkeiten. Es ist unausweichlich, dass wir das Vertraute, Bequeme verlassen und in eine komplett andere Geschichte eintreten. Das kann nur mit der Bereitschaft einhergehen, in der Tiefe zu erkennen, wo wir mit unserer Zivilisation gelandet sind. Nur so können wir überhaupt eine Idee bekommen, wo sich diese andere Seite befindet, und dann aus dieser Einsicht heraus den Umgestaltungsprozess wagen. Der Wandel ist also ein Bewusstseinswandel. Und es wird nicht reichen, wenn wir es beim Bewusstsein belassen. Es muss Gestalt annehmen, Form bekommen, um etwas zu bewirken. Auf diese Weise kann eine neue Kultur entstehen, die sich von der bisherigen unterscheidet wie ein Schmetterling von einer Raupe.

Der biologische Fachbegriff dafür lautet **Metamorphose**. Die Larve (z. B. Kaulquappe) bildet sich in mehreren Schritten zu einem erwachsenen Tier um (Frosch, Molch, Lurch), das am Ende dieses Prozesses sehr anders aussieht. Als *vollkommene Metamorphose* wird die Verwandlung einer Raupe in einen Schmetterling bezeichnet. Hier gibt es ein Zwischenstadium, die Verpuppung, während der nichts von außen Sichtbares passiert, während sich innen eine drastische Veränderung vollzieht: Hat sich eine Raupe groß genug gefressen, verpuppt sie sich und gibt sich dem Umbau zu einem völlig neuen Lebewesen hin. Dafür löst sie sich zunächst weitgehend auf. Mithilfe ihrer eigenen Verdauungssäfte zersetzt sie sich selbst und wird buchstäblich zu Matsch, nur ein ganz geringer Anteil der Raupenzellen bleibt erhalten. Die Wandelvisionärin Norie Huddle[3] beschreibt das Erstaunliche, das dann geschieht, als Sinnbild für die Veränderung unserer Gesellschaft: Sogenannte *Imaginalzellen* tauchen vereinzelt im sterbenden Raupenkörper auf. Sie unterscheiden sich erheblich von den Raupenzellen und tragen das Bild des Schmetterlings in sich. Diese Information kann jedoch zunächst nicht landen – erst wenn sich die Imaginalzellen miteinander verbinden, können sie ihre Wirkung in der Puppe entfalten und aus dem Raupenmatsch den Schmetterling entstehen lassen. Darauf beruft sich auch der Transformationsforscher Daniel Christian Wahl, wenn er sagt: »Ein Schmetterling ist viel mehr als eine Raupe mit Flügeln.« In diesen Prozess, der von außen wie Nichtstun aussieht und tatsächlich mit einer Auflösung unseres alten Selbst(verständnisses) einhergeht, dürfen wir Menschen uns jetzt begeben – nein, wir sind schon mittendrin in einem gewaltigen → Paradigmenwechsel.

3 **Norie Huddle: »Butterfly«**

Wahrnehmen als politische Kraft

Es ist unabdingbar geworden, uns mit jeder Faser unseres Seins dem Wandel zu widmen, habe ich eben geschrieben – unsere Kultur macht es uns allerdings sehr schwer, beides überhaupt zu spüren: die Fasern und das Sein. Wir haben den Kontakt zu unseren Körpern verloren und damit zu unseren Sinnesempfindungen. Und wir haben verlernt, einfach nur da zu sein. Wie das passiert ist, versuche ich in diesem Buch nachzuvollziehen. Meine allem zugrundeliegende Beobachtung: Das, was wir Leben nennen, also unser normaler Alltag, versetzt uns in einen Zustand, der es beinahe unmöglich macht, zu spüren, dass wir lebendig sind. Unsere tägliche Routine beruht darauf, dass wir eben genau nicht spüren, sondern funktionieren. Wieder wahrnehmen zu lernen kann uns einen heilsamen Weg zu wirklicher Veränderung weisen. Wahrnehmungsschulung ist heilsam, radikal und politisch. Radikal? Ja!

→ Einschub: radikal

Dieses Wort verwende ich nicht im Sinn von »extremistisch«, wie es häufig verstanden wird, sondern seiner Herkunft entsprechend: *Radix* bedeutet *Wurzel*. Radikal bedeutet dann in der Tiefe oder grundlegend. Es heißt, nicht nur an Symptomen herumzudoktern, sondern in den Kern vordringen zu wollen. Wenn ich mich einem radikalen Blick verpflichtet fühle, stelle ich mich der Herausforderung, bei jedem Problem, das auftaucht, zu überprüfen, durch welche Brille ich es betrachte. Wenn es mir unlösbar erscheint, stelle ich meine Perspektive möglicherweise nicht radikal genug infrage. Und dieses Infragestellen ist ein Lauschen, ein Erweitern unserer Wahrnehmung: Was ist da noch, das ich von hier aus nicht sehen kann? Der Politik-Erneuerer Hanno Burmeister formuliert es so: »Transformation ist notwendigerweise radikal. Weil sie alle einschließt. Und weil wir an unseren Wurzeln ansetzen müssen, anstatt an ihren Auswüchsen zu verzweifeln. Radikal heißt auch: verletzlich und zart. Weil es um die elementarste Öffnung geht, die wir als Menschen leisten können: das loszulassen, was wir sind – für das, worum es im Kern geht.«[4]

Radikal also. Aber politisch? Ja, auch das. Politik ist ja letztendlich der Versuch, über eine Reihe von Maßnahmen unser Zusammenleben so sicher wie möglich zu gestalten. Wenn diese Sicherheit in unserem körperlichen Sein wurzeln kann, in unserem So-Sein-Dürfen, können wir uns eine Menge Gesetze und Verordnungen sparen. Unser Handeln wieder auf einem tiefen Vertrauen in die Richtigkeit unserer Wahrnehmung beruhen zu lassen – das wäre eine echte Revolution. Denn im Moment tun wir eher das Gegenteil. Wir lassen uns weismachen, auf das

4 Hanno Burmester, Zitat von seiner Website: www.hannoburmester.com

Abstrakte, Allgemeingültige, Messbare sei mehr Verlass als auf das, was unsere eigenen Sinne uns über die Welt und uns selbst vermitteln. Die Entscheidung, wieder tiefer wahrzunehmen, ist in ihren Auswirkungen auf unser friedliches Zusammenleben nicht zu unterschätzen.

Spürend lesen.
Gemeinsam lesen?

Nach der ersten Lesung der zarten Anfänge meines Roh-Manuskripts in kleinem Kreis bat mich einer der Zuhörer: »Heike, du musst unbedingt dazuschreiben, dass die Leute das nicht allein lesen sollen. Um das alles wirklich an sich heranzulassen, braucht es Geborgenheit und Beistand.« Ja, danke für die Anregung, Freddy. Wir sind es allzu gewohnt, irgendwie allein fertig zu werden, auch mit Dingen, für die wir gut Unterstützung brauchen können. Ich möchte uns nicht zu unmündigen, hilflosen, ausgelieferten Wesen erklären – eher ins Bewusstsein rufen, dass manches einfacher, lebendiger, perspektivreicher wird, wenn wir uns jemanden an unsere Seite holen. Wir müssen die Ich-komm-schon-allein-klar-Strategie nicht weiterverfolgen, wenn sie uns nicht gut tut. Also hier die Erinnerung: Es ist möglich, Bücher gemeinsam zu lesen, ihren Inhalt gemeinsam zu bewegen und zu verdauen. Vielleicht fragst du dich, was denn so Schlimmes kommen wird, dass ich all diese vorbereitenden Worte für nötig halte. Hier kommt kein Krimi, kein Thriller. Die meisten von uns sind ja einiges an Gruseligem gewöhnt – und die Gewöhnung ist Teil des Problems. Wir sind abgehärtet, haben uns ein dickes Fell zugelegt, können eine Menge aushalten. Im zweiten Kapitel erzähle ich eine Geschichte, die uns dazu einlädt, hinter diese Gewohnheit zu kriechen und eine Grausamkeit zu spüren, die erst auf den zweiten Blick deutlich wird – uns dann aber möglicherweise mit umso größerer Wucht erwischt, weil sie tief in unsere Normalität eingeschrieben ist. Es ist die Grausamkeit im Alltäglichen, die wir für gewöhnlich gar nicht als solche wahrnehmen, über die wir hinweggehen, indem wir sie ausblenden oder als unveränderbar akzeptieren. Hinter diese Selbstverständlichkeiten zu blicken kann Trauer auslösen, Ratlosigkeit, Entsetzen. Es kann hilfreich sein, das nicht allein zu fühlen. Vielleicht magst du einen Moment innehalten und prüfen, ob du, falls du gerade allein liest, lieber jemanden dazu holen magst, um teilen zu können, was dich beim Lesen bewegt. Oder ob du, falls das nicht möglich und niemand in der Nähe ist, warten möchtest, bis du diesen Text wieder zur Hand nimmst. Oder alles ist gut wie es ist, du kuschelst dich in dein Bett, deinen Sessel, deine Hängematte – die U-Bahn ist vielleicht nicht der geeignete Ort – und liest weiter.

Wenn du den Impuls dazu verspürst, kannst du vorab die Einschübe zu den Themen → Trauma, kollektives Trauma (S. 69) und → Traumasensibilität (S. 255) lesen. Sie können dir zusätzliche Orientierung geben.

Der Hinweis auf gemeinsames Lesen liegt uns, dem Buchteam, sehr am Herzen, wir wollen Möglichkeiten dafür schaffen. Falls du dir eine Lesegruppe wünschst, findest du aktuelle Informationen dazu auf unserer Internetseite: www.wahrnehmen.org/lesekreise. Dort findest du auch den Link zum Onlineforum für digitalen Austausch.

Eine ausdrückliche Bitte habe ich an Lehrer*innen, die dies lesen: Im nächsten Kapiel beschreibe ich eine alltägliche Situation in der Schule. Das gesamte → Narrativ, auf dem unser Bildungssystem beruht, hinterfrage ich dabei grundlegend. Das könnte → Wut bei dir auslösen, → Scham oder den Wunsch dich zu rechtfertigen, zu verteidigen. Wenn ich mir aussuchen darf, wie du dich der Sache näherst, dann wünsche ich mir: Lies vorab den Einschub → Das System Schule (S. 55) und bringe ein bisschen Geduld auf, bis sich der größere Zusammenhang erschließt, bevor du das Buch empört in die Ecke wirfst.

→ Einschub: Narrativ, Paradigma, Paradigmenwechsel

Ich werde das Wort **Narrativ** recht häufig benutzen. Es kommt vom lateinischen *narrare*, *erzählen*. Wir erzählen uns eine Geschichte. Und wir erzählen sie kollektiv – also als gesamte Gesellschaft – so selbstverständlich und umfassend, dass wir alle daran glauben und nicht mehr realisieren: Es ist nur eine Geschichte, eine Perspektive von vielen möglichen, ein Versuch, uns die Welt zu erklären. Offensichtlich sehnen wir uns nach etwas, das die Komplexität des Lebens für uns überschaubarer, verstehbarer und vermeintlich kontrollierbarer macht. Daher nehmen wir diese Geschichten dankbar an und sind auch bereit, großzügig zu übersehen, an welchen Stellen sie ganz offensichtlich nicht stimmen. Der Historiker Yuval Noah Harari, der den unterhaltsamen und aufschlussreichen Versuch unternimmt, in einem einzigen Buch »Eine kurze Geschichte der Menschheit« aufzurollen, beschreibt das Geschichtenerzählen als das, was uns Menschen ausmacht – also das, was uns von den anderen Tieren unterscheidet. Wir sind in der Lage, etwas zu erfinden, kollektiv daran zu glauben, es als gegeben zu akzeptieren und unser Leben danach auszurichten. Zum Beispiel das Geld. Es ist kein Naturgesetz, sondern eine Vereinbarung unter Menschen: Ein bunt bedruckter Zettel stellt den Gegenwert für, sagen wir, ein Paar Jeans dar. Weil wir alle daran glauben, funktioniert es tatsächlich, dass wir Zettel gegen Ware eintauschen und dass Banken per Kreditvergabe einfach mehr Geld erfinden dürfen. Ohne das Prinzip zu hinterfragen, das alledem zugrundeliegt, benutzen wir täglich Geld und zahlen brav Zinsen, obwohl es das vermeintlich geliehene Geld gar nicht gibt – was die meisten von uns noch nicht einmal wissen. Wegen dieser seltsamen

Geschichte vom Geld werden Morde und Suizide begangen, Flüsse vergiftet, Wälder gerodet. Wie kann das sein? Gerade dem Geld haben wir solch eine Macht gegeben, alles scheint sich darum zu drehen. Dabei ist es unsere eigene Erfindung. Wir könnten es einfach abschaffen, wenn wir wollten – und aufgrund dieser Bemerkung werden mich nicht wenige für naiv erklären, weil das Narrativ, das **Paradigma**, die vorherrschende Logik so mächtig ist, dass eine Welt ohne Geld unvorstellbar und der Traum davon blauäugig erscheint.[5] Wir vergessen, dass wir jederzeit die Freiheit haben, eine andere Geschichte zu erzählen, also einem anderen Narrativ zu folgen, das hilfreicher ist, um das Leben auf diesem Planeten, unser eigenes und das Mehr-als-Menschliche zu schützen und zu hüten. Solch ein **Paradigmenwechsel**, also ein → radikales Umkrempeln unseres Verständnisses vom Leben, ist natürlich kein Klacks, sondern womöglich die herausforderndste Aufgabe, vor der die Menschheit je stand. Aber notwendig: »Ein Paradigmenwechsel ereignet sich, wenn innerhalb des herrschenden Paradigmas eine Frage gestellt wird, die nur von außerhalb beantwortet werden kann.«[6] Und genau solche Fragen häufen sich in den letzten Jahrzehnten: Wir können nicht zu einem lebensförderlichen Wirtschaftssystem gelangen, ohne geltende Selbstverständlichkeiten wie Profit, Tauschlogik, Eigentum und Konsum zu hinterfragen. Menschen werden nicht in ihre volle Wirkmacht kommen und ihren ganz eigenen Beitrag leisten, solange wir an der Idee des Arbeitsmarktes festhalten, auf dem wir unsere Lebenszeit verkaufen. Das sind nur zwei von vielen Beispielen. Also ist es unumgänglich, dass wir unsere Perspektive erweitern und herausfinden, auf welche Weise wir uns selbst und die Welt wahrnehmen können, die über das momentan für normal Erklärte, das geltende Paradigma, das gängige Narrativ hinausgeht.

Vielleicht hast du dir von diesem ersten Kapitel etwas anderes erhofft – Informationen über den Inhalt zum Beispiel, eine thematische Gliederung. Ich muss gestehen, es macht mir wenig Spaß, Zusammenfassungen zu schreiben. Einen Überblick kann dir möglicherweise das Inhaltsverzeichnis geben, das wir sehr ausführlich gestaltet haben. Du findest dort alle Unterkapitel aufgelistet. Zugegeben, eine Überschrift wie »Endmoräne!« lässt wenig Rückschlüsse auf den Inhalt zu. Doch die meisten Titel sind aufschlussreicher. Viel Freude beim Stöbern!

Bis hierhin hast du Anmerkungen der Autorin gelesen, wie du dich in diesem Buch zurechtfindest. Ab hier kommen noch einige Bemerkungen des herausgebenden Vereins zu all den praktischen Aspekten dieses Buches, die etwas ungewöhnlich erscheinen mögen.

5 Auf Visionen einer Gesellschaft nach dem Geld gehe ich noch ein.

6 Im Original: »A paradigm shift occurs when a question is asked inside the current paradigm that can only be answered from outside of it.« Marilee C. Goldberg: »The Art of the Question«

Alles anders als gewohnt: kein Copyright, flexibler Beitrag, freier Bezug

Wenn wir, die Mitglieder des herausgebenden Vereins, insbesondere das Buchteam, hier zu einem Paradigmenwechsel aufrufen, möchten wir es nicht bei einem Gedankenspiel belassen, mit dem wir viele Seiten geduldigen Papiers bedrucken. Wenn wir die Inhalte dieses Buchs und damit uns selbst wirklich ernst nehmen, können wir es nicht auf dem üblichen Weg »auf den Markt bringen«. Denn die Logik dieses Marktes beißt sich an allen Ecken mit dem, was hier als wünschenswert beschrieben und als neue Kultur skizziert wird. Wir haben nun lustvoll, radikal und experimentierfreudig den Versuch unternommen, ein Buch herauszubringen, zu dem wir rundum Ja sagen können. Es hat großen Spaß gemacht, so gut wie keine Kompromisse einzugehen, sondern uns dem Entdecken und Erfinden anderer Wege zu widmen, die zum Teil bereits durch Heikes erstes Buch geebnet wurden.

Das Ergebnis mag manchen Leser*innen zunächst einmal kompliziert und umständlich erscheinen. Nichts funktioniert einfach so, wie wir es gewohnt sind. Ja, so ist das mit Veränderung, nur so geschieht Entwicklung. Wir nehmen das gern in Kauf. Es ist uns lieber, ein wenig anstrengend daherzukommen, als das einfachere, aber ausbeuterische und lebensfeindliche Normale fortzuschreiben und damit zu seinem Weiterbestehen beizutragen. Es ist nämlich nicht alternativlos. Nur weil es als normal gilt, ist es noch lange nicht in Ordnung – eher im Gegenteil. Und weil dann nicht mehr alles selbst-verständlich ist, erklären wir es eben:

Creative-Commons-Lizenz statt Copyright

Was sich kaum jemand bewusst macht: Ein Copyright erzeugt Mangel, es beschränkt die Nutzung von Texten und ihren Inhalten, beharrt auf geistigem Eigentum. All das möchten wir nicht. Wie absurd wäre es, einen Text zu schreiben, der zum Teilen und Wirksamwerden aufruft – und dann seine Verbreitung künstlich einzuschränken, weil das halt so üblich ist, dass jedes Buch im Impressum dieses kleine eingekreiste c stehen hat. Wie seltsam wäre es, zu behaupten, was hier steht, sei unser Eigentum. Es ist so genährt von kollektivem Reichtum an Erkenntnis. Möge es nun in dieser Form ungehindert in die Welt finden und dem Wandel dienen! Wir freuen uns, wenn diese Texte unter Nennung der Quelle frei genutzt und weitergegeben werden. Wir wünschen uns das sogar ausdrücklich. Einzige Voraussetzung ist, dass die Weiternutzung nicht zu kommerziellen oder mit Copyright versehenen Zwecken geschieht, denn an dieser Stelle würde das bestehende System unsere Haltung für seinen Profit missbrauchen. Dafür stehen wir nicht zur Verfügung – im Zweifelsfall nehmt bitte einfach Kontakt mit uns auf: wieder@wahrnehmen.org – danke.

Bei Interesse an Sibylles Bildern wendet euch bitte direkt an sie: www.sibylle-reichel.de. Inzwischen gibt es auch Postkarten mit Motiven und Zitaten aus dem Buch. Mehr dazu auf S. 546.

Flexibler Beitrag statt festem Buchpreis

Ebenso unsinnig und beschränkend wie das Copyright kommt uns ein fester Preis vor. Menschen verdienen so unterschiedlich viel Geld, dass das Buch entweder für manche nicht erschwinglich wäre oder wir den Preis so weit drücken müssten, dass das Buchteam am Ende zu wenig bekäme. Es geht uns ohnehin nicht darum, hier etwas zu »verkaufen«: Wenn Menschen frei beitragen können anstatt etwas zu einem festgelegten Preis erwerben zu müssen, verabschieden wir uns ein Stück weit von Bedingungen und Tauschlogik. Diese Texte geben der Arbeit von *Ideen*[3] eine ideelle Basis und stärken die Haltung, die dem Wirken des Vereins zugrunde liegt. Und sie wollen in die Welt. Das Buch soll für alle zugänglich sein – unter dem Motto: »Gib was du kannst!«[7] Zur Orientierung nennen wir einen Richtwert (42 €). Wenn alle so viel geben, können wir, die wir das Buch gemacht haben, gut von unserer Arbeit leben. Daneben gibt es den Sockelbeitrag (17 €). Mindestens soviel brauchen wir, damit die reinen Produktionskosten des Buches gedeckt sind, wir also nicht draufzahlen (Druck, Material, Reisekosten und ähnliche Ausgaben – für die vorliegende zweite Ausgabe sind diese Kosten z.B. wegen der gestiegenen Papierpreise deutlich höher). Wenn du nicht viel Geld zur Verfügung hast und den Sockelbeitrag wählst, schenken wir dir unsere Zeit und Arbeitskraft, die in dieses Buch geflossen sind. Viele Ökonom*innen[8], die darüber nachdenken, warum wir vom Schenken abgekommen sind, legen dar, dass die Idee des Tauschens und Bezahlens darauf beruht, dass wir Dinge in der Gegenwart gern verschenken würden. Was uns daran hindert, ist die Angst vor Mangel in der Zukunft. Wenn du magst, betrachte deine Geldgabe also als Unterstützung, dass wir weiterhin diese Arbeit tun können. Wir vertrauen darauf, dass Menschen genug geben werden. Bisher hat das gut geklappt.

Finde auf der Grundlage dieser Informationen einen Beitrag, der für dich stimmt – der wertschätzt, was in die Entstehung dieses Buches geflossen ist, dir aber nicht wehtut. Bei dem hohen Richtwert schlucken manche. Das Buch soll kein exklusives Luxusprodukt sein, sondern eines, dessen Herstellung mit Wertschätzung und Respekt für alle und alles einhergeht. Wir trauen uns, diesen ehrlichen Richtwert vorzuschlagen und ihn nicht zu drücken – weil es ja auch den Sockelbeitrag gibt.

Es gibt viele weitere Möglichkeiten beizutragen zu diesem Buchprojekt und zu einer Kultur jenseits von Tauschlogik und Quitt-Sein: Wir freuen uns zum Beispiel auch über einen freiwilligen Beitrag, wenn du das Buch ausgeliehen hast und das Lesen den Wunsch in dir weckt, etwas zu geben. Informationen zur Bankverbindung findest du im Impressum.

7 In Kapitel 4 beschreibe ich Hintergründe zu diesem Modell, das einen anderen Umgang mit Geld anstrebt: Vertrauen und Fülle statt Mangel und Ausrichtung auf den eigenen Vorteil.

8 Anschaulich dargelegt zum Beispiel in Friederike Habermanns Buch »Ausgetauscht! Warum gutes Leben für alle tauschlogikfrei sein muss«.

Sollte mehr Geld zu uns fließen als wir brauchen, werden wir diesen Überschuss nutzen, um Menschen mit wenig Geld den Zugang zu Veranstaltungen zu ermöglichen, die sich der Weiterentwicklung und Verbreitung der hier beschriebenen Inhalte widmen. Das ist Zukunftsmusik. Vorerst sind wir als Team froh, durch die Arbeit am Buch einen angemessenen Teil unseres Lebensunterhalts decken zu können, und freuen uns über jeden Beitrag.

Cradle to Cradle statt Billigproduktion

Wenn uns das Leben auf diesem Planeten am Herzen liegt, braucht es andere Produktionswege: Kreisläufe, die keinen Abfall, keine Belastung erzeugen und nicht auf Kosten unserer Mitwelt Profit machen. Wir sind dankbar, dass die Druckerei *gugler* auf diesem Gebiet Pionier*arbeit leistet und freuen uns, das Buch dort drucken zu können.[9]

Um Müll zu vermeiden, verzichten wir auf das Einschweißen der einzelnen Bücher. Sollte es dadurch transportbedingt bei dem einen oder anderen Buch zu einer kleinen Macke kommen, bitten wir, diese als Lebensspuren und sichtbares Zeichen von Wandel zu betrachten.

Selber machen und auf Unterstützung bauen

All die genannten Besonderheiten sind bislang nicht gut vereinbar mit den gängigen Abläufen von Produktion und Vertrieb. Verlage und Läden funktionieren nach anderen Selbstverständlichkeiten. Also geben wir als Verein *Ideen³* das Buch in Eigeninitiative heraus und sind auf die vielfältige Hilfe unserer Leser*innen angewiesen. Dankbar staunend erleben wir die große Unterstützungsbereitschaft, die uns da entgegenkommt. Es webt sich ein Netzwerk voller Anregungen, Angebote und Ideen. Drei Beispiele: Das Buch kannst du jetzt auch leihen (https://www.raeubersachen.de). Außerdem gibt es Menschen, die ein Buch zum Sockelpreis bei uns bestellen und es dann auf die Reise schicken (über Freund*innen oder Bücherverschenk-Regale) mit dem Vermerk darin, es nicht zu lange zu behalten und gern einen kleinen Beitrag an uns zu überweisen. Leser Robert war es ein Anliegen, ein Forum zum Austausch einzurichten (https://wahrnehmen.org/austausch).

Unsere Webseite hat Raum für euer Engagement: https://www.wahrnehmen.org/unterstuetzen/. Melde dich per E-Mail bei uns, wenn dir etwas einfällt, wie das Buch seine Leser*innen finden kann: wieder@wahrnehmen.org.

9 www.gugler.at
Mehr Informationen zu Cradle-to-Cradle-Kreisläufen: http://ideenhochdrei.org/de/zukunfts-ideen/gesellschaft-und-wirtschaft-neu-denken/kreislaufwirtschaft-cradle-cradle

Zwischen dem Alten und dem Neuen

Wenn ich von der *neuen Kultur* schreibe, mag sich hier und da Unbehagen regen. Das kann ich nachvollziehen. Wenn das Neue gelobt und das Alte als überholt und minderwertig dargestellt wird, dann kann das klingen wie die Logik einer Abwrackprämie: Schmeiß das Alte weg, das Neue ist besser, außerdem kurbelt es die Wirtschaft an. Das Überhöhen des Neuen ist Teil eines zerstörerischen Wachstums- und Optimierungswahns. Wir Menschen schwatzen uns andauernd das Bedürfnis nach dem allerneuesten Trend auf, weil es ja immer besser und besser werden muss. Die Mode der letzten Saison ist schon nicht mehr up to date, das Handy nicht kompatibel für die neueste App. Alles muss immer noch neuer sein. Der gleichen Logik folgend haben alte Menschen ausgedient, sind unattraktiv und unproduktiv, wertlos.[1]

Dass ich mich in dieses Geifern nach Neuem nicht einreihen möchte, liegt auf der Hand. Und ebenso wenig behagt mir die einseitig entgegengesetzte Haltung: »Früher war alles besser. Wir müssen nur dahin zurück, als wir noch im Einklang mit der Natur gelebt haben. Dann wird alles wieder gut.« Ursprünglichkeit und Natürlichkeit werden hier beliebig definiert und dann als absolute Werte betrachtet. Niemand hinterfragt, was wir denn als unseren Ursprung[2] betrachten wollen und ob es nicht auch Aspekte jenes nebulösen *Früher* gibt, zu denen wir auf keinen Fall zurückwollen – Sklaverei, die Inquisition, der Schwulenparagraph und so weiter. Und ebenso wird die Frage außer Acht gelassen, ob es nicht auch ein Zeichen von Natürlichkeit sein könnte, also eine Eigenschaft des Lebens selbst, sich entwickeln zu wollen – wovon ich unbedingt ausgehe. Der nostalgisch verklärende Blick auf *früher* ist also nicht differenziert genug. Und gleichzeitig finde ich es sehr sinnvoll, uns zum Beispiel in Aspekten des Konsums darauf zu besinnen, wie man es *früher* gehandhabt hat – meistens mit erheblich weniger Energie-, Verpackungs- und Transportaufwand. Im Winter möchte ich *wie früher* Lager- und Wintergemüse essen – Rote Bete, Pastinaken, Karotten, Kar-

1 Aus diesem Grund kennen wir in unserer Kultur auch nicht die Rolle der *Ältesten* (Englisch: *Elders*). Das Wort *alt* ist so negativ belegt, dass wir uns kaum vorstellen können, es als Ehrentitel zu tragen. Ich will meine Lebenserfahrung nicht missen. Und ich möchte in einer Gesellschaft leben, die sie zu schätzen weiß und mich einlädt, damit da zu sein. In den mir bekannten indigenen Kulturen wird das gewürdigt und geehrt. Den *Ältesten* kommt dort eine wichtige Aufgabe zu. Sie sind diejenigen (Frauen und Männer), die die Weisheit ihrer Erfahrung als wesentlichen Beitrag einbringen – nicht im Sinne einer Herrschaft der alten Männer, sondern als Angebot, den Jungen beratend zur Seite zu stehen. Ihr Wort hat keine diktatorische, sondern eher eine beschreibende Macht. Und diese Haltung will geübt werden – als ein *neuer* Blick aufs *Alt*werden: Meine eigenen Versuche, in die Ältestenrolle hineinzuwachsen, beschreibe ich in Fußnote 7 (S. 105). Dass die Ältestenweisheit allmählich wiederentdeckt wird, auch auf der Ebene der Weltpolitik, zeigt die von Nelson Mandela ins Leben gerufene Initiative *The Elders:* https://theelders.org

2 Es schmerzt mich ein wenig, diese so wesentliche Frage nach dem Ursprung hier etwas lapidar abzuhandeln, um der Logik des Textes zu folgen. Dabei wird es nicht bleiben.

toffeln, Kürbisse, Lauch, Spinat und (Grün-, Rosen-, Weiß-, Rot-, Spitz-, Wirsing-)Kohl –, anstatt alles Mögliche andere Nichtsaisonale wie Tomaten, Paprika oder Gurken von irgendwoher einfliegen zu lassen, wie man das *heute* ganz selbstverständlich macht.

Es gibt jede Menge altes, tradiertes Wissen – in Handwerk, Heil- und Kräuterkunde, Garten- und Ackerbau, in der Geomantie, im Kamasutra, in spirituellen Lehren – das vergessen wurde und nur darauf wartet, wiederentdeckt, wieder genutzt und wieder geehrt zu werden. Das kann aber nur geschehen, wenn das Tradierte das Stigma des Primitiven, Überholten und Verstaubten abschütteln kann, wenn *ewig gestrig* kein Schimpfwort mehr ist. Und wenn wir unserer Wahrnehmung vertrauen, ob etwas sinnvoll ist, und nicht Stempeln wie *veraltet* oder *brandaktuell.* Beides kann ein Totschlagargument sein: »Du, das beruht auf den allerneuesten wissenschaftlichen Erkenntnissen«, ebenso wie: »Das hat man schon früher so gemacht, dem liegt eine ganz alte Weisheit zugrunde.« Beide Haltungen – die Huldigung des Topaktuellen wie die Verklärung des Alten – lassen in ihrer Einseitigkeit etwas außer Acht. Die erste würdigt das Alte, das Alter, das Beständige und Erhaltenswerte nicht. Sie legt keinen Wert auf die Weisheit von Erfahrung, Geschichte, Gewordensein. Die zweite erkennt nicht an, dass Entwicklung niemals zurückgehen kann. Es ist nicht möglich, hinter gemachte Erfahrungen zurückzutreten – die Frage ist, in welchem Ausmaß wir zulassen, dass sie unsere Perspektive erweitern und Ansichten relativieren, die uns bis dahin absolut erschienen. Es gibt viele Traditionen, die – im Zusammenhang der historischen Gegebenheiten – sinnvoll waren, unter heutigen Umständen aber einfach wirklich nur dies sind: überholt. Und es gibt neueste Forschungen, die nur jenen dienen, die sie in Auftrag gegeben haben, um irgendeinem Profitinteresse einen wissenschaftlichen Anstrich zu verleihen.

Also: Hinterfragen. Genau hinhören. Dann können wir ein Gespür dafür entwickeln, wie das Alte und das Neue sich gegenseitig bedingen. Im besten Fall werden wir die Errungenschaften früherer Entwicklungsstufen in das neu Dazukommende einweben, also → integrieren.[3]

In diesem Sinn verwende ich den Begriff der *neuen Kultur* und möchte sie als eine verstanden wissen, die das Bisherige würdigt und sich weiter entwickeln möchte. Die Kultur meiner Sehnsucht ist eine, die das Entweder-Oder überwindet und sich dem Sowohl-als-Auch widmet oder dem Je-Nachdem. Eine, die sich bewusst ist, wie viele Perspektiven es auf das Leben geben kann. Und ich greife zum Benennen dieser Kultur auf

3 Wer diesen Aspekt gern weiterbewegen möchte, mache einen kurzen Ausflug zum Einschub → integrale Perspektive (S. 267). Dort stelle ich das Modell *Spiral Dynamics* vor, das versucht zu beschreiben, wie eine Phase der Bewusstseinsentwicklung sich aus den Beschränkungen der vorherigen entwickelt. Jene früheren Stufen können aber nicht übersprungen werden, weil wir uns dort wichtige Kompetenzen aneignen, die wir für eine gesunde und reife Ausprägung weiter entwickelter Zustande benötigen.

ein klassisches Gegensatzpaar zurück: alt-neu. Ich bin zum Beschreiben auf eine Sprache angewiesen, die stark im Entweder-Oder verhaftet ist. Wie soll das gehen? In Kapitel 8 werde ich das Dilemma noch ausführlicher beleuchten. Wenn ich jetzt während des Schreibens meinen Blick so genau darauf lenke, verspüre ich den Impuls, alles bisher Geschriebene nachträglich anzupassen, jedes *alt* und jedes *neu* durch spezifischere Begriffe zu ersetzen. Das werde ich nicht tun. Meine Suche nach einer angemessenen Sprache darf in diesen Texten sichtbar sein. Auch da, wo sie sich als unzulänglich erweist. Ich werde nicht alles *neu* schreiben. Ich möchte mich zeigen in dem Prozess, den ich beim Schreiben dieses Buches durchlaufe – nicht nur, was diese Begriffe betrifft. Ich werde an diesem Schreibprozess wachsen und danach nicht mehr die *Alte* sein. Das darf sichtbar werden.

Damit finde ich einen momentan stimmigen Umgang mit der Polarität zwischen Alt und Neu. Manchmal werde ich schlicht und (ver)einfach(end) das Wort *neu* verwenden. Und dann steht es für eine Welt, in der unser Handeln auf einer Bereitschaft und Fähigkeit zu tiefem, differenziertem, bewusstem und verbundenem Wahrnehmen beruht. Mit dem *Alten* meine ich demzufolge eine Kultur, die uns nahelegt, uns zu trennen, uns taub zu machen und Impulse zu unterdrücken.

Was mich im Spannungsfeld zwischen jener alten und dieser neuen Kultur am meisten interessiert, ist die Schwelle. Wie übertreten wir sie, wie gelangen wir hinüber? Zunächst einmal braucht es ein Bewusstsein dafür, dass es diese Schwelle überhaupt gibt. Meist können wir sie gar nicht sehen. Die Welt erscheint alternativlos, das Vorgefundene wirkt wie das einzig Mögliche. Wir haben versucht, das anhand von Bildern zu verdeutlichen. Sie finden sich im Beiheft. Auf dem Umschlag zeigt sich Orange, als dicke, lückenlose Farbfläche. Da gibt es nichts anderes. Das und so ist die Welt. Damit der Rand dieser Fläche ins Blickfeld kommt, müssen wir ein wenig hinauszoomen, den Blick weiten oder – in diesem Fall – das Beiheft aufschlagen. Dann erst wird sichtbar, dass das Narrativ endlich ist. Endlich, weil wir es nicht weiter erzählen können ohne unterzugehen. Oder endlich, weil wir seinen Irrsinn erkennen und uns etwas anderes wünschen. Wir begeben uns an den Rand – oder wir werden dort hingedrückt. Was passiert nun an dieser Schwelle, am Übergang zwischen Alt und Neu? Das können wir ganz unterschiedlich erleben. Oft stehen wir am Rand und scheinen ins Nichts zu gucken. Bild 1b versucht das zu illustrieren. Wir spüren: Die alte Geschichte – das Feld in Orange – ist spürbar hinfällig, die neue, türkise, ist noch nicht greifbar.[4]

4 Menschen, die im →integralen Denken zuhause sind, wird diese Farbwahl vielleicht irritieren: Man kann doch nicht einfach Grün und Gelb auslassen! Stimmt. Da lässt sich nichts überspringen. Hier handelt es sich allerdings um ein anderes Bild, den Paradigmenwechsel, die Farben stehen für die Geschichte der Getrenntheit (orange) und des Interbeing (türkis). Über die Grenzen von Modellen, die die Komplexität der Welt nie umfassend abbilden können, schreibe ich auf S. 270 mehr.

Zwischen den beiden klafft eine Leere. Und wir fühlen uns verloren in diesem Niemandsland oder dem »Raum zwischen den Geschichten«, wie der Kulturphilosoph Charles Eisenstein ihn nennt, dessen radikal liebevoller Blick auf die Welt mich immer wieder inspiriert. Diese Betrachtungsweise erkennt an, dass → Wandel es mit sich bringt, Überholtes zu verlernen und loszulassen. Wir müssen aus dem Alten wirklich heraustreten, um in eine andere Haltung hineinwachsen zu können. Was für Empfindungen löst dieses Bild in dir aus?

Ich sehe in dieser Illustration[5], wie verloren und orientierungslos ich mich fühlen kann, wenn ich meine vertrauten Bezugssysteme und Maßstäbe hinter mir lasse. Und es liegt auch eine Ruhe darin, Demut und Geduld, die Erleichterung, dass ich gerade nicht wissen muss, nicht wissen kann, wie es weitergeht – nicht, bevor ich nicht einige Überzeugungen und Selbstverständlichkeiten der alten Geschichte hinterfragt habe. Wenn wir uns diesen Zwischenraum, diese Leere zugestehen, erkennen wir an, dass Veränderung Zeit braucht – und Innehalten. Dieser Raum zwischen *nicht mehr* und *noch nicht* entspricht dem Puppenstadium der → Metamorphose, also der Phase, in der das Tier weder Raupe noch Schmetterling ist, sondern buchstäblich Matsch.[6] Wir befreien uns von dem, was nun endlich vorbei sein darf, und atmen aus, bevor wir uns dem nächsten Schritt widmen. Auf der anderen Seite kann es uns auch lähmen, uns dermaßen in der Leere zu erleben, keine Anhaltspunkte zu haben und eine Perspektive einzunehmen, die das Neue in weite, fast unerreichbare Ferne zu rücken scheint. Erleichterung und Verlorenheit. Beides.

Doch nehmen wir die Wirklichkeit dieses Wandelprozesses tatsächlich immer so leer und weit wahr? Ich kenne auch das Gegenteil, ein Gefühl von extremer Dichte, weil alles gleichzeitig geschieht – also ungefähr so, wie Bild 1c es zeigt. Was verändert sich in deiner Wahrnehmung, wenn wir so ein Bild vom Wandel zeichnen?

Wenn ich es so dargestellt sehe, kann ich die Enge so richtig spüren, die diese Zeit erzeugen kann, in der wir momentan leben. Wo sich zwei → Narrative übereinanderschieben, klemmt und knallt es an allen Ecken, wir fahren mit zwei Betriebssystemen parallel und müssen ständig Übersetzungsarbeit leisten, weil die Inhalte nicht mit der Form kompatibel sind, das Wollen nicht mit dem vermeintlichen Müssen, die verfügbare Sprache nicht mit dem, was wir empfinden. Das Mögliche

5 Die Illustrationen habe ich ursprünglich mit Sabrina Zeltner und Philipp Dittmar für einen Vortrag entworfen. Er trägt den Titel *Wo stehen wir als Menschheit?* https://youtu.be/qLC6BaTrMrU

6 Während ich an diesem Buch schreibe, kuschelt sich meine Freundin Sarah eines Abends an mich und fragt: »Heike, schreibst du auch darüber, wie es geht, Raupenmatsch zu werden?« Ich werde es versuchen, Sarah! Und danke, dass die Qualität unseres Miteinanderseins uns immer wieder ermöglicht, zu erkunden, wie es gehen könnte, uns vertrauensvoll dem Matschwerden hinzugeben.

stolpert über das Gewohnte, Gewohnheiten sträuben sich gegen Unbekanntes. Nichts passt zusammen. Alles ist zu viel, der Druck steigt und mit ihm die Überforderung. Der Teil des Alten, der nicht dienlich ist, mag einfach nicht gehen – oder ich mag ihn nicht loslassen. Er ist mir so vertraut, bestimmt meinen Alltag. Vielleicht hat sich auch eine Art Hassliebe zwischen uns entwickelt. Das Unbehagen ist ein so selbstverständlicher Zustand geworden, dass ich in diesem Narrativ bleibe, obwohl es mir nicht guttut. Hanno Burmester formuliert das zutreffend drastisch. »Wir sind viel eher bereit, uns von etwas verletzen zu lassen, das wir kennen, als uns der Angst vor etwas zu stellen, das uns zustoßen könnte, während wir uns auf unbekanntes Terrain begeben. Paradoxerweise scheint die Angst vor etwas, das noch nicht geschehen ist, mehr Macht zu haben als realer Schmerz im Hier und Jetzt.«[7] Es kann auch sein, dass ich mich selbst so sehr über das Jammern und Schimpfen definiere, dass ich fürchte, mich in Nichts aufzulösen, wenn ich das loslasse, worüber ich mich so gern beschwere. Also belasse ich alles beim Alten. Aber das Neue drängt mit aller Macht und will verwirklicht werden.

Zurück zum Bild: Ich kann es natürlich auch als friedliches, allmähliches und unspektakuläres Hinübergleiten lesen, ein produktives Nebeneinander, ein sanftes Weiterentwickeln. Das alte Narrativ zieht sich allmählich zurück, weil es erkennt, dass seine Zeit vorbei ist und macht Platz für das Neue, das entstehen möchte. Und genau so dürfen wir das ja bereits vielerorts bezeugen: Es gibt Übergangslösungen, bis sinnvollere Gesetze in Kraft treten, Fristen und Restlaufzeiten. Zwischen diesen Buchdeckeln sind viele Beispiele dafür zu finden.

Was eher gegen diese gemächliche Lesart und Vorgehensweise spricht, ist die Dringlichkeit, die viele von uns heute verspüren. Wir haben als Menschheit vermutlich nicht die Zeit, in aller Ruhe zu lernen, wie wir einen zukunftsfähigeren Lebensstil entwickeln. Es stellt sich so dar, als würde es entweder sehr bald passieren oder eben gar nicht mehr. Dieser Gedanke kann Panik erzeugen, die meist keine besonders klugen und schon gar keine innovativen Ergebnisse hervorbringt, sondern eher mehr vom Alten. Spätestens an diesem Punkt stellt sich die Frage nach dem Alten und dem Neuen erneut so, wie ich es ganz oben beschrieben habe:

Ist das Neue, das jetzt entstehen muss, wirklich so neu? Müssen wir es[8] erfinden und konstruieren, oder geht es um eine Rückbesinnung auf das, was wir alle bereits kennen und als Weisheit in uns tragen? Wie ist die Geschichte der Getrenntheit entstanden? Können wir zurückverfolgen, wo und wie wir die Verbindung zu dieser Weisheit verloren haben? Und würden wir dabei möglicherweise an unsere eigene Quelle

7 Zitiert nach der Webseite: www.hannoburmester.com (Übersetzung aus dem Englischen von mir).

8 Diese Fußnote ist so lang, dass sie hier keinen Platz mehr hat, du findest sie auf der nächsten Seite.

gelangen? An unseren Ursprung? Dafür müssten wir das Ganze aus etwas größerer Entfernung betrachten – und um die Dimension *Zeit* erweitern. Vielleicht zeigte sich uns dann so etwas wie Bild 1d. Was löst dieses Bild in dir aus?

Diese Sichtweise illustriert am ehesten meine Sehnsucht, die Menschheit möge wieder lernen, auf das Leben zu lauschen, sich also auf eine Fähigkeit besinnen, die wir eigentlich haben, die uns aber abhanden kam. So gesehen erscheint mir das Orangefarbene hier wie etwas, das sich immer dichter über das Eigentliche gelegt und uns immer umfassender und wirksamer die Sinne getrübt hat. Das Türkise, zugleich neu und alt, war immer um uns herum, aber irgendwann nicht mehr wahrnehmbar – so wie auf dem Umschlag des Beihefts: Orange so weit das Auge reicht und wir mittendrin. Und je dominanter und einengender das Orange, desto deutlicher regt sich in uns die Sehnsucht nach dem Türkisen irgendwo fern am Horizont – oder tief in unserem Inneren. So betrachtet, könnte es auch genau anders herum aussehen – wie in Bild 1e: Die Sehnsucht nach dem Eigentlichen hockt als Kleinod in unseren Herzen, ist aber umringt und begrenzt von so viel Orange, dass es gar nicht zutage treten kann. Orange hat sich als Narrativ lähmend um alles herumgelegt und sperrt uns ein. Was wir erleben, wenn die Vorherrschaft des Orangefarbenen ein klares Ende findet, ist die zyklische Wiederkehr von Türkis – aber eines veränderten Türkis: Es trägt die Erinnerung an

8 An dieser Stelle bin ich äußerst froh, für diese zweite Auflage nachbessern zu können. Beim Korrekturlesen stellte ich mit Entsetzen fest – es hatte mich erstaunlicherweise noch niemand darauf aufmerksam gemacht –, was ich da statt dieses kleinen Wörtchens »es« ursprünglich geschrieben hatte und was jetzt leider in 4.000 Exemplaren steht: »eine neue Weltordnung«. Ich möchte mich aufrichtig entschuldigen für diese unachtsame und unpassende Wortwahl. In den etwa anderthalb Jahren, seit ich dieses Kapitel geschrieben habe, war es ja unabdingbar, sich mit Verschwörungstheorien, rechten Heilsversprechen und verwandten gesellschaftlichen Phänomenen auseinanderzusetzen, um in der Corona- und Impfdebatte einen klaren Standpunkt zu beziehen. Seitdem weiß ich: Wenn ich diese Formulierung benutze, begebe ich mich in die Nähe einer Gesinnung, von der ich mich ausdrücklich distanzieren will. Wären die Worte nicht so besetzt, könnten sie passend sein, um auszudrücken, was ich meine: Etwas muss sich neu ordnen. Damit meine ich einen bewussten und gemeinschaftlichen Prozess, keine von einer Obrigkeit verordnete Heilslehre. Das ist der Unterschied. Und dieses Ordnen hat nichts zu tun mit dem Ausmerzen von Unerwünschtem oder mit der Vorstellung, manche seien die Auserwählten. Die Frage ist, wo und wie das Neuordnen stattfindet: Suche ich nach dem »Schlechten« im Außen und möchte es »eliminieren«? Oder sortiere ich mich selbst immer wieder neu, indem ich mein eigenes Handeln, Sprechen, Denken und Fühlen danach durchforste, wo ich Formulierungen und Haltungen unkritisch übernommen habe, weil sie so normal sind, eigentlich aber jede Menge → strukturelle Gewalt, strukturellen Rassismus oder versteckten Antisemitismus beinhalten? Der Begriff, den ich hier gestrichen habe, ist einfach nicht neutral, er wurde wiederholt für eine totalitäre Weltanschauung missbraucht. Über die Suche nach einer angemessenen Sprache schreibe ich in Kapitel 8 noch einiges.

das Orangene als Erfahrung in sich.[9] Es ist sich seiner selbst durch die Begegnung mit seinem eigenen Gegenteil bewusst geworden – was ist da nun alt und was neu?

Ich habe in diesem Zwischenkapitel mit sehr vereinfachenden Bildern hantiert, um etwas zu verdeutlichen. Doch Kulturwandel und Entwicklung sind wohl weder eine rein zyklische noch eine lineare Veranstaltung. Wir spiralen uns in unser Werden hinein. Ich möchte diese Bilder als Anregung betrachten, unsere Wahrnehmung der Situation zu überprüfen – nicht als ultimative Welterklärungsmodelle. Manchmal fühlt es sich so an, dann wieder so. Der Wandelprozess ist zu komplex, um sich mit ein paar Bildchen angemessen darstellen zu lassen – was mich nicht davon abhält, es zu versuchen, um durch die Annäherung und die Begrenztheit des Versuchs etwas zu schärfen. Was für ein Bild würdest du von unserer gegenwärtigen Situation zeichnen?

9 Davon erzählt konkret und nachvollziehbar die *Rituelle Reise in den Raum zwischen den Geschichten* (S. 489).

2 NICHT WAHRNEHMEN

Endmoräne!

Ich stolpere aus dem Schlaf in so etwas Ähnliches wie Wachsein hinein. Mein Brustkorb fühlt sich eng an, mein Herz hat nicht genug Raum, darin zu schlagen und weicht in den Hals aus. In meiner Kehle pocht es so stark, dass ich nur mühsam den Speichel schlucken kann, der sich in meinem Mund sammelt. Aus was für einem Traum komme ich? Woher rühren diese Empfindungen?

Noch bin ich an der Schwelle zwischen Nacht und Tag, zwischen Wahrnehmung und Gedanken, zwischen Bildern und Interpretationen. Ich bringe allen Willen auf, den ich habe, um dahin zurückzugleiten, wo ich gerade herkomme – auch wenn das offensichtlich nichts Angenehmes war – und erhasche ein Bild. Kein Traumbild. Ein ganz reales, eines aus dem Archiv meiner Erinnerungen. Es wurde dort vor über vierzig Jahren gespeichert und ich habe es seitdem nie abgerufen. Wie kann es angehen, dass es mir nun so gut erhalten, so gestochen scharf zur Verfügung steht – nicht nur als Bild, auch als Film, sogar körperlich spürbar, jetzt, hier, heute?

Ich sitze als Fünftklässlerin in der Schule. Alles stimmt: die grünen Schiebefenster, Güterzüge, die draußen vorbei rumpeln, die Klassenkamerad*innen, meine Freundin Barbara neben mir. Sie ist fast blind, darum sitzen wir ganz vorn in der ersten Reihe, Mitte. Direkt vor meinen Augen spielt sich das ab, womit so gut wie jede Schulstunde beginnt: Ausfragen[1]. Wir befinden uns in Bayern. Siebzigerjahre. Das kannst du, wenn du genau hinschaust, unschwer an unserer Kleidung erkennen. Wir tragen bunt gemusterte Pullunder über anders gemusterten Polyesterblusen mit spitzen Ecken am Kragen.

1 Offensichtlich handelt es sich beim *Ausfragen* um etwas, für das es regional ganz unterschiedliche Namen gibt. Folgende weitere Bezeichnungen konnte ich sammeln: Abfragen, Drankommen, Vorkommen, Vormüssen, mündliche Noten machen.

Die junge Erdkundelehrerin ist eigentlich sehr freundlich. Trotzdem klingt es wie ein Urteil, als sie den Namen des heutigen Kandidaten nennt: Michael. Ein kaum hörbarer Seufzer hinter mir. Der Junge kommt nach vorne an die Tafel. Da steht er, weiß nicht wohin mit seinen Händen. Und es wird bald klar, er hat den Stoff der letzten Stunde nicht gelernt – oder nicht abrufbar. Vielleicht hat er sich gestern hingesetzt, nachdem die Bruchrechnung fertig gerechnet und der Lückentext im Englisch-Übungsheft ausgefüllt war, das Erdkundeheft vor der Nase, die Gedanken ganz woanders. Vielleicht hat seine Mutter ihn abgefragt und gestern konnte er die ganzen Begriffe noch herunterbeten, aber jetzt ist alles weg.

»So, womit haben wir uns denn in der letzten Stunde beschäftigt?«

Stille.

»Ich helfe dir mal ein bisschen auf die Sprünge. Was verstehen wir unter einer Eiszeit?«

Michael versucht noch nicht einmal, Antworten zu geben. Jeder Frage der Lehrerin folgt ein Schweigen, das von Minute zu Minute unerträglicher wird. Beinahe leblos steht er da vorn an der Tafel und lässt das Unabwendbare über sich ergehen.

»Nach welchen bayerischen Flüssen wurden die vier Eiszeiten des Alpenraumes benannt?«

Die Erstarrung beginnt allmählich, auf mich überzugreifen. »Günz, Mindel, Riss und Würm«, bete ich innerlich herunter, vollkommen mechanisch, als wäre ein Knopf gedrückt, der immer diese Reaktion, diese Silbenfolge hervorruft. Die Freude, der Stolz, es zu wissen, vermischt sich mit dem Ärger, es nicht sagen zu können. Es fühlt sich an, als würde ich gleich platzen.

»Wie nennt man den Wall, der die äußerste Ausdehnung eines Gletschers markiert?«

»Endmoräne!«, will ich flüstern, sagen, schreien, wenigstens mit den Lippen das Wort formen. Aber ich kann nicht – denn ich darf nicht. Dieses Ritual namens Ausfragen verbietet mir zu helfen. Und damit wir das auch befolgen, gibt es diese Regel: Wer versucht, vorzusagen, beschert beiden eine Sechs, sich selbst und der Person, die vorne steht. Wissen teilen gesetzeswidrig. Kooperation strafbar. So ist es. Immer noch. Ich habe nachgeguckt: Die bayerische Schulordnung regelt das noch heute in drei Paragraphen zum sogenannten »Unterschleif«, die nicht nur den Spickzettel unter Strafe stellen, sondern auch »Handlungen zum fremden Vorteil«.[2]

An diesem Punkt, als mir die Endmoräne im Hals steckenbleibt – gesagt werden möchte, aber nicht gesagt werden darf –, kommt der Erinnerungsfilm zum Stillstand. Und dann fühle ich, als erwachsene Frau schweißnass und halbwach in meinem Bett liegend, endlich die ganze

2 Nachzulesen hier: www.gesetze-bayern.de/Content/Document/BayGSO-57

ohnmächtige Wut, die verwirrte Verzweiflung, die Empörung meines elfjährigen Selbst: »Was hier passiert, ist falsch! Warum sagt das niemand? Warum merkt das niemand? Warum tun alle so als wäre es richtig!?« Was für eine Erleichterung, hier und heute in die Morgendämmerung hinein mit mehr als vierzigjähriger Verspätung laut diese Sätze auszusprechen!

→ Einschub: Das System Schule In diesen Zeilen liegt so viel Kritik an unserem Schulsystem, dass ich nicht weiterschreiben möchte, ohne Stellung zu beziehen. Zunächst einmal bitte ich alle Lehrer*innen, die sich angegriffen oder nicht verstanden fühlen, um Geduld, weiterzulesen, bis sichtbar wird, worum es mir im Kern geht: Dieses Buch will kein Angriff, kein Vorwurf, keine Protestschrift gegen → strukturelle Gewalt an Schulen sein, das wäre viel zu kurz gegriffen. Es soll vor allem nicht als Anklage, als Fingerzeig auf die vermeintlich »Schuldigen« daherkommen. Das bringt uns nämlich nicht weiter.

Die beschriebene Situation im Klassenzimmer bzw. das schweißgebadete Aufwachen Jahrzehnte später war ein persönlicher Schlüsselmoment für mich. Anhand dieser so eindringlichen Erinnerung spürte und begriff ich auf einmal das volle Ausmaß des Nichtfühlendürfens auf unsere ganze Gesellschaft. Und ich verstand, auf welche Weise ich dieses Taubmachen als normal akzeptiert und verinnerlicht hatte – und warum Veränderung deshalb bei mir beginnen musste, beim Wiederwahrnehmen. Ich könnte auch von einer ganz anderen Situation erzählen, es gibt viele täglich, aber es war nun diese, bei der es mir auch wie Schuppen von den Augen fiel.

Die Episode aus dem Erdkundeunterricht dient also als Beispiel. Ich werde im gesamten Buch immer wieder darauf zurückkommen, um ganz konkret, detailliert und nachvollziehbar zu schildern, was da unmerklich mit uns passiert, während wir in diese Kultur und ihre Selbstverständlichkeiten hineinwachsen. Und ich will nicht verschweigen: Das was Schule heute in den meisten Ländern der Erde bedeutet stelle ich grundlegend infrage – so wie ich die meisten Strukturen infrage stelle, die unseren Alltag bestimmen. Es mag so erscheinen, dass ich das Ausfragen, das Abfragen für das einzige bzw. das schlimmste Übel unseres (staatlichen) Schulsystem halte. Nein. Es ist nur ein Symptom. In Bergen von schulkritischen Schriften ist nachzulesen, was ich hier nur grob skizzieren mag. Im Wesentlichen basiert Schule bei uns auf Unfreiwilligkeit und Standardisierung, sie setzt den Fokus auf Ergebnisse und – vermeintlich – messbare Leistung. Prozesse hingegen, vermeintliche Umwege, individuelle Neigung, Neugier und Begeisterung, das Lernen und Integrieren von → sinnlichen Erfahrungen beim Nichtstun, all das hat in unserem Schulsystem kaum Platz. Darauf gehe ich unter der Überschrift *Die Endmoräne und die Würm – leibhaftig* (S. 79) noch kurz ein. Schule

– als Ausdruck einer umfassenden gesamtgesellschaftlichen Haltung – zwingt uns dazu, dass wir alle, so verschieden wir auch sein mögen, zur gleichen Zeit das Gleiche lernen müssen. Nicht etwas, das unserem ureigenen Interesse entspricht, sondern »Stoff«, den irgendeine Kultusminister*innenkonferenz mal im Lehrplan festgeschrieben hat, weil man das wissen oder können sollte, um als produktives Mitglied dieser Gesellschaft eine Existenzberechtigung zu haben. Um den Erfolg zu überprüfen, gibt es »Lernzielkontrollen«. So heißen Prüfungen in der Bürokratiesprache wirklich. Wenn wir den gesetzten Standards nicht entsprechen, dürfen wir als mangelhaft, als ungenügend bewertet werden. Das nagt an unserem Selbstwertgefühl. Die vermeintlich Erfolgreichen prägt es nicht minder, auch wenn es nicht immer so offensichtliche Narben hinterlässt. Sie verlieren das Gespür für ihre eigenen Impulse, sie liefern eifrig Leistung in Gebieten, für die sie gar nicht brennen, sie stumpfen ab im bloßen Funktionieren und Erledigen, richten ihr Wissen und Können mitunter gegen andere, sie entwickeln eine Überheblichkeit gegenüber denjenigen, die auf andere Weise oder in anderem Tempo lernen – und spalten allmählich auch den Teil in sich selbst ab, der gar nicht so gern allein klarkommen möchte, der kooperieren möchte und nicht gewinnen. Und damit schließt sich der Bogen zurück zum Text.

Eine letzte Bemerkung, die allem bisher hier Geschriebenen auf den ersten Blick zu widersprechen scheint: Es gibt Kinder und Jugendliche, für die Schulpflicht und Schule, so wie sie ist, ein wahrer Lichtblick sind. Nicht weil unsere Schulen so toll sind, sondern weil es bei ihnen zu Hause für sie richtig schlimm ist. Dass man die Schulpflicht als Segen empfinden kann, ist ein Armutszeugnis für unsere Gesellschaft, der es nicht gelingt, Lebensbedingungen zu schaffen, die ein förderliches Aufwachsen für alle Kinder gewährleisten. Manche haben Pech, weil ihre Eltern auch Pech gehabt haben usw. – auch das halten wir ja für normal. Solchen Kindern dient die Schule als Zuflucht vor häuslicher Gewalt, als sicherer Ort wenigstens für ein paar Stunden am Tag. Einige von ihnen begegnen hier zum erstem Mal in ihrem Leben mitfühlenden Erwachsenen, einer Lehrerin, die zuhören kann, einem Sozialpädagogen, der nicht wegguckt. Bei Weitem nicht alle Lehrkräfte an öffentlichen Schulen beugen sich dem Druck der systemischen Gewalt, manche vertrauen ihrer Wahrnehmung für das was richtig, wichtig, angemessen ist. Sie wagen eine echte Beziehung mit ihren Schüler*innen und finden Schlupflöcher, Freiräume, leisten auf stille Weise zivilen Ungehorsam. Ihnen sei an dieser Stelle von Herzen gedankt! Und es sei auch nicht verschwiegen, was für einen Spagat sie da vollziehen, wenn sie versuchen, einem menschenunwürdigen System Menschlichkeit einzuhauchen. Nicht wenige von ihnen treibt das früher oder später in den Burnout oder in die resignierte Anpassung. Sie wollen niemanden bewerten, niemanden durch Sitzenbleiben aus der Klassengemeinschaft reißen, aber am Ende jedes Halbjahres müssen die Zeugnisse geschrieben werden. Sie winden sich, wollen es nicht – und schreiben dann doch Zahlen auf jene Zettel, die etwas über den Wert der Kinder aussagen sollen. Und weil für Michael noch keine mündliche Note im Klassenbuch steht, holen sie ihn zu Beginn der nächsten Stunde an die Tafel.

Das Falsche ist normal

Es ist falsch! Das ahnte ich damals nicht nur, weil der Religionslehrer uns kurz vorher in ein und demselben Klassenraum die Geschichte vom Barmherzigen Samariter vorgelesen hatte. Die Botschaft war sehr eindeutig: Helfen ist edel, Wegschauen verwerflich. Solch eine von außen an mich herangetragene moralische Belehrung brauchte ich aber nicht, um in einem verborgenen Kämmerchen meines Herzens zu ahnen: Was hier beim Ausfragen passiert, ist falsch, es ist grundverkehrt! Nein, *ahnen* ist nicht das richtige Wort – mein Herz *wusste* es. Ich konnte es spüren, mein ganzer Körper bestätigte es. Und an genau der Stelle, an der ich das so sicher wusste, wohnte auch die Sehnsucht nach einer Welt, die sich an dieser Wahrheit ausrichtet. Doch was hatte diese Stelle in meinem Herzen mit dem Mädchen zu

tun, das hier in der ersten Reihe saß und angestrengt folgsam schwieg? Warum wollte ich etwas sagen und sagte es nicht, obwohl der Impuls doch so deutlich spürbar war?

Heute, als Erwachsene kann ich einen Schritt zur Seite treten. Ich habe genug Boden unter den Füßen, um in meinem Denken und Handeln etwas unabhängiger zu sein, habe mir Referenzsysteme geschaffen, die mir helfen zu benennen: Dieses Ausfragen ist nichts anderes als strukturelle Gewalt. Gewalt, die in der Logik des Systems liegt und daher nicht so leicht zu erkennen ist, zum Beispiel weil die Erdkundelehrerin nett erscheint. Es ist nicht Gewalt, die gewaltsam sein will. Es ist Gewalt, der nicht bewusst ist, dass sie gewaltsam ist – weil das Gewaltsame so normal ist.

→ Einschub: Gewalt Es mag erschreckend klingen, wenn ich dieses Wort benutze. Das kommt sehr gewaltsam daher, roh, brutal. Wir sind doch alle froh, dass die Prügelstrafe abgeschafft ist und es in unseren Klassenzimmern keine Rohrstöcke mehr gibt. Aber geht es dort wirklich gewaltlos zu? Nur auf den ersten Blick, nur, wenn wir Gewalt mit körperlicher Unterwerfung, mit Züchtigung und sichtbarer Brutalität gleichsetzen – von der es auf dieser Welt auch noch jede Menge gibt. Je mehr sich eine Gesellschaft für zivilisiert erklärt und gewisse Werte hochhält, desto subtiler kann sich Gewalt möglicherweise ausdrücken. Sie ist tendenziell immer noch vorhanden, aber immer schwerer ausfindig zu machen. Es kann sehr hilfreich sein, abgestufte Erscheinungsformen von Gewalt zu unterscheiden:

Direkte Gewalt: In ihrer Grundform zeigt sich Gewalt unverblümt aggressiv. Sie geht mit blauen Flecken, anderen sichtbaren Verletzungen oder mit erheblicher Lautstärke einher. Da gibt es eine Person, die einer anderen überlegen ist, ein Kräfteungleichgewicht. Und die stärkere Person nutzt das aus, um der schwächeren mit Worten oder Schlägen Leid zuzufügen, um Kontrolle auszuüben, Wut abzureagieren, eine Rangordnung zu demonstrieren. Oft ist hier eher wenig Unrechtsbewusstsein vorhanden. Der oder die Gewalttätige hat wenig Möglichkeit, die eigene Aggression distanziert zu betrachten und zu bewerten. Die Person legt es sich so zurecht, dass sie irgendwie im Recht ist. Gewaltfreiheit ist dort, wo wir dieser Ausprägung von Gewalt begegnen, kein (hoher) ethischer Wert. Sobald das nämlich der Fall ist, kann sich Gewalt nicht mehr so offen zeigen, zumindest nicht, ohne → Scham, Trotz oder Zynismus zu erzeugen.

Strukturelle Gewalt: Diese Form beschreibe ich im Text. Alles geht zivilisiert zu, man spricht höflich miteinander, vermeidet direkten Körperkontakt. Niemand brüllt herum oder prügelt. Trotzdem sind in die Strukturen des Alltäglichen Mechanismen eingeschrieben, die den einen Macht über die anderen geben oder ihnen Privilegien einräumen. Leid entspringt nur indirekt dem zwischenmenschlichen Kontakt, es wird von der gegebenen Struktur verursacht und gerechtfertigt. Die Mächtigeren dürfen auf eine im Regelwerk festgeschriebene Art und Weise die Freiheit der weniger Mächtigen einschränken, über sie bestimmen, sie zu Handlungen zwingen, die unangenehm, beschämend oder erniedrigend für sie sind. All das wird von allen Beteiligten als dermaßen selbstverständlich und unabänderlich akzeptiert, dass es gar nicht als Gewalt wahrgenommen wird. Das ist halt so. Lehrer*innen dürfen das. Chef*innen auch. Vielleicht wird diese Macht der Selbstverständlichkeit beim Lesen dieser Zeilen deutlich, wenn du dir denkst: »Na ja, erniedrigend würde ich das nicht unbedingt nennen, das kommt mir etwas übertrieben vor.« So unsichtbar macht sich strukturelle Gewalt. Sie schafft eine Welt, in der uns das Gewaltsame als normal verkauft wird und täglich begegnet, bis wir es als gegeben und unabänderlich hinnehmen.

Gewalt der vorenthaltenen Aufmerksamkeit: Noch subtiler kommt die dritte Erscheinungsform der Gewalt daher. Ich fand sie bei Otto Scharmer als *Attentional Violence* beschrieben[3] und war überaus erleichtert, das so zu lesen. Es handelt sich um jene Dimension von Gewalt, die allein darin besteht, dass wir einem Menschen und seinen – schlummernden – Möglichkeiten nicht unsere volle Aufmerksamkeit zukommen lassen. (Im Einschub zu → Trauma gehe ich etwas näher darauf ein, dass allein die Abwesenheit von guter und unterstützender Beziehung großen Schaden anrichten kann, S. 69). Wir enthalten einander unentwegt guten, förderlichen, unterstützenden Kontakt vor, jenen Resonanzraum, den wir brauchen, um in vollem Umfang Mensch sein und werden zu können. Wir sind es kaum gewohnt und daher selten bereit, einer Person so zu begegnen wie sie ist, sie also nicht zu funktionalisieren, in ein Schema zu pressen oder ihr eine Rolle aufzudrängen. Das geschieht nicht aus bösem Willen, sondern weil wir es nicht anders kennen, eben weil wir uns angewöhnt haben, immer nur gewisse Aspekte voneinander wahrzunehmen.

Diese Gewalt der vorenthaltenen Aufmerksamkeit bedeutet schlicht und einfach – und es wird den einen oder die andere wundern, das als Gewalt zu beschreiben –, dass wir es unterlassen, in unserem Gegenüber das höchste Potenzial zu sehen. Auf dem Wunsch, dieser Erscheinungsform von Gewalt den Boden zu entziehen, beruhen Schulen für Potenzialentfaltung[4], die hier und da entstehen. Und gemeint ist dabei nicht – aber leider doch häufig so verstanden – Potenzial im Sinne von Erfolg und Karriere. Es geht nicht um Selbstoptimierung und Verwertbarkeit, nicht darum, das Beste aus Schüler*innen herauszuholen, um in unserem Hochleistungssystem brillant zu funktionieren, sondern

3 Zum Beispiel in diesem Interview: https://www.kosmosjournal.org/kj_article/collective-trauma-and-our-emerging-future

4 Schulen für Potenzialentfaltung schaffen andere Strukturen fürs Lernen und Sein, um gewaltfreies Lernen zu ermöglichen. Glücklicherweise entstehen immer mehr davon. Beispiele im Anhang (S. 541).

ganz im Gegenteil: Es geht darum, dem zu lauschen, wozu wir Menschen individuell wie kollektiv eigentlich in der Lage sind. Wohin kann ein Mensch wachsen, der in freiem, wahrnehmendem und ergebnisoffenem Kontakt mit der Welt sein darf, die ihn umgibt, um den ganz eigenen Platz und Beitrag darin zu finden?

Da sind wir wieder beim Wahrnehmen angelangt. Sehr viel Lauschen ist vonnöten, sehr viel Ausblenden von Störgeräuschen, um unseren ureigenen Ruf hören und ihm frei folgen zu können. Diesem Raum zum Lauschen und Entfalten wird in unserer Gesellschaft enorm viel Gewalt angetan. Er wird uns vorenthalten. Aber es steht in unserer Macht, uns diesen Raum anzueignen, ihm mehr Wichtigkeit beizumessen und ihm einen zentralen Platz in unserem Leben zu geben. Der erste Schritt ist, uns einzugestehen, wie schmerzhaft dieses Entbehren ist.

Und ich möchte bei allem Erschrecken über die viele Gewalt die positive Sichtweise nicht vorenthalten: Ich betrachte es als großen Schritt in der Entwicklung, dass wir Menschen diese Erscheinungsformen von Gewalt nun so differenziert erkennen können. Es ist ein Fortschritt, dass nicht mehr das Faustrecht gilt, dass Schwächere vor Gewalt geschützt werden und dass Gewalttätige mit Konsequenzen rechnen müssen. Wir sind an einem Punkt in der Menschheitsgeschichte angelangt, wo diese gesteigerte Sensibilität für Gewalt sich in offiziellen und für gültig erklärten Vereinbarungen, Regelungen und Gesetzen niederschlägt. Und die andere Seite der Medaille: Wir unterscheiden leider immer noch klar zwischen →Täter*innen und →Opfern und verhängen Sanktionen – meist ohne zu fragen, woher die Gewalt der Täter*innen kommt (darüber schreibe ich in der Geschichte *Deutscher Herbst 2020,* S. 394). Es ist letztendlich ein Armutszeugnis, dass wir Gewaltlosigkeit in Gesetzen festhalten müssen. Ebenso ist es ein Zeugnis gesunder Selbsteinschätzung: Ohne Gesetze bekommen wir das – noch – nicht hin. Sie sind ein Zwischenschritt – hin zu einer wahrnehmenden Gesellschaft. Mein Anliegen ist es, diesen Zwischenschritt zu würdigen und dabei nicht zu vergessen, dass wir zu mehr in der Lage sind.

Noch eine Bemerkung hinterher: Ich habe eine Weile gezögert, ob ich überhaupt mit dem Gewaltbegriff hantieren möchte. Zu leicht lässt er sich als Waffe verwenden. Darum schicke ich diese Sätze hinterher: Das Beschreiben ist wichtig. Es ist notwendig, zu benennen, dass unser Schulsystem nicht nur ein bisschen seltsam oder überholt ist, sondern tatsächlich auf gewaltvollen Strukturen basiert. Erst wenn wir das aussprechen, können wir das in vollem Umfang erkennen und fühlen. Es wird aber wenig hilfreich sein, Lehrer*innen vorzuwerfen, sie übten Gewalt aus. Das bringt sie vermutlich in die Defensive und verhärtet die Fronten. Der Gewaltbegriff taugt zum Beschreiben und zum System-Erkennen, nicht so gut zum Kommunizieren innerhalb des Systems, da er uns allzu leicht in eine Haltung katapultiert, die Vorwürfe macht und »Schuldige« sucht, statt eine wirkliche Begegnung zu ermöglichen.

Zurück in die Schule: Es gibt auch Lehrer*innen, bei denen die Grausamkeit sichtbarer wird. Sie inszenieren schon die Wahl der Ausfrage-Kandidat*in als Krimi: »Na, wen nehmen wir denn heute?« Effektvolle Pause, den Blick auf einem der Jungen verharren lassen, die man gern »Pappenheimer« nennt. Diejenige süffisant angucken, die eh das Klassenziel nicht erreichen wird. Und dann doch mit schlafwandlerischer Sicherheit genau die Person auswählen, die heute am allerwenigsten damit rechnet oder gestern beim Schlafengehen am inständigsten gebetet hat, nicht dranzukommen. Wer ängstlich guckt, erhöht die Wahrscheinlichkeit, an die Tafel zu müssen. Die Erdkundelehrerin verzichtet auf eindeutige Machtdemonstration. Sie kann aber noch so freundlich sein, noch so ermutigend lächeln, sie spielt trotz allem dieses Spiel mit, das die einen Schüler*innen beschämt und die anderen zwingt, tatenlos dabei zuzugucken, obwohl sie helfen könnten. Das kann ich heute erkennen. Als Kind war mir das nicht möglich. Ich war diesem Zwiespalt, dieser kaum auszuhaltenden Diskrepanz zwischen innerlich empfundener und außen vorgefundener Selbstverständlichkeit ausgeliefert – zwischen scheinbarer Freundlichkeit und gefühlter Grausamkeit. Und ich hatte keine Worte, das zu beschreiben, kein Gegenüber, das mich ermutigt hätte, den Sinn von Ungeheuern wie dem »Unterschleif« infrage zu stellen, kannte keinen Menschen, der mich darin hätte unterstützen können, aus meinem Empfinden ein angemessenes Handeln abzuleiten. Es war kein Land in Sicht im Konkurrenz-Meer. Manche von uns hatten sich diese Logik bereits so gut zu eigen gemacht, dass sie das Ganze auf die Spitze trieben und bei Tests den Schulranzen in die Mitte der Bank stellten, damit die Nachbar*in auch ja nicht abschreiben konnte von unserem Wissen, das unser wertvolles Privateigentum war. Ich war seltsam, wenn ich das seltsam fand. All meine Versuche, darüber auch nur ansatzweise zu sprechen, fielen auf jenen Boden, dem die unhinterfragbare Logik von Gewinnen und Verlieren zugrunde lag: »Was willst du denn? Beschwer dich doch nicht, du hast doch gute Noten!« Es war nicht vorgesehen, etwas als falsch zu empfinden, das mich selbst als vermeintliche Gewinnerin dastehen ließ.

Es wurde und wird uns immer noch als normal verkauft, dass Schule, ja, dass die Welt ein Ort der Konkurrenz sein muss. Dass Lernen, dass Leben gegeneinander und nicht miteinander stattfindet. Dass es normal ist, sein Wissen für sich zu behalten anstatt es großzügig zu teilen. Und folgerichtig: dass es selbstverständlich dazugehört, der Not und dem Scheitern anderer zuzusehen, ohne einzugreifen. Die Macht dieser Normalität und meine gefühlte Ohnmacht angesichts dieses damals unauflösbaren Widerspruchs führten dazu, dass ich mich dem System Schule so gut wie widerstandslos ergab. Denn es war ja meine tägliche Realität, mit der ich mich dreizehn lange Jahre lang irgendwie arrangieren musste. Wie habe ich das geschafft?

»Handlungen zum fremden Vorteil«

Ich habe mich taub gemacht, habe es ausgehalten, an mir vorüber ziehen lassen. Habe mich der Tatsache ergeben, dass das eben so ist, keine »Handlungen zum fremden Vorteil« begehen zu dürfen. Kein Mensch kann es ertragen, immer wieder bei voller Empfindungs- und Empathiefähigkeit zuzugucken, wie andere Menschen bewertet, beschämt und in ihrem Selbstwertgefühl verletzt werden. Also habe ich mich taub gemacht. Fast alle haben diesen Weg gewählt. Das geschah, um nicht die ganze Schulzeit über mehrfach am Tag rufen zu müssen: »Das ist falsch!« und immer einsamer damit zu werden.

Aber das Betäuben hat nichts genützt. Ich habe mich trotzdem einsam gefühlt – wie einsam, das erkenne ich erst heute in vollem Ausmaß. Es war, es ist so normal, einsam zu sein. Und das möchte ich nicht als weinerliches Selbstmitleid gelesen wissen, sondern als Moment tiefen Anerkennens, der mich zu Veränderung aufruft, weil ich den Kindern, die jetzt kommen, diese Einsamkeit und damit einhergehende Ohnmacht ersparen möchte.

Peinlich berührt

Vor ein paar Tagen habe ich diese morgendliche Erinnerung an die Szene im Klassenzimmer aufgeschrieben. Es war auf heilsame Weise erleichternd, Worte zu finden für diese subtilen Grausamkeiten des Alltags – Worte, die ich damals noch nicht hatte. Heute lese ich mir das noch einmal durch und bin peinlich berührt, schäme mich. Wie unverhältnismäßig! Aus einer winzigen Sache mache ich so ein Drama! Man kann es auch übertreiben. Was für eine Nabelschau. Es gibt Menschen, die viel bedrohlichere, existenziellere Situationen erleben. Darauf sollte ich das Augenmerk richten, anstatt die Luxusprobleme unserer Leistungsgesellschaft bis ins kleinste Detail zu sezieren und mich selbst zu bemitleiden. Was denken Leute von mir, wenn sie das lesen? Das ist Jammern auf wirklich hohem Niveau. Schnell löschen!

Dann halte ich einen Moment inne – in welches Fahrwasser von Entweder-Oder saugt es mich da gerade hinein? Ist es mir möglich, anzuerkennen, dass es anderswo lebensbedrohlichere Unterdrückung gibt, ohne die selbst erlebte Gewalt als nichtig und nebensächlich zu abzutun? Warum habe ich diese Geschichte genau so geschrieben, wie sie da jetzt steht – falls ich nicht vor lauter →Scham ganz schnell auf *Löschen* drücke?

→Einschub: Scham, Beschämung, Schamlosigkeit

Scham ist nicht nur ein →Gefühl, sie fungiert zugleich als gesellschaftliches Regulativ. Gemeinschaften – von der Familie bis hin zum Staat – basieren auf Vereinbarungen, Regeln, Gesetzen. Das muss nicht auf alle Ewigkeit so sein, sondern ist wohl nur ein Zwischenschritt in der menschlichen Entwicklung. Vorübergehend brauchen wir offensichtlich noch Regeln. Wenn wir diese Regeln übertreten, schämen wir uns. Das ist so unangenehm, dass wir sie meist lieber einhalten, oder dass wir beim Missachten darauf achten, nicht ertappt zu werden. Denn wir wollen dazugehören, darauf wir sind für unser Überleben angewiesen. Soziale Ächtung ist mindestens ebenso bedrohlich für uns wie der Tod.

»Ich bin falsch.« Diesen Satz weist Vivian Dittmar in ihrem aufschlussreichen Buch »Gefühle und Emotionen«[5] der Scham zu, während »Das ist falsch.« zur Wut gehört. Die Kraft der Scham ist die Selbstreflexion, ihr Schatten ist die Selbstzerfleischung. Und diesen Unterschied zu erkennen ist wesentlich: Selbstreflexion ist die Grundlage für Entwicklung, Lernen und Wachstum. Sie ruft uns auf, uns immer wieder zu fragen: »Folge ich meiner inneren Wahrheit oder lasse ich mich ablenken, schwächen, einverleiben?« Die Selbstzerfleischung hingegen höhlt uns aus, macht uns mut- und kraftlos: »Ich bin falsch.« Wie kann ich denn gut in diesem Leben zuhause sein, wenn ich mich dauerhaft schäme, wenn mein Grundgefühl also ist, falsch zu sein? Das ist extrem verunsichernd und destabilisierend. Viele Mächtige haben das erkannt und **Beschämung** für ihre Zwecke missbraucht, indem sie Menschen einredeten, sie seien schlecht, sündig, lasterhaft, falsch. Der Pranger war über Jahrhunderte hinweg eine gängige Erziehungsmaßnahme, das In-der-Ecke-Stehen in der Schule ist nichts anderes. Mit dem Dissen in den sozialen Medien, dem Cybermobbing hat das Beschämen eine neue Gestalt angenommen.

Wir versuchen es zu vermeiden, Scham empfinden zu müssen. Es ist sehr unangenehm, sich falsch zu fühlen. Doch genau das gilt es jetzt zu lernen. Denn in dem Moment, wo die Kultur, in der wir leben, sich als lebensfeindlich erweist, wird es überlebensnotwendig, sich über ihre Regeln hinwegzusetzen. Das wird mit sich bringen, dass wir von anderen beschämt werden – insbesondere von jenen, die, bewusst oder unbewusst, → Angst vor → Veränderung haben.

Menschen, die am → Wandel mitwirken wollen, dürfen sich nun also in **Schamlosigkeit** üben. Wir dürfen uns weigern, uns zu schämen – nicht grundsätzlich, sondern indem wir lernen zu erkennen, wo Beschämung uns manipulieren will. Denn wir beginnen zu ahnen: Nein, wenn ich meiner Wahrnehmung für Richtigkeit gemäß handle, bin ich nicht falsch – im Gegenteil, es fühlt sich richtiger an als alles, was mir als richtig verkauft wird. Und das bedeutet nicht, dass wir uns ein dickes Fell zulegen. Das wäre ja die alte Strategie: abhärten und unempfindlich machen. Nein, wir können üben, wahrzunehmen: Oh, jetzt steigt Scham

5 Vivian Dittmars Gefühlskompass stelle ich in einem eigenen Einschub vor (S. 111). Eine Graphik dazu gibt es im Beiheft (Abb. 8).

in mir auf. Was will sie mir sagen? Ist es die Scham meines Gewissens oder die der sozialen Kontrolle? Will ich mich ihr beugen oder möchte ich lieber aus dem Spiel aussteigen, dass ich dem Normalen folgen muss, egal als wie falsch ich es empfinde? Ich weigere mich ab jetzt, mich zu schämen, weil ich weine über eine Brutalität, die so alltäglich geworden ist, dass sie unter unseren Radar gerutscht ist. Ich weigere mich, mich zu schämen, wenn der Verkäufer am Olivenstand mit den Augen rollt, weil ich mein Einmachglas mitgebracht habe, um keinen Plastikmüll zu verantworten. Ich weigere mich, mich zu schämen, wenn ich Sand ins Getriebe einer Institution streue, weil ich neue Wege vorschlage, die erst einmal mehr Arbeit machen und allein deshalb umständlich erscheinen, weil sie anders sind.

Es wird eine Zeit großer und genussvoller Schamlosigkeit anbrechen! Ich freue mich drauf!

Keimzellen ausfindig machen

Der Text übers Ausfragen ist noch da, er ist nicht meiner Scham zum Opfer gefallen. Warum? Was bringt mich dazu, über diese kleine und alltägliche Situation so viele Worte zu verlieren? In dieser Geschichte sitzen satte, saubere, modisch gekleidete, gegen Diphterie und alles Erdenkliche geimpfte Ober- und Mittelschichtskinder in einem gut geheizten Klassenzimmer und genießen das ganz und gar nicht selbstverständliche → Privileg, dass ihnen kostenlos jene Bildung zuteil wird, die ihnen dazu verhelfen kann, einflussreiche, verantwortungsvolle und gut bezahlte Berufe zu ergreifen.

Es gibt zweifellos rohere, brutalere, erniedrigendere Gewalt als jene, die ich hier beschreibe. Und gleichzeitig fungiert das, was ich da unter die Lupe nehme, als eine Art Keimzelle für dieses System. Das System, in dessen Konsequenz Textilarbeiter*innen unter den Trümmern einstürzender Fabriken begraben werden und Menschen auf der Flucht im Mittelmeer ertrinken oder an den Südgrenzen der EU eiskalt abgewiesen werden. Das System, das darauf beruht, diesen Planeten zu plündern, zu vergiften und seiner Vielfalt zu berauben. Auch auf die Gefahr hin, das allzu Eindeutige hinzuschreiben, möchte ich explizit benennen, was hier schon die ganze Zeit mitschwingt: Dass sich genau diese Situation in genau diesem Klassenzimmer genau so ereignet hat – und unzählige vergleichbare –, steht in direktem Zusammenhang mit Unterdrückung, Ausbeutung und Machtmissbrauch auf diesem Planeten.

Warum? Weil alldem die Geschichte der Getrenntheit zugrunde liegt: So gut wie alles, was uns begegnet, drängt uns die unterschwellige Botschaft auf, dass es normal und richtig ist, in erster Linie auf den eigenen Vorteil bedacht zu sein und uns unempfindlich zu machen für den Nachteil, der für andere damit einhergeht – Menschen, Tiere, Pflanzen,

Ökosysteme, den gesamten Organismus Erde. Dieses Ritual namens Ausfragen verbietet mir zu helfen, habe ich weiter oben geschrieben. Und das ist nur ein winziger Teil der fatalen Konditionierung, die hier passiert. Diesem Ritual namens Ausfragen beiwohnen zu müssen, ohne mich beteiligen zu dürfen und nach Lust und Möglichkeit beitragen zu können, bringt mir bei, einen gesunden Teil meines Ich abzuspalten. Jenen Teil, der sich gar nicht trennen kann, weil er nicht unterscheidet zwischen Vorteil für mich und Nachteil für dich. Jenen Teil, der in tiefem, selbstverständlichem und vertrauensvollem Kontakt ist mit dem Leben an sich – dem Leben, dessen Grundimpuls es ist, immer mehr Leben, mehr Lebendigkeit, mehr Vielfalt hervorzubringen.

Unverbunden

Jedes Leben ist untrennbar mit anderem Leben verbunden. Doch die »zivilisierte« Welt um uns herum suggeriert uns etwas anderes: Wir lernen von Klein auf, uns zu trennen, zu unterscheiden zwischen ich und du, meins und deins[6], uns selbst und der Welt da draußen, Handlungen zum eigenen und zum fremden Vorteil. Es wird uns so lange als normal vorgelebt, bis wir es als normal hinnehmen. Das bemerkst du vielleicht, falls du dies liest und dir denkst: »Wieso, es gibt doch auch einen Unterschied zwischen mir und dir. Das ist doch nicht zu leugnen. Ich bin nicht du.« Ja, das stimmt. Und es stimmt nicht. Wir sind keine Ansammlung von abgetrennten,

6 Wie diese Trennung, die ja unter anderem auf der Eigentumslogik beruht, schon ganz früh eingeübt wird, darüber gibt es eine wunderbare Geschichte im Buch »Links leben mit Kindern« von Almut Birken und Nicola Eschen: *Auf dem Spielplatz*.

autonomen Individuen, die nichts miteinander zu tun haben, außer miteinander zu konkurrieren. Wir sind ursprünglich nicht die, zu denen die Schule uns schließlich macht, wenn sie mir eine Note für meine Leistung gibt und dir eine andere für deine. Das verkennt, was für kooperative und co-kreative Wesen wir eigentlich sind. Zwar sind wir voneinander unterscheidbare Entitäten, aber wir sind Teil des Lebensgewebes, ebenso wie unser eigener Organismus unzählige Kleinstlebewesen beherbergt, die unser Mikrobiom ausmachen und ohne die wir nicht leben könnten. Erst Ideen wie der »Unterschleif«, die »Handlungen zum fremden Vorteil« unter Strafe stellen, impfen uns diese Haltung der Getrenntheit ein.

Aber sind wir bereit, in vollem Umfang zu fühlen, was da schon früh und dann immer wieder mit uns passiert? Und können wir in letzter Konsequenz anerkennen, wie sehr wir verstrickt und beteiligt sind? Ich selbst, obwohl ich unserem Gesellschaftssystem schon lange äußerst kritisch gegenüberstehe, konnte das nicht, bis ich an jenem Morgen jäh aus diesem Traum erwachte, der Spur des hämmernden Herzklopfens nachging und nichts anderes fand als diese völlig alltägliche, normale Schulsituation.

Da, aber doch nicht da

Was genau passiert in uns, wenn wir uns jenem Paragraphen der Schulordnung beugen, der uns »Handlungen zum fremden Vorteil« verbietet? Wir spielen das Spiel der Trennung mit und werden Teil davon. Das geschieht in vielen kleinen Schritten: Erst einmal hoffen wir, das Ausfragen möge bitte eine*n andere*n treffen, nicht uns. Wir sitzen im Klassenzimmer und versuchen auszustrahlen: »Ich bin gar nicht da.« Was für eine Verschwendung von kostbarer Lebenszeit, unser Verschwinden zu trainieren, anstatt jeden Moment unserer Anwesenheit zu feiern! Falls dann der Kelch tatsächlich an uns vorüber gegangen ist, schneiden wir uns ab von der Angst derer, die ausgefragt werden, von unserem Mitgefühl, vom grundlegenden Lebensimpuls, unterstützend Anteil zu nehmen, beizutragen, anwesend zu sein. Ganz allmählich gewöhnen wir uns an diesen Zustand von Unverbundenheit, und das ist laut Dami Charf »ein oder sogar *der* Kern von → Trauma: [...] das Getrenntsein von uns selbst. Wir sind da, aber wir sind irgendwie doch nicht da. Wir sind innerlich nicht präsent. Wir fühlen uns nicht, während wir doch eigentlich da sind. Wir funktionieren, aber sind nicht wirklich lebendig.«[7]

Nichts anderes passierte in besagter Erdkundestunde – wie in hunderten ähnlicher Situationen. Ich trennte mich nicht nur von Michaels Angst und Versagen, sondern auch von meinen eigenen Empfindungen und Impulsen. Ich saß zwar auf meinem Stuhl da vorn in

7 Das schreibt die Traumatherapeutin in ihrem Newsletter vom 24.01.2020. Auf ihrer Homepage finden sich viele gut verständliche Beiträge zum Thema Trauma: www.traumaheilung.de/blog

der ersten Reihe, ganz nah dran, mein physischer Körper war da. Aber der Rest war weit weg. Ich hatte eine Art Schutzschild aufgestellt, um die Schmach des Scheiterns meines Mitschülers und die mir auferlegte Ohnmacht sowie die Wut darüber allenfalls gedämpft mitzubekommen.

→ Einschub: Trauma, kollektives Trauma, Dissoziation, Resilienz

Was ich meine, wenn ich von Trauma spreche? Diese kleine Notiz kann nur eine stark vereinfachte Darstellung hochkomplexer Vorgänge sein. Sie dient dazu, Begriffe und Vorgänge knapp zu erklären, damit der Rest des Textes verständlich ist. Ich beziehe mich im Wesentlichen auf das Kernthema dieses Buches: Nichtwahrnehmen und Taubsein als gesellschaftliche Normalität. Im Kapitel *Anerkennen* gehe ich ausführlicher auf Zustände unseres Nervensystems ein.

Trauma – das ist ein in den letzten Jahren inflationär benutzter Begriff, der auch stellenweise verharmlosend in die Alltagssprache übernommen wurde. »Du, das war echt voll traumatisch für mich«, höre ich hin und wieder als Kommentar zu einer tendenziell unangenehmen, aber keineswegs bedrohlichen Situation. Doch genau das Bedrohliche, Überwältigende ist es, was Trauma ausmacht. Es handelt sich um Erlebnisse, denen wir nicht gewachsen sind, auf die wir also nicht so reagieren können, dass wir uns noch als einigermaßen sicher und handlungsfähig wahrnehmen. Es sind Situationen, in denen wir uns ohnmächtig und ausgeliefert fühlen. Nicht alle Menschen zeigen die gleiche Reaktion auf bestimmte einschneidende Ereignisse. Von ähnlichen Erlebnissen erholen sich die einen recht schnell, während andere lange darunter leiden und viel Unterstützung benötigen, um wieder ins Leben zurückzufinden.

Das liegt an dem unterschiedlichen Grad an **Resilienz**, den die Personen mitbringen. Resilienz könnte man als die Fähigkeit bezeichnen, heil und stabil zu bleiben oder zügig zu einer Balance zurückzufinden, nachdem Verstörendes, Furchtbares passiert ist. Und ob wir das können oder nicht hängt maßgeblich davon ab, wie sicher wir uns fühlen, also wie viel Vertrauen wir in uns selbst und in das Leben aufbauen konnten. Dieses Vertrauen wiederum basiert auf einer guten und zuverlässigen Bindung zu unseren Eltern oder anderen frühen Bezugspersonen, die uns bestätigten, dass wir so wie wir sind richtig sind, und bei denen wir in bedrohlichen Situationen andocken, Schutz finden und uns beruhigen konnten – der Fachbegriff dafür lautet *Regulieren.* Gab es das nicht oder nicht verlässlich, dann haben wir wenig Boden unter den Füßen, wenig Halt, auf den wir zurückgreifen könnten, wenn Gefahr droht. Dauerhaftes Fehlen einer nährenden, bestärkenden, liebevollen Umgebung kann Menschen also ebenso – wenn nicht tiefer – traumatisieren als ein einmaliger Schock. Sie sind dann über lange Strecken wie vom Leben abgeschnitten, obwohl man das nicht einem einzigen schlimmen Erlebnis

zuschreiben kann. Deswegen wird im therapeutischen Feld zwischen *Schocktrauma* (z.B. durch einen Unfall, ein Attentat) und *Entwicklungstrauma* (z.B. als Folge von Vernachlässigung oder mangelndem guten Kontakt) unterschieden.

Es gibt auch eine Schattenseite der Resilienz, die mir in der Trauma-Literatur meist zu kurz kommt. Ich war sehr erleichtert, als meine geschätzte Kollegin Mandoline Whittlesey[8] das formulierte: Die Fähigkeit, mit allem Schrecklichen irgendwie umzugehen, birgt die Gefahr in sich, dass wir uns angewöhnen, Ungutes auszuhalten und uns mit grundlegend lebensfeindlichen Umständen zu arrangieren, anstatt sie zu verändern. Dass Depression und Burnout heute so zunehmen, ist erschreckend. Aber ich möchte es auch als gutes Zeichen betrachten: Menschen beginnen wahrzunehmen, wie krank sie werden von einer Welt, die eben einfach nicht gesund ist.

Was passiert bei traumatischen Erlebnissen? Wenn uns etwas richtig Schlimmes passiert (oder wenn uns dauerhaft Lebenswichtiges vorenthalten wird), dann greifen wir auf ein uraltes Überlebensmuster zurück: Wir erstarren. Bei Reptilien nennt man das Totstellreflex, bei Menschen **Dissoziation**, was so viel bedeutet wie Abspaltung. Eigentlich stehen unseren Gehirnen und Nervensystemen mehr Wahlmöglichkeiten zur Verfügung, um mit Bedrohlichem umzugehen: fliehen oder kämpfen, Kontakt herstellen, kommunizieren, verhandeln. Aber in der größten Not und wenn beides – gefühlt oder ganz real – nicht möglich ist, dann kommt das Erstarren als letzter Ausweg zum Einsatz. Wir trennen uns von unserem körperlichen Erleben, wir klinken uns aus, bis das Schlimmste vorbei ist. Wir nehmen nicht mehr wahr, wir verschwinden. Und wir nehmen nicht wahr, dass wir verschwinden, nur manchmal gibt es, meist im Nachhinein, ein vages Gefühl von Filmriss.

Als Notwerkzeug ist das äußerst sinnvoll und erspart uns Qualen. Viele Unfallopfer wundern sich, dass sie sich nicht wirklich an unsägliche Schmerzen erinnern können. In dieser Hinsicht kann Dissoziation eine Gnade sein. Aber Dissoziation und Abspaltung als Dauerzustand? Wollen wir unser Leben wirklich aus der Distanz leben? Erstens ist es schade um die vielen Sinneseindrücke, den Genuss, die Lebendigkeit, die wir verpassen. Zweitens sind wir in dieser Starre nicht fähig, aktiv und kreativ zu handeln. Statt Akteur*innen unseres Lebens zu sein sind wir bestenfalls Zuschauer*innen. Wie die Geschichte vom Ausfragen zeigt, ist Abspalten zum gängigen Mittel geworden, eine Welt zu ertragen, die eben eigentlich nicht zu ertragen ist. Es gibt zu viel Schreckliches, Überforderndes. Das können wir nicht alles an uns heranlassen. Wir leben also in einer hochgradig dissoziierten Gesellschaft und finden das normal, weil wir es kaum anders kennen. Der Fachbegriff dafür lautet

8 Auf dem YouTube-Kanal »Embodies Ethics« finden sich interessante Beiträge (in englischer bzw. französischer Sprache), zum Beispiel »(The dark side of) RESILIENCE«: https://youtu.be/RLN13A8YNwc

kollektives Trauma: Wenn alle unter der gleichen Dissoziation leiden und niemand es so richtig merkt, dann wird es schwer, einen Anhaltspunkt zu finden, an dem wir uns ausrichten können, um zu einem gesunden und lebensförderlichen Dasein zurückzufinden. Diesen Anhaltspunkt gibt es nicht, weil niemand mehr mitbekommt, was geschieht, wenn alle taub und unbewusst umhertaumeln. Wenn wir die Welt, in der wir leben, bewusst gestalten wollen, ist es dringend nötig, dass wir aus dieser selbstverständlich gewordenen Dauerdissoziation erwachen und uns Stück für Stück daran erinnern, dass wir Wesen sind, die wahrnehmen können und dass dieses Wahrnehmenkönnen uns mit wichtigen Impulsen für unser Sein und Handeln versorgt.

Und damit nicht nur das Schwere und Schreckliche hier Erwähnung findet und dieser Einschub seine Leser*innen nicht erstarrt zurücklässt, möchte ich auch das transformatorische Potenzial von Trauma erwähnen: Unter der Überschrift *Posttraumatisches Wachstum* wird erforscht, welche Reifungschancen Verletzung birgt. Ein Bild, in dem das für mich sehr deutlich wird, ist Kintsugi, eine japanische Tradition, gebrochene Schüsselchen zu reparieren. Die Bruchstellen werden durch goldenen Kitt betont und machen fortan die besondere Schönheit dieses Schüsselchens aus. Vielleicht möchtest du an dieser Stelle einen Moment innehalten. Was löst diese geballte Information über Trauma in dir aus?

Getrenntsein – die größere Dimension

Der Kulturphilosoph Charles Eisenstein sieht genau in dieser selbstverständlichen, erlernten Abspaltung die Ursache für die große Krise, in der sich die Menschheit jetzt befindet: Unser →Narrativ ist die »Story of Separation«, die Geschichte des Getrenntseins. Und die innovativsten Strategien, Technologien und Gesetze werden uns nicht aus dieser Krise hinaus helfen, solange wir nicht bereit sind, in eine andere Geschichte einzutreten. Eisenstein nennt sie die »Story of Interbeing«[9]. Das Wort *Interbeing* ist schwer zu übersetzen. Deshalb werde ich im Weiteren den englischen Begriff benutzen. *Being* ist das Sein. Die lateinische Vorsilbe *inter* kann vieles bedeuten: *zwischen,* auch *inmitten von.* Wörtlich übersetzt heißt es also Dazwischensein, oder Sich-mitten-im-Sein-Befinden. So viel sattes Leben! Und das gibt uns einen Hinweis darauf, dass das, was zwischen den Dingen ist, wesentlicher sein könnte als die Dinge selbst. Leben ist Beziehung. Interbeing, Sich-mitten-im-Sein-Befinden bedeutet viel mehr als Verbundenheit, wie es gern übersetzt wird. Es bedeutet, uns im großen Lebensgewebe, im Organismus Leben zu beheimaten, uns

9 Das Wort *Interbeing* prägte ursprünglich der buddhistische Mönch Titch Nath Han, der in Frankreich das Kloster Plum Village gründete, einen Ort der Achtsamkeit: www.plumvillage.org

also vertrauensvoll der Tatsache hinzugeben, dass alles Lebendige sich gegenseitig bedingt und voneinander abhängt. Das Ausschlaggebende an dem Wandel, der sich vollziehen möchte, ist für Eisenstein also, dass unser Empfinden für Allverbundenheit wächst. Das bedeutet nicht, dass wir uns um mehr Verbundenheit bemühen müssen oder sie angestrengt herstellen. Es reicht, wenn wir aufhören zu leugnen, dass *Interbeing* der Grundzustand allen Lebens ist. Wenn ich das ernst nehme, dann kann kein Kelch an mir vorübergehen. Es kann niemand anders ausgefragt werden, ich bin immer Teil dessen, was passiert.

Ich habe da vorne in der ersten Reihe mit direktem Blick auf den kalten Angstschweiß all der vielen Ausfrage-Kandidat*innen also nicht nur verlernt, meinen Kooperationsimpulsen zu folgen. Mir wurde systematisch aberzogen, mich als Teil eines intelligenten Netzwerks von Gegenseitigkeit zu empfinden. Die anderen nicht zu spüren bedeutet in letzter Konsequenz, mich selbst nicht wahrzunehmen. Ich habe mich von diesem Lebensnetz und von meiner Integrität – also meiner Loyalität mit mir selbst als Bestandteil dieses Netzes – abgeschnitten. Das geschah, als ich lernte, den Anblick von Verzweiflung zu ertragen und mich in die

Rolle derjenigen zu fügen, die angeblich nicht helfen kann. Wie absurd! Ich konnte doch helfen, sehr einfach sogar: Mund aufmachen und teilen, was ich weiß!

Lasst uns endlich aufhören, etwas als normal hinzunehmen, das dermaßen lebensfeindlich ist. Lasst uns einander darin unterstützen, immer wieder innezuhalten und zu fragen: Moment mal, muss das so sein? Müssen wir das akzeptieren und widerstandslos mitmachen? Empfinden wir nicht etwas völlig anderes? Wollen wir wirklich einer Kultur angehören, die diese Geschichte erzählt?

All das habe ich nun hergeleitet anhand der Geschichte von der Endmoräne, die mir im Hals stecken blieb, und ich hätte beliebig viele andere Situationen dafür heranziehen können. Ich erinnere mich, wie während meiner Kindheit und Jugend allmählich überall diese Discounter auf der grünen Wiese entstanden. Ein Städtchen, ein Dorf nach dem anderen hatte so ein Ding samt überdimensioniertem Parkplatz vor der Nase stehen, dort, wo sich einst ein Bächlein Richtung Wald schlängelte und die Sumpfdotterblumen sattgelb das Ufer säumten. Und im Dorfzentrum blätterte unterdessen die Farbe des Schriftzugs am leerstehenden Lädchen ab. Das war doch falsch! Das konnte doch nicht richtig sein – aber alle fanden es normal. So normal wie Arbeitsbeschaffungsmaßnahmen, Wirtschaftswachstum, Wettrüsten, stinkende Schornsteine, überforderte Mütter, Obdachlose vor dem Bahnhof, Villen mit Überwachungskameras und dass man sich entschuldigt, wenn man in der Straßenbahn aus Versehen jemanden berührt. Und so normal wie bergeweise Müll zu produzieren. Ich weiß auch noch genau, wie es sich anfühlte, wenn ich als Kind die Verpackung von Frischkäse entsorgte, wenn er alle war. Da verschwand ein Plastikgefäß, ein Plastikdeckel und ein Stück Metall in der Tonne. Irgendwann aufwändig produziert, fortan wertlos. Es widerstrebte mir, es schmerzte mich, das einfach wegzuwerfen und den Deckel des Tretmülleimers darüber zuklappen zu lassen, als wäre es dann nicht mehr da. Aber man machte das so, alle machten das so. Wenn ich die Tüte mit unserem Abfall ins Müllhäuschen vor unserem Mehrfamilienhaus brachte, wurde beides noch offensichtlicher: Der Wahnsinn wurde noch frappierender beim Anblick dieser Unmengen an Weggeworfenem allein in unserem Haus. Und die vielen dort versammelten prall gefüllten Plastiktüten erzählten mir, dass Müllproduzieren eine gängige und akzeptierte Praxis war. Normal. Ich kannte niemanden, der auch nur mit der Wimper zuckte deswegen. Man machte und macht das immer noch so. Es war anscheinend mein Unwohlsein damit, das nicht normal war. Also fügte ich mich und schmiss auch weg. Was für eine Erleichterung, als ich viele Jahre später den Satz hörte: »Es gibt keinen Ort, der *weg* heißt.« Ja, genau, das habe ich doch gespürt als Kind: Man kann nichts *weg*werfen. Das geht doch gar nicht. Wohin denn? Wir müllen unseren Planeten zu. Und wir können nur damit weitermachen, weil wir uns weigern zu spüren, was wir da tun.

Ich führe hier so unterschiedliche Beispiele an, um deutlich zu machen: Es passiert andauernd, dass wir uns taub machen und richtige, lebensdienliche Impulse ausblenden. Wir spüren intuitiv, dass etwas falsch ist, und schieben es weg wie eine lästige Fliege, weil es einfach nicht hineinpasst in unsere Abläufe. Es wäre hinderlich, dieser Intuition zu folgen, nichts würde mehr funktionieren. Die Welt würde überhaupt keinen Sinn mehr ergeben, wenn wir all diesen winzigen Irritationsmomenten auf den Grund gehen würden. Wir wären schlichtweg nicht mehr in der Lage, unseren Alltag zu bewältigen, weil alles schrecklich kompliziert würde, wenn wir alles infrage stellen, was so normal scheint. Ja, ich versuche ernsthaft, Müll zu vermeiden. Aber wenn ich Tofu fast überall nur in Plastik eingeschweißt bekomme, was mache ich dann? Mich ab sofort ausschließlich von dem Gemüse aus unserer Solidarischen Landwirtschaft ernähren, das garantiert ohne Verpackungsmüll zu mir kommt? Und die Salbe, die ich nur in der Tube und nicht im Mehrwegglas bekommen kann? An welcher Stelle tust du Dinge, obwohl sie sich falsch für dich anfühlen, weil du im Moment keine andere Möglichkeit siehst?

So gehe ich gerade damit um: wahrnehmen, was passiert – immer wieder. Nicht weggucken, nicht wegdrücken. Und dann eins nach dem anderen angehen. Das nächste für mich ist der Abschied vom Wasserklo. Das kann ich nicht länger verantworten: Ich freue mich immer, wenn ich bei Freund*innen mit Draußen-Plumpsklo zu Besuch bin. Auch sonst pinkle ich wo es geht draußen, im Wald, im Garten. Jedes Mal, wenn ich die Spültaste einer dieser Toiletten drücke, die wir ganz normal finden, wird es mir unerträglicher: Das stimmt nicht. Ich kann nicht etwas, das zurück in die Erde gehört, um Humus zu bilden, mit literweise Trinkwasser in die Kanalisation schicken. Nein.

Bei hunderten solch kleiner Alltäglichkeiten zieht sich dieses Ignorieren, diese Stumpfheit als roter Faden durch unser Dasein. Das System, in dem wir leben, braucht diese Taubheit, sie ist zur selbstverständlichen kulturellen Norm geworden. Unsere Gesellschaft baut darauf, sie ernährt sich davon. Selten wurde das so treffend beschrieben wie in Michael Endes vermeintlichem Kinderbuch »Momo«. Dort haben die Grauen Herren, Agenten der Zeitsparkasse, auf ganz subtile aber machtvolle Weise alles im Griff. Ihre Existenz verdanken sie den dicken Zigarren, die sie ununterbrochen paffen. Diese Zigarren bestehen aus Stundenblumen, der abgezweigten Lebendigkeit ihrer Kund*innen, denen sie nach und nach eingeflüstert haben, alles, was nicht effizient ist, sei verschwendete Zeit, die viel besser investiert sei, wenn man sie spare und auf einem Konto der Zeitsparkasse deponiere. Folglich straffen die Menschen ihren Alltag. Beziehungspflege, → Sinnlichkeit, Spiel und Genuss – also wahrnehmendes Leben in Bezogenheit – werden wegrationalisiert, und übrig bleibt ein bloßes Funktionieren und Erledigen, das es nicht verdient, Leben genannt zu werden. Die Grauen Herren verleiben sich einstweilen das erschlichene Leben der Menschen ein. Aber auch ihre Existenz ist nicht freudvoll, sie sind von der ständigen Sorge geplagt, ob es ihnen gelingt, genügend Menschen zum Zeitsparen zu bewegen, um aus deren Stundenblumen ihren Zigarrennachschub zu sichern. Es gibt nur Wenige, die sich von diesem schleichenden Verlust alles Lebendigen nicht korrumpieren lassen. Die Titelfigur, das Mädchen Momo, wird zwar immer einsamer, weil all die Freund*innen, mit denen sie früher gespielt hat, Einrichtungen besuchen müssen, die sie auf dieses Funktionieren vorbereiten, doch Momo bleibt unbeirrbar. Sie könnte sich gar nicht fügen, denn sie hebt sich von den anderen durch eine besondere Fähigkeit ab: Sie kann gut zuhören. Und Zuhören bedeutet Wahrnehmen. Momos Gabe, zuzuhören, genau zu lauschen, also wahrzunehmen, was ist, bewahrt sie davor, von dieser freudlosen Gesellschaft einverleibt zu werden. Mehr noch, sie befreit letztendlich mit ihrem untrüglichen Sinn für das Richtige die eingefrorenen Stundenblumenvorräte ihrer Mitmenschen – und das ganz ohne Kampf und Gewalt. Weil es ein Märchen ist, gibt es bei »Momo« eine klare Aufteilung in die Guten (Momo und ihr Freund, der Straßenkehrer Beppo) und die Bösen (die Grauen Herren). Das ist hilfreich, um das Dilemma zu erkennen, aber nicht, um sich daraus zu befreien. Denn es gibt in letzter Konsequenz keine Grauen Herren, die uns zwingen, das Spiel mitzuspielen.[10] Sie sind in uns. Ja, natürlich wurden wir alle in diese Kultur und ihre Selbstverständlichkeiten hineingeboren und durch sie geprägt. Natürlich ist es deshalb schwer, überhaupt eine Vorstellung davon zu entwickeln, was alles anders laufen könnte. Aber wir sind doch nicht doof! Eher bequem. Natürlich kann uns der CEO eines multinationalen Konzerns wie ein Grauer Herr vorkommen. Und wir haben die Freiheit, seine Produkte nicht zu kaufen.[11] Wenn wir das umständlich und anstrengend finden, weil es mehr Aufwand erfordert, also ineffizient erscheint, ist das ein Zeichen dafür, wie sehr wir selbst zu Grauen Herren und Damen geworden sind. Meistens blenden wir daher aus, wie viel Leid die Dinge verursachen, die wir konsumieren und anschließend entsorgen – an diesen nicht existenten Ort namens *weg*. Das Ausblenden und Taubmachen haben wir ja gut gelernt. Es ist angebracht, aus der Trance der Machtlosigkeit zu erwachen, dem Kooperations- und Wahrnehmungsverbot unserer Schul- und Gesellschaftsordnung zu trotzen, laut »Endmoräne!« zu rufen und zügig in unsere Verantwortung hinein zu wachsen. Es steht in unserer Macht, uns der gängigen Logik, dem vorherrschenden Narrativ zu verweigern.

10 An dieser Stelle könnten wir in die Diskussion um Verschwörungstheorien einsteigen. Ich bevorzuge es, nicht im Außen nach Schuldigen zu suchen.

11 Zu Beginn der Literaturliste findet sich ein Hinweis darauf, die dort empfohlenen Bücher nicht bei Großkonzernen zu erwerben. Ich lege dar, warum, und schlage Alternativen vor. Es gibt sie.

Weil sie es selbst nicht anders erlebt hatte, stellte sich die Erdkundelehrerin für etwas zur Verfügung, das sie höchstwahrscheinlich nicht gewollt hätte, wäre ihr in vollem Ausmaß bewusst gewesen, wozu sie da beitrug. Aber sie kam nicht auf die Idee, es zu hinterfragen, weil auch sie einen Prozess des Taubwerdens durchlaufen hatte. Der Teil von ihr, dem es einfach nur widerstreben würde, einem* Elfjährigen – oder überhaupt irgendjemandem – solch eine unangenehme Prozedur wie das Ausfragen zuzumuten, dieser Teil war nicht spürbar in ihr. Ebenso wenig Zugang hatte sie zu jener Instanz in sich, die die Frage stellen würde, ob sie das Recht hat, andere zu bewerten, Kinder zum stundenlangen Stillsitzen zu zwingen und ihnen Dinge beizubringen, die keine Antwort auf ihre eigene Neugier darstellten, sondern »Stoff«. Und so weiter. Von all diesen Impulsen hatte sie sich abgetrennt, schon lange. Sie hatte – wie wir alle – verlernt, sie überhaupt wahrzunehmen, damit sie in der Logik dieser Welt irgendwie klarkommen konnte. Sie hatte sich – wie wir alle – früh daran gewöhnt, diesen Momenten von tiefer Irritation nicht zu folgen. Die Angewohnheit, das Gespür für die eigene Stimmigkeit zu ignorieren und sich in allgemein anerkannte Grundannahmen zu fügen (»so ist das nun mal«), ist eine Bedingung, den Lehrer*innenberuf (wie auch die meisten anderen Berufe) ausüben zu können. Während ich dies schreibe, nehme ich wahr, wie ich zögerlich werde. Darf ich das so sagen? Ich stelle mir vor, wie Freund*innen, die an Schulen arbeiten, sich dagegen wehren, dass ich ihnen Stumpfheit, Empfindungslosigkeit vorwerfe. Ja, so kann das wirken. Und nein, vorwerfen möchte ich niemandem etwas. Ich möchte aber benennen dürfen, dass es mich sehr traurig macht, wie wir Tag für Tag so vieles als selbstverständlich hinnehmen, obwohl es nicht dem Leben dient. Und wenn ich *wir* schreibe, dann meine ich auch mich. Wir alle haben uns angewöhnt, Dinge auszublenden, die, wenn wir sie wirklich an uns heranlassen würden, zur Folge hätten, dass wir unser Leben komplett umkrempeln müssten. Auch ich habe bisher keinen Weg gefunden, in jeder Minute meines Lebens als empfindende Kreatur voll anwesend zu sein, es würde mich maßlos überfordern. Aber ich verspüre eine große Sehnsucht danach, mein Leben genau so zu leben.

Dass es wie ein Vorwurf ankommen kann, ist Teil der Getrenntheit. Wir sind es nicht gewohnt, viele Perspektiven nebeneinander stehen zu lassen. Es erscheint uns bedrohlich, wenn wir nicht eindeutig sagen können, was denn nun richtig ist. Deshalb reagieren wir mit Verteidigung, wenn jemand an dem rüttelt, was wir uns zurechtgelegt haben, um in der Welt einigermaßen klarzukommen. Solch einen Hinweis zuzulassen und vorsichtig zu überprüfen, ob und an welcher Stelle er zutreffen könnte, kann sich anfühlen wie an dem Ast zu sägen, auf dem ich sitze. Es wird Zeit und Geduld vonnöten sein, denn wir können nicht von heute auf morgen verändern, was wir ein Leben lang eingeübt haben. Aber wir können uns auch nicht länger darauf ausruhen, dass es halt so ist wie es ist und wir kleinen unbedeutenden Geschöpfe keine Möglichkeit hätten, etwas zu verändern – denn es stimmt einfach nicht.

Die allermeisten von uns sind in der Lage, die »Tagesschau« zu gucken und zu denken, ja, das ist schrecklich, aber was kann ich schon tun, und dann schnell zum Krimi überzugehen, der uns auf unterhaltsame Weise weiter in der Annahme bestärkt, dass Brutalität nun mal einfach zum Leben dazugehört. Wer das nicht kann, hat vielleicht irgendwann entschieden, lieber keine Nachrichten mehr zu gucken, lieber keine Informationen über das Weltgeschehen mehr an sich heran zu lassen. Auch dieses Ausblenden ist eine Art des Abspaltens.

Einsam geworden

Wenn wir derart widerstandslos die als selbstverständlich erachtete →strukturelle Gewalt in unseren Klassenzimmern und anderswo bezeugen müssen, dann macht uns das gleichgültig, unempfindlich und stumpf. Und unglaublich einsam. Einsame, Vereinzelte sind einfach zu unterwerfen, weil sie sich nicht solidarisieren können. Wo meine Empfindungen keinen Resonanzraum haben, wo ich nicht sagen kann: »Sag mal, nimmst du auch wahr, was ich wahrnehme?«, da kann ich keine Bestärkung bekommen. Ich denke dann, ich bin die Einzige, der es so geht, und komme gar nicht auf die Idee, mich zu vergewissern, ob das wirklich so ist. Denn mir wurde nicht beigebracht, dass meine Empfindungen relevant sein könnten und dass es möglich, ja wichtig sein könnte, sie auszudrücken. Also fühle ich mich allein und sonderbar.

Auf diese Weise schaffen gewaltsame Strukturen sich ganz subtil die Grundlage, um immer weiter und immer umfassender zu existieren. →Dissoziation erzeugt mehr Dissoziation, weil wir ja nicht mehr spüren können, wie wir immer weniger spüren. Und weil wir keine oder kaum Räume haben, die Trauer um dieses Nichtspürenkönnen zu teilen.

Darum ist es weder selbstmitleidige Nabelschau, noch verbittertes Jammern über ein nicht veränderbares System, sondern unendlich wichtig, unseren Alltag auf all diese vermeintlich kleinen Situationen, diese Keimzellen hin abzuklopfen. Die Gewöhnung stumpft uns so ab, dass wir nicht mehr willens oder in der Lage sind, es schlimm oder grausam zu finden. Oder – wie es mir passiert ist – uns dämmert zwar, wie schlimm, perfide und grausam es war, doch dann schämen wir uns, weil es ja Schlimmeres und Grausameres gibt. Es kommt uns übertrieben und weinerlich vor, Mitgefühl mit diesem Kind zu empfinden, das wir waren, diesem einsam gewordenen Kind, das entschied, sich taub zu machen, um das nicht jeden Tag fühlen zu müssen.

Warum ist es mir wesentlich, die Einsamkeit zu betonen, die darin liegt? Weil ich ins Bewusstsein rücken möchte, dass wir nicht nur uns selbst, sondern auch anderen einen Riesengefallen tun, wenn wir das Schweigen brechen, denn wir ermöglichen damit Beziehung, Bezogenheit. Damit erlösen wir uns und andere aus dieser Isolation. Es ist möglich, die anerzogene Scham zu überwinden, es sei doch nebensächlich, peinlich, weinerlich, selbstfixiert, mitten in einem Gespräch, wo es um praktische, organisatorische, »wirklich wichtige« Dinge geht, »Stopp!« zu sagen und: »Ich möchte gerade mal eine Irritation äußern. Irgendwas empfinde ich als unstimmig. Können wir einen Moment innehalten, damit ich dem Raum geben und es einbeziehen kann?« Vielleicht passiert es nicht gleich beim ersten Mal, dass jemand antwortet: »Ich bin erleichtert, dass du das ansprichst, mir geht es ganz ähnlich, danke für die Pause, damit wir das nicht übergehen.« Doch es wird passieren, denn eigentlich wünschen sich so viele von uns, als wahrnehmende Wesen da sein zu dürfen und nicht als funktionierende Maschinen. Und klar, es ist ebenso wahrscheinlich, dass jemand entnervt sagt, dafür sei keine Zeit, solcher Gefühlsduselei könne man zu Hause nachgehen, oder sarkastisch fragt, ob du wohl deine Tage hast. Wahrscheinlich wird es einiges an Geduld und Beharrlichkeit brauchen. Aber ich finde, es lohnt sich unbedingt. Du musst es ja nicht dort üben, wo du am meisten Widerstand vermutest, sondern in einem Rahmen, der sich sicherer anfühlt.[12] Aber eine*r sollte mal anfangen damit, Wahrgenommenes nicht herunterzuschlucken, sondern zu äußern. Sonst warten wir bis zum Sanktnimmerleinstag, bis wir Räume schaffen, wo wir mit allem anwesend sein können was uns ausmacht.

Noch einmal Erdkunde: Die Würm, leibhaftig

Dieses Abstumpfen und Verflachen der Wahrnehmung betraf und betrifft nicht nur die Beziehung zu unseren Mitmenschen und uns selbst, sondern auch und ganz besonders unsere Verbindung mit dem, was David Abram[13] die »mehr-als-menschliche Welt« nennt, jenes Netz von Mitwesen, Stoffen und Kräften, das mein Leben überhaupt erst ermöglicht und mit dem ich untrennbar verflochten bin. So wie ich mir in der Schule abgewöhnen sollte, eine fühlende, anteilnehmende, verwobene Beziehung zu meinen Mitschüler*innen zu pflegen, genauso wurde mir auch verwehrt, mit dem »Stoff« in Beziehung zu treten. Es gab keinerlei sinnlichen Bezug zum Gelernten, die meisten Unterrichtsinhalte blieben abstrakt, hatten nichts Erkennbares mit mir und meinem Leben zu tun.

Was war denn die *Endmoräne* außer einem beliebigen geographischen Begriff, den ich – warum auch immer – kennen sollte, und einer schematisierten Schwarzweißzeichnung im Erdkundebuch? Nichts, sie

12 Solche Räume zu schaffen ist z.B. das Anliegen des *Art of Hosting*-Netzwerks, das es sich zur Aufgabe gemacht hat, bei Gruppenprozessen den Fokus vom *Was* auf das *Wie* zu verlagern. *Art of Hosting* ist beides: eine grundlegende Haltung und eine Sammlung bewährter Methoden. Mehr: www.artofhosting.org

13 David Abram: »Im Bann der sinnlichen Natur. Die Kunst der Wahrnehmung und die mehr-als-menschliche Welt«

war ein leerer Klang, ein lebloses Wort, das mir eine gute Note bescherte, wenn ich es der Lehrerin im entscheidenden Moment beim Ausfragen hinwarf. Ich verband damit nichts, keine Erfahrung, keinen Sinneseindruck, keine Bedeutung für mein Leben. Dabei wohnten wir in einer eiszeitlich geprägten Landschaft, der Münchener Schotterebene. Vieles von dem Erdkundestoff wäre sichtbar, erlebbar gewesen direkt da draußen vor der Tür. Wie anders hätte ich mir dieses Wissen angeeignet, hätte ich geahnt, dass der Maisteig, dieser steile Berg, den mein Bus jeden Morgen auf dem Weg zur Schule hinunterfuhr, vom Nordrand eines Gletschers geformt worden war. Zu all diesen Phänomenen gab es doch Empfindungen: das Hüpfen im Bauch, diese kurze Schwerelosigkeit im Magen, wenn es plötzlich bergab ging, ein weiter Blick, dann Eintauchen in eine ganz andere Landschaftsformation, von hügelig zu flach, von kleinteilig zu weitläufig, jeden Morgen – und mittags anders herum. Aber niemand eröffnete mir diese Perspektive, denn so funktioniert das Lernen in unseren Schulen nicht, es macht aus jeder potenziell →sinnlich erfahrbaren Möglichkeit, mit der Welt wahrnehmend in Beziehung zu treten, eine trockene Auswendiglernerei. Was für ein Verlust an Lebendigkeit, an Bezogenheit, an Interbeing.

Und welche Phänomene wir von uns aus gern erforscht und befragt hätten, das interessierte erst recht niemanden. Erdkunde fand nicht in Berührung mit der Erde statt, keine Krume Humus klebte unter unseren Fingernägeln, während wir etwas über unseren Heimatplaneten lernten. Steril und sauber, praktisch aufgeräumt an Zweiertischen saßen wir in Reih und Glied auf unseren Stühlen und sollten uns nicht bewegen, nicht spüren, während wir mit Lerninhalten angefüllt wurden, die uns nicht erkennbar betrafen. Endmoräne.

Einige Jahre später fuhr ich als Jugendliche bei einer Radtour mit Freund*innen über eine Brücke. Ein Schild – weiße Buchstaben auf braunem Grund, eine Welle darunter – wies darauf hin, dass wir gerade die Würm überquerten. Die Würm? Das konnte ich nicht lesen, ohne dass sich automatisch weitere Wörter davorschoben. Der Knopf war gedrückt, litaneiartig betete es aus irgendeiner Hirnwindung hervor: *Günz, Mindel, Riss und Würm.* Die vier Eiszeiten des Voralpenlandes. *Günz, Mindel, Riss und Würm*, das war eine Silbenfolge, die in der gleichen Ablage meines Gehirns vor sich hin staubte wie *Endoplasmatisches Retikulum* und *Triumvirat.*

Ich fuhr langsamer und blickte von der Brücke in das unter mir gurgelnde Wasser, als würde mir etwas Unerhörtes widerfahren. Die Würm aus dem Erdkundebuch! Die gab es ganz in echt! Wenige Kilometer von dem Ort entfernt, an dem ich ihren Namen und die ihrer drei treuen Begleiterinnen an der Tafel gelesen hatte, weiß auf grünem Grund. Dass dieser abstrakte Unterrichtsgegenstand nun aus dem Nichts heraus Gestalt annahm, dass diese Würm hier einfach rumfloss, Geräusche machte, an ihrer Oberfläche glitzerte, dass sie moosige Steine und einen

Schwarm winziger Fische beheimatete, das war doch ungeheuerlich.

»Können wir mal anhalten hier?«, das war eher ein Beschluss als eine Frage. Ich wartete keine Antwort ab, lehnte das Rad ans Brückengeländer, fand durch Gestrüpp, Kletten und Brennnesseln einen Weg zum Ufer, schlüpfte aus meinen Schuhen, krempelte die Hosenbeine hoch, stieg in das kalte Wasser und ließ meine nackten Füße von der Würm umspülen, die Hände folgten, dann die Unterarme. Aber das reichte noch nicht. Ich wollte mich ganz hineinlegen in diesen kleinen behaglich dahinfließenden Fluss, um ihn überall zu spüren, japsend und prustend vor lauter Glück, dass es ihn wirklich gab – und mich. Dass hier das satte Leben dem satten Leben begegnete. Doch das ging nicht so richtig. Wäre ich allein gewesen, dann wäre ich vielleicht dem Impuls gefolgt, einfach einzutauchen. Aber die anderen konnten mich von der Brücke aus sehen. Mich so deutlich als Lebewesen zu zeigen, das sich in diesem Moment nicht wesentlich unterschied von der Schnecke, der Libelle, der Weide, auch nicht von der kleinen Stromschnelle, dem Uferschlamm, das war unmöglich, peinlich. So blieb es beim verhaltenen Benetzen meiner Hände und Füße. Ganz kurz tauchte ich, von den anderen abgewandt, auch mein Gesicht in eine Handvoll Nässe. Und als ich langsam wieder zurück zu meinem Fahrrad lief, war beides in mir: die Freude über das Wasser, das mir noch von Kinn und Fingern tropfte, und eine fahle Halbherzigkeit, etwas Verpasstes. Ich hätte der Würm ganz und gar begegnen wollen. Ich hätte so selbstverständlich, so leibhaftig mit ihr sein wollen, wie sie sich durch diese Landschaft schlängelte. Was hältst Du hin und wieder aus Scham zurück, obwohl Du Lust darauf hättest?

Wir radelten weiter. Warum hatte ich mich nicht genau so bäuchlings in die Würm gelegt wie ich es eigentlich gewollt hätte? Ja, es gab praktische Gründe. Ich hatte kein Handtuch dabei, hätte mich erkälten können. Ich wäre danach klatschnass und »dreckig« gewesen oder ich hätte mich nackt ausziehen müssen. Beides nicht schicklich. Der Grund, warum ich mir das Suhlen verkniffen habe, liegt in einer anerzogenen und tief verinnerlichten Scham, würde ich sagen. Wir schämen uns unseres Daseins. Unserer Kreatürlichkeit.

→ Einschub: Kreatürlichkeit

Kreatürlichkeit? Ich mag dieses Wort, auch wenn es ein wenig seltsam daherkommt, so ähnlich wie *leibhaftig.* Seit ein Kollege es vor einigen Jahren in mein Leben brachte, ist es fester Bestandteil meines Wortschatzes. Was könnte es bedeuten? Wir sind Kreaturen, Lebewesen, Organismen. Genau wie alles andere, das lebt. Und dieses Kreaturhafte, das schlichte Lebewesen-Sein haben wir im Laufe der Menschheitsgeschichte verloren, weil unsere Kultur nicht müde wird, das Menschsein über den Verstand zu definieren: »Ich denke, also bin ich.« Das Denken sei es, das uns zu Menschen mache, von den Tieren unterscheide und über sie stelle – macht sie euch untertan! Mehr und mehr spalten wir diesen basalen Aspekt unseres Seins ab und entwurzeln uns auf diese Weise, tun so, als würden wir nicht dazugehören zum Leben, zur Natur. Wir berauben uns der Basis unseres Daseins. Mit diesem Buch möchte ich uns an unsere Kreatürlichkeit erinnern. Das lateinische Wort *creare* heißt schaffen, schöpfen, gestalten. Wir sind Geschaffene, Gewordene.

Neulich benutzte ich den Begriff *Kreatürlichkeit* in einem Workshop und jemand erklärte es sich ganz anders: Das habe er noch nie gehört, sagte er, aber es gefalle ihm auf Anhieb. Er lese das Wort als *kreative Natürlichkeit.* Und das kommt meinem Bild vom Menschen sehr nahe. Wir Menschenwesen sind untrennbarer Teil dessen, was wir Natur nennen – und von dem wir uns gedanklich meist trennen, wir sprechen von *Mensch* und *Natur.* Wir haben unseren Platz im Gefüge des Lebens. Die Besonderheit ist vielleicht, dass wir über einen Verstand verfügen, der uns in die Lage versetzt, dieses Lebensgefüge bewusst mitzugestalten.

Im Moment tun wir das aus einer Haltung heraus, die an Größenwahn und Selbstüberschätzung kaum zu übertreffen ist. Etwas mehr Demut würde uns Menschen beim Gestalten gut bekommen. Anstatt Flüsse zu begradigen und Pestizide zu versprühen, könnten wir Gärten anlegen: Orte der Vielfalt, des Zusammenspiels und des Überflusses.

Wir sind also Geschaffene, Gewordene, die selber schaffen, gestalten und zum Werden beitragen können.

Welche Konsequenz drohte eigentlich, wenn ich mich dort im Uferschlamm der Würm geweigert hätte, mich zu schämen? Könnte ich ausgestoßen werden aus der Spezies, ihrer nicht würdig, weil unzivilisiert? So könnte es sich anfühlen. Als Kind war ich in jede Pfütze gestiegen, hatte ausgiebig gematscht und rumgesaut – interessant, dass wir hier auf Tiernamen zurückgreifen müssen: sauen, aalen. Aber ab einem gewissen

Alter tat man das einfach nicht mehr. Nun war ich fünfzehn und musste allmählich eher den Regeln für Erwachsene folgen, wenn ich ernst genommen werden wollte. Also unterdrückte ich meine Plantsch-Lust und verzichtete verschämt. Schwimmen gehen, das wäre vielleicht möglich gewesen. Aber dieses Flüsschen war – zumindest an der besagten Stelle – zu flach zum Baden. Ich hätte etwas ganz Eigenes tun wollen, etwas, das dem momentanen Impuls entsprang und nicht in der Liste der anerkannten Freizeitbeschäftigungen aufgeführt war. Die auf der Brücke hätten gefragt: »Was machst du denn da?« Ich hätte keine Antwort gehabt, weil eine sinnliche Begegnung mit einem Bach einfach nicht vorgesehen ist. Wir haben keinen Namen dafür. Wenn wir uns nicht lächerlich machen wollen, tun wir aber besser nur die Dinge, die auf der Liste stehen.

Wenn wir darauf pfeifen, wenn also die Schamfunktion bei uns selbst nicht (mehr) greift, wird die Gruppe uns wahrscheinlich suggerieren, dass wir uns schämen sollten. Und auf diese Weise trägt unser ständiges Schämen und Beschämtwerden zum Unterdrücken und Verkneifen von Lebensimpulsen bei – mit weitreichenden Auswirkungen auf unser Wohlbefinden. Wir stecken fest in einer Kultur, deren soziale Gepflogenheiten uns nahelegen, so zu tun, als hätten wir keinen Körper, wir seien vielmehr Gehirne auf zwei Beinen.

Doppelbotschaften – Der Barmherzige Samariter

Ein weiterer Aspekt der Geschichte von der Endmoräne tauchte bisher nur am Rande auf: der Barmherzige Samariter. Ich halte ihn für so wesentlich, dass ich ihn noch genauer beleuchten möchte.

Wir hörten also als Elfjährige diese Bibelgeschichte und malten mit Filzstift Bilder in unsere Religionshefte. Sie zeigten den ausgeraubten und verwundeten Reisenden am Wegesrand und all die bösen, grimmig guckenden Menschen, die vorübergingen, sich abwandten, sich nicht kümmerten. Letztere malten wir eher schemenhaft in braun oder grau, Strichmännchen* mit unschönen Gesichtern. Ganz anders wurde der Samariter dargestellt, der sich erbarmte und half, Held der Geschichte, größer und strahlender als die anderen, mit rotem Mantel und lockigem Haar. Er war der Gute.

Wenige Minuten später, zu Beginn der darauffolgenden Stunde, Erdkunde, würden wir genötigt werden, selbst die Rolle der Bösen zu übernehmen, die wegsahen und schwiegen, während eine*r unserer Mitschüler*innen ausgefragt wurde. Wie sollten wir das verstehen, was für ein Weltbild konnten wir uns daraus zusammenreimen?

Um das Ganze so richtig ad absurdum zu führen, könnte ich einmal ausmalen, wie die Religionsstunde der darauffolgenden Woche mit einem Test beginnt. Es muss ja überprüft werden, ob wir das im Lehrplan festgehaltene Lernziel erreicht haben, vielleicht in etwa: »Schülerinnen und Schüler sollen den ethischen Wert von Kooperation und Hilfsbereitschaft erkennen.«

Blätter werden ausgeteilt, wir müssen an den Rand unserer Zweiertische rücken, um weiter auseinander zu sitzen und nicht abschreiben zu können. Und los geht es. »Erzähle in eigenen Worten die Geschichte vom Barmherzigen Samariter. Worum geht es? Was lernst du aus dieser Geschichte?« Während ich eifrig schreibe, freudig darüber, in der Schule etwas darlegen zu dürfen, das meiner eigenen Wahrheit entspricht, nehme ich plötzlich wahr, wie meine Banknachbarin unruhig auf ihrem Stuhl hin und her rutscht. Sie hat außer ihrem Namen noch kein Wort auf ihrem Blatt stehen. Oh je. Was soll ich tun? Helfen natürlich! Habe ich doch eben hingeschrieben. Das einzig Vertretbare beim Anblick von Menschen in Not. Haben wir doch jetzt ganz offiziell gelernt. Hier ist ein Mensch in Not. Unmerklich – denn das Wissen um das Verbot überdeckt mein Vertrauen in das als natürlich Empfundene – verringere ich den Abstand zwischen uns. Ich warte, bis es einigermaßen gut in meinen Text passt und schreibe dann das Wort *HELFEN* in Riesenbuchstaben über eine ganze Zeile. Meine Freundin Barbara sieht ja sehr schlecht, alles andere wäre sinnlos. Ich stupse sie unter dem Tisch an, schiebe mein Blatt in ihre Richtung und deute mit dem Finger auf das riesige Wort.

Angenommen, der Religionslehrer beobachtet mich in diesem Moment, wo ich genau das tue, was dem Lernziel entspricht: einer Freundin in Not beistehen. Was wird er tun? Wird er schmunzelnd über die Ordnungswidrigkeit hinwegsehen, weil er sich freut, dass ich verstanden und verinnerlicht habe, was er mir beibringen wollte? Wird er am nächsten Tag seinen Job kündigen, weil er es nicht länger mit seinem Gewissen vereinbaren kann, eine Ethik zu verkünden, die das System, für das und nach dessen Regeln er arbeitet, mit Füßen tritt? Oder er könnte sich vor die Klasse stellen, benennen, was er erlebt und Konsequenzen daraus ziehen: »Moment mal, ich erkenne gerade, warum diese eigentlich so selbstverständliche Geschichte vom Barmherzigen Samariter überhaupt erzählt werden muss. Weil wir ständig das Gegenteil leben und unseren Kindern das als normal vermitteln. Daran möchte ich mich keine Minute länger beteiligen. Lasst uns schnell dieses Klassenzimmer verlassen und uns einen Ort suchen, wo wir unter würdigeren Bedingungen lernen können!«

Die wahrscheinlichste Variante: Er gibt uns beiden eine Sechs, ein Ungenügend, weil es so in seiner Dienstanweisung steht. Wie absurd: Wir genügen nicht, weil wir das Lernziel zu sehr verkörpern – weil wir also ethische Prinzipien nicht nur als Theorie herunterbeten können, sondern tatsächlich danach handeln.

Der Religionslehrer vermittelte uns innerhalb des → Systems Schule eine Moral, deren Gegenteil genau dieses System uns ständig als normal und richtig vorlebte: »Helfen ist edel und gut« als Ideal stand gegen »Helfen ist unter Androhung von Strafe verboten« als erlebter Wirklichkeit. Was sollten wir denn nun glauben, woran sollten wir uns halten? Der Lehrer, der da vorne stand, so wurde uns beigebracht, hatte ja recht. Welcher denn, der Relilehrer oder alle anderen? Die Schullogik hatte eine klammheimliche Antwort parat, welcher dieser Botschaften wir Folge zu leisten hatten: Wegen Religion konnte man nicht durchfallen, wegen Mathe und Englisch schon. Das war wichtiger und damit richtiger. Wenn es hart auf hart kam, also um Noten ging, zählten die netten Geschichten aus dem Religionsunterricht gar nichts. Während ich dies schreibe, fällt mir der Kommentar eines Mathelehrers ein. Fing die Antwort eines Schülers mit »ich glaube« an, so war seine Antwort stets: »Glauben kannst du in der Kirche, das hier ist Mathematik.«

Was lernen wir aus all dieser Scheinheiligkeit am Ende? Wir verlieren das Vertrauen in das, was sich richtig anfühlt. Wir halten es irgendwann für eine Tatsache, dass hehre ethische Ideale in der Realität nicht umzusetzen sind. Was bleibt, ist die resignierte Vermutung: Über das Gute, Wahre und Schöne kann man philosophieren, große Worte verlieren und in der Bibel lesen, aber alltagstauglich ist es nicht. Es fühlt sich an, als würden die als wahr empfundenen Regungen unserer Herzen nicht in die als wirklich erlebte Welt passen. Also verbannen wir sie so erfolgreich an einen schwer zugänglichen Ort, dass wir sie selbst kaum noch wahrnehmen können.

Unter Erwachsenen gibt es eine verbreitete Strategie, um den Schmerz dieser Diskrepanz nicht spüren zu müssen. Es ist die Flucht in den Zynismus. Das können wir allerorten beobachten: Zunehmend werden *gut* und *realistisch* als Gegensatz empfunden, Menschen werden mitleidig Gutmenschen genannt, werden als weltfremd oder naiv belächelt, wenn sie bereit sind, anderen erst einmal nichts Böses zu unterstellen, sondern ihnen vorbehaltlos zu vertrauen. Das Wort *tugendhaft* wird gern ins Lächerliche gezogen: »Sei doch nicht so tugendhaft, das nervt«, heißt es, wenn jemand sagt: »Das möchte ich nicht, da habe ich Skrupel, es fühlt sich nicht richtig an.« Hinter solchem Zynismus verbirgt sich also unsere Angst, naiv, blauäugig genannt zu werden, wenn wir unserem Herz vertrauen. »Das Gute ist eine Utopie und hat mit dem echten Leben nichts gemeinsam« – mit dieser Haltung meinen wir, die Widersprüchlichkeiten des Lebens besser aushalten zu können.

Im Kapitel *Der Sehnsucht folgen* versuche ich zu beschreiben, was bei mir passierte, als ich beschloss, diese Diskrepanz nicht mehr als gegeben und unüberwindbar hinzunehmen – und da wird es wieder hoffnungsvoller, versprochen.

Warum widme ich mich diesem Thema so ausgiebig? Weil ich weiß, wie lange ich selbst gebraucht habe, mir einzugestehen, wie tief und nachhaltig mich diese Doppelbödigkeit verwirrt und verunsichert und mein Selbstvertrauen geschwächt hat. Noch einmal: Ich schreibe das nicht, um irgendjemanden anzuklagen. Sondern um uns alle daran zu erinnern, dass wir nicht mitspielen müssen. Dafür müssen wir keine radikalen Revoluzzer*innen werden, nicht kämpferisch Schilder in die

Höhe halten. Es reicht, wenn wir uns angewöhnen, unermüdlich anzusprechen, was uns seltsam vorkommt. Wir können beschreiben, was wir nicht als stimmig empfinden, und uns schon dadurch der gängigen Logik und ihrer vermeintlichen Unentrinnbarkeit entziehen. Und ich weiß aus eigener Erfahrung, dass sich das hier leicht hinschreibt, aber nur ganz allmählich umzusetzen ist. Es streut unweigerlich Sand ins Getriebe eines vermeintlich gut geschmierten Systems. Und Hemmschuh, Hindernis, Bremse zu sein – das ist häufig ebenfalls schambehaftet.

Im Verlauf dieses Buches beschreibe ich einige meiner eigenen Versuche, hier und da ein wenig Verlangsamung und Gewahrsein in routinierte Abläufe und Selbstverständlichkeiten rieseln zu lassen. Es sind mögliche Schritte – gehen müssen wir sie alle selbst, vielleicht ein wenig ermutigt durch diese Zeilen. Und wir sind nicht allein!

Zu viel wahrnehmen: Hochsensibilität

Bevor wir uns ausführlich der Frage widmen, wie wir eigentlich in dieser Kultur des Nichtwahrnehmens gelandet sind, möchte ich noch ein letztes Erlebnis beschreiben, an dem sich mir zeigte, welch untergeordnete Bedeutung das Wahrnehmen in unserer Kultur hat. Sogar dort, wo ganz viel Empfindsamkeit vorhanden ist, kann sich das Funktionierenmüssen erstaunlicherweise immer wieder in den Vordergrund drängen.

Vor einigen Jahren war ich eingeladen, bei einer Tagung zum Thema Hochsensibilität Workshops zu geben. Die Veranstaltung stellte die Frage, wie wir – vor allem war pädagogisches Fachpersonal zugegen – sogenannte hochsensible Kinder im Alltag begleiten und unterstützen können. Ich war zunächst einmal überrascht, dass die Tagung äußerst vortragslastig war. Wenn es um Hochsensibilität ging, also um die ausgeprägte Empfänglichkeit der Sinne, warum sollten wir denn dann wie allgemein üblich nur die Fernsinne, das Sehen und das Hören, bedienen, indem wir eine Powerpoint-Präsentation nach der anderen an uns vorbeiziehen ließen? Warum waren wir nicht aufgerufen, mit allen Sinnen da zu sein? Ich setzte mich trotz einiger Widerstände hin und hörte zu – nachmittags würde es immerhin Workshops geben. Viele der Vortragenden stuften sich selbst als hochsensibel ein und verwendeten einen erheblichen Teil ihrer Redezeit darauf, Beweise dafür zu erbringen. Eine von ihnen schilderte ausführlich, wie sie in einem Hotel übernachtete und sehr früh morgens davon aufwachte, dass sie den Geruch von frisch gebrühtem Kaffee wahrnahm. Es gab aber weit und breit keine Küche. Hatte sie sich diesen Geruch eingebildet? Später erfuhr sie, dass an jenem Tag eine Reisegruppe in einem anderen Stockwerk weit weg von ihr früh zum Flieger musste und Kaffee getrunken habe. Das war für sie der Beweis: Ich bin hochsensibel. Ich habe eine so feine Wahrnehmung, dass ich etwas rieche, das Menschen eigentlich auf die Entfernung gar nicht riechen können.

Wer sagt denn, dass uns das eigentlich nicht möglich ist? Ist es nicht vielmehr so, dass wir fast alle mit äußerst empfindsamen Riechorganen ausgestattet sind, die wir aber kaum noch benutzen, um uns in unserer Umgebung zu orientieren, weshalb sie verkümmern und nur noch bei penetranten Gerüchen anspringen? Wer setzt die Maßstäbe? Ab wann ist etwas jenseits der Norm und braucht deshalb ein Etikett? Hochsensibel, hochbegabt, hyperaktiv, aufmerksamkeitsdefizitär, entwicklungsverzögert – etwas, das eine Ärztin oder ein Psychologe attestiert. Und damit kann man dann in der Schule oder im Kindergarten eine Sonderbehandlung für sein Kind einfordern. Warum? Weil Diversität immer noch ein Wert ist, dem wir uns erst ganz allmählich annähern. Weil der Standard Standard ist. Wer davon abweicht, ist verhaltensauffällig oder, freundlicher, verhaltenskreativ. Warum gestehen wir uns das nicht allen zu? Was für eine wunderbare Welt wird das sein, in der wir die Norm abschaffen und alle verhaltenskreativ sein dürfen. Oder wahrnehmungsdivers. Oder …

Außerdem stellt sich mir ernsthaft diese Frage: Warum nennen wir viel Wahrnehmen hochsensibel – warum nicht alles andere mindersensibel oder dumpf oder abgestumpft? Warum reden wir, wenn sich etwas den gängigen Erklärungsmustern entzieht, von übersinnlichen Wahrnehmungen? Warum schätzen wir die Kapazitäten unseres Wahrnehmungsapparates so gering? Weil wir denken, das Denken sei dem Wahrnehmen überlegen. Was für ein fundamentaler Irrtum. Ohne Wahrnehmung könnten wir nicht denken. Das Wahrnehmen war zuerst da. Auf seiner Basis entwickelte sich das Denken. Ein fataler Schluss wäre, anzunehmen, dass wir das Wahrnehmen als veraltete, »niedere« Sache hinter uns lassen können, weil wir ja nun eine »höhere« Kompetenz haben, das Denken. Das ist nicht der Fall. Der Verlust unserer Empfindsamkeit macht uns unintelligenter, möchte ich behaupten.

Hochsensibel ist einfach ein seltsames Wort. Wie wir Phänomene benennen, die uns begegnen, das sagt eine Menge darüber aus, was wir für normal halten – und in einer Welt, die sich an Normen orientiert, damit auch für erstrebenswert.

Doch mein Erschrecken über die Tagung geht noch weiter. Ein Großteil der Teilnehmer*innen und Referent*innen war bereit, sich selbst als hochsensibel zu bezeichnen. Manche von ihnen berichteten von der Erleichterung, als die »Diagnose« gestellt wurde: »Ach so, das ist mit mir los. Endlich muss ich nicht mehr an mir zweifeln und mich wie ein Alien fühlen. Es gibt andere, die Ähnliches erleben, ich bin nicht allein.« Die Erleichterung kann ich sehr gut nachvollziehen. Und zugleich hatte ich ein mulmiges Gefühl: Lassen sich hier intelligente, reflektierte und überdurchschnittlich wahrnehmungsbegabte Menschen freiwillig in die Unnormal-Ecke stecken und bleiben dort klaglos für den Rest ihres Lebens – »... tut mir leid, ich bin hochsensibel ...«?

Während der gesamten Tagung wurden allen Ernstes hauptsächlich jede Menge Strategien besprochen, wie man empfindsame Kinder in eine Welt einfädeln kann, die nicht dafür geeignet ist, zu ihrem Wohlbefinden beizutragen. Eine Welt, die zu laut, zu schnell, zu funktional und hochgradig reizüberflutend ist – für uns alle wohlgemerkt. Den sogenannten hochsensiblen Kindern und Erwachsenen fehlt einfach nur die Fähigkeit, sich stumpf zu machen. Dadurch steht ihr Leben unter dem Fluch der Dauerüberforderung. Das erzeugt Stress und den Wunsch, sich einzuigeln, um sich zu schützen. Manchmal ist Aggression der einzige Ausweg aus der Verzweiflung.

Die Referent*innen übertrafen sich gegenseitig mit Vorschlägen, was man alles einrichten könne, um das Unmögliche möglich zu machen: Eine Stille-Ecke hier, eine Auszeit dort, Rituale für den Übergang zwischen reizarmen und potenziell überfordernden Räumen, punktuelle Verlangsamungstricks, Belohnungen für durchgestandene Tage (!!!), therapeutische Hilfen – die ganze Aushalte-Nummer, so gut es auch gemeint sein mag. Die versammelten Eltern, Pädagog*innen und Therapeut*innen waren verblüffend erfinderisch, Hilfen und Nischen für diese besonderen Kinder zu erfinden. Selbstverständlich braucht es für verzweifelte Kinder und ihre Eltern Abhilfe und wenigstens vorübergehende Entlastung, aber das kann doch nicht das Ziel unserer Bemühungen sein. Im Alltag den Wald vor lauter Bäumen nicht sehen können und geschäftig auf die kleinen und großen Katastrophen reagieren – verständlich. Dass aber eine Fachtagung nicht den Schritt wagt, eine übergeordnete Perspektive einzunehmen, das hat mich doch sehr irritiert. Warum denken wir immer systemimmanent? Warum sind wir so dermaßen bereit, lebenswidrige Umstände als gegeben hinzunehmen? Niemand fragte, ob es überhaupt wünschenswert sei, feinspürige Kinder in eine grobschlächtige Welt zu pressen. Kein*e Einzige*r von ihnen schlug vor, die Welt rundherum so zu gestalten, dass diese Kinder und alle anderen, die als »schwierig« betrachtet werden, Raum für ihr Sosein haben, ohne Scharen von heil- und sonderpädagogischem Personal zu brauchen, damit sie einigermaßen klarkommen. Das würde ja auch all jene entlasten, die es fertigbringen, zu funktionieren, aber nur um den Preis von Selbstverleugnung. Niemand war bereit, die →Opferrolle zu verlassen und Hochsensibilität nicht als Problem, sondern als Chance, als Zeichen, als kulturstiftendes Moment zu betrachten.

Irgendwann konnte ich nicht mehr auf meinem Stuhl sitzen bleiben. Ich stand auf und sagte ungefähr dies: »Ich möchte gern eine Perspektive ins Spiel bringen, die ich hier vermisse: Der Schmerz dieser Kinder, der Schmerz aller, die hier versammelt sind, ist der Schmerz dieser Welt. Wir alle sehnen uns danach, mit unserer ganzen Empfindsamkeit hier sein zu dürfen. Wie lange noch verwenden wir so viel Energie darauf, Menschen, die das bereits spüren, also uns, als unnormal abzustempeln und irgendwelche Konstrukte zu bauen, damit wir mithecheln oder es

zumindest einigermaßen ertragen können? Warum können wir uns nicht als Vorbot*innen einer neuen Kultur betrachten? Wir werden doch – zum Glück – immer mehr. Wollen wir nicht endlich infrage stellen, was wir als normal erachten und unsere Kraft nicht auf Nischen und Sonderregelungen, sondern auf die Gestaltung einer rundum sensibleren Welt ausrichten, in der viel Wahrnehmen erwünscht, normal und relevant[14] ist? Eine Welt, in der wir zum Spüren ermutigt werden, weil wir uns einig sind, dass es genau diese Empfindsamkeit braucht, damit das Leben für alle lebenswert sein kann – Menschen und alle anderen Wesen?« Ich erntete Murmeln, hier und da erleichterte Zustimmung, aber eine wirkliche Wende konnte ich nicht lostreten mit meinem Beitrag. Die Tagung ging weiter wie geplant.

Warum halten wir nur alle auf Teufel komm raus diese Geschichte am Leben, die uns noch nie gut getan hat und die sich jetzt immer deutlicher als falsch erweist? Warum? Weil sie die einzige ist, die wir kennen. Weil sie uns als alternativlos verkauft wird und wir bereit sind, sie so zu betrachten. Doch es gibt Alternativen. Sie zeigen sich immer deutlicher. Und es ist an uns, diese Alternativen für lebbar zu erklären. Indem wir sie erahnen, erspüren, einander davon erzählen und sie – leben. Schritt für Schritt.

Die Tagung ist einige Jahre her, damals fühlte ich mich noch recht allein mit dieser Sicht. Inzwischen habe ich immer mehr Menschen getroffen, die diesen Blick auf die Welt teilen und die bereit sind, sich als Kulturpionier*innen zu betätigen. Was könnte das bedeuten: Kulturpionier*innen?

Ich halte es nicht für abwegig, dass eine neue, wirklich andere Kultur genau von denen erschaffen wird, die in der momentanen nicht gut klarkommen, oder einfacher ausgedrückt: die am Ist-Zustand zu verzweifeln drohen, die scheitern und keinen Platz finden. Genau sie haben das Potenzial, zum Entstehen einer Gesellschaft beizutragen, die wirklich anders tickt, weil sie auf anderen Grundannahmen beruht und andere Qualitäten für wesentlich erachtet. Im Moment ist es genau andersherum. Unsere in weiten Teilen lebensverachtende Kultur wird von jenen dominiert, die am abgebrühtesten sind und am gründlichsten die Lektion gelernt haben, die das Ausfragen uns lehrte: »Mach dich unempfindlich!« Ein Beispiel, das diese Behauptung untermauert: Es gibt interessante Studien darüber, dass Menschen, die es in Führungsposi-

14 Besagte Tagung fand lange vor Corona statt. Beim Schreiben kommt mir unweigerlich das Wort *systemrelevant* in den Sinn. Oh ja, denke ich. Was wird das für eine wunderbare Welt werden, in der spürende Menschen als systemrelevant angesehen werden. Allerdings würde sich dadurch die Bedeutung des Wortes *systemrelevant* so verändern, dass wir es gar nicht mehr bräuchten, weil deutlich würde, dass wir <u>alle</u> systemrelevant sind, weil wir alle einen Beitrag zu leisten haben zu dem großen Ganzen, dem wir angehören. Es fällt uns nicht immer leicht, die Chance dazu wirklich zu ergreifen. Immer wieder beobachte ich an mir die abwartende Haltung, jemand müsse mir diese Chance geben. Wir dürfen uns selbst und gegenseitig ermächtigen!

tionen schaffen, tendenziell weniger empathiefähig sind.[15] Wie wäre es, wenn wir diese Beobachtung ernst nehmen? Dann betrachten wir unsere »unnormale« Empfindsamkeit nicht als Fluch, nicht als Makel und schon gar nicht als Krankheit, sondern als Auftrag. Eine gewaltsame Welt wird nicht durch → Gewalt geheilt werden. Genau das haben wir beizutragen.

Auch ich zähle zu den Menschen, denen die meisten Berührungen zu grob, die meisten Orte zu laut, zu grell sind. Ich beobachte immer wieder, dass viele meiner Mitmenschen ohne Probleme in einem Café an einer Hauptverkehrsstraße sitzen können, schnell geschnittene Filmchen angucken, penetrante Düfte von Deos oder Weichspülern einatmen oder in Menschenansammlungen sein können und viele weitere Dinge selbstverständlich hinnehmen, die ich schwer aushaltbar finde. Was mir fehlt, ist die Fähigkeit, so zu tun, als wäre ich nicht empfindsam und als wären all diese Reize nicht viel zu viel. Ich kann mich nicht gut abschotten, taub machen. Und das hat nicht nur, aber auch damit zu tun, dass ich es nicht will. Ich tauche gern tief und → sinnlich ein in das, was mir begegnet. Aber es will dosiert und ausgerichtet sein. Ich kann mich nicht wahllos all den Reizen dieser grell und laut gewordenen Welt ausliefern.

Wenn ich den Stempel *hochsensibel* nicht mag, welche Möglichkeiten habe ich dann? Wie kann ich damit umgehen, dass wir nicht gut zusammenpassen, ich und die Welt, wie ich sie vorfinde? Möchte ich mich als unpassend und überempfindlich bezeichnen, also letztendlich als falsch? Oder möchte ich darauf vertrauen, dass es einen Sinn hat, dass ich bin wie ich bin und dass ich mit meinem Sosein einen Beitrag leisten kann? Da ich ein echter Fan von Sinnhaftigkeit bin, kommt mir letztere Sichtweise attraktiver vor.

Und wie mache ich das? Ich persönlich brauche Nischen, in denen es still und achtsam zugeht, damit ich aus meinem Schutzpanzer hinauskriechen kann, in den ich als Überlebensstrategie »da draußen« immer wieder schlüpfe. Aber ich möchte in diesem Kokon nicht mein Leben verbringen. Ich möchte – genährt und beflügelt vom Erleben in der Nische – hinausgehen und Menschen anstecken mit der Gewissheit: Es geht feiner, weicher, offener.[16] Lasst uns unser Zusammenleben auf dieser Grundlage gestalten.

Falls immer noch nicht deutlich wird, was ich meine, wiederhole ich hier, was schon außen auf dem Umschlag dieses Buches steht: Wir brauchen wache, spürende, sinnliche Menschen, um den multiplen Krisen unserer Zeit zu begegnen. Und wie alles, das zur einzigen Wahr-

15 Furios wütend, jedoch leider sehr vorwurfsvoll anklagend beschrieben in Karen Duves Essay »Warum die Sache schiefgeht. Wie Egoisten, Hohlköpfe und Psychopathen uns um die Zukunft bringen«. Ein etwas neutralerer Blick auf psychopathisches Verhalten in Führungsposionen findet sich zum Beispiel im *Journal of Applied Psychology*: https://doi.org/10.1037/apl0000357

16 Eine Praxis, in der mir beides gelingt – offen und empfänglich sein und mich mitten in diese laute schnelle Welt stellen –, ist *Standing with the Earth*, ein Format des stillen Aktivismus. Ich schreibe in Kapitel 7 darüber.

heit erhoben wird, birgt auch diese Aussage die Gefahr der Umkehr ins andere Extrem. Darum schicke ich noch diesen Zusatz hinterher: Ich wünsche mir auf keinen Fall eine Diktatur der Feinfühligen, die jeden etwas lauteren, schnelleren, aktiveren Impuls als überfordernd abwehrt. Vielleicht wird beim Lesen des Einschubs zum *Täter*in-Opfer-Retter*in-Dreieck* (S. 107) deutlich, was ich damit meine.

Mehr leere Seiten

Das war nun meine ganz eigene, in meinem eigenen Erleben wurzelnde Annäherung ans Nichtwahrnehmen und Taubwerden, die ich dann um die große Perspektive ergänzt habe, um die Bedeutung des Kleinen für das Große sichtbar werden zu lassen. Ich habe eine sehr persönliche Geschichte erzählt. Sie handelt von genau dem Moment, an dem mir, Heike, die alltägliche und daher schwer zu entlarvende → Gewalt unseres → Narrativs am eigenen Leib ganz deutlich bewusst wurde, »zum Himmel brüllte«. Es ist einer von vielen Momenten, an denen ich erkannte, dass ich durch die suggerierte Selbstverständlichkeit zum Schweigen und Mitmachen erzogen wurde, und dass ich mitmachte, weil ich keinen anderen Weg sah.

Es geht mir darum, den Moment zu würdigen, an dem ich mir endgültig vornahm, fortan meine Empfindsamkeit dafür zu schulen, wach und aufmerksam zu sein, um dieser dumpf machenden Normalität keine Chance mehr zu geben. Und es geht mir darum, dieses Versprechen täglich, stündlich, minütlich bewusst zu erneuern.

Ich glaube, es ist wesentlich, so heranzugehen. Große Theorien und verallgemeinernde Phrasen gibt es schon genug (»wir leben in einer Ellbogengesellschaft«, »alles ist nur auf Profit aus«, »jede*r ist sich selbst der* Nächste«), Wettern, Schimpfen und Lamentieren auch (»die Politiker* machen doch eh, was sie wollen«), Resignation ebenso (»so ist das nun mal, da kann man nichts machen«). Es ist bequem, woanders nach den Schuldigen für unser Dilemma zu suchen, je nach Geschmack Großkonzerne oder rechtspopulistische Parteien, und selber schön weiterzumachen wie bisher – weil andere ja viel schlimmere Dinge tun und meins dagegen kaum ins Gewicht fällt. Aber wenn wir uns Veränderung wünschen, dann halte ich es für unabdingbar, dass wir unsere eigenen kleinen Leben auf diese Momente hin abtasten, wo wir – meist ohne es zu wollen – die Geschichte des Getrenntseins blindlings anerkennen, weitererzählen und damit verstärken. Wenn wir es anders möchten, ist es notwendig, dass wir uns alle immer wieder fragen: »Moment mal, was tu ich da eigentlich, will ich das wirklich?«

Hier kommen nun nochmal ein paar leere Seiten, auf denen du deine ganz eigenen Momente des Erkennens aufschreiben kannst. Mach dich – wenn du magst – auf die Suche nach diesen Augenblicken in deinem Leben, als die kleine Stimme in dir rufen wollte »Das ist falsch!«, aber es blieb dir im Hals stecken, weil es nicht so wirkte, als werde dein

Unwohlsein in deinem Umfeld auf Resonanz und Verständnis stoßen. Beschreib die Situation. Was genau war da? Kannst du dich an Empfindungen erinnern? An den Moment, als du aufgabst, dich zurückzogst, dich ins Nichtspüren flüchtetest? Sei konkret. Schreib nicht »immer wenn ich etwas zurückhalte« – das ist zu allgemein. Schreib lieber »an dem Tag, als ich nicht gesagt habe, wie unwohl ich mich mit … fühlte«. Und wenn du fertig bist, behalte die Geschichte möglichst nicht für dich. Schau, ob du sie mit jemandem teilen kannst. Und wenn es dich traurig oder wütend macht, such dir Unterstützung. All unsere ganz persönliche wie kollektive Trauer und Wut wird der Kompost, der Nährboden sein, auf dem etwas wirklich Neues gedeihen kann. Dazu schreibe ich noch einiges.

Jetzt erst einmal deine Geschichte.

Zwischen Immer schlimmer und Immer besser

Das war nun die drastisch klingende Analyse eines sich selbst reproduzierenden →Narrativs, die manche*n Leser*in rat- und mutlos stimmen mag. Wie soll denn je der Ausstieg aus diesem Teufelskreis von Abstumpfung und subtiler Gewalt gelingen? Wird alles immer nur noch schlimmer? Reiten wir uns immer tiefer in die Geschichte der Getrenntheit hinein? Ja und nein.

Je mehr wir uns hineinreiten, desto deutlicher wird der Wahnsinn. So deutlich, dass wir es uns irgendwann nicht mehr schönreden können. Und je bewusster wir wahrnehmen, wie unwirtlich und destruktiv ein Großteil der Welt ist, die wir Menschen erschaffen haben, desto mehr Widerstand regt sich in uns. Unser aller Sehnsucht nach einem für alle Lebewesen würdigen Leben lässt sich nicht mehr ignorieren, sie bekommt Raum – und die Chance, Wirklichkeit zu werden. Vielfältige Alternativen tun sich auf, oft in unscheinbaren Nischen, bisweilen beinahe unbemerkt. Die Wandeldenkerin Margaret Wheatley spricht von »islands of sanity in an insane world«[1]. Sie wachsen allerorten wie Pilze aus dem Boden – aus einem Myzel[2] voller Zuversicht und Entschlossenheit, das sich über die ganze Welt zu ziehen scheint. Und ja, gleichzeitig denken sich Großkonzerne immer skrupellosere Strategien aus, um Gewinne zu maximieren. Beides geschieht zur gleichen Zeit. Beides.

»Wie schätzt du es ein: Bewirken deine Texte etwas, nimmst du Veränderung wahr, entwickelt sich die Menschheit hin zu mehr Verbundenheit?«, fragte ich Charles Eisenstein in einem Interview.

»Nun, es wird immer besser und immer schlimmer«, lautete seine Antwort. »Und zwar immer schneller.«[3] Beides also. So erlebe ich das auch.

Die Schriftstellerin und Aktivistin Arundhati Roy wird seit über 20 Jahren nicht müde zu betonen, dass Veränderung nicht irgendwann in ferner Zukunft passieren wird, sondern dass sie bereits spürbar ist. »Eine andere Welt«, sagt sie, »ist nicht nur möglich, sie ist schon am Werden. An einem stillen Tag kann ich sie atmen hören.«[4] Es ist bezeichnend,

1 Dafür gibt es viele Übersetzungsmöglichkeiten, zum Beispiel: »Inseln der Vernunft in einer wahnsinnigen Welt«. Wheatleys Rede von 2017, *Resilient Compassion in a Time of Crisis*, ist hier zu finden: https://youtu.be/LtaYNxp56gs

2 Ein Myzel ist das unterirdische Geflecht eines Pilzes. Das, was wir Pilze nennen, sind nicht die ganzen Lebewesen, sondern die Fruchtkörper, die über der Erde sichtbar werden. Der eigentliche Organismus verbirgt sich im Boden, er ist viel größer und kann sich über mehrere Hektar ausdehnen.

3 Originalzitat »Well, things are getting better and better and worse and worse faster and faster«, Charles Eisenstein in einem Interview mit Andreas Duda und mir im Rahmen des Sommercamps *Vertrauen, Verbundenheit und Wärme als Basis für den gesellschaftlichen Wandel* im ZEGG (Zentrum für experimentelle Gesellschaftsgestaltung) 2019 in Bad Belzig.

4 So lautet der letzte Satz der Rede gegen die *Revolution der Konzerne*, den Arundhati Roy bereits 2003 beim Weltsozialforum hielt – im englischen Original: »Another world is not only possible. She is on her way. On a silent day I can hear her breathing.«

welches Wort Roy benutzt: nicht *besser*, nicht *neu* – *anders*. Im Unterschied zu *neu* und *gut* ist *anders* nicht steigerbar. Es ist unmöglich, unsere Fixierung auf Fortschritt und Wachstum auf dieses Wörtchen anzuwenden: anders, anderer, am andersten, am allerandersten? Arundhati Roy macht mit ihrem schlichten Satz deutlich: Die Welt bleibt nicht, wie sie ist, sie verändert sich. Oder: Wir befinden uns mitten in einem → Paradigmenwechsel. Wohin? In etwas hinein, das sich dadurch auszeichnet, anders zu sein als das, was jetzt selbstverständlich ist. Diese Andersartigkeit ist etwas sehr Offenes, Gestaltbares, noch Uneindeutiges. Roy erahnt eine Welt, und der Zugang zu dieser Welt erschließt sich nicht dadurch, dass ich schon weiß, wie sie ist, sondern indem ich lauschen lerne.

»Die wesentlichen Dinge kannst du nicht machen. Du musst sie empfangen. Aber du kannst dich empfänglich machen.«[5] Diese Worte des Geigenbauers Martin Schleske haben mich immer wieder sehr bewegt, und manchmal flüstere ich sie mir selber ins Ohr, wenn ich mir vorstelle, was ich oder »man« alles tun müsste, damit es sich zum Besseren wendet, und darüber ganz hibbelig werden könnte. »Mich empfänglich machen« – wenn ich das höre, atme ich erst einmal aus. Ach so, nicht rödeln, ackern und kämpfen. Solange wir vermuten, dass wir diese andere Welt *denken* und *machen* müssen und dass das mit viel Entbehrung und Anstrengung verbunden sein wird, folgen wir weiter dem bekannten Narrativ. Vielleicht kommt uns dieser → Wandel wie ein zu bewältigender Kraftakt vor und wir fragen uns, wie wir die Energie dafür aufbringen sollen – unser Leben ist ja so schon mühsam genug, wenn wir einfach nur versuchen, unseren Alltag in den Griff zu bekommen. Ich vermute, es ist eine wesentliche Qualität dieses Wandels, zunächst einmal zu lauschen, was sich zeigen will, in uns und in der Welt.

Das schreibt sich leicht hin. Was genau ist Empfänglichkeit? Sie hat für mich sehr viel mit Wahrnehmen zu tun: Und das ist auf seine Weise auch »Arbeit«. Auf jeden Fall verlangt es uns eine Menge Disziplin ab. Es bedeutet, alle erdenklichen Kanäle zu reinigen, zu öffnen und zu pflegen, damit mich erreichen kann, was mich erreichen will. Zum Beispiel all die Zeichen, dass die andere Welt schon am Werden ist. Sie will empfangen werden, wahrgenommen – also für wahr empfunden, für lebbar erklärt – und gestaltet werden. Das Lebensdienliche wird nicht einfach um die Ecke kommen und sagen »Hallo, da bin ich, ab jetzt ist alles gut!«, während wir in dieser leblosen Starre verharren, die wir für normal erklären und für das Leben halten.

Das zweite Kapitel hat beschrieben, wie wir in der gegenwärtigen Kultur unsere Kanäle eher verstopfen und unsere Antennen stutzen, um uns zu schützen. Damit blenden wir allerdings nicht nur das Schreckliche, Unerträgliche aus, sondern auch viel Schönes, Wunderbares, Zartes. Wir können also gar nicht wahrnehmen, was da schon alles atmet. Es sei

5 Martin Schleske, »Herztöne: Lauschen auf den Klang des Lebens«

denn, wir halten inne, werden uns hinderlicher Gewohnheiten bewusst und machen uns empfänglich. Dann können wir erkennen: Der Wandel geschieht bereits – und zwar inmitten der widrigsten Umstände, die zugleich die bestmöglichen sind, weil die Dringlichkeit uns die Augen öffnet und weil uns heute so viel Wissen und so viele Kommunikationskanäle relativ einfach zugänglich sind wie nie zuvor. Wandel und Wendung zum Besseren passiert überall.[6] Wir bekommen sein Gedeihen und Sprießen inmitten unserer Geschäftigkeit nur oft gar nicht mit, haben keine Zeit, es wahrzunehmen.

Damit meine ich nicht, dass der Kulturwandel einfach von allein passieren wird, und dass → Rettung von irgendwoher herbei eilt, während wir auf dem Sofa sitzen und Vorabendserien gucken. Noch einmal: Es braucht beides. Tun und Lassen, Lernen und Verlernen, Sprechen und Stillsein, Horchen und Handeln, Disziplin und Genuss, Verzweiflung und Hoffnung, Entschiedenheit und Geschehenlassen, Ernsthaftigkeit und Spiel. Denken, Spüren und Fühlen. Oder sollten die Paare ganz anders heißen? Könnte nicht auch die Liebe den Gegenpol zur Disziplin bilden – oder das Chaos, das Spiel? Welche Polaritäten des Wandels würdest du wählen?

Es braucht all das auf eine Weise, die uns erkennen lässt, dass diese vermeintlichen Gegensätze nicht ohne einander zu haben sind, dass sie einander bedingen und ergänzen und nicht ausschließen. In diesem Sinne des Sowohl-als-Auch möchte ich, bevor wir im nächsten Kapitel tiefer in das Gewordensein unserer Kultur hineintauchen, eine weitere, eine ermutigende Schulgeschichte erzählen – als Ausgleich zu jenem Blick auf die Welt, der besorgt all das immer Schlimmere zur Kenntnis nimmt. Etwa fünfunddreißig Jahre nach der Ausfragerei durfte ich etwas Neues bezeugen. Es zeigte sich an einem ganz unverhofften Ort, einem bayerischen Gymnasium. Zunächst einmal schien es, als hätte sich nichts geändert – im Außen, in den Strukturen –, seit ich selbst Schülerin war.

Eine neue Generation

Einige Jahre lang arbeitete ich in einer spannenden Kooperation. Ich leitete als externe Künstlerin gemeinsam mit einem Lehrer, ich nenne ihn hier Bernhard, die

6 Wer sich konkrete Ermutigung wünscht: Filme wie »Die Zukunft ist besser als ihr Ruf«, »Tomorrow«, »But beautiful«. Oder Paul Hawkens Buch »Blessed Unrest« (übersetzt: »Wir sind der Wandel«), in dem er darlegt, dass die größte soziale Bewegung, die die Welt je erlebt hat, sich längst geformt hat – von unten. Ohne Hauptquartier, ohne Chef*in, ohne Anordnung von oben. Sie besteht aus vielen kleinen, zum Teil vernetzten Einzelinitiativen. Während eines Vortrags lässt Hawken im Hintergrund auf einer Leinwand die Namen der ihm bekannten weltweiten Nichtregierungs-Initiativen ablaufen, die sich für soziale und ökologische Gerechtigkeit einsetzen – wie im Abspann eines Kinofilms. Wenn wir sie alle lesen wollten, sagt Hawken, dann müssten wir hier mehr als drei Tage ohne Pause sitzen. Wir ahnen nicht, wie groß diese Bewegung ist. Sie wächst und will bemerkt werden: https://youtu.be/iW8BytViI54

Oberstufentheatergruppe seiner Schule. Die Einblicke, die ich dabei in das heutige Schulleben bekam, frustrierten mich. Offensichtlich saßen die Schüler*innen immer noch meist teilnahmslos ihre Zeit ab, ließen die Pflichtveranstaltung Unterricht über sich ergehen, spalteten sich ab, waren nicht wirklich anwesend.

Doch es gab ja einen Grund, warum sie sich für die Theatergruppe entschieden hatten: Sehnsucht nach Lebendigkeit, nach Spielen, Ausprobieren, in andere Rollen schlüpfen. Bei Wochenendproben kam meist viel Begeisterung auf, sie waren lang genug, um die Schüler*innen in einen wacheren Zustand zu versetzen. Doch die freitäglichen 90 Minuten *Dramatisches Gestalten* in der siebten und achten Stunde verlangten Bernhard und mir einiges an Motivationsarbeit ab. Nach sechs Stunden Belehrtwerden und Stillsitzen, nach einem Vormittag erfolgreichen Abspaltens kamen die Schüler*innen meist wie ferngesteuert in den Theaterraum geschlurft, die noch schnell beim Hausmeister erworbene Käsebrezel in der Hand, in der Backentasche. Der Schulmodus hatte sie voll im Griff.

Eine dieser Nachmittagsproben wenige Wochen vor der Premiere unseres Theaterstücks verlief besonders elanlos. Die Probe war ein Desaster, nichts funktionierte, es entstand kein Gruppengeist, keine Spiellust, die Einsätze klappten nicht, der Text war nicht gelernt oder wieder vergessen worden, wer gerade nicht dran war, unterhielt sich mit anderen und störte das letzte bisschen an Konzentration. Mein Kollege, der Lehrer, wurde zusehends ungeduldiger, was auch nicht gerade zu einer entspannten Atmosphäre beitrug. Nervös stand er neben mir und murmelte etwas von Blamage. Irgendwann platzte ihm der Kragen und er ließ sich zu einer Standpauke hinreißen: »Wisst ihr eigentlich, wie wenig Probenzeit wir nur noch haben und wie viel noch zu tun ist? Es gibt keine einzige Szene, die schon richtig sitzt. Das schaffen wir nie! Wenn ihr so weitermacht, wird das die totale Katastrophe. Ich würde ja gern sagen, blamiert ihr euch nur, aber das fällt ja auch auf mich zurück, das könnt ihr mir wirklich nicht antun!«

Ich fragte mich, wie ich einlenken könnte, damit die Schüler*innen nicht völlig entmutigt nach Hause gehen würden. Bernhard war so in Rage, dass ich ihn eigentlich vehement hätte unterbrechen müssen. Allerdings wusste ich, wie schnell er das Gefühl bekam, ich fiele ihm in den Rücken, sobald ich vor den Schüler*innen eine andere Position vertrat als er. Ich habe als Externe gut reden, sagte er häufig, denn ich stünde nicht unter dem Druck des Schulapparats. Vorsicht war geboten, um nicht alles noch schlimmer zu machen. Ich beobachtete die Gruppe. Niemand ließ sich nennenswert von Bernhards Panik beeindrucken. Sie schienen auf Durchzug geschaltet zu haben – die bewährte Strategie: sich nicht empfänglich machen.

Endlich gongte es. Ohne abzuwarten, ob ihr Lehrer fertig gesprochen hatte, packten die Jugendlichen ihre Taschen. »Ja, ihr seid ja eh schon halb zur Tür draußen, ihr hört mir gar nicht zu«, beschwerte sich Bernhard und rief den Jugendlichen hinterher, sie sollten zur nächsten Probe ihren Text lernen, die Requisiten dabei haben, pünktlich kommen … Währenddessen legte ich mir Worte zurecht, wie ich dem Kollegen schonend beibringen könnte, wie kontraproduktiv seine aufgebrachte Ansprache war. Ich wartete ab, während die* letzten Schüler*innen den Raum verließen. Einer von ihnen nestelte noch am Verschluss seines Rucksacks herum, guckte dann auf, vergewisserte sich, dass wir nur noch zu dritt waren und ging entschlossen auf uns zu. Es war Niklas, sechzehn, Chucks, löchrige Jeans, Dreadlocks. Er hatte ein Anliegen und brachte es schnörkellos vor: »Bernhard, ich wollte dir nur sagen, dass das nicht besonders hilfreich war gerade. Wenn du nervös bist und Angst hast, dass wir es nicht hinkriegen, dann ist das deine Sache. Es macht keinen Sinn, wenn du uns das in die Schuhe schiebst. Wir hatten heute einen echt anstrengenden Tag mit einer richtig fiesen Klausur, und das war halt jetzt mal eine verpatzte Probe. Das kommt vor, das wissen wir doch. Kann man ja einfach so sagen, muss niemand schönreden. Und da braucht man dann halt nicht noch mehr Stress, sondern ein bisschen Ermutigung. Aber jetzt sind alle total demotiviert hier rausgegangen. Und so kommen sie dann auch zur nächsten Probe. Nicht gerade eine gute Voraussetzung, dass sie sich dann total ins Zeug legen. Ich würd' mal sagen, du hast mit deiner Predigt das Gegenteil von dem erreicht, was du wolltest. Das mag ich dir mal als Feedback geben, damit du das aus unserer Perspektive sehen kannst.«

Ich war beeindruckt. Auf den Punkt gebracht, nicht rumgemotzt, sondern sachlich die Situation beschrieben, während ich noch dabei war, passende Worte zu finden. Woher konnte dieser Sechzehnjährige das? Warum hielt er nicht den Mund und dachte sich: »So ein Idiot, sitzt aber leider am längeren Hebel als ich«, oder reagierte seinen Ärger ab, indem er die Luft aus Bernhards Autoreifen ließ, seine Windschutzscheibe beschmierte? Wie konnte er so gelassen bleiben? Woher hatte er den Mut, die Klugheit und die Geduld? Eine einzige Generation nach mir gab es Jugendliche, die mich spüren ließen: Da kommen jetzt welche, die sind erheblich weiter als die Bewusstesten von uns damals. Natürlich war ich mit der im Hals steckengebliebenen »Endmoräne!« fünf entscheidende Jahre jünger als Niklas hier. Doch ich hätte das auch mit sechzehn nicht so gekonnt oder mit achtzehn. Diese Jugendlichen sind in eine andere Welt hineingeboren. Einige von ihnen haben und nutzen die Möglichkeit, auf Destruktives konstruktiv zu reagieren und jene Spirale zu beenden, über die wir normalerweise Druck die Hierarchieleiter hinab weitergeben – an irgendwen, der oder die sich nicht gut wehren kann. Wer weiß, wo Bernhards Angst ihren Ursprung hatte. Danke, Niklas.

Die andere Welt ist schon am Werden. Sogar an einem gar nicht so stillen, an einem verpatzten und vermotzten Tag kann ich sie bisweilen atmen hören. Immer wieder kam mir in den folgenden Tagen die Frage: Woher konnte Niklas das? Welche Bedingungen brauchen junge Menschen beim Aufwachsen, damit sie sich so verhalten können und allen Hierarchien, allem Druck im System zum Trotz ihre Wahrnehmung kundtun? Hatte ich meinen Kindern das mit auf den Weg gegeben? Wenige Tage später kam ein kleiner Antwortschnipsel zu mir. Meine Tochter, damals fünfzehn, wollte abends mit Freund*innen unterwegs sein. Sie würden erst spät heimkommen. Der Gedanke, dass sie allein im Dunklen durch die Stadt radelte, erfüllte mich mit Unbehagen. Das war mir unangenehm, denn bei meinem Sohn hatte ich solche Bedenken nie gehabt und ich wollte doch keine Unterschiede machen in der Behandlung meiner Kinder. Aber ich konnte es auch nicht ignorieren.

»Könnte dich nicht jemand nach Hause begleiten?« schlug ich vorsichtig vor.

»Es ist doch nicht weit, Mama, nur das letzte Stück bin ich allein. Bis zur Kreuzung hab ich doch den gleichen Weg wie der Simon.«

»Ja, wunderbar, dann kann er doch einen kleinen Bogen machen und dich bis vor unsere Haustür begleiten. Das ist doch kein großer Umweg für ihn. Mich würde das erleichtern.«

Augenrollen von meiner Tochter. Dann atmete sie einmal tief durch. »Mama, das ist deine Angst, nicht meine.«

Ich musste schlucken. Okay, ja. Stimmt. Danke.

Ihr ist tatsächlich nie etwas passiert nachts allein. Sie hatte keine Angst und weigerte sich, sich meine Angst zu eigen zu machen. Ich hatte meine Angst benennen können, ohne ein Verbot daraus zu machen. Sie hatte mit ihrer Perspektive geantwortet. Beides durfte sein und sie folgte ihrer Wahrheit, ihrer Freiheit, ihrem Wunsch nach Autonomie und Bewegungsfreiheit ohne Sicherheitsbegleitung. »Deine Angst, nicht meine. Deine Glaubenssätze, nicht meine.« Hätte ich das so zu meiner Mutter sagen können? Nein. Ich hatte als Jugendliche noch kein Empfinden dafür, dass Menschen Situationen aufgrund ihrer eigenen Geschichte verschieden einschätzen. Das habe ich erst viel später gelernt.

Wir sind also in der Lage, unseren Kindern eine Atmosphäre zu schaffen, in der sie etwas lernen können, das wir selbst nicht konnten oder immer noch nicht besonders gut können. In meiner Teenagerzeit waren Erkenntnisse über bewusstes Kommunizieren noch nicht in der Mitte der Gesellschaft angelangt. Wenn ich die Generationen sehe, die da jetzt kommen, die Wandelinitiativen, die von Menschen in ihren Zwanzigern gegründet werden, Fünfzehnjährige, die Fridays-for-Future-Reden vor Tausenden halten, junge Aktivist*innen, die den Bau ganzer Baumhausdörfer organisieren, Freilernende und Konsumverweiger*innen, dann werde ich sehr zuversichtlich. Immer mehr dieser jungen Leute darf ich kennenlernen, manche jünger als meine eigenen Kinder. Und ich hoffe, dass ich für sie eine unterstützende Älteste werden kann, indem ich ihnen das zur Verfügung stelle, wovon ich mehr habe: Lebenserfahrung. Ich bin am Üben.[7]

Wir alle können beitragen zu dem, was sich hier formt: eine lebensfördernde Kultur. Sie entsteht aus eigenem Antrieb heraus und ist getragen von Generationen mutiger Wegbereiter*innen, die eine Basis geschaffen haben – bewusst beabsichtigt oder nebenbei und ohne es zu wissen. »Bei mir lagen die GFK-Bücher[8] doch schon zu Hause im Regal neben dem Klo rum, als ich Kind war«, sagt Max, Mitte zwanzig, als ich ihn frage, warum er manch förderliches Kulturelement schon jetzt besser verinnerlicht hat als ich, die ich doch schon doppelt so viele Jahre auf der Welt bin. Max hat vieles einfach als Selbstverständlichkeit mit auf den Weg bekommen. Und er weiß es zu schätzen. Auch das → Privileg, das darin liegt. Denn natürlich wäre es blauäugig zu behaupten, sie seien alle so, die jungen Leute von heute. Es gibt auch – erschreckend viele – Jugendliche, die unter sehr anderen Bedingungen aufwachsen, die so sprechen, dass es für meine Ohren wie eine einzige Beleidigung klingt, und die jeden Tag mehr Müll produzieren als andere in einem Monat. Jugendliche, die am Tropf ihrer Facebook-Likes hängen und es zulassen, dass ihr Leben bestimmt wird von Algorithmen, Werbung, Medien und deren totaler Kontrolle über sie – darüber, was sie erfahren, wen sie wählen, was sie kaufen, wie sie Sex haben und wofür sie sich interessieren. Immer besser, immer schlimmer. Immer schneller. Beides will gesehen und benannt werden.

7 »Ich bin am Üben« schreibe ich und meine das sehr ernst. Da wir in unserer Kultur keine Vorbilder für die Rolle der Ältesten haben, sind wir darauf angewiesen, es uns selber wieder anzueignen. Vor ein paar Jahren nahm ich an einem Frauenritual nach Sobonfu Somé teil. Ganz zum Schluss haben einige der älteren Frauen dieser bunt altersgemischten Gruppe entschieden, sich von den jüngeren Frauen zu Ältesten initiieren zu lassen, um bewusst in diese Rolle hineinzuwachsen. Kurz nach dem Ritual nahm ich meinen Mut zusammen und sprach vor einer großen Gruppe, die etwas Verstörendes erlebt hatte und nun versuchte, sich zu orientieren. Ich begann meine Rede, für die ich mir wirklich Zeit nahm, mit diesen Worten: »Ich möchte mal versuchen, aus meiner Perspektive als Ältesten-Azubi zu sprechen.«

8 GFK steht für die *Gewaltfreie Kommunikation*, eine Schule für bewusste und achtsame Kommunikation nach Marshall Rosenberg.

3 ANERKENNEN

Meinem Empfinden nach ist es im Moment unsere vorrangige Aufgabe, dass wir gemeinsam anerkennen: So ist es. Hier sind wir als zivilisierte Menschheit gelandet. Wie sich im Moment das gestaltet, was wir Leben nennen, dient nicht dem Leben – auf jeden Fall in weiten Teilen. So ist es. Wir sind Opfer dieses lebensfeindlichen Systems, es bestimmt auf Schritt und Tritt unseren Alltag. Ja. Und zugleich sind wir in gewisser Weise Täter*innen, wir verantworten es mit. Wir stecken mittendrin. Wir haben diese Kultur so verinnerlicht, dass wir sie durch unser Handeln jeden Tag neu erschaffen, ihr Futter und Bestätigung geben. Wir selbst schaffen diese Kultur, nicht irgendwelche externen Kräfte.

→ Einschub: Täter*in – Opfer – Retter*in, Dramadreieck

Die Transaktionsanalyse (eine psychologische Theorie und Methode) stellt uns das hilfreiche Modell des **Täter*in-Opfer-Retter*in-Dreiecks** zur Verfügung, auch Dramadreieck genannt. Gleich vorab: Es gibt wirkliche Notlagen, Menschen, die sich nicht allein aus der Unterdrückung durch Täter*innen befreien können. Und sie brauchen Hilfe – das darf nicht verharmlost werden.[1] Das **Dramadreieck** hingegen beschreibt, wie Menschen dauerhaft in solchen Rollen feststecken oder sie – bewusst oder unbewusst – nutzen, um sich Vorteile zu verschaffen.

1 Ich möchte diese Zeilen nicht in dem Sinne gelesen wissen, Vergewaltigungsopfer, Menschen ohne Obdach, Geflüchtete und alle anderen »Verlierer*innen« seien »selber schuld«. Aus solchen Diskussionen können wir nur aussteigen, wenn wir die Suche nach den (einzig) Schuldigen loslassen – was nicht einfach ist, unsere Rechtsprechung beruht noch weitgehend darauf. Ein umfassenderer Blick auf die Dinge versteht jeden Missstand, jede Straftat, jede Notlage als komplex ursächliche Erscheinungsform unseres Systems, dessen Kinder und Erzeuger*innen wir alle sind.

Graphik 7a im Beiheft veranschaulicht das. Hier möchte ich das Dreieck auf unsere Situation als Menschen in einer lebensfeindlichen Kultur übertragen: Welche Position nehmen wir ein, in welche Rolle begeben wir uns in Bezug auf die Welt, in der wir leben, die Krise, in der wir uns befinden?

Sehr viele von uns haben den Eindruck, nichts tun zu können. Ohnmacht ist die Haltung des Opfers. Je mehr wir uns selbst als Opfer (der Umstände, des Systems oder →Narrativs, der Großkonzerne, der Politiker*innen, einer Verschwörung, der Komplexität ...) sehen, desto mehr braucht es auch Täter*innen. Wenn ich mich vor allem als Opfer betrachte, muss es ja Täter*innen und Schuldige geben, von denen ich mich unterdrückt fühlen kann. Ich brauche ein Feind*bild, eine*n Gegenspieler*in, sonst kann das Drama sich nicht entfalten, das mir meinen Platz als macht- und tatenloses Opfer sichert: »Ich kann nichts tun, XY ist schuld«. Ich distanziere mich von den »Bösen« und nehme damit die vermeintlich moralisch überlegenere Seite für mich in Anspruch. Das ist die subtile und befriedigende Macht der selbstgewählten Opfer. Solch ein Drama zwischen Opfern und Täter*innen wird Menschen mit Rettungsimpulsen auf den Plan rufen, die das lösen und helfen wollen. Was den Retter*innen selten bewusst ist: Häufig schüren sie die Täter*in-Opfer-Dynamik durch ihr Eingreifen an, weil sie die Beteiligten in ihren Rollen bestätigen – anstatt sie zu hinterfragen und der Polarisierung den Wind aus den Segeln zu nehmen. Es kann sich auch ein Karussell an ständig wechselnden Rollenzuschreibungen in Bewegung setzen, weil alle die Schuld von sich abwenden und an andere weiterschieben wollen.

Während ich diesen Einschub schreibe, kann ich an mir selbst beobachten, welchen unschätzbaren Wert es hat, dieses Modell immer wieder als Anhaltspunkt heranzuziehen, um mich in der Dramadynamik zu verorten und mir auf die Schliche zu kommen, an welcher Stelle ich dazu neige, mich immer wieder auf eine bequeme Position zurückzuziehen. Ich ertappe mich gerade dabei, wie es mir, die ich ein großer Fan der geschlechtergerechten Sprache bin, ein wenig schwerfällt, *Täter*in* zu schreiben. Plötzlich kommt mir das Gendern sehr kompliziert und holprig vor. Natürlich weiß ich: Es gibt auch Frauen, die →Gewalt ausüben. Doch in irgendeiner nur so halb bewussten Ecke meines Erlebens sind Täter Männer. Es ist jener Teil von mir, der sich so oft als Opfer des Patriarchats empfunden hat, dass das zu einer Wahrheit geworden ist, die meine Weltsicht begrenzt. Damit will ich nicht kleinreden, wie viel Frauenfeindlichkeit und sexistische Gewalt ich erlebt habe und erlebe. Doch wenn ich mir die Rolle der Täterin nicht zutraue, weil ich eine Frau bin, mache ich es mir erstens sehr einfach, weil ich den anderen (»den« Männern) die Verantwortung hinschiebe: Das Patriarchat ist schuld und ich kann nichts dafür. Zweitens beschneide ich mich selbst. Denn jede Rolle hat ja eine Licht- und eine Schattenseite: Die* Täter*in kann – wie das Wort es nahelegt – etwas tun. Sie* ist handlungsfähig und wirkmächtig, nicht ohnmächtig wie das Opfer. Wenn ich als Frau mich nicht mit der Rolle der Täterin anfreunden kann, ist mir diese Kraft nicht zugänglich. Denn zunächst steht ja jede dieser Rollen für eine Kompetenz. Erst wenn sich das Handeln der* Täter*in in seiner missbräuchlichen Form zeigt, kommt der Schatten der Rolle zum Vorschein: Gewalt und Ausbeutung.

Die Qualitäten der drei Rollen sind also diese:

Täter*in: Wirkmacht, Handlungsfähigkeit, Selbstermächtigung, Schaffenskraft; Opfer: Sanftheit, Demut, Sensibilität für Gewalt und Weigerung, sie auszuüben; Retter*in: Außenperspektive, Empathie, Handlungsfähigkeit, Lösungsorientierung.

Und die Schattenseiten:

Täter*in: Gewalt, Egoismus, Unterdrückung, Machtmissbrauch, Selbstüberschätzung; Opfer: Ohnmacht, Weigerung, Verantwortung zu übernehmen, Passivität, Lethargie; Retter*in: Blindheit für eigene Beteiligung, Suche nach einer schnellen Lösung statt Beschreiben der Situation, Selbstüberschätzung, Aufopferung.

Angesichts der aktuellen tiefen Krise und der ausweglos scheinenden Situation neigen viele von uns dazu, die Opferrolle einzunehmen: »Ich kann nichts tun.« Eine andere Strategie besteht darin, die Menschheit in zwei Gruppen einzuteilen: Täter*innen und Retter*innen. Die Rolle des Opfers kommt dann der Erde, der Umwelt, der Natur zu. Ich war tief erleichtert, als im Gespräch mit meiner Freundin Sarah uns beiden deutlich wurde, warum sie sich nach anfänglich großem Engagement aus einigen Gruppen der Natur- und Umweltschutz-Bewegung nun eher zurückgezogen hat. Wir erkannten gemeinsam, auf welche Weise das Dramadreieck sich dort häufig zeigt – stark vereinfacht: Der (westliche, zivilisierte, kapitalistisch denkende, konsumorientierte) Mensch ist der Täter, die Natur das Opfer seiner bösen Taten und die Naturschutzbewegung eilt als Retterin herbei. Natürlich legt vieles, was an skrupelloser Vergiftung, Vernichtung und Ausbeutung von Leben durch den Menschen geschieht, nahe, die Situation so zu sehen. Aber es ist eben nur eine von vielen möglichen Perspektiven und mir ist wichtig, darauf hinzuweisen, dass sie die Geschichte der Getrenntheit fortschreibt. Der Mensch ist hier nicht Teil dessen, was wir *Natur* nennen, sondern ihr Gegenspieler, ihr Feind. Aus dieser Sichtweise heraus können wir schwerlich in die Geschichte der Verbundenheit hineinwachsen, zumal auch die Menschheit gespalten wird in die bösen Täter*innen, die das Leid verursachen, und die guten Retter*innen, die es lindern – was beides von anmaßendem Größenwahn zeugt: unser ausbeuterisches Verhalten ebenso wie die Annahme, wir Menschen könnten jetzt mal eben die Welt »retten«. Wahrscheinlich besteht die demütigste Weise, den multiplen Krisen unserer Zeit zu begegnen, darin, uns in die Mitte des Dreiecks zu stellen und anzuerkennen, dass wir alle drei Rollen in uns vereinen: Wir erzeugen diese lebensfeindliche Kultur, wir leiden darunter und wir sind in der Lage, unseren Teil dazu beizutragen, sie in eine lebensförderliche zu verwandeln. Nichts davon können wir auslagern, wie Graphik 7b versucht zu verdeutlichen. So werden wir handlungsfähig, weil jene Energie freigesetzt wird, die wir bislang auf die Suche nach den Schuldigen verschwenden. Das bedeutet in letzter Konsequenz etwas, das paradox erscheinen mag: Es gilt, den Schmerz zu fühlen, Opfer dieser Kultur zu sein. Und es steht uns nicht zu, uns ausschließlich zu Opfern der Umstände zu machen und damit unsere Tatenlosigkeit zu entschuldigen. Sobald wir uns an einer gewaltsamen Kultur beteiligen – und sei es auf die untertänigste Art und Weise –, tragen wir zu ihrem Fortbestehen bei. Oder noch deutlicher: Auch wenn wir das Gefühl haben, diese Kultur nur zu erleiden, erschaffen wir sie – mit jedem Moment, in dem wir ihr nicht bewusst etwas anderes entgegensetzen. Unser Beharren auf der Opferhaltung macht uns indirekt zu Täter*innen.

Vielleicht braucht es eine kurze Pause, damit wir das wirklich zu uns nehmen können: Wir schaffen uns diese Kultur, der wir uns so ausgeliefert fühlen. Welche Resonanz hat dieser Satz? Nimm dir diese Pause. Was geschieht in dir?

Und es fühlt sich beinahe so an, als wären wir diese Kultur – so sehr haben wir uns damit identifiziert. Sind wir diese Kultur? Wir sind diese Kultur nicht. Und was löst dieser Satz in dir aus?

In unserem Wesenskern sind wir spürende, wahrnehmungsfähige, sinnliche, tief verbundene und vertrauende Lebewesen. Daran möchte ich glauben, nein, es ist mehr als glauben: Ich erlebe mich so. Wenn mir das mal abhanden gekommen ist, genügt es oft, mich eine Stunde lang auf einen Waldboden zu legen und durch die Baumkronen in den Himmel zu blicken – ich erkenne mich wieder. In unserem Kern sind wir nicht getrennt, wir sind Leben, mit allem verbunden und vertrauend. Jedes Baby, jedes Kleinkind legt Zeugnis davon ab, wie wir sind. Das wird nur nach und nach überdeckt von eben jenem →Narrativ, jenem System, das ich hier versuche sichtbar zu machen. Damit will ich auf keinen Fall sagen, dass wir Babys bleiben sollen. Aber wäre es möglich, uns diesen verbundenen Zustand zu erhalten, während wir Dinge lernen, die uns zu erwachsenen Menschen machen? Geht wirklich nur Entweder-Oder? Entweder Denken oder Sinnlichkeit? Entweder Verstand oder →Kreatürlichkeit? Das glaube ich nicht. Ich erlebe jeden Tag das Sowohl-als-Auch. Zu zeigen, dass das geht und wie notwendig ich es finde, uns immer wieder daran zu erinnern, ist Grundanliegen dieses Buches. Wir müssen uns eben nicht entscheiden, ob wir denkende Wesen sein wollen oder sinnliche.

Wir zivilisierten Menschen haben es uns in einem Gefüge bequem gemacht, das uns dazu verdonnert, weit unter unseren Möglichkeiten zu bleiben. »Bequem« schreibe ich – doch so bequem ist es bei genauerem Hinsehen gar nicht: Die meisten von uns stehen unter Dauerstress, weil unser Hirn ununterbrochen rattert und weil wir so viel Druck erleben, den wir uns größtenteils selber machen. Es steht jede Menge Ausgrabungsarbeit an, um den Kern wieder freizulegen. Doch wie? Der erste Schritt: Anerkennen, wo wir gelandet sind. Und weiter: Betrauern, was es zu betrauern gibt. Wut zulassen. Angst fühlen, Scham – und Freude! Aus der Lähmung in die Lebensfreude und in die Verantwortung kommen – sie gehen Hand in Hand. Uns neu ausrichten. → Veränderung zulassen und herbeiführen. In unser Potenzial hineinwachsen.

→ Einschub: Gefühlskompass, Gefühle, Emotionen: Freude, Trauer, Wut, Angst, Scham

Was meine ich, wenn ich schreibe, dass **Gefühle** für Veränderung wichtig sind? Der von Vivian Dittmar entwickelte **Gefühlskompass**[2] (Graphik 8 im Beiheft) gibt uns Werkzeuge an die Hand, unsere Gefühle und ihre Funktion als soziale Kräfte besser zu verstehen und sie nicht als lästig zu erleben. Vivian Dittmar benennt fünf Grundgefühle und beantwortet schlicht und plausibel die Frage, warum denn nur eines darunter sei, das wir als positiv bewerten würden – die Freude. Gefühle, schreibt sie, sind Indikatoren dafür, inwieweit eine Situation, die wir erleben, unseren Bedürfnissen entspricht. Wenn das so ist, freuen wir uns. Wenn nicht, erleben wir es als unangenehm und reagieren sinnvollerweise mit Wut, wenn wir es ändern können, mit Trauer, wenn das nicht der Fall ist, mit Angst, wenn es bedrohlich ist. Und sofern wir in der Lage sind, das passende Gefühl zu fühlen, wird die ihm innewohnende Kraft uns helfen, mit dem, was wir erleben, umzugehen und angemessen zu antworten. Zu jedem Gefühl gehört dreierlei: ein Satz, eine Kraft, ein Schatten – ich weiche leicht von Vivian Dittmar ab:

	Satz	**Kraft**	**Schatten**
Freude	»Das ist gut, richtig.«	Wertschätzung	Illusion
Trauer	»Das ist schade, nicht zu ändern.«	Loslassen/ Annehmen	Passivität
Angst	»Das ist furchtbar, neu, fremd. «	Kreativität	Lähmung
Wut	»Das ist falsch.«	Klarheit	Zerstörung
Scham	»Bin ich falsch?«	Selbstreflexion	Selbstzerfleischung

2 Beschrieben in ihrem Buch: »Gefühle und Emotionen. Eine Gebrauchsanweisung«.

Wenn ein Gefühl, etwa Wut, in einer Situation eigentlich angemessen und hilfreich wäre, in unserem Umfeld aber nicht erwünscht ist oder war, dann weichen wir oft auf ein anderes, eher akzeptiertes aus. Deshalb sind viele von uns traurig, wenn eigentlich Wutkraft vonnöten wäre. Wir resignieren, obwohl die Situation unseren Widerstand und unser tatkräftiges Nein braucht. Andersherum kann es genauso passieren, dass wir etwas wirklich nicht ändern können, uns aber in Rage wüten – was keine produktive Kraft freisetzt, sondern blinde Zerstörung mit sich bringt. Oder ich fühle an unangemessener Stelle ausschließlich Freude, weil Wut nicht geht, und gebe mich einer Illusion hin.

Was die Menschheitsgeschichte betrifft, gibt es ein großes Paket an Leid und Gewalt, das betrauert werden möchte, weil wir es nicht ungeschehen machen können, wir als Menschheit unter den Folgen aber immer noch leiden. Und es gibt Dinge, die wir heute ändern können und die unsere klare und unmissverständliche Stellungnahme brauchen: »Das ist falsch, das möchte ich nicht länger mittragen.« Hier ist Wutkraft hilfreich. Die Friedensaktivistin Scilla Elworthy beschreibt sehr eindrücklich, wie wir die Kraft der Wut für entschlossenes Handeln bar jeder Aggressivität nutzen können.[3] Und ganz entscheidend ist es, unserer Angst auf die Spur zu kommen und auch ihre Kraft zu nutzen. Wenn wir zulassen, auch sie zu fühlen, dann erkennen wir an, wie anders, wie neu, wie unbekannt das ist, was uns bevorsteht – und wir setzen die Kreativität frei, die wir brauchen, um uns der Herausforderung zu stellen, anstatt in Lähmung zu erstarren, wie wir es im Moment oft tun.[4] Ob wir der derzeitigen Krise angemessen begegnen können, hat auch damit zu tun, ob wir lernen, die Kraft unserer Gefühle sinnvoll zu nutzen.

Vivian Dittmar unterscheidet des Weiteren zwischen Gefühlen und **Emotionen**. Den Begriff *Emotionen* verwendet sie für all das, was nicht Reaktionen auf die momentane Situation sind, sondern alte, angestaute, unterdrückte, nicht gefühlte Gefühle, die wir mit uns herumtragen – auch dazu gibt es ein Buch von ihr: »Der emotionale Rucksack«.

Das Taubwerden nachempfinden und betrauern

Ich möchte noch einmal zu der Geschichte aus dem zweiten Kapitel zurückkehren. Sie ging noch weiter. Nach dem schweißgebadeten Aufwachen an jenem besagten Morgen schrieb ich eine erste kurze Version dieser Geschichte von der im Hals steckengebliebenen *Endmoräne* auf und führte wertvolle Gespräche darüber. Es half sehr, mein Erkennen und Entsetzen, meine Wut

3 Zum Beispiel in ihrem Vortrag *Fighting with non-violence* (Englisch mit deutschen Untertiteln): https://youtu.be/mk3K_Vrve-E

4 Die Geschichte *Angst* auf Seite 282 in Kapitel 5 erzählt davon, wie Menschen das erkennen.

mit vielen Menschen zu teilen und ähnliche Geschichten von ihnen zu hören. Trotzdem lief der Fünftklass-Film wochenlang als Dauervorstellung in meinem inneren Kino weiter. Ich fühlte mich ohnmächtig und ich schämte mich. Warum hatte ich nichts gesagt, damals, wenn ich es doch erkannt, zumindest geahnt hatte? Warum hatte ich dieser Grausamkeit beigewohnt? Warum war ich nicht aufgestanden und hatte den Raum verlassen? Und warum ging das so weiter, immer noch und an den allermeisten Schulen? Es kam noch ein weiteres Unbehagen zum Vorschein: die →Scham, in einem System recht gut klargekommen zu sein, das so eindeutig falsch ist. Wäre ich doch wenigstens gescheitert an diesem Irrsinn, das würde sich im Nachhinein gesünder anfühlen.[5]

Schicht für Schicht versuchte ich zu entwirren, wie ich als Kind hineingewickelt wurde in eine Logik, der ich gar nicht folgen wollte, ein Gebäude aus →Gewalt, an dem ich nicht beteiligt sein wollte, für das ich mich nie entschieden hätte, wäre ich ausdrücklich vor die Wahl gestellt worden. Und wie ich darin steckengeblieben war und mich beteiligt hatte, weil es keine andere Perspektive zu geben schien. Auf jeden Fall war sie für mich nicht zugänglich gewesen[6] – in mir schon, aber sie hatte keinen Weg nach außen, ins Sprechen, ins Handeln gefunden. Das hatte ich doch nun alles begriffen. Und ich hatte all das Entsetzen nachgeholt, hatte verstanden, wie subtile Formen von Gewalt wirken. Warum ließ es mich nicht los? Es war wie eine Verfolgungsjagd und ich war müde, wollte meine Ruhe. Oder ich wollte auf zu neuen Ufern – aber nicht in dieser Endlosschleife steckenbleiben.

Eines Morgens beim Aufwachen kam die Erinnerung wieder einmal mit voller Wucht. Wieder saß ich elfjährig und versteinert auf meinem Platz vorn an der Tafel. Ich wollte gerade entnervt aus meinem Bett steigen und diese ganze klebrige Sache unter der Dusche von mir abwaschen, da nahm ich wahr, wie ich dalag: zusammengerollt zu einer kleinen Kugel. Mit meinen Armen umschloss ich fest meine Knie. Ich umarmte mich selbst, war beide: die Traurige und die Tröstende, Kind und Erwachsene. Erst in diesem Moment veränderte sich etwas Wesentliches in mir. Bisher hatte ich erkannt, dass da eine Wut in mir gewesen

5 Die Psychotherapeutin Alice Miller beschrieb bereits 1979 in »Das Drama des begabten Kindes« ausführlich, wie viel Leid und Selbstverleugnung unsere Anpassungsfähigkeit erzeugt, also unsere »Begabung«, das zu tun, was von uns erwartet wird.

6 Dabei hatte sich das Feld des →Wandels längst zu formen begonnen. Ich hatte nur noch nichts davon erfahren. Kinder sind in dem, was ihnen zugänglich ist, lange von ihrem Umfeld abhängig – auch und gerade in Zeiten des Internets, das uns per Algorithmus Dinge zuspielt, die der Bestätigung unserer kleinen Wahrheit dienen. Wie die meisten kannte ich nur das, was für alle normal war. Und irgendwo da draußen hatte Joanna Macy bereits mit ihrem →tiefenökologischen Wirken begonnen. Johan Galtung hatte längst seine Texte über →strukturelle Gewalt geschrieben. Anderswo waren – bereits als ich geboren wurde – junge Künstler*innen dabei, eine Tanzform zu entwickeln, die später meinen Blick auf die Welt komplett verändern sollte.

war (»Das ist falsch!«), die sich nie hatte äußern können. Nun durfte auch die Trauer sein, in die sich diese nicht äußerbare Wut verwandelt hatte: Ja, so war es, und ich konnte es damals nicht ändern. Erst dadurch kam ich aus der Ohnmachtsfalle hinaus: weil ich als Erwachsene, die versteht, was da passierte, dem Kind, das ich gewesen war, endlich beistand. Ich ermutigte dieses Kind, in vollem Umfang zu empfinden, wie schrecklich es war, mich immer wieder vom Mitfühlen abspalten zu müssen. Ich hielt mich selbst im Arm, erlaubte meinem elfjährigen Ich zu zittern, zu trauern, zu weinen. Es reichte eben nicht, dass ich im Nachhinein logisch rekonstruieren konnte, was damals passiert war. Es wollte auch gefühlt werden, ganz und gar und mit all seinen Facetten. Und mit allen Auswirkungen, die diese Prägung immer noch auf mich hat: Wo und wie ist das in meinen Zellen gespeichert? Wie beeinflusst es noch heute mein Sein in der Welt? Wo greift immer wieder dieses alte Muster, dass ich meine, ohnmächtig zu sein und nichts tun zu können, um den täglich erlebten Wahnsinn zu beenden?

Es hat tatsächlich geholfen, an diesem Morgen da zu bleiben und nicht schnell unter die Dusche zu springen, um das Unangenehme wegzuspülen.

Spuren in meinem Körper

Da lag ich also, war der Gewohnheit entschlüpft, mich entweder geschäftig abzulenken oder zu erstarren, horchte nach innen, spürte und beobachtete mich. Ich versuchte, mir selbst genau zu beschreiben, was körperlich geschieht in mir, wenn ich in diesen Zustand gerate. Wo zittert es und wie? Vibrierend? In welcher Frequenz? Oder in Wellen – von innen nach außen? Von oben nach unten? Wie verändert es sich, wenn es Aufmerksamkeit bekommt? Hat es eine Farbe, eine Temperatur, einen Ton? Was passiert mit meinem Atem? Ich wurde mir erstmals des Zustands bewusst, bekam ein Bild davon und kann ihn seitdem wiedererkennen, wenn er sich zeigt. Und er zeigt sich häufig. Immer wenn mir in meinem Leben eine auch nur annähernd ähnliche Situation begegnet, reagiert mein Körper so – und das hat erhebliche Auswirkungen auf meine Präsenz und meine Handlungsfähigkeit. Eine Spur hat sich gebahnt und in meinen Körper eingeschrieben. Inzwischen kann ich mich besser dabei beobachten: Es geschieht, wenn ich mich gezwungen fühle – von einem Menschen, einer Behörde, einem Gesetz –, etwas zu tun oder zu bezeugen, das meinem Gefühl für Richtigkeit widerspricht. Also mitunter mehrmals am Tag. Dann ereignet sich diese kleine, aber mächtige Implosion in meinem Brustkorb, etwas zieht sich zurück, wird taub, und von mir bleibt nur eine funktionierende Fassade zurück. Und weil ich so gut geübt habe, einfach weiterzumachen, fällt es auch niemandem auf[7] – außer denen, die ein sehr feines Gespür dafür haben. Bis vor Kurzem auch mir selbst kaum. Diese Implosion wird, wie ich herausgefunden habe, durch ganz kleine Anlässe ausgelöst: Ich höre in der Nachbarschaft irgendwo quer über den Hof ein Kind weinen und eine erwachsene Person brüllen. Ich laufe durch die Trostlosigkeit endloser Monokulturen – Fichtenplantagen, Maisfelder. Ich radle an der Baustelle für einen riesigen Parkplatz vorbei, wo just in diesem Moment noch mehr Boden versiegelt wird. Ich radle weiter und komme an der Unterkunft für Geflüchtete vorbei, gestapelte Container am unwirtlichsten Ort weit und breit mit einem hohen Zaun drumherum. Ich gucke, höre oder lese die Nachrichten. Ich will Gemüse kaufen, gibt es aber nur eingeschweißt, gerade kein anderer Laden weit und breit; die Person, mit der ich einkaufen bin, sagt: »Komm, mach's nicht unnötig kompliziert, von dem Stück Plastik geht die Welt jetzt nicht unter.« Ich wende mich mit einer Anfrage an eine Behörde und höre nur: »Das geht nicht.« Wenn ich nachfrage, lautet die Antwort: »Tut mir leid, das liegt nicht in meinem Ermessen, ich halte mich nur an die Vorschrift, da sind mir die Hände gebunden.« Die Liste ist schier endlos.[8] Es kann sein, dass du das Buch kurz zur Seite legen möchtest und selbst erforschen, was die genannten Situationen in dir auslösen – oder welche Umstände es sind, die in dir das Gefühl von Ohnmacht hervorrufen.

Es ist notwendig, voll und ganz zu begreifen, dass ich jetzt erwachsen bin. Es ist unabdingbar zu unterscheiden: Damals konnte ich nichts tun, weil ich es nicht durchschaut habe und weil es keinen Raum für Empathie gab – weder von anderen, noch von mir selbst. Heute schon. Es braucht also zweierlei: Mitgefühl mit dem Kind, das ich war. Und einen sanften aber bestimmten Tritt in den Hintern der Erwachsenen, die ich bin: Jetzt bist du handlungsfähig, komm aus deinem Versteck, deiner Erstarrung hervor. Die Ohnmacht ist eine

7 Der Traumaforscher Ellert Nijenhuis betont, dass von außen meist jener Anteil eines traumatisierten Menschen sichtbar ist, den er *ANP* nennt (*Apparently Normal Person* – »scheinbar normale Person«), und der dafür sorgt, das Leben auf die Reihe zu bekommen, während innerlich alles in Aufruhr ist, wütend oder verletzt.

8 Es fällt mir schwer, nach dieser Aufzählung einfach weiterzuschreiben und nicht näher auf Einzelnes einzugehen, aber der logische Faden dieses Kapitels führt anderswohin. Also helfe ich mir mit einer Fußnote: Warum werfe ich mich nicht vor jeden Bagger? Weil wir uns nicht wahllos und überall im ständigen Retten verausgaben können. Ich versuche herauszufinden, was mein ganz eigener Beitrag sein kann. Im Moment sieht es so aus, dass dieses Buch geschrieben werden möchte. Darüber hinaus sehe ich meine Aufgabe darin, eine Kultur mitzugestalten, die versucht, gar nicht erst so viel Elend hervorzubringen. Eine regenerative Kultur.

alte Spur, die dich klein, elend und dumpf macht. Du kannst neue, befriedigendere, ermächtigendere Wege gehen. Du kannst erkennen, dass du beiträgst zu dem was ist – mit allem was du tust, was du nicht tust und was du geschehen lässt. Und ja, es war furchtbar, dass dir all die Jahre immer nur dies beigebracht wurde: Gehorchen, Augen zu und durch, es geht nicht anders, da kann man nichts machen. Dieser andauernde Verrat am Leben will betrauert werden. Erst dann kann sich etwas verändern: wenn ich beginne, mich darauf zu besinnen, was in mir passierte, was sich zurückzog, was stumm wurde, als mir antrainiert wurde, die vielgestaltige Gewalt widerstandslos zu bezeugen und dabei nichts zu fühlen. Ich gebe meinem in die Versteinerung gedrängten Herz und meinen erstarrten Sinnen eine Möglichkeit, sich zu regen. Zum Beispiel, indem ich mir mit großer Verspätung erlaube zu spüren, was ich alles ausgeblendet und unterdrückt habe, um den ganz normalen Schulalltag zu überstehen. Wenn ich anerkenne und betrauere, wie das Perfide unserer ausbeuterischen Kultur in jeder meiner Zellen sitzt und wie es als Normalität von mir Besitz ergriffen hat, weil ich es quasi mit der Mutter- oder der Schulmilch aufgesaugt habe, dann kann ein Kulturwandel stattfinden – in mir und kollektiv. Ich muss mich nicht mehr taub machen.

Es geht kaum anders: Dieses Anerkennen wird mit einer wilden Mischung von → Gefühlen einhergehen. Es ist sinnvoll und empfehlenswert, das nicht allein erledigen zu wollen. Ist gerade jemand in deiner Nähe?

Alleinklarkommen ist das alte Muster. Und das Nichtfühlen ist ein kollektives Phänomen, das alle betrifft und dem wir nur begegnen können, indem eine*r anfängt, sich als fühlendes Wesen zu zeigen. Es braucht immer welche, die den ersten Schritt machen, indem sie zaghaft Sätze formulieren wie diesen: »Sag mal, geht es dir auch so, dass du manchmal den Eindruck hast, gar nicht richtig anwesend zu sein?« Die Antwort lautet nicht selten: »Ja, du auch?« Und dann kann das Forschen beginnen: Wie genau zeigt es sich? Woran erkennst du es? Wie gehst du damit um? Und du?

Um das Unbehagen kommen wir nicht herum. Doch der Schmerz ist nicht endlos, wie es zunächst vielleicht erscheinen mag. Er wird sich wandeln, denn in der Verzweiflung zeigt sich unsere Liebe für das Leben, die als Quelle für unser Handeln zugänglich wird, wenn wir es wagen, uns Schicht für Schicht dem Schmerz zu stellen. Für diesen fruchtbaren und ermächtigenden Blick auf die Verzweiflung bin ich Joanna Macy zutiefst dankbar und empfehle die Arbeit der Tiefenökologie allen, die Ermutigung brauchen, sich ihrer eigenen Verzweiflung zuzuwenden.

→ Einschub: Tiefenökologie, Die Arbeit, die wieder verbindet

Zunächst war **Tiefenökologie** ein philosophischer Begriff, geprägt 1973 von dem norwegischen Öko-Philosophen Arne Naess. Er stellt der konventionellen, also politisch-reformatorischen Ökologie, die er »oberflächlich« nennt, einen »tieferen« Ansatz an die Seite, die *Deep Ecology,* die auf der *Ökosophie* beruht: Das Wissen über Ökosysteme reicht nicht, sagt er, wenn es nicht von Werten begleitet wird.

Die US-amerikanische Religionswissenschaftlerin, Systemtheoretikerin, Aktivistin und Buddhistin Joanna Macy erweckte dieses philosophische Konzept zum Leben und macht es seither erfahrbar. Sie hat die Zeit des Großen Wandels ausgerufen, *The Great Turning,* und erkennt an, dass wir eine große Aufgabe haben, nämlich zugleich Sterbebegleiter*innen der alten und Hebammen einer neuen Kultur zu sein. Ihre Arbeit nennt sie Tiefenökologie oder **The work that reconnects** (»Die Arbeit, die wieder verbindet«). Workshops, die sie und das wachsende Feld ihrer Schüler*innen weltweit geben, basieren auf den Erkenntnissen von ganzheitlicher Wissenschaft und Psychologie, sind häufig inspiriert von der Poesie Rilkes und immer durchdrungen von Macys undogmatischer spiritueller Praxis. Im Laufe der Jahre entstand im wachsenden Feld der Tiefenökologie-Bewegung ein reicher Schatz an Übungen und → Ritualen – zentral darin die Verzweiflungsarbeit. Erst wenn wir unserer Verzweiflung begegnet sind und von anderen darin gesehen wurden, können wir *Active Hope* (»Hoffnung durch Handeln«) entwickeln. Eine Art Handbuch der Tiefenökologie ist »Die Reise ins lebendige Leben«.[9] Im Vorwort wünscht sich Macy, es möge Wege weisen »zu der Lebenskraft und Entschlossenheit, die jeder und jedem von uns innewohnt und die uns alle befähigen, an der Heilung unserer Welt mitzuwirken.«

Warum?

Neben dem Anerkennen und Betrauern taucht vielleicht der Wunsch auf, daraus zu lernen, damit es nicht immer weiter geschieht. Wir wollen verstehen. Mir geht das auf jeden Fall so. Und ich kenne viele andere, die sich beim Anblick der Welt entsetzt fragen: Warum? Wie sind wir Menschen – vielmehr die Zivilisation westlicher Prägung – da gelandet? Seit wann geht das schon so? Warum hat das Leben auf diesem Planeten ausgerechnet den Menschen hervorgebracht, der nun das Leben so massiv bedroht? Es sieht im Moment gar nicht so unwahrscheinlich aus, dass wir Menschen als kurze Episode in

9 Beide Bücher sind im Literaturverzeichnis zu finden.

die Geschichte des Lebens auf der Erde eingehen könnten, falls sich nicht relativ zügig[10] etwas Wesentliches verändert an unserer Kultur.

Ich kenne einige, die sich zu der Schlussfolgerung hinreißen lassen: Wäre das nicht die beste Lösung? Sollte der Mensch, der das Gleichgewicht des Organismus Erde dermaßen stört, nicht einfach wieder verschwinden – je eher desto besser? Wenn wir Menschen so bleiben wollen, wie sich ein Großteil von uns momentan benimmt, dann wäre das vielleicht das Wirkungsvollste, um den Rest des Lebens auf diesem Planeten zu erhalten. Immer wieder höre oder lese ich Vergleiche wie diesen: Würden die Insekten ausgerottet, dann wäre wenige Monate, höchstens Jahre später alles Leben dahin. Der Mensch hingegen könnte verschwinden, ohne dass dem Ökosystem etwas fehlen würde – ganz im Gegenteil: Es könnte sich erholen.[11]

Also nichts wie weg mit uns? Achtung – hier ereilt uns wieder das Bild von den Menschen als Täter*innen. Wir sind die Bösen. Und gleichzeitig sind das Gedanken, die auf eine schwere Depression hinweisen: »Am besten wäre es, wir wären gar nicht da.« Die eigene Daseinsberechtigung infrage zu stellen zeugt von einer tiefen Sinnkrise und davon, wie unsicher und verloren wir uns fühlen. Warum stellen wir Menschen uns selbst infrage? Die schnelle Antwort darauf lautet meist: Weil wir so intelligent sind, dass wir es überhaupt können. Unseren Weltschmerz, unser Verlorensein erklären wir Menschen uns gern damit, wir seien die bislang einzigen Lebewesen auf diesem Planeten, die sich selbst infrage stellen können und in der Lage sind, ihre eigene Existenzberechtigung anzuzweifeln. Und das halten wir für intelligent. Doch ist es das wirklich? Ich empfinde das Leben selbst als hochintelligente Kraft. Sich davon zu trennen zeugt zwar von einer großen Verstandesleistung, kommt mir aber tendenziell unintelligent vor. Wir neigen dazu, unseren

10 Allein Wörtchen wie *zügig* und *dringend* können Stress in uns erzeugen und dafür sorgen, dass wir wieder auf alte Strategien zurückgreifen, anstatt in aller Ruhe neue Herangehensweisen in uns reifen zu lassen. Der für mich aufschlussreichste Text zur Frage der Dringlichkeit ist das gleichnamige Kapitel in Charles Eisensteins Buch »Die schönere Welt, die unser Herz kennt, ist möglich« (S. 133), etwas knapper der Artikel von Mike Kauschke: *Die Zeit drängt ... müssen wir langsamer werden?*

11 Ein Gespräch mit dem jungen Pflanzensoziologen Lennard Thale-Bombien half mir zu verstehen, dass auch diese Behauptung zu simpel ist. Wir Menschen haben durch unsere Kulturlandschaften (Hutewälder, behutsam gemähte Wiesen, achtsam angelegte Gärten) wesentlich zur Artenvielfalt beigetragen, weil Nischen und ganz besondere Lebensräume entstanden, die ohne menschlichen Eingriff zugewachsen, verwaldet wären. Dieser stellenweise förderliche Einfluss menschlichen Gestaltens hat sich erst vor etwa 150 Jahren mit der Erfindung von künstlichem Dünger und sogenannten Pflanzenschutzmitteln in sein Gegenteil umgekehrt – also als wir von einer pflegenden zu einer ausbeuterischen Weise übergegangen sind, uns zu ernähren. Diese Neuerung leistete einer industriellen Landwirtschaft Vorschub und verwandelte unsere Landschaften in eine Aneinanderreihung von Monokulturen, wo um der Profitabilität willen jeweils nur eine Pflanze wachsen darf. Das Lebensprinzip des → Interbeing wird unterbunden, der Boden verarmt und trocknet aus.

Verstand maßlos zu überschätzen. Außerdem machen wir den Fehler, Intelligenz und Verstand gleichzusetzen und ausschließlich in Gehirnen zu verorten, vor allem in denen des Homo Sapiens Sapiens wohlgemerkt. Wir Menschen werden in ein ganz neues Verständnis hineinwachsen müssen, was unseren Platz im Lebensnetz anbelangt.

Unsere gegenwärtige Lage mit den tiefgreifenden Erschütterungen und Katastrophen, die wir erleben, wird immer wieder als Initiationsmoment für die Menschheit bezeichnet. Das empfinde ich auch so: Wir steuern nicht auf den Zusammenbruch unserer Systeme zu – der Kollaps geschieht bereits.[12] Wir befinden uns in einer existenziellen Krise, die uns auffordert, eine entscheidende →Transformation zu durchlaufen, also in ein nächstes Kapitel der Menschheitsgeschichte einzutreten. Wenn wir nicht bereit sind, uns auf diese Verwandlung einzulassen, könnte das unseren Tod bedeuten. Dieses Existenzielle ist in jede wirkliche Initiation eingeschrieben. Und ebenso ist jede Krise eine Chance.

Ursachen suchen

Bei der Lektüre kultur- und zivilisationsgeschichtlicher Abhandlungen stieß ich auf jede Menge vielversprechender Spuren, was die Ursache für unsere Entfremdung sein könnte – eine kleine Kostprobe: Globalisierung, Digitalisierung, Industrialisierung, Urbanisierung, Buchdruck, Schriftsprache, Schule, Einführung des Geldes, Sesshaftwerden und Ackerbau, Sprache, Nutzung von Werkzeugen, »Zähmung« des Feuers. Jede einzelne dieser Entwicklungen hat wahrscheinlich wesentlich vorangetrieben, dass die Getrenntheit zum vorherrschenden Narrativ wurde und der Mensch sich Schritt für Schritt über alles andere Lebende stellte und es zu beherrschen suchte. Aber kann eines davon der Anfang gewesen sein? Mir kommt es so vor, als seien es lediglich Zeugnisse, Symptome, Stationen eines Weges. Doch was könnte es sein, das das Menschsein ausmacht und uns von unseren Mittieren wirklich nennenswert unterscheidet? Gibt es eine physiologische Besonderheit, die unseren Größenwahn erklärt? Das große Gehirn und seine Neuroplastizität[13], der aufrechte Gang, die Nacktheit, der so

12 Immer mehr Stimmen werden laut, die sehr deutlich benennen, dass es nicht fünf vor, sondern bereits fünf nach zwölf ist. Jem Bendell, der zu →Nachhaltigkeit und Führung forscht, veröffentlichte 2018 ein Konzeptpapier mit dem Titel *Deep Adaptation* (»Tiefgreifende Anpassung«). Er schreibt – und ich stimme ihm zu –, Zusammenbruch sei unausweichlich, wirft der Nachhaltigkeitsforschung Kollapsverleugnung vor und zählt Maßnahmen auf, um unser Leben an die neuen Bedingungen anzupassen, die ich so zusammenfassen würde: das Leugnen beenden, aus den Selbstverständlichkeiten des momentanen Narrativs aussteigen, →regenerative Kulturen schaffen.

13 Das bedeutet Formbarkeit. Unsere Gehirne haben die Fähigkeit, sich zu verändern, sich neu zu verschalten und sich an neue Gegebenheiten anzupassen. Auch die Gehirne von Erwachsenen sind keine endgültig verdrahteten Organe, sondern bis ins hohe Alter anpassungsfähig – je nachdem, wofür sie gebraucht werden.

lange pflegebedürftige Nachwuchs? Ich habe in der Literatur einiges gefunden, das mir Anhaltspunkte bot – und ebenso viel, das sie wieder zunichte machte und sich zu widersprechen schien. Ich las und las und schien mich im Kreis zu drehen. Vor allem war ich immer wieder irritiert, von welchen Grundannahmen ausgegangen wurde, wie von anderen Lebewesen gesprochen oder wie Intelligenz definiert wurde.

Wie soll ich mit Wissen und – vermeintlichen – Tatsachen umgehen, worauf ist Verlass? Erscheinen mir die wissenschaftlichen Erkenntnisse, die als Beweise herangezogen werden, überhaupt stimmig? Sind sie nicht alle Auswüchse dieser Kultur der Getrenntheit, die alles vermessen, erklären, beherrschen will? Ein paar solcher Irritationen möchte ich teilen, denn ich vermute, sie gehören dazu zum Prozess des Anerkennens: Wie gehe ich damit um, dass die Hirnforschung immer noch Experimente an Ratten oder anderen Tieren durchführt – oder neuerdings an Organoiden, künstlich in Petrischalen gezüchteten Mini-Hirnen? Will ich indirekt daran beteiligt sein, indem ich diese Erkenntnisse zum Teil meiner Welt mache? In einem Text, den ich las, wurden ohne mit der Wimper zu zucken Rattenversuche erwähnt. Und was war meine Reaktion? Ein kurzes Zusammenziehen meiner Muskulatur, dann wollte ich es wegschieben, mich unempfindlich machen, weil mich die Ergebnisse interessierten. Genau wie ich es mir in zig ähnlichen Fällen antrainiert habe. Wenn ich jetzt darüber schreibe, spüre ich Schmerz an meinen Haarwurzeln. Wenigstens heute möchte ich nicht darüber hinweggehen, sondern – einen Moment innehalten.

Wie viele neurowissenschaftliche Studien verschweigen mir, auf welche Weise jene Erkenntnisse zustande kamen, die mir in Fachartikeln präsentiert werden, weil sie sich dem ethischen Dilemma nicht stellen wollen? Und wie lebe ich mit diesem Widerspruch? Es ist nicht von der Hand zu weisen, dass wissenschaftliche Erkenntnisse wie die → Polyvagaltheorie mir halfen, Empathie aufzubringen – mit Michael da vorn an der Tafel, mit mir selbst, mit uns Menschen. Doch was, wenn nicht all diese Erkenntnisse auf empathische Weise generiert wurden? Ich kann von dem Punkt, an dem ich stehe, nicht überblicken, ob es wirklich grausame Experimente gebraucht hätte, um diese Ergebnisse hervorzubringen. Ich möchte daran glauben, dass es nicht so ist. Aber ich weiß es nicht.

Ich nehme mir vor, ein immer feineres Gespür dafür zu entwickeln, welche Haltung Forschung zugrunde liegt. Wenn ich Neues höre oder lese, bemühe ich mich, den Kontext, die Perspektive zu erfassen: Wer hat das erforscht und um was zu belegen?[14] Sind da Menschen am Werk, die Wissenschaft betreiben eher im Sinn des deutschen Wortes, dass sie *Wissen schaffen* und dadurch Wahrheiten, Narrative zementieren wollen? Oder forschen sie auf eine Weise, die die französische Berufsbezeichnung nahelegt, betrachten sich also als *chercheuses*chercheurs* – Su-

14 Ich steige hier nicht ein in die äußerst wichtige Frage, wer die Forschung finanziert und mit welchem Interesse.

chende? Mir behagt es mehr, mich als Suchende zu empfinden und mich auch so zu zeigen. Und ich erlebe selbst, wie viel Disziplin es braucht, um dauerhaft offen für Neues und Überraschendes zu bleiben – anstatt in der Dauerschleife eines sich permanent selbst bestätigenden Systems zu kreiseln. Wenn ich mit meinem Bleistift in der Hand ein Buch lese, ertappe ich mich ab und zu dabei, dass ich das unterstreiche, das meine eigenen Überzeugungen bekräftigt. Ich suche in solchen Momenten nach Bestätigung für meine Sichtweise und habe eine deutlich gefärbte Brille auf: vorgefertigte Welterklärungsmodelle. Das Heranziehen von wissenschaftlich Erforschtem bleibt ein Strohhalm, nach dem ich aber doch immer wieder greife, weil ich so gern diese erschütternde Situation verstehen möchte, in der wir Menschen gelandet sind. Wir sind herausgefordert, die Grenzen unseres Verstehenkönnens anzuerkennen. Demut möchte ich das nennen.

Und das bringt mich zum nächsten, womit ich beim Schreiben dieses Kapitels fragend und strauchelnd unterwegs bin: In meinem Bemühen, mir und anderen zu veranschaulichen, wo wir uns gerade befinden als Menschheit, lande ich – früher oder später – beim Prozess der Evolution. Ja, ich bin überzeugt, Teil eines großen und umfassenden Entwicklungsprozesses zu sein – bezogen auf die winzige Zeitspanne meines eigenen Lebens ebenso wie auf die Geschichte des Lebens an sich. Ich stelle mir die Evolution als eine spielerische, kreative Kraft vor, eine Bewegung hin zu immer mehr Vielfalt und Komplexität, eine Lust am Schöpfen und Gestalten. Doch der Evolutionstheorie nach Darwin, wie ich sie gelernt habe, mag ich nur bedingt folgen. Überleben der Stärksten[15]? Das Leben als einziger Konkurrenzkampf? Will ich, dass mein Weltbild darauf fußt? An so vielen Stellen bin ich unangenehm berührt: Wenn von *niedrigerem* und *höherem* Leben gesprochen wird. Wenn das, was früher da war, *primitiv* genannt wird. Wenn wir Menschen uns als überlegen ansehen. Wenn wir herabblicken auf das Leben, aus dem unseres sich entwickelt haben könnte. Wenn wir Evolution als einen linearen Vorgang betrachten und uns Menschen als Krone der Schöpfung. Als das Intelligenteste, das die Evolution hervorgebracht hat. Das führte in einer bestimmten Phase meines Lebens dazu, dass ich Darwin unsympathisch und seine Sicht auf das Leben als extrem materialistisch und anthropozentrisch empfand. Natürlich wetterte ich auch aus der feministischen Perspektive, so etwas könne sich nur ein Mann ausdenken.

Wie gehe ich mit all diesem Unbehagen um? Anstatt zu fragen »Stimmt die Evolutionstheorie?« könnte ich die Frage auch ganz anders stellen: Wollte Darwin mit seinen Forschungen belegen, dass

15 Es ist – ganz nebenbei – nicht korrekt, »survival of the fittest« so zu übersetzen. Das Verb *to fit* bedeutet *passen, hineinpassen*. Bereits in dieser Übersetzung steckt eine untergejubelte Ideologie. Und dass Anpassungsfähigkeit einen evolutionären Vorteil darstellt, darin sind sich inzwischen wohl die meisten Forschenden einig.

das Leben auf unerbittlicher Auslese beruht? Oder hat er zunächst möglicherweise einfach beschrieben, was er beobachtete – und dann schlug das Narrativ zu? War er so geprägt von einem hierarchischen und leistungsbetonten Zeitgeist und dem Bild vom Menschen, der sich die Erde untertan macht, dass die Konkurrenz sich einschlich in die Interpretation dessen, was er herausgefunden hatte? Oder war es vielmehr sein Umfeld, das diese Deutung vornahm? Wurden seine Publikationen mit der Brille der Geschichte der Getrenntheit gelesen und benutzt, um dieses Narrativ zu zementieren – ebenso wie ich beim Unterstreichen mit meinem Bleistift gern Bestätigung für meine Weltsicht suche? Oder beides gleichermaßen? In Kapitel 2 habe ich umfassend beschrieben, wie blind wir meist sind für die Rahmenbedingungen, die unser Sein in der Welt prägen und denen wir erlauben, unseren Denk- und Handlungsspielraum so umfassend zu bestimmen und damit drastisch einzuschränken.

Nicht erst seit Charles Darwin wird die Menschheit von der Frage gespalten: Sollten wir neugierig erforschen, wo wir herkommen, oder vertrauensvoll glauben, dass wir von einer Kraft geschaffen wurden, die sich über alle Erklärungsversuche erhebt? Was können wir wissen, was möchten wir glauben? Oder was können wir glauben und was möchten wir wissen? Es ist die Geschichte der Getrenntheit und des Entweder-Oder, die uns vorgaukelt, Glauben und Wissen sei überhaupt ein Widerspruch. Wie wäre es, davon auszugehen, dass sich beides bedingen und ergänzen darf? Glaubend wissen und wissend glauben? Also anerkennen, dass meinem Wissensdrang ein Weltbild zugrunde liegt, und riskieren, dass dieses Weltbild im Laufe meines Forschens aus den Angeln geraten könnte? Ich möchte dem vermeintlichen Gegensatzpaar von Glauben und Wissen das Wahrnehmen an die Seite stellen.

Doch erst einmal stecke ich in diesem Kapitel hier fest: Ich beobachte mich dabei, verstehen zu wollen, obwohl ich ahne, dass das Verstehenwollen Teil des Problems ist, das ich verstehen möchte. Die Frage nach dem *Warum* jagt ihrem eigenen Schwanz hinterher – und löst schnell eine ungute Spirale aus: Indem ich versuche, das Dilemma des Menschseins zu erklären, wiederhole ich das Dilemma des Menschseins. Mein Herz klopft, ich vertippe mich ständig. Wenn ich alles logisch nachvollziehbar begründen möchte, begebe ich mich schnell in jenen Strudel, der die menschliche Selbstüberschätzung ausmacht: Ich maße mir an, eine lückenlose Beweisführung erbringen zu können, anstatt anzuerkennen, dass ich dem Wunder des Lebens vor allem bezeugend und staunend gegenüberstehen kann. Ich verfalle der unguten Logik: Alles hat einen Grund. Ich muss ihn herausfinden, dann verstehe ich und weiß die Lösung. Tausenderlei Gedankenstränge zu verfolgen erzeugt Aufregung und Unruhe in mir. Ich verheddere mich hier, stolpere dort, weil es unlogisch ist, verliere mich im Gewirr dessen, was ich noch alles denken könnte.

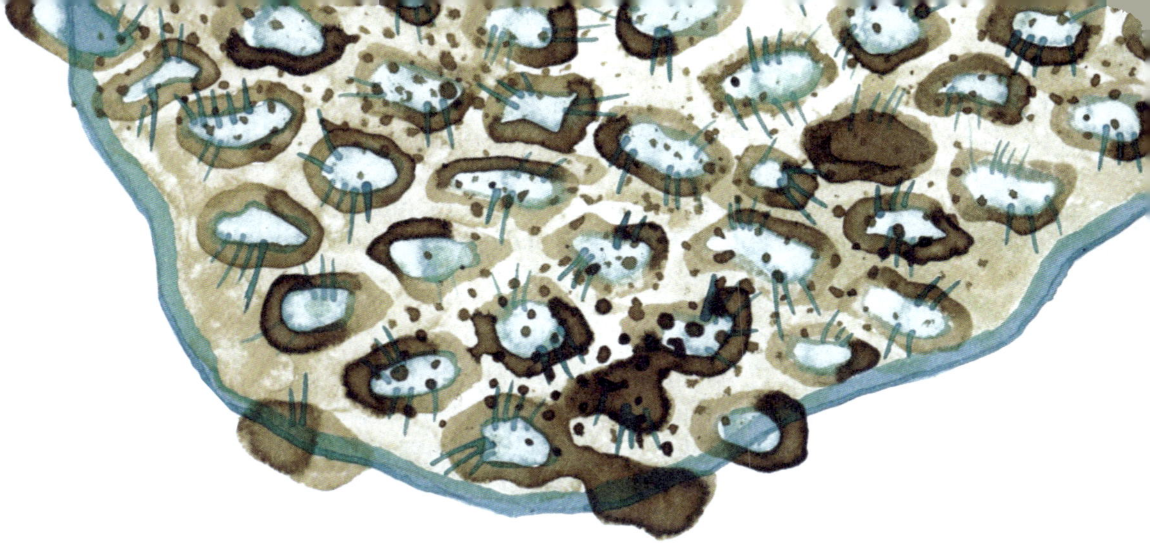

Anerkennen, so heißt dieses Kapitel. Nicht *Voll und ganz verstehen*, nicht *Beweisen und wasserdicht erklären*. Anerkennen, dass unser Anspruch, alles mit dem Verstand lösen zu können, an seine Grenzen stößt. Unser Verstand versteht nicht, warum wir hier sind und wo wir herkommen, darüber kann auch der abertausendste Erklärungsversuch nicht hinwegtäuschen. Ich seufze, stehe vom Schreibtisch auf, um mich hinzulegen und mich wenigstens des Erdbodens zu vergewissern. Spürst du ihn auch?

Das hilft mir. Ich nehme wahr: Ich bin da, bin anwesend – auch wenn ich nicht begründen kann warum. Erleben reicht erst einmal. Es bewahrt mich in diesem Moment vor dem Abdriften und gibt mir Halt in meinen Sinnesempfindungen. Sie sagen: Ich bin hier. Das spüre ich satt und klar und warm. Je mehr ich mich in gedankliche Konstrukte hineinschraube, desto weniger ist dieser Boden spürbar. Also lasse ich das einen Augenblick lang einfach mal los – und da kommt mir eine Antwort von unten entgegen: Wir Menschen haben den Boden unter den Füßen verloren. Wir haben uns in den Kopf zurückgezogen. Wir suchen Geborgenheit, wo wir sie schwerlich finden können: in unserem Verstand. Das Erstaunliche: Ich habe mich auf der Suche nach einer Antwort auf das große *Warum* im Denken verirrt, obwohl ich dieses Buch schreibe, um zu verdeutlichen, dass es hilfreich ist, immer wieder auch unsere Körper zu befragen. Also noch einmal ganz langsam, damit es auch bei mir ankommt: Wir Menschen versuchen, Sicherheit gedanklich zu konstruieren – anstatt wahrzunehmen, wie getragen wir sind.

Sicherheit durch Erdung

Wenn alles gut geht, bildet sich in uns Menschen bereits im Mutterleib ein ganz frühes Empfinden von Sicherheit aus, auf das wir später zurückgreifen können – wenn alles gut geht wohlgemerkt. Das Problem ist, dass unsere Kultur uns keine guten Bedingungen zur Verfügung stellt, diese Bahnen nach der Geburt in unseren Gehirnen und Nervensystemen zu bestätigen und zu festigen. Häufig verkümmern sie und stehen uns kaum noch zur Verfügung, um ein grundsätzliches Gefühl für Geborgenheit zu nähren. Einige von uns haben das Glück, als Erwachsene eine →somatische Praxis zu entdecken, die sie dorthin zurückführt. Ich bin sehr dankbar, dass mein Lebensweg mich zum improvisierten Tanz brachte. Dort habe ich mich anfangs vor allem am Boden gerollt und dabei viel Verpasstes nachgeholt, viel verloren Geglaubtes wiedergefunden und viel Geborgenheit erfahren. Manche mögen sich fragen, was das mit Tanz zu tun haben soll. Um das verstehen zu können, braucht es wahrscheinlich für diejenigen, denen Tanzimprovisation nicht vertraut ist, ein wenig Erklärung.

→Einschub: Phasen frühkindlicher Bewegungsentwicklung: Yield – Push – Reach – Grasp – Pull

Es ist interessant, dass ich nicht genau sagen kann, auf wen die Beschreibung dieser Phasen ursprünglich zurückgeht. Viele meiner Kolleg*innen, die ich dazu befragt habe, kennen sie aus dem *Body-Mind-Centering*[16]. Mir sind sie zuerst in der Arbeit von Irmgard Bartenieff[17] begegnet, die überall nach Inspirationen für das Bewegungstraining von Tänzer*innen suchte. Da lag es auf der Hand, auch dort zu forschen, wo wir Bewegung zuallererst lernen: im Säuglingsalter. Aber war Bartenieff die Erste, die diese Phasen

16 *BMC* ist eine somatische Praxis par excellence, initiiert in den 1970er-Jahren und seitdem ständig weiterentwickelt von Bonnie Bainbridge Cohen und einem wachsenden Feld an Schüler*innen. Durch erfahrbare Anatomie erleben und erforschen wir hier unseren Körper bewusst.

17 Sie beschrieb bereits in den 1960ern eine Reihe von Bewegungsprinzipien, die *Bartenieff Fundamentals*, die heute viele Tänzer*innen bei der Schulung ihrer Bewegung unterstützen.

beschrieb, die auf Reflexen beruhen? Ich erkundigte mich bei Kolleg*innen. Wo steht es, wem gebührt dankende Erwähnung? Alle sind sich einig: Sie haben dadurch Erdung erfahren und ihre Bewegungsmöglichkeiten erweitert – aber keine*r konnte sagen, wo es geschrieben steht. Es wurde uns mündlich überliefert. Ich freue mich über diesen Anachronismus – in einer Zeit, in der nur das zählt, was schwarz auf weiß verbürgt ist.[18] Und wenn ich versuche nachzuvollziehen, wie diese Überlieferung stattgefunden hat, weiß ich: Das passierte nicht nur mündlich, sondern vor allem körperlich. Wir erlangten Zugang zu einer vorsprachlichen Weisheit, die ohnehin in uns vorhanden, aber von Hinderlichem überlagert ist. Eine Person, die diese Weisheit verkörperte, nahm uns mit auf die Reise und fand Worte, die uns dorthin zurückbegleiteten. Und das ist wunderbar angemessen, denn es handelt sich dabei ja nicht um ein ausgedachtes, konstruiertes Konzept, wie es sein müsste, nicht um einen Lehrplan, wie man sich etwas anzueignen hat – sondern um Intelligenz, die uns das Leben zur Verfügung stellt. Ich habe dieses kostbare Material in unzählige Gruppen getragen, in Tanzstudios oder Turnhallen, immer während ich mich gleichzeitig bewegte. Es ist seltsam, das, was es mir bedeutet und was sich in gewisser Weise dem Sprachlichen entzieht, nun hinzuschreiben, nur mit Worten, ohne meinen Körper zum Veranschaulichen zur Verfügung zu haben. Und mir wird dabei deutlich: Dieses Verkörpern diente ja nie nur meinen Schüler*innen – dass sie also gleichzeitig sahen, Worte hörten und ihren Körper erlebten. Es war auch für mich ein Hineinkriechen während des Sprechens. Nur indem ich mich bewegte, konnte ich diese Weisheit abrufen und verkörpert vermitteln. Ich dozierte nicht über eine Theorie, sondern beschrieb mein eigenes Erleben im jeweiligen Moment. Ich werde in den nächsten Minuten also zwischen meinem Schreibpult und dem Fußboden hin und herwechseln. Vielleicht magst du das, nein, nicht im Hinterkopf ... mitten im Bauch ... haben und dich auf den Boden legen, um die Worte direkt nachzuvollziehen, während du weiterliest.

Das Modell beschreibt fünf aufeinander aufbauende Phasen der Bewegungsentwicklung von Babys, die alle eng ineinandergreifen. Ich benutze hier die englischen Namen der Phasen. Sie sind gebräuchlich und einfach sehr treffend. Besonders für den ersten Begriff, *to yield*, gibt es keine wirklich passende deutsche Übersetzung. Es könnte bedeutsam sein, dass es in unserer Sprache kein Wort für diesen Zustand gibt.

Yield (sinken, schmiegen, hingeben, zulassen): Diese erste Phase erleben wir bereits in der Gebärmutter. Wir schweben darin, getragen

18 David Abram widmet ein ganzes Buch der These, die Einführung der Schriftsprache sei ein maßgeblicher Meilenstein unserer Entfremdung von der Mitwelt: Weil wir Zeichen nutzen, die sehr abstrakt sind und nicht auf Erscheinungsformen des Lebens verweisen, können wir auf eine Weise kommunizieren, die so tut, als gehörten wir nicht dazu. David Abram: »Im Bann der sinnlichen Natur – die Kunst der Wahrnehmung und die mehr-als-menschliche Welt«

und gehalten vom Fruchtwasser, wir schmiegen uns in den gegebenen Raum. Wir müssen nichts tun, um zu sein, und entspannen uns in die Unterstützung hinein, von der wir wahrnehmen, dass sie bedingungslos da ist. Dieser Zustand von Ursicherheit hat viel mit unserem Bauchraum, unseren Organen zu tun. Dort enden die meisten Nerven, deren Aufgabe es ist, ans Gehirn die Botschaft zu senden: »Alles ist gut.« Der Bauch ist unser Sicherheitszentrum.

Push (drücken, abdrücken): Gegen Ende der Schwangerschaft wird es enger in unserer lauschigen Behausung, aus dem freien Schweben wird immer mehr ein Gehaltensein. Das, was uns trägt und hält, beginnt von allen Seiten her sanft zu drücken. Während der Geburt intensiviert sich das. Zunächst durch die Wehen, dann im Geburtskanal wird der Körper des Babys extrem komprimiert. An einer Geburt, die verlaufen darf, wie sie will, ist auch das Baby maßgeblich beteiligt. Es erwidert den Druck, den es erfährt, und schiebt sich voran – auf der Basis des Yieldings: Ich bin getragen und kann mit dem, was mich trägt, kooperieren. Nach dieser enormen Enge im Geburtskanal erfährt das Baby dann etwas völlig Neues: Die Schwerkraft wirkt und zum ersten Mal gibt es für den Säugling den Unterschied zwischen *oben* und *unten*. Auf der einen Seite ist weiterhin dieser Druck spürbar, auf der anderen Seite ist nichts, Raum. Das Baby antwortet darauf mit der körperlichen Qualität, die es kennt: Es sinkt in die – hoffentlich vorhandene – Unterstützung hinein. Bainbridge Cohen nennt diesen Reflex »die Schwerkraft und die Erde umarmen«. Alle, die mal ein Neugeborenes auf dem Arm hatten, wissen wie sich das anfühlt: komplette Hingabe ans Getragenwerden, vollstes Vertrauen, dass jemand da ist und zur Verfügung steht. Je entspannter das Baby sinkt, desto tiefer kann es an den Kontaktpunkten mit dem Boden – oder dem Bauch eines Elternteils – Berührung, Unterstützung und Gehaltensein erfahren und allmählich in diesem Leben landen. Vielleicht magst du das ausprobieren: Leg dich auf den Boden und spanne viele Muskeln an. Was spürst du vom Boden? Dann entspanne die Muskeln und erlebe den Unterschied.

Bei mir wird in der Entspannung die Kontaktfläche größer. Und ich kann den Druck erwidern, mit ihm spielen – bis ich mich vom Boden in den Raum hinein geschoben fühle. Und daraus ergibt sich folgerichtig die nächste Qualität – die auch bereits während der Geburt eine Rolle spielte.

Reach (in den Raum hineinreichen, sich ausdehnen, ausstrecken): Den Raum kann sich das Baby also nur vom Boden aus erschließen. Dort kann es sich mit einem Körperteil verankern (yield, push) und sich mit einem anderen in den Raum hinein ausdehnen (reach). Wie ein Keimling, der eine Wurzel in den Boden und ein Blatt zum Licht schickt. Ein Arm, ein Bein, auch der Kopf, der Steiß kann sich ausstrecken, eine Richtung bekommen und auf etwas zusteuern. Wenn dieses Ausdehnen allein von der Peripherie ausgeht und nicht beim Hinausreichen in den Raum gleichzeitig etwas tiefer in den Boden sinkt, dann hat diese Bewegung keine Basis.

Grasp (greifen): Dieser Vorgang braucht wenig Erklärung: Eine Hand kann etwas umschließen, was dort draußen im Raum ist. Auch das beruht auf einem Reflex. Wir können ihn beobachten, wenn wir einem Säugling leichten Druck an der Hand oder am Fuß anbieten: etwas schließt sich, greift. Wichtig ist mir zu betonen, dass das nichts Gieriges haben wird, wenn die Bewegung geerdet ist. Ich muss mich nicht an diesem Gegenstand festhalten, denn ich bin ja in mir, im Boden verankert.

Pull (ziehen, heranholen): Hier kommt die letzte Qualität ins Spiel. Das Kind zieht den Gegenstand, nach dem es sich ausgestreckt, und den es mit seinen Fingern umschlossen hat, zu sich heran. Eine Bewegung, die es zunächst passiv erfahren hat, Anziehung, übt es nun aktiv aus. Der Kreis schließt sich.

Das Baby gibt sich der Erdanziehung hin, verwurzelt sich in ihr und nutzt diese Erdung für die Begegnung mit der Welt da draußen – auch um etwas aus dieser Welt zu sich heran zu holen. Es erlebt sich als wirksam, als handelnd – immer in der Hingabe an eine größere Kraft. Die Reihenfolge ist wesentlich. Wird etwas übersprungen, etwa durch ungeduldige Eltern, die wollen, dass ihr Kind früher sitzt, steht, läuft, als es das von sich aus kann, fehlt die Basis. Die Bewegung wird wacklig, unsicher, ist nicht geerdet.

Es ist diese Erdung, die vielen von uns westlich sozialisierten Menschen abhanden gekommen ist. Und in diesen unscheinbaren kleinen frühen Entwicklungsschritten zeigt sich so deutlich, was uns fehlt: Haben wir verlernt, uns in diese größere Kraft hinein zu entspannen – die Schwerkraft, die Intelligenz des Lebens, das Göttliche –, mit ihr zu surfen? Meinen wir deshalb, ständig gegen sie ankämpfen zu müssen? Liegt es daran, dass wir in den Raum hineingreifen und alles Mögliche zu uns hinziehen, ohne zuzulassen, selbst getragen zu sein? Die vielen verspannten, verhärteten, kontrollierten Körper, die uns begegnen, lassen vermuten, dass das zutreffen könnte – ebenfalls die unersättliche Art und Weise, wie wir Dinge konsumieren und anhäufen. Bevor ich jetzt wieder anfange zu fragen, warum das so ist, widme ich mich lieber dem Beschreiben. Wo begegnet mir dieser Mangel an Erdung, wie zeigt er sich?

Steil nach oben

Mehrmals wöchentlich radle ich an diesem Schaufenster vorbei. Es gehört zu einer Apotheke, und die steht an einer stark befahrenen Kreuzung. Ich komme aus einer kleinen Nebenstraße, muss hier immer an der roten Ampel warten und habe ausreichend Gelegenheit, die Werbung zu betrachten, die seit Monaten das Schaufenster schmückt: Auf einem großen Plakat sehe ich eine schwangere Frau. Das T-Shirt, das sich über ihrem prall gerundeten Bauch spannt, ist mit einer kindlich-stilisierten Rakete in Lilatönen bedruckt. »Für einen guten Start!« lautet der Slogan für ein Präparat, das den Fötus im Mutterleib mit allerlei Extranährstoffen zu versorgen verspricht. Seltsam, bevor die Pharmaindustrie hier gute Gewinne witterte, vertrauten wir darauf, dass ein mütterlicher Körper in der Lage ist, diese Versorgung zu gewährleisten – aber das ist ein Nebenpfad.

Die Ampel schaltet auf Grün und ich radle mit einem mulmigen Gefühl weiter. Die niedliche lila Rakete weist steil nach oben, obwohl der Weg aus dem mütterlichen Bauch heraus doch eindeutig nach unten führt. Wo landen all diese Kinder, die gar nicht landen dürfen, sondern direkt von der Hochleistungsgebärmutter in die Optimierungsgesellschaft geschossen werden? Es muss um jeden Preis nach oben gehen. Was für eine Basis haben diese Raketenkinder? Wo können sie Wurzeln schlagen? Und warum dürfen sie nicht erst einmal auf der Erde ankommen, bevor sie Weltraumforscher*innen werden müssen?

Im Paradies landen dürfen

Wir kommen mit der Fähigkeit zur Welt, uns dem Leben, der Erde, dem großen Gefüge, der Fürsorge anderer anzuvertrauen: Yield. Und in unserer Kultur können wir diesen Landevorgang meist nicht auf gesunde Weise vollenden. Er wird gestört, gebremst, in eine ungünstige Richtung umgelenkt.[19] Irgendetwas läuft offensichtlich schief in der Art und Weise, wie wir Menschen unsere Kinder in Empfang nehmen. Und wenn ich behaupte, es gelinge »der Menschheit« nicht, ihre Nachkommen angemessen willkommen zu heißen, wird deutlich, dass ich als Mitteleuropäerin dazu neige, bei meiner Betrachtung des Menschseins Wesentliches außer acht zu lassen. Es ist nicht so, dass unsere Spezies auf jeden Fall dazu verdammt ist, in Getrenntheit zu leben, aus dem Paradies geworfen zu sein, den Garten Eden nur sehnsüchtig von außen betrachten zu können. Das haben wir irgendwann in unsere (Schöpfungs-)Geschichten hineingeschrieben, um uns unsere Verlorenheit irgendwie zu erklären. Es gibt auch Kulturen, denen das Menschsein in Verbundenheit gelingt. Menschen können das können. Die wirklich interessante Frage lautet also: Was machen sogenannte indigene Kulturen[20] anders als wir, um sich nicht vom Leben zu trennen?

19 Ich könnte hier einsteigen in die Kritik an der männlich und medizinisch dominierten Geburts»hilfe«, an hohen Kaiserschnittraten, an Klinikgeburten im Liegen, die die Schwerkraft nicht nutzen. Ich kann ein Licht werfen auf die zahllosen Maßnahmen, die das Gebären vermeintlich sicherer machen, aber letztendlich Kontrolle und Stress mit sich bringen. Vor allem entmündigen sie Frauen und beschneiden sie in ihrem Vertrauen, in tiefer Verbundenheit mit dem Leben ein Kind zur Welt bringen zu können. Für die Kritik muss diese Fußnote reichen. Auf das Gebären komme ich noch zurück.

20 Ich möchte das nicht verklären oder romantisieren. Es gibt auch Berichte von kriegerischen indigenen Völkern. Wesentlich ist mir hier: Menschen können in Frieden und Verbundenheit mit dem Organismus Erde leben.

Schon in den 1960er-Jahren begab sich die Psychologin Jean Liedloff auf die »Suche nach dem verlorenen Glück«.[21] Nach mehreren Besuchen bei den Tauripan und Yequana, indigenen Völkern in Venezuela, kam sie zu dem Schluss: Die Menschen dort sind wesentlich glücklicher, gelassener und friedfertiger als alle, denen sie in ihrer eigenen Kultur begegnet war. Liedloff benannte einen wesentlichen Unterschied: den Umgang der Yequana mit ihren Babys und Kindern. Sie beschrieb, was für einen gravierenden Einschnitt es für das Gefühl von Sicherheit und Bindung darstellt, dass »zivilisierte« Menschen ihre Kinder in Gitterbetten verstauen oder in Wägen vor sich herschieben anstatt sie am Körper zu tragen. Sie zeigte, dass die Kinder der Yequana in einer Atmosphäre von Geborgenheit aufwachsen, weil die Bezugspersonen ihnen zur Verfügung stehen und sie dabei weder helikopterhaft umkreisen noch reglementieren oder an ihnen rumerziehen. Sie dürfen sein und sind willkommen. Auf diese Weise wachsen diese Kinder in etwas hinein, das Liedloff »Kontinuum« nennt – ein Aufgehobensein im großen Zusammenhang des Lebens. Und das scheint ihnen eine sichere Grundlage für alles Weitere zu geben. Wie sehr uns die Selbstverständlichkeit solch einer basalen Geborgenheit in westlich geprägten Kulturen verloren gegangen ist, hat mir meine eigene Unsicherheit als Mutter vor Augen geführt – und der Film »Babys« aus dem Jahr 2010, ein aussagekräftiges Dokument der Verkomplizierung und Entwurzelung durch Zivilisation moderner westlicher Prägung. Dabei kommt er erst einmal sehr nett und harmlos, fast niedlich daher. Ohne einen einzigen Kommentar aus dem Off, also einfach, indem er Bilder sprechen lässt, gibt er uns Einblicke in das erste Lebensjahr von vier Babys in vier verschiedenen Kulturen. Einige Szenen haben sich in meine Erinnerung eingebrannt:

Das Baby aus Namibia ertastet sich seine Umwelt – unter anderem das Maul eines Hundes, seine Lefze, seine Zunge, seine Zähne. Der Hund sitzt geduldig und lässt es geschehen. Niemand ist in Aufregung oder wittert Gefahr.

Das Tokioter Baby sehen wir, wie es in einer Autositzschale festgeschnallt durch den Supermarkt geschoben wird – überflutet von Reizen. In einer anderen Szene klingelt das Handy des Vaters, er telefoniert und fuchtelt unterdessen mit einer Rassel vor dem Gesicht seiner Tochter herum, wohl um es zu »beschäftigen«. Sein Blick ist anderswo.

Das kalifornische Baby sitzt im Wohnzimmer und schlägt mit seinen Armen um sich, auch in Richtung seiner Mutter. Die Frau, die offensichtlich viele Ratgeber gelesen hat und alles richtig machen möchte, zieht ein Bilderbuch aus dem Regal, hält es ihrem noch nicht einjährigen

21 Jean Liedloff: »Auf der Suche nach dem verlorenen Glück«. Zu ähnlichen Ergebnissen kommt der Psychotherapeut Franz Renggli. Er beschreibt in »Verlassenheit und Angst – Nähe und Geborgenheit« die kulturell bedingte und gewollte Trennung der Babys von ihren Müttern als einschneidende Ursache für kollektives Trauma. Praktische Hinweise für ein förderliches Aufwachsen von Kindern gibt das Buch »Artgerecht« von Nicola Schmidt.

Kind vor die Nase und hebt ermahnend den Zeigefinger. Auf dem Buch steht: »No Hitting!« – Nicht Hauen!

Als ich vor etwa zehn Jahren diesen Film sah, verließ ich erschüttert das Kino und sagte zu meinem Partner: »Das Glück ist so einfach. Und wir machen so einen Scheiß.« Der Satz wurde uns zum geflügelten Wort in Momenten, wenn wir über den Wahnsinn unseres »zivilisierten« Lebens stolperten. Worin besteht nun dieser Wahnsinn? Ich kann ihn spüren, wenn ich den Film anschaue. Ich wünsche allen Babys dieser Welt, dass sie, was die Geborgenheit und das »Kontinuum« betrifft, Bedingungen vorfinden wie das namibianische[22]. Und ich weiß intuitiv: Die moderne westliche Kultur prägt Babys auf eine ungute Weise – wie ungut, das beginnen wir gerade zu begreifen. Offensichtlich ist dieser Vorgang des sicheren Landens und Ankommens bei Menschenbabys besonders störanfällig. Dass wir so verletzlich und prägbar sind, könnte die entscheidende Eigenart des Menschseins ausmachen.

Sozial veranlagte Frühgeborene

Der Biologe Adolf Portmann studierte in den 1950er-Jahren die Besonderheiten unseres ersten Lebensjahres und verglich Menschenbabys mit den Nachkommen anderer Säugetiere. Er teilte die Jungtiere in zwei Kategorien ein, »Nesthocker« und »Nestflüchter«. Das Erstaunliche: Der Mensch lässt sich keiner der beiden eindeutig zuordnen. Auf den ersten Blick sehen wir nach ausgeprägten Nesthocker*innen aus, es dauert ja wirklich lange, bis wir selbstständig werden. Doch es gibt einige Merkmale, die für alle anderen beschriebenen nesthockenden Tiere gelten, für uns Menschen jedoch nicht zutreffen. Unsere Augen und Ohren sind bei der Geburt offen. Wir kommen mit wachen und empfänglichen Sinnen auf die Welt – und zwar viel später als nesthockende, aber wesentlich früher als nestflüchtende Tierbabys.

Wer schon einmal ein frisch geborenes Kalb, Zicklein oder Lamm gesehen hat, kann den Unterschied zu Menschenbabys deutlich erkennen. So ein Kälbchen liegt kurz am Boden, wird von der Mutter abgeleckt und kommt dann, oft wenige Minuten nach der Geburt, auf die Beine. Bis ein Menschenkind aufsteht und läuft, dauert es etwa ein Jahr,

22 Es wäre vereinfachend und unzulässig, Schlüsse vom Land auf das Glück von Babys zu ziehen: »Alle namibianischen Babys, alle japanischen Eltern ...« Ich beziehe mich hier auf die im Film gezeigten Einzelfälle und weise ausdrücklich darauf hin, dass es es mir nicht darum geht, alle Lebensbedingungen in einem Land schönzureden, das massiv unter dem Kolonialismus gelitten hat.

es muss das Aufrichten und Balancehalten erst lernen – was nicht heißt, dass es nicht angelegt ist in ihm. Es braucht dafür kein Gehfrei[23] und keinen Unterricht. Es braucht nur Zeit, zugewandte Begleitung und eine sichere Umgebung. Würden wir mit dieser Fähigkeit, also der entsprechenden Reife unseres Gehirns geboren, müsste unsere Schwangerschaft etwa 20 Monate betragen, rechnet Portmann aus. So gern ich schwanger war – das wäre doch sehr beschwerlich, von der Geburt ganz zu schweigen. Würden wir hingegen in dem für nesthockende Tiere typischen Entwicklungsstadium geboren, wie etwa Igel, mit bereits gebildeten, aber nachträglich verschlossenen Augenlidern und Gehörgängen, kämen wir schon nach 2 Monaten zur Welt – das ist der Zeitpunkt, zu dem menschliche Embryos dieses Entwicklungsstadium durchlaufen. Portmann zieht daraus wichtige Schlüsse: »Wollen wir das Besondere der menschlichen Entwicklung möglichst drastisch erfassen, so müssen wir also unsere Ausformung bis zum Ende des ersten Jahres als ›embryonal‹ beurteilen. Freilich handelt es sich um eine Embryonalzeit, deren Mutterschoß wechselt. Die erste Periode verläuft in der Geborgenheit, im Dunkel, in der Wärme des mütterlichen Leibes – in der zweiten Hälfte aber muß [...] die soziale Gruppe Sicherheit, Wärme und Nahrung bieten. Das Zusammensein dieser Gruppe, der Mutter und der Familie muß jetzt einen neuen, sozialen Mutterschoß schaffen; damit entsteht eine Aufgabe der Gesellschaft, die nicht bedeutungsvoll genug gesehen werden kann.«[24] Andreas Weber beschreibt es so: »Die Zeit im Mutterleib ist eine Situation geteilten Seins *par excellence*. Fötus und Mutter sind keine symbiotische ›Einheit‹. Sie sind zwei getrennte Subjekte, denen das Wechselspiel aus Angewiesenheit und Trennung darum so gut gelingt, weil sie es ganz der Weisheit ihrer Leiber überlassen. [...] Das Problem entsteht nach der Geburt. Eine adäquate Kultur der Kindheit müsste in der Lage sein, das Ökosystem des Uterus in Form der zwischenmenschlichen Beziehung neu zu erfinden.«[25]

Einen *Sozialen Uterus*[26] zu schaffen – darin liegt unsere besondere Aufgabe als Menschen: Unsere Nachkommen liegen nicht blind irgendwo im Nest, werden ab und zu gefüttert und reifen nach, bis sie das Nest verlassen können. Sie sind Embryos mit sozialen Bedürfnissen. Sie kommen in unreifem Zustand zur Welt, aber mit wachen und empfänglichen Sinnen. Sie brauchen Beziehung, um gedeihen zu können. Und Portmann erkennt: Das Gelingen menschlicher Gemeinschaften

23 Ein *Gehfrei* oder modern auch *Babywalker* ist ein fahrbares Gestell, in das Babys gesetzt werden, um Laufen zu lernen, bevor sie es sich selber beibringen können – sehr schädlich für den noch nicht gereiften Bewegungsapparat des Kindes und Sinnbild für unsere Angewohnheit, Kindern etwas beibringen zu wollen, das sie aus sich heraus viel intelligenter lernen können.

24 Adolf Portmann: »Die Entscheidungen des ersten Lebensjahres«, S. 6.

25 Andreas Weber: »Teilen und Sein«, S. 54.

26 *Uterus* ist das lateinische Wort für Gebärmutter.

und Gesellschaften hängt wesentlich von der Geborgenheit ab, die wir in unserer nach außen verlegten Embryonalzeit erfahren haben. Das ist eine Erkenntnis, die alle Staatstheorien erblassen lässt – weil wir sie möglicherweise nicht mehr brauchen, wenn uns ein warmer, unterstützender und satt co-regulierender Sozialer Uterus zur Verfügung steht.

Der Mensch ist ein soziales Wesen, das wird häufig betont. Doch wir machen uns offensichtlich nicht hinreichend bewusst, was das bedeutet: Dieses Soziale braucht eine sinnliche, eine →somatische Basis. Und die kann sich nicht über den Verstand, auch nicht allein über Sprache ausbilden. Denn die sensible Phase unseres Daseins in diesem Zwischenraum zwischen Gebärmutter und Weltbezug ist eine, in der wir uns mit unseren Sinnen orientieren. Wir brauchen Berührung, Blickkontakt, Zugewandtheit und Bezogenheit, damit sichere Bindung und Beheimatung auf der Erde entstehen können. Es wird wesentlich sein, dass unsere Gesellschaft Eltern und anderen Bezugspersonen die Möglichkeit schafft, viel Zeit in direktem Körperkontakt mit ihren Babys zu verbringen – und zwar an einem entspannten Ort, der auch die Bezugspersonen selber nährt. Wenn uns das nicht ausreichend zur Verfügung steht, häuft sich →Trauma an. Dass wir in so einer entscheidenden Phase nicht von einem verlässlichen Organ versorgt werden, sondern von einer Gruppe von Menschen, die das noch übt – das macht uns formbare Menschenkinder so verletzlich.

So nehme ich uns Menschen im Augenblick wahr, überfordert von unserer eigenen Verletzlichkeit. Und ich möchte vorsichtig diese Vermutung äußern: Weil wir diese Verletzlichkeit und Überforderung nicht fühlen wollen, haben wir uns das Bild vom überlegenen Menschen konstruiert – und auf die Spitze getrieben. Wir haben uns eine Kultur der Abgrenzung und Härte geschaffen und erklären sie für normal, um unsere Unsicherheit und unseren Schmerz nicht fühlen zu müssen. Und das erzeugt immer neuen Schmerz, immer neue Verletzung und immer neue Überforderung. Jetzt sind wir an einem Punkt angelangt, an dem deutlich wird: Lange geht das nicht mehr. Unsere Strategie erweist sich als Sackgasse – oder vielmehr als Bumerang. Wir wollten unsere Verletzlichkeit nicht spüren, haben sie weit von uns geworfen und nun kommt sie mit großer Wucht zurück. Das ist die Chance, uns ihrer anzunehmen. Was löst das Bild des Bumerangs in dir aus – die Vorstellung, du siehst all die überspielte Verletzlichkeit mit voller Kraft auf dich zufliegen?

Bei mir stellt sich – neben einigem Respekt vor der Wucht des Aufpralls – Erleichterung ein: Soll er kommen, der Bumerang! Wie gut das tut, wenn wir uns endlich nicht mehr verstecken müssen.

Sozialer Uterus sein

Vielleicht ist das schlicht und einfach das soziale Experiment, das die Evolution mit uns macht: Wir Menschen sind prägbar, empfänglich und maßgeblich auf Unseresgleichen angewiesen. Das geht mit gewaltigen

Herausforderungen an die Erwachsenen einher. Wir müssen unseren Säuglingen Bedingungen schaffen, die bisher eines der flexibelsten Organe unseres Organismus zur Verfügung stellte: die Gebärmutter. Wir werden als Eltern – oder idealerweise als Gemeinschaft, in die ein Kind hineingeboren wird – zu seinem Sozialen Uterus. Wir haben also die Aufgabe, gemeinschaftlich ein nährendes, beruhigendes, sicheres und geborgenes Umfeld für unsere verletzlichen und unreifen »Frühgeborenen« zu schaffen. Und diese Aufgabe ist enorm, in vielfacher Hinsicht. So ein Menschenbaby kann erst einmal gar nichts selber und braucht rund um die Uhr Unterstützung. Alle Eltern können ein Lied davon singen, was es uns abverlangt, Sozialer Uterus zu sein: Die Funktion eines Organs zu übernehmen, dessen Intelligenz auf der Weisheit des Lebens beruht – das ist für die Bezugspersonen eine Übung im Dienen. Und es reicht nicht, unsere Kinder mechanisch zu versorgen. Sie brauchen eine Umgebung, die ihre wachen Sinne anregt, aber nicht überfordert. Sie brauchen echte, verbindliche, verlässliche Beziehung, rund um die Uhr. Nur so entwickeln sie sichere Bindung, also Vertrauen ins Leben.

Menscheneltern haben einen herausfordernden Job zu bewältigen. Und eigentlich ist er nicht stressig, wie uns oft nahegelegt wird, sondern vor allem wunderschön: eben weil er uns so sehr mit der Verletzlichkeit alles Lebendigen verbindet – auch mit unserer eigenen. Das gängige Modell der Kleinfamilie samt voll berufstätigem Vater und alleingelassener Mutter ist dafür eindeutig nicht optimal. Nur wer selbst genährt ist, kann anderen zur Verfügung stehen, sonst droht Selbstausbeutung und Selbstverleugnung. Je stabiler ihr eigenes unterstützendes Netz, desto einfacher und genussvoller wird das Elternsein. Eine Mutter, ein Vater kann dann, bevor totale Erschöpfung eintritt, das Baby einer anderen Person in den Arm legen und eine Runde schlafen gehen. Übermüdete und gereizte Eltern können Babys – außer Milch – schwerlich geben, was sie brauchen. Denn es gibt einen weiteren Aspekt von Bedürftigkeit, der nicht hinreichend bekannt ist: Weil unsere Babys so unreif geboren werden, ist ihr Nervensystem noch nicht fertig ausgebildet. Sehr vereinfachend gesagt: Der Sympathikus, jener Nervenstrang, der für unsere Aktivierung zuständig ist, funktioniert schon ganz gut. Menschenbabys können sich schon aufregen. Sie schreien, wenn etwas nicht stimmt. Dass diese frühgeborenen Wesen nicht allein für Abhilfe sorgen können, liegt auf der Hand. Dafür brauchen sie Erwachsene, die zielgerichtet handeln können. Aber das allein reicht nicht, denn Säuglinge können sich nicht allein wieder abregen. Ihr erregtes Nervensystem benötigt ein anderes Nervensystem, an das es andocken kann, um sich zu beruhigen. Menschliche Babys brauchen also Menschen in ihrer Nähe, die selber in der Lage sind, Aufregung und Entspannung gut zu balancieren, um in so einem Augenblick jene Ruhe auszustrahlen, die die Babys benötigen, um aus der Erregung wieder herauskommen. Ich nehme an, die meisten haben das schon beobachtet oder selbst erlebt: Ein brüllender Säugling auf dem Arm einer nervösen, unsicheren, angestrengten oder wütenden Bezugsperson kann einfach nicht aufhören zu schreien. In einer entspannten Atmosphäre hingegen beruhigt er sich meist schnell.[27] Erwachsene, die einem Baby solch eine Geborgenheit dauerhaft zur Verfügung stellen können, sind aber eher selten. Warum? Weil wir zivilisierten Menschen alle tendenziell gestresst, überfordert und nicht gut genährt sind. Im Laufe der Zeit hat sich Trauma angesammelt, individuell, kollektiv und auch über die Generationen hinweg weitergegeben. Das brodelt in uns, weil wir nicht ausreichend Gelegenheit hatten, uns der angestauten Aggression und Angst zu entledigen oder weil uns nahegelegt wurde, gesunde Impulse zu unterdrücken. An dieser Stelle könnte Basiswissen über das Nervensystem hilfreich sein.

→ Einschub: Polyvagaltheorie, Aktivierungskurve

Der Traumatherapeut Urs Honauer hat anhand der Erkenntnisse von Stephen Porges, dem Vater der **Polyvagaltheorie**, ein hilfreiches Modell entwickelt: Die **Aktivierungskurve** ist eine schematische Darstellung der Zustände unseres Nervensystems. Der momentane Aktivierungszustand unseres autonomen Nervensystems hat einen entscheidenden Einfluss darauf, welche Optionen zum Handeln uns überhaupt zur Verfügung stehen.

Ich nehme an, wir alle kennen das: Wir sind hibbelig, nervös und aufgeregt, laufen hektisch in der Gegend herum und versuchen angestrengt, all die vielen Dinge auf unserer To-Do-Liste abzuarbeiten. Die gleichen Aufgaben würden uns lockerer von der Hand gehen, wenn wir aus einer gelassenen Grundhaltung heraus eines nach dem anderen erledigen könnten – ohne den Druck im Nacken, was noch alles zu tun ist. Unser Handlungsspielraum hängt davon ab, welcher Zweig unseres autonomen Nervensystems gerade aktiv ist. Lange galt die Annahme, es gebe beim Menschen zwei solcher Zweige: den *Sympathikus*, der für Aktivität verantwortlich ist, und den *Parasympathikus*, der für Entspannung und Beruhigung sorgt. Es wurde vermutet, dass die beiden sich abwechseln – je nachdem, ob wir etwas tun oder ruhen. Porges fand heraus,

27 Dieser Satz könnte Widerstand auslösen, wenn er so gedeutet wird: »Wenn dein Baby (lange) schreit, bist du selbst schuld. Entspann dich halt!« Es geht mir nicht um Schuld. Ich kann nicht wissen, was sich im Laufe eines Lebens in einem Nervensystem so alles angesammelt hat, das dazu beiträgt, dass jemand selber immer angespannter wird, wenn ein Baby schreit. Es wird wohl noch eine Weile dauern, bis wir so kommunizieren können, dass Zusammenhänge aufgezeigt werden, ohne damit automatisch Schuldige zu benennen. Auch das ist Teil der Kultur des Anerkennens, um die es mir in diesem Kapitel geht.

dass es etwas komplexer ist. Er beschreibt es so: Es ist nicht entweder Sympathikus oder Parasympathikus aktiv, sondern sie befinden sich in ständigem Wechselspiel miteinander. Außerdem zeigte sich, dass Ruhe nicht gleich Ruhe ist. Der Parasympathikus kann nämlich auf verschiedenen Wegen wirken: über den *ventralen* oder über den *dorsalen* Zweig des Vagusnervs. Ventral bedeutet, dass dieser Strang mit der Vorderseite des Körpers, mit dem Bauchraum verbunden ist. Und das Nervengeflecht im Bauchraum haben wir bereits als Quelle von Ruhe, Geborgenheit und Sicherheit kennengelernt. Der *ventrale Vagus* sorgt also für eine als angenehm empfundene Ruhe und ermöglicht Bindung und Kommunikation. Der *dorsale Vagus* hingegen hat eine lähmende Funktion.

Die Aktivierungskurve (Graphik Nr. 4 im Beiheft) unterscheidet dementsprechend drei verschiedene Grundzustände, wie Menschen in der Welt sein können. Die Übergänge sind fließend und wir können recht schnell von einem Zustand in den anderen wechseln – allerdings ist uns das nicht immer willentlich möglich. Wäre das so, würden wir wohl alle stets selig im unteren Drittel verweilen, so lange keine Gefahr in Sicht ist.

1. Die breite Basis ganz unten steht für jenen Zustand, in dem wir wach, ausgeglichen und entspannt anwesend sind. Alles ist gut. Der ventrale Zweig des Parasympathikus wirkt, das Soziale System ist aktiv. Diesem Zustand ordnet Honauer den Satz »Ich bin« zu. Wir fühlen uns in Sicherheit, können vertrauen, sind fähig zu entspannten sozialen Kontakten und guter Bindung. Hier zeigt sich unser Potenzial zum Handeln in Bezogenheit, wir können in aller Ruhe kreativ mit Herausforderungen umgehen.
2. Die nächste Stufe, zu der laut Honauer der Satz »Ich kann« gehört, geht mit der Aktivierung des Sympathikus einher. Anlass zum Wechsel in solch einen Zustand ist (das Gefühl von) Gefahr oder einfach nur die Notwendigkeit, etwas zu tun, also ein gewisser Druck. Im unteren Bereich kann das lustvoller Tatendrang oder Flow-Erleben sein. Je weiter wir uns in diesem Feld jedoch nach oben bewegen, desto zwanghafter und gestresster wird es. Für viele Menschen ist diese Verfassung zum Normalzustand geworden. Wir hecheln durchs Leben. Unser Handeln basiert tendenziell auf dem Schema *Flucht oder Kampf*.
3. Wird der Druck zu hoch und kommt massiver Stress oder das Gefühl von ernsthafter Bedrohung auf, dann erstarren oder verschwinden wir. Hier ist der dorsale Parasympathikus aktiv, der mit Lähmung, Taubheit oder → Dissoziation einhergeht. Der zugeordnete Satz lautet »Ich kann nicht«, wir fühlen uns ohnmächtig und abgetrennt.

Diese drei verschiedenen Aktivierungszustände stellt Honauer bildlich als Stockwerke eines Hauses dar: Entspanntes Sein im Erdgeschoss, (Hoch-)Erregung und Stress im ersten Stock, Erstarrung im Dachgeschoss. Der Kurve liegt das Wissen um die verschiedenen Strategien zugrunde, die unseren Gehirnen und Nervensystemen zur Verfügung stehen, um auf Gefahr zu reagieren. In der Literatur wird die Reihenfolge ihres Entstehens meist fälschlicherweise als evolutionäre Abfolge beschrieben.

Auch ich habe mich noch in der ersten Auflage dieses Buches auf die weit verbreitete, aber – wie ich jetzt weiß – längst widerlegte Theorie vom *dreieinigen* Gehirn bezogen, obwohl mir diese Lesart immer wieder Unbehagen bereitete, weil sie nahelegt, der Mensch sei die Spitze einer evolutionären Pyramide, die Krone der Schöpfung. Ich möchte mich bei den Leser*innen der ersten Auflage für die Fehlinformation entschuldigen und jenem Leser danken, der mir den wertvollen Hinweis auf die Psychologin und Neurowissenschaftlerin Lisa Feldman Barret gab, die richtigstellt: Dem derzeitigen Stand der Forschung zufolge ist das Gehirn, wie wir es heute beim Menschen vorfinden, nicht dadurch entstanden, dass immer mehr hinzugefügt wurde seit wir Reptilien waren. Alles deutet darauf hin, dass die Evolution des Gehirns durch Umorganisation stattfand. Barretts These lautet: »Wir haben nicht drei Gehirne, sondern eins«, und das arbeite nicht – wie bisher angenommen – in drei umeinander geschichteten, verschieden alten Abteilungen, sondern als komplexes Netzwerk.[28] In unserem Kopf tobt also kein unerbittlicher Kampf unseres Verstandes gegen die »niederen Instinkte«. Dieser Kampf ist – anders als vielfach behauptet – nicht in unsere Biologie eingeschrieben. Er ist laut Barrett keine *physische*, sondern eine *soziale* Realität – ein Narrativ, eine Geschichte, die wir uns erzählen. Sie grundlegend zu hinterfragen und zu begreifen, wie sie uns geprägt hat, das halte ich für eine zentrale Aufgabe im großen Transformationsprozess.

Wenn wir nun die Möglichkeiten unseres Gehirns betrachten, mit Gefahr umzugehen, macht es also wenig Sinn, sie in vermeintlich primitive, »tierische« und komplexe, angeblich evolutionär jüngere, »menschliche« zu unterteilen. Entscheidend ist, auf welche Strategie wir leicht zugreifen können. Und weil wir über neuroplastische Gehirne verfügen, hängt das davon ab, was in unserer Kultur gängig oder normal ist und was uns vorgelebt wird. Wir imitieren das, verdrahten und verschalten dadurch neuronal diesen Weg und lassen in der Folge andere Möglichkeiten tendenziell außer acht. Das wird zu einem Selbstläufer. Was bereits gebahnt und viel benutzt wurde, ist auch in zukünftigen, ähnlichen Situationen naheliegender. Denn nicht benutzte Verbindungen verkümmern. Unser neuroplastisches Gehirn formt sich durch einen Prozess, den Barrett »Tuning and Pruning« nennt. *Tuning* bedeutet Anpassen, Abstimmen: Was passt am besten zu den gegebenen Umständen? *Pruning* ist ein Begriff aus dem Gartenbau, das Ausästen

28 Lisa Feldman Barret: „Seven and a Half Lessons About the Brain". Barret bezeichnet die Theorie des dreieinigen Gehirns als „einen der erfolgreichsten und weitestverbreiteten Irrtümer der Wissenschaft" (S. 15). Es scheint etwas zu beweisen, wovon es unhinterfragt ausgeht, und das deswegen lange den Blick verengt hat: Der Mensch sei der Zielpunkt der Evolutionsbewegung. Dem ist nicht so. Wir sind einer von vielen Zweigen im Evolutionsbaum.

beim Gehölzschnitt: Überschüssige Triebe werden entfernt, um den verbleibenden mehr Kraft zu verleihen. Das Bild leuchtet mir ein. Und da wir für die Gehirnentwicklung eben den Sozialen Uterus so sehr brauchen[29], hängt die Verschaltung unseres Gehirns entscheidend davon ab, was unsere Umgebung ausstrahlt. Ist sie entspannt und gelassen, dann lebt sie uns gangbare Lösungen im Erdgeschoss der Aktivierungskurve vor. Die Wahrscheinlichkeit ist hoch, dass wir nicht panisch auf jede Störung reagieren.

Die Strategie des Limbischen Systems hat einen Vorteil: Sie setzt Kräfte zum Handeln frei, wir können uns bewegen und womöglich unsere Überlebenschancen erhöhen. Und sie hat einen Nachteil: Stress. An vielen Säugetieren beobachten wir etwas Interessantes, wenn die Gefahr gebannt ist: Sie zittern. Auf diese Weise entledigt sich das Nervensystem der hohen Erregung. Das ist eine Selbstregulationsfunktion, es geschieht einfach, reflexhaft. Und sie ist überaus sinnvoll. Nichts bleibt zurück.

Am meisten Zeit und Gelassenheit braucht eben die soziale Lösung von Problemen oder vermeintlicher Bedrohung: sich orientieren, mit der Quelle der Irritation Kontakt aufnehmen, um herauszufinden ob wirklich Gefahr im Verzug ist. Das geht natürlich vergleichsweise langsamer als andere Strategien, da die zur Verfügung stehenden Informationen differenzierter verarbeitet werden. Wir brauchen dafür Ruhe und ein grundsätzliches Gefühl von Sicherheit. Eine Umgebung, die Stress und Druck erzeugt, wird uns nicht in die Lage versetzen, so intelligent auf etwas zu antworten, wie es eigentlich möglich wäre. Wir greifen dann auf die schnelleren Strategien zurück: Flucht oder Kampf. Wenn das nicht aussichtsreich erscheint, erstarren wir. In Extremsituationen kann das lebensrettend sein. Dissoziation hat uns wahrscheinlich schon oft gedient, wenn eine Situation uns zu überwältigen drohte. Furchtbar ist, wenn sie zur Dauerstrategie wird, weil wir uns nicht sicher genug fühlen, um auf eine soziale Lösung vertrauen zu können – oder weil wir gar nichts anderes kennengelernt und geübt haben. In einer bedrohlichen, überfordernden Welt erscheint uns Abspalten und Taubwerden irgendwann wie die einzige mögliche Reaktion auf das kleinste Anzeichen von etwas, das wir als Gefahr interpretieren.

Wenn Du magst, nimm dir Zeit, dich an Situationen zu erinnern, in denen du jeweils in einem dieser Zustände warst. Kannst du ihnen körperliche Empfindungen zuordnen?

29 Die große, viel diskutierte Frage, ob etwas angeboren oder anerzogen sei, löst Feldman Barret dann auch mit einem erlösenden Augenzwinkern. Sie steigt aus dem Entweder-Oder-Denken aus, indem sie schreibt, simple Unterscheidungen wie »Anlage oder Umwelt?« – »nature verus nurture« – seien verlockend, aber nicht hilfreich. Vielmehr liege es in unserer Natur, auf die Formung durch unsere Umwelt angewiesen zu sein - »our nature requires nurture« (S. 62).

Es ist eindeutig, dass mein Körper in Resonanz geht mit dem, was dieses Modell beschreibt: Ja, Erstarren, das kenne ich. Und den Impuls zu fliehen oder zu kämpfen auch. Und vor allem weiß ich, wie befriedigend es ist, wenn ich Raum und Zeit habe, weniger reflexhaft, freier, horchender, kreativer auf etwas zu antworten, das mir zunächst bedrohlich erscheint. Und ich weiß um den satten Grundzustand, von dem aus mir das möglich ist. Es ist mein großes Anliegen, dass wir eine Kultur schaffen, die uns Menschen einen guten Boden für diese dritte Option zur Verfügung stellt – indem wir uns unserer Aufgabe besinnen, einander Sozialer Uterus zu sein. Das kann ein wesentlicher Schritt in Richtung Frieden sein. Bis wir diese Erkenntnis in unsere Kultur integrieren, sind die hilflosen und empfindlichen Menschenbabys jedoch für ihre Beruhigung auf Erwachsene angewiesen, die wie ein Pulverfass durch die Gegend laufen, hochexplosiv und angefüllt mit alter, nicht verarbeiteter Aufregung. Was hat sich da angestaut? Und wie?

Selbstregulation und Co-Regulation

Die meisten Säugetiere zittern Stress ab, wenn die Gefahr gebannt ist – also zum Beispiel, wenn sie dem drohenden Gefressenwerden entkommen konnten. Wir Menschen können das theoretisch auch, tun es aber in der Regel nicht. Einige von uns lernen es gerade wieder.[30] Es sieht so aus, als seien wir Menschen die einzigen Lebewesen, die solche regulierenden und befreienden Impulse dauerhaft unterdrücken. Warum wir darauf verzichten, den belastenden Stress aus unseren Nervensystemen herauszuschütteln, darüber können wir nur mutmaßen. Eine mögliche Antwort habe ich bereits im Zusammenhang mit dem verkniffenen Plantschen in der Würm skizziert. Hier könnte ein weiterer Haken westlicher Zivilisiertheit liegen: Wir schämen uns unserer → Kreatürlichkeit, grenzen uns ab von anderen Tieren und ihrem reflexhaften Verhalten. Wir halten hohe Stücke auf unseren Verstand und versuchen mit aller Kraft zu beweisen, dass wir keine Tiere sind. Unwillkürliches Zittern oder Zappeln stört dieses Selbstbild möglicherweise, es wirkt zu animalisch, zu ferngesteuert: »Reiß dich zusammen!« Das bleibt allerdings nicht ohne Folgen. Wenn wir nach einer bedrohlichen Situation den reinigenden Zitterimpuls unterdrücken, bleibt all diese Anspannung

30 Die *Trauma Releasing Exercises* zum Beispiel sind eine Serie von Körperübungen, die uns wieder beibringen, was wir einmal konnten, uns aber abtrainiert haben: die Überbleibsel von Stress, die sich angesammelt haben, abzuzittern, damit sie unser Nervensystem nicht belasten. Vielleicht wäre das während der Übergangszeit in eine wahrnehmende, → traumasensible Gesellschaft etwas, das die vielen Gymnastikangebote ersetzen oder zumindest ergänzen könnte, mit denen Schüler*innen wie Büroangestellte heute versuchen, den Bewegungsmangel auszugleichen, den unsere ratioverliebte Gesellschaft produziert. Leider basiert ein Großteil dieses Ausgleichssports wieder auf dem Prinzip von Kontrolle und Leistung. Wir verhärten durch Sit-ups und Kniebeugen eher, als dass wir durchlässiger werden.

in unseren Zellen hängen. Erinnerst du dich an den plötzlichen Drang, dich nach einer aufregenden Situation zu schütteln, herumzuhopsen oder zu zappeln? Vielleicht magst du eine kleine Verabredung mit deinem Nervensystem machen, das beim nächsten Mal in vollem Umfang zuzulassen, ja, als reinigenden Vorgang zu würdigen?

Wenn wir den Zitter- oder Zappelimpuls unterdrücken, stapelt sich neuer Stress auf alten, bis das unser Normalzustand wird. Kommen wir das nächste Mal in ähnlich verursachten Stress, erinnert sich unser immer noch angespanntes Nervensystem und wir reagieren auf den aktuellen Stressimpuls, als wären wir in großer Gefahr – selbst wenn die Situation verhältnismäßig harmlos ist. Die Menschheit wird auf diese Weise immer nervöser, fahriger, hat immer weniger Ressourcen, erlebt daher ihr Umfeld als immer bedrohlicher – und auch das speist den bereits beschriebenen Drang, durch Struktur, Planung und Kontrolle vermeintliche Sicherheit herzustellen. Das wiederum führt dazu, dass unsere Nachkommen keine guten Bedingungen vorfinden. Viele Erwachsene sind entweder hocherregt oder vor Überforderung erstarrt, unerreichbar und nicht in der Lage, mit einem Baby in Beziehung zu treten oder zu bleiben. Eine erstarrte Person mag zwar ruhig wirken, aber sie hat keinen Raum in sich, in dem ein Kind Geborgenheit und Ruhe finden kann. Das Kind kann sich nicht co-regulieren, also nicht beruhigen. Das erklärt auf der Ebene des Nervensystems einiges: Erstens, warum ein weinendes Baby uns so in Rage bringen kann, dass wir es am liebsten schütteln würden – die Not des Kindes triggert alte, nicht versorgte Not und Hilflosigkeit in uns. Des Weiteren erklärt es, warum uns immer wieder Menschen begegnen, die vollkommen unberührt einen Kinderwagen mit einem Baby vor sich herschieben, das sich die Seele aus dem Leib schreit. Statt es hochzunehmen und zu beruhigen, schreiben sie eine SMS oder gucken sich Schaufensterauslagen an. Nicht, weil sie von Grund auf herzlos sind, sondern weil das Abspalten zur gängigen Praxis unserer Kultur geworden ist. Das Weinen kann sie nicht erreichen, weil sie genau das ausgiebig geübt haben – sich unempfänglich machen für die Not anderer. Es gibt auch eine dritte Variante: Die Eltern werden zwar vom Weinen berührt und würden ihr Kind gern hochnehmen, aber sie haben gelesen oder gehört, man dürfe Kinder nicht verhätscheln und erziehe sie zu Tyrann*innen, wenn man auf jedes Jammern reagiere. Die verunsicherten Eltern folgen der Vorschrift statt ihrer Intuition, tun also ebenfalls das, was sie in der Schule gelernt haben. Indem sie Anweisungen befolgen, anstatt wahrzunehmen und zu empfinden, unterdrücken sie ihren Fürsorgeimpuls, der für das Kind wichtig und nährend wäre.

Das bringt uns zurück zu den Filmbabys: Die intellektuelle, mit allen Erziehungstipps gewappnete Mutter versucht, ihrem Kind Werte auf einer Ebene zu vermitteln, für die es gar nicht zugänglich ist. Sie denkt über Erziehung nach, anstatt Geborgenheit zu verkörpern – und steht damit für eine Kultur, die sich vom Gedeihenlassen aufs Bevormunden, vom Vertrauen aufs Kontrollieren, vom Bauch aufs Gehirn verlegt. Dadurch steht sie dem Kind als Bezugsperson auf der körperlich-emotionalen Ebene nicht zur Verfügung. Dabei ist das die einzige, auf der ein Baby in diesem Alter erreichbar ist und die es braucht. Anstatt basalen Angenommenseins erfährt das Baby Belehrung und Ablehnung: Ich bin mit meinen Lebensäußerungen nicht willkommen. Ich mache etwas Falsches.

Der japanische Vater begeht zunächst einmal – ich erlaube mir, das so zu nennen – Freiheitsberaubung. Er schnallt sein Kind in einer Vorrichtung fest, um es praktisch durch sein durchgetaktetes Leben transportieren zu können. Dadurch nimmt er ihm die Möglichkeit, die dem namibianischen Baby uneingeschränkt zur Verfügung steht: sich mit allen Sinnen und eigenständig die Welt zu erschließen und sie als sicheren Ort zu erleben. Für so etwas gibt es dann in Tokio und San Francisco einen speziellen Kurs, in dem die Kinder in ihrer Entwicklung »gefördert« werden – was sie nicht bräuchten, wenn sie sich einfach so entwickeln dürften, wie es in ihnen angelegt ist. Das hektische Rasseln des geschäftigen Vaters vor der Nase seines ihm ausgelieferten Babys illustriert, wie Erwachsene ihren Stresspegel auf die Nervensysteme ihrer Kinder übertragen. Das Tokioter Baby ist einer reizüberfluteten Umgebung und der Nervosität seines Vaters ausgeliefert. Es hat weder eine Möglichkeit sich abzuwenden, zu schützen, indem es sich auf den Bauch dreht und auf diese Weise wenigstens im Kontakt mit der Erde Sicherheit erfährt. Noch kann es Geborgenheit durch Beziehung herstellen, denn der Vater steht nicht zur Verfügung, weder mit Berührung, noch mit seiner Aufmerksamkeit. Auch durch unsere vielbeschäftigten, dauerüberforderten Eltern lernen wir: Abwesenheit ist ein Normalzustand. Beziehung wird uns so ausgiebig vorenthalten, bis wir uns selbst der Welt vorenthalten. Es ist nicht verwunderlich, dass aus so einem Start ins Leben Menschen hervorgehen, die überzeugt sind: »Ich kann nicht.«

Um das zu verdeutlichen, können wir kurz zu Michael aus Kapitel 2 zurückkehren, der da vorn an der Tafel steht und gerade ausgefragt wird. Er befindet sich in einer Situation, die sich für ihn bedrohlich anfühlt. Theoretisch ist in ihm die Möglichkeit angelegt, mit der Gefahr – der Erdkundelehrerin – in Beziehung zu treten. Er könnte Blickkontakt aufnehmen und sagen: »Frau Soundso, ich weiß das alles, was Sie mich fragen. Ich habe es gestern Nachmittag auswendig gelernt. Ich kann Ihnen sogar aufzeichnen, wie eine Endmoräne aussieht. Aber wenn ich hier vorne an der Tafel stehen muss, bekomme ich Schweißausbrüche, weiche Knie – und alles, was ich weiß, ist weg. Lieber möchte ich mich an meinen Platz neben meinen Freund setzen. Das würde mir helfen, nicht so aufgeregt zu sein. Und dann können Sie ihre Fragen stellen.«

Er könnte auch sagen: »Wissen Sie was, können wir die Ausfragerei nicht bleiben lassen und unsere Zeit angenehmer gestalten? Dieses ganze Eiszeit-Zeug interessiert mich ohnehin nicht so besonders. Ich hatte gar keine Lust, das auswendig zu lernen. Gestern war so schönes Wetter, da hab ich hinten in unserem Garten ein Loch gegraben und ich würde Ihnen gern erzählen, was ich beobachtet habe über die verschiedenen Erdschichten, die da zum Vorschein kamen. Da hätte ich auch noch ein paar Fragen an Sie, vielleicht können Sie mir was erklären ...«

Nur zwei Beispiele von vielen undenkbar denkbaren. Eigentlich sind beide nicht völlig abwegig, aber die Kultur, in der Michael lebt – unser aller völlig normale Kultur –, sieht keine von beiden vor. Michael wird als Schüler überhaupt nicht das Recht zugestanden, die Situation für sich so angenehm wie möglich zu gestalten, indem er Bedingungen schafft, die für ihn günstig sind. Die unmöglichen Handlungsmöglichkeiten, die ich aufgezählt habe, sind ja immer noch innerhalb des Systems gedacht. Diese ganzen absurden Situationen müssen überhaupt nicht erst entstehen, wenn wir für Lernorte sorgen, deren oberstes Anliegen es ist, eine sichere und ermutigende Umgebung für Kinder zu schaffen, mit der Welt in Beziehung zu treten – also einen Sozialen Uterus. Mehr braucht es nicht, um Lernen zu ermöglichen. Unser momentanes System ist jedoch nicht an guten Bedingungen interessiert, sondern hält an dem Glauben fest, Leistung müsse unbedingt gemessen werden, und das könne nur unter Stress und Zeitdruck geschehen, also im ersten Stock des Hauses – obwohl doch ganz klar ist, dass wir von dort aus keinen Zugriff auf unser höchstes Potenzial haben. An dieser Stelle wird deutlich, wie tief wir alle verwickelt sind in diese Logik. Denn die meisten Menschen, mit denen ich spreche, meinen, es stimme ja schon irgendwie, dass eine Prüfung ohne Druck und Stress keine aussagekräftigen Anhaltspunkte zum Lernfortschritt liefern kann. Was für ein anerzogener, tief verinnerlichter Unsinn! Die kreativsten Möglichkeiten bleiben Michael also verwehrt, nicht, weil sie an sich unmöglich wären, sondern weil unsere Art von →Schule, von Gesellschaft ein unterschwellig →gewaltsames System darstellt. Weil wir in einer Kultur leben, die durch ihre Strukturen Stress und Enge erzeugt, anstatt vor allem dafür zu sorgen, dass sich alle sicher fühlen.

Der Zugang zum Erdgeschoss und zur Kreativität, die dort wohnt, wird also künstlich versperrt, die Ausfragerei erzeugt unnötige Angst, vermeidbaren Stress. Adrenalin wird ausgeschüttet. Michael befindet sich im ersten Stock und hat folglich nur diese beiden Möglichkeiten: Flucht oder Kampf. Auch das kommt nicht wirklich infrage. Ein* Schüler* darf weder einfach aus dem Klassenzimmer rennen, noch die Lehrerin* vermöbeln. Beides kommt allerdings hin und wieder vor – biologisch gesehen ist das eigentlich klüger als die Notlösung, die da wäre: Rückzug ins Dachgeschoss, erstarren, verschwinden, warten, bis es vorbei ist. Was Michael schließlich tut. Das heißt, er tut es nicht. Es geschieht mit ihm, weil sozial intelligente Lösungen vom Schulsystem unterbunden werden. Und das prägt sich in unsere Nervensysteme ein. Wenn wir in einem Umfeld aufwachsen, das uns nicht ausreichend Sicherheit bietet, steht uns irgendwann nur noch Kämpfen, Fliehen oder Erstarren zur Verfügung – auch als Reaktion auf das kleinste Anzeichen von etwas, das wir als Gefahr interpretieren könnten.

Ich erlebe das im Alltag häufig. Etwas, das im Prinzip ganz leicht machbar wäre, wird für unmöglich erklärt. Ich kann gar nicht oft genug betonen, wie erschreckend ich es empfinde, dass wir uns alle dermaßen bereitwillig an allen Ecken und Enden Beschränktheit einreden lassen. Wie oft habe ich diesen Kurzdialog geführt oder bezeugt:

»Das geht nicht.«

»Warum nicht?«

»Weil … Es geht halt einfach nicht.«

Die Gewalt des Systems hat ganze Arbeit geleistet. Wir glauben irgendwann wirklich und allen Ernstes, dass es nicht geht. Wir schaffen uns Lebensbedingungen, die uns handlungsunfähig machen – und somit eine unmündige Gesellschaft, die denjenigen das Feld überlässt, die über Kontrolle und Dominanz einen Weg suchen, ihr Verlorensein in dieser Welt zu überspielen.

Grenzen

Eine wesentliche Erkenntnis aus der Aufteilung der Aktivierungskurve in diese drei Bereiche – ich bin/ich kann/ich kann nicht – war für mich diese: In jedem der Zustände verfügen wir über ganz verschiedene Möglichkeiten, mit Grenzen umzugehen, sie zu setzen und sie überhaupt wahrzunehmen – dargestellt auf der rechten Seite der Graphik.

Eine Traumatherapeutin erzählte mir von Klient*innen, die sie zu dieser scheinbar schlichten Übung einlädt: »Ich gehe jetzt ganz langsam auf dich zu, sag doch bitte *Stopp*, kurz bevor ich dich berühre.« Schwer traumatisierte Menschen seien dazu nicht in der Lage. Die Therapeutin könnte einfach in sie hinein, durch sie hindurch laufen. Das ist erschreckend – und zugleich die logische Konsequenz des Verschwindens. Das Erstarren, das evolutionsgeschichtlich dem Reptiliengehirn zugeordnet wird, soll ja einem Fressfeind genau das signalisieren: »Ich bin eigentlich gar nicht da!«. Ich kann nichts, noch nicht einmal – oder erst recht nicht – *Stopp* sagen. Wer dauerhaft keine Grenzen empfinden kann, muss ein abgespaltenes Leben führen, weil die Welt nicht zu ertragen ist, wenn ich mich nicht gut abgrenzen kann von Dingen, die zu viel sind. Wie aber sollen wir eine Welt mitgestalten, in der wir gar nicht anwesend sind? Da oben im Dachgeschoss des Hauses geht es nicht ums Gestalten oder Genießen. Es geht nicht um Glück oder Lebensfreude, sondern ums nackte Überleben.

Im ersten Stock hingegen sind wir sehr wohl in der Lage, Grenzen zu setzen. Und wie! Wir tun es mit Vehemenz und Nachdruck. Ich kann zeigen, wo meine Grenze ist. »Komm mir bloß nicht zu nah!« Wir wittern Angriff und verteidigen unser Territorium. In diesem Zustand des Nervensystems haben Grenzen eine trennende Funktion. Und das sollen sie ja auch. Sie sollen uns schützen und sie müssen daher deutlich erkennbar sein. Und wieder: Bei Gefahr macht es sehr viel Sinn, ein deutliches *Stopp* signalisieren zu können. Aber was für eine Gesellschaft die Grundhaltung »Du bist mein Feind, dich gilt es zu bekämpfen!« hervorbringt, können wir an allen Ecken bezeugen.

Wie sieht es ganz unten an der Basis aus? In einem entspannt anwesenden Zustand kann ich sehr klar wahrnehmen, wo mein Körper aufhört und wo deiner beginnt: Ich bin mir meiner selbst sehr bewusst. Und aus dieser gelassenen Präsenz heraus kann an der Grenze Kontakt stattfinden, sie ist ein Angebot, mit mir in Beziehung zu treten. Ich kann eine Neugier für deine Andersartigkeit entwickeln. Sie bedroht mich nicht, sondern stellt eine Basis für wirkliche Begegnung dar.

Die Wahrnehmung schulen

Als ich die Kurve zum ersten Mal zu Gesicht bekam, spürte ich viel Resonanz zu meinem eigenen Erleben und war unbeschreiblich erleichtert, das so aufgeschlüsselt zu finden. Das Haus mit den drei Stockwerken dient mir seitdem als eine Art Landkarte, um seltsame Situationen zu verorten und zu verstehen. So oft in meinem Leben habe ich vergeblich versucht, Kontakt aufzunehmen mit Menschen, die dazu offensichtlich nicht in der Lage waren, weil sie in einer →Dissoziation steckten – was ich nicht erkennen konnte, weil ich nichts darüber wusste. Verzweifelt habe ich immer vehementer bei ihnen angeklopft mit dem Wunsch, in Beziehung zu treten. Doch jede Annäherung, jedes Insistieren meinerseits vergrößerte die Distanz und führte nur zu noch mehr Erstarrung, weil ich als immer bedrohlicher wahrgenommen wurde und die andere Person immer weiter verschwand. Und wie oft habe ich selbst in dieser einsamen Taubheit festgesteckt, ohne dass ich oder andere es gemerkt hätten. Etwas darüber zu wissen und mit dem Verstand greifen zu können, hat mir geholfen, meine Aufmerksamkeit darauf zu lenken, es auch wahrnehmen zu können. Eventuell möchtest du kurz prüfen, wo du gerade bist. Was löst es in dir aus, so viel übers Dissoziieren zu lesen? Spürst du in diesem Moment den Boden oder Stuhl unter dir?

Die Aktivierungskurve macht deutlich, dass es äußerst sinnvoll ist, in Gruppen – was auch immer sie miteinander vorhaben – zunächst einmal für Sicherheit zu sorgen: Denn erst wenn wir uns nicht in jenem Erregungszustand befinden, wo wir in allen anderen eine potenzielle Gefahr wittern, gegen die wir uns wehren müssen, können wir wirklich kooperieren. Was für ein Segen, das zu wissen. Was für ein hilfreiches Werkzeug, finde ich. Viele Gruppen, in denen ich mich momentan bewege, haben vereinbart, so etwas sichtbar zu machen, etwa: »Puh, ich habe den Eindruck, wir sind hier gerade tendenziell mit hoch erregten Nervensystemen unterwegs. Können wir mal einen Moment lang innehalten und atmen?« Und dabei geht es nicht um einen Vorwurf – »Was seid ihr denn für Oberstresser*innen!« –, sondern ums Bezeugen und Anerkennen: Aha, das geschieht gerade mit unseren Nervensystemen – einzeln und gemeinsam. Und wir können lernen, dieses Geschehen zu beobachten und zu benennen. Aus dieser Bereitschaft heraus, uns selbst und gegenseitig zu bezeugen, können ungünstige Muster überwunden werden. Und dafür braucht es – immer wieder – die Bereitschaft, wahrzunehmen, was jetzt gerade ist.

Das klingt ja nicht so schwer. Und ist es eben häufig schon. Denn indem wir uns bereit erklären, die Dynamiken unseres Miteinanders genau zu beobachten, kommt unerbittlich zum Vorschein, wie wenig die Lebensumstände, die wir uns gebaut haben, geeignet sind, uns darin zu unterstützen. Das liegt zu einem nicht unerheblichen Teil daran, dass immer alles so schnell gehen muss. Es kann erschütternd sein, anzuerkennen, dass wir uns eine rundum bedrohliche Welt gebaut haben, die uns kaum Möglichkeiten bietet, unser Gefühl für Sicherheit dort zu nähren, wo es zu Hause ist: in der Wahrnehmung der Verbundenheit mit anderen Menschen, anderem Leben.

Vom Bauch in den Kopf

Was unsere Kultur wesentlich von indigenen Kulturen unterscheidet, ist die Strategie, die wir ersonnen haben, für Sicherheit zu sorgen. Schaffen wir das Gefühl von Sicherheit durch Fürsorge und Hingabe ans Leben, oder schaffen wir es über Kontrolle und Abgrenzung? Vielleicht verkriecht sich unser mitgebrachtes Urvertrauen an einen vermeintlich sichereren Ort, wenn es kein Nest vorfindet, in das es sich betten kann: Mir scheint, als hätte unsere westliche Kultur das Sicherheitszentrum vom Bauch ins Gehirn verlegt – und mit diesem Eindruck bin ich nicht allein.[31]

Während ich dieses Buch schreibe, passiert es oft, dass ich morgens sehr abrupt aufwache. Kein allmähliches Hinübergleiten aus der Traumwelt in den Tag. Nein. Wach! Von Jetzt auf Gleich befinde ich mich mitten in den Themen, die ich gerade in diesen Texten bewege – oft auf eine sehr plastische und körperliche Weise. Heute morgen so: Ich spüre sehr deutlich meinen Bauch als Sicherheitszentrum. Wie junge Tiere in einer behaglichen und schützenden Höhle liegen meine Organe dort dicht aneinander geschmiegt. Ich habe ein klares Empfinden für ihre Elastizität. Sie sind fest und auch weich, prall und doch flexibel in ihrer Form. Auf ihre ganz eigene Weise halten und formen sie mich, füllen das Gerüst, das mein Skelett zur Verfügung stellt, geben mir Substanz. Einen Moment lang erinnert sich mein Körper daran, dass mein Nabel einst Zentrum meiner Welt war. Über ihn wurde ich genährt, über ihn gelangte die Fürsorge meiner Mutter, die mich von allen Seiten umgab,

31 Karlfried Graf Dürckheim etwa hat darüber ein ganzes Buch verfasst: »Hara. Die Körpermitte des Menschen«.

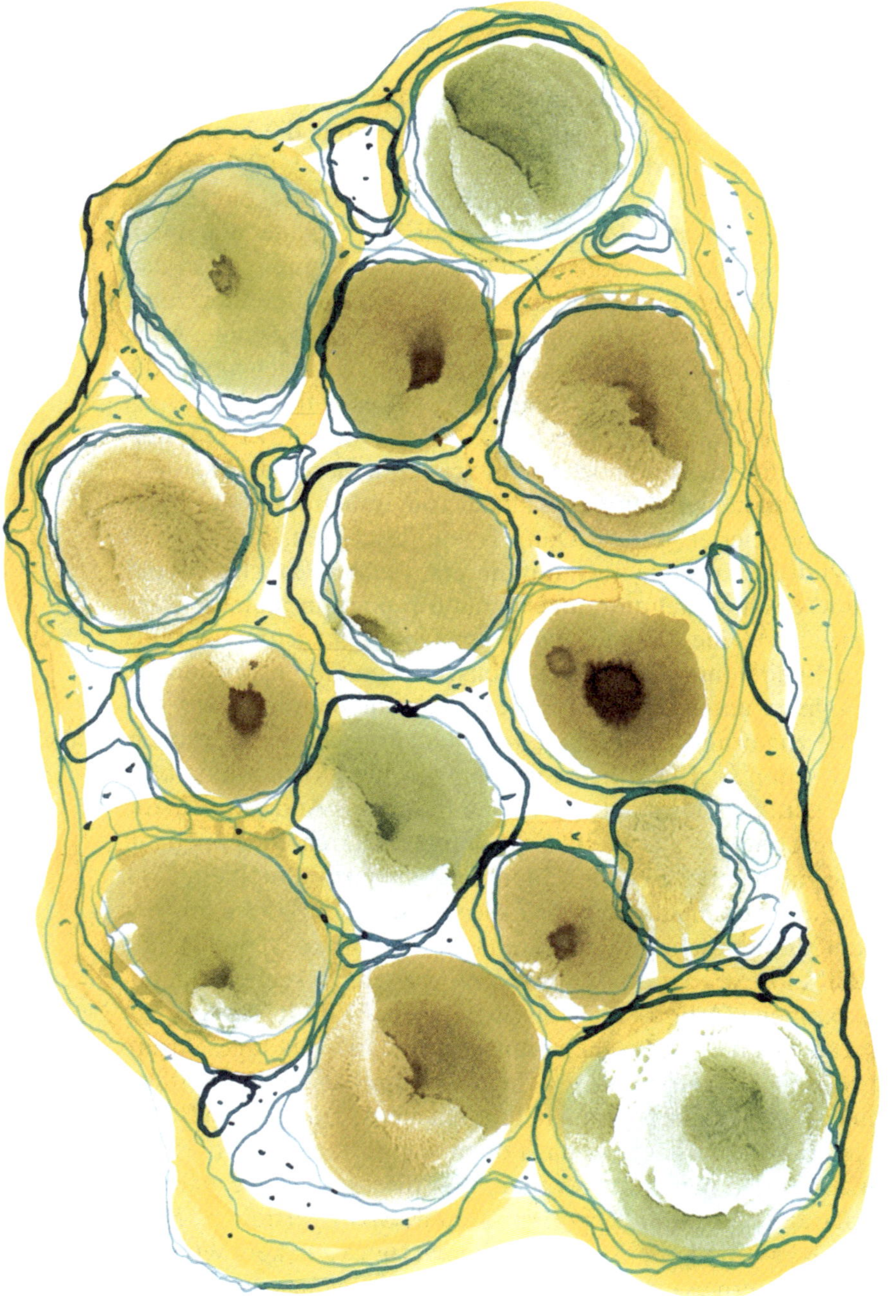

auch in mich hinein. Über ihn atmete ich. Und ich erinnere mich an das Körpergefühl in meinen Schwangerschaften. Wie wunderbar war es, meinen Bauch mit einem anderen lebendigen Wesen zu teilen.[32] Und wie schön hat es sich angefühlt, als der Bauch so groß, so rund, so voll, so sichtbar war.

Nun liege ich auf dem Rücken, meine Hände ruhen auf dem Unterbauch und erspüren das Volumen, staunen über die besondere Beschaffenheit und Lebendigkeit dieser Körperregion. Und vielleicht weil ich weiß, wie viele Nerven hier enden, fühle ich ein Prickeln, ein Vibrieren. Ich staune, wie schutzlos diese verletzlichen Organe in meinem Bauch liegen. Ganz anders Lunge und Herz. Sie sind rundum von den Rippen umgeben, flexibel und luftig, aber doch an allen Seiten schützend. Noch extremer das Gehirn, es sitzt in einer festen, harten Schale. Auch mein Unterleib verfügt über einen knöchernen Rahmen: nach hinten die Wirbelsäule, das Kreuzbein, zu den Seiten hin die Beckenknochen. Doch nach vorne hin ist es ganz offen, alles liegt frei. Ich erforsche diese unterschiedlichen Qualitäten von knöchernem Schutz in diesen drei Körperregionen, gleite mit meiner Aufmerksamkeit vom Bauch zum Herzraum, in den Kopf und wieder zurück. Dann verspüre ich den Impuls, mich langsam umzudrehen, wende mich mit diesem weichen Bauchraum der Erde zu, kauere schließlich mit angezogenen Beinen in meinem Bett. Ja, so stimmt das. Meine Organe sind in der Obhut der Erde. Ich fühle mich sehr verbunden mit all den nichtmenschlichen Tieren. So sind die meisten von ihnen unterwegs: den Bauch und seine empfindlichen Organe der Erde zugewandt. Menschen, vor allem erwachsene Menschen, sehe ich sehr selten so. Eigentlich verlieren wir diese Verbindung bald nachdem wir Laufen gelernt haben. Wie verändert das Aufrichten in die Senkrechte unser Sein in der Welt? Ganz allmählich richte ich mich auf und versuche, mich dabei zu beobachten. Ich knie jetzt in meinem Bett. Mein Bauch zeigt nun nicht mehr zur Erde, sondern zum Raum hin, der mir in diesem Moment sehr groß und grenzenlos erscheint. Meine Hände wandern von selbst wieder auf meinen Unterbauch, versuchen, die abhanden gekommene Geborgenheit auszugleichen. Es fühlt sich sonst zu ausgeliefert an. Doch wir Menschen brauchen im Laufe des Tages unsere Hände für alles Mögliche. Es wäre sehr unpraktisch, sie dauerhaft auf dem Bauch zu lassen. Ganz langsam nehme ich meine Hände vom Bauch und kann beobachten, wie etwas nach oben wandert, als würde es von einem starken Sog in den Kopf gezogen. Was dieses *Es* ist, vermag ich nicht so genau zu sagen. Mein Sicherheitsgefühl? Mein Vertrauen? Mein Gefühl von Ich? Meine Lebenskraft? Vielleicht tut es gut, kein Wort dafür zu suchen, sondern es einfach nur zu bezeugen. Genauso wenig kann ich sagen, warum es nicht im Herzraum verweilt, sondern den Fahrstuhl

32 Wir teilen unseren Bauch tatsächlich immer mit anderen Lebewesen. Viel mehr Mikroorganismen bevölkern gemeinschaftlich unseren Darm als Menschen unseren Planeten.

ganz nach oben nimmt. Ich kann nur seinen Drang wahrnehmen, sich in die sichere Festung des Schädels zu verkriechen. Und mich überkommt ein großes trauriges Mitgefühl für uns denkende Menschenwesen, die im Verstand Zuflucht suchen. Zuflucht wovor? Zuflucht warum?

Ich möchte meinen, wir suchen Zuflucht vor der Verlorenheit, die uns befällt, wenn wir bei unserer Ankunft auf der Erde nicht den Sozialen Uterus vorfinden. Nur dort können wir sozialen Menschenwesen uns über die Geborgenheit der Gemeinschaft in unserer Verletzlichkeit beheimaten. Was für eine andere Qualität diese Sicherheit hat als jene, die wir uns in der Enge unseres Schädels zurechtzimmern müssen!

Mir fällt der Satz ein: Der Kopf ist rund, damit das Denken seine Richtung ändern kann. Ja, schon, vielleicht. Aber wäre diese Einsicht nicht mindestens ebenso wertvoll: Der Schädel ist ein sehr rigide begrenzter Ort. Wir können nicht ihm allein die Aufgabe überlassen, als unser Sicherheitszentrum zu fungieren. Das wird uns eng, hart und starr machen. Unser Bedürfnis nach Sicherheit sehnt sich danach, in unserer Verletzlichkeit gesehen und angenommen zu sein und darin Geborgenheit zu finden.

Sicherheit durch Kontrolle

Wie zeigt es sich im Alltäglichen, dass wir den Verstand zu unserem Sicherheitsbeauftragten erkoren haben? Das kennen wohl die meisten von uns: Wir liegen wohlig und geborgen in unserem warmen Bett, vielleicht sogar in den Arm einer geliebten Person gekuschelt. Wir sind müde und wollen schlafen. Alles ist gut. Aber wir können trotzdem nicht einschlafen, weil die Gedanken Karussell fahren. Anstatt die Geborgenheit zu spüren, die da ist, kreisen wir um mögliche Gefahren: … habe ich die Tür abgeschlossen, den Herd ausgemacht, kommt meine Tochter heil nach Hause … ? Oder wir versetzen uns bereits in die kommenden Tage und ihre mannigfachen Bedrohungen und Stressauslöser hinein: das Gespräch mit der Chefin, eine dringlich zu bewältigende Aufgabe, der Zahnarzt*termin, die Begegnung mit einer Person, die dies oder jenes von mir halten könnte, … Wir denken also Gefahr eher, als dass wir sie wahrnehmen, wenn sie tatsächlich da ist. Und noch einmal: Das ist nicht evolutionär, sondern kulturell bedingt. Es ist in uns angelegt, Sicherheit über einen weichen entspannten Bauchraum und ein tragendes soziales Netz erleben zu können. Aber die neuronalen Wege haben sich durch unsere unsanfte Landung im Leben so gebahnt, dass wir es gewohnt sind, Gefahr zu denken und unsere Gehirne in Daueralarm zu versetzen.

Anstatt uns auf unsere Wahrnehmung zu verlassen und ihr auch zu glauben, dass wir – zumindest in diesem Moment, und nur um den kann es ja gehen – in Sicherheit sind, will unser Verstand die Kontrolle über potenzielle Gefahren haben: Uns könnte ja jederzeit etwas passieren! Wir haben im Laufe unserer Kulturgeschichte alle möglichen Maßnahmen erfunden, um uns sicherer zu fühlen: Zäune, Türschlösser,

Versicherungen, Prüfungen, Kontrollen, Verträge, Gesetze und Sanktionen, Polizei, Überwachungskameras. All das ist völlig normal geworden. Keine*, die* einen Schlüssel benutzt, wird für paranoid erklärt.[33] Eher andersherum: Wer das ewige Zuschließen ablehnt, wird belächelt, nicht für ganz voll genommen, blauäugig oder weltfremd genannt. Wenn ich erzähle, dass ich an einem Ort lebe, an dem wir keine Schlüssel haben und alle fast überall ein- und ausgehen können, staunen die meisten: »Und das geht? Fühlt sich das denn sicher an?« Ja. Sogar sicherer als das andauernde Hantieren mit Schlüsseln, das uns ja daran erinnert, es könne jemand einbrechen wollen, und dadurch das Gedankenkarussell der allgegenwärtigen Gefahr fortsetzt, ohne dass es uns bewusst ist. Zusperren – ich habe das nicht gern gemocht in unserer Stadtwohnung. Jedes Mal, wenn ich einen Schlüssel im Schloss umdrehe, erkläre ich ja letztendlich implizit Menschen zu potenziellen Dieben. Wäre das nicht so, müsste ich nicht abschließen. Wir bemerken gar nicht, wie viel Misstrauen in unser Leben eingebaut ist. Es ist so normal zu misstrauen. Alles andere ergibt im vorherrschenden Narrativ keinen Sinn. Und jedes Misstrauen erzeugt neues Misstrauen – wenn wir einmal begonnen haben, Sicherheit durch Kontrolle herstellen zu wollen, hat das Aufrüsten bereits begonnen. Seit ich darauf achte, fällt mir auf, wie oft Sicherheit als ultimatives Argument herhalten muss, dem ich nicht widersprechen kann, ohne sehr viel Empörung auf mich zu ziehen: »Wie kann man denn dagegen sein, für Sicherheit zu sorgen? Das Risiko können wir auf keinen Fall eingehen!« – »Und was wenn …? – Wie leichtsinnig!« Sprache kann unbeabsichtigt zutreffend sein – ja, leicht-sinnig, mit leichten Sinnen möchte ich in der Welt sein und sie nicht beschweren mit abertausenden von bleiernen Bedenken.

So viele Produkte werden damit beworben, dass sie uns mehr Sicherheit versprechen: »Das gibt mir ein sicheres Gefühl« – egal, ob es sich um ein Auto handelt, einen Bausparvertrag, um Tampons, Babywindeln oder Zahnpasta. Unsere Wirtschaft ist darauf angewiesen, dass wir uns unsicher fühlen. Die Werbeagenturen und wir selbst können uns immer neue Gründe ausdenken, warum die vorhandene Sicherheitsmaßnahme nicht reicht: statt eines einfachen Schlosses lieber ein Sicherheitsschloss, besser noch eine Alarmanlage oder Videoüberwachung. Und schon leben wir im Hochsicherheitstrakt. *Gated Communities*[34] sind ein anschauliches Beispiel dafür, dass Menschen freiwillig in gefängnisähnlichen Zuständen leben – sich also aus Angst ihrer eigenen Freiheit berauben.

33 Damit möchte ich nicht alle Schlüsselbenutzer*innen für paranoid erklären. Ich halte es grundsätzlich nicht für erstrebenswert, Menschen in die Schublade einer psychiatrischen Diagnose zu stecken und mit einem Stigma zu versehen.

34 *Gated Communities* sind umzäunte und bewachte Wohngebiete Wohlhabender. Ihre Zahl wächst weltweit beträchtlich.

Ich übe gerade, mein Fahrrad ohne Schloss irgendwo stehen zu lassen. Ich möchte davon ausgehen können, dass es nur entwendet wird, wenn es in dem Moment jemand wirklich dringender braucht als ich. Das klingt für viele wahnsinnig. »Du legst es ja drauf an, dass es geklaut wird!«, schütteln Bekannte den Kopf – wir kennen es nicht anders, als auf Nummer sicher zu gehen. Ich habe im zweiten Kapitel bereits ausführlich dargelegt, was ein → Narrativ ist, das sich selbst reproduziert. Hier begegnet es uns wieder. »Vertrauen ist gut, Kontrolle ist besser. Sicher ist sicher. Schütze dich! Lass die Banknachbar*in bloß nicht abschreiben und die Lehrer*in nicht sehen, wenn du es selbst versuchst. Misstraue allem, jeder und jedem! Nur so kannst du sicher sein.« Was für eine armselige Sicherheit. Mit Geborgenheit hat das nichts zu tun.

An dieser Stelle zum Durchatmen nach so viel Kreisen um Gefahr und Sicherheit eine kleine Geschichte. Oder erst mal Durchatmen und dann die Geschichte? Das könnte eine echte Herausforderung fürs Nervensystem gewesen sein. Vielleicht möchtest du es einen Augenblick oder mehrere Augenblicke lang wirken lassen.

Immer schon

Eine Kollegin hat mich eingeladen, ein paar Bewegungsimpulse für ein Schul-Theaterprojekt zu geben. Beim ersten Treffen mit dieser 9. Hauptschulklasse schwappt mir vor allem von den Jungs eine für dieses Alter nicht ganz untypische Mischung aus Langeweile und Aggressivität entgegen. Ich verzichte auf lange Vorreden, lade sie nach einem kurzen Kennenlernen und Aufwärmen ein, Rücken an Rücken zu lehnen, einander zu spüren, daraus in Bewegung zu kommen, dann ruhig auch ihre Kräfte zu messen und sich gegenseitig durch den Raum zu schieben. Die Klasse ist irritiert, traut sich nicht so recht, einige mustern mich skeptisch. Einer der Jugendlichen bringt es auf den Punkt: »Verstehe ich das richtig: Wir sollen jetzt das machen, was wir immer schon machen wollten, aber nie durften?« – Ja, genau das! Ich schnappe mir diesen Jugendlichen, wir probieren es zusammen aus, die Klasse guckt zu, immer noch ungläubig, dass das in der → Schule erlaubt sein soll, aber zunehmend inspiriert. Eine Lust breitet sich im Raum aus, das selber zu erleben. Und dann sind die meisten mit Begeisterung dabei. Sie rangeln und kämpfen, sie atmen und lachen, sie experimentieren damit, einander hochzuheben, auch zarte Momente entstehen. Es ergeben sich wundervoll spielerische und kraftvolle Begegnungen. »Tänze« würde ich das in meiner Welt nennen – aber dieses Wort benutze ich hier tunlichst nicht, sonst kopieren sie Musikvideos und es entstehen eher coole Moves als verspielte Lebendigkeit. Die Jugendlichen verstehen ohnehin schnell, worum es geht. Ich muss ihnen keine Technik beibringen, keine Regeln aufstellen, nicht über Achtsamkeit dozieren. Es braucht nur die Erinnerung, die Erlaubnis, ihren Impulsen zu folgen. Jene Erlaubnis, die ihnen entzogen wurde, weil Rangeln auf dem Schulhof gefährlich sein könnte. Und Gefährliches gilt es zu unterbinden.

Indem wir für immer mehr Sicherheit sorgen, kommt uns unmerklich das Leben abhanden.

Berührung

Wir erfahren in frühen Jahren also zu wenig Sicherheit durch Geborgenheit, Nähe und Wärme. Unser ganzes Leben ist geprägt von einer Berührungsarmut, die dort ihren Ursprung hat. Auch hier können wir schwerlich sagen, was zuerst da war: fehlender Sozialer Uterus oder körperfeindliche Moralvorstellungen, die dann zu immer noch weniger kuscheligem Aufgehobensein führen. Auf jeden Fall haben sie sich gegenseitig verstärkt und uns in einer Gesellschaft landen lassen, in der wir Berührung vor allem als etwas Funktionales erleben – im Rahmen von Pflege, Physiotherapie, ärztlicher Diagnose –, oder als formelles Ritual: Händeschütteln, angedeutetes Umarmen, Schulterklopfen, Sport. Raum für → sinnliche Berührung gibt es für uns eigentlich nur in der → Sexualität. Und auch hier wird sie oft funktionalisiert. Kuscheln, → Zärtlichkeit und genüsslichen Hautkontakt haben wir zum »Vorspiel« degradiert. Den Orgasmus betrachten wir als das Eigentliche, auf das wir zielstrebig zusteuern. Bleibt der aus, kann die ganze Begegnung als Versagen eingestuft werden. Sexualität ist extrem angst- und schambehaftet und mit vielen Tabus belegt – und steht doch auf seltsame Weise im Mittelpunkt unserer Aufmerksamkeit. Da wir fast alle zu wenig Berührung und Sinnlichkeit erfahren haben, gibt es eine große Sehnsucht, das nachzunähren. Das kann sich bisweilen in maßloser Bedürftigkeit äußern. Die übermäßige Bedürftigkeit führt dazu, dass unsere sexuellen Beziehungen für alles herhalten müssen und wir in solchen Begegnungen kaum in der Lage sind, als Erwachsene anwesend zu sein, weil ja das ungenährte Kind in uns immer mit dabei ist. Viele Paarbeziehungen scheitern an dieser Überladung.

Das Unbefriedigte kann auch zu Gier und die wiederum zu sexueller Gewalt führen: Wenn ich nicht bekomme, was ich so sehr brauche, dann nehme ich es mir – und zwar von Schwächeren, die sich nicht wehren können. Viele von uns haben sexuelle Übergriffe und sexualisierte Gewalt erlebt. Seit das so offensichtlich wird, ist unsere Gesellschaft gefordert, damit umzugehen und Maßnahmen zu ergreifen, Kinder zu schützen. Und wie reagieren Institutionen, Gesetzgebung und pädagogische Einrichtungen? Mit noch mehr Kontrolle. Berührung wird weitgehend aus dem pädagogischen Alltag verbannt. Wer ein Kind auf den Schoß nimmt, macht sich schon verdächtig. Dadurch wachsen unsere Kinder in einer immer noch distanzierteren, noch ungemütlicheren Welt auf. Dabei brauchen sie genau das: achtsame, liebevolle, fürsorgliche Berührung. In den Arm genommen werden, körperlich Trost erfahren, toben, rangeln, tollen, kuscheln, auf einem Schoß Geborgenheit finden, einfach mal kurz andocken. Gäbe es das selbstverständlich, dann wären Kinder sexueller Gewalt nicht so ausgeliefert. Denn sie hätten ein Empfinden für gute, einvernehmliche, freilassende Berührung entwickelt, könnten Übergriffigkeiten als solche erkennen und »Nein!« dazu sagen. Unsere Kinder wären außerdem nicht durch ihre eigene Bedürftigkeit so leichte Opfer: Wer froh ist, überhaupt Zuwendung zu erfahren, ist eher bereit, das Schreckliche daran auszublenden. Wer allerdings vorschlägt, in unsere Kitas mehr Körperlichkeit einzuladen, erntet nicht selten Entsetzen. Ich wiederhole die Sätze, die ich weiter oben schon geschrieben habe: »Das Risiko können wir auf keinen Fall eingehen!« – »Und was wenn …? Wie leichtsinnig!«

Vertrauen üben

Wir haben uns – in unseren Institutionen und Strukturen ebenso wie in unseren Beziehungen – dermaßen darauf versteift, alles unter Kontrolle haben zu müssen, dass wir kaum noch vertrauen können. Wenn wir uns fürs Vertrauen entscheiden, dann kommt wahrscheinlich jemand und sagt, das sei leichtsinnig. Ich erinnere an den *Depp im Rücken*. An irgendeiner Stelle ist es also ratsam, bewusst den Teufelskreis des Misstrauens zu durchbrechen, wenn wir in unser Potenzial wachsen wollen. Wir können in Gruppen, Institutionen, Veranstaltungen immer wieder darauf hinweisen: »Lasst uns vertrauen! Wir müssen, wir können das nicht alles vorab regeln!« Wir haben so viel mehr Gesetze, Verordnungen und Kontrollinstanzen, Sanktionen, Regeln, Strafandrohungen und Einschüchterungsmaßnahmen, als wir bräuchten, wenn wir Menschen uns selbst und einander nur ein bisschen mehr zutrauen würden. Damit möchte ich nicht vorschlagen, dass wir von heute auf morgen den Rechtsstaat abschaffen. Das wäre wohl keine

gute Idee, denn noch sind wir offenbar damit überfordert, unser Zusammenleben zu gestalten, indem wir uns auf ein intelligentes Zusammenspiel unseres Verstands und unserer Wahrnehmung verlassen. So wie es im Moment aussieht, brauchen wir – vorübergehend noch – ein paar Hilfskonstruktionen. Allerdings scheint es mir angemessen, immer mal wieder einen Schritt zurückzutreten und dieses Sicherheitsnetz nicht als der Weisheit letzten Schluss zu betrachten. Wir Menschen haben ein ganz anderes Potenzial, unser Zusammenleben zu organisieren, das Bedürfnis dazu wurde uns in die Wiege gelegt. Doch statt uns gegenseitig beim »reifenden Lernen und lernenden Reifen«[35] zu begleiten, bauen wir uns so etwas wie Stützräder an unsere Lebensfahrräder. Im Laufe der Zeit haben wir uns so sehr daran gewöhnt, dass wir uns einbilden, nicht ohne diese Stützräder auskommen zu können. Und das hat dazu geführt – um beim Bild zu bleiben –, dass unser Balance-Sinn degeneriert. Meine Kinder haben ohne Stützräder Fahrradfahren gelernt. Bei meinem Sohn bin ich eine Weile nebenher gelaufen. Meine Tochter wünschte sich schon zum dritten Geburtstag ein Fahrrad. Wir besorgten gebraucht solch ein Minifahrrad – ich hatte gar nicht gewusst, dass es so kleine Fahrräder gibt. Sie stieg auf, unternahm ein paar Versuche und war sichtlich überfordert. Das Rad wanderte vorerst in den Keller. Ich schlug ihr vor, das Balancehalten mit ihrem Roller zu üben: Schwung holen und immer öfter das zweite Bein auf das Trittbrett nehmen und sich rollen lassen. Sie übte das ausgiebig. Einige Wochen später bat sie uns, das Fahrrad wieder hervorzuholen. Sie stieg auf und fuhr los.

Mit Stützrädern Fahrrad fahren, mit Schwimmflügelchen schwimmen – das mag Sicherheit verheißen, aber es verzerrt die Wirklichkeit. Und es schmälert die Freude. Wir können nicht voll ins Wasser eintauchen, uns nicht am Schweben in der Balance berauschen, uns nicht frei in die Kurve legen. Kontrolle und Anspannung verhindern, dass all diese Informationen bei uns ankommen, die das Leben uns zur Verfügung stellt, damit wir in und mit ihm sein können. Wir können uns nicht orientieren, weil wir die Kanäle, über die Informationen zu uns gelangen können, durch Sicherheitsmaßnahmen blockieren. Dabei ist Orientierung die verbundenste und angenehmste Art und Weise für Sicherheit zu sorgen: Ich bin im Kontakt mit der Welt um mich herum und vertraue darauf, das ich schon mitbekomme, wenn Gefahr im Verzug ist. Einstweilen entspanne ich mich im Erdgeschoss des Nervensystem-Hauses.

Einerseits haben wir Menschen also einen intelligenten Weg eingeschlagen. Wir haben – unbewusst – erkannt, wie überfordert wir von der Welt sind, in der wir hart landeten, anstatt sanft empfangen zu werden. Wir haben uns Provisorien gebaut, um mit dem Mangel an Geborgenheit einigermaßen klarzukommen. Das Problem ist, dass wir geneigt sind, diese Provisorien für das einzig Wahre und Mögliche zu

35 Adolf Portmann: »Die Entscheidungen des ersten Lebensjahres«, S. 11.

halten anstatt zuzugeben, was sie sind: Notlösungen, Übergangshilfen, erdacht in Ermangelung würdigerer Lebensräume. Weil wir noch nicht herausgefunden haben, wie wir uns gegenseitig ein geborgenes und vertrauensvolles Sein in der Welt ermöglichen können, leben wir ein Leben mit gestutzten Flügeln. So fahren wir, bildlich gesprochen, unser Leben lang mit Stützrädern durch die Gegend. Und wer einmal solche Fahrversuche bezeugt hat, weiß: Das sieht meist furchtbar aus. Kinder auf derart ausgestatteten Fahrrädern kippen meist auf eine Seite, geben ihr Gewicht, das sie nicht selber balancieren können, ganz auf eines dieser Stützräder und hängen wie ein Schluck Wasser in der Kurve. Mir tut meine Rückenmuskulatur allein vom Zuschauen weh. Das kann nicht die Lösung sein. Und diese Resonanz hat mein Körper deshalb, weil ich im Tanz die Erfahrung machen durfte, wie es sich anfühlt, Balance nicht durch Anspannung der Haltemuskulatur zu erlangen, sondern indem ich mich vertrauensvoll den Kräften hingebe.

Was wir also viel notwendiger brauchen als Stützräder sind Orte zum Rollerfahren. Wir brauchen Schutzräume, in denen wir unter dienlichen Bedingungen üben können, unseren Balance-Sinn zu schulen und ihm zu vertrauen. Orte, an denen wir dem Hund unsere verletzliche Hand ins Maul stecken können, und niemand hält vor Entsetzen den Atem an, weil das ja gefährlich sein könnte – was den Hund in Aufregung versetzt und tatsächlich zubeißen lässt. Unsere Kultur sieht solche Orte der tastenden, wachen und riskanten Lebendigkeit nicht vor, an denen wir die Balance zwischen Mut und Sicherheit ausloten können – zwischen Chaos und Ordnung, Spiel und Ernsthaftigkeit, Denken und Wahrnehmen, zwischen Ich- und Wir-Bewusstsein. Wir kennen solche Räume nicht, und deshalb kommen wir auch nicht darauf, dass wir sie einfach erfinden können. Immer mehr Menschen stellen sich der Aufgabe, sich selbst und anderen solche Orte zu schaffen. Ich berichte später im Buch von jenen, an denen ich beteiligt bin. Dort zeigt sich immer wieder: Es braucht Geduld, wenn wir unsere Schwimmflügelchen abstreifen, unsere Stützräder abschrauben.

Selbst wenn sehr deutlich wird, dass einst erdachte Strukturen uns nicht mehr dienen, sondern eher behindern, dauert es oft ziemlich lange, bis wir lernen, sie zu überwinden. Auch das gilt es anzuerkennen. Denn mit den Strukturen muss sich ja auch unsere Haltung ändern, unsere Bereitschaft zur Selbstverantwortung und zum Hineinwachsen in weniger bevormundende Organisationsformen.

Lichtblicke

All das macht deutlich, dass die meisten von uns keinen besonders einfachen Start in dieses Leben hatten. Der Soziale Uterus übt noch und ist extrem vorbelastet. Und auch dies will benannt sein: Wir machen in den letzten Jahren endlich entscheidende Fortschritte in Richtung unterstützender Pädagogik und bewusster Elternschaft.[36] Unter so schwierigen Bedingungen mutet es fast wie ein Wunder an, dass wir als Menschheit einen Weg gefunden haben, all diesen Widrigkeiten zum Trotz zu leben – bis hierher. Das ist äußerst bemerkenswert und soll hier ausdrücklich gewürdigt werden: Neben all dem Scheitern und Reproduzieren von Gewalt klappt offensichtlich eine Menge beim Menschsein schon richtig gut. Auch das ist Teil des Anerkennens: Die Not hat uns Menschen erfinderisch gemacht.

Kollektives Anerkennen, kollektives Betrauern

Noch einmal: Es ist ratsam, dass wir lernen, die Regungen unseres Nervensystems wahrzunehmen, um zu seiner Balance, unserer Ausgeglichenheit und Kontaktfähigkeit beizutragen. Das ist recht herausfordernd, weil es uns die Disziplin abverlangt, uns selbst zu bezeugen – und weil wir erst seit Kurzem zu begreifen beginnen, wie viel → Gewalt und Leid auf unzureichend regulierte Nervensysteme zurückzuführen ist. Bislang haben wir versucht, die Dinge über immer noch mehr Kontrolle zu regeln, aber das ging offensichtlich nach hinten los, weil immer mehr Kontrolle immer mehr Angst und Stress erzeugt, außerdem immer mehr Anspannung, die unsere Spürfähigkeit einschränkt. Nun können wir allmählich lernen, wie wir uns in der Unsicherheit des Lebens beheimaten und Strukturen schaffen, die nicht noch mehr Stress hervorbringen, sondern Geborgenheit und Vertrauen. Und obwohl wir das jetzt wissen, fallen wir doch immer wieder in alte Muster zurück. Das ist kaum zu vermeiden und Teil des Weges. Wir lernen gerade, das zu erkennen. Unsere Mechanismen werden uns immer bewusster – vor allem jene, die nicht lebensdienlich sind. Das kann zunächst einmal dazu führen, dass wir den Mut verlieren … und die ganze depperte Menschheit einschließlich unserer selbst vor lauter Verzweiflung gern sonstwohin schubsen würden.

Sozialer Uterus zu werden ist nicht allein eine Aufgabe von Eltern, es ist eine gesamtgesellschaftliche: Als Menschen sind wir mit der atemberaubenden Aufgabe betraut, nicht nur unseren jeweiligen Nachkommen, sondern letztendlich uns selbst den Sozialen Uterus für unser eigenes Werden zu schaffen – immer schon und in diesen Zeiten des Kulturwandels ganz besonders. Was für eine Herausforderung! Wenn unser → kollektives Trauma darin besteht, dass wir nicht ankommen konnten, nicht optimal willkommen geheißen wurden, dann kann es heilen, indem wir uns das nun zur Verfügung stellen: ein nachträgliches sattes Landen in die Geborgenheit des Lebens hinein. Wenn ich das hier so hinschreibe und versuche, wirklich nachzuvollziehen, was es in aller Konsequenz bedeutet, dann nehme ich eine Perspektive ein, die mir ermöglicht, einen

36 Als Pionierbewegung auf diesem Gebiet sei hier *TransParents* genannt: https://transparents.net
Eine kleine Liste von Schulen, die neue Wege gehen, findet sich auf S. 541.

wesentlich wohlwollenderen Blick auf die Menschheit zu werfen als im zweiten Kapitel. Ich stehe nicht mehr fassungslos und wütend vor unserer gewaltsamen Kultur. Ich muss uns nicht verurteilen. Im Gegenteil, ich kann staunen, dass wir es bei so widrigen Voraussetzungen überhaupt bis hierher geschafft haben und dass wir Menschen in der Lage waren, so viel Schönes, Intelligentes, Zärtliches und Selbstloses zu schaffen, obwohl sich so viel Überforderndes und Belastendes angestaut hat, von dem wir lange nicht wussten, wie wir es gut regulieren sollen.

Nun kann ein nächster Schritt folgen: Wir können auf der kollektiven Ebene das versuchen, was für mich als Einzelne so wichtig war, um weiterzukommen. Nicht nur persönlicher Schmerz will betrauert werden, auch der kollektive. Können wir eine wirklich mitfühlende Haltung entwickeln für diese Menschheit, die noch übt, sich selbst gute Bedingungen zu schaffen, um in ihr Potenzial zu wachsen? Können wir anerkennen, dass wir im verzweifelten Ringen um Sicherheit Strukturen geschaffen haben, die uns daran hindern, so intelligent zu handeln, wie es uns von unserer Anlage her möglich wäre? Können wir die Gewalt sehen und betrauern, die dadurch entstand und immer weiter entsteht, dass wir noch keinen befriedigenden Umgang damit gefunden haben, all den angesammelten Stress zu verarbeiten? Spüren wir darin die Hilflosigkeit ebenso wie die Bemühungen um Linderung? Können wir das Ausmaß des kollektiven Traumas erfassen, das wir in uns tragen? Können wir liebevoll und empathisch auf uns Menschen blicken und auf all das Leid, das wir uns selbst und anderem Leben zufügen? Und öffnet sich in all dem die verbindende Ahnung, dass nicht wir bösen Menschen der armen Natur etwas antun, sondern dass es alles zusammengehört, eben weil wir nicht trennbar, weil wir Natur sind? Könnten wir zu dem Schluss kommen, dass das Leben selbst gerade an einem entscheidenden Wendepunkt steht, weil der lernende Mensch, den es in seiner Spiellust hervorgebracht hat, mit dem Lernen nicht schnell genug hinterherkommt, um nicht über seine eigenen Füße zu fallen? Wie klingen diese Sätze für dich? Wie passen sie zu der Wut, die Kapitel 2 möglicherweise in dir ausgelöst hat?

Mein Herz wird auf jeden Fall weiter und mutiger, wenn ich die Fragen so stelle. Und ich bin mir recht sicher, dass diese Haltung uns helfen wird, in einen Prozess des kollektiven Betrauerns, Bedauerns und Neuausrichtens zu kommen.

Kollektiv betrauern? Da lauert möglicherweise bereits die nächste Herausforderung. Wie könnte das gehen, etwas kollektiv anerkennen und betrauern? Setzt das nicht ein Gefühl dafür voraus, was *die Menschheit* eigentlich ist? Wenn du das liest, kommt vielleicht die Vorstellung auf, damit das möglich ist, müssten alle sich einig sein, es anerkennen und betrauern zu wollen. Wenn nicht alle mitmachen, denken wir, funktioniert es nicht. Und das erscheint utopisch. Ist es momentan wohl auch, denn viele Menschen sind mit tatsächlich oder vermeintlich Existenziellerem beschäftigt, sind nicht so →privilegiert wie ich, sich solchen Gedanken und Gefühlen widmen zu können. Andere würden nur müde lächeln: Aussichtslos. Auch in dieser Annahme zeigt sich unterschwellig die Geschichte der Getrenntheit. Wenn ich mich als Teil des Gesamtgefüges empfinde, untrennbar damit verbunden, dann hat es einen Einfluss auf das Ganze, wenn einige Wenige ihre Herzen öffnen und sich empfindsam machen für all das Leidvolle und Traurige, das in die Geschichte der Menschheit eingewoben ist. Etwas verändert sich dann im großen Gefüge. Bewegungen wie *Extinction Rebellion*[37] berufen sich auf Studien der Politikwissenschaftlerinnen Erica Chenoweth und Maria Stephan.[38] Die beiden untersuchten gewaltfreie Widerstandsbewegungen und fanden heraus, dass eine »kritische Masse« von gerade einmal 3,5 Prozent der Gesamtbevölkerung nötig ist, um →Veränderung anzustoßen. Das ist richtig weit davon entfernt, die Mehrheit zu sein. Es könnte also sein, dass es genügt, uns mit jenen zusammenzutun, die uns auf unserem Weg begegnen und Bereitschaft für ein tieferes Spüren signalisieren. Und meinem Erleben nach werden das immer mehr. So viele Menschen sind der Taubheit überdrüssig! Wir können jederzeit ein paar Menschen zusammenrufen, um ein → tiefenökologisches Ritual mit ihnen zu teilen. Wir brauchen nicht alle, nicht die ganze Menschheit, um damit beginnen zu können, aber wir können es für die gesamte Menschheit tun, stellvertretend. *Kollektiv* bedeutet nicht *komplett* – und es ist ein schmaler Grat, dabei nicht bevormundend und überheblich zu sein: »Ich fühle jetzt mal das für euch mit, weil ihr das noch nicht könnt oder euch weigert, es zu fühlen.« Wie kann es freilassend und einschließend geschehen? Entscheidend ist, dass ein Feld von Menschen entsteht, die sich bereit erklären, etwas zu fühlen, das über unseren rein persönlichen Schmerz hinausgeht.

→ Einschub: Feld, morphische Felder, Feldbewusstsein

Wir alle beeinflussen mit unserer Haltung, Aufmerksamkeit und Ausrichtung das Feld, den Raum des Möglichen, nicht nur für uns selbst, sondern umfassender. Mit der Frage, wie genau das geschieht, befassen sich die unterschiedlichsten wissenschaftlichen Disziplinen. In der Biologie hat Rupert Sheldrake den Begriff des morphischen (auch: morphogenetischen) Felds eingeführt, als er bei der Kristallzüchtung etwas beobachtete, das sich möglicherweise auf viele andere Bereiche übertragen lässt: Was sich bereits manifestiert hat, kann leichter erneut entstehen, auch an einem ganz anderen Ort, weil die Information dafür bereits »im Feld« ist: »Das

37 »Aufstand gegen das Aussterben«.

38 Erica Chenoweth/Maria Stephan: »Why Civil Resistance Works: The Strategic Logic of Nonviolent Conflict«

erste Feld irgendeines Typs [...] entsteht durch einen kreativen Sprung. [...] Ganz gleich, wie sich dieser Ursprung erklären lässt – sobald ein neues Feld, ein neues Organisationsmuster entstanden ist, wird dieses morphische Feld durch Wiederholung stärker. Das gleiche Muster wird wahrscheinlich wieder auftreten. Je häufiger Muster sich wiederholen, desto wahrscheinlicher werden sie – die Felder enthalten eine Art von kumulativem Gedächtnis.«[39] Wir haben wohl alle schon erlebt, wie ein Thema, von dem vor ein paar Jahren noch niemand gesprochen hat, plötzlich »im Feld« ist, nicht mehr völlig ignoriert werden kann und sich das kollektive Bewusstsein dadurch ein wenig verändert hat. Beispiele sind #MeToo, Genderbewusstsein in der Sprache oder Critical Whiteness. Auf der praktischen Seite sind Initiativen zu nennen wie RepairCafés, Co-Working-Räume, offene Werkstätten, Upcycling, Foodsharing, Umsonst- und Leihläden, verpackungsloses Einkaufen oder Solidarische Landwirtschaftsbetriebe. Irgendwo hat jemand angefangen und anderswo entstehen sie dann schon ein bisschen leichter. Die Idee ist im Feld.

Von der Bedeutung her nicht ganz identisch wird seit einigen Jahren in manchen Kreisen das Wort **Feldbewusstsein** benutzt: Menschen verfeinern ihr Gespür dafür, was eine Gruppe von Menschen gerade braucht, um zu Kooperation fähig zu sein. Wir alle sind schon in Räume gekommen, in denen dicke Luft war oder haben Orte erlebt, deren bloße Atmosphäre uns in eine angenehmere Stimmung versetzt hat. Mit welchen Antennen nehmen wir das wahr? Das Erspüren des Feldes geschieht auf der Ebene des Nervensystems, das ja auf Resonanz angelegt ist. Von Anfang an richtet es sich auf Co-Regulation aus. Uns allen ist es möglich, an ein Gruppen-Nervensystem anzudocken und zu lauschen, wie es schwingt. Manche sind darin schon etwas geübter als andere, was auch damit zu tun hat, zu glauben und bereits erlebt zu haben, dass das geht. Es ist ratsam, diese Fähigkeit nicht zu übergehen, sondern zu verfeinern. Dabei kann auch das Wissen der Aktivierungskurve nützlich sein, um Worte zu haben: In welchem Zustand befinden wir uns gemeinschaftlich? Auf welcher Ebene sind Menschen in diesem Moment erreichbar? Was hilft dem Feld, um gemeinsam ins Erdgeschoss und damit in sein Potenzial zu gelangen? Zum Beispiel können das Einzelne sein, die sich bewusst entspannen, die hörbar ausatmen und dadurch eine beruhigende Information in ein hoch erregtes Feld geben. Wir sind keine Ansammlung unverbundener individueller Nervensysteme, sondern ein Feld. Nervensysteme reagieren aufeinander und richten sich aneinander aus – sie co-regulieren sich. Das können wir noch viel bewusster tun. Zu erforschen, wie das gehen kann, macht einen wesentlichen Teil der Arbeit unserer Initiative *Sensing the Change* aus (vgl. Kapitel 9).

39 Rupert Sheldrake: »Das schöpferische Universum. Die Theorie des morphogenetischen Feldes«

Mit all diesem Wissen können wir vielleicht auch das Phänomen der kollektiven Erstarrung ansatzweise verstehen, in der wir uns seit Jahren befinden. Uns stehen ausreichend Hinweise zur Verfügung, die nahelegen: Wir steuern als Menschheit auf den Abgrund zu. Doch wir tun nichts. Die Klimaforschung liefert seit Jahrzehnten alarmierende Daten. Aber niemand reagiert darauf. Oder: Wir tun herzlich wenig und reagieren bei Weitem nicht angemessen. Warum? Wir greifen kollektiv auf das Muster des Erstarrens zurück, weil uns die Situation maßlos überfordert: »Ich kann nicht!« Und diese allumfassende Atmosphäre der Ohnmacht und → Dissoziation bestimmt das Feld. Sie beeinflusst, was wir gesamtgesellschaftlich für selbstverständlich und was wir für möglich halten. Wenn ich in einem erstarrten Feld lebe, kann ich meine eigene Erstarrung nicht spüren, weil sie normal ist. Eine wirklich angemessene Reaktion auf die Krisen unserer Zeit wäre, unser Leben grundlegend und umfassend zu verändern. Allerdings empfinden wir bereits die Vorstellung bedrohlich und überfordernd, das aufgeben zu müssen, das uns im Moment Sicherheit verheißt: Kontrolle – eben weil wir uns nicht ausmalen können, dass es wesentlich angenehmere Wege geben könnte, eine Atmosphäre von Sicherheit herzustellen. Die Aufgabe, die wir zu bewältigen haben, überwältigt uns. Also erstarren wir. Und wollen nicht wahrhaben, dass diese trügerische Sicherheit, die der kollektive Totstellreflex uns beschert, uns erst recht Kopf und Kragen kosten wird.

Es gibt einen weiteren Aspekt von kollektivem Anerkennen. Er wird mir erst während des Schreibens so bewusst, dass ich ihn in Worte fassen kann, tastend und noch vorsichtig: Dadurch, dass wir nicht gut im Leben landen können, fehlt uns die Erdverbundenheit in jedem Sinn des Wortes. Wir können uns nicht wirklich beheimaten in diesem Leben, auf diesem Planeten und können nicht wie Chief Seattle in seiner legendären Rede sagen: »Jeder Teil dieser Erde ist meinem Volk heilig.« Das verwehrte → Yielding, das fehlende »Umarmen der Erde« beim Ankommen lässt uns die Erde zu etwas Profanem werden. Nur aus dieser Beziehungslosigkeit konnte unsere ausbeuterische Haltung erwachsen. Denn etwas, das zum Leben gehört, aber unterdrückt, verhindert und nicht gelebt wird, zeigt sich irgendwann von seiner Schattenseite, habe ich oben geschrieben. Wenn Beheimatung nicht vollzogen, nicht verkörpert wird, kommt sie in einer verzerrten Ausprägung zum Vorschein, als »Blut-und-Boden«-Parole, als Territorialanspruch. Und das erleben wir gerade in vielen Ländern der Welt: Rechtsrutsch, extremer Patriotismus, Siegeszüge nationalistischer Parteien. Es scheint mir bedeutsam, einen systemischen Blick darauf zu werfen. Weil wir seit Generationen unsere Kinder der Möglichkeit berauben, sich physisch – und damit emotional – zu verwurzeln, muss sich dieser Ur-Lebensimpuls nun als Fratze zeigen. So ein Blick auf die politische Lage verhilft mir von der Em-

pörung in die Verbundenheit. Denn dieses Entbehren verbindet uns auch mit politisch extrem anders Gesinnten. Nicht als Schulterschluss, sondern als Empathie mit einem Mangel an Verwurzelung, den ich gut kenne. Ich gehe nur anders damit um. Und darin wird deutlich, dass Ideologien – egal welcher Art – eben auch nur ein weiterer Versuch sind, durch gedankliche Konstrukte Sicherheit zu erzeugen. Sie verfolgen nur unterschiedliche Strategien. Sehr vereinfacht: Die »rechte« Strategie begegnet der Unverbundenheitswunde durch starre Grenzen, also indem sie alles Fremde und Andersartige ablehnt unter dem Vorwand, es könne die heimatliche Kultur verwässern, bedrohen, unterwandern. Eine »grüne« Ideologie ist eher auf der Seite der Grenzlosigkeit unterwegs. Sie entzieht sich der Auseinandersetzung, indem sie verkündet: »Alles ist gleich gut. Wir müssen um jeden Preis tolerant und aufgeschlossen sein.« In beidem steckt etwas Wahres – und keines taugt als alleinige Wahrheit.

Was kann helfen? Unsere Kinder endlich landen lassen, willkommen heißen, sinken lassen. Und für uns Erwachsene Räume schaffen, in denen wir das Ankommen nachholen und Sicherheit anders erfahren können als durch Kontrolle. Unsere evolutionäre Aufgabe annehmen: das Gestalten von Sozialen Uteri. Und dran denken, dass wir sowohl von vielen unserer Mittiere als auch von indigenen Kulturen eine Menge lernen können. Immer wieder: anerkennen, was gefühlt werden will und wagen, es zu fühlen. Indem wir wahrnehmen, was wir alles nicht wahrnehmen, nehmen wir schon etwas mehr wahr. Ein Anfang ist gemacht, der uns aufzeigt, dass es andere, dienlichere, lustvollere Möglichkeiten gibt als das Erstarren. Die dienlichste Voraussetzung, das Fruchtbarste für unser eigenes Werdenkönnen ist Vertrauen. Um das zu entwickeln, wird es hilfreich sein, auch unsere → Angst anzuerkennen. Indem wir zulassen, sie zu fühlen und sie nicht abspalten, indem wir uns mit ihr zeigen und über sie sprechen, hat sie die Chance, → Veränderungsprozesse zu unterstützen. Dann wird sie nicht in ihren ungünstigen Erscheinungsformen wirken – Lähmung oder Panik –, sondern ihre Kraft entfalten: Kreativität und die Fähigkeit, mit Unbekanntem umzugehen. Wovor haben wir Angst? Davor, dass das Klopapier alle sein könnte? Was die Nachbar*innen denken, wenn unsere Fenster nicht geputzt sind? Ich nehme an, mit all diesen kleinen Ängsten überdecken wir die großen: Wir könnten sterben, ohne je ganz auf der Erde angekommen zu sein – und die Schönheit dieses irdischen Lebens könnte durch Menschenhand zunichte gemacht werden. Diese Angst ist zugleich unser großer Schmerz. Wenn wir uns einander mit dieser Angst und diesem Schmerz zeigen, entsteht Vertrauen: »Ach so, du wagst es, dich mit der Verletzlichkeit des Lebens zu verbinden, die ja nichts anderes ist als deine eigene Verletzlichkeit? Du traust dich, deine Sehnsucht nach Erdverbundenheit zu äußern? Dann kann auch ich damit sichtbar werden.« Vertrauen lädt ein zu mehr Vertrauen. Und das können wir jetzt für alle anderen sichtbar in die Mitte legen. Alle, die sich zu diesem Schritt ins Vertrauen[40] entscheiden, gestalten mit am Sozialen Uterus für die Menschwerdung.

All das gilt es zunächst einmal demütig anzuerkennen.

40 In Kapitel 6 gehe ich noch darauf ein, dass der Aufruf, zu vertrauen, kein Aufruf zu blindem Vertrauen ist. Vertrauen beruht auf der Fähigkeit, wahrzunehmen.

Zwischen Richtig und Falsch, Gut und Böse

Wenn alles so falsch ist, wenn unser Lebensstil unsere Lebendigkeit beschneidet und verhindert, dass wir uns unserem menschlichen Wesen gemäß und lebensdienlich auf diesem Planeten beheimaten, dann könnte man meinen, die Reihenfolge sei so: Wir müssen uns verändern, um überhaupt sein zu können. Durch unser falsches und zerstörerisches Verhalten disqualifizieren wir Menschen uns für die Teilnahme an der Veranstaltung *Leben auf der Erde* und sprechen uns selbst unsere Existenzberechtigung ab. Wenn wir das – nur – so betrachten, laufen wir Gefahr, ein schreckliches Kapitel Moralgeschichte fortzuschreiben: Irgendwann entdeckten Mächtige, dass Menschen leichter lenkbar, regierbar, unterdrückbar sind und dass man ihre Arbeitskraft besser ausbeuten kann, wenn man ihnen weismacht, der Mensch sei von Grund auf schlecht.

Es könnte wesentlich sein, hellhörig zu werden, wenn uns diese Grundannahme begegnet. Denn zum einen reproduziert sie die Geschichte von → Gewalt und Unterdrückung, und zum anderen werden wir bestimmt nicht in unser höchstes Potenzial hineinwachsen, wenn wir uns nichts Gutes zutrauen, weil wir ja der bösen Gattung Homo Sapiens angehören. Auch die bereits erwähnten Zyniker*innen argumentieren so: Vergiss es, das werden die Menschen nicht tun, schon gar nicht freiwillig. Sie werden nicht auf Autos verzichten, dafür sind sie zu bequem. Sie werden sich niemals um Schwächere kümmern oder für das Gemeinwohl auf den eigenen Vorteil verzichten, dafür sind sie zu selbstsüchtig – und so weiter. Ich möchte die Reihenfolge, die Logik umdrehen: Wir müssen uns die Erlaubnis geben, überhaupt einmal zu sein, wie wir sind, um uns verändern zu können. Wie klingt das für dich?

Der erste Schritt hin zu Veränderung lautet dann scheinbar paradoxerweise: Ich bin richtig so wie ich bin. Vielleicht zeigt sich das, wie ich bin, noch nicht in vollem Umfang in meinem Handeln. Aber es ist in mir angelegt. Und weil ich das in der Tiefe spüre, traue ich mir eine Menge zu: Ich vertraue darauf, dass ich lernfähig, neugierig, interessiert bin und mich weiterentwickeln kann. Und ich lasse mir meine eigene Trägheit nicht mehr durchgehen, ich sei eben ein Gewohnheitstier und könne nicht über meinen Schatten springen. Und vor allem vertraue ich auf mein untrügliches Gespür für das, was stimmig ist. In meinem Kern bin ich richtig und weiß, was angemessen und lebensförderlich ist. Aber dieser Kern wurde verschüttet von einer Kultur, die mir auf penetrante Weise etwas anderes weismachen möchte. Dass das ununterbrochen und meist unbemerkt geschieht, dürfte durch die Geschichte von der *Endmoräne* deutlich geworden sein: Systematisch bekommen wir beigebracht, dass es akzeptabler ist, Regeln und Vorschriften zu folgen als unserer Intuition.

Wir müssen also nicht uns selbst verändern, sondern unsere Gewohnheiten und die Geschichten, denen wir Glauben schenken. Dann dringen wir immer weiter zu unserem Kern vor und können so werden, wie wir gemeint sind. Das schreibt sich hier so schnell hin: Es sieht nach einem riesigen Schritt aus, der da vollzogen werden möchte, hinein in etwas radikal Anderes. Ich erläutere das im Einschub → Transformation: Es geht nicht darum, irgendwie irgendwo ein bisschen auf den allerschädlichsten Konsum zu verzichten, hier und da eine Petition zu unterschreiben und ansonsten alles beim Alten zu belassen. Es geht darum, unser Verhältnis zum Leben grundsätzlich zu hinterfragen. Das ist groß. Und doch erlebe ich in meiner Arbeit immer wieder, wie einfach es ist, dass Menschen in einen völlig anderen Zustand kommen, dass sie in Kontakt mit ihrem Kern, ihrem Sein sind, wenn sie innehalten und wahrnehmen, was ist. Jetzt. Es braucht einladende und unterstützende Räume, um der Welt – und uns selbst – mit offenen, unvoreingenommenen Sinnen zu begegnen. Und es braucht die Grundannahme, dass ich so, wie ich bin, richtig bin und etwas beizutragen habe.

Noch eine kleine Bemerkung mit Augenzwinkern, nur um einem Missverständnis vorzubeugen. Wenn ich schreibe »wir sind richtig wie wir sind«, dann lauert natürlich in dieser Betrachtungsweise eine schnelle Möglichkeit, die eigene Bequemlichkeit zu füttern: »Es ist schon alles okay so, ich kann bleiben wie ich bin!« Doch da wir uns ja ab jetzt unser höchstes Potenzial zutrauen, kommt diese Variante gar nicht ernsthaft in Betracht. Dann lautet dieser Satz allenfalls: »Ich kann sein wie ich bin, weil dieses Sosein beinhaltet, dass ich mich darauf ausrichte, tiefer und tiefer hineinzuwachsen in mein immer noch mutigeres und unerschütterlicheres Ichsein.« Wenn wir uns diesen Blick zu eigen machen, ersparen wir uns auch all die philosophischen Debatten, ob der Mensch denn nun »im Grunde gut«[1] oder von Grund auf verderbt und böse sei. Was für ein absurdes Unterfangen, das meint, sich für eine Interpretation menschlicher Veranlagung und somit für eine Lesart der Menschheitsgeschichte entscheiden zu müssen. »Im Grunde gut« ist sicherlich die ermutigendere und liebevollere Perspektive. Aber sie verharrt in der Gut-Böse-Polarität, anstatt zu fragen: Wie kann es sein, dass wir Menschen unser Potenzial nicht leben? Und wie können wir uns dazu ermächtigen, es ab jetzt zu tun?

Was braucht es nun also zuerst? Veränderte Strukturen und Befreiung von den Korsetten und Beschränkungen, die das Falsche so normal machen? Können wir erst in einer völlig anderen Gesellschaftsordnung überhaupt damit anfangen, so zu sein, wie wir Menschen gemeint sind? Oder sollten wir uns innerhalb des Bestehenden Nischen schaffen, in denen wir uns als Seiende erleben können – was ja als Kontrast zum Hecheln und Funktionieren bereits eine Veränderung darstellt? Was braucht es mehr: Den Blick auf das Falsche oder den auf das Richtige? Wie bei jedem Henne-und-Ei-Dilemma lautet auch hier die Antwort:

1 Ludger Bregman: »Im Grunde gut«. Dieses Buch tut letztendlich nichts anderes, als Gegenbeweise zu all den Geschichten und Studien über die böse, egoistische, gewaltbereite Menschheit zu sammeln. Dass es dermaßen viel Aufsehen erregte und als überraschende Neuigkeit aufgenommen wurde, ist ein Hinweis darauf, wie tief sich das Bild vom durchweg schlechten Menschen in uns eingebrannt hat.

beides. Veränderung können wir dadurch geschehen lassen, dass wir immer mehr Raum geben für schieres Sein. Und es braucht ein → radikales Umstrukturieren unseres Alltags, damit solches Sein dauerhaft Luft zum Atmen bekommt. Der Satz »Du musst dein Ändern leben« bringt das wunderbar auf den Punkt. Das »müssen« möchte ich gern noch weglassen, es erzeugt Druck[2]. Du lebst dein Ändern. Und das Ändern bietet die Basis für ein Leben, das den Namen wirklich verdient. Ein verändertes, sich und dich stetig wandelndes Leben. Und das Vertrauen in diesen Prozess erwächst dir aus dem Wissen, dass du richtig bist. Es wird also ein fortwährender Kreislauf sein von bewusster Veränderung dessen, was wir im Moment für so normal halten, dass wir annehmen, es sei das Leben. Und von Momenten, in denen uns das Leben auf eine Art und Weise in seiner ganzen Purheit des Seins begegnet, dass es uns unmöglich ist, in das alte Spiel zurückzukehren – dorthin, wo wir uns und dieses Wissen um das, was stimmig und richtig ist, verleugnen müssten.

Und auch an dieser Stelle möchte ich die Gelegenheit nutzen, die mir die zweite Auflage bietet, und noch etwas zum Gut-Böse-Themenkomplex hinterherschicken: Sich als Teil der »Wandelszene« zu fühlen, kann mitunter zu Hochmut, ja Arroganz führen – »Wir sind die Guten.« Auf der einen Seite verstehe ich das, es kann aus einem Bedürfnis nach Zugehörigkeit heraus geschehen: Wenn wir uns mit unserem Gefühl für Richtigkeit so lange allein und falsch gefühlt haben, kann es passieren, dass wir versucht sind, den Spieß umzudrehen, wenn wir endlich ähnlich Gesinnte getroffen haben. Das ist schade, denn zwischen den Guten auf der einen Seite und den Bösen, den Schuldigen und Lebensverachtenden auf der anderen unterscheiden zu wollen, schon das ist Teil des → Narrativs der Getrenntheit. Es ist eben nicht so, dass »wir« es – was eigentlich genau? – verstanden haben und »die anderen« nicht. Wir werden alle Perspektiven brauchen, um zu einer kollektiven Weisheit zu gelangen. Und die hat, wie ich vermute, wenig mit Gut – Böse, Richtig – Falsch und anderen Entweder-Oders zu tun.

Gruppen, in denen ich mich bewege, begegnen dieser Versuchung, sich für die Guten zu halten, in den besten Fällen mit Selbstironie. Sie übersteigern und übertreiben es einen Augenblick lang, bis sie über sich selbst lachen können – und das kann eine sehr reinigende Wirkung haben: Wir erkennen unsere Hybris, kommen auf den Boden der Tatsachen zurück und orientieren uns, was es als Nächstes zu tun gibt.

2 In Kapitel 4 schlage ich vor, zwischen *evolutionärem* und *konditioniertem Druck* zu unterscheiden (S. 231).

4 DER SEHNSUCHT FOLGEN

Ich nenne dieses Kapitel *Der Sehnsucht folgen*. Es könnte auch *Der Intuition trauen* heißen. Es gibt verschiedene Worte, um Ähnliches zu benennen: Ich vertraue meiner Wahrnehmung. Ich nehme ernst, was ich spüren, aber nicht begründen kann, was ich ahnen, aber kaum benennen kann. Ich orientiere mich an dem, was sich für mich integer und stimmig anfühlt, also so beschaffen ist, dass ich keinen Teil meiner Selbst dauerhaft übergehen oder verraten muss. Für mich hat sich all das zuallererst als Sehnsucht gezeigt. Es kam nicht wie ein untrügliches sattes Bauchgefühl daher, auf das ich mich verlassen konnte: »Das sagt mir meine Intuition.« Nein. Es zeigte sich als schmerzhafte Leere. Als etwas, von dem ich wusste, es müsse doch da sein, das ich aber ganz lange nirgends finden konnte in der Welt, die mich umgab.

Neulich fragte mich eine Frau, warum ich die Arbeit mache, die ich mache. Das könne sie nicht nachvollziehen, denn es müsse doch enorm frustrierend sein, sich ständig mit Visionen von einer Welt zu beschäftigen, die so anders ist als diejenige, die wir hier vorfinden. Sie könne nicht verstehen, warum ich mich täglich dieser unbehaglichen Spannung aussetze. Die Antwort ist sehr einfach: Ich kann nicht anders. Es gibt eine Sehnsucht in mir, die stärker ist als das Unbehagen, das spürbar wird, wenn ich mich dem Schmerz stelle, den wir Menschen uns antun – uns selbst und gegenseitig, das ist letzten Endes das Gleiche –, wenn wir weiterhin so tun, als sei die Geschichte der Getrenntheit das einzige Lebensmodell, das uns zur Verfügung steht. Und ich bin überzeugt, diese Sehnsucht gibt es – wenn auch tief verschüttet – in jedem

Menschen, der auf diesem Planeten wandelt. Dieser Sehnsucht zu folgen bedeutet immer wieder einen Spagat zwischen dem, was ist, und dem, was sein kann.[1] Und beides will gewürdigt werden. Wirklich beides.

Woher kommt die Sehnsucht, wo hat sie ihren Ursprung? Vielleicht magst du wieder einmal diese Frage erst für dich bewegen, bevor du meine Gedanken liest. Oder du hast Lust, einfach deine Sehnsucht zu beschreiben: Wonach sehnst du dich? Wo und wie spürst du das?

1 Diese Spannung kann unaushaltbar scheinen. Wir brauchen Unterstützung, uns ihr immer wieder zu stellen. Der erste Schritt ist, sie zu benennen. Auf Seite 467 beschreibe ich ein Bewusstseinswerkzeug, das mir sehr geholfen hat: *Das dreifache Ja*.

Sehnsucht als Wegweiser

Für mich stellt es sich so dar: Die Sehnsucht erinnert uns, wer wir eigentlich sind, wenn wir nicht blindlings dem vorherrschenden →Narrativ hinterherstolpern. Ich habe von der *Endmoräne* erzählt, die mir auf halbem Weg im Hals stecken blieb – wie so viele andere abgeschnittene, unterdrückte, erstickte Lebendigkeits- und Richtigkeitsimpulse. Dass sie eigentlich über meine Lippen wollte, zeigt, dass wir Menschen allen Konditionierungen zum Trotz ein untrügliches und gesundes Wissen um Verbundenheit in uns tragen. Die Sehnsucht, so klein und verschüttet sie auch sein mag, speist sich aus jenem Ort, an dem wir heil, unversehrt, ganz sind. Diesen Ort gibt es in jedem Menschen. Im Vertrauen auf diesen Ort können wir gemeinsam »unseren Schmerz nach Hause bringen«[2], den die Zivilisationsgeschichte, die »Story of Separation« in uns verursacht hat und immer weiter verursacht. Und für dieses Nachhausebringen gibt es keine Methode, kein Rezept. Es ist ein Prozess, in den wir uns hineinbegeben, ohne zu wissen, was uns auf dem Weg begegnen wird. Doch wir können günstige Umstände schaffen, das →Feld bereiten, uns gemeinsam darauf ausrichten.

Wir brauchen geschützte Räume, die uns Menschen ermöglichen, wieder an diese Ursehnsucht anzuknüpfen – und das, wofür sie steht, dann für möglich zu halten: die Hingabe an das ganze, pralle, volle, heilige Leben. Und diese Räume haben viel von der Qualität des Sozialen Uterus. Wie wir versuchen können, solche Räume bewusst zu schaffen, davon erzähle ich im Kapitel 9.

Dieses Kapitel widme ich nun ganz ausführlich jener Sehnsucht, indem ich beschreibe, wie sie sich in meinem eigenen Leben gezeigt und geschärft hat – zunächst einmal durch ein starkes Gefühl von Unbehagen: »Irgendwie bin ich hier fehl am Platze.« Mein Befremden mit der Welt, in die ich hineingeboren wurde, zeigte sich an allen Ecken – von Frischkäsepackungen im Müll und Discountern auf der grünen Wiese habe ich ja bereits geschrieben. Es war mir ein Rätsel, warum alles so war wie es war. Das machte doch überhaupt keinen Sinn. Ich war ein Kind, das sich verwundert umguckte und einfach nicht verstand, was es da vorfand. Und ich wollte es so gern verstehen. Aber mein kindliches Unbehagen, das ich noch nicht einmal als solches wahrnehmen konnte, weil es ja der einzige Zustand war, den ich kannte, hatte weder Worte, die sich in mir formen konnten, noch Resonanzraum im Außen, in dem sie

2 Ich beziehe mich mit diesen Worten auf die Traumatherapeutin Nicole Eger, deren umfassende und unaufgeregte Perspektive ich sehr schätze: www.nicole-eger.de

171

hätten landen können.[3] Ich habe im Vorangegangenen so viel über unser Gewordensein und unser aller Verwicklung geschrieben, dass ich hoffe, es wird deutlich: Das möchte ich niemandem als Vorwurf hinschmettern. Ich möchte es einfach beschreiben, weil ich denke, es geht und ging sehr vielen so. Es ist alles zu normal, als dass das Befremden und Wundern wirklich Raum bekommen könnte. Und zu normal, als dass die Sehnsucht nach dem Wesentlichen und Lebendigen als Wegweiser spürbar werden könnte – sie weiß nicht wohin mit sich. Der einzige Schluss, den ich dann ziehen kann, lautet: Ich bin seltsam, weil es überhaupt diesen unbenennbaren Sog in mir gibt.

Doch das ändert sich, je mehr Menschen ihr Befremden nicht für sich behalten – so vage und kaum sagbar es auch erscheinen mag. Dann bekommt es jenen Resonanzraum, der mir als Kind fehlte. In den letzten Jahren hat sich viel getan. Immer mehr solcher Resonanzräume entstehen. Die momentan wohl bekannteste Stimme, die sich unbeirrbar traut zu benennen, in was für einer absurden Welt wir leben, ist Greta Thunberg: »We live in a strange world«, dieser Satz bildet eine Art Refrain in ihrer Rede anlässlich der Verleihung der *Goldenen Kamera* in Berlin im März 2019.[4] Wie steht es um den Resonanzraum für diese Worte? Ja, Greta hat eine riesige Bewegung losgetreten. Doch die Wahrheit, die sie benennt, droht abzuperlen an der Hochglanzwelt, zu der sie spricht. So empfinde ich das im Filmchen von der oben genannten Rede: Sie bekommt netten Applaus, die Kamera schwenkt durchs Publikum und ich sehe – diese vorschnelle Schlussfolgerung von der Garderobe auf das Fortbewegungsmittel sei mir erlaubt – unter den Klatschenden den einen oder die andere, die wohl mit ihrem SUV angereist ist. Man beklatscht freundlich diese junge Preisträgerin in der Kategorie Klimaschutz, fährt dann fein wieder zurück ins komfortable Eigenheim mit Doppelgarage und Großraumkühlschrank und macht weiter wie bisher. Und wenn ich das so schreibe, ist es letztendlich nur ein weiterer Versuch, etwas Unangenehmes von mir wegzuschieben: Wenn ich mich über die wohlfrisierte Dame mit Perlenkette im Publikum aufrege, lenke ich von mir selbst ab. Es braucht gar nicht dieses extreme Beispiel, nicht den Großraumkühlschrank – der kleine reicht auch, mit seinen Tetrapacks und manch weit gereistem Lebensmittel neben der gewissenberuhigenden regionalen Roten Bete darin. Wir alle machen im Großen und Ganzen weiter wie

3 Um besser zu verstehen, was ich mit diesem Satz meine, hilft möglicherweise ein Blättern zum Einschub →Trauma (S. 69). Dort beschreibe ich kollektives Trauma genau so: Wenn alle rundum das Gleiche erleben und ähnlich dissoziativ darauf reagieren, dann wird Abspalten zum Normalzustand. Mein Nervensystem findet nichts zum Co-Regulieren, nichts Heilsames, das als Orientierung zur Verfügung steht. Ich bleibe mit dem, was mich irritiert oder überwältigt, allein – so wie alle anderen auch.

4 »Wir leben in einer seltsamen Welt« – aus ihrer Rede in Berlin im März 2019 anlässlich der Verleihung der *Goldenen Kamera*, Sonderpreis Klimaschutz; abgedruckt in Thunbergs Buch »No one is too small to make a difference«, S. 63-65. https://youtu.be/29k-f9K0NmQ

bisher. Wie kann es sein, dass wir so scheinbar mühelos täglich dieses Verleugnen hinbekommen? Wir wissen darum, wie bedroht das Leben auf diesem Planeten ist, und tun nichts Nennenswertes, um etwas zu verändern.

Die Macht des Verleugnens

Während ich dieses Kapitel schreibe, begegnet mir eine Parabel für diese Situation. Eine Freundin schickt mir den Link zu dem beklemmenden Dokumentarfilm »Becoming Black«[5]. Wir haben als Buchteam lange bewegt, ob ich als Weiße ausgerechnet die Geschichte einer Schwarzen heranziehen sollte, um Dynamiken des Verleugnens und des toxischen Schweigens zu thematisieren. Schreibe ich aus der der Sicht einer → Privilegierten über etwas, anstatt von mir zu sprechen? Handelt es sich hier um die unzulässige Aneignung einer Lebensgeschichte für etwas anderes? Ich möchte auf keinen Fall behaupten, nachvollziehen zu können, wie es ist, alltäglichem Rassismus ausgeliefert zu sein, ich habe ihn nie am eigenen Leib erlebt. Und ich wage es, den Film trotz unserer Bedenken als Beispiel heranzuziehen, weil ich beschreiben möchte, was für mich spürbar wird, wenn ich ihn sehe.

Das ist die Geschichte: Ines wächst in den sechziger Jahren als schwarze Tochter weißer Eltern in der DDR auf. Ihre Mutter wurde schwanger von einem Austauschstudenten aus Togo, war allerdings – mit einem Weißen – verheiratet und hatte bereits einen Sohn mit ihm. Eine Abtreibung wurde nicht genehmigt, das Mädchen wurde geboren und kam zunächst in ein Heim. Schließlich wurde sie einjährig vom Mann der Mutter adoptiert und lebte fortan als schwarzes Kind in einer weißen Familie. Weil die uneheliche Tochter einfach nicht sein durfte, schwiegen alle und taten so, als wäre das Offensichtliche nicht existent. Ines' Fragen, warum sie so anders aussehe, wurden schlicht nicht beantwortet. Es könne passieren, dass weiße Eltern ein dunkelhäutiges Kind bekommen, hieß es. Das Mädchen wurde mit seinem Gefühl, das könne doch alles nicht stimmen, immer einsamer. Der Film, der in langen, kaum aushaltbaren Passagen die Wort- und Hilflosigkeit der Familie dokumentiert, ist ein Protokoll toxischen Schweigens, Verleugnens und Verdrängens. Die → Scham der Eltern ob des »Fehltritts« war so groß, dass sie sich bis ans Äußerste verbogen, um das, was nicht sein durfte, weiterhin leugnen zu können, obwohl es so sichtbar war. Sie verletzten damit das Vertrauen ihrer Tochter in ihre Familie und ihre eigene Intuition und stürzten sie in große Verwirrung und Starre. Und das gesamte Umfeld spielte das Spiel mit, das so offensichtlich nicht stimmte. Die weißen Verwandten, die

5 Ines Johnson-Spain: »Becoming Black«

im Film befragt werden, zeigen sich im Nachhinein überrascht, dass Ines nichts von ihrem leiblichen Vater wusste, obwohl sie doch selbst an diesem Schweigen beteiligt gewesen waren.

Es gibt deutliche Parallelen zwischen uns und den weißen Verwandten. Wir alle beteiligen uns am Schweigen, und die meisten von uns tun so, als sei es die Aufgabe von jemand anderem, zu benennen, was seltsam ist. Die Scham, dass wir kollektiv eine so lebensverachtende Zivilisation hervorgebracht haben, ist – verständlicherweise – so enorm, dass es oft unsere Fähigkeiten übersteigt, dies fühlend zu benennen, um dann angemessen handeln zu können.[6]
Bei der weißen Familie mit dem schwarzen Kind waren es Konventionen und Moralvorstellungen, gepaart mit nicht benanntem Rassismus, die jene unüberwindbar erscheinende Scham hervorriefen und zum Ignorieren des eigentlich nicht Ignorierbaren führten. Man tat so, als existiere Ines nicht – auf jeden Fall nicht so, wie sie nun einmal Gestalt angenommen hatte in diesem Menschenleben. Die Scham, die wir zivilisierten Menschen tief in uns empfinden, aber nicht fühlen wollen, ist der Verrat am Leben selbst, also auch an uns selbst, die wir untrennbarer Teil des Lebensnetzes sind. Dieses Mädchen, das eigentlich nicht sein durfte, saß täglich als lebendiges Mahnmal mit am Frühstückstisch und erinnerte mit seiner Hautfarbe und seiner ganzen Existenz an etwas, das man eigentlich nicht wahrhaben wollte. Sie fragte: »Warum sehe ich so anders aus als ihr und warum werde ich so seltsam behandelt?« Ich nehme an, viele von uns kennen es, wie wir beschwichtigt werden oder wie schnell das Thema gewechselt wird, wenn wir genauer hingucken wollen und fragen: Warum verhalten wir Menschen uns so destruktiv? Wenn mutige Einzelne benennen, was so eindeutig auf der Hand liegt, nämlich dass das, was wir Leben nennen, an allen Ecken Leben zerstört, bekommen sie keine befriedigende Antwort. »Na ja, so kann man das nicht sagen.« oder »Musst du alles so krass negativ sehen?« oder »Können wir uns nicht einfach mal nett unterhalten?« Die Verdrängungsmechanismen sind vielfältig. Es ist nicht mehr zu leugnen, wie zerstörerisch unser Le-

6 Ich möchte auf die Einschübe → Scham (S. 64) und → Gefühle (S. 111) verweisen. Es ist wesentlich, zwischen Licht- und Schattenseite der Scham unterscheiden zu lernen: Selbstreflexion versus Selbstzerfleischung. Der Schatten der Scham kann uns klein machen und lähmen. Ihre Kraft liegt darin, dass wir fühlen können: Hier verhalte ich mich gerade falsch, ich verrate mein untrügliches Gefühl für das Richtige, Lebensförderliche. Hinter der Scham, die wir nicht so gern fühlen wollen, liegt also unsere innere Wahrheit. Ihr können wir folgen.

bensstil ist. Und zugleich ist er allgegenwärtig. Wie sollen wir mit dieser schier unaushaltbaren Schuld umgehen? Wir ignorieren sie – oder wir versuchen, ihr zu entfliehen, indem wir an eine Ecke der Welt fliegen, wo es noch »unberührte Natur« gibt, die wir als Ausgleich konsumieren.

Ines blieb mit den Fragen nach dem Grund für ihre Hautfarbe allein. Diese vor allem auf Rassismus beruhende Einsamkeit kenne ich nicht und möchte sie als solche achten. Und doch löste der Film ein Gefühl von Erkennen in mir aus: Wenn alle um mich herum über etwas ganz Offensichtliches schweigen, dann macht mich das stumm. Es trennt und entfremdet mich von einer Welt, zu der ich gehören möchte – weil Zugehörigkeit ein Grundbedürfnis ist –, und zu der ich gleichzeitig nicht gehören kann, weil in ihr kein Raum ist für das, was mich bewegt und verstört.

Als Kind fühlte ich mich allein mit den meisten meiner Warums und mit der *Endmoräne*, die nicht den Weg über meine Lippen fand. Die Normalität verleibte sich alles ein, vernebelte mein Befremden und ließ mich mit dem Gefühl zurück, nicht die Welt, sondern ich müsse falsch sein. Auch das ist nur die eine Seite der Wahrheit, denn es gab auch immer wieder ein Empfinden von großer Stimmigkeit in mir und Momente von unbändiger Freude, am Leben zu sein. Das war ja die Basis. Jener heile Ort, von dem aus ich die Irritation überhaupt erst spüren konnte.

Mit all dem möchte ich nicht betonen, was für ein »besonderes« Kind ich war – im Gegenteil. Ich nehme an, wir erleben fast alle – wenn auch auf sehr verschiedene Weisen – eine Verlorenheit in dieser Welt, in die wir uns geworfen fühlen. Und ich vermute, das gehört in gewisser Weise zum Menschsein dazu: Eine Seele, in der die Selbstverständlichkeit des → Interbeing tief verankert ist, ein Wesen, das in seinem Kern verwoben ist mit der Weisheit des Lebens, kommt an einen Ort, an dem eine Kultur der Getrenntheit herrscht. Wie sollten wir da nicht befremdet sein? Doch wir sind anpassungsfähig und gewöhnen uns. Und je mehr das geschieht, desto mehr verblasst dieser Kern, in dem die Ahnung wohnt, dass es anders geht, zugewandter, verbundener. Die Sehnsucht weicht Stück für Stück dem Pragmatismus – dies ist ja die einzige Welt, die uns als Anhaltspunkt zur Verfügung steht, der einzige Ort, an dem wir mitbekommen, wie das Menschsein sich seinen Weg bahnt. Offensichtlich geht es nicht anders, resignieren wir. Wann es anfing, dass ich so irritiert war von all dem Seltsamen, das mich umgab, kann ich nicht genau sagen. Und ich kann auch nicht den Zeitpunkt benennen, an dem ich begann, mich mehr oder weniger zu fügen. Beides geschah wohl schleichend.

Das Herz offen halten

Ich vermute, ich habe zu Beginn meines Lebens vergleichsweise wirklich Glück gehabt, war ein Wunschkind, das zweite. Sehr körperlich war ich, musste mich viel bewegen und viel kuscheln. Der körperfeindlichen Ära der sechziger Jahre zum Trotz hatte ich einen ebenso verkuschelten Vater an meiner Seite. Er kroch mit uns Kindern am Boden herum – damals weit weniger üblich als heute –, tobte mit uns, ich durfte auf seinem Schoß sitzen und auf seinem Rücken reiten so viel ich wollte.

Als ich vier war, starb mein Vater und die Welt war plötzlich ganz anders. Weder meine Mutter noch meine Schwester teilten mein Bedürfnis, Beziehung so intensiv über Berührung zu leben. Ich war nun allein damit, denn sonst gab es kaum jemanden. Die folgenden Jahre wartete ich darauf, dass mein Vater wiederkommen würde. Erst dann begriff ich, was *gestorben* heißt: Er wird nicht wiederkommen. Das war ein Schock und zugleich eine Erleichterung, weil es Klarheit brachte, so erbarmungslos es auch sein mochte. Der Tod meines Vaters und die Verwirrung und Verlorenheit, die damit einherging, hat mich auf eine Weise geprägt, die vielleicht auch dazu führte, dass ich jetzt hier sitze und dieses Buch schreibe: Ich will einfach nicht aufhören, meiner Sehnsucht zu folgen. In meinen frühen Jahren habe ich etwas erlebt, das sich gut, sicher und geborgen angefühlt hat. Dann war es weg. Ich habe jahrelang mein Herz dafür offen gehalten, dass es wiederkommt. Irgendwann habe ich begriffen: So wird es das nicht wieder geben. Mein Vater wird nie wieder mit mir kuscheln und toben. In meinem Umfeld gibt es sonst niemanden, mit dem ich das erleben kann. Doch das heißt nicht, dass ich das, was so eindeutig gut und richtig war, nicht in mir hüten könnte, bis ich es auf irgendeine Weise wiederfinde oder selbst dafür sorge, dass es diese Qualität in meinem Leben gibt.

Im Zusammensein mit meinem Vater hatte ich, auch wenn es nur kurz war, ein untrügliches Gespür dafür entwickeln dürfen, was sich für mich lebendig, gut und nährend anfühlt. Trotz aller Widrigkeiten ging mir dieses Gespür nie verloren. Die Saat war in mir, auch wenn sie unterwegs zu vertrocknen drohte. Dadurch habe ich etwas Wesentliches über die Sehnsucht gelernt: Sehnsucht heißt eben nicht, dass ich mich verzehre nach etwas, das es gar nicht gibt. Um überhaupt Sehnsucht empfinden zu können, braucht es ja einen Keim, eine Ahnung in uns. Daran können wir uns ausrichten, dafür können wir uns offen halten. Der Tod meines Vaters hat mich das Sehnen gelehrt, kam mir irgendwann in den Sinn.

Was ich in meinem kleinen Menschenleben erfuhr, lässt sich in gewisser Weise auf die Situation der Menschheit übertragen: Unsere Zellen tragen die Evolutionsgeschichte in sich, sie erinnern sich daran, wie es war, einfach nur Tier zu sein, Kreatur in einem weit verwobenen Lebensnetz. Sie erinnern sich, wie einfach und unbedarft das pure Sein sein kann. Und sie wissen, wie es ist, ganz ankommen zu dürfen. Mit dem Dazukommen des Verstandes ist nun etwas von dieser Schlichtheit gestorben. Unwiederbringlich. Es wird nicht wieder so sein wie vorher. Evolution lässt sich nicht zurückspulen, sie will weiter, will immer Komplexeres hervorbringen. Und ich zähle mich sicherlich nicht zu den Früher-war-alles-besser-Romantiker*innen. Es ist mir ein Anliegen, dass wir uns weiterentwickeln. Und die Sehnsucht, das Erinnern an unsere

Herkunft könnte dabei helfen. Nicht im Sinne eines Zurück oder eines nostalgischen Schwärmens, sondern im Sinne eines → Integrierens von Gewordensein und Werden. Denn das Bewusstsein für das, was wir werden können, ist ja auch eine besondere Fähigkeit von uns Menschen.

Im vergangenen Kapitel schrieb ich, wie belastend es sein kann, dass wir Menschen uns angewöhnt haben, Gefahr zu denken, wenn eigentlich alles in Ordnung ist. Das erzeugt jenen Zustand von permanenter Unsicherheit, dem wir mit Kontrolle zu begegnen versuchen. Aber die uns Menschen eigene Fähigkeit, uns etwas vorzustellen, was – noch – nicht ist, gilt ja ebenso für das Großartige, das Schöne, das Friedliche. Wir können uns »von der Zukunft her denken«[7]. Und ich möchte sagen, wir können uns auch von der Zukunft her spüren. Wir Menschen können einen Granitblock sehen und ahnen, welche Skulptur sich hier hinausschälen lässt, können von einem Garten träumen und ihn anlegen. Wir können gestalten. Wir können uns eine Kathedrale vorstellen und beginnen, sie zu bauen, auch wenn erst unsere Urenkel*innen darin sitzen

7 Ich beziehe mich hier auf die *Theorie U* von Otto Scharmer und Katrin Käufer: »Von der Zukunft her führen«.

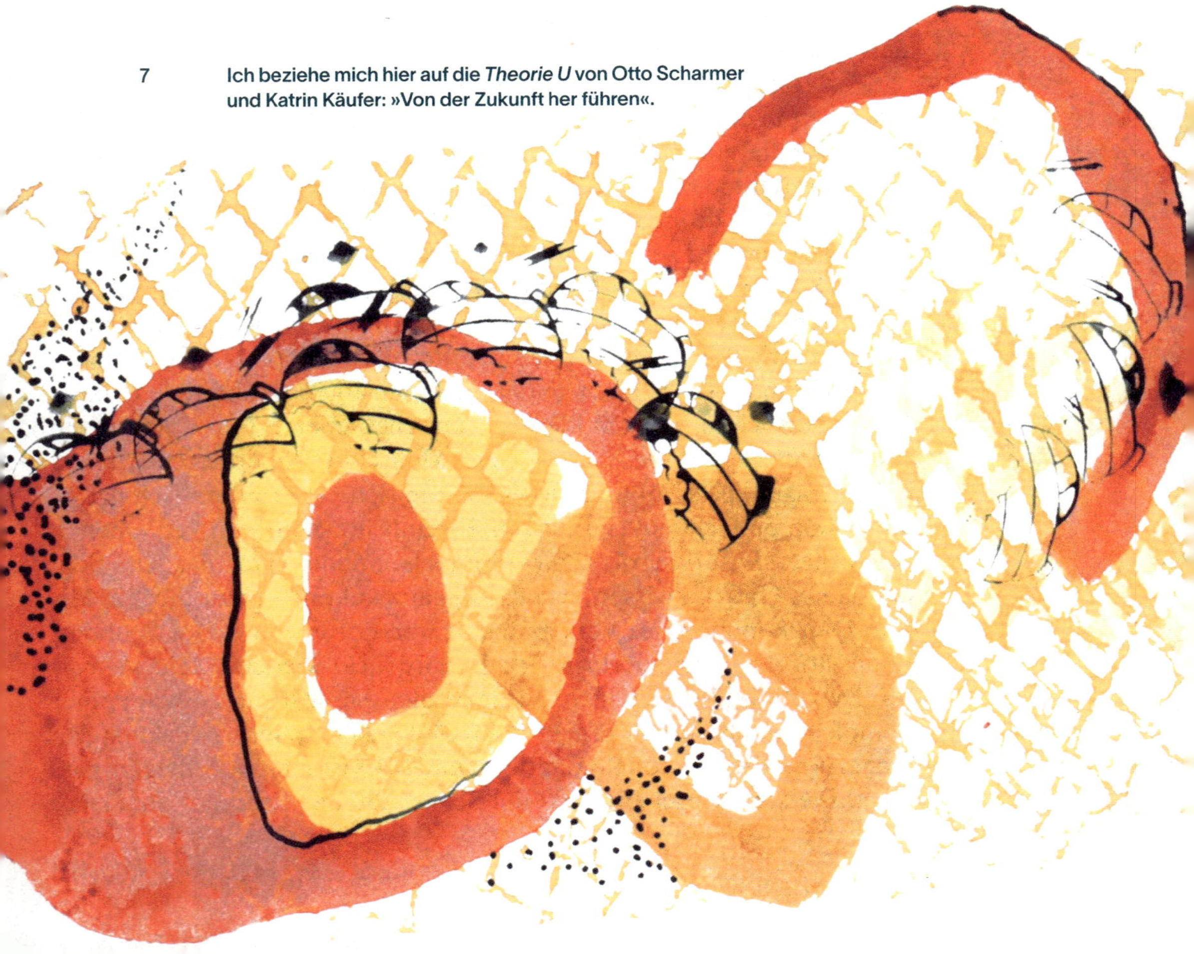

werden. Auf solche Weise hat sich in der Menschheitsgeschichte immer wieder die Sehnsucht als gestalterische Kraft gezeigt.[8] Auch wenn wir uns momentan eingewickelt fühlen in die Kompliziertheit unseres selbstgestrickten Konstrukts, das wir Leben nennen, bedeutet das nicht, dass wir dieser Sehnsucht nach lebendigem und stimmigem Sein nicht folgen können. Es wird, es muss doch eine Art und Weise geben, wie wir Menschen uns der sinnlichen Geborgenheit im Lebensgefüge anvertrauen können und die Gabe des Verstandes dazu nutzen, dieses Glück noch zu steigern, weil wir in der Lage sind, es aktiv mitzugestalten!

Auch das könnte eine Aufgabe sein, die die Evolution uns stellt: die Gabe des Verstandes gestaltend und wertschätzend mit dem Lebensnetz zu verweben, anstatt uns im angstgespeisten Größenwahn gegen das Leben zu wenden. Und an diese Aufgabe erinnert uns unsere Sehnsucht – immer wieder, wenn es uns eng oder schmerzhaft wird im Brustkorb oder wenn das Herz sich in vorfreudiger Ahnung weitet. Dazu sind wir hier. Wir lernen gerade, diese Sehnsucht nicht zu unterdrücken, sondern Raum zu geben, damit wir sie fühlen können. Das können wir als schön und schmerzhaft zugleich erleben: Erleichternd, es endlich zuzulassen, und sehr unangenehm, weil das Ausmaß unserer Entfremdung dadurch immer sichtbarer wird.

8 Mit diesem Satz möchte ich nicht das Gestalterische als allein menschliche Eigenschaft hinstellen. Beim Anblick von Termitenbauten und kompliziert gewobenen Vogelnestern werden die gestalterischen Fähigkeiten unserer Mittiere deutlich. Doch alle Webervögel bauen recht ähnliche Nester. Uns Menschen steht mehr Wille zum ganz Eigenen zur Verfügung. Und darin liegt ja die Gefahr des Größenwahns: Wir halten uns für so clever und überschätzen die Leistung unseres kleinen Gehirns so maßlos, dass wir an der Lebensintelligenz vorbei oder sogar gegen sie planen und gestalten.

Meine Sehnsucht nach Bewegung

Wie sich der Umgang mit der Sehnsucht und das Annähern an ein Stück jenes verloren geglaubten Glücks in meinem Leben gestaltete – nicht ohne Fallstricke und Blessuren – und wie es sich weiterhin und immer deutlicher seinen Weg bahnt, davon möchte ich in kleinen Einblicken erzählen. Das geschieht natürlich aus meiner heutigen Perspektive, von der aus ich die vielen Stränge überblicken, entheddern und sortieren kann. Damals hätte ich das nicht so beschreiben, geschweige denn reflektieren können.

Ich war also ein Bewegungskind, habe leidenschaftlich gern Räder geschlagen, bin überall hochgeklettert und war überhaupt ständig in Bewegung, sagt meine Mutter. Was das bedeutete, begriff ich in vollem Ausmaß erst vor Kurzem, als ich zum ersten Mal alte Super-Acht-Filme von Verwandten zu Gesicht bekam, auf denen immer mal wieder auch ich zu sehen war – meist unscharf, als kleiner Blitz, der kurz durchs Bild schießt. In einer anderen Sequenz hüpfe ich ununterbrochen auf und ab. »Du Hampelkind«, das habe ich oft gehört. Ich vermute, heute würde man mir Ritalin geben. Glück gehabt. Während der Kindheit geht das ja noch einigermaßen, es fällt nicht allzu sehr auf, Kinder sind lebhaft, bewegen sich mehr und ungehemmter als Erwachsene – warum eigentlich, wann und wie gewöhnen wir uns das ab? Aber was machst du, wenn du älter wirst? Da kann man ja nicht mehr einfach so vor sich hin hampeln. Wenn du dich bewegen willst, musst du irgendwelchen organisierten Aktivitäten nachgehen wie alle anderen auch. Ich wurde jugendlich und musste etwas finden. Leistungsport reizte mich nicht, Ballsport auch nicht. Ich wollte tanzen. Das Wort klang verheißungsvoll. Doch all meine Versuche, tanzen zu lernen, fühlten sich kläglich an. In den Ballettunterricht durfte ich nicht, wegen einer Wachstumskrankheit an der Wirbelsäule. In der Tanzstunde – Walzer, Foxtrott und so – gab es nur einen einzigen Jungen, der wenigstens ein bisschen größer war als ich. Mit allen anderen sah es einfach nicht richtig aus – das schrien mir sämtliche Spiegel zu, an denen ich vorbeitanzte. Es gab eine Menge davon, und sie waren gnadenlos. Es war alles in allem eine steife und recht verkrampfte Angelegenheit. Die ständige Angst, dem Tanzpartner auf die Füße zu treten, steigerte das Vergnügen auch nicht unbedingt. Überhaupt: Die Füße – wo die immer zum genau richtigen Zeitpunkt hinsollten. Im Wahlfach *Gymnastik und Tanz* bekam ich regelmäßig Schweißausbrüche, wenn die Lehrerin einzählte: »Fünf, sechs, sieben, acht, …« Ich wusste, bei der nächsten »Eins« soll ich einen Ausfallschritt mit dem rechten Fuß machen, aber woher sollte ich in dem Stress wissen, welcher Fuß mein rechter war? Und überhaupt hoppelte ich immer allem ein bisschen hinterher. Ich konnte nie verstehen, wie die anderen es fertigbrachten, gleichzeitig zur Lehrerin nach vorne zu gucken und die Bewegungen auszuführen. Dazu kam, dass auch nach langem Üben mein Arm selten da war, wo er sein sollte, oder die Drehung war zu langsam, oder ich lächelte nicht, obwohl das auch noch dazugehörte. Bei den Aufführungen war ich dann auch immer eher in einer der hinteren Reihen anzutreffen. Das konnte ich verstehen. Bei mir sah alles wie eine Karikatur aus. Irgendwas war in meiner körperlichen Entwicklung schief gelaufen, fand ich, sodass ich viel zu lange und viel zu dünne Arme und Beine hatte, die immer irgendwo rumschlackerten, wo sie eigentlich nicht hingehörten.

Wie war das möglich, dass es mich so magisch zum Tanzen hinzog, obwohl es sich fast immer grauenhaft anfühlte, wenn ich es versuchte? Andere in meinem Alter gingen ja in die Disco, aber dort war es mir eigentlich immer zu laut. Außerdem wurde geraucht, das mochte ich nicht, davon brannten mir die Augen und der Hals. Und es war immer so eng, dass ich nur von einem Fuß auf den anderen treten konnte, eine Tätigkeit, die man seltsamerweise unter *Tanzen* zu verstehen schien. Ich stellte mir das irgendwie anders vor, größer, satter, nur wie genau, das wusste ich nicht. Einmal gab es eine Party bei uns in der Schule. Ich ging hin – eigentlich vor allem, weil alle hingingen – und traute mich irgendwann auch auf die Tanzfläche. Sie war groß und es gab ausnahmsweise mal etwas mehr Platz. Ich begann einfach, mich zu bewegen, wie es kam. Was ich da erlebte, kam meiner Vorstellung von Tanz näher als alles je zuvor. Ich musste nicht wissen, welcher Fuß mein rechter war und wann welcher Arm wie und wo zu sein hatte – es war egal. Ich ließ mich durch die Hits der frühen achtziger Jahre treiben, manche von ihnen waren wirklich grauenvoll, besonders die Texte, aber das war in dem Moment nicht so wichtig. Am nächsten Morgen fragte mich ein Mitschüler, was ich denn eigentlich beim Tanzen die ganze Zeit mit meinen Armen gemacht hätte, was dieses Rumrudern denn zu bedeuten habe. Sehr peinlich. Er hatte mir zugeguckt. Und seine Worte waren die unmissverständliche Bestätigung dafür, dass das, wie ich mich gern bewegen wollte, wohl besser nicht öffentlich stattzufinden hatte. Oder eben am besten überhaupt gar nicht. Was ich mir wünschte, wonach ich mich sehnte, das gab es nicht!

Und während ich diese Worte schreibe, erinnere ich mich an die Geschichte vom Barmherzigen Samariter: Ich hatte früh und gründlich gelernt, dass für das, was sich im Herzen richtig anfühlt, in der »echten Welt« kein Platz ist. Deshalb ließ ich mich immer wieder entmutigen, wenn Innen und Außen so schlecht zusammenpassten. Ich beendete vorerst meine Tanzversuche und landete schließlich beim Theater, wo ich wenigstens einen Hauch der ersehnten Bewegungsfreiheit fand. Viel mehr als das Einstudieren von Szenen liebte ich die Körperübungen und Improvisationsspiele. Da konnte ich mich bewegen und verrenken wie ich wollte, je extremer und abstruser, desto besser. Das ging schon in die richtige Richtung. Aber ich vermutete, da könnte noch mehr gehen.

Meine Sehnsucht nach Berührung

Das war – bis hierhin erst einmal – der Weg, den meine Bewegungslust nahm. Meine Sehnsucht nach Körperkontakt bescherte mir eine noch verwirrendere Odyssee. Weil ich meinen Vater und das Kuscheln mit ihm so sehr vermisste, kletterte ich als kleines Mädchen bei allen Männern auf den Schoß, die des Weges kamen: Bekannte meiner Mutter, Nachbarn, Onkel. Nicht alle gingen verantwortlich damit um, für manche, insbesondere für einen, war es ein gefundenes Fressen, über Jahre hinweg. Ich möchte im Rahmen dieses Buches nicht tiefer darauf eingehen, will es aber auch nicht verschämt verschweigen. Vielleicht werde ich einmal anderswo ausführlicher darüber schreiben. Bedürftigkeit und Sehnsucht können sehr verletzlich machen. Grenzverletzungen und sexuelle Übergriffe prägten meine Kindheit und Jugend.

Als die Pubertät kam mit der plötzlichen Kehrtwende, dass man sich – nach jahrelanger größtmöglicher Distanz insbesondere zwischen den Geschlechtern – doch irgendwie wieder anfasste, nahm ich das erstaunt zur Kenntnis. Bei mir zu Hause gab es ja kein Elternpaar, das ich beim Austausch von → Zärtlichkeiten hätte beobachten können – das konnten damals allerdings wohl auch diejenigen eher selten, deren Eltern beide noch lebten.

Ich hatte, seit ich zwölf war, eine beste Freundin, mit der ich ausgiebig kuscheln konnte. Wenn wir heute darüber sprechen und uns fragen, wie wir eigentlich darauf kamen, dass es schön sein könnte, aneinandergeschmiegt

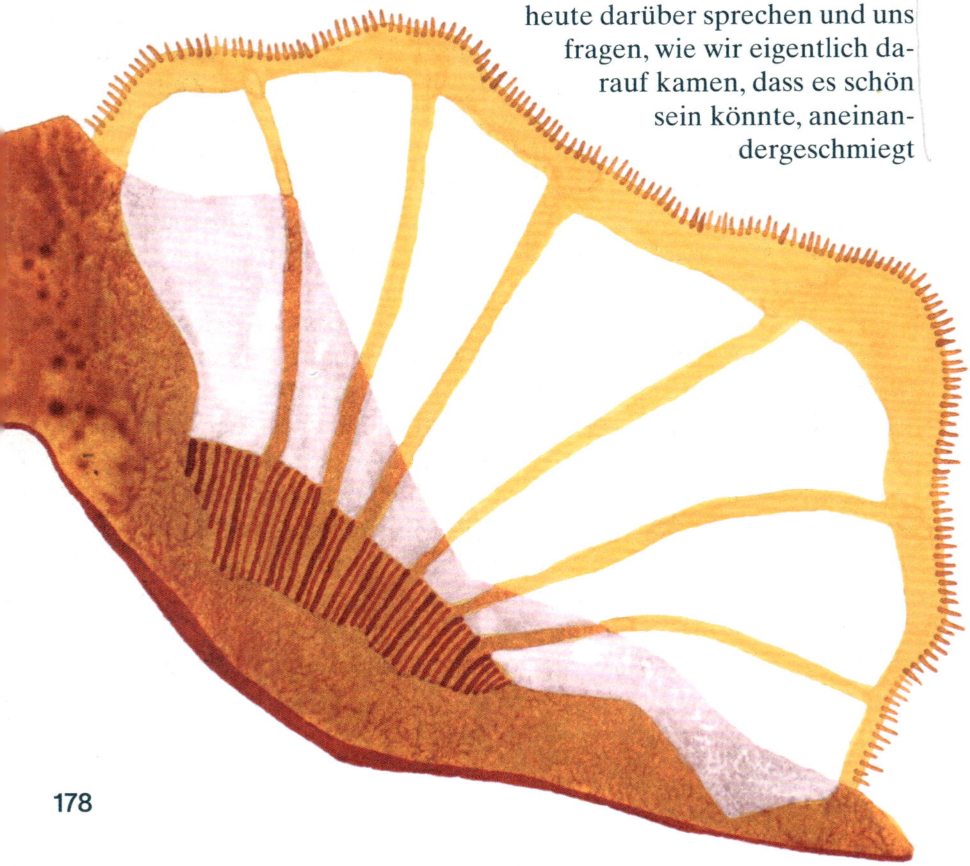

einzuschlafen oder uns stundenlang Rücken, Kopf und Nacken zu streicheln – wir wissen es nicht. Jede von uns dachte, die andere hätte es in unsere Freundinnenschaft gebracht. Als Jungen interessant wurden, zogen wir uns allmählich voneinander zurück. Wie das genau geschah, können wir nicht so recht nachvollziehen. Es passierte einfach. Und wir mussten erwachsene Frauen werden, die selbst erwachsene Kinder haben, bis wir darüber sprachen und entdeckten, dass keine von uns je mit dieser → Intimität hatte aufhören wollen und dass wir auch hier davon ausgegangen waren, es gehe von der anderen aus.

Die Pubertät also. Verlieben, verschämte Annäherung und all das. Dass eine Umarmung mit einem Jungen gleich zur Folge hatte, dass eine Zunge oder eine Hand irgendwohin wanderte, wo ich sie gar nicht so schnell haben wollte, machte mir Angst. Und ich glaube, das lag nicht nur daran, dass ich etwas sehr Verletztes zu schützen hatte. Es lag an dieser Autobahn, von der man offensichtlich nicht mehr herunterkam, sobald man eingebogen war. Warum konnte nicht das eine passieren, ohne dass automatisch der ganze Rest inbegriffen war? Warum wurde selbstverständlich vorausgesetzt, dass eine zarte Berührung ein Freibrief war, dass sich die ganze Lawine von angestautem Begehren und zurückgehaltenem Trieb über mich ergoss? Es schien einen ungeschriebenen, aber allseits eingehaltenen Plan zu geben, wie das mit Mädchen und Jungs zu gehen hatte. Ein etwas längerer Blickkontakt oder eine Berührung zog mindestens einen Kuss nach sich. Und der kostete den Jungen so viel Mut, »es« endlich zu tun, damit man »es« endlich mal gemacht hatte, dass solch ein Kuss meist eher wie ein Bombenangiff, nicht aber wie der Ausdruck von zärtlicher Zuneigung auf und in meinem Mund landete. So äußert es sich, wenn wir nicht unserer Wahrnehmung folgen, sondern einem Plan. Wir verlieren mitunter den Kontakt zu unserem Gegenüber – ebenso wie den zu uns selbst.

Zum Glück gab es einen Freund, mit dem ich einfach nur kuscheln konnte. Wenn ich an ihn denke, habe ich den Duft des Grüner-Apfel-Shampoos in der Nase – absoluter Renner in den achtziger Jahren –, mit dem er seine langen, dichten Haare wusch. Ich vergrub gern mein Gesicht darin. Wir waren 15, 16 und fingen an, einander zu besuchen, lagen abendelang nebeneinander. Mit einer Ruhe und im Nachhinein erstaunlichen Selbstverständlichkeit schmiegten wir unsere sich nach Nähe sehnenden Körper aneinander, die das immer gebraucht hatten, aber viel zu wenig davon bekommen hatten. Es ging – mir – um Nähe, Wärme und Geborgenheit, nicht um Lust und Aufregung. Als ich das fast vierzig Jahre später aufschrieb, überkam mich eine tiefe Dankbarkeit, das so satt und sicher erlebt zu haben. Es gelang mir tatsächlich, diesen Freund ausfindig zu machen. Wir telefonierten miteinander, und es stellte sich heraus, wie unterschiedlich unser Erleben gewesen war: »Also, ich hätte dich schon auch gern geküsst damals«, sagte er. »Ich war ja auch unsicher und überfordert, aber ich konnte spüren: Das wolltest du nicht.«

Ich war sprachlos. Wie konnte es sein, dass einer, der selbst überwältigt war von den pubertären Wirren, Kapazitäten hatte zu horchen, ob das, was er gern wollte, auch wirklich auf Resonanz stieß bei mir? Da war mir tatsächlich in meiner Jugend einer begegnet, der differenziert wahrnehmen konnte: Sich selbst und sein Wollen, mich mit einem anderen Bedürfnis. Einzig Worte hatten wir beide damals nicht.

→ Sexualität wurde für mich erst ein paar Jahre später interessant. Da hatte ich noch einmal unglaubliches Glück – oder eine gutes Gespür? – und lernte zuallererst einen kennen und lieben, der nicht interessiert war an Autobahnen. Gemeinsam wanderten wir durchs Unterholz unseres Begehrens. Neugierig und lauschend fanden wir unseren ganz eigenen Weg zu einer Lust, die für mich nicht bedrohlich war, sondern zart, neu und wunderschön.

Die Entdeckung: Contact Improvisation

Ich hatte also neben allen schrecklichen und frustrierenden Erlebnissen diese winzigen und gefühlt riesengroßen Nischen gefunden, in denen sowohl mein Bedürfnis nach zugewandter Berührung als auch mein unbändiger Bewegungsdrang zeitweise Raum bekamen. Und ich vermute, diese Nischen konnten sich inmitten einer so anders tickenden Normalität deshalb auftun, weil ein kleiner zarter Teil meines Herzens sich hartnäckig weigerte, meine Sehnsucht zu verraten, obwohl die Bedingungen so ungünstig waren.

Nach der Schule wählte ich ein sehr freies Studium. Die Art und Weise, wie wir studierten, ist überhaupt nicht vergleichbar mit den heutigen, völlig verschulten und meinem Empfinden nach bevormundenden Bachelorstudiengängen. Das Vorlesungsverzeichnis war eine Wundertüte. Ich konnte mich gar nicht entscheiden zwischen all den interessanten Angeboten. Ein Seminar zog mich besonders in seinen Bann, es hieß *Contact Improvisation*. Ich hatte keine Ahnung, was das sein könnte. Aber da wollte ich hin. Unbedingt. Es klang einfach sehr verheißungsvoll. In der Beschreibung stand auch das Wort *Tanz* – ob das ein gutes Vorzeichen war oder ob der nächste Reinfall drohte, wusste ich nicht, doch es schien nicht wichtig. Ohne mich eingehender zu informieren, für was ich mich da eigentlich eingeschrieben hatte – es gab ja noch kein Internet –, ging ich zur ersten Stunde.

→ Einschub: Contact Improvisation, Jam

Contact Improvisation ist eine Spielart des zeitgenössischen Tanzes, die aus der politisch-künstlerischen Avantgarde der späten 1960er, frühen 70er-Jahre heraus entstanden ist. Sie gibt keine feste Form vor, sondern stellt hohe Anforderungen an die Gegenwärtigkeit der Tanzenden. Bewegung entsteht aus dem Spiel mit den physikalischen Kräften und mit Körperkontakt. Ein Zustand aktiven Wahrnehmens weist uns den Weg, während wir die Möglichkeiten menschlicher Begegnung erforschen. Auch wenn Steve Paxton als »Vater der Contact Improvisation« gilt, ist sie nicht von ihm »erfunden« worden. Der Geburtsstunde der Contact Improvisation 1972 ging fast ein Jahrzehnt des Forschens im Kollektiv voraus. Tänzer*innen und andere Künstler*innen dekonstruierten den Tanz, ließen alles weg, was nur vermeintlich, aber nicht wesentlich dazugehört (Musik, Choreographie, Kostüme, Bühne, Rollen ...). Sie befreiten das Tanzen aus dem Korsett, das die gesellschaftlichen Normen ihm verpasst hatten, und schälten so den Kern hervor: Tanz ist Bewegung um der Bewegung willen. Dieses ursprüngliche Anliegen, die Befreiung der Tänzer*innen vom Diktat der Choreograph*innen und die → radikale Neudefinition von Tanz durch eigenes Forschen, ist nicht zu verkennen und wohnt heute noch in jeder Faser unserer Tänze: Wir sind – im besten Falle – die Schöpfer*innen unserer Bewegungen im bewussten Zusammenspiel mit all den Kräften, die auf uns wirken, und im Dialog mit den anderen Menschen im Raum. Und aus diesem Entstehungsprozess der Contact Improvisation können wir Wesentliches für den gesamtgesellschaftlichen → Wandel lernen: → Regenerative Kulturen werden entstehen, indem wir die bestehende, die vorherrschende Kultur daraufhin untersuchen, was wir weglassen können, weil es nicht artgerecht, nicht lebensförderlich und daher gewaltsam ist. Dann kann das zutage treten, wonach wir uns eigentlich sehnen: Leben um des Lebens willen, Leben, das das Leben feiert. Wir können erkennen, wie sehr die Geschichte, die wir uns erzählen, eben nur eine Geschichte ist. Und das wird weder auf dem Reißbrett entstehen, noch als geniale Leistung einer* Einzelnen, sondern kollektiv forschend, beobachtend, beschreibend und weiterforschend.

Statt einer offiziellen Definition der Contact Improvisation, die es bewusst nie geben wird, hier ein paar Stimmen Einzelner:[9]

Ray Chung: »Contact Improvisation ist ein ergebnisoffenes Erkunden der kinästhetischen[10] Möglichkeiten von Körpern, die sich durch Kontakt bewegen. Manchmal wild und athletisch, manchmal still und meditativ, ist es eine Form, die offen ist für alle Körper und forschenden Geister.«

Karen Nelson: »Contact [Improvisation] ist eine Berührungsrevolution. Es ist eine Revolution gegen die Tyrannei der Nicht-Berührung. Es ist eine Politik der Bewegung von innen nach außen, die sich organisiert, um mit der Selbstverständlichkeit zu brechen, dass es immer Raum

9 Alle drei aus der Zeitschrift »Contact Quarterly«, im Original Englisch.

10 Unter *kinästhetisch* ist alles zu verstehen, was unser Bewegungsempfinden betrifft. Das kann nicht ein einzelnes Sinnesorgan leisten, es ist ein Zusammenspiel vieler → propriozeptiver Funktionen im gesamten Körper, anhand derer wir uns orientieren bezüglich unserer Position im Raum, Muskelspannung, Stellung der einzelnen Körperteile zueinander, Geschwindigkeit und Richtung von Bewegung und der Kräfte, die auf uns einwirken.

und Abstand zwischen Menschen geben muss. […] Abwehrmechanismen fallen von uns ab. Wir öffnen uns. Wir transformieren Hass und Angst. Wir ergreifen intuitive Maßnahmen.«

Curt Siddall: »Contact Improvisation ist Bewegungsstudium durch Bewusstheit und Bewusstheitsstudium durch Bewegung.«

Die Contact Improvisation wird bisweilen als eine neue Erscheinungsform des Volkstanzes bezeichnet, weil das Soziale im Vordergrund steht: Sie findet in einem ebenbürtigen und →co-kreativen Wir-Raum statt. Zwar gab und gibt es auch immer wieder Performances, doch meistens leben wir diese Tanzkultur auf sogenannten **Jams**. Das sind Treffen, wo Menschen ohne Anleitung Contact Improvisation praktizieren – ähnlich der Jam Sessions von Jazzmusiker*innen. Das kann ein spontanes Treffen von sieben Leuten auf einer Wiese im Park sein, ein regelmäßiger wöchentlicher Termin in einem Tanzstudio oder eine Wochenendveranstaltung, bei der sich 200 Menschen in einer großen Turnhalle bewegen. Manchmal geschieht das in Stille, manchmal tanzen wir im Dialog mit ebenfalls improvisierenden Musiker*innen. Nicht mehr ganz so pur ist es mit Musik aus der Konserve. Bei manchen Jams kommen und gehen die Menschen wie sie wollen, andere beginnen und enden mit einem Kreis und einem klaren Bekenntnis, den Raum gemeinsam zu gestalten und das Erlebte anschließend zu reflektieren.

Wenn ich nun versuche zu beschreiben, wie es weiterging, wie ich also meiner Suche nach dem, was mich nähren könnte, weiter folgte, dann kann das nur eine tastende Annäherung sein. Ich weiß nicht mehr genau, wie es war. Es ist über dreißig Jahre her. Und ich habe in all den Jahren meines eigenen Unterrichtens so viele Menschen bei genau diesem Prozess begleitet, dass ihre Erfahrungen mit meinen verschmelzen. Ich werde also vorsichtig rekonstruieren und manches aus heutiger Sicht ergänzen. So könnte es gewesen sein:

Die erste Stunde. Das Allererste, was wir tun sollten: uns auf den Boden legen. Ich war zum Tanzen gekommen und wurde aufgefordert rumzuliegen! Als ich mein Befremden überwunden hatte, war das dann alles andere als langweilig. Ich sollte wahrnehmen, wo mein Körper den Boden berührte. Das war interessant. Ich spürte plötzlich Stellen an mir, denen ich noch nie Beachtung geschenkt hatte. Doch der Boden war hart, mit der Zeit wurde es ungemütlich. Gerade als ich unwillkürlich begann, mich anzuspannen, um Abhilfe zu schaffen, kam vom Lehrer die Aufforderung, genau damit zu spielen: Muskeln bewusst anspannen und wieder loslassen und beobachten was passiert. Erstaunlicherweise wurde es immer bequemer auf diesem harten Untergrund, je mehr ich losließ. Die Aufgabe lautete nun, aus dem Spiel mit Spannung und Entspannung, mit Hineinsinken in den Boden und sanftem Widerstand (also →Yield und →Push) langsam in Bewegung zu kommen. Dann wurden die Bewegungen größer. Wir sollten unsere Aufmerksamkeit darauf lenken, wie groß die Fläche unserer Haut war und damit spielen, wo und wie wir Kontakt mit dem Boden haben konnten. Ich begann, mich langsam zu rollen, zu drehen, auszudehnen. Ich aalte mich – ein wenig Scham kam auf, wie damals mit den Füßen im Schlamm der Würm. Aber die anderen um mich herum taten Ähnliches, das half. Das, was als normal galt, was man machte oder eben nicht machte, schien in diesem Raum außer Kraft gesetzt zu sein. Wie war das möglich? Ich drückte mich vom Boden ab und schmiegte mich an ihn an, manchmal war es ein satter flächiger Kontakt, dann wieder balancierte ich auf winzigen Punkten – dem Bauch, dem Hintern, einer Schulter, dem Kreuzbein – und der Rest meines Körpers ragte in den Raum hinein. Unerschöpfliche Möglichkeiten taten sich auf und mir wurde nicht langweilig. Leg das Buch weg, probier es selber aus, wenn du magst. Lass dir Zeit dafür.

Schließlich widmeten wir uns gemeinsam noch verschiedenen Wegen, die mit Leichtigkeit vom Sitzen ins Liegen und wieder zurück führen konnten, und übten das ein bisschen. Auch hier ging es eher darum, eine Qualität zu erfahren, nicht um eine Form, die genau so auszusehen hatte, um richtig zu sein. Es war vielmehr ein Angebot, die eigenen Möglichkeiten zu erweitern: Wo und wie fing die Bewegung an? Führte der Kopf oder ein Arm? War es ein Fallen oder ein Gleiten, ein Sinken oder Zusammensacken? Verlief die Bewegung in einer geraden Linie oder be-

schrieb sie einen Bogen, eine Spirale? Vom Sitzen ins Liegen ins Sitzen ins Liegen und wieder zurück in endlosen Variationen. Mehr hatten wir in anderthalb Stunden kaum gemacht und schon waren sie vorbei. Ich verließ das Gebäude und fühlte mich sehr anders als sonst. Was war mit mir geschehen? Ich war ein Körper im Raum geworden. Ich war so was von anwesend! Ein stilles Fest – wie würde ich das je jemandem beschreiben können?

Am nächsten Tag stieg ich morgens in meiner WG aus der Dusche. Ich schob die Tür der Duschkabine zur Seite und sah durch den Nebel des Wasserdampfs meinen Mitbewohner am Waschbecken stehen. Er putzte sich die Zähne, stoppte nun mitten in der Bewegung und starrte mich erschrocken an: »Wie siehst du denn aus?«

Ich blickte an mir herunter. Überall, wo mein Körper ein wenig eckig war, hatte mir die gestrige Bodenrollerei bemerkenswert große blaue Flecken beschert. Schultern, Hüftknochen, Knie, Ellbogen und einige Stellen entlang der Wirbelsäule blühten in interessanten Blau-Braun-Tönen. Er guckte mich eindringlich und besorgt an.

»Was ist passiert?«

»Wir haben da so ein Seminar an der Uni …«

»Das sieht nicht besonders gesund aus. Ich würde mal sagen, da gehst du besser nicht nochmal hin.«

»Was? Doch! Und ob ich da wieder hingehe! Unbedingt! Das ist richtig toll!«

Während ich mich vorsichtig abtrocknete, wusste ich: Es würde nicht so bleiben, dass ich am Tag danach mit blauen Flecken übersät war. Mein Körper fühlte sich ja schon nach dieser einen Stunde so anders an als vorher, so viel kompetenter, intelligenter und wacher. Ich würde lernen, mich so zu bewegen, dass es weniger rumpelte. Es würde weicher und geschmeidiger werden. Und das wurde es irgendwann auch.

Wie ging es weiter? Natürlich folgte ich nicht dem Rat meines Mitbewohners, sondern konnte es kaum erwarten, in der darauffolgenden Woche wieder zum Seminar zu gehen. Es begann ähnlich unspektakulär, diesmal sollten wir stehen – das kam mir ganz gelegen, die blauen Flecken waren noch nicht ganz verschwunden. Stehen erwies sich als mindestens ebenso komplex wie Liegen. Eine lange Zeit taten wir nichts anderes als den Boden unter unseren Füßen zu spüren. Die Kontaktfläche mit dem Boden war viel kleiner als im Liegen, der Druck dementsprechend größer. Stehen. Was ich doch ständig tat, seit ich ein Jahr alt war, wurde plötzlich schwierig und unbehaglich. Die Muskeln an meinen Beinen begannen zu zittern. Ich wusste nicht, ob ich die Knie durchstrecken oder lieber locker lassen sollte. Beides war auf Dauer anstrengend. Puh! Wie konnte es sein, dass ich plötzlich nicht mehr einfach stehen konnte? Ich wollte doch tanzen, warum stand ich hier nun steif in der Gegend rum und fühlte mich mal wieder beschissen? Die Ansage lautete: immer noch weniger tun, immer noch weiter entspannen, nur beobachten, was in unserem Körper geschieht, wie er sich organisiert, wenn wir stehen. Also die Beine locker lassen, nicht anspannen, nicht durchstrecken. Aber was sollte ich dann mit meinem Becken tun, wohin sollte ich es kippen? War hier ein Hohlkreuz gefragt oder ein ganz gerader Rücken? An Entspannung war gar nicht zu denken. Ich verkrampfte mich, mein ganzer Körper tat weh und ich wusste nicht, wie ich da wieder rauskommen sollte. Ich wollte meinen ganz normalen Körper zurück, der doch eben noch wunderbar funktioniert hatte, als ich diesen Raum betrat. Wohin war er verschwunden? Als wir schließlich noch einmal mit Wegen ins Liegen und wieder nach oben experimentierten, brachte das ein bisschen Erleichterung, weil ich wenigstens kurzzeitig einfach loslassen konnte und erleben, wie der Boden mich trug und mein Rücken sich ein wenig entspannte. Aber der Weg zurück ins Stehen war schrecklich weit, und ich fühlte mich dermaßen linkisch, dass ich hätte weinen können. Obendrein kam ich mir beobachtet vor wie damals in der Schuldisco. Es kam mir vor, als seien meine Arme eher hinderlich als nützlich und alle anderen im Raum viel geschmeidiger als ich. Zu allem Überfluss landete ich ständig auf den Resten meiner blauen Flecken, so sehr ich mich auch bemühte, das nicht zu tun. Diesmal war ich froh, als es vorbei war. Schnell verließ ich den Raum und schaute dabei auf den Boden, vermied Blickkontakt. Niemand sollte sehen, wie enttäuscht und entmutigt ich mich fühlte, der Kloß im Hals war beachtlich und ich fürchtete, ich könnte jeden Moment in Tränen ausbrechen. Am Fahrradständer angekommen entfuhr mir dann wohl endlich ein tiefer Seufzer. Daraufhin hörte ich eine Stimme hinter mir. Eine Kommilitonin aus dem gleichen Seminar schloss auch gerade ihr Fahrrad auf.

»Puh, das war echt schwierig heute, oder? Dabei haben wir eigentlich gar nichts gemacht.«

Ich drehte mich zu ihr um. Ich war nicht allein!? Obwohl ich mich so verkrochen hatte, drangen ihre Worte durch irgendeinen Spalt zu mir durch. Auch sie kam sich seltsam und unbeholfen vor. Auch sie hatte blaue Flecken. Auch sie fand, dass der Boden einem sehr weit weg erschien beim Stehen – wie sollte man denn je unbeschadet da unten landen? Wie ich fragte sie sich, ob sie sich jemals wieder ganz normal bewegen können würde, ohne sich linkisch zu fühlen. Ich traute mich aus meiner Deckung heraus und teilte mit belegter Stimme, wie viel schlimmer für mich all das noch geworden war, als ich angefangen hatte, mich mit den anderen zu vergleichen. Und wie absurd es war, weil gar niemand von uns verlangt hatte, es solle bitteschön bei allen gleich aussehen. Sie nickte verlegen. Wie tief das doch in uns eingesickert war: etwas leisten müssen, die Angst zu versagen, mit den anderen konkurrieren. Und wie leid ich es war. Immer noch sehr hölzern aber ein wenig erleichtert radelte ich nach Hause.

Warum gab ich an diesem Punkt nicht auf? Es wiederholte sich hier doch etwas, das mir leidlich bekannt war: Ich folgte meiner Sehnsucht zu tanzen, und anstatt mich anmutig und wundervoll zu fühlen, kam mir mein Körper wieder einmal unbeholfen, stümperhaft und inkompetent vor. Das hatte ich doch nun oft genug erlebt. Das wollte ich nicht mehr! Hatte ich mir nicht geschworen, mich nicht mehr falsch fühlen zu wollen? Warum gab ich nicht auf? Ich nehme an, ich war in der Lage zu unterscheiden, wo dieses Gefühl der Unzulänglichkeit jeweils herrührte. Beim Standard- und Jazztanz und auch bei meinem zaghaften Versuch in der Schuldisco war ich an den rigiden Vorgaben und Maßstäben verzweifelt. Ich entsprach nicht den Erwartungen, erfüllte die vorgegebene Form nicht, bewegte mich nicht so wie man sich zu bewegen hatte. Auf der Suche nach Freiheit und Lebendigkeit hatte ich immer nur Strukturen gefunden, die mich einengten. Mich dem zu beugen wäre Selbstverrat gewesen. Meine erste Annäherung an die Contact Improvisation offenbarte allerdings etwas anderes: Ich fand einen Raum vor, der meine Suche nach Freiheit und Lebendigkeit nicht nur unterstützte, sondern weiter ging als ich vermutet hätte. Das forderte mich extrem. Ich konnte den lang ersehnten, plötzlich vorhandenen Spielraum der endlosen Möglichkeiten nicht einfach feiern und genießen, sondern stolperte über meine eigene Unfreiheit, über all die Polizist*innen, die in meinen Kopf – und damit auch in meinen Körper – hineinkonditioniert worden waren. Bestürzt musste ich anerkennen, wie sehr es dieser Kultur von Gleichmacherei und Kontrolle gelungen war, mich zu prägen, ohne dass ich es wollte. Meine bisherigen Tanzversuche hatten die Vermutung aufkommen lassen, das, was ich mir wünsche, gäbe es nicht. Das hatte mich entmutigt. Zu riesig erschien mir die Aufgabe, ich allein müsse es »erfinden«, es aus mir heraus in die Welt bringen. Nun war es anders herum: Ganz offensichtlich gab es das, wonach ich mich sehnte, es war schon in der Welt. Frustrierend war nun die Tatsache, wie weit ich davon entfernt war, meine eigene Sehnsucht auch ganz und gar leben zu können. Die Welt, in der ich aufgewachsen war, hatte mich auf so eine entfrem-

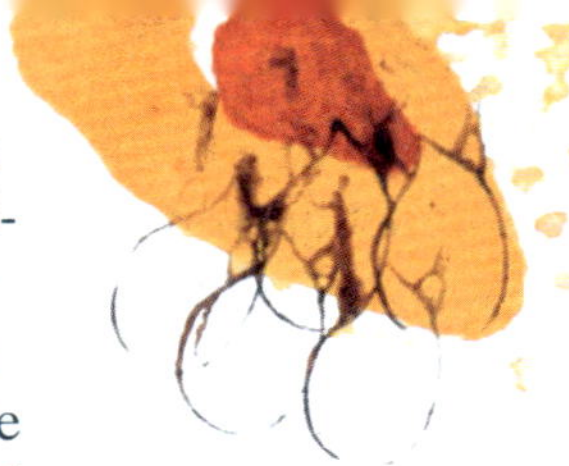

dende Fährte gelockt, dass es mich nun einiges an Mühe kostete, mir das Antrainierte wieder abzugewöhnen. Das war die Aufgabe, die mir nun bevorstand: das Verlernen – und ich ahnte nicht, wie umfangreich sie sein würde. Ich kann nicht einschätzen, wie weit ich in diesem Leben damit kommen werde, aber ich bin auf dem Weg.

Mich dem zuzuwenden, was ich als stimmig empfinde, heißt also nicht, dass fortan alles einfach und unkompliziert ist: Paradies gefunden, rein in die Hängematte, fertig. Im Gegenteil, hier beginnen die Herausforderungen, denn ich kann mich nicht mehr verstecken, mich nicht mehr damit herausreden, es sei utopisch und unerreichbar. Ich habe es als möglich erlebt. Es gibt jetzt eine Ausrichtung und ich stehe in ihrem Bann. Durch diese Ausrichtung erkenne ich mein Gewordensein, meine Ängste, meine Scham und all die Hindernisse, in mein Potenzial hineinzuwachsen. Echte, tiefe Sehnsucht – im Gegensatz zu einer momentanen Lust – hat immer etwas mit Wachstumswillen zu tun, vermute ich. Und wenn wir wachsen und dieses Wachsen konsequent weiterverfolgen, also nicht bei der ersten Schwierigkeit in die Behaglichkeit des Gewohnten zurückfallen, dann wird irgendwann der Punkt kommen, an dem wir über uns hinaus wachsen. Wirklich darüber hinaus. Das vertraut gewordene Ich ist zu eng, wir passen nicht mehr rein. Wir machen einen Schritt und verlassen das Alte, wir legen es ab wie ein Paar Schuhe, das uns zu klein geworden ist. Vielleicht entscheiden wir, gänzlich ohne Schuhe weiterzuwandern. Die Rolle, in der wir es uns bequem gemacht haben, das Bild, das wir und andere von uns hatten, sie stimmen nicht mehr. Nun stehen wir barfuß da, vielleicht gänzlich nackt. Wir müssen uns neu erfinden. Und zwar, während gleichzeitig im Außen die Welt weitergeht, als wäre nichts geschehen. Auch dieser Satz – wir müssen uns neu erfinden – stimmt nicht ganz. Eher so: Ich begann an diesem Punkt damit, mir das Erfinden Stück für Stück abzugewöhnen. Ich lugte neugierig um die Ecke, um zu erspähen, was von mir übrig blieb, wenn ich das Erfundene, das Angedichtete von mir abbröckeln ließ – all das, was hinzugefügt wurde, von mir selbst und anderen, um nicht so nackt in der Welt zu stehen. Und es stellte sich heraus, dass Schale und Kern nicht so leicht auseinanderzuhalten waren. War das, was zum Vorschein kam, das Eigentliche – oder eine weitere Schicht Sicherheitsvorkehrung, Rollenzuweisung, Anpassung, Konditionierung? Vermutlich beides gleichermaßen.

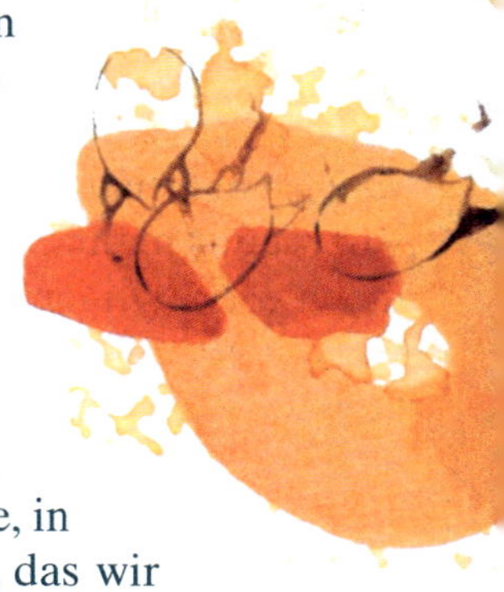

Ich konnte nicht einfach heraustreten aus dem Erfundenen und ab jetzt die sein, die ich schon immer gewesen war. Das Gewordensein gehörte ja zu meinem Ichsein dazu – genauso wie der Schreck und die Bestürzung darüber. Auch hier brauchte es also einen Moment des Anerkennens.

Jahre später stieß ich auf einen Text der Tänzerin Christina Svane, in dem ich genau das wiederfand: »Ich lerne dadurch, dass ich um mein Unbehagen weiß und weitergehe. Und das Weitergehen ist ein Weitergehenlassen. Das Unbehagen will also wertgeschätzt werden. Es begünstigt den Vorgang des Öffnens. Die Contact Improvisation umarmt diese Angst vor sich selbst. Diese zukunftsträchtige Schwelle. Die Einladung, den Schrecken zu fühlen, der in diesem Öffnen liegt, ist ein untrennbarer Teil des Gesamtgeschehens. [...] Ich nehme an, es ist an der Zeit, das als Zuhause zu bezeichnen. Und es läuft darauf hinaus, an eine Möglichkeit glauben zu müssen, die man vielleicht noch nie erlebt hat. Letzten Endes bedeutet es, dass ich mich einer Sache verschrieben habe, die ich selten spüre, doch die ich als Möglichkeit nie aufgebe.«[11]

Das bedeutete es in diesem Moment meines Lebens, meiner Sehnsucht zu folgen: nicht aufzugeben, sondern dranzubleiben, auch wenn sich deutlich abzeichnete, dass ich das volle Potenzial nur ganz selten erreichen würde, weil da neben dem meist wunderbaren Körpergefühl auch extrem viel äußerst Herausforderndes auf mich wartete – zum Beispiel, dass ich mich zeitweise noch linkischer fühlte als zuvor, weil ich überhaupt erst spüren konnte, was bisher abgespalten war. Wenn wir wieder mehr wahrnehmen, ist das nicht nur angenehm. Vielleicht möchtest du einen Moment an dieser »zukunftsträchtigen Schwelle« verweilen und dein Unbehagen und die Angst vor diesem dir noch unbekannten zukünftigen Selbst umarmen, bevor du weiterliest?

Kontrolle oder Spiel

Klar, ich ging auch in der dritten Woche wieder zum Seminar. Noch einmal widmeten wir uns dem Stehen. *The Stand*, auch *Small Dance*[12], so erfuhren wir, war ein zentraler Bestandteil des Forschens, als die Contact

11 »I learn from knowing I am uncomfortable, and going ahead, and the going ahead being the letting-go-ahead. So the discomfort is to be appreciated. It is an environment, from which springs an opening. Contact embraces this fear of itself, this seminal verge. The invitation to feel the dread of opening is an inherent part of the total occurrence. [...] I figure it's time to call it home. It amounts to having to believe in a possibility which one may never have experienced. All this is to say I am devoted to something which I rarely feel, the possibility of which I never leave«, Christina Svane, *In Praise of Bad Dancing*.

12 »Alles was du tun musst, ist, dich hinstellen und dich dann entspannen [...] und irgendwann kommt der Punkt, an dem dir klar wird, dass du alles entspannt hast, was du entspannen kannst, aber dass du immer noch stehst und dass dieses Stehen ziemlich viel winzige Bewegung beinhaltet. Das Skelett hält dich aufrecht, obwohl du dich geistig entspannst. [...] Steve Paxton im »Contact Quarterly Sourcebook«.

Improvisation entstand. Den Pionier*innen ging es darum, Tanz nicht immer zu »machen«, sondern geschehen zu lassen – den Fokus also weniger auf Anstrengung und Kontrolle zu legen, als auf die Hingabe an physikalische Kräfte. Das bedeutet, sich empfänglich zu machen für all die Bewegung, die in jedem lebendigen Organismus ohnehin die ganze Zeit vorhanden ist. Dafür braucht es zunächst einmal Ruhe – erst dann können wir spüren, wie unser Körper in Resonanz geht mit den Kräften, die unablässig auf ihn wirken.

Dieses Mal fiel es mir leichter. Deutlich konnte ich meine Vertikalachse spüren: Sie kam irgendwo aus der Erde heraus, ging direkt durch mich hindurch und reichte weit in den Raum über mir, dann wieder schien sie von oben nach unten zu verlaufen. Es war, als könnte ich mich niederlassen in diese Aufrichtung. Oder hineinhängen – oder eine Mischung aus beidem. Meine Knochen stellten das stabile und zugleich bewegliche Gerüst dar, luftig aber verlässlich miteinander verbunden. Meine Muskeln entspannten sich, und je mehr sie losließen, desto leichter konnte ich ein feines Schwanken ausmachen. An den Füßen satt aber weich in der Erde verankert fühlte ich mich wie ein umgedrehtes Pendel, das die Mittelachse mal umkreiste und mal durch sie hindurch schwang. Es war angenehm, mich so schaukeln zu lassen von einer Kraft, die immer da war. Die Aufgabe lautete: »unsere Reflexe bei der Arbeit beobachten«[13]. In dieser schlicht bezeugenden Haltung bekam ich beim Schwanken tatsächlich den Moment mit, an dem mein Autonomes Nervensystem übernahm und mich Richtung Mitte in den sicheren Stand zurück manövrierte, damit ich nicht umfiel. Es geschah einfach, ob ich mir dessen bewusst war oder nicht. Und: Ich konnte es ein Stück weit beeinflussen, konnte damit spielen, es zu verzögern. Dieses Verzögern ist kein Unterdrücken, kein Verhärten. Es ist die Bereitschaft, mit dem Wahrgenommenen einen gestalterischen Dialog einzugehen. Wenn du magst, leg erneut das Buch beiseite und probier es aus.

Normalerweise sind wir mit so viel Körperspannung unterwegs, dass dieses Schwanken überhaupt keinen Raum bekommt, weil unsere Muskulatur so fest ist. Wir halten uns durch Kontrolle und Anspannung in der Aufrechten. Hier zeigt sich der Unterschied zwischen Kontrolle und Gewahrsein. Wir sprechen oft ganz selbstverständlich von *Körperbeherrschung*. Wer beherrscht da was – und warum? Im Ballett, der Tanzform, die diese Haltung im wahrsten Sinn des Wortes »auf die Spitze treibt«, ist die Karriere von Profis mit etwa 35 Jahren beendet. Die Gelenke sind verschlissen, solche Höchstleistung geht nicht auf Dauer. So gehen wir mit unseren Körpern um – und mit dem großen Organismus Erde. Wie kann die Welt aussehen, wenn wir das Paradigma der Kontrolle zugunsten einer spielerischen Haltung dem Leben gegenüber loslassen?

13 Auch das ist eine Formulierung von Steve Paxton: »watching the reflexes at work«.

Zurück in mein Uni-Seminar: Aus dem lauschenden Spiel ergab sich wie von selbst ein Tanz. Je länger ich das Auffangen herauszögerte, desto weiter kippte ich in den Raum. Irgendwann kam der Punkt, an dem ich nicht mehr zurück konnte und mich dem freien Fall überlassen musste. Ein kleiner Schreckmoment. Kontrollverlust. Und ganz kurz freier Fall. Immer mutiger ließ ich mich treiben von den Kräften, die da wirkten, taumelte, stolperte, fiel, fing mich auf, nutzte den Schwung, der dabei entstand, für Bewegungen zwischen Stehen und Boden, die mir eine Woche zuvor noch so unbeholfen und anstrengend erschienen waren. Auch wenn es unmöglich klingen mag: Ich erfuhr Halt im Loslassen. Dadurch, dass ich keine Angst mehr hatte vor der Härte des Bodens, fiel ich weich. Mitunter schien es, als böte mir die Luft Widerstand, sodass ich auf ihr segeln konnte. Und wie geschah das? Indem ich meine Arme ausbreitete, in den Raum ragen ließ, mich in der Luft verankerte, ruderte. Rudernde Arme? Wo waren mir die denn zuletzt begegnet? Als peinliches No-Go am Morgen nach der Schuldisco! Muss mir das gerade peinlich sein? Und wer wäre der Maßstab dafür? Warum ist Ausladendes, Sinnliches, Unbändiges mit so viel Scham besetzt? Diese Frage stellte sich mir immer wieder – nicht nur in den ersten Jahren. Hier begegnet sie uns wieder, die Scham ob des schieren Seins, die Angst vor unserer →Kreatürlichkeit, die ich in meiner Begegnung mit der leibhaftigen Würm beschrieben habe (S. 79).

Kontakt

In der nächsten Seminarstunde lautete die Aufgabe: »Stellt euch ein paar Zentimeter von einer Wand entfernt hin und lasst euch von dort aus gegen die Wand kippen.« Sobald wir herausgefunden hatten, wie das gut ging und nicht rumpelte und wehtat, gingen wir ein Stück weiter weg. Und noch ein Stück. Und dann sollten wir derart lehnend und im Kontakt mit der Wand tanzen – so wie wir in der ersten Stunde mit dem Boden getanzt hatten. Kontaktflächen suchen und verändern, uns an der Wand entlang rollen, gleiten, schieben, uns abstützen, wegdrücken und zurücksinken lassen. Auch das kannst du probieren, wenn du Lust hast.

Dann das Gleiche mit einer Partner*in anstelle der Wand. Wie seltsam. Erst einmal standen wir einander etwas unbeholfen gegenüber, die Frau vom Fahrradständer und ich. Wir waren einander schon so nah, dass ich ihren Atem spürte, ihr Shampoo roch, dabei berührten wir uns noch gar nicht. Und jetzt? Sollte ich mich genauso zu ihr hin kippen lassen wie zur Wand? Hm. Das würden wir doch niemals tun, einfach so, wenn es jetzt nicht diese Ansage gäbe, dass wir es tun sollen. Contact Improvisation heißt das hier. Ich hätte es wissen müssen, dass irgendwann Kontakt kommt. Körperkontakt. Und eigentlich wollte ich das ja auch wirklich – wenn es nicht gleichzeitig auch peinlich wäre, zu intim. Die Neugier siegte. Alle anderen versuchten es ebenfalls. Und einen

Atemzug später berührten wir uns. Sehr nah war das, ich spürte die Wärme ihres Körpers und jede auch noch so winzige Bewegung. Eine ihrer Haarsträhnen kitzelte mich im Gesicht. So nah war ich außer meinem Freund seit Jahren niemandem mehr gewesen.

→ Einschub: Intimität, Sinnlichkeit, Zärtlichkeit, Eros, Sexualität

Die Art und Weise, wie ich z.B. das Wort *intim* benutze, kann zu Missverständnissen führen. Darum möchte ich eine Erläuterung einschieben – ich schicke gleich voraus, dass sie womöglich zunächst einmal Verwirrung stiftet. Auch gut – und vielleicht unvermeidlich, um wacher mit Begrifflichkeiten umzugehen. Alle Begriffe dieses Einschubs haben eine Bedeutungsverschiebung erfahren, die bereits ihren Weg in den Duden gefunden hat, die ich aber nicht für hilfreich halte: *Intimität, Sinnlichkeit, Zärtlichkeit* und *Erotik* werden häufig schlichtweg gleichbedeutend mit *Sexualität* verwendet. Ich wünsche mir mehr Genauigkeit. Sagen wir doch *Sexualität*, wenn wir *Sexualität* meinen, und benutzen die Begriffe differenzierter. Das würde einiges vereinfachen. Es schreibt sich hier so leicht hin, dafür müssten wir aber klar haben, was Sexualität eigentlich ist. Ich könnte ein eigenes Buch über dieses Thema schreiben. Hier habe ich meine Gedanken zu einem knappen Einschub verdichtet.

Vielleicht hilft ein Bild aus der Mengenlehre: Es handelt sich bei all diesen Begriffen um Schnittmengen, nicht um Teilmengen. Sie können alle Teil unseres Sexuallebens sein. Und sie haben alle auch eine Qualität, die nicht an Sexualität gekoppelt ist. Andersherum gibt es leider gar nicht so selten sexuelle Handlungen, in denen es noch nicht einmal Spuren von Zärtlichkeit, Sinnlichkeit, Intimität gibt. Ich möchte erläutern, was die einzelnen Begriffe für mich beinhalten, um sie voneinander und von Sexualität zu unterscheiden. Das ist in gewisser Weise künstlich, denn sie sind eng miteinander verwoben und überschneiden sich in ihrer Bedeutung. Trotzdem kann der Versuch einer Differenzierung uns zu mehr Bewusstheit verhelfen und zu Genauigkeit einladen, nicht nur im Sprechen, auch in der Art, wie wir wahrnehmen, denn das bedingt sich – mehr dazu im Kapitel *Eine Sprache finden*.

Diese Unterscheidung schlage ich vor:

Intim: wir benutzen dieses Wort interessanterweise oft, um nicht die Namen für unsere Geschlechtsorgane in den Mund nehmen zu müssen – vielleicht haben wir auch noch keine angemessenen Worte für sie gefunden? Wir umschiffen das vermeintlich elegant, indem wir sagen: *Intimbereich, Intimrasur, Intimpiercing* oder *intim miteinander sein*. Die Bedeutung, dass Genitalien im Spiel sind, hat das Wort ursprünglich überhaupt nicht. Von seiner lateinischen Wurzel her ist *intimus* bzw. *intima* der Superlativ, die höchste Steigerung von *innen*. *Intimität* ist also etwas, das mein Allerinnerstes betrifft. Was *intim* ist, berührt und erreicht mich im Innersten, wie dieses schöne Wortspiel nahelegt, das ich irgendwo aufschnappte und das mit dem Klang des englischen Wortes spielt: intimacy = into me I see (»ich sehe in mich hinein«). Intimität bedeutet, dass ich eine Nähe erlebe, die mich mit meinem eigenen Innersten verbindet. Als wesentlich empfinde ich dabei den Moment des Öffnens. Ich mache mein Innerstes zugänglich. Das ermöglicht Intimität. Im Kapitel *Wahrnehmen* schreibe ich noch einiges zu diesem magischen Vorgang, etwas von außen tief in mich hinein zu lassen und mir auf diese Weise selbst ganz nahe zu kommen.

Sinnlich: Es liegt auf der Hand, was das vom direkten Wortsinn her bedeutet: die Sinne betreffend, mit den Sinnen wahrnehmbar, durch sie vermittelt. Es ist der andere Pol zu *rational*. Dieses ganze Buch ist ein Plädoyer für mehr Sinnlichkeit, ein Aufruf, dass wir uns wieder mehr auf unsere Sinne verlassen, dass wir ihnen mehr vertrauen und dem, was wir über sie empfangen, mehr Bedeutung beimessen. In einem sinnlichen Moment steht das Empfinden im Vordergrund, nicht die Interpretation. Laut Duden hingegen ist ein sinnlicher Mensch ein »auf den geschlechtlichen Genuss ausgerichteter, begehrlicher Mensch«. Das finde ich seltsam, denn Begehrlichkeit gehört meiner Einschätzung nach nicht vorrangig zum Sinnlichen. Das Sinnliche verfolgt für mich keine klare Absicht, es gibt sich dem Sosein hin. Es sagt nicht »ich will dich«, es sagt »ich bin und du bist«. Es signalisiert die Bereitschaft, einem Gegenüber – belebt oder nicht – in seiner Eigenart zu begegnen, neugierig, was sich da zeigen wird, aber nicht fordernd. Ich liege gern stundenlang am Strand, genieße den Kontakt meiner Haut mit dem warmen feinen Sand, lasse einen Arm über seine Oberfläche wandern, dann hineintauchen, spüre, wie es kühler und nasser wird, je tiefer ich komme, wie Sand nachrieselt in die entstehende Höhle. Ich bewege meinen Rumpf, drehe mich und lausche den Geräuschen des Sandes, die immer wieder anders klingen, manchmal wie ein Singen. Ich merke, wie ich am Oberschenkel paniert werde, während am Schienbein trocknende Sandkörnchen von mir herunter rieseln. Es ist eine sinnliche Begegnung mit dem Sand. Das ist anders, als wenn ich den Sand lediglich als Untergrund betrachte, auf dem ich laufe, oder als Zutat für Beton. Wobei ich auch beim Laufen durch den Sand das Sinnliche dabeihaben kann – eben wenn ich wahrnehme, wie meine Fußsohlen den Sand berühren und wie ich mit jedem Schritt neu hinein sinke und wie genüsslich das ist. Vielleicht spüre ich Sandkörner zwischen meinen Zehen emporkommen.

Zärtlich: Von »liebevoller Zuneigung« ist im Duden beim Eintrag zur Zärtlichkeit die Rede. Da gehe ich mit. Der Inbegriff von Zärtlichkeit ist für mich, ein Baby auf dem Arm zu haben, mit meiner Nasenspitze sanft über den Haarflaum auf seinem Kopf zu streichen, das Pochen des Herzschlags an der noch nicht geschlossenen Fontanelle zu spüren, den Geruch einzuatmen und staunend beglückt zu sein von diesem fragilen Leben, das sich mir hier anvertraut. Doch auch hier behauptet der Duden weiter, »zärtlich miteinander werden« sei eine »verhüllende Bezeichnung für den Beginn eines Liebesspiels«. Verhüllend – die Unklarheit der Worte hat offensichtlich viel mit Scham zu tun. Nein, ich werde mit diesem Säugling keinen Sex haben. In der *Zärtlichkeit* steckt für mich von all diesen Begriffen am meisten das Fürsorgliche und die Achtung vor der Zerbrechlichkeit alles Lebendigen.

Sexuell: Hier erst kommt für mich das Begehren, das Wollen ins Spiel. Die Vereinigung, das Verlangen, das Verschmelzenwollen, das Einverleiben. Hingabe an eine unbändige, potenziell lebensspendende Kraft. Wir folgen dem Trieb der Geschlechtlichkeit, der unserer Fortpflanzung dient, sich aber auch völlig unabhängig davon entfalten kann. Wunderschön und tief ergreifend, wenn wir bei aller Lust in der Lage sind zu lauschen, ob unser Wollen erwidert wird, ob es ein ebenbürtiges, genauso begehrendes Gegenüber hat. Zerstörerisch und traumatisierend, wenn die Lust das nicht kann, sondern nur die eigene Befriedigung sucht und sich blind auf einen Menschen richtet, der sie nicht erwidert, versteht, teilt. Sexualität kann überwältigend sein, in beiderlei Hinsicht: überwältigend im positiven Sinn, dass mein Ich sich im Wir auflöst. Und im negativen, dass ich erstarre, weil ich der Kraft nicht gewachsen bin, die mich zu überrollen droht.

Erotisch: Das ist der Begriff, mit dem ich mich am schwersten tue. Mir schien lange, dass ich dieses Wort ganz anders verstehe als die meisten. Bis mir Andreas Webers poetisch-philosophisches Buch begegnete: »Lebendigkeit – eine erotische Ökologie«. Der Titel sagt alles. Eros ist hier jene Kraft, in der sich die Verwobenheit allen Lebens ebenso äußert wie im unbändigen Willen zu leben, zu wachsen und zu werden. Meine Lieblingsstelle ist die, in der Weber beschreibt, wie das Wasser und die Steine eines ligurischen Bergbaches miteinander auf eine Weise tanzen, dass die Steine etwas von der weichen fließenden Qualität des Wassers annehmen und das Wasser die Härte der Steine verkörpert. Sehr erotisch. Leben bedeutet, sich anderes Leben einzuverleiben und sich von ihm durchdringen zu lassen. Eine erotische Begegnung hat das Potenzial, dass ich das scheinbare Gegenteil von mir selbst in mir beheimate, es umarme und umfange. Eros ist auch die Begeisterung für das Andere, das Nicht-Ich. Und Eros bedeutet für mich auch, dass ich in dem Bewusstsein lebe, dass der Apfel, den ich esse, zum Teil meines Körpers wird und dass das, was nach dem Verdauen aus mir herauskommt, zum Wachsen des Apfelbaums beiträgt.[14] Eros heißt, dass mir alles heilig und nichts profan ist. Und was ist von dieser lebendigen Kraft im alltäglichen

14 Daher wird eine durch und durch erotische Kultur auch keine Wasserklos haben, sondern Komposttoiletten. Mit Vergnügen verweise ich auf Friedensreich Hundertwassers Manifest »Scheißkultur – die heilige Scheiße«, nachzulesen auf vielen Trockentoiletten dieser Welt und zum Beispiel hier: www.hundertwasser.com/texte/the_sacred_shit_-_the_shit_culture

Sprachgebrauch übriggeblieben? Um es auf die Spitze zu treiben: der Erotikshop mit all seinen Konsumartikeln aus Plastik.

Ich könnte diesen Einschub auch genau andersherum schreiben: Ja, lasst uns mit allem, das uns umgibt, eine erotische, intime und sinnliche, ja, auch sexuelle Verbindung eingehen. Es könnte helfen, das Sexuelle so umfassend zu betrachten. Mich mit diesen im Wind wehenden Gräsern wiegen und davon einen Orgasmus bekommen. Auf der Erde sitzen und diese Verbindung tief in meiner Vagina spüren. Ja.

Ich gehe hier den Weg des Differenzierens, weil ich erlebe, wie viel Verletzung im Sexuellen unsere unsinnliche und kontrollierende Kultur hervorgebracht hat – individuell und kollektiv. Durch die massive Tabuisierung und Triebunterdrückung haben sich Kräfte, die gelebt werden wollen, aber nicht dürfen, in ihrer Not einen gewaltsamen Weg gesucht. Viel Erstarrung und Angst geht darauf zurück, dass Menschen sexuelle Handlungen übergestülpt wurden, die eben nicht sinnlich, intim und zärtlich waren, sondern mechanisch, abgetrennt und zielgerichtet allein auf die Triebbefriedigung eines* Beteiligten ausgerichtet. Es fühlt sich für mich nicht gut an, Sexualität darüber zu definieren, dass Genitalien im Spiel sind. Es braucht wohl ein Pendeln mit engen und weiteren Definitionen, letztendlich ist die Haltung entscheidend. Ich glaube auf jeden Fall nicht daran, dass es uns hilft, einfach pauschal nach sexueller Befreiung zu rufen und alles für sexuell zu erklären. Wir sammeln all diese Verletzungen meinem Empfinden nach achtsamer ein, wenn es zunächst einmal Räume gibt, in denen wir uns als sinnliche, zärtliche Wesen erleben können, ohne dass sexuelle Handlungen und Genitalien im Spiel sind. Das dient beidem: Wir heilen frühen Mangel an Geborgenheit und wir ermächtigen uns in einem weiteren Schritt zu einer freien Sexualität, die eben nicht der Autobahn folgt, sondern deren Maßstab unser eigenes Empfinden für Stimmigkeit ist, weil wir nicht alles in einen Topf werfen, sondern Grenzen setzen können. Und das kann natürlich auch dazu führen, dass wir durch solch eine Beschränkung etwas verstärken, das uns ohnehin das Leben schon so schwermacht: das Tabu, mit dem unser lustvoller sexueller Ausdruck kulturell belegt ist. Wieder einmal haben wir das Gefühl, etwas unterdrücken zu müssen, das (hier) nicht gewollt ist.[15]

Wie ging es weiter mit meinem ersten Versuch eines Duetts? Erst einmal trauten wir uns beide nicht so recht, wirklich zu lehnen. Wir hielten uns zurück, um die andere nicht zu bedrängen. Ich kam mir wie die allergrößte Zumutung vor. Wir sind diese große Intimität einfach nicht ge-

15 In Kapitel 9 erzähle ich eine Geschichte dazu, wie wir sexuelle Energie, Lust und Erregung zulassen können, sie aber nicht in den Mittelpunkt stellen: *Dümpeln* (S. 499).

wohnt. Unsere Kultur hat uns etwas ganz anderes beigebracht: höfliche Distanz auf allen Ebenen.

»Mutet euch einander zu!« sagte der Lehrer. Ach so? »Wirklich lehnen, nicht so tun als ob. So wie eben mit der Wand, da wart ihr auch nicht so vorsichtig. Immer mehr Muskelspannung loslassen. So wie vorhin beim Stehen. Und dann den Kontaktpunkt rollen lassen. Spielt mit ihm. Lasst euch von ihm führen.« Ach so! Wie atemberaubend. Ich stand, ich ließ mich in den Raum hineinfallen und begegnete einem lebendigen Körper. Und weil ich diese andere Frau spürte, spürte ich mich selber. Sie gab mir Halt, bremste mein Kippen, verankerte mich zugleich fester im Boden. Keine von uns hielt aktiv oder angestrengt etwas fest. Wir stellten uns gegenseitig unsere Körper zur Verfügung. Das war anders als mit der Wand, die eine feste Größe war, von der ich immer vorausahnen konnte, wo sie war. Ein fragiles Gleichgewicht entstand, indem wir uns beide zumuteten und beide beweglich und empfänglich blieben: Mein Lehnen hält dich, dein Lehnen hält mich, und jede deiner Bewegungen hat Auswirkungen auf meine Position im Raum. Über den Punkt, an dem wir uns berühren, fließen Informationen über dich zu mir, ständig neu. Und ich organisiere meinen Körper entsprechend im Raum, sodass ich immer weiter zu dir hinlehnen kann, in die immer neuen Richtungen fallend, in die wir uns bewegen. Du bist präsent und ich bin präsent und wir sind aufeinander bezogen. Irgendwann sind wir beide so beschäftigt, dem Weg zu folgen, den der Kontaktpunkt zwischen unseren Körpern nimmt, dass wir nicht darüber nachdenken können, ob es peinlich oder zu nah ist. Manchmal trudeln wir von ganz allein, es wird schneller und schneller. Dann gibt es diese Momente, an denen es zur Ruhe kommt und wir horchen in den Punkt hinein, der uns verbindet. Diese Kontaktstelle zwischen dir und mir schwebt einen Augenblick lang wie schwerelos im Raum und wir warten ab, wohin die Reise gehen wird. Der ganze Körper ist beteiligt. Wach, offenporig und durchlässig. Niemand sagt uns, was wir zu tun haben. Es passiert einfach. Mir ist ein wenig rätselhaft, wo das eigentlich alles herkommt, und es ist keine Zeit, darüber nachzudenken. Gebannt folgen wir dem Fluss der Bewegung. Als die Stunde dann schon ganz schnell wieder zu Ende ist, können wir kaum glauben, was wir da erlebt haben. Aber in unseren Körpern klingt ganz deutlich das Echo. Wir sind soeben tatsächlich wie Bärenkinder durch den Raum getollt, gerollt, getobt, haben uns aneinander gelehnt, geschmiegt, erfreut, sind miteinander getaumelt, gekugelt, geflossen. Haben zusammen geatmet und uns sehr lebendig gefühlt. Und obwohl es mitunter schien, wir seien ein Organismus, habe ich selten so klar die Grenzen meines Körpers wahrgenommen.

Als ich heimradle, scheine ich mit meinem Fahrrad weiterzutanzen. Ich kann wahrnehmen, wie die Räder über den Asphalt wandern, pausenlos Gewicht verlagern, rollender Kontaktpunkt mit dem Pflaster des Radwegs. Ich spüre, wie die Griffe meines Lenkers in meinen Händen liegen und wie der Wind sich an meiner Nase teilt und über meine Wangen streicht. Ich bin mit dem Moment in Kontakt. Irgendwann schiebe ich das Rad in den Hausflur und bin überrascht, dass ich schon zu Hause bin. Ich war so verbunden mit mir und dem Weg, dass das Ziel darüber an Bedeutung verlor.

Satt und hungrig

Es folgte eine nächste Stunde. Und noch eine. Ich surfte die Wellen und Täler, pendelte zwischen dem euphorischen Auskosten meiner neuen Möglichkeiten und dem Entsetzen darüber, was ich alles verlernt hatte, seit ich mich als Kleinkind völlig unbefangen genau so bewegt hatte. Nun ging es darum, das Verlernte wieder freizulegen und das Ankonditionierte wieder zu verlernen. Das könnten wir wirklich einfacher haben!

Erst einmal tanzte ich nur mit Frauen, das fühlte sich sicherer an. Dann waren irgendwann auch männliche Tanzpartner vorstellbar, angefangen mit unserem Lehrer, einem Studenten im höheren Semester, der mit uns allen mal tanzte. Und es war ganz einfach. Das Geschlecht spielte keine so wesentliche Rolle wie sonst, wenn wir uns im Alltag so eindeutig in unseren Rollen als Männer und Frauen begegneten. Jede Woche taten sich mir weitere Facetten einer neuen Welt auf. Es wurde leichter, dann wieder herausfordernder, dann wieder schien ich nach dem Seminar nach Hause zu schweben. Ich hatte doch gewusst, dass ich tanzen will! So! Ich suhlte mich förmlich in meiner neugewonnen Narrenfreiheit: Es durfte aussehen wie es wollte, Hauptsache, es fühlte sich gut an. Und das tat es. Es gab keine Vorgaben, die man nur mit einem normal dimensionierten Körper erfüllen konnte. Diesen meinen Körper, der mir so lange unproportioniert und fremd vorgekommen war, eignete ich mir nach und nach an. Ich nahm überhaupt wieder wahr, dass ich nicht nur aus Gedanken bestand. Dieser Körper, dieser Leib, der mir so ein sattes, geerdetes und freies Gefühl bescheren konnte, wurde mir zur Heimat. Ich mochte ihn, ich war dankbar, wie lebendig und echt ich mich in ihm fühlen konnte. Und das veränderte mein Sein. Ich war wacher in der Welt, offener und damit auch verletzlicher. Und das hatte zur Folge, dass mein Befremden mit der Welt wieder zunahm, denn ich hatte Erfahrungen gemacht, die das, woran ich mich schleichend gewöhnt hatte, von Grund auf falsch erschienen ließen. Ich konnte es schlechter ausblenden. Am liebsten hätte ich mich in dieser neu entdeckten Welt verkriechen wollen und dieser seltsamen Normalwelt den Rücken zukehren. So wollte ich leben. Einfach immer weiter tanzen und das zu meiner Realität erklären. Aber wie?

Unser Lehrer merkte schnell, wer von uns Feuer gefangen hatte und erzählte von einer →Jam in der nächstgrößeren Stadt. Am Ende fuhr ich allein dorthin. Eine neue Herausforderung: Es gab hier keine angeleitete Hinführung im Kreis von Menschen, die mit mir zusammen vorsichtige erste Schritte machten und die mir inzwischen sehr vertraut geworden waren. Es gab kein Geländer, keine Hilfe, um mich im Rahmen einer Übung der Freiheit allmählich anzunähern. Ich war plötzlich hineingeworfen in einen völlig freien Raum, in dem sich alle bewegend begegneten. Plötzlich bist du Rücken an Rücken, Schulter an Schulter, Kopf an Bauch mit einer Person, deren Namen du noch nicht einmal kennst – wenn es dir gelingt, dich einzulassen auf dieses Abenteuer und du dich nicht verschüchtert und überwältigt an den Rand verkriechst. Doch auch hier war es meist so, dass die Freude an der geballten Lebendigkeit meine Scham und Scheu überwog. Ich begab mich hinein, genoss es, dass die Menschen hier mehr Erfahrung hatten, selbstverständlicher in dieser Bewegungsqualität unterwegs waren und mich großzügig in ihre Welt mitnahmen, die immer mehr auch meine wurde. Ich wurde eine Pilgerin der Contact Improvisation. Ich fuhr durch die Lande, um Workshops und Jams zu besuchen, die ein ganzes Wochenende dauerten. Ich tanzte. Endlich. Wie im Rausch, lebendig und glücklich kehrte ich an den Sonntagabenden nach Hause zurück. Ich nährte etwas nach, von dem ich in meinem bisherigen Leben eindeutig zu wenig bekommen hatte – und war selig.

Dann kam ein entscheidender Wendepunkt. Etwas stellte sich ein, das ich nie für möglich gehalten hätte: Ich war auf einmal satt. Berührungssatt? Kontaktsatt? Nähesatt? Es war damals nicht einfach, es als das zu erkennen, was es war. Und es ist heute nicht leicht, zu beschreiben, wie es sich genau vollzog. Mitten in solch einer Wochenendjam, ganz plötzlich, spürte ich einen Überdruss. Es reichte mir. Ich musste raus. Das hatte es noch nie gegeben. Bisher war ich meist mitten im Getümmel gewesen, hatte jeden Moment einer Jam ausgekostet. Verwirrt schlüpfte ich in meine Straßenschuhe und ging ein bisschen spazieren. Was war das? War's das jetzt mit der Contact Improvisation? Hatte ich keine Lust mehr? Hatte es seinen Reiz verloren? Ich hatte mich so auf diese Jam gefreut. Ein ganzes Wochenende tanzen, nachdem ich an einer Seminararbeit gesessen und mich viel zu lange viel zu wenig bewegt hatte. Plan- und wohl auch ein bisschen rastlos lief ich durch die Straßen. Der letzte Tanz war vielleicht einfach nur ein bisschen blöd gewesen, sagte ich mir, der nächste würde besser werden. Nein, eigentlich war es gar kein blöder Tanz. Auf jeden Fall war nichts vorgefallen, was ich blöd nennen könnte. Ich war nur nicht richtig bei der Sache gewesen. Irgendwas war mir egal. Oder zu viel. Keine Ahnung. Ich irrte noch um ein paar Ecken, guckte in Schaufenster, studierte die Immobilienangebote der Sparkasse dieser Stadt, in der ich noch nie gewesen war und in der ich ganz bestimmt keine Wohnung brauchte. Es gelang mir nicht, diese Unruhe abzustreifen, dass ich das Wochenende nicht gut nutzte, wenn ich nicht jede Minute tanzte, und kehrte schließlich zur Jam zurück. Ich hielt Ausschau nach Leuten, mit denen ich mal »gelungene« Tänze erlebt hatte, und versuchte, etwas davon wiederherzustellen. Ja. Ging doch. Ich tanzte. Ich saß nicht ratlos an der Seite. Alles war gut. Die Contact Improvisation war nicht nur eine Phase in meinem Leben gewesen, eine Laune, eine Episode.

Ich weiß nicht: Waren es Wochen, waren es Monate, die ich von diesem Tag an dahinwurstelte, mich von Tanz zu Tanz hangelte, um mir zu beweisen, dass alles beim Alten war? Bis es mir wie Schuppen von den Augen fiel, auf wie erlösende Weise eben nicht alles beim Alten war. Es war der Moment, an dem ich erkannte: Ich war nicht mehr bedürftig. Ich hatte genug Kontakt bekommen. Das, was sich in den ersten Monaten wie ein riesiges, bodenloses Loch angefühlt hatte, war angefüllt worden. Die Begegnung mit der Contact Improvisation hatte dieses Loch überhaupt erst wahrnehmbar gemacht. Damals in meinen ersten Tänzen wurde mir allmählich klar: Das war es also, wonach ich mich immer gesehnt habe. Das hat sich oft so leer angefühlt. Ich wollte anderen Menschen körperlich nah sein dürfen – und zwar auch auf diese spielerische Weise, nicht ausschließlich in einer sexuellen Qualität. Ich wollte in einen anderen lebendigen Körper hineinsinken dürfen. Dafür hatte es nie einen Raum gegeben. Man machte das einfach nicht. Aber ich hatte mich so danach gesehnt. Nun hatte ich es genährt. Mit all diesen Tänzen. Und es wäre mir nicht in den Sinn gekommen, es könne je genug sein, dieser Hunger sei überhaupt stillbar – der Hunger, der mir noch nicht einmal wirklich bewusst gewesen war, weil ich in einer Welt lebte, in der kaum jemand diesen Hunger benannte. Offiziell gab es diesen Hunger, dieses Bedürfnis ja gar nicht. Nun war ich also erst einmal satt. Interessant. So fühlte sich das an.

Bedürfnisse und Bedürftigkeit

Gar nicht so einfach: diesen neuen Zustand erkennen und dadurch erst Klarheit zu erlangen über den bisherigen. Ich war so hungrig gewesen. Aber eben nicht unendlich hungrig. Endlich hungrig. Endlich hatte ich den Hunger, die Sehnsucht spüren können. Nun hatte ich diese gerade erst bewusst gewordene Leere gefüllt – und die nächste Leere tat sich sofort auf: Denn ich wusste plötzlich nicht mehr, was die Contact Improvisation eigentlich sein könnte, wenn sie nicht mehr vor allem der Ort war, an dem ich mein Bedürfnis nach verspielter, vertrauensvoller, warmer, sicherer menschlicher Nähe nährte. Musste ich eine neue Motivation zum Tanzen herbeizaubern? Konnte ich überhaupt noch tanzen, wenn der ursprüngliche Impuls nicht mehr da war? Der ursprüngliche Impuls, den ich noch nicht einmal als solchen erkannt hatte? Vielleicht war ich ja berührungssatt, aber nicht bewegungssatt? Ich hatte die Wahl: einfach immer weiter essen, so tun, als hätte ich immer noch Hunger. Oder mich aus dieser ungewohnten Freiheit des *Genug* heraus ganz neu in meine Tänze begeben: Wie ist es, wenn ich nichts unbedingt brauche? Wenn ein Duett passieren kann, aber nicht muss?

Ich entdeckte die Freuden des Solos. Ich konnte allein tanzen! Das wusste ich gar nicht. Allein tanzen war bisher ein Übergangszustand gewesen, die Phase zwischen zwei Duetten. Ein Zustand von *noch nicht* oder *nicht mehr*, den ich eher suchend und verlegen tänzelnd verbracht hatte als in gestaltender Freiheit. Nach und nach wurde mir bewusst, wie viele Fertigkeiten ich mir im Duett angeeignet hatte, die ich auch im Solo nutzen konnte. Der Boden war noch da, der Raum auch, die Schwerkraft wirkte nach wie vor. Es hatte sogar alles schärfere Konturen, schien mich eher von sich aus zum Spiel einzuladen, als verschwommen im Hintergrund zu verweilen. Und auch die Duette und Trios wurden anders. Ich merkte: Wenn ich mich nicht an meine Tanzpartner*innen klebte, erweiterte sich der Bewegungs- und Gestaltungsraum erheblich. Es war so viel mehr möglich als ich bisher erlebt hatte. Ich schwelgte in der nie gekannten Freiheit eines weiten Raumes, den ich mitgestalten konnte.

Doch sie hielt nicht lang an. Was dem Staunen über diese Freiheit auf dem Fuß folgte, war meine → Scham, bisher so gierig, so unersättlich, so beschränkt gewesen zu sein. Wie konnte ich mich nur in meiner naiven Unbedarftheit auf meine Mittänzer*innen geschmissen haben, um Berührung zu schmarotzen? So konnte ich das Glück des Sattseins kaum genießen, weil ich mich dafür verurteilte, je hungrig gewesen zu sein. Und weil ich das tat, wäre es auch unvorstellbar, ja unverzeihlich gewesen, in diesen Zustand zurückzufallen. Das hatte ich überwunden! Ich wollte ab jetzt eine bewusste, keine bedürftige Tänzerin sein. Das war aber verdammt schwer. Jede Selbstverständlichkeit war dahin. Kritische Fragen und eine tiefgreifende Skepsis meiner Wahrnehmung gegenüber waren fortan treue Begleiterinnen in meinen Tänzen: Dauert dieses Duett schon zu lange? Müsste ich nicht mal wieder ein bisschen Solo tanzen? Bin ich gerade eine Zumutung? Eine schier endlose Flut an Fragen ergoss sich über mich – Zeuginnen meiner Verunsicherung. Tanzen war schrecklich kompliziert geworden. Und manchmal, wenn ich es mir erlaubte, sehnte ich mich nach diesen Tänzen zurück, früher, vor dem Tag X, als ich noch ahnungslos und alles ganz einfach war. Ich hatte das Gefühl, einen Schritt vorwärts und zwei zurück gemacht zu haben. Es war grauenhaft und frustrierend. Allmählich dämmerte mir, dass der Weg hin zu mehr Bewusstheit wohl erst einmal nicht anders verlaufen kann. Der Schritt hinaus aus der naiven Unbedarftheit erweitert den Horizont auf eine Weise, die auch die Gefahr birgt, unbarmherzig auf meine Unzulänglichkeiten zu blicken, die mir jetzt erst bewusst werden. Auch an diesem Punkt lauert enorm viel Scham, weil ich mich ja anderen Leuten gezeigt habe in diesem unbewussten, bedürftigen oder auf irgendeine andere Weise völlig unvollkommenen Zustand. Hilft nur, liebevoll mit mir selbst zu sein und zu würdigen, wo ich gerade stehe im Prozess meines stetigen Wachsens und Werdens. Langsam lernte ich zu unterscheiden. Es war wichtig, meine Bedürfnisse als solche zu erkennen und ernstzunehmen. Und ebenso wichtig war es, ihnen nicht das Ruder zu überlassen und meine Mitmenschen zu meinen Bedürfnisbefriediger*innen zu machen, indem ich mich »auf sie schmiss, um Berührung zu schmarotzen«, glücklich, dass endlich zu haben war, was mir so lange gefehlt hatte.

Es war neu, mich darin bezeugen zu können, also bewusst zu erleben: Es gab »hungrige« Tage, an denen war das Bewegen und Improvisieren zwar schön, stand aber nicht im Mittelpunkt. Und manchmal half es, meinen Tanzpartner*innen gegenüber zu benennen: »Ich hab heute so ein Bedürfnis nach ganz viel Körperkontakt. Gerade befürchte ich, ein bisschen wie eine Klette an dir zu hängen. Wie erlebst du das? Sagst du Bescheid, wenn es dir zu viel ist?« Solche kurzen Rückfragen waren ein wohltuendes Heilmittel, um angemessen meine Scham zu surfen. Zu anderen, »satteren« Zeiten hatte ich unbändige Bewegungs-, Spiel- oder Gestaltungslust und es war schön, dass sie in dieser Tanzkultur mit Körperkontakt einherging – aber ich war an solchen Tagen eindeutig nicht hier, um Berührung zu tanken. Und meist war es eine Mischung: Ich wollte mich lebendig fühlen in allen Facetten und mit allem, was für mich dazugehört: Berührung, Begegnung, Bewegung, Spiel, Intimität, Freude am Unvorhersehbaren, Umarmen des Moments.

Wir würden nie auf die Idee kommen, jungen Welpen, die miteinander tollen und balgen, Gier, Unersättlichkeit oder Übergriffigkeit vorzuwerfen – warum verurteilen wir Menschen uns so häufig für diese basalen Lebensäußerungen? An verschiedenen Stellen habe ich darauf hingewiesen, wie sehr unsere Kultur uns das triebhafte, kreatürliche Sein auszutreiben versucht. Und etwas, das unterdrückt wurde, sucht sich seinen Weg, damit diese Lebensäußerung Platz bekommt. Oft geschieht das in einer stark verzerrten Form: verschämt, verkopft, unbeholfen, verzweifelt oder auch gewaltsam gegen sich und andere. Strenge und Verurteilung fielen von mir ab, als ich lernte, mich selbst anzunehmen in all diesen Zuständen: wenn ich satt und souverän war ebenso wie in meinem Hunger und meiner Bedürftigkeit. Und je bewusster mir diese Zustände wurden, desto einfacher war das.

Die Sucht in der Sehnsucht

Ich widme mich dem Moment der Sättigung an dieser Stelle so ausführlich, weil er meiner Einschätzung nach einen interessanten und wichtigen Punkt markiert: den Unterschied zwischen einem Bedürfnis und einer tiefen Sehnsucht. An einem momentanen Bedürfnis kann sich eine Sehnsucht zeigen. Und die kann ich eben nicht befriedigen, indem ich mal eben auf eine Kuschelparty gehe oder mir ein Schaumbad gönne. Einer Sehnsucht ist nicht durch schnellen Konsum gedient. Wenn ich mir nicht erlaube, mit der tieferen Schicht in Kontakt zu kommen, die darunter liegt, wird mein Tanzen – oder mein gesamtes Leben – ein rastloses Hecheln nach Bedürfnisbefriedigung. Es fühlt sich leer an, ich

stopfe das Loch, das hilft eine Weile, doch dann kommt der Kater. Wie bei einer Sucht. Und irgendwann hilft die anfängliche Dosis nicht mehr. Ich brauche mehr und immer mehr, und wenn die einlullende Wirkung nachlässt, fühlt es sich schaler und immer schaler an – weil ich das gute Gefühl eher zum Betäuben benutze und nicht als Wegweiser. Ich konsumiere oberflächlich Behaglichkeit, anstatt ganz an mich heranzulassen, welche Weisheit sich in dem jeweiligen Bedürfnis zeigt: Was brauche ich, was brauchen wir Menschen wirklich?

Insofern ist das Wort *Sehnsucht* nicht ganz unproblematisch, denn es steckt die *Sucht* darin. So betrachtet wird *Sehn-Sucht* zur Sucht, uns zu sehnen, und das, wonach wir uns sehnen, mit einem schnellen Produkt kurz zu befriedigen, bis sich das nächste Sehnen einstellt. Die Sehnsucht und das vermeintlich Unerfüllbare in ihr werden zum Normalzustand. Auf diesem kurzatmigen Missverstehen der Sehnsucht, auf diesem Suchtverhalten basiert im Wesentlichen unsere Gesellschaftsordnung, die ja mit Konsumzwang einhergeht. Unser Wirtschaftssystem braucht es, dass wir uns genau so verhalten. Das Zusammenbrechen unserer Wirtschaft versuchen wir immer noch alle panisch zu verhindern, es wird uns als Super-GAU verkauft. Doch dieses System ist eigentlich längst zusammengebrochen. Es wird künstlich aufrechterhalten durch Bankenrettungen, Subventionen und eine von Lobbyismus durchtränkte Politik. Wir tragen alle fröhlich dazu bei, indem wir tatsächlich den Irrsinn konsumieren, der uns aufgeschwatzt wird, obwohl wir eigentlich etwas ganz anders brauchen als einen Stepper mit eingebautem Pulsmesser. Es wird vermutlich ein Moment der Erleichterung sein, wenn dieses Wirtschaftssystem endlich zusammenbricht und uns niemand mehr unsinnige Bedürfnisse einredet, um Profite zu generieren. Können wir uns von unserer Sehnsucht daran erinnern lassen, wie das Leben in seiner Fülle sein kann – anstatt dem Narrativ des Mangels zu folgen, das die Basis unseres Wirtschaftssystems bildet? Wollen wir dem Muster der Sucht folgen – oder halten wir inne, um unserer inneren Wahrheit zu lauschen und sie zum Maßstab dessen werden zu lassen, woran wir unser Leben ausrichten?

Mit all dem möchte ich nicht sagen, dass wir den momentanen Bedürfnissen keine Aufmerksamkeit schenken sollten – im Gegenteil. Ich glaube, es ist ein wesentlicher Schritt, sie uns zuzugestehen und nicht peinlichst zu verbergen. Zunächst wenden wir uns dem momentanen Bedürfnis zu, und vielleicht können wir schon währenddessen den Blick weiten und bekommen das Größere dahinter zu sehen – in den meisten Fällen vermutlich die Sehnsucht nach → Interbeing, nach Leben in Bezogenheit. Und je genauer wir uns beobachten können bei unseren Bedürfnissen und den Strategien, sie zu befriedigen, desto weniger Gier und Konsumhaltung wird entstehen. Ich muss nicht unterschwellig und saugend andere Menschen zur verschämten Befriedigung meiner Bedürftigkeiten benutzen (»Hoffentlich merkt niemand, wie ausgehungert ich bin!«), sondern kann transparent damit sein. Was wird das für eine wunderbare Kultur sein, in der ich einfach sagen kann: »Ich fühle mich heute so bedürftig. Ich wünsche mir, mich einfach mal eine halbe Stunde bei dir ankuscheln zu dürfen. Kannst du dir das vorstellen?« Und welche nährende alltägliche Selbstverständlichkeit entsteht dort, wo wir uns das zugestehen und dabei nicht aus den Augen verlieren, was das, was wir hier gerade im Privaten nähren, auf gesamtgesellschaftlicher Ebene bedeutet. Es kann ein Beitrag sein zu jenem neuen Narrativ, das nicht unterscheidet zwischen Vorteil für mich und Nachteil für dich.

Sich zum Berühren verabreden

Schon der erste kleine Schritt – um eine halbe Stunde Ankuscheln bitten – mag für viele wie ein kaum realisierbarer Vorschlag klingen. Ich sehe vor allem zwei Hindernisse:

Wir haben keine Kultur des zugewandten Neinsagens. Und wir – insbesondere wir Frauen* – können nicht gut Grenzen setzen. Ich habe im Zusammenhang mit der → Aktivierungskurve (Graphik 4 im Beiheft) erläutert, wie sich der Grad an Aktivierung auf unsere Fähigkeit auswirkt, verbindende Grenzen zu setzen. Da das entspannte *Ich bin* (ganz unten) in unserer Kultur eher die Ausnahme darstellt und die meisten von uns sich überwiegend im Zustand von Erstarrung oder bestenfalls Durchs-Leben-Hecheln befinden (oben und Mitte), haben wir keinen guten Umgang mit Grenzen, mit Neinsagen. Also ist es nicht leicht, mutige Fragen zu stellen, da ich mich nicht darauf verlassen kann, dass mein Gegenüber ehrlich und verbunden antworten wird. »Kann ich mich mal bei dir ankuscheln?« ist in unserer Kultur solch eine mutige Frage.

Als größtes Hindernis wird sich jedoch erweisen, dass die meisten Menschen in unserer Kultur niemanden haben, den*die sie das bitten können. Wenn ich als Single in meiner Zweizimmerwohnung lebe – wen frage ich denn da mal eben? Den Nachbarn? Der würde das höchstwahrscheinlich als Anmache deuten. Also lande ich wohl an solch einem sehnsüchtigen Abend mit einer Tüte Chips bei einem Liebesfilm auf dem Sofa und gucke schick frisierten Schauspieler*innen dabei zu, wie sie bis Minute 78 umeinander herumschleichen, am besten noch eifersüchtig beäugt von einer* Nebenbuhler*in. Dann kommt der Moment, in dem sie sich tief in die Augen gucken und im nächsten Augenblick pressen sie ihre Lippen aufeinander. Es sind so gut wie immer die Lippen, mit denen sie sich zuerst berühren – warum bloß? Dann kommt ein Schnitt. Dann zerknautschte Laken – und verrückterweise immer noch eine perfekte Frisur. Wühlen die sich noch nicht mal in den Haaren, stecken sie nur ihre Geschlechtsorgane ineinander? Berührung gibt es nicht, gibt es kaum ohne Sexualität. Wir sehen in Filmen kaum Menschen, die mal eben beieinander andocken, die aneinandergekuschelt daliegen und einfach nur sind. Das taugt nicht für einen Spannungsbogen. Also leeren wir die Chipstüte und kommen uns noch absonderlicher vor mit diesem Bedürfnis. Und wahrscheinlich sehr allein, auch wenn wir es uns nicht eingestehen wollen – wir sind doch soziale Wesen mit einem vollen Adressbuch, unser Handy bringt alle paar Minuten Botschaften von Menschen, mit denen wir irgendwie verbunden sind. Und es gibt bei all den vielen Kontakten etwas, das unterversorgt bleibt, weil es uns als Erwachsene unangemessen vorkommt: das Bedürfnis nach sicherem, verlässlichem, innigem und achtsamem Körperkontakt, der uns Geborgenheit gibt und uns als kreatürliche Wesen willkommen heißt – die Sehnsucht nach dem Sozialen Uterus.

Vor einigen Jahren verabredete ich mich mit einem guten Freund, ebenfalls Contact-Tänzer, den ich lange nicht gesehen hatte. Er wollte am nächsten Nachmittag zum Teetrinken vorbeikommen. Er klingelte, ich öffnete. Wir nahmen uns in den Arm, die Begrüßungsumarmung wurde zu einem kleinen Duett durch den Flur und wir endeten auf meinem großen Teppich, lagen halb übereinander[16], genossen die Verbindung, kneteten ab und zu einen Fuß, einen Nacken oder was die Hand gerade zu fassen bekam und ließen uns durch den Nachmittag treiben, während der Tee kalt wurde. Wofür hatten wir den Tee überhaupt gebraucht? Als Alibi, uns treffen zu können? Wir mussten beide lachen. Warum verabreden wir uns zum Reden, zum Essen, auf einen Tee, Kaffee oder Wein, zum Spazierengehen, zum Kino oder Theater, aber selten zum Berühren, zum Beieinanderandocken, zum Miteinandersein? Warum schieben selbst wir, die wir in dieser Berührungskultur zu Hause sind, etwas anderes vor, eine Tätigkeit, das Konsumieren von irgendetwas? Wir beschlossen, uns von da an ausdrücklich zum Berühren zu verabreden – und das taten wir dann auch ab und zu. Wie erleichternd, nicht erst höfliche Gespräche zu führen oder Getränke zu sich zu nehmen, bis dann vielleicht in der letzten halben Stunde noch das geschehen kann, was mich wirklich nährt und wonach ich mich in der Tiefe sehne, das aber keinen selbstverständlichen Platz hat in unserem ach so erwachsenen Leben. Falls diese Sätze auf Resonanz bei dir treffen: Wen könntest du fragen, ob ihr euch mal zum Berühren verabreden wollt? Einfach mal eine Runde zusammenzuliegen, einander die Hand halten, sich gegenseitig die Hände, die Füße massieren oder auf eine Weise nährenden Körperkontakt zu haben, von dem du vermutest, er wird dir gut tun?

16 Nur um es noch einmal ausdrücklich zu benennen: Nein, wir hatten keinen Sex. Wir waren angezogen, wir haben uns auch nicht geküsst. Es gibt auch andere Arten, einander sinnlich, zugewandt und verspielt nah zu sein. Sie sind nur so in Vergessenheit geraten, dass es überhaupt diese Fußnote braucht. Und noch hinterher: Nein, ich habe nichts gegen Sex. Ganz im Gegenteil. Ah, apropos Küssen: Vielleicht magst du einen kleinen Ausflug zu dieser Geschichte machen *Ein Kuss oder nicht* (S. 355).

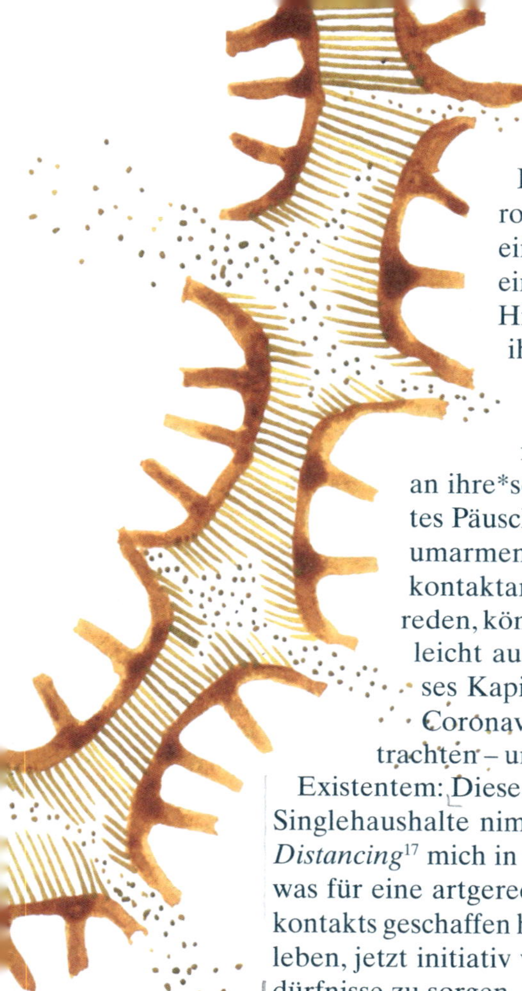

Den Lockdown beim Schopfe packen

Diese Zeilen schreibe ich während des zweiten Corona-bedingten Lockdowns. Und ich schreibe sie aus einer sehr privilegierten Situation heraus. Ich lebe in einer Gemeinschaft, die sich als ein Haushalt versteht. Hier leben viele Menschen. Etwa mit der Hälfte von ihnen pflege ich einen recht selbstverständlichen Körperkontakt. Es ist ganz normal, mich auf einem der Sofas in unseren Gemeinschaftsräumen neben eine*n von ihnen zu setzen und meinen Kopf an ihre*seine Schulter zu lehnen, ein aneinandergekuscheltes Päuschen zu machen oder sich einfach nur sehr lange zu umarmen. Ja, das ist ein Privileg, ganz besonders in diesen kontaktarmen Zeiten, aber auch schon vorher. Ich habe gut reden, könntest du als Leser*in also leicht resigniert und vielleicht auch etwas vorwurfsvoll murmeln, während du dieses Kapitel liest. Und es ist auch möglich, diese durch das Coronavirus verschärften Bedingungen als Chance zu betrachten – und als Fingerzeig, als Verstärkung von etwas bereits Existentem: Diese Vereinsamung gab es ja schon lange, die Zahl der Singlehaushalte nimmt beständig zu. So wie die Regeln des *Physical Distancing*[17] mich in meinem derzeitigen Zuhause wertschätzen lassen, was für eine artgerechte Lebensweise wir uns hinsichtlich des Körperkontakts geschaffen haben, können Menschen, die nicht in Gemeinschaft leben, jetzt initiativ werden, um ihrerseits besser für sich und ihre Bedürfnisse zu sorgen. Krisen sind perfekte Zeiten für außergewöhnliche Maßnahmen. Ich kenne nicht wenige Menschen, die sich für die Zeit des Lockdowns zusammengetan haben und nun lieber zu zweit oder dritt eine kleine Wohnung bewohnen als zu vereinsamen. Es ist möglich, die Situation beim Schopfe zu packen und nicht nur zusammenzurücken, sondern auch über sonst Zurückgehaltenes zu sprechen. Die Schwelle, zu benennen, was sich schmerzhaft und entbehrlich anfühlt, ist niedriger geworden: Wonach sehnst du dich? Und mit wem kannst du darüber sprechen – aller Scham zum Trotz?

Meist stellt sich heraus, dass, wenn eine Person beginnt, über Einsamkeit zu sprechen, die andere sehr froh ist, das zu hören, und sich dann traut, ihr Eigenes zu zeigen. Die allermeisten von uns sehnen sich nach einem Leben in mehr Verbundenheit, nach Interbeing. Das muss

17 Ich schreibe absichtlich nicht *Social Distancing*, weil der Begriff uns Falsches suggeriert. Weil wir Abstand halten, müssen wir nicht sozial kalt und abgewandt handeln. Während der Corona-Zeit erleben wir – wie eigentlich in allen Ausnahmesituationen – extrem viel Hilfsbereitschaft. Es geht um räumlichen Abstand, nicht um soziales Abgrenzen.

nicht heißen, dass wir uns fortan nur noch in Kuschelhaufen aufhalten. Wirklich verbunden zu sein kann auch bedeuten, mich abzugrenzen, ohne Mauern aufzubauen, also beziehungsstiftende Grenzen zu setzen: Unsere Beziehung ist so sicher, dass ein Nein sie eher stärkt als schwächt, weil es ein Zeichen von Aufrichtigkeit ist. Mit wem könntest du dich zusammentun zu einem kleinen Sehnsuchts-Forschungsteam?

Die Konzentration auf ein kleines soziales →Feld ist auch eine riesige Chance. Eben nicht heute mit A ins Kino, morgen mit B zum Tanzen und übermorgen mit C eine Pizza essen, sondern den kleiner gewordenen sozialen Raum nutzen, um mit einem oder wenigen Menschen in die Tiefe zu gehen. Wie geht es uns? Was brauchen wir wirklich? Nicht nur darüber reden, sondern auch Abhilfe schaffen. Was können wir jetzt tun – oder lassen, verlernen –, damit unser Leben stimmiger, artgerechter, nährender ist? Was können wir uns voneinander wünschen und einander schenken? Was möchte in dieser Zeit des Rückzugs nachgenährt werden? So können Kleinstzellen regenerativer Kulturen entstehen.

→ Einschub: Nachhaltigkeit, regenerative Kulturen

Wenn es darum geht, Lebensräume zu schützen und der zunehmenden Vergiftung und Ausbeutung des Planeten sowie dem Klimawandel entgegenzuwirken, kommt häufig der Begriff **Nachhaltigkeit** ins Spiel. Was bedeutet er? *Nachhalten* heißt *eine längere Zeit anhalten, bleiben* oder *wirken*. Die Idee des nachhaltigen Handelns kam also auf, als uns Menschen bewusst wurde, dass wir uns so verhalten, als könnten wir einen zweiten Planeten aus dem Ärmel schütteln, wenn dieser hier aufgebraucht ist – so wie wir eine neue Klopapierrolle aus der Tüte fischen, wenn die alte alle ist. Uns dämmert, dass wir uns dermaßen von unserer Verbindung mit der Erde abgespalten haben, dass wir sie wie einen Selbstbedienungsladen benutzen und dabei tiefgreifenden Schaden anrichten, der letztendlich auch unsere eigene Lebensgrundlage bedroht. Wir müssen nachhaltiger leben und wirtschaften, hieß es demzufolge ab den siebziger Jahren – zunächst verhalten, dann immer dringlicher –, uns also der Auswirkungen unseres Lebensstils bewusst sein und unser Leben zukünftig so gestalten, dass es möglichst wenig Schaden anrichtet und die sogenannten Ressourcen länger reichen.

Im Jahr 2015 verabschiedeten die Vereinten Nationen siebzehn Nachhaltigkeitsziele (Sustainable Development Goals, SDG). Sie enthalten Empfehlungen zu sozialer Gerechtigkeit, Bildung, Versorgung, Klima-, Arten-, Meeres- und Bodenschutz. All das hat sicherlich der Schutzbedürftigkeit des Lebens auf diesem Planeten zu mehr öffentlicher Aufmerksamkeit verholfen. Und genauso wahr: Das bestehende System verleibt sich das Label *Nachhaltigkeit* ein. So gut wie alles, was nicht mehr ganz so giftig ist oder ein paar Prozent weniger Plastik enthält als bisher, wird bereits als nachhaltig gefeiert. Warum? Weil es das Gewissen der Konsument*innen beruhigt und sich daher gut verkauft. Und das zählt in einer Welt, die nach wie vor auf Wirtschaftswachstum ausgerichtet ist. Obwohl wir inzwischen hinlänglich wissen, dass es nicht nachhaltig ist – ganz im direkten Wortsinn: Es kann nicht »längere Zeit anhalten«, dass wir unser Leben dem exponentiellen Wachstum verschreiben. Kein lebendiger Organismus wächst endlos. Das →Narrativ, auf dem unser gesamtes Dasein aufgebaut ist, kann nicht ewig so weitergehen, es ist endlich. Zu sagen, dieses Ende rücke näher, ist eine Verharmlosung. Es hat bereits begonnen. Mannigfache Krisen zeugen davon. Wir haben bereits so viel Schaden angerichtet, in unserem Inneren wie im Außen, dass es nicht mehr reicht, Schadensbegrenzung zu betreiben. Wir sind aufgerufen, uns dem Verletzten, dem Missachteten zu widmen. Die Zeiten der Nachhaltigkeit sind vorbei, der Wunsch nach **regenerativen Kulturen** wächst – in jenen, die bereit sind, sich dieser Tatsache zu stellen.

»Eigentlich bräuchten wir jetzt erst mal hundert Jahre Heilung, sonst nichts. Essen, trinken, schlafen, heilen«, sagte ein Freund neulich zu mir. Wäre das denkbar? Das Leben → radikal runterfahren, den ganzen Firlefanz weglassen – also das Allermeiste, das derzeit unseren Alltag bestimmt – und uns hundert Jahre lang dem Heilen dessen widmen, das wir als Menschen in unserem Versuch, uns der Herausforderung des Menschseins zu stellen, an Trauma, Verletzung und Vernichtung von Leben in die Welt gebracht haben? Lange konnten wir den Schmerz nicht erkennen, den wir mit unserer Zivilisation verursacht haben. Nun beginnen wir allmählich, das wahrnehmen zu können. Dass wir anfangen, zu spüren und zu fühlen – so unangenehm und beschämend es auch sein mag –, macht mich zuversichtlich. Und gleichzeitig wird deutlich: Auch die Idee solch einer hundertjährigen Heilungsphase entspringt noch einem herkömmlichen Denken. Wenn wir das Projekt auf eine gewisse Zeitspanne begrenzen, schlummert darin – auch wenn es über unser eigenes Leben hinausreicht – die Vorstellung, wir könnten damit irgendwann fertig sein. Erledigt, alles repariert, zurück zur Tagesordnung. So wird es nicht sein. Es geht darum, dass das Heilsame integraler Bestandteil unserer Vorstellung von Leben wird, indem wir unser lineares Weltbild, unsere gängige Vorstellung von Zeit loslassen und uns wieder dem Zyklischen anvertrauen. Dann können wir Menschen ein Segen für diesen Planeten sein und nicht Fluch.

Wie das konkret aussehen kann, zeigt sich in der gerade entstehenden *bodenaufbauenden Landwirtschaft*. Es reicht nicht, Ackergifte, synthetische Düngung und schwerste, bodenverdichtende Maschinen wegzulassen. Die Pionier*innen auf diesem Gebiet entwickeln eine Art und Weise, das Land zu kultivieren, die uns zugleich mit Nahrung versorgt und die Bodenqualität verbessert. Statt *Landwirtschaft* bevorzugen sie häufig den Begriff *Agrikultur*, denn es ist wichtig, dass wir uns vom Gedanken der Wirtschaftlichkeit verabschieden – auch wenn sich viele von uns momentan nicht vorstellen können, dass das möglich ist. Gewinne erzielen zu müssen ist ja auch Teil des Narrativs von Getrenntheit, von dem wir uns Schritt für Schritt lösen, wenn wir uns dem Entwickeln von heilsamen Kulturen widmen. Unser Gewordensein verschränkt sich mit unserem Werden, im Heilendürfen liegt unser Potenzial: Wir erkennen uns als Teil der Evolution, die sich ständig weiterentwickelt und klügere Lösungen findet für etwas, das sich nicht bewährt. Wenn wir uns darauf ausrichten, erledigt sich auch jene Frage nach dem Firlefanz. Wir müssen keine Anstrengung mehr unternehmen, ihn wegzulassen. Je deutlicher das Wesentliche zutage treten darf, desto weniger brauchen wir Ablenkung und Ersatzbefriedigungen.

Mir wird warm, während ich dies schreibe. Sehr warm. Ich werde ruhig und aufgeregt zugleich. Diese Zeilen schreibe ich an meinem 53. Geburtstag und weiß beim Schreiben noch genauer als bisher: Ja, dieser Aufgabe möchte ich den Rest meines Lebens widmen. Nicht irgendwie und ab und zu. Voll und ganz.

Auf diesem Gedanken beruht der Ruf nach regenerativen Kulturen: Wie können wir unser Leben voll und ganz dem einzigen Auftrag widmen, der heute Sinn ergibt – Verletztes heilen und dabei auf dem Kompost der alten Welt ein Leben gedeihen lassen, das den Namen verdient? Die Kulturen, die jetzt entstehen dürfen, werden sich aus dem Hinhören entwickeln. Sie orientieren sich an den sozialen, ethischen, geo-ökologischen, klimatischen, historischen Gegebenheiten des jeweiligen Ortes und an seinem einzigartigen Potenzial. In Resonanz damit tritt eine Ausrichtung zutage – und erste gangbare Schritte. So entstehen lokale Kulturen, die sich sicher miteinander austauschen und voneinander lernen werden, aber immer im Kontakt sind mit dem Sein, dem Gewordensein und dem spezifischen Werden der Region und ihrer Lebewesen. Dieses Hinhören ist auch ein Hineinhören. Ich werde selbst darin vorkommen wollen und müssen in dieser Kultur, mit meinen Bedürfnissen, meiner Sehnsucht und meinen Wunden. Ich trage die Zeugnisse der Verletztheit in mir und bin daher die beste Heilungsexpertin, die es geben kann – wenn ich die Verantwortung übernehme, die Schuld nicht anderen hinzuschieben, sondern bereit bin, aus meinen Wunden Kraft zu schöpfen: Sie machen mich sensibel und wach für die Verletzlichkeit alles Lebendigen. Hier kann ich als Seismographin für das Ganze wirken. Und an dieser Stelle wächst der Vorgang des Heilens über sich hinaus: Er ist nicht reiner Selbstzweck, der Gefahr läuft, dass wir uns im ewigen Kreisen um eigene Verletzungen selbst bemitleiden und uns an unserem Leid laben, sondern das Heilerwerden entpuppt sich als Wegweiser und Nährboden für eine Kultur, die solchen Schmerz nicht länger hervorbringen möchte. Das Wunder in all unseren Wunden darf sich in seiner ganzen gestalterischen Kraft zeigen und wirksam werden.

Wenn das Ende des Bekannten in Sicht ist, lautet die Frage: »Will change come by design or by disaster?« (»Wird Veränderung durch Gestaltung oder durch Katastrophe(n) geschehen?«). Dazu fallen mir zwei Antworten ein: Wie bei den meisten Dingen gibt es auch hier kein Entweder-Oder. Beides hat bereits begonnen. Menschen gestalten bereits seit vielen Jahren aktiv enkeltaugliche(re) Lebenswelten. Und Katastrophen, Krisen gibt es ebenfalls bereits in beachtlichem Ausmaß. Offensichtlich brauchen wir Menschen diese Wachmacher, um unser Verhalten zu ändern und überhaupt ins Gestalten zu kommen. Dann fällt mir noch das Wort *Design* oder *Gestaltung* auf. Ich beziehe mich hier auf Daniel Christian Wahl, den ich schon im Einschub → Wandel erwähnte: Zum einen spricht er von Kulturen im Plural, weil es eben nicht die eine Standardlösung für alle Menschen, Klimazonen, Gegebenheiten gibt; zum anderen betont er, dass der Titel seines Buches »Designing Regenerative Cultures« schon ein Widerspruch in sich ist: Man kann den Wandel eben nicht »designen«. Je nachdem, wie man das Wort ins Deutsche übersetzt, fühlt es sich stimmig an oder nicht: Auf dem Reißbrett entwerfen kann man regenerative Kulturen sicherlich nicht, aber gestaltet werden wollen sie. Wir werden unser Verständnis dessen ändern müssen bzw. dürfen, was das bedeutet. Dass das Gestalten irgendwann fertig ist und mit der Präsentation eines Produktes endet, folgt auch der Logik der Warenwirtschaft. Wir dürfen nach und nach begreifen, wie sich der Vorgang des Gestaltens gestalten kann, wenn wir es als lebendigen und gegenseitigen Prozess erfahren. Es ist ein Dialog mit dem, was ich gestalte.

Den Lockdown erlebe ich auf jeden Fall als Einladung, den Firlefanz wegzulassen. Er könnte ein Hinweis sein, dass eine Konzentration aufs Wesentliche ansteht. Nutzen wir die Chance, anstatt uns aus Langeweile mit neuem Firlefanz zu belasten.

Das Loch füllen

Während ich an diesem Buch schreibe, laden mich die *Pioneers of Change*[18] zu einem Webinar ein: *Wie können wir einen tiefgehenden Kulturwandel in die Welt bringen?* Dort spreche ich unter anderem über dieses Loch, diese unerfüllte Sehnsucht, die wir kaum wahrnehmen können und über die es uns noch schwer fällt zu sprechen. Ich bekomme danach etliche Mails. Ja, schreiben mir bekannte und auch wildfremde Menschen, als ich diese Leere

18 Die *Pioneers of Change* sind eine rasant wachsende, von einem Team um Martin Kirchner initiierte Bewegung, die einen jährlichen Online-Summit zu Wandelthemen organisiert und viel Bildungs- und Netzwerkarbeit betreibt: www.pioneersofchange.org

erwähnte, es habe Resonanz in ihnen gegeben, aber sie sei sehr vage, kaum greifbar. Was es denn sei, wonach wir uns da sehnen, fragen sie mich. Beim Beantworten der Mails wird mir noch einmal deutlich, dass sich diese gefühlte Leere, diese Suche nach etwas, das es doch geben muss, aber das nirgends zu finden ist, bei allen Menschen unterschiedlich zeigt, weil wir die Leere und das Entbehren des Sozialen Uterus so verschieden erlebt haben: Uns begegnete in frühen Jahren Unbeholfenheit, Vernachlässigung oder Überfürsorge, Gleichgültigkeit oder Übergriffigkeit, →Gewalt oder emotionale Abwesenheit – oder eine wirre, unberechenbare Mischung daraus. Unsere Bezugspersonen waren nicht in der Lage, uns als die zu sehen, die wir sind, weil sie ihrerseits keinen guten Kontakt mit sich hatten. Und das hat sich übertragen auf unsere Fähigkeit, uns selbst wahrzunehmen. Sie ist einfach bei den meisten von uns nicht besonders gut ausgeprägt. In unseren Lebensläufen hat sich die Geschichte der Getrenntheit ganz verschieden manifestiert. Der Mangel und das Entbehren sind so mannigfaltig. Deswegen gibt es nicht die eine Antwort, keine Gebrauchsanweisung, wie wir das Verpasste nachnähren können: Kuscheln, endlich gehört werden, Nein sagen dürfen, das Gefühl erleben, in einem sozialen Raum sicher zu sein ...

Es geht also noch einmal ums Anerkennen. Anerkennen wo wir sind, was uns fehlt, was wir uns wünschen. Wir sind eben nicht die souveränen, autonomen Wesen, die wir oft vorgeben zu sein. Wir haben einiges an individuell-biographischem und an kollektivem Trauma im Gepäck. Die meisten von uns brauchen es, die intime Verbindung zu anderen Lebewesen zu spüren, damit wir uns selber lebendig fühlen. Und das brauchen wir schlicht und einfach deshalb, weil wir Lebewesen sind, die darauf angewiesen sind, dass sich ihr Leben mit dem anderer Kreaturen verwebt, verschränkt, durchdringt, beschenkt, bedingt. Die intime, sinnliche, zärtliche Verbindung zu anderem Leben brauchen wir am derzeitigen Punkt der Zivilisationsgeschichte ganz besonders, weil sie den meisten von uns zu Beginn unseres Lebens so sehr gefehlt hat. Ich lag auf jeden Fall nicht als Säugling stundenlang auf dem (nackten) Bauch meiner Eltern, um mich willkommen und sicher fühlen zu können in dieser Welt, die so anders war als die Gebärmutter, aus der ich kam. Mir stand wie den allermeisten von uns nicht der Soziale Uterus zur Verfügung, den ich gebraucht hätte. Es blieb mir verwehrt, auf zellulärer Ebene am Leben anzudocken, das mich umgab, weil ich meist auf unbelebten Untergründen lag, die mir kein Nervensystem zum Andocken boten. Genau dieser satte und anhaltende Körperkontakt mit unseren frühen Bezugspersonen ist es aber, der Co-Regulation ermöglicht. Durch ihn können sich die Synapsen in unserem Gehirn so verschalten, dass wir uns sicher fühlen. Wenn wir sichere Bindung wirklich als andauernden, verlässlichen und allem zugrundeliegenden Zustand erfahren haben, dann ist eine Basis gelegt. Und an dieser Stelle treffen sich unsere individuelle und unsere kollektive Sehnsucht: Wir wollen endlich »das Loch«

unseres Entbehrens füllen – und wir wollen als Menschheit endlich die werden, die wir sein können.

Genährt sein

Vor wenigen Tagen war ich zu Besuch bei einem befreundeten jungen Elternpaar. Sie haben vor ein paar Wochen ein Baby bekommen, das es offensichtlich nicht ganz leicht hat, in dieser Welt anzukommen, wo man so seltsame Dinge tun muss wie Trinken, Verdauen, Kacken, An- und Ausgezogenwerden. Und diese jungen Eltern sind mit einer Gelassenheit und Ruhe für ihr Kind da, die ihresgleichen sucht.[19] Als ich nach ein paar Tagen Besuch wieder abfuhr, konnte ich nicht umhin, beim Abschied zu sagen: »Danke, dass ihr euch der Aufgabe, für euer Kind da zu sein, so hingebt. Das ist zutiefst politisch.« Ich erntete ein tiefes Ausatmen. Kann es politisch sein, nichts zu »leisten« und mit einem Säugling auf dem Bauch auf dem Boden zu liegen? Ja. Dass diese frühe Erfahrung von Verbundenheit kulturprägend wirkt, liegt bei dem, was wir derzeit über das Nervensystem wissen, auf der Hand. Ein Kind, das solch eine Zugewandtheit, so satte und unerschütterliche Sicherheit kennt, bringt äußerst gute Voraussetzungen mit, erheblich zur Entfaltung unseres Menschenpotenzials beizutragen. Nämlich wie?

Die Aktivierungskurve zeigt deutlich, dass wir nur vom Erdgeschoss aus, nur aus dem sicheren *Ich bin*-Zustand heraus bei – vermuteter – Gefahr aus unserem Potenzial heraus handeln können, statt panik- oder reflexhaft in die Defensive oder Offensive zu gehen. Wir müssen dann nicht mauern, kämpfen, uns abspalten, um für Sicherheit zu sorgen, sondern wir können miteinander in Verbindung sein. Und ich nehme an, beides ist als Sehnsuchtsfaden in uns Menschen angelegt: Wir sehnen uns nach diesem verlässlich geborgenen Ort, von dem aus wir die Welt entdecken können – und zu dem wir zurückkehren können, wenn es zu aufregend wird. Und wir sehnen uns danach, unser Menschsein voll und ganz zu leben, anstatt so dermaßen unter unseren Möglichkeiten zu bleiben, wie es heute der Fall ist.

Die meisten Menschen meiner Generation und älter, aber auch viele Jüngere haben ein enormes Nachholbedürfnis. Und es wird hilfreich sein zu lernen, uns dessen nicht zu schämen, sondern zu feiern, dass jetzt Zeiten anbrechen, in denen wir das Wissen und die Kommunikationsfähigkeiten haben, diesen erheblichen Mangel nachzunähren. Wir können darum bitten. Und da wir ja über dieses neuroplastische, also lernfähige Gehirn verfügen, kann sich dadurch ein neues, bisher nicht gekanntes Gefühl von Geborgenheit einstellen – sodass sich den frühen Verunsicherungen, dem Mangel zum Trotz etwas anders bahnen kann.

19 Wie fast allen Menschen, die in meinen Texten vorkommen, schickte ich dem Elternpaar den Abschnitt, in dem ich über sie schreibe, um zu fragen, ob das für sie okay sei. Ihre Antwort ist in Kapitel 6 zu lesen (ab S. 340).

Es ist tatsächlich möglich: Die Botschaft, wirklich getragen und sicher zu sein, kann auch mit dieser großen Verspätung in unserem Nervensystem ankommen – auch wenn es schöner gewesen wäre, das von Anfang an zu erfahren. Vielleicht lösen diese Sätze Widerstand, Unglauben oder Zynismus in dir aus? Kann es sein, dass du dich so an den Mangel gewöhnt hast, dass du davon überzeugt bist, es sei unmöglich, diese riesige Sehnsucht in dir zu stillen? Magst du dir ein bisschen Zeit nehmen und dich der Vorstellung widmen, wie es wohl wäre, sich von Grund auf satt und genährt zu fühlen?

Dieses Kapitel heißt *Der Sehnsucht folgen*. Ja. Angefangen habe ich bei Greta Thunberg und der großen Sehnsucht, die Zustände radikal zu verändern und dem Leben zu dienen, anstatt weiterhin die Selbstverständlichkeiten dieser »strange world« zu akzeptieren. Nun bin ich bei ganz persönlichen Bedürfnissen gelandet. Wie kann das sein? Weil es meinem Empfinden nach nicht trennbar ist. Wenn wir wirklich genährt sind, nicht nur mit Ersatzbefriedigungen getröstet oder abgelenkt, dann steigt die Wahrscheinlichkeit, dass wir unserer Mitwelt empathisch begegnen – der menschlichen wie auch der mehr-als-menschlichen. Die Sehnsucht nach dem Leben an sich zeigt sich in der Sehnsucht, das eigene Leben voll und ganz zu leben. Finden wir also heraus, wonach genau wir uns sehnen und trauen wir uns, darum zu bitten und Räume zu schaffen, damit es endlich geschehen kann. Denn wenn wir genährt sind, können wir der Welt in unserer ganzen Kraft zur Verfügung stehen.

Das Etwas in der Leere

Bisweilen kommt uns auch das Leben zuvor. Es begegnet uns etwas und wir erkennen: Oh, das ist es also, wonach ich mich immer gesehnt habe, ich wusste es nur nicht. So war es, als ich mit der Contact Improvisation eine Möglichkeit kennenlernte, satten, spielerischen und freilassenden Körperkontakt zu erleben. Ich nährte etwas nach, von dem ich noch nicht einmal wirklich bewusst hätte sagen können, dass es mir gefehlt hatte. Mitunter geschieht es, dass bei solch einer Entdeckung die Trauer über das jahrelange Entbehren so unerträglich scheint, dass Menschen das, was ihnen da begegnet, ablehnen oder verurteilen müssen, um sich vor diesem Schmerz zu schützen. Nicht selten habe ich erlebt, dass Menschen Contact Improvisation zum ersten Mal sahen und sagten, das sei doch abartig, so etwas mache man doch einfach nicht.[20] Mir hilft es, die Not dahinter zu würdigen. Inzwischen kann ich das meist ganz gut und muss mich nicht mehr falsch fühlen, wenn das, was sich für mich wunderbar anfühlt, verurteilt und abgewertet wird. Und es ist mir ebenso wichtig, nichts zu verallgemeinern. Es gibt auch Menschen, die mögen einfach keinen Körperkontakt. Und es wäre übergriffig, ihnen

20 Nachzulesen in der Geschichte *Meine Freiheit und deine Freiheit* (S. 287).

nahezulegen, daran etwas ändern zu müssen. Es kann sein, dass es ihnen schlichtweg nicht entspricht – ich verweise auf Fußnote 38 (S. 232). Und es kann sein, dass sie → Angst haben, es könne, falls sie sich darauf einlassen, eine Wunde zum Vorschein kommen, die so groß und bedrohlich ist, dass sie sich dem nicht gewachsen fühlen. Ich selbst erinnere mich daran, wie ich die Sehnsucht nach meinem Vater irgendwann zu meiden begann, weil es zu schmerzhaft war. Ich wollte nicht, dass sie mich wieder und wieder auffraß: Die Sehnsucht war wie ein Loch, das sich in mir auftat und sich unaufhaltsam ausdehnte. Was dehnte sich da aus? Kein Etwas – es war ein Nichts, das da in mir wuchs und mich von innen zu verschlucken drohte. Wenn ich an meinen Vater dachte, wurde seine Abwesenheit erst so richtig spürbar. Und das tat so weh, das wollte ich nicht fühlen. Dann lieber nicht an ihn denken. Es hat lange gedauert, bis ich herausfand, dass es das Etwas in der Sehnsucht ist, an das ich mich halten wollte, nicht das Nichts. Das Etwas – dieser kleine Funken inmitten der Leere – kann zur Spur werden, zum Anhaltspunkt. Das Nichts hingegen, die Leere, das Verharren im Entbehren frisst uns auf.

Der Schatten der Sehnsucht

Wie eigentlich alles hat auch die Sehnsucht eine Schattenseite, eine Ausprägung, die eher Enge als Weite erzeugt. Es ist das Hadern, die Unzufriedenheit, die Undankbarkeit, und der ewige Ausruf: »Das reicht doch nicht, damit kann ich mich unmöglich zufriedengeben, da geht doch noch mehr!« Damit will ich nicht sagen, es sei nicht gesund und notwendig, diese Sätze genau so ab und zu in die Welt hinaus zu rufen. Doch was geschieht, wenn ich in diesem Sumpf hängenbleibe? Wenn es nie genug sein kann? Wenn ich nie ausatme, innehalte und anerkenne, wie weit wir uns schon entwickelt haben? Dann lasse ich mich von jener Art Druck unterjochen, der will, dass alles ständig besser wird und zwar am besten sofort. Dabei bleibt unberücksichtigt, dass Prozesse Zeit benötigen. Jedes Erkennen will integriert werden, es will zu tiefer Einsicht reifen und kann erst dann im Handeln sichtbar werden. Wenn das keinen Raum bekommt, verlange ich mir und anderen mehr ab, als uns im Moment möglich ist. Ich schiebe, ich drängle. Ich vergesse zu feiern, zu würdigen, zu danken. Ich halte dann meiner Sehnsucht auf eine Art und Weise die Treue, die den gegenwärtigen Moment verrät. Ich versteife mich so sehr auf das Noch-Nicht, dass es mich aus dem Jetzt herauskatapultiert, aus der Lebendigkeit, dem Glück, dem ganzen, prallen, satten, heiligen Leben, das sich mir in jedem Augenblick offenbaren will – in all seiner Unvollkommenheit.

Das Süchtige in der Sehnsucht kann sich also nicht nur darin zeigen, dass ich oberflächlicher Befriedigung hinterhereile, wie ich es bereits beschrieben habe. Die Sucht kann sich auch genau im Gegenteil davon zeigen: wenn ich hängenbleibe in der Dauerschleife von Unzufriedenheit und Hadern. Melancholie könnte ich das nennen, wenn die unerfüllbare Sehnsucht bereits so zu mir gehört, dass ich drohen würde, mich aufzulösen, wenn sich das Blatt wirklich zum Besseren wendet. Ich versteife mich darauf, dass es niemals gut sein kann und bade in dem Schmerz, dass das so ist. So möchte ich das nicht verstanden wissen, wenn ich dazu ermutige, der Sehnsucht zu folgen. Folgen ist eben etwas anderes als sehnsüchtig aus der Ferne betrachten. Es kann erhellend sein zu überprüfen, ob ich es mir behaglich eingerichtet habe in dem Gedankenkonstrukt, die Welt sei schlecht und ich sei gut. Und weil die Welt so schlecht ist, sind mir die Hände gebunden. »Denn gegen die Übermacht des Falschen kann ich nichts ausrichten – würde ich einen Verbesserungsversuch wagen, würde er sicherlich sofort missbraucht und einverleibt werden.« Das ist die Einstellung, die dazu führt, dass alles so bleiben muss wie es ist, damit ich mein Phlegma weiter pflegen kann. Fände ich mich – auch durch meinen eigenen kleinen Beitrag – in einer sich wandelnden Welt wieder, käme mir der Vorwand für meine Bequemlichkeit abhanden, denn ich hätte erlebt, dass es etwas bewirken kann, Gestaltungsverantwortung zu übernehmen.

Angst und Sehnsucht können dicht beieinander liegen. Das, wovor wir uns fürchten, ist wohl oft das, wonach wir uns am allermeisten sehnen. Das Verharren in der Angst kann sich sicherer anfühlen als der Schritt in Richtung des Funkens.

Improvisation unterrichten

Die Geschichte, wie ich meiner Sehnsucht folgte, geht noch weiter – und wenn ich diesen Satz schreibe, durchfährt mich ein zitternder Schauer und ich möchte am liebsten schreiben: Sie ist gerade erst losgegangen, weil ich erst in den letzten Jahren angemessene Worte dafür habe. Ich begann, das, was ich so sehr liebte und weiter erforschen wollte, zu unterrichten. Nicht, weil ich mich schon besonders kompetent und fortgeschritten fühlte, sondern weil ich fand, dass möglichst viele Menschen in den Genuss kommen sollten – und weil ich darüber hinaus schließlich in eine Stadt zog, in der es keine Contact Jams gab und auch keine Kurse und Workshops. Also bot ich welche an, denn ich brauchte ja Menschen in meiner Nähe, mit denen ich tanzen konnte! Ich experimentierte damit, wie ich die Contact Improvisation, die mir so viel bedeutete, vermitteln konnte. Und ich lernte dabei eine Menge. Vor allem versuchte ich, transparent zu sein mit allem, das herausfordernd und schambehaftet war. Ich verlegte die Gespräche, die bei mir draußen am Fahrradständer stattgefunden hatten, in den Tanzraum. Ich ermutigte meine Schüler*innen, ihre Verunsicherung, ihre Scham, ihre Prozesse des Lernens und Scheiterns miteinander zu teilen und ich war begeistert, wie viel Erleichterung das brachte – und wie viel ich dabei auch über mich selbst lernte.

Erst viel später begriff ich, dass ich mit diesen Kursen und Workshops auch noch einer weiteren Sehnsucht folgte: Ich hatte immer geahnt, dass Lernen nicht das ist, das wir in der Schule tun sollen, sondern ein selbstermächtigter Prozess, der optimalerweise von Erfahreneren begleitet wird, die sich nicht aufdrängen, sondern bei Bedarf unterstützen. Das wollte ich tun: Menschen sichere und begleitete Räume zur Verfügung stellen, in denen sie Erfahrungen machen konnten, die ihnen das Leben anderswo eher nicht schenkte. Meine Kurse entwickelten sich immer mehr zu Forschungsräumen. Mal vermittelte ich technische Grundlagen, da trat ich noch eher als Lehrerin im klassischen Sinn auf. Es macht einfach Sinn, Bewährtes weiterzugeben, allein schon, damit es nicht allzu gefährlich wird. Fallen lernen hilft. Dann wieder fragte ich meine Schüler*innen, worauf sie neugierig waren, was sie lernen wollten und was sie beim Tanzen beschäftigte. Die Herausforderungen sind ja für alle ein bisschen unterschiedlich gelagert. Es bereitete mir große Freude, Räume zu gestalten, die ihnen einen Rahmen und Unterstützung boten, ihren eigenen Fragen nachzugehen. Doch immer wieder geschah es, dass nach solchen Stunden Leute fragten: »Heike, unterrichtest du nächste Woche wieder richtig?«

Richtig? War das heute falsch?

Sie führten aus, warum sie sich das wünschten: »Ich komme von einem anstrengenden Tag im Beruf. Danach möchte ich einfach nur hier herkommen und mitmachen, was du uns anbietest.«

Ja klar, das konnte ich verstehen, aus ihrer Sicht ergab es Sinn, aber in mir sträubte sich alles. Dafür wollte ich nicht zur Verfügung stehen. Ich wollte keinen Konsumartikel anbieten, den man sich nach einem anstrengenden Arbeitstag reinzieht. Ich hatte gut reden – ich hatte und habe keinen solchen Job, in dem ich jeden Tag meine Stunden ableiste. Ich war und bin in der privilegierten Situation, alles, was ich tun möchte, selbst »erfinden« zu können. Wenn ich es nicht will, findet es nicht statt, niemand zwingt mich zu etwas. Dieses → Privileg kann ich deutlich erkennen – aber je länger, desto weniger mag ich die »Du hast es ja gut«-Kommentare gelten lassen. Denn das Privileg ist mir nicht in den Schoß gefallen. Ich bin auch hier meiner Sehnsucht gefolgt, weil ich mir nie vorstellen konnte, mir meine Tätigkeiten von einer* Chef*in vorschreiben zu lassen und jeden Tag Dinge zu erledigen, die wenig mit meiner Begeisterung zu tun haben.[21] Ich habe mich bewusst dafür entschieden und mir mein Leben genau so gebaut – mitsamt all der Unsicherheit, die damit einhergeht. Ich bin der Überzeugung, dass wir alle die Freiheit haben, uns der vermeintlichen Zwänge der Arbeitswelt zu entledigen und zu horchen, was wir von uns aus beitragen wollen. Das Vertrauen, dass schon genug Geld für meinen Lebensunterhalt reinkommen wird, trägt

21 Mir ist durchaus bewusst, dass es auch Angestelltenverhältnisse gibt, innerhalb derer Menschen ihrer Berufung folgen können, ja, die sie darin sehr unterstützen.

mich seit Beginn meiner Berufstätigkeit – ich war noch nie irgendwo angestellt. Was wird das für eine glückliche, friedliche Welt sein, in der wir alle das tun, wofür wir wirklich brennen, anstatt eine Arbeitsstelle zu suchen, deren Profil jemand anders erdacht hat und in das wir uns nun hineinzwängen und uns bemühen, möglichst gut den Erwartungen und Anforderungen zu entsprechen.[22] Was für Voraussetzungen braucht es, damit wir uns das trauen? Selbstvertrauen. Selbstermächtigung. Beides erwächst uns, wenn wir wieder wahrnehmen. Wenn wir innehalten, um zu horchen, warum wir hier sind, anstatt einem auferlegten Trott zu folgen. Und daraus schöpfen wir den Mut, der eigenen Sehnsucht zu folgen.

Zurück zu meinem Dilemma beim Unterrichten. Zunächst war ich unsicher, wie ich mit den Wünschen meiner Schüler*innen umgehen soll, machte immer wieder Zugeständnisse, bot ihnen doch wieder »richtigen Unterricht« – war also ähnlich unfrei, wie ich es eben noch Angestellten unterstellte. Und bei einem Wochenendworkshop wird es mir dann mit einem Schlag so richtig bewusst: Ich sitze am Freitagabend mit den Teilnehmer*innen im Kreis, sie gucken mich erwartungsvoll an. Manche auch etwas fordernd, wie mir scheint. Die Situation ist mir vertraut, die habe ich mehrmals pro Woche, seit vielen Jahren: Im Kreis sitzen. Von Menschen angeguckt werden. Die richtigen Worte finden, um sie alle in Bewegung zu bringen. Es kann etwas Magisches haben, diesen Raum entstehen zu sehen. Es macht mir eigentlich Spaß. Gerade diese Anfänge. Die ersten Schritte. Das Eis schmelzen sehen. Aber an diesem Tag ist es anders. Ich habe keine Lust mehr. Am liebsten möchte ich aufstehen und den Raum verlassen. »Macht es doch alleine«, will ich sagen. »Ihr braucht mich nicht.« Wieso soll ich jetzt sagen, was wir heute machen? Warum leite ich das? Warum gibt es überhaupt so was wie Workshops? Und mit welcher Vermessenheit lade ich dazu ein? »You can't teach Contact Improvisation. The Dance is the teacher.«[23] ... Warum tu ich es trotzdem? Noch nie war für mich die Sehnsucht so schmerzhaft spürbar und die Logik so unausweichlich greifbar, dass zu diesem Neuen, das wir hier erleben, auch ganz neue Formen des Lernens, Übens und Praktizierens gehören. Natürlich gibt es einen spürbaren Unterschied zwischen absoluten Anfänger*innen und Menschen, denen diese Bewegungsqualität seit Jahren vertraut ist. Trotzdem treten unsere gewohnten Zuordnungen *ich kann es* und *du kannst es noch nicht* außer

22 Wer sich dieser Vision in musikalischer Form hingeben möchte, sei auf Bodo Wartkes Lied »Das falsche Pferd (Was, wenn doch?)« verwiesen. Es endet mit den Worten: »Wo kämen wir denn da hin? Das hat doch alles keinen Sinn. Wir unterwerfen uns lieber weiterhin dem Joch – denn das kann ja gar nicht klappen. ... Was, wenn doch?« https://youtu.be/rRy_Fhr6j2Y

23 Ein viel zitierter Satz von Steve Paxton, der als Vater der Contact Improvisation gilt. »Du kannst Contact Improvisation nicht unterrichten. Der Tanz ist der Lehrer.« Steve hat selbst auch unterrichtet. Es ist und bleibt ein Paradoxon. Eines, das uns zu einer angemessenen Haltung verhilft, wenn wir es doch wagen, als Lehrer*innen tätig zu werden.

Kraft. Ich habe schon die fulminantesten Duette mit absoluten Anfänger*innen erlebt, die ihren Reiz genau daraus bezogen, dass diese keine Konzepte hatten, keine Technik kannten, mir keine eingeübten Moves präsentierten und sich einfach ins Spiel begaben. Wie erfrischend. Und das Gegenteil gibt es natürlich mindestens genauso oft: Menschen, deren eingefahrene, verhärtete Bewegungs- und Kommunikationsmuster ein Duett beinahe unmöglich machen, weil sie einfach nicht in der Lage sind, wahrzunehmen. Nicht, wo sie sind, nicht, wo ich bin. Nicht den Boden, den Raum. Wahrnehmungsschulung hilft, um improvisieren zu lernen. Und die lässt sich in gewissem Maß »unterrichten«. Ich bin mir ziemlich sicher, dass ich den Leuten, die hier mit mir zusammen im Kreis sitzen, etwas beibringen und ihnen neue Räume eröffnen kann.

Doch wenn die Pionier*innen einst antraten, um die Hierarchien in den Tanzkompanien zu durchbrechen, die Choreogaph*innen zu entmachten und die Tänzer*innen zu ermächtigen, ihre Bewegungen aus sich heraus zu erschaffen, dann ist mir das Auftrag und Verpflichtung. Und daher rührt dieses Unbehagen, wenn mich hier alle erwartungsvoll angucken. Es widerstrebt mir, aus dem Hut zaubern zu sollen, wie »es geht«. Es selbst herauszufinden ist essentieller Teil des ganzen Feldes, das wir Contact Improvisation nennen. Auf der anderen Seite müssen wir natürlich nicht jedes Mal das Rad neu erfinden, ich kenne hilfreiche Pfade, die ich gern teile – wenn sie nicht als Fertigprodukt konsumiert werden. Ich bleibe sitzen in diesem Kreis, verlasse nicht den Raum. Ich nehme die Wut in mir wahr und versuche, sie nicht gegen die Menschen hier im Kreis zu richten. Ich teile mein Hadern mit der Runde und verstecke es nicht professionell, um wie gewohnt zu funktionieren. Es wird ein etwas sperriger Workshop. Ich habe ein Stück mütterlicher Fürsorge abgelegt an diesem Wochenende. Das holpert noch ein bisschen. Und mich damit zu zeigen ist ein wesentlicher Schritt, mir und meinem Anliegen noch konsequenter die Treue zu halten, auch wenn ich noch keinen Plan habe, wie es anders gehen könnte.

Das Ja im Nein

Ich vermute, das wird immer so weiter gehen. Der Sehnsucht zu folgen ist anscheinend eine Fährte mit vielen Stationen. Schritt für Schritt wird präziser und fassbarer, wohin die Reise gehen kann – und was von all dem unmöglich Erscheinenden doch möglich werden könnte. Vielleicht wird es sich von einem vagen Unbehagen zunächst einmal in ein deutliches *Nein* zum Vorgefundenen wandeln: »Nein, dabei will ich nicht mehr mitmachen.« Und von dort aus immer häufiger zu einem *Ja*: »Ja, so erscheint es mir stimmiger. Ja, so ist es sinnvoll. Ja, dahin ruft es mich. Ja, so nähern wir uns unserem Potenzial. Ja, auf diese Weise trage ich zu einer lebensbejahenden Kultur bei.« Es mag verwirrend klingen, dass der Weg zur Stimmigkeit, der Pfad der Sehnsucht so oft mit einem *Nein* beginnen muss. Eigentlich wollen wir doch *Ja* sagen zu unserer Lebenskraft. Und in einer Zivilisation, die diese Kraft so verschüttet hat, kann sich dieses *Ja* häufig zuerst einmal in einem *Nein* äußern. Wie damals in der Erdkundestunde, als ich meinen erstarrten Mitschüler vor mir sah. Ich konnte es wahrnehmen, spüren, jenseits aller Moral, sondern aus meiner Sehnsucht nach einem verbundenen Leben heraus: »Es ist falsch, ihn so vorzuführen, so auszuliefern, so unter Druck zu setzen. Und es ist falsch, mir zu verbieten, dass ich ihn unterstütze!« So wichtig es ist, solche Momente klar benennen zu können, so wesentlich ist es auch, dass wir uns dabei beobachten, an welchem Punkt das *Nein* zum Selbstläufer wird: Wo landen wir in einer Protesthaltung, schreiben uns das *Dagegen* auf die Fahnen, gehen in Opposition, anstatt aus dem gesunden Nein-Impuls das *Ja* herauszudestillieren?[24] Wenn ich etwas nicht möchte, welche Sehnsucht zeigt sich darin? Welche Vision, welcher lebensfreundlichere Entwurf?

Und dabei dürfen wir uns vor allem auf unser eigenes Gefühl für Stimmigkeit verlassen. Denn es braucht ja das Ureigene einer* jeden von uns, nicht die Kopie eines* anderen, damit die Welt so bunt, vielfältig und lebendig wird, wie sie sein kann. Aus solch einem Prozess heraus entstehen regenerative Kulturen. Und es ist wichtig, dass wir wach bleiben, damit sie nicht sofort wieder erstarren. Immer wieder sind wir aufgefordert zu lauschen: Stimmt das noch, oder verschluckt die vorherrschende Logik meine Veränderungsimpulse? Dieses Verschlucken kann unter Umständen recht schnell geschehen, wie im Weiteren deutlich wird. Die Kultur, die wir vorfinden, taugt kaum dafür, Nährboden für unsere Sehnsucht zu sein, sie bietet uns nicht genug Ruhe, beim Gehen immer wieder zu horchen[25], ob der Weg noch in die gewünschte Richtung führt, oder ob das, wohin wir uns ursprünglich ausgerichtet hatten, längst verwässert, kompromittiert oder aufgefressen wurde. Bestehende Systeme neigen dazu, sich alles einzuverleiben oder für ihre Zwecke zu missbrauchen. Und – schwupps – funktioniert etwas, das einst neu, radikal, zukunftsweisend angelegt war, nach der Logik dieses Systems, das es überwinden wollte. Das kann ganz verschiedene Ursachen haben: Wir sind mit unseren innovativen Projekten auf Förder-/Spendengelder angewiesen und machen Kompromisse. Es braucht eine Rechtsform, die plötzliche Notwendigkeiten entstehen lässt. Wir müssen ja von etwas leben, meinen, einen Markt bedienen zu müssen, versuchen, unser Ding gut zu verkaufen, machen manipulative Hochglanzwerbung, erfinden Sonderangebote, Lockpreise, Frühbucher*innenrabatte und andere Vermarktungstricks. Wir oder die Menschen, mit denen wir arbeiten, halten die Unsicherheit nicht aus, die mit neuen, unerprobten Strukturen einhergeht. In unseren Teams folgen wir ohne es zu merken der Geschichte der Getrenntheit,

24 Dazu gibt es weiter hinten eine Geschichte: *Hose hoch* (S. 363).

25 Es leuchtet mir sehr ein, dass Hanzi Freinacht sein Buch über die Vision einer → integralen Gesellschaft »The Listening Society« (wörtlich übersetzt: »Die zuhörende Gesellschaft«) nennt.

misstrauen einander, suchen Schuldige für Misslungenes, neiden den anderen Erfolge, fühlen uns übergangen, wiederholen Muster, die wir gelernt haben. Wir folgen dem Gewohnten, reproduzieren das Alte, weil es so normal und scheinbar naheliegend ist und wir gar nicht auf die Idee kommen, dass es auch anders geht und schon längst intelligentere Lösungen in der Welt sind oder von uns hervorgebracht werden können.

Die Frage, wie wir wirklich selbstermächtigt und von der eigenen Neugier gespeist lernen können, wurde mir zum Leitfaden meines Tätigseins. Ich möchte nicht verschweigen, dass ich mich damit hin und wieder auch einsam gefühlt habe. Menschen wollten nicht mehr mitgehen, fanden mich unbequem, anstrengend, moralisch – war ich vielleicht mitunter auch. Immer wieder verließ ich Gruppen, die mir vertraut geworden waren, weil ich mehr wollte, weiterforschen, tiefer gehen, konsequenter umsetzen, wohin meine Sehnsucht mich zog. Mein Lebensweg war und ist ein fortwährendes Pendeln zwischen dem Ruf, den ich so deutlich verspüre, und der Frage nach Zugehörigkeit: Wo kann ich denn mal bleiben, ruhen, sein? Wo ist mein Clan? Im Moment sieht es so aus, als hätte ich ihn gefunden. Ich berichte am Ende des Buchs in Kapitel 9 von unserem sich allmählich herausschälenden Wirken mit *Sensing the Change*.

Spielen

Es gab noch einen Aspekt meiner Sehnsucht, der sich durch meine Praxis der Contact Improvisation deutlicher zeigte und Kontur gewann: Die politische Dimension des Spielens. Wenn ich tanzte und mich wach, lebendig und gestaltend erlebte, war das wie ein Beweis, eine Bestätigung: Etwas, das ich bisher nur als Sehnsucht kannte, war möglich und wirklich. Ich konnte jenes bleierne aber unfassbare Unbehagen, das ich zu Beginn dieses Kapitels beschrieben habe, als wichtigen Wegweiser erkennen. Nun stülpte sich das genau so um, wie ich es oben angedeutet habe. Aus dem Unbehagen mit unserer Kultur, dem vagen *Nein*, schälte sich ein klares *Ja* heraus: Ja, es gibt tatsächlich eine real lebbare Alternative. So kann Leben sich anfühlen. Leben darf und will sich spielerisch entfalten!

Meinem Spieltrieb war ich bislang eher heimlich gefolgt. Wenn ich allein draußen bin, liebe ich es, mit Händen und Füßen über verschiedene Oberflächen zu streichen. Moos, Erde, Steine, trockene Blätter, Nadeln und Zapfen, verrottendes Holz und am allerliebsten Matsch, Sumpf, Pfützen, Moortümpel, Ufer von Bächen und Rinnsalen, der Meeressaum. Meine Finger, meine Zehen tasten ihren Weg durch Strukturen, schmiegen sich an, graben sich in Höhlen, Zwischenräume und lockere Schichten hinein, spielen mit dem, was mir begegnet. Oft hinterlasse ich dabei kaum Spuren. Und manchmal entstehen kleine Bauwerke, Skulpturen, Land-Art. Bisher hatte ich das für mich und im Verborgenen getan – als Kind in jenen kleinen Nischen, die es damals noch eher gab als im durchgetakteten Alltag heutiger Kinder. Und als

Erwachsene auf Solo-Bergtouren, wenn ich mich vom Pfad wegschlich und im Schutz von Büschen oder Latschenkiefern sinnlich mit dem verband, was mich umgab. Die Contact Improvisation lud mich nun genau dazu in der Begegnung mit anderen Menschen ein: Ich durfte mich in die Landschaft der Körper meiner Tanzpartner*innen vertiefen. Es war so eine Freude, dass diese Qualität plötzlich wesentlich war und sichtbar werden durfte. Improvisation ist auf den Spieltrieb angewiesen. Ohne Spiellust verkommt das Improvisieren zu einer Aneinanderreihung bekannter Bewegungselemente. Ich durfte und konnte ganz allmählich meine Scham ablegen, Spielen sei unerwachsen und unnütz. Im Gegenteil, ich bekam eine Ahnung von der gestalterischen Kraft des Spiels. Wenn wir lernen, aus dieser Gestaltungsfreude heraus politische Entscheidungen zu fällen – wozu werden wir dann in der Lage sein? Was werden wir alles für möglich und machbar halten? Zum Glück fielen mir zur richtigen Zeit Texte von und Gespräche mit Joseph Beuys[26] in die Hände, in denen ich bestätigt fand, was ich zu ahnen begann, nämlich, welch politisches Potenzial darin steckt, aus der Wahrnehmung heraus ins Gestalten zu kommen. Was Beuys zur *Sozialen Plastik* schreibt, wurde für mich wesentlich, damit ich meine Begeisterung nicht als Spinnerei abtat. Allein das Wort *Wärmeprozess* liebe ich heiß und innig. Ich spürte: Zu solchem Gestalten sind Menschen fähig, die aus der ermutigenden Geborgenheit des Sozialen Uterus schöpfen können oder die trotz Entbehrungen den Glauben daran nicht begraben.

Ich werde diese Stränge des Spiels und des Politischen – die meinem Empfinden nach unbedingt miteinander zu tun haben – noch weiter verfolgen: In Kapitel 5 geht es darum, wie viel weniger Gesetze, Vorschriften und standardisierte Abläufe unser Zusammenleben braucht, wenn wir spielend, forschend und wahrnehmend unterwegs sind.

Und das Geld?

Ein weiterer Wunsch, lieber meiner inneren Stimmigkeit zu folgen als dem, wie man es halt macht, betraf die wirtschaftliche Seite meines Daseins als Freiberuflerin. Die Leute sagten: »Heike, du musst mehr Werbung machen, du musst dich besser verkaufen.« Ich wollte mich aber nicht verkaufen, wollte die Contact Improvisation nicht als Ware feilbieten. Sie passt einfach nicht in unser Denken von Wert und Gegenwert. Geld war mir immer schon eher lästig als wichtig. Mich strengte es an, dafür sorgen zu müssen, dass mein Tun auch Geld einbrachte. Ich wollte das doch. Meine Motivation, zu unterrichten, war nicht im Geringsten an die Bedingung geknüpft, dass es etwas einbrachte – es war mir ein Bedürfnis. Aber von irgendwas musste ich ja leben und meine Kinder ernähren. Was, wenn mal eben 300 € für die Klassenfahrt eines meiner

26 Volker Harlan: »Was ist Kunst? Werkstattgespräche mit Beuys«

Kinder hinzublättern waren? Da war es doch ganz praktisch, dass unser System vorsieht, als Gegenleistung für Tanzkurse Geld zu bekommen. Es lag auf der Hand, dass ich weder allein noch von heute auf morgen das Geld abschaffen konnte. Noch brauchte ich es als Zahlungsmittel. Welchen winzigen Beitrag konnte ich leisten, wenn ich das, was ich tat, nicht gewinnbringend verkaufen, sondern bedingungslos zur Verfügung stellen wollte? Das musste doch irgendwie anders gehen. Ich begann, über Schenkökonomie und Tauschlogikfreiheit zu lesen, Theoretisches – insbesondere Charles Eisenstein, später Friederike Habermann – und Praktisches. Ich wollte wissen: Wer setzte solche Ideen bereits in die Tat um? Das Prinzip der *Solidarischen Landwirtschaft*[27] überzeugte mich: Ertrag und Überleben entkoppeln. Menschen bekommen Geld dafür, dass sie ihren Hof bewirtschaften, und die Höhe richtet sich nicht nach der Produktion, sondern danach, was sie zum Leben brauchen. Genau das wollte ich. Ich wollte nicht möglichst hohe Gewinne erzielen mit meinen Kursen und Workshops. Ich wollte einfach tun, wozu ich mich gerufen fühlte. Und ich brauchte Geld zum Leben. Beides sollte so wenig wie möglich voneinander abhängig sein, damit letzteres nicht das erste verwässerte. Auch über das im Buddhismus verankerte *Dana-Prinzip*[28] las ich: im Nachhinein aus freien Stücken für etwas Geld geben, das ich erlebt habe, um jemand anderem diese Erfahrung zu ermöglichen. Hier wird die Idee von Tauschen und Quitt-Sein ersetzt durch Dankbarkeit und Unterstützen von Unterstützenswertem. Ja, das war die Richtung, in die ich wollte. Wieder folgte ich also meiner Sehnsucht und ließ mich – fast – nicht irritieren, wenn Menschen, die mir durchaus wohlgesonnen waren, das als blauäugig und realitätsfremd bezeichneten. Aus meinen neuen Erkenntnissen bastelte ich ein »Gib-was-du-kannst«-Prinzip, auf dem meine Arbeit ab 2013 beruhte. Ich schrieb einen langen Text dazu[29], weil mir klar war, dass es nur klappen kann, wenn die Idee dahinter ebenso transparent gemacht wird wie all die → Gefühle, die mit dem (Tabu-)Thema Geld zusammenhängen. Wenn solche Auf- und Erklärungsarbeit nicht geschieht, wird Schenkökonomie allzu schnell gleichgesetzt mit »ist umsonst«. Zu tief ist in unserem Denken verankert, dass wir für unseren eigenen Vorteil sorgen müssen, um nicht unterzugehen.

27 Mehr Information hier: www.solidarische-landwirtschaft.org

28 *Dana* gehört zur Buddhistischen Geisteshaltung und besagt, dass spirituelle Lehre nicht bezahlbar ist, trotzdem können Menschen nach eigenem Ermessen etwas Finanzielles beitragen. Informationen dazu finden sich auf den Websites der meisten buddhistischen Zentren, z. B. hier: https://seminarhaus-engl.de/dana

29 Du findest den Text auf meiner Website beruehrbarewelt.de, wenn du das + unten links anklickst. Der Text darf gern weiterverwendet werden. Es gibt kein Copyright. Auch damit würde ich der alten Logik folgen. Es macht keinen Sinn, die Nutzung von Texten künstlich zu beschränken, die vielleicht dazu beitragen können, neue Wege möglich zu machen. Je mehr Menschen solch einen Umgang mit Geld wagen, desto weniger müssen wir am Alten als alternativlos festhalten, weil etwas anderes sich als gangbar erweist.

Ich war wirklich zufrieden mit dieser Lösung, es floss sogar mehr Geld – manchmal auch Birnen, Quittengelee oder Fahrradreparaturen – zu mir als vorher. Einige sagten, sie seien so froh, endlich das Gefühl zu haben, einen angemessenen Beitrag leisten zu können. Das hätten sie natürlich vorher auch schon tun können, aber auf die Idee kommen wir eben gar nicht, wenn wir nicht die Logik von Ware und Gegenwert hinterfragen und einfach den angegebenen »Preis« bezahlen. Das Erleichterndste waren diejenigen, die – unabhängig von in Anspruch genommener Leistung – monatlich einen festen Betrag für meinen Lebensunterhalt zahlten und dadurch für eine gewisse Kontinuität der Eingänge auf meinem Konto sorgten. Andere – etwa eine alleinerziehende Mutter von drei Kindern – kamen, ohne zu bezahlen. Wir hatten uns aus der Welt der Bedingungen ein Stück weit verabschiedet. Natürlich musste ich das Ganze immer wieder von Neuem erklären. Es ist eben nicht selbst-verständlich. Aber das Geld floss, ich konnte es viel besser annehmen und musste nicht mehr verhandeln, dem Geld hinterherrennen, das mir »zustand« oder auf die Einhaltung von Regeln achten: Wem steht der ermäßigte Preis zu? Gilt der Frühbuch-Rabatt auch noch zwei Tage nach der Frist? ... Und es war interessant zu beobachten, wie unterschiedlich leicht mir das fiel. In Zeiten, wenn ohnehin etwas eng in mir war, beobachtete ich mich auch mal bei dem Gedanken: Heute waren so viele Leute da, wie kann es sein, dass so wenig Geld in der Kokosnuss, meiner Spendenschale, ist? Ich rutschte dann selber in die Gewohnheit zurück, Geld als Gegenwert für in Anspruch genommene Arbeit zu betrachten.

Meistens jedoch war die neue Regelung einfach eine riesige Erleichterung. Und ich begriff erst nach und nach, wie tief es wirkte. Ich konnte den Euro nicht mal eben abschaffen. Ich brauchte und brauche ihn – noch –, um am Warenfluss teilzuhaben und mich und meine Kinder zu versorgen. Aber wenn ich schon mit jedem Euro, den ich in die Hand nahm, diese allesbestimmende Wachstumslogik bediente[30], dann wollte ich wenigstens einen bewussten Umgang damit pflegen. Wir müssen das Zerstörerische und Trennende dieses Geldes nicht unsere unmittelbaren Beziehungen vergiften lassen – oder wir können wenigstens, während

30 Für all jene Leser*innen, die sich nie damit beschäftigt haben, wie unser Geldsystem eigentlich funktioniert und wo Geld herkommt, sei hier sehr vereinfacht angemerkt: Geld wird von Banken geschöpft. Wenn sie einen Kredit geben, müssen sie das Geld gar nicht haben, das sie »verleihen«. Sie bekommen es dann aber »zurückgezahlt«, mitsamt Zinsen. Diese Zinsen stellen den Kern unserer auf Wachstum ausgerichteten Wirtschaft dar. Dass Geld immer mehr werden muss, das bringt den Druck in unsere Gesellschaft, den wir alle spüren. Darauf beruht letztendlich die Wachstumslogik und damit die Ausbeutung unseres Planeten. Wer mehr wissen mag, sei auf diese Filme verwiesen: den Zwölfminüter »Sacred Economics« von Ian Mc Kenzie und Charles Eisenstein: https://youtu.be/EEZkQv25uEs, oder den Kinofilm »Oeconomia« von Carmen Losmann: www.oeconomia-film.de, aus dem diese schlichte Feststellung stammt: »Jeder, der genauer hinschaut, weiß, dass das nicht funktioniert.«

wir es benutzen, unser Augenmerk darauf lenken, wie viel Konkurrenz, Mangel, Missgunst und Trennung in dieses Zahlungsmittel eingeschrieben ist. Indem wir beginnen, bewusster damit umzugehen, können wir zumindest einen Teil dieser Dynamik abmildern. Ein aufschlussreicher Moment war für mich die Wiederkehr einer altbekannten Situation: Eine Frau hatte im Voraus Geld gegeben, war ein paarmal nicht dagewesen und wollte nun mit mir verhandeln, wie viele Stunden sie dafür nun gut habe. Ich spürte, wie ich ungeduldig wurde, genervt, um Geld feilschen müssen, das ich zum Leben brauchte. Dann ließ ich beides los, meinen Ärger und das Gefühl, das Geld stehe mir doch zu, und sagte: »Entscheide du.« Erst an diesem Tag wurde mir wirklich bewusst, dass dies die angemessenste und eine dem Geist von Contact Improvisation würdige Art ist, mit Geld umzugehen, solange es den Euro noch gibt. Ich gebe die Kontrolle ab und vertraue.

Transformieren statt Reparieren

Im Frühling 2014 lud mich die Zeitschrift »Oya« ein. Ich konnte mit Alexandra Schwarz-Schilling und der »Oya«-Redakteurin Lara Mallien ein Gespräch führen über das Spannungsfeld zwischen Verschmelzung und Identitätsbildung. Wir unterhielten uns lange und nach anfänglicher Scheu sehr angeregt. Lara Mallien fasste die Essenz des Gesprächs zu einem Titel zusammen, der mich erst in vollem Umfang begreifen ließ, warum es mich so sehr schmerzt, als abendliches Erholungs- und Entspannungsprogramm für Menschen in Eight-to-five-Jobs dienen zu sollen. »Transformieren statt Reparieren« nannte Lara den Artikel.[31] Genau. Das hatte es zu bedeuten, als ich das Gefühl hatte, »dafür« nicht mehr zur Verfügung zu stehen: Reparieren ist mir zu wenig. Nein, nicht zu wenig. Ich wünsche mir genau das Gegenteil. Ich möchte nicht systemerhaltend, sondern systemtransformierend wirken. Anerkennen wo wir stehen, ja. Gnädig mit uns sein, ja. Aber nicht weiterdümpeln, weil es so bequem ist. Keinen Tag länger möchte ich das Suchtverhalten und die oberflächliche Befriedigungstaktik bedienen, die ich weiter oben beschrieben habe. Ich werde mich nicht mit vorübergehender Linderung zufrieden geben und ich werde mir auch nicht weismachen lassen, das sei doch immerhin schon etwas, und mehr sei eben momentan nicht drin. Dieses Narrativ, dem wir blind gehorchen, ist irreparabel. Es will transformiert, in etwas völlig anderes verwandelt werden. Und sollte mein Wirken dazu beitragen, dass es dieses lebensverachtende, hemmende System auch nur einen Tag länger am Leben erhält, dann stimmt da etwas nicht. Wenn Menschen in meinen Veranstaltungen Kraft schöpfen, super. Aber mir kommen Zweifel, wenn sie diese Kraft dafür nutzen, das Bestehende länger auszuhalten, weil die Welt unterteilt wird in eine nährende und eine, die es irgendwie

31 Zu lesen hier: www.oya-online.de/article/read/1353-transformieren_statt_reparieren.html

auszuhalten gilt. Ich möchte nicht daran beteiligt sein, nährende Oasen anzubieten, die Menschen dazu verleiten, sich immer noch länger durch die Wüste zu schleppen – anstatt endlich dazu beizutragen, die Wüste selbst zu einem blühenden Lebensraum zu machen.[32] Genauso hörte ich es mal bei einer Wochenend-Jam: »Wenn ich nicht regelmäßig bei Jams auftanken würde, könnte ich meinen stupiden Job nicht aushalten.« Nein – in diese Logik möchte ich nicht verwickelt werden. Was wäre denn die logische Konsequenz? Wenn es keine Jams gäbe – die für alle, die zwischen Arbeit und Freizeit unterscheiden, zur Freizeitgestaltung zählen –, hätte dieser Mann seinen eintönigen Job dann längst an den Nagel gehängt und würde etwas Sinnvolles tun? Ja, dann lasst uns schnell die Jams abschaffen, damit niemand mehr dort auftanken kann, um seine*ihre Lebenskraft an solche Jobs zu verschwenden.

Es leuchtet mir tatsächlich nicht ein, wie das geschehen kann: beim Improvisieren Räume von solcher Freiheit und transformatorischer Kraft erlebt zu haben – und dann allen Ernstes an einen macht-hierarchischen, fremdbestimmten, stupiden Arbeitsplatz zurückzukehren, nur weil er gutes Geld einbringt.[33] Natürlich gibt es eine Ebene, auf der ich es verstehen kann. Es gelingt mir, sobald ich aus dem urteilenden Betrachten aussteige und mich einfühle in das Bedürfnis nach Sicherheit. Auf welch seltsame Weise wir versuchen, den früh erfahrenen Mangel an diesem Bedürfnis zu kompensieren, darüber habe ich ausführlich geschrieben. Doch was ist das für eine Sicherheit, die wir uns über einen Job holen, in dem wir unsere Lebenszeit gegen Geld eintauschen?

Ich habe in diesem Kapitel einige Vorschläge gemacht, wie wir in die Möglichkeit hineinwachsen, den Mangel und das Entbehren zu benennen, die Scham zu überwinden und unseren Wunsch nach Geborgenheit im Nachhinein zu nähren. Dann müssen wir uns die Sicherheit nicht über so etwas wie finanzielle Absicherung holen – noch dazu in solch übertriebenem Umfang. Wer braucht denn mehrere tausend Euro im Monat zum Leben? Man kann mit sehr wenig Geld hervorragend leben, finde ich. Wenn ich hier über fremdbestimmte Arbeit schreibe, die nur um des Geldverdienens willen erledigt wird, ist mir wichtig, noch einmal den Bogen zu schlagen zu Kapitel 2. Wir setzen in diesen Jobs das fort, was wir in der Schule gelernt haben: aushalten, funktionieren, uns abspalten. Die →Gewalt der vorenthaltenen Aufmerksamkeit tun wir uns nun selber an, indem wir uns weigern, uns selbst in unserem höchsten Potenzial zu sehen und uns mit weniger zufrieden geben. Und wir tun es

32 Dieses Wüsten-Oasen-Bild stammt von Hannah Arendt – ich glaube, ich fand es in »Vita Activa«.

33 Noch einmal (vgl. Fußnote 21): Ich unterstelle hier nicht, dass alle sicheren Jobs stupide sind. Aber ich kenne leider genug Menschen, bei denen das so ist, und die aus Angst vor der Unsicherheit über Jahre, ja, Jahrzehnte in einem Job bleiben, der sie in den Bore-out oder Burn-out bringt, weil sie dort nur funktionieren und nicht ihrem Ruf folgen, ihr ganz Eigenes zum Gelingen der Welt beizutragen.

der Gesellschaft als Ganzer an, zu deren Gelingen und Entwicklung wir etwas Wesentliches und ganz Eigenes beizutragen hätten, wenn wir unsere Zeit nicht mit diesem uninspirierenden und uninspirierten Job vergeuden würden. Ebenso wie die vorherrschenden Strukturen sind es also die ganz persönlichen bequemen Entscheidungen, die dazu beitragen, dass wir als Menschheit so weit unter unseren Möglichkeiten bleiben.

Verständnis für die Hemmnisse ist das eine. Der Wunsch, meinen Weg konsequent zu verfolgen, das andere. Bald hörte ich endgültig auf, Kurse im klassischen Sinn zu unterrichten. Ich wollte keine Freizeitangebote, keine Ablenkungsmanöver mehr zur Verfügung stellen, nicht mehr dieses Narrativ unterstützen, das zwischen Arbeit und Vergnügen, Anstrengung und Erholung, Geld verdienen und Geld ausgeben unterscheidet. Ich beschloss, mein Wissen und meine Erfahrung vorrangig mit Menschen zu teilen, die bereit waren, sich auf Wandel auszurichten.

Pausenclown

Wie konnte das gehen: Mehr Bewusstsein für Körperlichkeit in die Kreise derer bringen, die sich für den Wandel engagieren? Ich wollte, ich will dazu beitragen, dass Menschen sich ihres Körpers bewusst werden und dass sie die Intelligenz, die sich ihnen dadurch offenbart, in Wandelprozesse einfließen lassen – nein, dass sie im Zentrum von Wandelprozessen stehen darf. Und ich hatte den Eindruck, zur richtigen Zeit am richtigen Ort zu sein: Überall sah ich Wandelinitiativen entstehen, begegnete Ideen für eine demokratischere, sozialere, ökologischere, für eine Postwachstumsgesellschaft. Doch alle schienen sie mir das Neue überwiegend zu denken, das Spüren nahm wenig Raum ein. Genau hierhin fühlte ich mich gerufen: Ich nahm Kontakt auf mit Initiativen, bot an, auf Symposien, Tagungen, Konferenzen und »Think Tanks«, die sich mit Wandelthemen beschäftigten, diese → sinnlichere Perspektive einzubringen. Interessanterweise traf das auf viel Interesse, neuerdings wurde vermehrt von *Embodiment*[34] gesprochen. »Ah, ja, das fehlt uns noch«, kam als Antwort. »Schick uns doch eine kurze Beschreibung deines Beitrags und wir melden uns, wenn wir mit der Programmplanung ein wenig vorangekommen sind.« Ich mag gar nicht hinschreiben, was dann passierte: Ich wurde zum Pausenclown. Ich bekam eine E-Mail, im Anhang das Programm, in dem ich meinen Beitrag vergeblich suchte. Dann plötzlich fand ich ihn: »11.00–11.20 Kaffeepause. Auf der Wiese hinter dem Seminarhaus gibt es ein Bewegungsangebot mit Heike«, das Gleiche von 16.40 bis 17.00 Uhr. Und am nächsten Tag noch einmal. Ich war fassungslos und musste das erst einmal verdauen. Was hatte das zu bedeuten? Ich brauchte ein bisschen, um das nicht persönlich zu nehmen. Es ging nicht darum, dass sie mich nicht ernst nahmen, sondern sich selbst bzw. den physischen Teil ihrer selbst. Was

34 »Verkörperung« – ich mag diesen Begriff nicht so gern, darauf komme ich noch zurück.

ich erlebte, war schlicht und einfach Ausdruck dessen, welchen Stellenwert unsere Körper in unserer Kultur einnehmen: In der Pause kann man sich ihnen mal widmen. Mal schnell notwendige Bedürfnisse befriedigen, also Pinkeln, Essen, Trinken – am besten Kaffee, der uns ermöglicht, weiterzumachen, obwohl eigentlich eine Ruhepause vonnöten wäre –, und wenn noch Zeit bleibt, kann man sich noch ein bisschen räkeln, damit man anschließend wieder besser stillsitzen und zuhören kann. Solche Erlebnisse wiederholten sich in verschiedenen Varianten, die ich nicht im Einzelnen benennen möchte. Es dauerte eine Weile, bis ich es den Veranstalter*innen gegenüber unmissverständlich formulieren und auch mutig dafür einstehen konnte: Was ich anzubieten habe, ist nicht die Ausgleichsgymnastik zum eigentlichen Programm. Es ist das eigentliche Programm. Körperwahrnehmung ist ein Inhalt. Wir werden den Wandel nicht herbeidenken.

Ich durchlebte einige Wellen von Scham, mit einem so sperrigen Anliegen unterwegs zu sein, Frustration, mich immer wieder erklären zu müssen. Und interessanterweise gelang es dem Narrativ, das Verstand und Empfinden voneinander trennt, mich zu verunsichern. Hatte ich mich verrannt? Bildete ich mir das nur ein, dass es wandelrelevant sein könnte, sich selbst zu spüren? Das konnte doch nicht sein, wo mir so klar erschien, welchen entscheidenden Anteil das Nichtspüren an dieser Kultur hat, die sich so sehr vom Leben abwendet! Wie sollte ich einer Kultur das Spüren nahebringen, die sich dadurch definierte, dass sie es sich abgewöhnt hatte? Ich erlebte mit Vehemenz, was geschehen kann, wenn zwei Narrative aufeinanderprallen. Diese Enge habe ich bereits beschrieben, im Beiheft ist sie durch Bild 1c veranschaulicht. Es kann Reibung erzeugen, wenn zwei Paradigmen gleichzeitig wirken: Die Impulse des Neuen finden keinen Platz in den alten Strukturen, keinen Raum zu landen und ihre verändernde Kraft zu entfalten. Lange Zeit erschien mir, als müsse ich paradoxerweise dem Spüren, dem Zarten einen Platz erkämpfen. Ich kam mir aufdringlich, penetrant, beinahe gewaltsam vor – wie absurd. Immer wieder hörte ich auch: »Das sind ja wunderbare Ideen, Heike, aber nicht anschlussfähig.« Irgendwann war mir klar: Es reichte nicht, solche Angebote zu machen. Es war auch meine Aufgabe, die Anschlusspunkte zu gestalten, den Weg zu ebnen, den Raum dafür zu weiten. Ich konnte nicht davon ausgehen, mich mit meinem Wunsch zu wirken in ein gemachtes Nest zu setzen. Kapitel 5, 7 und 9 beschreiben diesen Versuch, Formate und Landehilfen zu entwickeln.

Therapeutische und pädagogische Praxis

Solche Anschlussstellen tun sich überall dort auf, wo wir mit Menschen arbeiten. Ich möchte noch etwas ausführlicher darauf eingehen, weil ich vermute, dass unter meinen Leser*innen auch Therapeut*innen und Coaches sind. Wie zeigt

sich hier das Kollidieren der Kulturen? Was bedeutet die Unterscheidung zwischen *Reparieren* und *Transformieren* für die therapeutische Arbeit? Ich mag das anhand einer ganz konkreten Begebenheit beschreiben. Am Abend eines langen Schreibtages las ich mein Tagewerk – die Geschichte vom Ausfragen im Erdkundeunterricht in der allerersten Rohfassung – einem guten Freund vor. Er arbeitet als Kinder-, Jugend- und Familientherapeut und ist einer, der sich in seinem Leben an vielen Stellen der teilweise gewaltsamen Logik unseres »Gesundheitssystems« verweigert hat. Still hörte er der Geschichte zu und sagte nicht viel. Am nächsten Morgen beim Frühstück nahm er den Faden wieder auf: »Weißt du, Heike, ich habe in meiner Praxis richtig viele Schulverweigerer. Reihenweise Eltern bringen Kinder und Jugendliche zu mir, die einfach nicht in die Schule gehen wollen.«

»Und«, fragte ich ihn, »hast du den Eltern schon zu ihren intelligenten Kindern gratuliert, die ihrer Wahrnehmung trauen und einem System fernbleiben, das sie verbiegen und in ein lebensfeindliches → Narrativ hineinkonditionieren will?«

»Nein, natürlich nicht. Die Eltern bringen sie ja zu mir, damit sie irgendwann wieder in die Schule gehen.«

»Möchtest du diese Erwartung bedienen?«

»Na ja, ich hab ja nicht so richtig eine Wahl.«

»Warum nicht? Wie wäre es, du lädst diese Eltern zu einem Elternabend ein und beglückwünscht sie zu ihren empfindsamen und aufrichtigen Kindern, die mit so einem ausgeprägten Sinn für Stimmigkeit ausgestattet sind? Du erkennst an, von wie viel Charakterstärke es zeugt, dass sie jede Menge Tadel und Schwierigkeiten in Kauf nehmen, um sich selbst treu zu bleiben. Dann gibst du vielleicht einen kleinen theoretischen Input zum → System Schule. Wenn es hilft, stelle ich dir gern diesen Text zur Verfügung. Ihr lest ihn und fühlt gemeinsam, was es zu fühlen gibt. Ihr setzt euch zu einer Redestab-Runde oder etwas Ähnlichem zusammen, einem Kreis, in dem die Eltern Erinnerungen teilen können, wann sie selbst Schule als gewaltsam und missachtend empfunden haben. Vielleicht wird aus diesem einen Elternabend eine ganze Reihe von Abenden, weil es eine Menge zu → betrauern und jede Menge → Scham und → Wut auszudrücken gibt. Und dann macht ihr euch gemeinsam mit den Jugendlichen daran, eine Lösung zu finden, die wirklich ernst nimmt, woran sie leiden. Eine, die sie nicht dorthin zurückschicken will, sondern ihre Wutkraft für wirkliche Veränderung nutzt.«

So stelle ich mir – zum Beispiel – therapeutische Arbeit vor, die sich dem → Transformieren und nicht dem Reparieren verschreibt. Und es gibt bereits Best-Practice-Beispiele, Orte, an denen man hospitieren oder von denen man sich anderweitig inspirieren lassen kann. Im beschriebenen Fall könnten das Schulen für Potenzialentfaltung[35] sein oder Initiativen für selbstorganisierte Abiturvorbereitung[36], es muss nicht immer alles ganz neu erfunden werden. So viele Transformationswillige haben sich auf den Weg gemacht und gangbare Alternativen geschaffen, dass die Ausrede nicht mehr gilt, es sei utopisch. Mein Freund schob als allerletztes Hindernis noch seine Chefin vor, die Leiterin der Praxis für Familientherapie, die solch einen Elternabend wohl nicht gutheißen würde. Da konnte ich nicht anders als an seine Zivilcourage, seinen Ungehorsam zu appellieren: »Was hast du denn zu verlieren? Deine Arbeit wird so hoch geschätzt. Was hält dich davon ab, sie genau so zu machen, wie dein Herz es dir sagt?«

Wovon lassen wir alle uns immer wieder in vermeintliche Notwendigkeiten und scheinbar Unabänderliches zwängen? Die Mechanismen, denen wir da folgen, wollen aufmerksam betrachtet werden. Ich habe es bereits im Absschnitt über Hochsensibilität geschrieben: Unsere Gesellschaft wird von jenen dominiert, die am abgebrühtesten sind und am gründlichsten die Lektion gelernt haben, sich unempfindlich zu machen, abzustumpfen und irgendwie durchzuhalten. Eine neue, eine wirklich andere Kultur kann doch am besten von jenen Menschen visioniert und erschaffen werden, die dazu schlichtweg nicht in der Lage sind. Diejenigen, die am Ist-Zustand zu verzweifeln drohen, jene, die scheitern und keinen Platz finden – genau sie haben das Potenzial, zum Entstehen einer Gesellschaft beizutragen, die wirklich anders tickt. Unsere Aufgabe als Therapeut*innen, Pädagog*innen, Begleitende ist es, sie zu ermuti-

35 Beispiele für bereits existierenden Schulen finden sich im Anhang (S. 541).

36 Zum Beispiel die Schüler*inneninitiative methodos in Freiburg. Absolventin Alia Ciobanu beschreibt das Projekt in diesem Buch: »Revolution im Klassenzimmer: Wenn Schüler ihre eigene Schule gründen«.

gen und zu beflügeln, indem wir das Vertrauen in die Richtigkeit ihrer Wahrnehmung stärken – in die Kraft, die ihrer Verzweiflung und ihrem vermeintlichen Scheitern innewohnt.[37] Wenn wir diese Haltung dem Begleiten von Menschen zugrundelegen, wie auch immer wir unsere Arbeit nennen mögen, dann hören wir auf mit dem Reparieren. Wir können Klient*innen nicht weiter in die Selbstverleugnung komplimentieren. Wir unterlassen es, Menschen notdürftig wiederherzustellen, damit sie brauchbar sind für ein System, das sie krank macht. Im Gegenteil: Wir würdigen Krisen, Krankheit und Schwierigkeiten als einen gesunden Impuls, als Wegweiser, als Zeichen, dass die Sehnsucht sich nicht unterbuttern lässt. Und davon lassen wir uns leiten. Dann verabschieden wir uns aus der Welt der Notlösungen und halbseidenen Kompromisse, weil es ja vermeintlich nicht anders geht. Dann lassen wir aus dem Kompost, aus dem Schmerz etwas Lebensdienliches erwachsen. Noch einmal: Genau so entstehen → regenerative Kulturen.

Im Einschub → Trauma habe ich bereits etwas zu meiner Skepsis gegenüber dem Begriff der Resilienz geschrieben. Wenn sich die Arbeit an der Resilienz darauf beschränkt, Belastendes besser aushalten zu können, halte ich das nicht für eine zukunftsweisende Kompetenz. Es kann nicht darum gehen, dass jemand es trotz schwieriger Lebensumstände »zu etwas bringt«. Resilienz beinhaltet für mich, sich dem Druck, es zu etwas bringen zu müssen, widersetzen zu können und mit der Reibung, Herausforderung und Unsicherheit umzugehen, die daraus entsteht. Erst dann zeigt sich meinem Empfinden nach das Transformatorische darin und nicht das Reparierende.

Viele Jahre lang habe ich an einer Hochschule angehende Sozialpädagog*innen unterrichtet. Ich war immer wieder schockiert von ihrer Systemergebenheit. Sie lernten brav das Sozialgesetzbuch auswendig und stellten wenig davon infrage. Die Freiheit und die wenigen Vorgaben, die sie in meinen Seminaren erlebten, war für die meisten von ihnen zunächst einmal verwirrend, für einige ernsthaft bedrohlich. Ich gewöhnte mir an, meine Lehrveranstaltungen mit einem provokanten Bild zu eröffnen: Ich malte einen großen Eimer an die Tafel. »Lassen wir diesen Eimer für unsere Gesellschaft stehen. Wir erleben zunehmend, wie löchrig er ist.« Ich malte einige Löcher in den Eimer. »Unsere Strategie ist derzeit, in jedes dieser Löcher eine*n Sozialpädagog*in zu setzen, um den Schein aufrechtzuerhalten, dass es sich bei unserem Eimer um ein gutes Gefäß handelt, um eines, das geeignet ist, menschliches Zusammenleben in all seinen Ausprägungen zu beinhalten. Und ich möchte euch fragen, ob ihr gewillt seid, euer berufliches Leben, eure Arbeitskraft zur Verfügung zu stellen, um Kitt für diese Löcher zu sein. Ich biete euch an, diese Lehrveranstaltung zu nutzen, um uns ein paar

37 Wer mehr lesen will über den Weg, den uns unsere Verzweiflung weist, der*dem empfehle ich die Texte von Joanna Macy, der großen Begründerin der → Tiefenökologie.

Gedanken über die Beschaffenheit des Gefäßes zu machen. Das ist meine Einladung, weil ich davon überzeugt bin, dass wir in der Lage sind, ein geeigneteres, ein menschenwürdigeres Gefäß zu gestalten.« Nach anfänglichem Zögern trauten sich die Studierenden zu erzählen, was ihnen in ihrer bisherigen Auseinandersetzung mit der Sozialen Arbeit seltsam vorkam. Ich habe eine Menge gelernt von ihnen, als sie begannen, von den Absurditäten zu erzählen, die sie in ihren Praktika erlebt hatten. Sie beschrieben die Abhängigkeiten und die – strukturelle – Gewalt, die ihnen begegnet war, und die ganze Dynamik des → Rettenmüssens. Und gemeinsam machten wir uns auf die Suche nach den Ursachen für den Wahnsinn, um schließlich zu visionieren, was Wandel in der Sozialen Arbeit bedeuten könnte – in den Strukturen und in der Haltung jeder* Einzelnen. Behutsam skizzierten wir Wege vom Reparieren zum Transformieren.

Liebe Therapeut*innen, Coaches, (Sozial-)Pädagog*innen und so weiter, liebe Menschenbegleiter*innen, die ihr dies lest: Lasst uns ein Netzwerk derer bilden, die sich dem Reparieren verweigern. Lasst uns einander darin bestärken, den Mut zu wirklich transformatorischer Arbeit aufzubringen! Es braucht uns mit dieser Entschlossenheit an allen Ecken! Das ist eine der konstruktivsten, kreativsten, freudvollsten und lohnendsten Formen des Ungehorsams, die ich mir vorstellen kann.

Die Selbstoptimierungsfalle All das, meine wiederholte Aufforderung, der Sehnsucht zu folgen und nicht unter unseren Möglichkeiten zu bleiben, erzeugt in dir als Leser*in vielleicht Druck. Möglicherweise erinnert es dich an Slogans zur Selbstoptimierung, an den Zwang, immer besser werden zu müssen, immer mehr zu leisten. Es ist mir ein Anliegen, das fein auseinanderzuhalten: die Sehnsucht und den Leistungszwang.

Ja, ich fühle mich wie eine Mahnerin, dass wir Menschen individuell und kollektiv zu mehr in der Lage sind, als zu diesem – im Vergleich zu unseren Möglichkeiten – lauwarmen Leben, in dem wir es uns derzeit bequem machen. Wenn Leute sich allzu schnell zufrieden geben, was die Größe ihrer Vision und den Spielraum für Entwicklung betrifft, die sie sich und anderen zutrauen, wenn sie ihr Leben ausschließlich nach momentanen Bedürftigkeiten und nicht nach etwas Übergeordnetem ausrichten, dann wird in mir der Ruf laut: Da geht doch mehr! Und dieses Mehr ist eigentlich ein Weniger, ein Loslassen, ein Verlernen. Wir sind zu so viel Größerem, Bewussterem in der Lage, wenn wir endlich bereit sind, aus dieser toxischen Normalität auszusteigen. Und das braucht eine aktive Entscheidung von uns, vermeintlich bequeme Selbstverständlichkeiten – immer wieder! – zu hinterfragen und aufzugeben. Mein Anstacheln zur Weiterentwicklung möchte bitte nicht so verstanden werden wie das gnadenlose Auspressen menschlicher Arbeitskraft im Kapitalismus. Es ist so bedeutsam, zu verstehen, ob ich extern gesetzten Zielen hinterherhechle und mich darin verausgabe, immer neue Superlative erbringen zu müssen, um die Logik des Höherschnellerweiter zu bedienen, oder ob ich es wage, mir und anderen im Laufe dieses Menschenlebens einen Quantensprung in der Bewusstseins- und Potenzialentwicklung zuzutrauen – ich zögere zu schreiben: abzuverlangen. Doch eigentlich meine ich es so: Das und nicht weniger möchte ich mir abverlangen. Allerdings könnte das wiederum Druck erzeugen: »Ich muss!« Druck hat eine interessante Dynamik. Wir sind es gewohnt, Druck von außen zu erleben, den wir dann so verinnerlichen, dass wir ihn uns selbst machen. Irgendwann können wir kaum noch unterscheiden: Was will ich selbst und was wird mir untergejubelt, ich müsse es wollen? Mein Kollege Axel Perinchery unterscheidet zwischen *konditioniertem* und *evolutionärem Druck*. Das hat mir persönlich sehr geholfen, wenn ich im Zuge meines Wirkenwollens plötzlich Stress empfand oder die Last, etwas schaffen zu müssen, das Gefühl, zu langsam, zu ineffizient zu sein oder Chancen nicht zu nutzen. Wo ist der Unterschied? Evolution stellt uns vor die Aufgabe, uns weiterzuentwickeln – individuell und kollektiv. Es ist eine Bewegung, ein Streben, das offensichtlich zum Leben dazugehört. So haben wir uns von Einzellern zu komplexen Organismen entwickelt. Da steckt eine Kraft und eine Richtung dahinter. Im Laufe der Zivilisationsgeschichte ist ein Druck daraus geworden, ein ständiges Funktionierenmüssen, ein ankonditionierter Zwang, jenes hochaktivierte, Sympathikusgesteuerte Hecheln, das sich in der Mitte der → Aktivierungskurve als Normalzustand des modernen Menschen zeigt. Wenn wir uns zu Agent*innen des Wandels machen, dann ist es hilfreich, immer wieder zu überprüfen, was uns dabei antreibt: die *evolutionäre* Kraft oder der *konditionierte* Druck. Meist wird es eine Mischung aus beiden sein, denn wir sind ja Kinder dieser zivilisierten Welt und ihrer Selbstverständlichkeiten, einschließlich dieses Müssens, das uns penetrant im Nacken sitzt. Magst du einen Moment lang innehalten und spürend nachforschen, wie sich diese beiden Sorten von Druck in deinem Körper zeigen?

Ich möchte versuchen zu beschreiben, wie ich die beiden vom körperlichen Empfinden her auseinanderhalten kann. Vielleicht ist es der Unterschied zwischen Druck und Sog: Der konditionierte Druck schiebt von hinten, auch ein bisschen von oben, meine Schultern fallen nach vorn, ich werde klein und schwer, gebückt, gebeugt. Zwischen meinen Schulterblättern verhärtet sich etwas. Mein Brustkorb wird komprimiert, mein Atem flacher, die Muskulatur an meiner Schädelbasis spannt sich an. Sehnsucht hingegen, diese evolutionäre Kraft, die weiter will, ist nichts, das mir von hinten im Nacken sitzt. Ich spüre sie tatsächlich vorn. Ich erlebe sie als Sog, als eine Öffnung im Herzraum, als ein Ziehen im Brustbein, nach vorne, nach oben. Sie richtet mich auf. Auch das ist nicht immer angenehm. Es kann sich sogar äußerst schmerzhaft anfühlen – mitunter scheint es, als wäre mein Brustkorb, obwohl er sich weitet und aufrichtet, zu klein, zu eng für diese immense Kraft, die da wirken möchte. Dann hilft atmen. Und Geduld. Und das Wissen darum, dass da etwas wirkt, das tatsächlich viel größer ist als ich selbst. Nicht verwunderlich, dass es mich schier sprengt. Wie beängstigend. Und wie befreiend. So empfinde ich die Sehnsucht.

Der rote Faden meiner Sehnsucht

Meiner Sehnsucht folgen – das war und ist für mich also nicht ein kurzer Prozess: Sehnsucht erkennen, ihr folgen, ankommen, fertig. Es entpuppte sich als vielschichtiger Vorgang, der nicht endet: wie eine Zwiebel, die sich immer weiter schält. Je mehr ich meiner Sehnsucht folge, sie bewohne, sie verkörpere und lebendig werden lasse, desto klarere Konturen bekommt sie, sodass ich sie nicht mehr ins Reich des Utopischen und Nicht-Realisierbaren verlagern kann. Und immer mehr wird sie mir zum untrüglichen Leitfaden für mein Leben. Ich kann einfach immer weniger das Spiel mitspielen, diese seltsame Welt für normal zu erklären. Denn ich habe schon so vieles als möglich erlebt – immer dann, wenn ich einen beherzten Schritt in Richtung meiner Sehnsucht machte.

Ein vager Traum, »Ich will tanzen!«, wurde mir durch das Entdecken der Contact Improvisation[38] zur Wahrnehmungsschulung, und dieses wachsende Vertrauen in meine Wahrnehmung wurde mir zum roten Faden, der mir schale Kompromisse immer unmöglicher machte. Hier bin ich – und ich bin sehr gespannt, wohin dieser Faden weiter führt. Ich kann mich inzwischen ziemlich gut auf ihn verlassen, auch wenn er mir eben kein klares Ziel vor Augen führt, sondern immer wieder eine große Portion Orientierungslosigkeit mit sich bringt. Die Ausrichtung ist da, ich merke inzwischen recht deutlich, wenn sie mir abhanden kommt. Etwas wird eng in meinem Brustkorb, ich werde unzufrieden und ein wenig mürrisch, dann leicht taub, gleichgültig. Es fühlt sich an, als würde ich meine Integrität verraten. Ein sehr unangenehmes Gefühl – und ein wichtiger Wegweiser, denn letztendlich ist es der Verrat am Leben selbst, auf den es mich hinweist. Indem wir unserer tiefsten Sehnsucht folgen und immer wieder prüfen, ob sie noch pur ist, können wir zur Weiterentwicklung des Menschseins, des Lebens beitragen. Das meine ich deutlich erkannt zu haben.Es macht keinen Sinn, die Vision von der »schöneren

38 Ein Nachtrag: Seit Erscheinen dieses Buches habe ich viele E-Mails bekommen von Menschen, die nun unbedingt Contact Improvisation lernen wollen. Das freut mich auf der einen Seite, auf der anderen möchte dieses Kapitel keine Werbeveranstaltung dafür sein. Ich habe ganz einfach meinen Weg beschrieben. Und darin spielte das Tanzenwollen, das Suchen und Entdecken der passenden Praxis eine zentrale Rolle als Erfahrungsraum, Kristallisierungspunkt, Herausforderung und Befreiung. Ich möchte die Contact Improvisation nicht als Allheilmittel, sondern als Beispiel verstanden wissen – es gibt so viele Wege! Dies war meiner.

Welt, die unser Herz kennt« nur deshalb für utopisch zu erklären, weil der Weg dorthin von unserer momentanen Perspektive aus weit und beschwerlich erscheint. Es könnte eine wirklich lustvolle Wanderung sein, wenn wir gemeinsam und neugierig gehen. In dem Moment, wo wir es wagen, uns in unserer Sehnsucht mit anderen Sehnsüchtigen zu verbinden, wo wir riskieren, naiv und weltfremd genannt zu werden, haben wir bereits ein wesentliches Wegstück zurückgelegt: Wir haben Resignation und Trägheit überwunden, haben auf Beziehung und Verbindung vertraut und dadurch die Geschichte der Getrenntheit und Einsamkeit ins Wanken gebracht. Wenn wir uns anderen mutig mit unserer Wahrheit zeigen – und sei sie noch so vage und kaum aussprechbar –, überwinden wir die Dynamik des kollektiven Traumas. Denn wir durchbrechen diesen lähmenden Zustand, dass wir alle immer einsamer werden in diesem Gefühl, die einzigen zu sein, die sich falsch fühlen. Dadurch erfahren andere Menschen einen Resonanzraum: Sie erleben, dass es außerhalb ihrer selbst etwas gibt, das in einer ähnlichen Frequenz schwingt wie dieses stille Stimmchen, das sie bisher immer weggedrückt hatten. Auf einmal erlebt es Widerhall und findet im Außen etwas, wo es andocken kann, genährt und bestärkt wird. Wir hören auf, unsere Wahrheit abzukapseln, bleiben mit dem, was uns überwältigt, nicht mehr allein. Dann können die Imaginalzellen auf diese wundersame Weise wirksam werden, die ich im Einschub → Veränderung beschrieben habe. Mach deine Sehnsucht nicht zu einer klammheimlichen, verschämten Angelegenheit. Finde Menschen, mit denen du sie zunächst teilen und dann auch leben kannst! Sie sind überall und warten nur darauf. Fang an.[39] Der Mut, den es kostet, ist ein Klacks im Vergleich zur Erleichterung und Verbindung, die sich einstellt, wenn du losgehst! Nachdem du gelesen hast, wie sich mein Sehnsuchtsfaden zeigt, möchtest du vielleicht vor dem Weiterlesen hier deinen eigenen skizzieren – es könnte sein, dass du noch ein paar Blätter hinzufügen musst.

39 Ich mag hier noch einmal auf unsere Lesekreise und das Forum verweisen. Auf der Website zum Buch wahrnehmen.org findest du Informationen dazu. Vernetzen kann der erste Schritt hinaus aus der Einsamkeit sein.

Zwischen Zeigen und Verstecken

Meiner Sehnsucht zu folgen hieß schließlich auch, ein Buch zu schreiben darüber, wie sehr ich die → Contact Improvisation als Wegweiser, Anhaltspunkt und Übungsfeld für den großen → Wandel empfinde. Das Buch[1] – eher eine Textsammlung – erschien 2016 und richtet sich an Menschen, die mit der Contact Improvisation vertraut sind. Es endet in etwa mit diesen Worten:

»Die Contact Improvisation könnte ein Beitrag dazu sein, dass wir Menschen die Fähigkeit entwickeln, uns in vollem Besitz unseres Bewusstseins dem anzuvertrauen, was ist. Wir können würdigen, dass es vollkommen ist, wenn wir nur aufhören, es kontrollieren und beherrschen zu wollen. Eine → Jam ist einer von vielen Wegen dorthin, nicht das Ziel. Wir praktizieren etwas, und je ernsthafter wir es betreiben, desto größer ist die Wahrscheinlichkeit, dass es sich auflösen kann, weil es als Qualität in unsere Kultur eingeht. Wäre das nicht ein lohnenswertes Vorhaben: mit jedem Tanz zur Abschaffung der Contact Improvisation beitragen zu wollen? So wie jede Erziehung unbedingt darauf abzielen muss, sich selbst überflüssig zu machen? Und würde das nicht auch dazu beitragen, dass sich Politik, wie wir sie heute verstehen, erübrigt? Weil wir die Angelegenheiten des Gemeinwesens nicht mehr durch verbindliche Entscheidungen regeln müssen, sondern immer mehr Vertrauen entwickeln, dass es sich von selbst organisiert, wenn wir unsere Wahrnehmungsfähigkeit schulen? Lasst uns gemeinsam dazu beitragen, dass sich die Contact Improvisation von einer Nischenerscheinung in gelebte Alltagswirklichkeit verwandelt. Dass wir sie als separate Kultur nicht mehr brauchen, weil sie mit all ihren Herausforderungen und Qualitäten selbstverständlicher Ausdruck des Menschseins geworden ist.

Wenn ich das ausspreche, bekomme ich manchmal zur Antwort: ›Träum weiter, die Menschen sind noch nicht so weit: Du kannst nicht allen mit einer Jam daherkommen. Das überfordert die Leute.‹ Ja, ich träume weiter. Und nein, ich möchte gar nicht allen Menschen improvisierendes Tanzen als Patentrezept verordnen. Wir sollten niemandem unsere Wahrheiten überstülpen, denn wir haben letztendlich keine verkündbaren. Aber lebbare. Wir haben unser So-Sein, und damit können wir uns zeigen. Ich sehe keinen Grund, warum wir uns der Welt vorenthalten sollten.

Sind die Leute wirklich noch nicht so weit? Je öfter ich das höre, desto eindringlicher stelle ich mir die Frage, wer denn eigentlich ›die Leute‹ sind. Und ob wir ›die Leute‹ nicht gewaltig unterschätzen. Gehören wir nicht dazu, zu den Leuten? Und ich schreibe hier nicht aus rhetorischen Gründen *wir*, sondern weil

1 »Eine berührbare Welt – Contact Improvisation als gesellschaftsbewegende Kultur«

ich mich selbst meine. Ich erlebe, wie ich täglich daran scheitere, alles, was mir begegnet, als Gestaltungsimpuls wahrzunehmen, denn es überfordert mich maßlos. Aber ich möchte es weiter versuchen – ich glaube, es ist die einzige Möglichkeit für einen tiefgreifenden Wandel. Und der wiederum ist die einzige Möglichkeit, die wir als Menschheit haben.

Ich vermute also, hinter diesem Zögern, unsere Schätze zu teilen, steckt eine Angst. Es ist die Angst, diese wundervolle und zugleich überaus fordernde Art und Weise, wie wir beim Jammen der Welt begegnen, könne nicht nur netter Spielplatz sein, sondern ernsthaft das Zeug haben zu einer gesellschaftlichen Wirklichkeit. Möglicherweise fürchten wir uns vor einem Leben, das die ganze Zeit solche Herausforderungen an unsere Präsenz und Eigenverantwortung stellt wie eine Jam. Könnte es vielleicht sein, dass wir noch nicht so weit sind? Dass uns, die wir geschnuppert haben, was uns solch ein Dasein abverlangt, bange wird bei der Vorstellung, unser Leben immer so zu leben?«

Ich wollte mich der Welt nicht länger vorenthalten. Ich wollte und will sichtbar werden mit den Erkenntnissen, die sich mir tanzend offenbarten. Und diesem Ruf widme ich seitdem meine Arbeit.

Dresden, Herbst 2016. Mit einer kleinen Gruppe arbeite ich ein Wochenende lang unter der Überschrift »Berührung im öffentlichen Raum«. Uns steht dafür der Bewegungsraum eines Kulturzentrums und die gesamte Stadt Dresden zur Verfügung – mit ihren Plätzen, Parks, Straßen und Freiflächen. Bevor wir die Stadt zu unserem Tanzboden machen, erkunden wir im geschützten Raum das Gesehenwerden. Was verändert sich, wenn ich anderen bewusst erlaube, mir beim Tanzen zuzusehen, aber trotzdem meinen Bewegungsimpulsen folge und keine Show abliefere – und auch nicht so tue, als wären die anderen gar nicht da, sondern bewusst diesen Raum bewohne, der sich zwischen uns aufspannt?[2]

Eine der ersten, die sich begeistert für diesen Workshop angemeldet hat, ist eine Frau, die sich im letzten Ausbildungsjahr einer Berufsfachschule für Bühnentanz befindet. Trotz eines intensiven Trainings- und Unterrichtspensums fehlt ihr dort etwas. Die Sehnsucht ist so groß, dass sie, anstatt sich von einer anstrengenden Woche zu erholen, das ganze Wochenende mit uns weitertanzen mag. Am Ende beschreibt sie glücklich das fehlende Puzzleteil, das sie nun gefunden hat: »Es gibt also doch etwas zwischen Zeigen und Verstecken! Wir haben es gerade erlebt.« Sie erzählt dann, wie müde sie der allgegenwärtigen Frage sei: »Wie sieht das aus?« Ein großer Überdruss am Lächeln- und Präsentierenmüssen auf der Bühne habe sie zur Contact Improvisation gebracht. Und dort habe sie dann etwas anderes irritiert: Die Leute folgen zwar

2 Dabei arbeiten wir zum Beispiel mit → Authentic Movement, einem Format des Bezeugens von Bewegung und Sein, das ich in Kapitel 9 beschreibe.

lustvoll dem Bewegungsimpuls, der ihnen angenehm ist – anstatt mit zusammengebissenen Zähnen einen Sprung zu perfektionieren, der toll aussieht, aber schon seit einer Weile im Knie schmerzt –, es komme ihr allerdings vor, als versteckten sie sich mit ihrer freien Bewegungskultur etwas verschämt in Hinterhofstudios. Warum müsse man damit in einer wohlgehüteten Blase bleiben, in einer Nische, von der nicht viele Menschen erfahren? Nun habe sie erlebt: Es gibt nicht nur die Extreme von Zeigen oder Verstecken – also entweder auf Hochglanz polieren und präsentieren, oder echt sein, sich damit jedoch verschämt vor dem Blick der Öffentlichkeit verbergen. Es gibt auch etwas dazwischen: anderen erlauben, uns so zu sehen, wie wir sind. Wir können so sein, wie wir es als angenehm und befriedigend empfinden, und wir können uns damit zeigen, so unperfekt es sein mag. Wir werden sichtbar als Forschende, als Spielende, auch als Stolpernde, als Menschen, die sich der echten Begegnung mit dem Moment stellen – jetzt. Wir hören auf zu verbergen, dass das herausfordernd sein kann – auch genüsslich, überraschend, erschütternd, horizonterweiternd. Vor allem dies: sehr lebendig.

Im Alltag halten uns meist soziale Rollen, mit denen wir uns über Gebühr identifizieren, davon ab, wirklich präsent zu sein. Wir handeln aus einer Rollenerwartung heraus – häufig begleitet von der Angst, sie nicht erfüllen zu können. Unser Wesenskern verschwindet dahinter, bis wir ihn irgendwann nicht mehr von der Rolle unterscheiden können. Wir haben keinen Zugang mehr zu uns selbst, weil wir so damit beschäftigt sind, uns als diejenigen zu präsentieren, die wir gar nicht sind, aber glauben sein zu müssen, um mitspielen zu dürfen. Wobei eigentlich?

Wenige Tage nach unseren Tänzen im Park spreche ich mit Roman Huber, der für die Nichtregierungsorganisation *Mehr Demokratie* arbeitet. Er erzählt mir von der Begegnung mit einem Berliner Parlamentarier. Dieser habe von der Arbeit in Ausschüssen berichtet, die ihm im Gegensatz zu Parlamentsdebatten wirklich sinnvoll erscheine, weil es nicht um reine Rhetorik gehe. Das geschehe besonders bei Themen, zu denen es noch keinen verbindlichen Parteistandpunkt gibt – und somit auch keinen Fraktionszwang, also keine Notwendigkeit, jene Position zu vertreten, auf die sich zum Beispiel ein Parteitag geeinigt hat. Für ganz neue Themen, die gerade erst ins Feld des politischen Handlungsbedarfs gerückt sind, existieren solche bindenden Positionen noch nicht. Abgeordnete jeder Couleur kommen zusammen, um das Feld zu sondieren. Sie sprechen miteinander, ganz unabhängig von ihrer Parteizugehörigkeit. Dabei entsteht eine Atmosphäre von gemeinsamem Bemühen um die Sache. So sollte Politik immer sein, dann würde sie Spaß machen, habe der Abgeordnete geseufzt. Was hält uns davon ab, immer so Politik zu machen? Was hält uns davon ab, immer präsent zu sein?

Es gibt ein entscheidendes Detail dieser Zusammenkünfte: Sie finden unter Ausschluss der Öffentlichkeit statt. Niemand muss also befürchten, etwas, das sie*er mal eher fragend als wissend in den Raum geworfen hat, könne von der Presse an irgendeiner Stelle gegen sie*ihn verwendet werden. So entsteht das Gefühl von Sicherheit: Menschen offenbaren etwas von sich – ohne die Angst, dass ihnen daraus ein Strick gedreht werden könnte. Politiker*innen dürfen tastend anwesend sein und müssen sich nicht hinter einer in Stein gemeißelten Wahrheit verstecken, um ernst genommen zu werden. Interessant ist in diesem Fall, was am nächsten Tag im Plenarsaal geschieht: Alle fallen in ihre alte Gewohnheit zurück und vor laufender Kamera wettern die gleichen Kollegen, die gestern noch konstruktive Gespräche miteinander geführt haben, wieder gegeneinander, weil das politische Kalkül es verlangt. Auch hier haben wir es mit →struktureller Gewalt zu tun. Die kommt in anderem Gewand daher als in der Schule: Auch ohne sichtbares Machtgefälle kann in Strukturen eingeschriebene Gewalt uns daran hindern, unserem höchsten Potenzial entsprechend zu handeln. Das →System Schule zwängt Michael in seine Rolle als stoffreproduzierenden Schüler – und untergräbt damit seine eigentlichen Kompetenzen. Und auf ähnliche Weise macht es unser politisches System Parlamentarier*innen so gut wie unmöglich, kollektive Intelligenz walten zu lassen – weil es sie in die Logik des Gegeneinander presst, als wäre Konkurrenz ein politisches Naturgesetz. Sie müssen Ideen der Oppositionspartei ablehnen, so gut sie auch sein mögen. Das Narrativ ist klar erkennbar: die Geschichte der Getrenntheit. Sie ist fest verankert in unseren Gesellschaftsstrukturen und in unseren Nervensystemen.

Warum bleiben wir Menschen dermaßen unter unseren Möglichkeiten? Auf der Ebene des Nervensystems lautet die Antwort so: Eine Parlamentsdebatte findet eindeutig nicht im Erdgeschoss der Aktivierungskurve statt. Und dabei wären – nein, sind! – entspannte und kooperative politische Gespräche recht leicht möglich, wie der Bericht des Parlamentariers zeigt. Offensichtlich begeben sich die Abgeordneten für ihre Arbeit in den Ausschüssen immer wieder in Bereiche, die zumindest nicht allzu weit entfernt sind von gelassen kooperativem Miteinander. Sie bringen ihre jeweiligen Perspektiven vor und nutzen Reibung produktiv – und nicht zum Mauern oder Kämpfen. Dass das ohne Presse stattfindet, hilft den Nervensystemen der Beteiligten ungemein, entspannt zu bleiben, ruft aber auch Kritik hervor: Es sei intransparent und daher undemokratisch, denn eine Grundeigenschaft demokratischer Prozesse sei ihre Transparenz. Das stimmt. Und ebenso wahr ist dies: Wären alle Ausschüsse öffentlich, gäbe es in der offiziellen Parlamentsarbeit wahrscheinlich nur noch Rhetorik – und keine Begegnungsräume für gemeinsames Abwägen mehr. Wirkliche Gespräche gäbe es ausschließlich in privaten Begegnungen. Besser? Wie könnten wir für Transparenz und Sicherheit sorgen?

Dieses Phänomen der Unterscheidung zwischen dem sicheren privaten und dem unsicheren öffentlichen Raum begegnet mir häufig. Sicherheit scheint für viele von uns eng verbunden mit dem Verborgenen und dem Schutz vor den Blicken anderer. Sobald mich alle sehen können, fühle ich mich unsicher. Und mit dem Wissen der Aktivierungskurve ist das ja auch verständlich: Wenn sich eine ganze Gesellschaft im ersten Stock befindet, also in einem hochaktivierten Zustand, dann sind wir alle im Gefahr-Modus. Wir wollen kontrollieren, sind misstrauisch. Wo ist nun der Hebel für Veränderung? Dort, wo Einzelne oder Gruppen diesen Mechanismus unterbrechen oder erst einmal sichtbar machen. Was würde sich verändern, wenn die Presse aus dem →Dramadreieck aussteigen würde? Wenn sie sich weigern würde, Skandale zu liefern und die Welt in Täter*innen und Opfer zu spalten? Es hätte ganz sicher einen beruhigenden Einfluss auf das kollektive Nervensystem, wenn uns – statt der täglichen Portion Empörung – Einblicke in Prozesse des aufrichtigen Ringens um politische Entscheidungen geboten würden.

Menschen, die unsere vorherrschende Kultur als lebensfeindlich empfinden, wählen häufig die Strategie, sich in geschützte Nischen zurückzuziehen, um sich das Lebensfreundliche zurückzuerobern. Auf diese Weise schaffen sie sich ihren sicheren Raum. Er gleicht einem Gewächshaus, das dem zarten neuen Keimling eine Überlebenschance gewährt, indem es ihn vor allzu rauem Klima da draußen schützt. Es entstehen immer mehr solcher »Gärtnereien«. Viele dieser Pflänzchen gelangen allerdings nie ins Freiland. Sie werden von ihren Gärtner*innen überbehütet, versteckt. Mir scheint, es ist an der Zeit, sich über die Schwelle zu wagen und darauf zu vertrauen, dass die Fähigkeiten, die wir uns in den sicheren Räumen und unter förderlichen Bedingungen angeeignet haben, auch unter etwas widrigeren Umständen tragfähig sein können. Wir können uns der »Welt da draußen« zumuten. Und wir können uns der Möglichkeit öffnen, dass die Welt bereit ist für die zarten kleinen Impulse, die sich in den Nischen entwickeln konnten. Unsere Schätze sind viel zu wertvoll, um länger im Verborgenen zu bleiben. Sie wollen in die Öffentlichkeit. Und meine Erfahrung ist, dass die Welt sehnlichst nach ihnen verlangt. Es braucht Mutige, die anfangen, sich auch in der Öffentlichkeit weich und verletzlich zu zeigen.

Seit mir das so deutlich bewusst ist, übe ich. Ich beobachte mich selbst beim Übertreten der Schwelle vom sicheren Raum in die vermeintlich unsichere Welt und versuche, diesen Moment wahrzunehmen, wenn ich mich unwillkürlich wappne oder hinter meiner Unantastbarkeit verstecke. Ich übe, berührbar zu bleiben und meine Durchlässigkeit nicht abzustreifen, wenn ich nach der Jam meine Tanzhose ausziehe und in meine Straßenkleidung schlüpfe. Ich versuche, in der U-Bahn auf dem Heimweg jemandem so in die Augen zu gucken, wie ich es gerade eben beim Jammen getan habe. Ich schlüpfe nicht in den energetischen Öffentliche-Verkehrsmittel-Schutzanzug, der mir zur Routine geworden ist. Geht das? Manchmal ja, manchmal nein. Ich möchte mir nicht abverlangen, das immer zu können. Das könnte überfordernd sein. Ich möchte allerdings mitbekommen, wann und wie es geschieht, dass ich mich anspanne oder abspalte, weil ich den öffentlichen Raum als unsicher empfinde. Das ist er ja auch häufig. Aber ich möchte ihn nicht automatisch mit diesem Stigma versehen. Es könnte eine selbsterfüllende Prophezeiung[3] sein. Und andersherum könnte es den öffentlichen Raum verändern, dass wir ihm zutrauen, ein sicherer Ort zu sein – wenn wir also nicht das Bild vom Deppen im Rücken kultivieren, sondern allein durch unsere Haltung Menschen dazu einladen, sich neben uns zu setzen, während wir beinebaumelnd den Sonnenuntergang betrachten.

Ich möchte so gern sichtbar werden mit meinem Vertrauen in die Menschheit. Und wenn wir immer mehr werden, könnte es das kollektive Nervensystem herunterregulieren und ein Gefühl von Geborgenheit in die Welt zaubern. Eine Sicherheit, die nicht durch Verbote entsteht, sondern durch Erlaubnis, nicht durch Unterdrücken, sondern durch Zulassen. Eine Sicherheit, die schlichtweg dadurch entsteht, dass wir sind, und die uns den Boden bereitet, uns zu zeigen, wie wir sind. Mich furchtlos und verletzlich zu zeigen ist Voraussetzung und Ergebnis zugleich. Wenn ich dem Öffentlichen eine Art Vorschussvertrauen gebe, wenn ich also den Mut aufbringe und mich nicht länger verstecke hinter dem Vorwand, es sei zu gefährlich, beweise ich mir und anderen, dass der öffentliche Raum sicher genug ist, das zu tun. Und damit wird dieser Raum sicherer: Wir betreten kollektiv das Erdgeschoss, beruhigen gegenseitig unsere Nervensysteme, wir co-regulieren uns gesamtgesellschaftlich. In Gruppen, in Familien, auf der Straße, im Bundestag. Überall.

3 Ich tippe diesen Begriff – und bin neugierig, wie andere ihn definieren. Ich öffne den Wikipedia-Eintrag und bekomme jenes Resonanz-Herzklopfen, das ich kenne, wenn ich mich in der Tiefe verstanden fühle. Dort steht: »Eine Information über eine mögliche Zukunft hat [...] einen entscheidenden Einfluss und ist die wesentliche Ursache dafür, dass diese Zukunft auch eintritt. [...] Menschen glauben an die Vorhersage. Deswegen agieren sie so, dass sie sich erfüllt. Es kommt zu einer positiven Rückkopplung zwischen Erwartung und Verhalten.« Ja. Möge es so sein.

5

RÄUME ÖFFNEN – SCHRITTE GEHEN

DER GETANZTE VORTRAG

> Hier unternehmen Menschen den verzweifelten Versuch, »zu sein«. [...] Improvisation übt sich in der Ehrlichkeit, dem Ausdruck zu verleihen, was gerade geschieht; will zeigen, was geschieht, wenn Menschen in Offenheit und Nicht-Gleich-gültigkeit gegenüber ihrer Mitwelt ihren Impulsen vertrauen und ihnen nachgehen.
>
> Jörg Haßmann

In einer nichtwahrnehmenden Welt sichtbar werden mit einer wahrnehmenden Kultur – das war mein Wunsch. Mit anderen mein begeistertes Erleben teilen, zu welchem hohen Maß an vertrauensvollem Miteinander wir Menschen in der Lage sind. Immer wieder probierte ich mit verschiedenen Gruppen aus, wie es ist, auf öffentlichen Plätzen, in der Fußgänger*zone, mittendrin im geschäftigen Leben zu tanzen.[1] Nicht, um Passant*innen zu provozieren oder zu beschämen – was mir ein Kollege unterstellte: Er verstehe nicht, sagte er, warum wir das Bedürfnis haben, öffentlich zu tanzen. Einzige Motivation dafür könne doch sein, den Leuten zu demonstrieren, wie frei und ungehemmt wir seien, während andere sich mühsam, distanziert und verklemmt durch ihr Leben kämpften. Eine seltsame Art sich über andere zu erheben sei das. Ja, wenn es so wäre, fände ich das auch. Und ich weiß, es gibt einen Weg zwischen angepasster Zurückhaltung und überheblichem Präsentieren unseres Andersseins – das habe ich gerade unter dem Titel *Zwischen Zeigen und Verstecken* ausführlich beschrieben. Ich kann mit meiner Vorliebe für eine Kultur der Berührbarkeit und des Spiels sichtbar werden, ohne die weniger Verspielten zu verurteilen oder lächerlich zu machen. Es ist auch ein Akt der Selbstermächtigung und eine Absage an die ewige Selbstverleugnung, meine Lebendigkeit nicht mehr zu verstecken, sondern mich öffentlich dazu zu bekennen. Unsere Kultur hat vergessen,

1 Als ich nach einer dieser Aktionen abends nach Hause kam, begrüßte mich meine damals pubertierende Tochter mit den Worten: »Schön, Mama!« und erzählte mir, sie habe soeben eine SMS von einem Freund bekommen: »Hab deine Mutter in der Stadt getroffen. Sie hing gerade an einer Laterne.«

dass Funktionieren nicht das einzige ist, was Leben ausmacht. Daran möchte ich erinnern – um meinetwillen und für alle anderen, die ihre Sehnsucht nach dem ganzen, satten, heiligen Leben so vergraben haben, dass sie kaum noch spürbar ist. Ich empfinde es als großes Privileg, diese Qualität in meinem Leben zu haben und ich möchte das nicht für mich behalten, indem ich mich in Hinterhofstudios, Nischen, »Gewächshäusern« verkrieche.

Eine Anregung vorab: Es kann sein, dass der jetzt folgende Einschub Enge oder Druck in dir erzeugt, zum Beispiel durch Worte wie *Verzicht* und *Verpflichtung.* Vielleicht möchtest du dich darin beobachten.

→ Einschub: Privilegien, Privilegbewusstsein

Es gibt etwas, das ich an der sogenannten *linken Szene* sehr schätze und bisher auch nirgends anders so ausgeprägt gefunden habe: Privilegbewusstsein. Was genau verstehe ich darunter? Mir begegnen Menschen, die sich mit →struktureller Gewalt, mit Machtmissbrauch und Ungleichheiten auseinandergesetzt haben und bereit sind, das wirklich konsequent auf sich und ihr Verhalten zu beziehen, um diese Mechanismen zu beenden. Sie enttarnen unbewusste Machtgefälle und benennen, welche Attribute Menschen in unserer Gesellschaft zum Vorteil gereichen: weiß, männlich, heterosexuell, erwachsen, Bildung genossen, im globalen Norden aufgewachsen, ein Körper, der der Norm entspricht. Privilegbewusst sind Menschen, die bereit sind zu überprüfen, wie viele ihrer eigenen Rechte und Freiheiten sie bislang nicht als solche erkannt, sondern den Vorteil für sich als selbstverständlich erachtet haben. Sie bemühen sich, ihre Perspektive zu erweitern, fragen nach, wie das Leben sich für jene gestaltet, die diese Privilegien nicht genießen. Sie erkennen an, dass und auf welche Weise sie durch ihr Sprechen und Handeln andere zu →Opfern machen, direkt oder indirekt. Sie verlangen sich die Disziplin ab, etwas daran zu verändern, zum Beispiel indem sie verzichten – auf Gewohnheiten, Vorzüge, Vorrechte, Eigentum. Damit übernehmen sie Verantwortung für ihren Anteil an der ungleichen Verteilung von Macht, Rechten, Besitz und Aufmerksamkeit in dieser Welt. Leider geschieht das in der linken Szene oft auf eine dogmatische Weise, die dann auch wieder etwas Gewaltsames hat, weil sie urteilt und erneut reglementiert. Sie versucht, dem erkannten Problem durch das so vertraute Mittel Kontrolle zu begegnen, anstatt immer wieder geduldig zu Gewahrsein aufzurufen und uns allen zuzugestehen, dass wir in eine neue Haltung hineinwachsen dürfen. Ich gehe in Kapitel 8 noch darauf ein, was für Auswirkungen das Beharren auf politischer Korrektheit auf unser Nervensystem haben kann. Es ist mir ein Anliegen, dass wir uns gegenseitig auf unsere Privilegien aufmerksam machen, nicht vorwurfsvoll oder verurteilend, aber trotzdem als verbindlicher Aufruf zu mehr Bewusstheit und Verantwortung.

Ich möchte beschreiben, was es in mir persönlich auslöst, wenn mir ein Privileg bewusst wird. Meist ist es → Scham. Zweierlei Scham. Sie taucht auf, wenn ich mich dem einzigen Bereich zuwende, in dem ich in diesem Leben nicht zu den Privilegierten gehöre: meinem Frausein. Ich schäme mich, wenn ich merke, dass es manchen Männern tatsächlich gelingt, mich einzuschüchtern. Oder wenn ich an mir beobachte, in wie vielen Aspekten ich das Spiel der Geschlechterungerechtigkeit mitspiele, an das wir uns seit Jahrhunderten gewöhnt haben. Eine etwas anders geartete Scham befällt mich, wenn ich mir mein eigenes Privilegiertsein bewusst mache, zum Beispiel, in welchem Überfluss und Reichtum ich im Vergleich zu anderen lebe. Ich habe freien Zugang zu sauberem Wasser, Nahrung, Kleidung, Obdach, medizinischer Versorgung, genieße körperliche Unversehrtheit und die Freiheit, meine Ansichten zu äußern. Die Scham, die ich hier empfinde, betrifft meine Undankbarkeit. Wie oft betrachte ich all diese Privilegien als selbstverständlich! Wenn ich mich dieser mangelnden Wertschätzung schäme, führt das schnell zu dem moralischen Anspruch, dankbar sein zu müssen. Doch Dankbarkeit kann ich nicht erzwingen. Sie will wahrhaft empfunden werden. Und dieses Empfinden ist Freude, sie äußert sich in dem Bedürfnis, die Geschenke des Leben zu feiern und zu teilen. Eine Möglichkeit, der Freude Ausdruck zu verleihen, ist für mich, Rituale der Dankbarkeit in meinem Alltag zu haben, etwa meine Aufmerksamkeit vor den Mahlzeiten denen zuzuwenden, die hungern. Und das allein kommt mir allzu symbolisch vor, mir fehlt der Impuls für → Veränderung.

Hier wird deutlich, dass Scham nicht das einzig hilfreiche → Gefühl ist im Umgang mit Privilegien. Es braucht neben der Freude (»Das ist richtig!«) auch die → Wutkraft (»Das ist falsch!«). Die beiden helfen mir zu unterscheiden zwischen Privilegien, die niemand haben sollte (ausbeuterische Macht über andere) und solchen, die allen gegeben sein sollten, wodurch sie aufhören würden, Privilegien zu sein (Befriedigung der Grundbedürfnisse). Es scheint in unserem Fall schwer zu unterscheiden, denn in unserer Kultur halten wir es für normal, unsere (vermeintlichen) Bedürfnisse auf ausbeuterische Weise zu befriedigen. Meine Scham, Teil einer Kultur des dekadenten Überflusses auf Kosten anderer Wesen zu sein, führt mich letztendlich zu dem Wunsch nach einem genügsameren Leben, bewussterem und nachvollziehbarem Konsum. Wobei mir das Wort *Wunsch* zu klein, zu unverbindlich erscheint. Ich möchte es Verantwortung nennen – im besten Wortsinn: meine Fähigkeit und Bereitschaft, auf das, was ich erkenne, zu antworten. Das kann heißen, dass ich mich auf meine Lust am Teilen besinne[2] und mich schrittweise von der Idee des ideellen wie materiellen Privateigentums

2 Andreas Weber schildert in seinem schmalen Buch »Sein und Teilen«, wie die beiden untrennbar zusammengehören: »Teilen ist die Weise, wie alles, was lebt, sich durchdringt, um so zu *sein*.« (S. 11)

verabschiede[3], dem das → Narrativ der Getrenntheit zugrunde liegt. Und es bedeutet konsequenterweise, inmitten des verfügbaren Luxus freiwillig auf einiges zu verzichten. Wir können ganz leicht auf so viel mehr verzichten als wir denken. Und das kann sehr befriedigend und befreiend sein. Ich leiste mir zum Beispiel den Luxus, ohne Auto zu leben, immer schon aus ökologischen Gründen – und irgendwann dämmerte mir, was für einen Gewinn an Lebensqualität das mit sich bringt. Während andere im Stau stehen, radle ich durch die Flussauen. Das dauert ein bisschen länger. »Wie? Du radelst vierzig Minuten zu deinem Arbeitsort und genauso lang zurück?? Das kannst du dir leisten zeitlich?«, fragte mich einmal jemand. Ja, das kann ich mir leisten. Ich muss ja nicht so viel arbeiten, um ein Auto zu finanzieren. Da bleibt jede Menge Zeit für genüssliches Radeln. Verzicht muss nicht das bedeuten, was ihm oft anhaftet: ein lustfeindliches Leben in Entbehrung – im Gegenteil. Und ich möchte behaupten, der Vorwurf der Lustfeindlichkeit wird gern von denen erhoben, die zu bequem sind, sich selbst in die Verantwortung zu nehmen – und für die Genuss stark an Konsum gekoppelt ist.

Für eine Person, die in einem Land mit hohem Wohlstand lebt, kann es lähmend sein, sich der eigenen Privilegien bewusst zu werden. Hier zeigt sich wieder einmal das bereits beschriebene Muster: Das Problem ist überwältigend, die globale Schieflage und die Schuld, die wir mit unserem Lebensstil auf uns laden, erdrückend. Wir erstarren – Totstellreflex. Ein gern geäußerter Satz: »Was kann ich denn überhaupt noch guten Gewissens tun?« Jede Menge. Wir können auf vieles verzichten, das Schaden anrichtet. Wenn wir das leugnen, drehen wir den Spieß im → Dramadreieck (Graphik 7a) auf eine seltsame Weise um, die uns vielleicht gar nicht bewusst ist. Daher möchte ich es hier benennen: Wir machen uns zu Opfern unserer Täter*innenschaft. Wir können nichts dafür, jammern wir, »man« zwinge uns dazu, Täter*innen zu sein. So möchte ich mich nicht aus der Verantwortung ziehen. Das kommt mir respektlos vor. Wir sind nicht gezwungen, Kleidung zu tragen, die Frauen und Kinder am anderen Ende der Welt in 14-Stunden-Schichten für einen Hungerlohn nähen. Es ist ausreichend Kleidung auf diesem Planeten vorhanden, um uns alle über Jahre hinweg warm zu halten. Wir können Gebrauchtes tragen und Vorhandenes reparieren. Wir können uns eingestehen, was wir alles nicht brauchen. Konsumverzicht hilft.

An welcher Stelle schlägt nun Privilegbewusstsein in Selbstkasteiung um, die niemandem hilft? Das geschieht, wenn ich in den Schattenaspekt der Scham rutsche und mich dauerhaft schlecht fühle

3 Solch einen Versuch stellt mein »Gib-was-du-kannst«-Zahlmodell vor, das ich in Kapitel 4 beschreibe. Und daher gibt es für dieses Buch auch keinen festen Preis und kein Copyright, sondern eine *Creative-Commons-Lizenz*. Ich betrachte das, was ich hier niederschreibe, nicht als mein geistiges Eigentum und möchte es als Privileg betrachten, dass ich die Zeit, die Ressourcen und die Fähigkeiten habe, es zu tun. Ein Dank an alle, die mich dabei unterstützt haben!

wegen meiner Privilegien, anstatt sie dienlich zu nutzen. Es hilft niemandem, dass ich keine Treppen mehr benutze, weil sie für mobilitätseingeschränkte Menschen eine Barriere darstellen. Aber ich sollte mich nicht daran beteiligen, neue Hürden, zum Beispiel Treppen ohne Rampen, in diese Welt zu setzen. Weniger Privilegierten nützt reine Scham wenig, Gewahrsein und Handeln womöglich viel – und die Kraft der Scham liegt in der Selbstreflexion: Wir können uns unserer Privilegien bewusst werden und dieses Bewusstsein nutzen, um Veränderung herbeizuführen, indem wir für mehr Gerechtigkeit und → Teilhabe einstehen (dass ich diesen Begriff kritisch betrachten möchte, ist im entsprechenden Einschub zu lesen). Das integrale Denkerduo der Metamoderne, das unter dem Namen Hanzi Freinacht publiziert, betont in »The Listening Society« die unbedingte Notwendigkeit, auch Bewusstheit als Privileg zu betrachten. Wenn wir anderen in der Bewusstseinsentwicklung einen Schritt voraus sind, kann das nicht Anlass zu Überheblichkeit sein, sondern Verpflichtung, beizutragen – auch, indem wir Führung wagen. Ab Seite 294 komme ich darauf zurück.

Als wirkliches Privileg empfinde ich persönlich, dass ich mich so ausgiebig damit beschäftigen kann, meinen Körper zu spüren. Nicht allen Menschen stehen Zeit, Freiheit, Wissen und Räumlichkeiten zur Verfügung, → somatisch zu forschen, wie es mir möglich war und ist: intensiv, genüsslich und tief. Was für ein Geschenk. Und es reicht mir nicht, das als mein Privatvergnügen zu betrachten. Ich verspüre den ausdrücklichen Wunsch, mit anderen zu teilen, welche Befriedigung ich darin erfahre und welche Erkenntnisse es mir ermöglicht. Ich merke, wie ich immer wütender werde, wenn mir eine ausgeprägt egoistische Wellnesskultur begegnet: »Passiere in der Welt doch was wolle, ich lasse es mir gutgehen. Und zwar so richtig.« Genuss und Wohlbefinden haben eine politische Dimension, die ich in den bisherigen Kapiteln versucht habe zu verdeutlichen. Körperlich wirklich in diesem Leben landen zu dürfen ist ein Grundbedürfnis, das den meisten Menschen unserer Zeit verwehrt blieb. Das erleben zu können soll nicht das Privileg einiger Weniger sein. Mein Anliegen ist es, dazu beizutragen, dass diese Erfahrung allen möglich wird, die sich danach sehnen.

Ein geeignetes Format finden

Wir wollten Wege finden, diese Sehnsucht spürbar zu machen, Möglichkeiten, den kollektiven Mangel ins Bewusstsein zu rufen. Durch Herumprobieren schälte sich nach und nach das Format des *Getanzten Vortrags* heraus. Wenn ich nun davon berichte, gibt es einen seltsamen Anachronismus: Ich erzähle von damals, jener Prä-Corona-Ära, die uns unendlich lang her vorkommen kann. Und da gibt es Situationen, die im Moment so nicht denkbar wären: Menschen aus zig verschiedenen Haushalten sitzen ohne Mundschutz dicht an dicht miteinander im Kreis und reichen eine Kugel von Hand zu Hand, ohne darüber nachzudenken, sie vor jeder neuen Berührung zu desinfizieren. Ich schreibe diese Zeilen während des zweiten Lockdowns. Das Abstand-Halten, das vorher schon unsere Kultur prägte, wird jetzt so richtig sichtbar. Immer wieder empfinde ich die *Physical-Distancing*-Vorschriften als Sinnbild, als Verdeutlichung dessen, was ohnehin schon seit langem unsere Gesellschaft ausmacht: Distanz, Isolation und Abschottung. Müssen wir durch die Hygienemaßnahmen die Trennung so richtig extrem erleben, um endlich zu begreifen, wie wir uns gewissermaßen selbst aus dem Paradies geworfen haben, indem wir die Geschichte der Getrenntheit derart auf die Spitze trieben? Brauchen wir alle eine Erinnerung an unsere Sehnsucht nach Kontakt, um Berührungsarmut nicht allzu bereitwillig als normal hinzunehmen?[4] Wenn ich nun von öffentlich bezeugtem Körperkontakt erzähle, von Spiel, → Intimität und Berührbarkeit, dann möge es uns alle daran erinnern: Es geht auch anders.[5] Ich möchte Lust machen auf ein Leben jenseits des zur Gewohnheit gewordenen Erstarrungszustands. Das Wort *Anstecken* hat es verdient, wenigstens ab und zu in seiner positiven Bedeutung benutzt zu werden – nicht Angst, sondern Begeisterung versprühend.

Meine Freundin und Kollegin Eva Daubert und ich suchten nach einem stimmigen Szenario, die → Contact Improvisation öffentlich sichtbar zu machen – und uns durch sie. Zur gleichen Zeit verschlangen wir mit wachsender Begeisterung und im regen Austausch miteinander die Texte von Charles Eisenstein, den ich ja bereits zitiert habe. Wir waren uns einig: Letztendlich beschrieb Eisenstein genau das, was wir seit Jahren beim Praktizieren der Contact Improvisation mit jeder Faser unseres Körpers erlebten. Wir waren wie elektrisiert. Das wollte verknüpft werden. War es möglich, die Contact Improvisation als Bildspur neben einen politisch-gesellschaftskritischen Inhalt zu setzen, ohne sie zu erdrücken oder auf eine bestimmte Aussage oder Bedeutung festzunageln? Konnte sich das gegenseitig befruchten? Und zusammen genommen reicher

4 Ich halte es für wichtig, auf dem Radar zu haben, wie sich die Welt verändern kann durch Sicherheitsmaßnahmen, die als Reaktion auf ein verstörendes Ereignis eingeführt wurden, um einer verunsicherten Gesellschaft im Schockzustand das Gefühl von Sicherheit zurückzugeben. Die Anschläge am 11. September 2001 hatten massiv verschärfte Kontrollen und Auflagen z. B. an Flughäfen zur Folge. Was uns damals extrem vorkam – konfiszierte Nagelfeilen, Wasserflaschen, Akkus und Cremedöschen –, haben wir inzwischen als normal akzeptiert. So ist das eben. Wir gewöhnen uns erschreckend schnell an Zustände, die unserer eigentlich unwürdig sind. Das habe ich in Kapitel 3 ausführlich beschrieben.

5 Mir ist bewusst, dass diese Aussagen Menschen veranlassen könnten, mich in die Schublade Corona-Leugnerin zu stecken. Wir tun einander mit solcherlei Kategorien keinen Gefallen. Mein Anliegen ist es, genau zu beobachten, an welchen Stellen Angst regiert und an welchen Umsicht. Ich möchte erinnern, dass wir Wege finden können, die neuen Umstände als Chance für mehr Verbundenheit zu nutzen – anstatt uns in eine noch extremere Isolation zu manövrieren.

werden? Die Idee für den *Getanzten Vortrag* war geboren. Wir wollten versuchen, über Charles Eisensteins Philosophie zu sprechen, während wir ein Duett miteinander tanzten. Vielleicht war es unabdingbar, mehrere Sinne anzusprechen, um die Haltung des → Interbeing zu vermitteln. Was es bedeutet, untrennbar mit dem Netz alles Lebendigen verwoben zu sein, das können wir wahrscheinlich gar nicht allein mit dem Verstand erfassen. Es ist dieses eigene Erleben, das so viel tiefer geht als der Versuch, zu belehren oder allein mit Worten zu überzeugen. »Ethics can't be taught by moral lessons«, schreibt der französische Philosoph und Soziologe Edgar Morin, der von der UNESCO beauftragt wurde, Anhaltspunkte für eine zukunftsweisende Reform des Bildungswesens zu verfassen.[6] Nein, moralische Belehrung bringt uns nicht weit, eine neue Haltung will erlebt und sinnlich erfahren werden. Und die Contact Improvisation bietet ein hervorragendes Übungs- und Experimentierfeld dafür, indem Menschen es am eigenen Leib erleben – oder auch, indem sie zunächst einmal andere dabei bezeugen. Wir wollten einen Rahmen schaffen, wollten den Verstand erreichen und gleichzeitig einen sinnlichen Raum öffnen, der Menschen einlädt, in ihrer vollen → Kreatürlichkeit, also als lebendige Wesen mit Empfindungen und einem leibhaftigen Körper anwesend zu sein. *Getanzter Vortrag* sollte es heißen. Das ist tatsächlich ein irreführender Begriff: Weder halten wir einen Vortrag, noch entspricht das, was das Publikum – auch diese Bezeichnung hinkt – zu sehen bekommt, dem, was man gemeinhin *Tanz* nennt. Eigentlich geschieht die ganze Zeit über nichts weiter als dies: Wir erlauben den Menschen, die im Kreis um uns herum sitzen, unser Tun zu bezeugen. Oder noch treffender: unser Sein. Unser Sosein, unser Lebendigsein. Unser In-Kontakt-Sein, unser Spielen, unser Gestalten. Unser Wagen, unser Scheitern. Wir begeben uns vor den Augen der Zuschauenden in einen → intimen Raum. Miteinander und mit ihnen.

Mit dem Format des *Getanzten Vortrags* besinnen wir uns der Anfänge der Contact Improvisation. Nach ausgiebigem Experimentieren, nach langer Zeit des Hinterfragens der in der Tanzwelt herrschenden Selbstverständlichkeiten öffneten damals die Pionier*innen der Contact Improvisation die Pforten ihres Labors: *You come. We show you what we do* – mit diesen Worten luden sie Interessierte zum Zugucken ein. Und dieses *We show you* hatte so gar nichts von einer Show, es war nicht auf Hochglanz poliert. Die Tänzer*innen trugen einfach ihre Trainingskleidung. Es gab keine Beleuchtung, die den Bühnenraum in vorteilhaftes Licht tauchte und dem Publikum seinen Platz im Dunklen zuwies. Die Tänzer*innen machten einfach weiter mit dem, was sie vorher für sich gemacht hatten und erlaubten den Eingeladenen, die nach Belieben reinkommen und rausgehen konnten und für die es keine festen Sitzgelegenheiten gab, dabei zu sein. Damals entsprang die-

6 Edgar Morin: »Seven complex lessons in education for the future«, S. 59.

ses Schlichte, Pure auch der Sehnsucht der Tänzer*innen, keine Rolle spielen zu müssen, sondern im wahrsten Sinne ungeschminkt und als sie selbst anwesend sein zu dürfen. Sie schafften kurzerhand die Bühne ab. Und es gab viele weitere Konventionen der Tanzwelt, mit denen sie bewusst brechen wollten: die Hierarchien zwischen Choreograph*innen und Tänzer*innen sowie zwischen den Geschlechtern, das Planen und Reproduzieren von Bewegungen, die Abhängigkeit von der Musik, das Trennen von Tanz und Alltagsbewegung, das Verleugnen der Schwerkraft.

Ähnlich schlicht wie *You come. We show you what we do* gestaltet sich unser *Getanzter Vortrag*. Wir verleihen dem Raum eine etwas klarere Struktur und begeben uns mit unserem Duett, Trio oder als improvisierende kleine Gruppe in die Mitte eines Kreises, wie Skizze 2 im Beiheft veranschaulicht. Die Zuschauer*innen sitzen außen herum und sind eingeladen, auszusprechen, was sie sehen. Dabei hilft eine Holzkugel, die wir als Redegegenstand kreisen lassen. Wer sie in der Hand hält, kann – muss aber nicht – sprechen. Bei größeren Gruppen benutzen wir ein oder auch zwei Funkmikrofone, die auf die gleiche Weise weitergegeben werden. Wir Tanzenden beziehen uns auf das Gesprochene, lassen uns davon berühren, gehen in Resonanz. Es speist unsere Bewegung und wird im Außen sichtbar. Gelegentlich antworten wir auch sprechend. Jedes Mal neu.

Bei den ersten Vorträgen dachten wir noch, es bräuchte erst einmal viel Text von uns, um einen thematischen Bezug herzustellen und unser Anliegen zu unterstreichen. Wir redeten viel, erklärten dieses und zitierten jenes. Inzwischen sagen wir manchmal nach ein paar einleitenden Sätzen gar nichts mehr. Es hat sich als sinnvoll erwiesen, vorab ein paar Einladungen auszusprechen, die eigenen Sehgewohnheiten zu hinterfragen. Bei Tanzstücken guckt man als Zuschauer*in ja gern auf die Virtuosität und bestaunt technische Finessen oder spektakuläre Bewegungen, die man selbst nicht ausführen könnte. Hier hingegen könnte es hilfreich sein, nicht den Unterschied, das Trennende, sondern das Verbindende zu suchen, also nicht zu verharren im »Das kann ich nicht«, sondern sich zu erlauben zu spüren: »So bin ich auch«. Wir fordern die Menschen im Kreis dazu auf zu lauschen, welche Resonanz sie in sich wahrnehmen.

Im Laufe der Jahre sprechen wir immer weniger. Es ist also erst einmal sehr still, denn auch Musik gibt es nicht, der Tanz entsteht aus dem Zusammenspiel von Wahrnehmung, Berührung und Begegnung. Die »Tonspur« während des Tanzens kommt hauptsächlich von den Menschen außen im Kreis. Es ist für uns jedes Mal von Neuem inspirierend, was sie da beobachten, assoziieren und beschreiben. Es gibt unserem Tanz Impulse, lenkt die Aufmerksamkeit auf bestimmte Aspekte. So entsteht ein Dialog mit denen, die das Improvisieren teilnehmend bezeugen.

Nicht alle Menschen tun sich leicht, vor großen Gruppen zu sprechen. Gleichzeitig nehmen wir bei den meisten ein großes Bedürfnis wahr, mit anderen zu teilen, was sie berührt, angeregt, irritiert hat. Daher geben wir im Anschluss noch Raum, sich in Dreiergruppen – Triaden – auszutauschen: Wir bitten die Leute, sich im schlichten Zuhören zu üben, indem sie dem Impuls zu antworten oder zu kommentieren zunächst nicht folgen. Eine*r der drei erzählt, was sie*ihn jetzt nach dem Bezeugen des Vortrags bewegt. Die beiden anderen hören einfach nur zu, drei Minuten lang. Das passiert dreimal hintereinander, bis alle gesprochen haben. Erst dann ist Raum für ein Gespräch, in dem es hin und her und durcheinander gehen kann. Auch das ist Teil jener Kultur, die wir mit dem Vortrag leben und teilen wollen. Das Zuhören kommt häufig zu kurz in dieser schnellen Welt.

Oft wird der *Getanzte Vortrag* durch einen Kurzworkshop ergänzt, damit die Menschen die Erfahrung am eigenen Leib machen können – natürlich nur wenn sie wollen. Freiwilligkeit ist entscheidend, niemand wird gedrängt. Manche wollen lieber noch weiter sprechen, die drei Minuten waren ihnen viel zu kurz, weil so viel angestoßen wurde. Es kann also geschehen, dass zwei Gruppen entstehen. Die einen vertiefen ihre Gespräche. Für die anderen bieten wir eine Einführung in die grundlegenden Prinzipien der Contact Improvisation an. Oft müssen wir nicht viel tun, denn die meisten haben beim Zugucken schon das Wesentliche gelernt, sodass kaum Anleitung vonnöten ist. Sie probieren einfach selber aus, was sie eben bezeugt haben. Manchmal ist es hilfreich, Menschen daran zu erinnern, eher nicht bestimmte Formen zu kopieren, die sie gesehen haben, sondern ihre Körper für das Bewegungsprinzip zu öffnen, den Fluss, die Spielfreude, das Wagnis, einander nah zu sein – ohne die → Scham darüber wegzudrücken.

Schon die Pionier*innen berichteten über *You come. We show you what we do*, dass die Zuschauer*innen nassgeschwitzt und euphorisch den Raum verließen und den Wunsch äußerten, das selber mal auszuprobieren: »What happened, I think, was that the sensations were transmitted to the audience. They would come out of the performances flushed and sweating, almost, as if they had been doing it themselves. […] To tell the truth, I don't think there was one performance that wasn't very enthusiastically received. It was like we had offered something to people, that was very new and healthy and life-supporting. And it was very refreshing to people, I think.«[7]

7 Nancy Stark Smith, zitiert in »Sharing the Dance, Contact Improvisation and American Culture« von Cynthia Novack, S.72/73: »Was passierte, glaube ich, war, dass sich die Empfindungen auf das Publikum übertrugen. Sie kamen geradezu schwitzend und mit roten Backen aus den Performances, erregt, als hätten sie es selber getan. […] Um ehrlich zu sein: Ich glaube, es gab keine einzige Performance, die nicht enthusiastisch aufgenommen wurde. Es war, als hätten wir den Leuten etwas eröffnet, das sehr neu und gesund war, sehr lebendig und unterstützend. Und ich glaube, es war sehr erfrischend für die Leute.«

Genau so erleben wir das auch. Ansteckend. Nicht mit einer Krankheit, sondern mit Lebendigkeit.

Politische Kunst

Ich möchte den *Getanzten Vortrag* als politische Kunst verstehen. Politisch? Kunst? Beiden Begriffen möchte ich ein bisschen Aufmerksamkeit schenken, bevor ich sie einfach so benutze.

Das Wort *Politik* wird in unserem Sprachgebrauch meist sehr eng gefasst. Wenn dich jemand fragt: »Interessierst du dich für Politik?«, dann möchte die Person damit wahrscheinlich wissen, ob du Zeitung liest, einer Partei angehörst, dich mit Bundestagsbeschlüssen beschäftigst, das aktuelle parlamentarische Tagesgeschehen verfolgst, sagen kannst, wie der*die Finanzminister*in heißt. Wir haben es uns in der Annahme bequem gemacht, dass Politik von denen in Berlin, Brüssel, Washington usw. gemacht wird und wir außer ein paar Kreuzchen auf dem Stimmzettel wenig Einfluss darauf haben. Es gibt kaum eine Vorstellung davon, wie wir uns beteiligen könnten. Dabei bedeutet das Wort *Politik* ursprünglich vor allem *Gestaltung des Gemeinwesens*. Wenn ich Politik so verstehe, bedeutet die Frage plötzlich etwas ganz anderes, nämlich: Interessierst du dich dafür, wie wir Menschen unser Zusammenleben gestalten? Damit rückt Politik viel näher an uns heran. Und für mich persönlich gilt: Auch wenn ich der Bundestagsdebatten immer müder werde – ja, es interessiert mich brennend, wie wir Menschen in ein friedliches Miteinander hineinwachsen können.

Und *Kunst* – darunter verstehen wir gemeinhin ein Kunstwerk, ein Bild, eine Skulptur, eine Installation. Etwas, das von eine*r Künstler*in hergestellt wurde und nun in einem Museum hängt oder auf dem Kunstmarkt verkauft wird. Mein Kunstverständnis orientiert sich eher an Joseph Beuys' Idee der Sozialen Plastik. Beuys plädiert für einen »erweiterten Kunstbegriff« und erklärt jeden Menschen zur* Künstler*in, traut uns allen zu, wahrnehmungsfähige und gestaltungswillige Wesen zu sein. Kunst ist demzufolge eine Haltung dem Leben gegenüber: Alles, was mir begegnet, ist gestaltbar – nicht aus einem Kontrollimpuls heraus oder aus dem Bedürfnis, es möge anders sein, sondern indem ich in Beziehung trete. Und wenn wir das so betrachten, dann sind Kunst und Politik nicht weit voneinander entfernt. Beide zeichnen sich durch die Bereitschaft aus, das Leben auf diesem Planeten sinnstiftend und in Bezogenheit mitzugestalten.

Politische Kunst kennen wir bislang vor allem als Protestkunst. Sie ist – notwendigerweise – wütend, meist provokativ, oft anklagend. Sie legt den Finger auf die wunden Stellen unserer Gesellschaft, auf das, was wir nicht wahrhaben wollen, sie holt Verborgenes, Verschwiegenes, geflissentlich Übersehenes auf die Bühne, auf die Leinwand, verleiht ihm eine Sprache, vergrößert es, führt es ad absurdum, schreit uns Ungerechtigkeiten und Untragbares in Gesicht – oft bis an die Schmerzgrenze und darüber hinaus. Mir geht es bei dieser Kunst manchmal so, dass ich es irgendwann nicht mehr ertragen kann und weggucken oder mir die Ohren zuhalten muss. Ich könnte es auch so formulieren: Diese Kunst ist nicht → traumasensibel. Anstatt uns aus der Erstarrung zu holen, kann sie das Abspalten verstärken. Ich verkrieche mich dann noch tiefer in jene Haltung, aus der die Künstler*innen mich eigentlich wachrütteln wollen, weil ich persönlich nicht besonders empfänglich bin für Aufklärung durch Schock, Empörung oder Dagegensein. Ich brauche zur Orientierung eher eine Sehnsucht, der ich folgen kann.

→ Einschub: Traumasensibilität Wie können wir unser Wissen um individuelles und → kollektives Trauma in der Praxis sinnvoll anwenden, nicht nur im therapeutischen Setting, sondern in alltäglichen Begegnungen und bei Veranstaltungen, wo viele fremde Menschen zusammenkommen oder/und schwierige Themen angesprochen werden? Beides ist ohnehin tendenziell Stress für das Nervensystem. Wie können traumasensible Räume aussehen, also Räume, in denen wir uns relativ sicher fühlen und die darauf bedacht sind, die → Dissoziations- bzw. Retraumatisierungs-Dauerschleife nicht unnötig fortzusetzen?

»Relativ sicher« schreibe ich, weil wir keine Sicherheit garantieren können. Das Leben ist eine unsichere Sache. »Die Aufgabe, die wir uns stellen sollten, ist nicht, uns sicher zu fühlen, sondern in der Lage zu sein, Unsicherheit zu tolerieren«, schlägt der Sozialphilosoph Erich Fromm[8] vor. Ich stimme zu und vermute, dass der erste Schritt ist, aus der Coolheit auszusteigen und transparent zu machen, dass vermutlich viele im Raum Unsicherheit spüren – manche mehr, manche weniger. Des Weiteren ist es wichtig, dass wir Ruhe bewahren und nicht zwanghaft darauf achten, auf keinen Fall irgendwo etwas auszulösen. Eine unentspannt-ängstliche Haltung überträgt sich und erzeugt das, was wir ja gerade nicht wollen: eine Atmosphäre von Angst. Ähnliches gilt für Trigger-Warnungen, also jene Hinweise z. B. vor Filmen, Vorträgen usw., die ankündigen, dass gleich etwas erwähnt oder gezeigt wird, das Menschen an vergangene Traumatisierungen erinnern könnte. Werden solche Warnungen überengagiert und nervös ausgesprochen, können sie das Gegenteil des Beabsichtigten bewirken. Ein traumasensibler Raum zeichnet sich zunächst einmal vor allem durch Entspannung aus und durch die Erlaubnis, so da zu sein, wie wir eben da sind. Er orientiert sich an der Qualität im Erdgeschoss der → Aktivierungskurve – aber eben nicht als Dogma (»Du musst entspannt sein!«), sondern als Einladung. Menschen sind willkommen mit allen Unsicherheiten, mit der Angst, die

8 Erich Fromm: »Die Kunst des Liebens«

sie im Gepäck haben, auch mit Aufregung. Was da sein darf und nicht angestrengt zurückgehalten werden muss, kann sich leichter lösen.

Dissoziation passiert andauernd. Und sie ist zunächst einmal eine sinnvolle Strategie unseres Nervensystems, um uns vor Überwältigung zu schützen. Wir müssen sie also nicht panisch vermeiden. Aber wir müssen sie auch nicht in Dauerschleife auslösen, zum Beispiel durch Konfrontation, absichtliches Schockieren oder indem ohne Vorankündigung Herausforderndes thematisiert wird. Was traumasensible Räume auszeichnet, ist das Bewusstsein für solche Mechanismen. Wir können nie ausschließen, dass Retraumatisierung passiert oder dass Menschen sich in die Dissoziation retten, Trigger sind zu unterschiedlich. Aber wir können es beobachten. Traumasensibilität bedeutet, dass Gastgeber*innen und Anleitende – am besten auch alle anderen – Wissen über Trauma und Nervensystem im Gepäck haben, immer wieder in die Gruppe hinein horchen und beschreiben, was sie wahrnehmen. Das kann allen helfen, selbst zu erkennen, wo sie sich gerade befinden. Ein Modell wie die Aktivierungskurve kann dabei Orientierung geben und eine Sprache zur Verfügung stellen. Mit ein bisschen Übung bekommen wir immer häufiger mit, wenn Menschen oder Anteile von ihnen verschwinden. Auch bei uns selbst, zum Beispiel: »Ich erlebe mich gerade wie im Nebel.« Und dann hilft ein Umfeld, das so beschaffen ist, dass Menschen sich damit zeigen können – ohne dass ihnen nahegelegt wird, sich zu schämen, weil sie das noch nicht besser hinbekommen.

Wir schulen unsere Fähigkeit Nervensysteme zu beobachten also am besten auf drei Ebenen: bei uns selbst, bei anderen Individuen und im → Feld. Kapitel 9 widmet sich ausführlich den Kulturelementen, die wir *mit Sensing the Change* erforschen und anwenden, um in Gruppen ein grundlegendes Gefühl von Sicherheit zu etablieren.

Zurück zur politischen Kunst. Auf Missstände hinweisen ist wichtig, ich bin allen dankbar, die auf diese Weise einen Beitrag leisten. Und wenn es sich im Anprangern erschöpft, nährt es nur die Ohnmacht und Hoffnungslosigkeit, in der wir alle zu versinken drohen: »Was kann ich denn schon tun?« Die einzige Möglichkeit, die wir kennen, ist Abspalten. Ich wünsche mir eine ermächtigende, eine verbindende politische Kunst – nicht um schönzufärben, zu beschwichtigen oder die Augen zu verschließen, vielmehr um zum Spüren einzuladen und Alternativen aufzuzeigen. Politische Kunst hat meinem Empfinden nach nicht den Auftrag, uns schockiert, entmutigt und frustriert nach Hause zu entlassen. Sie kann uns eine Richtung weisen. Sie kann inspirieren und anregen, indem sie eine Haltung spürbar werden lässt, die in scharfem Kontrast steht zur allgegenwärtigen Apathie. Die künstlerische Haltung darf ihr politisches Potenzial entdecken, anstatt sich darauf zurückzuziehen, eben »nur

Kunst« zu sein. Um zu einer anderen Kultur zu gelangen ist es hilfreich, sie spürbar zu erfahren, indem ein Möglichkeitsraum geöffnet wird. »So können Menschen miteinander sein«, war einer der Kommentare beim ersten Vortrag, den wir tanzten. Ja, das können sie. Und diese Zuversicht, dieses Vertrauen in die Menschheit ist so beglückend, dass ich mich so vielen Menschen wie möglich damit zeigen möchte.

→ Einschub: Teilhabe, Partizipation, Co-Kreation; Integration, Inklusion, Diversität

Wenn Einzelne oder Gruppen etwas entdeckt haben, das ihnen als Kulturgut wertvoll ist, dann kann es sein, dass sie den Impuls verspüren, diesen Wert, diesen Schatz mit anderen zu teilen. Nicht immer prüfen Menschen dann, aus welcher Perspektive und Motivation heraus das geschehen soll. Dadurch wird – häufig mit der besten Absicht – die Gewalt einer Dominanzkultur fortgeführt: »Ich weiß, was für euch gut ist.« Wenn ich mich frage, wie wir eine andere Kultur in die Welt bringen können, dann möchte ich bei allem Feuer sehr aufmerksam sein, niemandem etwas überzustülpen, nicht bevormundend oder übergriffig zu sein, sondern in einen horchenden Dialog zu treten mit denen, die in den Genuss dessen kommen sollen, was ich als »besser«, als lebensdienlicher erachte. Ich beleuchte an dieser Stelle – wieder knapp und daher verkürzt – ein paar Begriffe, die für Momente der Beteiligung am politischen, kulturellen, gesellschaftlichen Leben verwendet werden: Teilhabe, Partizipation und Co-Kreation.

Ich verdeutliche den Unterschied vereinfachend am Beispiel einer Torte. Angenommen, ich esse gern Torte und mir wird klar, dass nicht alle Menschen Zugang zu Torten haben (hier zeigt sich → Privilegbewusstsein). Das würde ich ihnen aber wünschen, weil mich der Verzehr von Torte so glücklich macht. Dann könnte ich mit unterschiedlichen Haltungen an die Sache herangehen.

Teilhabe: Ich gebe euch etwas von meiner Torte ab: »Esst! Schmeckt mir gut!« Ich frage nicht, ob es euch auch schmeckt, ob ihr Sahne gut vertragt, ob ihr euch vielleicht etwas anderes gewünscht hättet. Ich bin nicht neugierig, was ihr sonst so esst. Ich bin überzeugt: Torten! Das ist es, was die Welt braucht.

Partizipation: Ich erzähle euch, wie lecker ich Torten finde und frage euch, ob ihr Lust habt, mal eine zu probieren. Wenn ihr das wollt, erkundige ich mich nach euren Vorlieben (Schoko, Sahne, Obst?) und dann gibt es Torte für alle – und eventuell im Anschluss einen Fragebogen zum Ausfüllen, damit ich einschätzen kann, wie sie angekommen ist.

Co-Kreation: Alle Beteiligten haben die Möglichkeit, jeden Schritt von der Entscheidung bis zum Verzehr mitzugestalten und auf ihre Weise beizutragen. Vielleicht bringt eine Kirschen aus ihrem Garten mit, ein anderer bittet darum, mindestens eine Torte möge vegan und zuckerfrei sein, sonst könne er nicht mitessen. Alle, die wollen, bereiten verschiedenste Torten zu, verzieren sie und verspeisen sie genussvoll. Vielleicht schmeckt es auch fürchterlich: Es fehlte der Überblick, es gab zu wenig Mehl und die Tortenböden waren zu lange im Ofen, denn niemand fühlte sich zuständig. Dann haben alle eine Erfahrung gemacht. Möglicherweise entscheidet sich die Gruppe auch dafür, lieber einen Eintopf zu kochen, z.B. weil dann vom gleichen Geld viel mehr Menschen satt werden würden und sie dann auch noch ihre ganzen Familien einladen könnten. Oder was auch immer.

Das mag nun so klingen, als seien co-kreative Prozesse immer das beste. Das dachte ich auf jeden Fall lange, weil mir alles andere arrogant und dominant vorkam. Inzwischen sehe ich das anders. Ja, ich strebe auf jeden Fall an, dass wir in eine Kultur von Co-Kreation, Kooperation, kollektiver Führung und Schwarmintelligenz hineinwachsen. Doch da werden wir nicht sofort ankommen. Manchmal braucht es Vorgaben von Personen, die sich selbst eingestehen, dass sie von einer höheren Perspektive auf die Sache blicken – und die das uneitel und ohne Überheblichkeit sagen und dann Verantwortung übernehmen können. Manchmal sind Momente der Teilhabe der sinnvollste erste Schritt, damit Menschen sich überhaupt die Fähigkeit aneignen können, sich irgendwann an co-kreativen Prozessen zu beteiligen.

Sonst passiert das, was derzeit allerorten in der offenen Jugendarbeit zu beobachten ist: »Was wollt ihr denn mal machen?«, fragt die* Sozialarbeiter*in. Und den Jugendlichen steht für ihre Vorschläge ja zunächst einmal nur ihr eigener momentaner Horizont zur Verfügung. Also wünschen sie sich Teilhabe an etwas, das sie im Moment nur von Ferne betrachten können. So kommt es, dass an den soziokulturellen Zentren landauf landab seit ein paar Jahren Talentshow-Fernsehformate wie *Deutschland sucht den Superstar* kopiert werden. Das ist wirklich Teilhabe im schlechtesten Sinne: Ihr dürft teilhaben an einer Welt, die auf Konkurrenz, Bewertetwerden und schönem Schein beruht. Mitmachendürfen allein reicht nicht als Motivation für Beteiligung. Mitmachen wobei? Es braucht vor allem diese Frage: Ist das, wofür Teilhabe/Partizipation/Co-Kreation angestrebt wird, wirklich die Kultur, die dem Leben dient?

Ganz ähnlich verhält es sich übrigens mit den Worten *Integration, Inklusion, Diversität:*

Integration: Wir lassen euch mitspielen, aber nach unseren Regeln und wenn ihr möglichst gut so tut, als wärt ihr gar nicht anders.

Inklusion: Wir lassen euch in unsere Kultur hinein und nehmen zur Kenntnis, dass ihr aus einer anderen kommt.

Diversität: Wir gestalten gemeinsam einen Raum, in dem alle mit ihren Vorlieben und Eigenheiten auf eine Weise Platz haben, die etwas ganz Neues hervorbringt.

Und damit letzteres möglich ist, braucht es eventuell mutige Menschen, die zunächst einmal für Werte einstehen und darauf aufmerksam machen, wenn sie verletzt werden. Sonst herrscht schnell Beliebigkeit oder das Diktat der Toleranz für alles.

Wenn wir die Contact Improvisation an Orte verlegen, wo sie sonst eher nicht vorkommt, dann ist das zunächst einmal schlicht ein Moment der Teilhabe. Wir machen etwas zugänglich, das wir toll finden, das jedoch bisher einigen wenigen vorbehalten war. Wir sind uns unseres Privilegs bewusst, etwas sehr Besonderes in unserem Leben zu haben und wollen das, was wir so lieben, teilen. Die Art und Weise, wie wir es mit dem *Getanzten Vortrag* tun, hat etwas Partizipatives. Menschen werden beteiligt, sie tragen ihre Worte, ihre Perspektiven bei und verändern dadurch unseren Tanz. Sie konsumieren kein Fertigprodukt, sondern sind in den Prozess eingebunden. Und sie können freiwillig entscheiden, ob und wie sehr sie sich einbringen wollen. Den Rahmen dafür haben allerdings sehr klar wir vorgegeben. Man könnte das dominant oder autoritär nennen – wir setzen etwas, weil wir es so für richtig halten. Es ist tatsächlich schon vorgekommen, dass dieser Rahmen gesprengt wurde. Eine Person sagte vom Rand aus: »Ich kann kaum noch still sitzen bleiben, ich fühle mich zum Zugucken verdammt.« Bevor wir zum Mitmachen einladen konnten, rollte sich eine andere bereits zu uns in den Kreis hinein. Hier beginnt das Co-Kreative. Manchmal kommt es spontan und unprogrammatisch: wenn Menschen sich erlauben, sich über das Vorgegebene hinwegzusetzen, weil es sich zu eng und bevormundend anfühlt. Das kann Chaos und Verunsicherung erzeugen. Und es ist auf jeden Fall ein Akt der Selbstermächtigung. Politische, partizipative Kunst wünsche ich mir als etwas, das nicht ausschließlich passiv konsumiert, sondern auch erlebt und erfahren wird. Den Wunsch, »das selber mal auszuprobieren«, hören wir so gut wie immer gegen Ende eines *Getanzten Vortrags*. Ja, bitte! Es geht uns genau darum: Selbstermächtigung, Empowerment, neue Erfahrungen machen. Und im erweiterten Sinn um die Erkenntnis, dem Weltgeschehen nicht ohnmächtig ausgeliefert zu sein.

Und wo ist das Co-Kreative? Beim *Getanzten Vortrag* steckt es vor allem im Inhalt. Wir laden Menschen ein, ein Miteinander zu bezeugen, das ohne Rollen und Hierarchien, ohne Vorgaben und Regeln auskommt. Warum verweisen wir die Menschen dann überhaupt auf die Stühle, warum bitten wir sie in den Außenkreis, anstatt ihnen von Anfang an zu ermöglichen, solch einen Raum zu erleben und mittendrin zu sein? Also warum gibt es in der Form Hierarchien und Rollen, wenn es doch dem Inhalt im Grunde widerspricht? Weil die Kultur, die wir gewohnt sind, so anders ist, dass alles andere die meisten Leute ziemlich überfordern würde. Ich habe von meinen eigenen Erfahrungen beim Kennenlernen der Contact Improvisation berichtet: Plötzlich lähmte mich die Freiheit, die ich mir so sehnlich gewünscht hatte. Im Angesicht dessen, was alles möglich war, wusste ich gar nicht, was ich tun sollte. *Alles* war einfach zu viel. Ich wurde mir meiner Begrenztheit und Steifheit bewusst, und das ging nicht ohne Scham einher. Improvisation ist etwas, das wir behutsam lernen dürfen. Und zwar vor allem dadurch, dass wir uns unserer kulturell bedingten Grenzen entledigen – nicht aller auf einmal, Schritt für Schritt. Es ist ein allmähliches Verlernen von Anerzogenem und Ankonditioniertem, von Glaubenssätzen, Verboten und Tabus, Schicht um Schicht. Wir können nicht den Schalter umlegen und das alles von jetzt auf gleich vergessen. Die Hippie-Forderung »wir sind jetzt einfach mal alle ganz free und easy« mag verlockend klingen, bleibt aber ein hohles Konzept, wenn wir uns nicht dem Weg dorthin widmen. Sie ist darüber hinaus ebenso wenig traumasensibel wie die oben erwähnte Schock-Kunst. Wenn wir Freiheit mit Hemmungslosigkeit verwechseln, laufen wir Gefahr, uns und andere eher zu retraumatisieren als zu befreien, weil wir Schamlosigkeit zum Dogma machen und Menschen sich wieder falsch vorkommen, weil sie sich eben ganz und gar nicht free und easy fühlen. Wie tief unsere Konditionierungen in unsere Körper und Gedanken eingeschrieben sind, habe ich mehrfach beschrieben. Uns daraus zu lösen geht mit vielen kleinen Momenten des Bewusstwerdens einher, nicht mit dem Befehl »Befrei dich!« Meiner Erfahrung nach hilft es beim Improvisierenlernen, sich nicht der ganzen Freiheit auf einmal auszuliefern, sondern sich innerhalb eines klar umrissenen Rahmens der Erforschung bestimmter Aspekte zu widmen, etwa sich beim Wiederholen von Mustern zu beobachten, beim Umgang mit dem Nichtwissen, beim Entdecken neuer Möglichkeiten, bei der Angst vor der Leere, beim fröhlichen Scheiterndürfen[9]. Ein bewusst gesetzter Rahmen kann – scheinbar paradoxerweise – zur Erweiterung unseres Handlungsspektrums führen. Lilo Stahl, eine erfahrene Lehrerin für Tanzimprovisation, hat eine schlichte Antwort, wenn ihre Schü-

9 Den Begriff des *fröhlichen Scheiterns* verdanke ich meinem geschätzten Kollegen Jörg Haßmann.

ler*innen sich einen »ganz freien Improraum« ohne jegliche Vorgaben und ohne gemeinsame Ausrichtung wünschen: »Okay, dann viel Spaß beim Reproduzieren eurer Muster!« Denn genau das tun wir dann: Ohne einen Rahmen, der unsere Spiellust anregt und fokussiert, greifen wir auf das Altbekannte zurück. Und das ist weit entfernt von Improvisation. Probier es aus, wenn du magst, indem du dir eine beliebige Bewegungseinschränkung auferlegst und erforschst, was trotzdem noch alles möglich ist![10]

Wir laden also zum *Getanzten Vortrag* mit genau dieser Struktur ein, weil uns an der Sache gelegen ist. Wir wollen, dass die Leute im Kreis einen Eindruck davon bekommen, was Co-Kreation sein kann. Und da hilft es, dass wir uns erlauben, zu unserem Erfahrungsvorsprung zu stehen. Das bedeutet wie gesagt nicht, dass wir mit der Haltung tanzen: »Schaut mal was wir können und ihr nicht.« Sondern: »Schaut mal, was wir entdeckt haben, was uns Menschen möglich ist. Wir können uns dieser Qualität gemeinsam annähern. Und lasst uns erforschen, was wir daraus für unser politisches Handeln – also für die Gestaltung unseres Gemeinwesens – lernen können.«

Ich erinnere mich noch genau an den Moment, als es mir wie Schuppen von den Augen fiel, was für ein enormes politisches Potenzial die Tanzkultur hat, die ich so liebte und seit Jahren praktizierte, ohne ihr eine weitere Bedeutung beizumessen, außer dass es mir unbändigen Spaß machte. Es war bei einer → Jam mit etwa hundert Menschen.

Nach der Demokratie

Eine große Turnhalle voller Leute, die sich bewegen. Zunächst ruckelt und holpert es ziemlich. Manche hier wirken bemüht locker, anderen ist ihre Unsicherheit und Orientierungslosigkeit deutlich anzusehen. Einige sind ganz still

10 Dieses Online-Tutorial meines Kollegen Matthias Früh kann dich dabei inspirieren: *Die Klebende Hand – Einschränkung als Anregung für außergewöhnliche Bewegungen:* https://youtu.be/k2VNimscVOI

und lauschen, wieder andere sind intensiv damit beschäftigt, ihren Körper aufzuwärmen, sich zu dehnen, zu schütteln. Ich sehe geschlossene Augen, der Blick scheint nach innen gerichtet, und Augenpaare, die wach im Raum herumreisen. Menschen bewegen sich in den unterschiedlichsten Raumebenen, Geschwindigkeiten und Qualitäten. Allein, zu zweit, in wechselnden Konstellationen. Es gibt keinen Plan und keine Musik, die einen Rhythmus vorgibt. Keine Choreographie. Niemand weiß, was als nächstes passieren wird. Und niemand macht Ansagen, was zu tun ist. Es ist zunächst ein wildes und beliebiges Nebeneinander von Aktivitäten – bis sich allmählich eine Stimmigkeit einstellt und sich im Chaos Schönheit und Ordnung offenbaren. Ich stehe staunend und hellwach mitten in der Halle und spüre, dass alle am richtigen Platz sind. Und dass das Ganze, das ich hier bezeuge, mehr ist als die Summe seiner Teile. Dass alle im Raum bereit sind, sich von der Lebendigkeit der hier versammelten Menschen durchdringen zu lassen und ihr ganz Eigenes zur Gestaltung dieses Kunstwerks beizutragen. Dass hier in jeder Minute hunderte von kleinen Entscheidungen getroffen werden, für die es keine Gesetze, kein Mehrheitswahlrecht und kein Parlament braucht, sondern – ganz im Gegenteil – dass sich das hier nur aus einer großen Freiheit und Selbstverantwortung heraus entfalten kann: in einem bewusst geschaffenen und begeistert genutzten Raum. Hier geschieht Gestaltung aus dem Wahrnehmen heraus. Und da passiert es, dass mir diese Frage vor die Füße fällt, die aus einem Gespräch neulich in einer entfernten Ecke meines Bewusstseins hängen geblieben ist: Was kommt nach der Demokratie? Also was kommt, wenn wir Demokratie als System nicht mehr brauchen, um unser Zusammenleben als Menschen zu organisieren?

Das hier kommt nach der Demokratie!

Es kommt in dem Moment, wo wir die Kontrolle ganz haben und ganz aufgeben[11] und darauf vertrauen, dass die Urkraft des Lebens eine kooperative, verbindende und hingebungsvoll verwobene ist. Was ich hier bezeuge ist das schöpferische Spiel der sprudelnden, ungebremsten und verbundenen Vielfalt. Gerechtigkeit kommt mir plötzlich wie ein kleinliches Konzept vor.[12] Dies ist ein Zustand jenseits von *gerecht* und *ungerecht*. Ich vermute, so könnte die Politik der Zukunft aussehen.

Und jetzt? Nun habe ich bewusst diesen Glücksmoment beim Tanzen bezeugt, wo sich alles von selber fügte und die Koexistenz von hundert Menschen sich über die schiere Freude am Sein, am Wahrnehmen und am gemeinsamen Gestalten regelte. Das heißt ja noch lange nicht, dass sich jetzt jegliches politische Wirken erübrigt und demokratische

11 Mal wieder ein vermeintlicher Gegensatz. In den Zwischenkapiteln lade ich dich ein, dich dem Tanz zwischen diesen und anderen Polaritäten zu widmen.

12 Das mag zynisch klingen für all die, die unter herrschender Ungerechtigkeit leiden, und es kommt mir privilegiert vor, das so in den Raum zu stellen – aber so war es in jenem Augenblick spürbar und ich möchte das nicht aus Gründen der politischen Korrektheit schmälern oder zensieren.

Strukturen ausgedient haben – von wegen »nach der Demokratie«. Da sind wir ja wohl längst nicht angelangt. Nein. Es heißt, dass ich einen Blick auf unser Potenzial werfen durfte, eine Ahnung erhaschen, wozu wir in der Lage sind. Und wohin wir als Menschheit unterwegs sein können – wenn wir uns dazu entschließen. An einem stillen Tag zeigte sich an einem unvermuteten Ort, in einer schmucklosen Turnhalle, das Werden des Anderen. Und vielleicht ist es eher das Erinnern als das Werden. Das Erinnern an das Sein, das wir immer schon kennen und das uns zugänglich wird, wenn wir Konzepte loslassen, von denen wir denken, sie würden für Sicherheit sorgen. Die → Contact Improvisation hat meiner Einschätzung nach tatsächlich das Zeug dazu, Übungsfeld für eine wahrnehmende Gestaltung unseres Gemeinwesens zu sein. Rollerfahren[13] für eine co-kreative Gesellschaft sozusagen.

Die Geschichte *Nach der Demokratie* gewährt uns wie jeder ernsthafte Improvisationsraum einen Eindruck, wie ein Miteinander entstehen kann, das auf Wahrnehmung beruht statt auf Vorschriften und Gesetzen, oder besser gesagt auf der Wahrnehmung der gegebenen Gesetzmäßigkeiten – Schwerkraft, Fliehkraft, Reibung, Impuls, Trägheit – statt auf menschlich gemachten. »Wenn wir diese [Natur]Gesetze als unsere Verfassung betrachten, brauchen wir keine Gesetzgebung«[14], schreibt Nancy Stark Smith, tanzende Philosophin und Pionierin der Contact Improvisation. Was bedeutet das? Genau, das, was ich schon mehrfach beschrieben habe: Es ist alles da, es will nur wahrgenommen werden. Wir müssen keine Ordnung herstellen, wir können uns der Ordnung anvertrauen, die es gibt. Und je nachdem, welches Weltbild dir liegt, kannst du diese Ordnung nennen: Schöpfungsordnung, kosmische Ordnung, göttliche Ordnung oder jene Ordnung, der die (Natur-)Wissenschaft forschend, beschreibend und kategorisierend auf die Spur zu kommen sucht. Wenn ich das so hinschreibe, merke ich, dass mir jede dieser Perspektiven vertraut und wichtig ist und spüre, wie sie sich verweben und ergänzen können, wenn sie alle sein dürfen.

Vielleicht wirkt es ein bisschen vermessen, solch einem spontan zusammengewürfelten Haufen von Leuten, die verschwitzt und planlos in irgendeiner Turnhalle herumspringen und -rollen, eine derartige Bedeutung zuzuschreiben. Doch ich habe das Potenzial an jenem Tag genau so gesehen. Und dieser Moment hat meine Bereitschaft gestärkt, uns Menschen das zuzutrauen – auch wenn ich weiß, es ist ein weiter Weg dorthin. Es lässt mich seitdem nicht mehr los, ich widme einen erheblichen Teil meiner Zeit dieser Frage: Wie gelangen wir als Menschheit an den Punkt, dass jede*r in der Lage ist, Verantwortung für ihr*sein eigenes Handeln

13 Ich beziehe mich auf das Bild vom Fahrradfahren-Lernen aus Kapitel 3 (S. 152).

14 Im englischen Original: »With these laws as our constitution we have no need for legislation«, in Nelson/Stark-Smith: »Contact Quarterly Sourcebook«. S. 113.

zu übernehmen – oder Situationen zu erkennen, in denen das nicht der Fall ist? Dann brauchen wir eigentlich keine Gesetze mehr, wir brauchen keine Instanz im Außen. Denn wir vertrauen unserer eigenen Wahrnehmung, unserer verlässlichsten Instanz, wenn der Zugang zu ihr frei und unverschüttet ist. Warum er nicht frei ist, das habe ich im zweiten Kapitel dargelegt – und wie wir ihn wieder entrümpeln, davon handelt der Rest dieses Buches. Ich bin mir ziemlich sicher: Das, was aus dieser Bereitschaft zur Wahrnehmung entsteht, wird eben nicht ein neues Dogma, eine neue Lehre, ein Rezept, ein neuer »-ismus« sein, sondern die Einsicht, dass diese wache Präsenz die einzig würdige Art und Weise ist, als Menschen unser Leben zu leben. Es ist an der Zeit zu erkennen, dass wir die Komplexität des Lebendigen nicht mit Tausenden und Abertausenden von Gesetzen und Gesetzesnovellen, Regeln und Verordnungen in den Griff bekommen werden und dass es weder möglich noch erstrebenswert ist, Sicherheit herzustellen, indem wir alle Eventualitäten vorab durchdeklinieren. Unser Lernfeld wird sein, uns in der Unsicherheit zu beheimaten, uns also vertrauensvoll ins Chaos zu begeben und eine Ordnung in ihm zu erleben, die nicht menschengemacht ist. Diese Bereitschaft habe ich an jenem Tag bei so vielen Menschen wahrgenommen – und das ist mir kostbar.

Und in echt? Shared Spaces

Es ist gar nicht so abwegig, auch jenseits solcher geschützten künstlichen/künstlerischen Räume etwas Ähnliches zu probieren. Eine Ahnung macht sich breit, dass sogar große, ganz zufällig zusammengewürfelte Ansammlungen von Menschen in der Lage sein könnten, sich selbst intelligent zu organisieren. Es gibt tatsächlich auch im »echten Leben« solche Experimentierfelder. Zum Beispiel ausgerechnet in dem Bereich, in dem wir besonders dazu neigen, für Sicherheit sorgen zu wollen: dem Straßenverkehr. Verkehrsplaner*innen führen

seit einigen Jahren in mehreren Städten Europas sogenannte *Shared Spaces* ein, an manchen Orten heißen sie *Begegnungszonen* oder *Gemeinschaftsstraßen*. Das sind Bereiche ohne Schilder und Ampeln, die auf die Achtsamkeit, Gleichberechtigung und Eigenverantwortung aller bauen. Und selbst an viel befahrenen Plätzen passieren erwiesenermaßen weniger Unfälle als mit Schildern – vermutlich, weil alle aufmerksamer sind.

Shared Spaces sind Inseln der Selbstorganisation in den kaum noch überschaubaren Schilderwäldern unserer Städte – »islands of sanity«, Nischen, die uns in der überreglementierten Welt daran erinnern, dass wir unserer Wahrnehmung vertrauen können. Bordsteinkanten und andere Hinweise auf die Trennung der Territorien fallen weg, alle Verkehrsteilnehmer*innen nutzen die gleiche Ebene. Es geht um Koexistenz auf Augenhöhe, ich riskiere nicht, angehupt oder angefahren zu werden, wenn ich einen Fuß auf die Straße setze. Es sind Räume der Verlangsamung, in denen (Fort-)Bewegung sich organischer und weniger getaktet vollzieht als wir das kennen. Und sie funktionieren. Das lässt doch hoffen, dass Menschen in der Lage sein könnten, ihr Zusammenleben einvernehmlich, kreativ und situationsgerecht zu regeln, ohne einen Berg von Gesetzen und Vorschriften. Der erste Einwand, der hier meist kommt: »Und wer haftet dann bei einem Unfall? Man muss doch klar benennen können, wer Schuld ist, wenn was passiert!« Moment. Warum genau muss man das? Auch diese Einschätzung zeugt davon, wie tief wir in der Geschichte der Getrenntheit verhaftet sind. Wir unterscheiden Schuldige und →Opfer anstatt anzuerkennen, dass sich alles gegenseitig bedingt. Wir drängen andere und uns selbst in Rollen, wir argumentieren uns um Kopf und Kragen, schieben Verantwortung von uns weg und zu anderen hin, statt schlicht und einfach gemeinsam dafür zu sorgen, Schaden zu beheben, der nun mal ab und zu entsteht, wenn zwischenmenschliche Interaktion stattfindet. Eine Kreuzung, an der wir alle – die Starken und Schnellen in ihren Autos genauso wie die Fußgänger*innen als verletzlichste Verkehrsteilnehmer*innen – die Verantwortung dafür tragen, dass wir unversehrt unserer Wege gehen können, verlangt uns ab, dieses Narrativ zu verlassen. Und es gibt tatsächlich schon heute – allen Ängsten, allem Kontrollbedürfnis zum Trotz – Orte, an denen das versucht wird. Das will benannt, gewürdigt, weitererzählt werden. Hier atmet die andere Welt. Ich kann sie hören.

Ein wichtiger Zusatz: *Shared Spaces* sind keine rechtsfreien Räume. Es gibt eine einzige Regelung, die bleibt und im Zweifelsfall gilt, die Vorfahrtsregelung rechts vor links. So ein doppelter Boden ist – bislang – die einzige Möglichkeit, wie wir innerhalb der geltenden Gesellschaftsordnung solch ein Experiment durchführen können.

Ein weiteres Beispiel, um deutlich zu machen, was für einen Fortschritt die Freiheit der *Shared Spaces* bedeutet: Wir stehen nicht mehr, wie bei der geltenden Straßenverkehrsordnung, vor der Wahl, entweder etwas vollkommen Unsinniges – aber laut Vorschrift Richtiges – zu tun, oder uns strafbar zu machen. Mitten in der Nacht muss ich an einer leeren Kreuzung anhalten, weil die Ampel rot ist. Weit und breit niemand unterwegs. Es ist schlichtweg absurd und entmündigend, dass ich eine Straftat begehe, wenn ich hier einfach losradle, weil die Straße frei ist und ich ganz offensichtlich weder mich selbst noch andere gefährde. Aber die allgemeingültige Regel samt Sanktion bei Nichteinhaltung zählt laut geltendem Recht mehr als meine subjektive Einschätzung der Situation. Ob wir solch ein starres Regelwerk brauchen – als Einzelne und als Gesellschaft – hängt wohl wesentlich damit zusammen, wie viel Komplexität wir beinhalten können und auf welchem Wertesystem unser Denken und Handeln beruht. Und das ist unter anderem eine Frage der Bewusstseinsentwicklung. Die Perspektive, das Bewusstwerden als – mitunter recht holprigen – Weg wertzuschätzen, verdanke ich, wie das vorige Kapitel zeigte, meinen Erfahrungen im Tanz. Die Theoriebildung dazu lieferten später Modelle wie Spiral Dynamics. Sie haben mein Denken und meinen Blick auf die Welt so maßgeblich geprägt und meinem Verstand so wirkungsvoll den Weg aus dem Entweder-oder-Denken geebnet, dass ich dem einen weiteren Einschub widmen möchte.

→ Einschub: Integrale Theorie, Spiral Dynamics, Vier-Quadranten-Modell

Das Modell von Spiral Dynamics in seiner Reinform (entwickelt von Chris Cowan und Don Beck auf der Grundlage der Forschungen von Clare W. Graves) ist an so vielen Stellen nachzulesen, dass ich mir erlaube, hier sehr verdichtet meine Perspektive anzubieten – anstatt durchweg getreulich zusammenzufassen, was andere schreiben. Kleine Vorbemerkung: Jetzt kommt viel Information in hoher Konzentration, erläuternde Beispiele folgen später im Text.

Die **Integrale Theorie** geht davon aus, dass wir Menschen – individuell ganz ähnlich wie kollektiv – gewisse Phasen der Bewusstseinsentwicklung und damit verbundene Wertesysteme durchlaufen, wenn wir zu immer bewussteren Wesen und bewussteren Gesellschaften werden. Keine Phase dieses Reifeprozesses kann übersprungen werden, weil wir uns in jeder einzelnen von ihnen Kompetenzen und Blickweisen der Ich- und Wir-Entwicklung aneignen, die für alles Weitere wesentlich sind. Jede nächste Phase kann nur aus den Errungenschaften der vorhergehenden entstehen – und aus dem Erkennen ihrer Begrenztheit. Sehr bildhaft wird das im Modell **Spiral Dynamics** gezeigt, als Graphik 3 im Beiheft zu finden. Die kreisende Bewegung der Spirale zeigt das Organische und Prozesshafte jeder Entwicklung und würdigt, wie eines ins andere übergeht, wir in manchen Aspekten unseres Seins vielleicht schon weiter sind als in anderen – wiederum individuell wie kollektiv. Die Farben stehen hier für die sogenannten *Meme* – analog zu *Genen* ist das etwas, das in uns angelegt ist, eben nicht auf der körperlichen, sondern auf der Ebene des Bewusstseins. Meme, in denen die Ich-Entwicklung im Vordergrund steht, wechseln sich ab mit Wir-Memen. Jede Phase hat ihre Licht- und ihre Schattenseiten. Beide wollen erfahren und integriert werden.

Wofür stehen die einzelnen Farben/Phasen?

Beige (Ich): Damit fängt es immer an. Das Basalste, worum es bei einem Lebewesen gehen kann, ist das schiere Überleben. Darauf richtet sich im beigen Mem alles aus, es geht um Leben und Tod. Und es liegt auf der Hand, dass es diese Grundlage braucht, damit Weiteres geschehen kann: Leben muss leben wollen, um Bewusstsein entwickeln zu können. Beige verhält sich instinktiv, es hat weder ein Ich- noch ein Wir-Bewusstsein entwickelt.

Purpur (Wir): Dies ist das Mem, in dem sich die Ur-Qualität des Sozialen Uterus zeigt. Individuell ist es in der frühen Kindheit, gesamtmenschheitlich in Clankulturen anzusiedeln: Ich lerne, zu welcher Gruppe ich gehöre und finde dort Schutz, Unterstützung und Zugehörigkeit. Damit geht im Purpur-Mem die Vorstellung einher, alles außerhalb sei tendenziell feindlich. Um nicht selber ausgeschlossen zu werden, muss ich mich einordnen. Wir haben es mit einer animistischen Kultur zu tun: Viel Energie wird darauf verwendet, sich die Geister gewogen zu machen. Alles ist beseelt. Das Gegensatzpaar lautet hier: Zugehörigkeit versus Ausgeschlossensein.

Rot (Ich): Bei Kleinkindern folgt als gesunde Reaktion auf das Einfügen in die Sicherheit der Familie die sogenannte Trotzphase. Das Kind erprobt seine Macht, seinen Eigenwillen, seine Durchsetzungskraft. Macht steht im roten Mem der Ohnmacht gegenüber. In der Geschichte der Gesellschaftssysteme waren das (bzw. sind es mancherorts noch) all jene stark hierarchischen Herrschaftsformen, die auf der Macht Einzelner basieren. Rot ist ein wesentlicher Schritt in der Individuation und es steht für Leidenschaft und Willenskraft. Das Einzigartige eines

Menschen schält sich heraus. Wenn alle jedoch immer nur darauf aus sind, ihre eigene Macht durchzusetzen, geht daraus keine stabile Gemeinschaft hervor.

Blau (Wir): Es braucht als nächstes – um das Faustrecht zu überwinden und das Chaos, das damit einhergeht – ein Wir-Mem, das Ordnung, Gleichheit und Gerechtigkeit anstrebt. Individuell entsteht hier ein Unrechtsbewusstsein, auf gesellschaftlicher Ebene der Rechtsstaat samt seiner moralischen Kategorien von Richtig und Falsch. Es gibt eine externe Instanz, die autoritär und verbindlich darüber entscheidet und Sanktionen verhängen kann. Das blaue Mem verlangt den Einzelnen ab, sich selbst zurückzunehmen und anzupassen, um Stabilität für das System zu gewährleisten. Sein Schatten ist Gleichmacherei und Obrigkeitshörigkeit.

Orange (Ich): Den Moment der Enge, der in Blau neben aller Gerechtigkeit entsteht, sprengt das orangene Mem. Es entspricht in der Menschheitsgeschichte der Moderne, in der Individualentwicklung am ehesten der Pubertät: »Ich kann alles aus eigener Kraft erreichen«. Orange ist das Mem der Selbstermächtigung und des Glaubens an die unbegrenzten Möglichkeiten von Forschung und Wissenschaft, auch des Größenwahns und der Selbstüberschätzung, das Mem von individueller Kompetenz und Leistung: Die*der Einzelne ist nicht ausgeliefert, sondern kann alles erreichen, verstehen und kontrollieren. Das Gegensatzpaar ist: Erfolg – Versagen/Scheitern.

Grün (Wir): Wenn wir mit Orange am Zenit der Geschichte der Getrenntheit angelangt sind, kommt an diesem Punkt von Individuation und Ich-Bezogenheit unsere Sehnsucht nach Verbundenheit zum Tragen. Im grünen Wir-Mem entwickeln wir eine umfassende, nicht nur unsere Allernächsten betreffende Fähigkeit zu Toleranz und Mitgefühl, wir entdecken Kooperation als mögliche Alternative zur Konkurrenz. Wir verweigern uns dem skrupellos Profitorientierten und betonen das Soziale, Gemeinschaftliche. Das grüne Mem zeichnet sich durch eine tiefe Skepsis gegenüber Hierarchien und Führung aus, daraus kann Gleichmacherei entstehen, was seine Wirkkraft sehr einschränkt. Weil es Leistung und das Hervorheben von Kompetenz stark ablehnt, bleibt Grün meist unter seinen Möglichkeiten.

Diese sechs Meme bilden die erste Ordnung der Spirale. Bis hierher gab es ein klares Muster. Das jeweils nächste Mem entwickelte sich in scharfer Ablehnung des vorherigen. Menschen stießen an ihre Grenzen, weil innerhalb der dort herrschenden Werte und Maßstäbe weitere Entwicklung nicht möglich war. Ab hier ändert sich nun etwas Entscheidendes, die Meme zweiter Ordnung beginnen:

Gelb (ich): Das gelbe Mem ist das erste, das die bisherigen überblicken und als notwendige Entwicklungsschritte würdigen und sich in alle auch einfühlen kann, sie also nicht verurteilen oder belächeln muss. Weiterentwicklung geschieht ab nun nicht mehr über Abgrenzung, sondern über Integration. In der Integralen Theorie werden dafür die Worte *transcend and include* verwendet: Ich wachse über etwas hinaus, während ich es gleichzeitig beinhalte. Das setzt eine hohe Fähigkeit voraus, mit Ambivalenzen und scheinbar widerstreitenden Perspektiven umzugehen. Gelb lässt das starre Entweder-Oder hinter sich und übt sich im Sowohl-als-Auch bzw. Je-Nachdem, es ist das integrale Mem. Offensichtlich will dieses Erkennen zunächst individuell vollzogen werden. Gelb ist tendenziell einsam, weil es durch den innerlich vollzogenen → Paradigmenwechsel von der so anders tickenden Welt nicht verstanden wird. Wer das Dualitäts-Denken hinter sich lässt, findet in unserer momentanen Kultur wenig Resonanz und wenige Menschen, mit denen ein sinnhaftes Kommunizieren auf Augenhöhe möglich ist.

Türkis (Wir): Die integrale Haltung von Gelb kann im nächsten Mem ihre Wir-Ausprägung finden: Türkis richtet sich auf ein ganzheitlich und global orientiertes Gesellschaftsmodell aus, wird daher als holistisches Mem bezeichnet. Es ist nun kein Widerspruch mehr, ein deutliches Bewusstsein für das eigene, klar umgrenzte Selbst zu haben und sich als Teil eines größeren Ganzen zu erleben. Das Ich und das Wir konkurrieren nicht miteinander, sie ergänzen sich – das ist der fraktale Blick auf die Welt: Das Individuelle ist Teil des kollektiven Bewusstseins und organisiert sich nach den gleichen Prinzipien und Mustern, das Kleine findet sich im Großen wieder und dieses im Nächstgrößeren und so weiter.

Ab hier wird es äußerst dünn mit den Beschreibungen, weil es bisher nur wenige gibt, die in diese Bewusstseinsstufen vorgedrungen sind, Gesellschaften, die so funktionieren, kennen wir noch nicht. Mir hilft beim Weiterdenken und Hineinspüren in zukünftige Entwicklungsschritte die Vorstellung, dass sich in den Memen der zweiten Ordnung Schwerpunkte und Themen der ersten sechs Meme auf einer anderen Ebene wiederholen. Ging es in den Memen der ersten Ordnung um Bedürfnisbefriedigung, geht es nun um Seinszustände. Also in etwa so:

Gelb fragt, analog zu beige und von einer übergeordneten Perspektive aus: Dient das dem Leben? Gemeint ist nun nicht mehr allein das eigene (Über)Leben, die Frage beschränkt sich nicht auf das Erhalten des eigenen Organismus. Gelb wendet sich dem Leben an sich zu, dem Prinzip Leben – und kann daher sein eigenes Denken und Handeln dahingehend überprüfen, ob es insgesamt lebensförderlich ist. Bei Türkis geht es wie in Purpur um Zugehörigkeit, nun aber wesentlich umfassender. Das Bedürfnis nach einem Sozialen Uterus wird hier abgelöst durch die Beheimatung im großen Ganzen – was nur möglich sein wird, wenn wir uns auf der Purpur-Ebene genährt und sicher fühlten, also gelernt haben zu vertrauen. Das Dazugehören zum Lebensgefüge kennt kein Außerhalb und daher auch nichts, das an sich feindlich ist. Eine letzte Farbe wird bei Spiral Dynamics noch benannt: Koralle. Wenn sich hier tatsächlich die Themen von Rot wiederholen, geht es um Macht. Oder eher um Kraft, Willen und Leidenschaft. Kraft, die nicht dem Ego dient, sich nicht gegen etwas richten muss, um sich als wirkmächtig zu erleben. Ich stelle mir vor, es kann wesentlich sein für unsere Weiterentwicklung, dass Menschen in Koralle so etwas wie einen heiligen Zorn entwickeln und auch ausdrücken, wenn Einzelne zu träge sind, in ihr Potenzial zu wachsen – und damit eben auch die Menschheit als Ganze daran hindern, Evolution zu vollziehen.

Wenn wir dieses Prinzip weiterverfolgen, könnte es als Entsprechung zu Blau daraufhin ein Mem geben, in dem die Fähigkeit, zwischen Richtig und Falsch zu unterscheiden, auf eine neue Ebene gehoben wird: An die Stelle akribisch und skeptisch verhandelter, menschengemachter Gesetze tritt ein Gespür für Gesetzmäßigkeiten und die Bereitschaft sich ihnen anzuvertrauen. Das neue Richtig und Falsch sind keine moralischen Kategorien mehr, sondern wir geben uns dem hin, was wir kosmische Gesetze nennen können. Folgerichtig können wir im nächsten Mem (Orange in der zweiten Ordnung) einen Ehrgeiz entwickeln, diese unsere Möglichkeiten auch voll und ganz zu leben. Wir trauen uns alles zu, aber nicht, um mit unserer individuellen Leistungsfähigkeit zu punkten, sondern mit dem Wunsch, unser Potenzial als Menschheit zu entfalten. Das letzte Mem der zweiten Ordnung wird dann möglicherweise – ähnlich wie Grün in der ersten – schon die Tür zu einer weiteren Dimension öffnen, von der wir schwerlich ahnen können, was das sein könnte.

Ich möchte all das nicht als absolute Lehre verstehen, sondern mit Vorsicht behandelt wissen. Immer wieder habe ich festgestellt, wie verurteilend das Modell benutzt werden kann: »Das ist doch total blauer Sumpf.« Modelle bringen es mit sich, vereinfachend zu sein und können nicht die Wirklichkeit in ihrer Komplexität abbilden, aber Anhaltspunkte für Verstehen geben, wenn sie achtsam und nicht als Waffe verwendet werden – und wenn eine weitere, umfassendere Perspektive nicht arrogant eingenommen, sondern als → Privileg empfunden wird und mit der entsprechenden Verantwortung einhergeht.

Ken Wilber, ein integraler Vordenker, ergänzt diese Entwicklungsspirale durch sein **Vier-Quadranten-Modell** (Graphik 5), mit dem er uns die Essenz seines intensiven Studiums unterschiedlichster Weisheitslehren zur Verfügung stellt. Jeder Situation, die uns begegnet, schreibt Wilber, können wir nur dann umfassend und ganzheitlich gerecht werden, wenn wir sie von vier verschiedenen Perspektiven aus betrachten – und zwar sowohl was ihre Entstehung, als auch was den Umgang damit betrifft. Immer spielen individuelle und kollektive sowie innere und äußere Aspekte eine Rolle – in ständiger Wechselwirkung miteinander.

Anhand der Situation mit der roten Ampel können wir anschaulich machen, wie uns die Haltungen der verschiedenen Meme und die Perspektive der vier Quadranten im Alltag begegnen. Ich erlebe es so, dass

Autofahren häufig Anteile in uns Menschen hervorbringt, die dem roten Mem zuzuordnen sind. »Freie Fahrt für freie Bürger« – mit diesem Slogan führt der ADAC seit den siebziger Jahren – erfolgreich – seine Kampagne gegen das Tempolimit. Und sehr schnell wird klar: Aus einer türkisen Perspektive ist das das einzig Vernünftige, denn Freiheit ist hier gleichbedeutend mit Verantwortlichkeit. Wir trauen uns und anderen zu, überblicken zu können, welche Auswirkungen unser Handeln auf andere und auf das Ganze hat. Deshalb braucht es kein Tempolimit, keine Ampeln. Aus dem roten Mem heraus gesprochen ist dieser Satz gefährlich – wenngleich extrem lustvoll. Rot basiert auf einem Freiheitsempfinden, das über die eigene Freiheit noch nicht hinausblicken kann. Es geht um das uneingeschränkte Auslebenkönnen individueller Impulse: »Ich lasse mir nichts vorschreiben, ich mache was ich will.« Noch einmal: Das ist in diesem Mem eine wesentliche Errungenschaft der Ich-Entwicklung, die gewürdigt werden soll. Und es ist nicht der Weisheit letzter Schluss. Die Macht über einen starken Motor zu haben, erzeugt das Gefühl von grenzenloser Freiheit – an vielen Stellen gepaart mit Imponiergehabe und rücksichtslosem Verhalten. Recht bald nachdem Autos erfunden wurden, war klar: Verkehr braucht Regelung, sonst kann so ein Motor unter dem Hintern eines Menschen schnell lebensgefährlich werden. Darum musste die Qualität des blauen Mems auf den Plan treten: Ordnung und Sicherheit schaffen durch für alle verbindliche Regeln.[15] Das hat uns sicher viele Verkehrstote erspart. Aber da wollen wir doch nicht stehenbleiben. In der Bevormundung! Die *Shared Spaces* sind nun ein erstes zartes Zeichen dafür, dass grüne Werte ihren Weg in die Stadt- und Verkehrsplanung finden.

Nun ist jene Bevormundung nicht wirklich schlimm, die sich darin zeigt, eine Minute lang sinnlos, aber folgsam wartend an einer Ampel zu stehen. Doch im Bisherigen habe ich ausführlich dargelegt, was für Auswirkungen es auf unser Zusammenleben hat, dass wir von früh auf und an allen Ecken und Enden lernen, uns eher an Regeln und Anordnungen zu halten, als dem eigenen Empfinden für Stimmigkeit zu vertrauen. All diese vielen kleinen Situationen unseres Alltags, in denen uns vorgeschrieben wird, wie wir uns zu verhalten haben, manövrieren uns in eine vermeintliche Unmündigkeit hinein, die wir schließlich annehmen und als unveränderbar akzeptieren, die uns prägt und klein macht. Es wird uns äußerst erfolgreich suggeriert, wir könnten nicht selber gestalten, sondern seien auf Anweisungen angewiesen.

15 Ein Detail sei hier nur am Rande und der Vollständigkeit halber erwähnt: Es ist interessant, dass allen Regeln zum Trotz im Straßenverkehr ganz eindeutig das Vorrecht der Stärkeren gilt. Die Raumaufteilung, die Verkehrsführung, die Ampelschaltzeiten – alles ist auf Autos ausgerichtet, Fußgänger*innen müssen mit dem Platz vorlieb nehmen, der übrig bleibt. Das zeigt gut, dass die Meme als Anzeiger für Werteentwicklung nicht alle Facetten abbilden können. Das Narrativ der Dominanzkultur überschattet hier auch das bereits weiter Entwickelte.

Vielleicht möchtest du dich selbst befragen, ob – und wenn ja wo – diese Wunde der Bevormundung in dir spürbar ist?

Politische Prozesse

Dass wir diese Bevormundung in allen Lebensbereichen nicht hinnehmen müssen und dass sie im Kern undemokratisch ist, darauf weist auf der politischen Ebene der Verein *Mehr Demokratie*[16] hin. Mit bemerkenswertem Erfolg engagieren sich hier Menschen für eine Politik, die Bürger*innen viel stärkere Gestaltungsmacht einräumen wird, als das bisher in Deutschland der Fall ist. Ich schreibe »einräumen wird« und nicht »soll« oder »könnte«, weil ich fest davon überzeugt bin, dass das passieren wird. Es ist auf dem Weg und kaum noch zu stoppen. *Mehr Demokratie* setzt sich für Volksentscheide ein und erarbeitet darüber hinaus machbare Konzepte, wie sich Bürger*innenbeteiligung nicht auf einzelne Fragen beschränken muss, sondern wie eine grundlegend partizipative Politik aussehen und baldmöglichst umgesetzt werden kann. Sie tun als nichtstaatliche, zivilgesellschaftliche Organisation jene Arbeit, die eigentlich die politischen Gremien tun müssten: Sie dienen der Evolution der Demokratie. Sie erkennen an, dass diese Staatsform eine »unvollendete«[17] und ihr Potenzial bei Weitem nicht ausgeschöpft ist: »Wenn wir aufhören, die Demokratie zu entwickeln, fängt die Demokratie an, aufzuhören.« Diese Notwendigkeit für Entwicklung ist nicht hinreichend in unser Staatssystem eingeschrieben. Der großen Errungenschaft der Gewaltenteilung in die legislative (gesetzgebende), die judikative (rechtsprechende) und die exekutive (ausführende) Instanz fehlt eine vierte Schwester. Wie sehr sie fehlt und wie wenig wir ihr Fehlen bemerken zeigt sich darin, dass es noch nicht einmal ein Wort dafür gibt. Mir fallen verschiedene Namen für diese vierte Kraft ein: die Evolutive, die Generative, die Kreative, die Emergente[18]? Welche Rolle würde sie haben – oder andersherum gefragt: Was fehlt in unserem derzeitigen Verständnis des demokratischen Parlamentarismus? Der →Wandel als einzige Konstante ist nur insofern in unserem politischen System vorgesehen, als es ständig neue oder novellierte Gesetze geben kann, die der sich verändernden Wirklichkeit gerecht zu

16 www.mehr-demokratie.de Diese Nichtregierungsorganisation führe ich als Beispiel an, sie ist weltweit die größte, die sich für direkte Demokratie einsetzt. Und sie arbeitet sehr erfolgreich. Es gibt viele weitere, die wertvolle Impulse für eine partizipative Politik setzen, z. B. das *Institut für kulturellen Wandel:* www.kultureller-wandel.at oder das *Institut für partizipatives Gestalten:* www.partizipativ-gestalten.de

17 »Demokratie. Die Unvollendete« lautet der Titel des äußerst informativen und gut lesbaren Büchleins, das Ute Scheub 2017 für *Mehr Demokratie* schrieb und das dort kostenfrei erhältlich ist.

18 Was so viel bedeutet wie: die sich Entfaltende/sich Entwickelnde, die Hervorbringende, die Schaffende, die Auftauchende/Emporsteigende. An anderen Stellen entstehen solche Funktionen bereits, z. B. bei Organisations- oder Schulentwicklung.

werden versuchen – was aufgrund der rasant zunehmenden Komplexität unserer Welt immer mehr zu einem hechelnd hinterherhinkenden Reagieren verkommt. Die Struktur unseres politischen Systems lässt außer acht, dass sich nicht nur die Gesetze verändern müssen, sondern mindestens ebenso dringend die Art und Weise, wie sie zustande kommen. Es gibt bei uns kein Gremium mit diesem Auftrag. Erst recht keines, das sich damit beschäftigt, wie unser politisches System über sich hinaus wachsen kann.

Mehr Demokratie besinnt sich darauf, dass Entscheidungen Prozesse sind, niemals etwas Statisches, und dass folglich auch die Strukturen und Organe für Entscheidungsfindung der ständigen Wandlung und Erneuerung unterliegen und niemals stagnieren sollten – ein kreativer, sich ständig neu erfindender Prozess. Daher schafft diese Initiative neue Vorgänge und macht sich auf die Suche nach vielversprechenden Beispielen anderswo, wie etwa dem Bürgerrat[19], zu dem sie sich in Irland inspirieren ließen. Im politischen Tagesgeschäft hat aktuell beides wenig Platz: weder das Prozesshafte noch die Weiterentwicklung der Strukturen. Die Abläufe sind standardisiert, der Zeitdruck hoch, und niemand kommt dazu, innezuhalten und Raum für die Frage zu öffnen: Ist das, was wir hier tun, eigentlich noch dienlich? Stellt es die sinnvollste, menschlichste, wirksamste Art dar, unseren Job zu machen? Die Frage kommt vielleicht – ziemlich sicher sogar – bei einem Bier nach der Sitzung auf, ist aber als Bestandteil der politischen Abläufe so kaum vorgesehen. Es ist einfach nicht in der Stellenbeschreibung unserer Abgeordneten, Minister*innen und Ministerialbeauftragten enthalten, ihr Betriebssystem ab und an einer Wartung und Erneuerung zu unterziehen.

Gut, dass es Organisationen gibt, die sich dem widmen. *Mehr Demokratie* hat sich hier der Rolle des wahrnehmenden und bezeugenden Beobachtens angenommen, aber sie lassen es nicht beim Beobachten und Beschreiben bewenden. Sie steigen aus der Selbstverständlichkeit des Immer-schon-so-Gewesenen aus und erlauben sich, die Frage zu stellen: Muss Politik wirklich so stattfinden? Ist das der Gipfel unserer Möglichkeiten? Oder geht das besser, intelligenter, flexibler, bürger*innennäher, lebensförderlicher, zukunftstauglicher? Und ihre Antwort lautet eindeutig: »Ja, das geht. Es muss gehen, denn so geht es nicht weiter. Und es ist an uns, herauszufinden, wie dann. An wem denn sonst?« Sie berufen sich nicht darauf, dass andere zuständig seien. Sie lehnen sich nicht anklagend zurück, schieben nicht denen die Verantwortung in die Schuhe, die auf irgendwelchen Posten sitzen. Sie krempeln die Ärmel hoch und entwickeln Konzepte, die niemand bei ihnen in Auftrag gegeben hat. Visionär, eigenmächtig, selbstermächtigt. Sie warten nicht darauf, dass es passiert. Sie tun es einfach. Weil sie wahrnehmen, dass es nötig ist und sie – nicht betriebsblind im politischen Tagesgeschäft steckend – die nötige weite Perspektive haben, um es anzugehen. Danke!

19 *Mehr Demokratie* gendert hier nicht. Mehr Infos zu den Bürgerräten: www.buergerrat.de

Man könnte meinen, all das sei »denen in Berlin« ein Dorn im Auge, weil es an ihrer Macht kratzt. Das mag anfangs so gewesen sein, als ein paar Bürgerrechtler*innen mit einem alten Doppeldecker, dem *Omnibus für direkte Demokratie*[20], durch die Lande fuhren, um auf Marktplätzen auf ihr Anliegen aufmerksam zu machen – übrigens einem Impuls von Joseph Beuys folgend. Inzwischen jedoch werden die Aktiven von *Mehr Demokratie* als Beratende eingeladen, weil auch und gerade altgediente Politiker*innen spüren, wie erneuerungsbedürftig unser politisches System ist – und wie sehr es insbesondere in diesen herausfordernden Zeiten an seine Grenzen stößt. Auch hier zeigt sich bei genauem Lauschen das wirklich Andere. Ein veränderter Blick auf die Dinge könnte sein, nicht alle zu verteufeln, die Macht haben, und ihnen schon gar nicht zu unterstellen, dass sie den Job nur um der Macht willen haben – auch wenn unser politisches (Parteien-)System das durchaus begünstigt. Vielleicht sind ja einige oder gar die meisten von ihnen im wahrsten Sinne des Wortes Minister*innen: weil sie dienen wollen – das nämlich bedeutet das lateinische *ministrare* wörtlich. Von genau jenen wird *Mehr Demokratie* gehört und immer öfter um Rat gefragt. Politiker*innen erkennen zunehmend, dass etwas grundlegend anders werden muss, weil die momentanen Strukturen ihnen nicht ermöglichen, dem Gemeinwohl so zu dienen, wie sie es gern würden.[21]

Nun heißt der beschriebene Verein *Mehr Demokratie*, meine Geschichte hingegen trägt den Titel *Nach der Demokratie*. Was denn nun? Wollen wir mehr davon oder wollen wir es loswerden? Beides. Wir können anstreben, dass die Demokratie sich selber abschafft, indem sie immer besser wird, immer mehr Beteiligung und Vertrauen einlädt, immer mehr ihren Bürger*innen die Rolle der Souveräne[22] zutraut und die Bürger*innen diese Rolle auch nehmen. Genau das geschieht in den Bürger*innenräten. Und überraschenderweise zeigt sich: Die Leute sind nicht politikverdrossen. Sie haben Lust mitzugestalten und nehmen begeistert an den Treffen teil, zu denen sie per Losverfahren eingeladen werden. Verdrossen sind sie nur von der Farce, zu der unser politisches Leben verkommen ist und von dem Platz auf dem Sofa, der ihnen dabei eingeräumt wird. Und diese neu entdeckte Lust am politischen Gestal-

20 www.omnibus.org

21 Hanno Burmester, der sich der radikalen → Transformation unserer Politik verschrieben hat, sagt im Interview mit der Zeitschrift »evolve« (Nr. 29, S. 21): »Ich kenne viele Leute in hochrangiger Funktion, bis hin zu hohen Ministerialrängen, die sagen: ›Wenn es eine neue Partei gibt, die gleichzeitig professionell, konstruktiv und ernsthaft transformativ ist, dann bin ich dabei.‹ Das heißt, die Zeit ist reif.« Mit dem Buch »Liebeserklärung an eine Partei, die es nicht gibt. Warum wir Politik radikal neu denken müssen« legt er gemeinsam mit Clemens Holtmann eine vielversprechende Skizze solch einer Partei vor.

22 Souveräne sind diejenigen, bei denen die Staatsmacht liegt. In einer parlamentarischen Demokratie haben die Bürger*innen diese an Repräsentant*innen übertragen.

ten könnte zur Abschaffung der Demokratie beitragen – wenn wir nicht die erstbeste kleine Reform wieder zur endgültigen Lösung erklären, darin steckenbleiben und uns der Weiterentwicklung verweigern. Denn wenn wir alle in unsere Rolle als Souveräne hineinwachsen, also unsere Gestaltungskraft erkennen und annehmen, werden wir – zunächst auf lokaler Ebene – ins Handeln kommen, ohne auf die Anweisung oder Genehmigung höherer Instanzen zu warten. Irgendwann sind wir in so einem vertrauensvollen Miteinander angekommen, dass wir merken: Jetzt brauchen wir keine Repräsentant*innen mehr, denn es wird sich bei jeder Entscheidung herausstellen, wer die jeweils kompetenteste Person ist, um in Führung zu gehen. Wir werden politische Ämter nicht mehr per Wahl, sondern per Los vergeben, bevor wir sie schließlich gar nicht mehr brauchen. Wir werden uns so sehr an fruchtbaren Dialogen erfreuen, dass wir keine Lust mehr auf parteipolitische Grabenkämpfe, auf nervtötende Diskussionen und Debatten haben, in denen es ums Rechthaben geht. Es existiert bereits eine Vielzahl erprobter und bewährter Werkzeuge für differenzierte, prozessorientierte und dialogbasierte Entscheidungsfindung. Sie ermöglichen uns ein Abstimmen im wahrsten Wortsinn: Wir stimmen uns auf einander und auf das Thema ein und finden den für alle stimmigsten, momentan möglichen Weg. Das ist weit entfernt davon, einer vermeintlichen Mehrheit die Macht zu geben.[23] Wir werden uns vom Konzept der Parteien lösen, weil wir Gruppierungen, die per Definition gegeneinander antreten, nicht als zielführend empfinden. Es wird uns um die Sache gehen und nicht um die Macht. Ich bin überzeugt, dass eine Demokratie zwar eine fortgeschrittene Staatsform ist – gegenüber einer Diktatur zum Beispiel –, dass sie aber lediglich einen Zwischenschritt darstellt auf dem Weg dorthin, wie wir Menschen unser Zusammenleben viel einfacher, fluider, situativer, lustvoller gestalten können. Genauso wie bewusste Erziehung darauf hinarbeitet, sich zu erübrigen, darf die sich entwickelnde Demokratie darauf abzielen, sich selbst abzuschaffen. Und dann? Was haben wir dann für eine Staatsform? Wenn ich jetzt den Begriff *Anarchie* ins Spiel bringe, klappen vielleicht einige Leser*innen entrüstet das Buch zu. Halten wir an dieser Stelle kurz inne. Was für Bilder erzeugt das Wort *Anarchie* in dir? Nimm dir einen Moment Zeit, Assoziationen auftauchen zu lassen. Und auch Empfindungen, die es in dir auslöst.

Vielleicht magst du mir noch ein paar Sätze Zeit einräumen, bevor du das Buch zur Seite legst, weil das Wort *Anarchie* darin vorkommt. Hier ist eine Bilder- und Assoziationssammlung von Menschen, die ich befragt habe, was ihnen einfällt, wenn sie das Wort hören: *gefährlich, chaotisch, Regellosigkeit, Gewalt, Aggression, Terrorismus, Selbstjustiz.*

23 Einige Beispiele sind *Systemisches Konsensieren, (sechsstufiger) Konsent* und weitere Prozesse, die in der Soziokratie und Holacracy entwickelt wurden, um dezentrale, vernetzte und fluide Organisationsabläufe zu ermöglichen: https://www.soziokratie.org, https://www.holacracy.org

Anarchos, der Autonome Block. Null Bock, No Future, Dagegensein um jeden Preis. Utopie war auch dabei. Sonst sehr wenig, das auch nur annähernd positiv besetzt wäre: *unverschämt, lustig, Freiheit.* Auch Wörterbücher, die ich befrage, warten gern mit Angstbesetztem auf: *gesetzloser Zustand, politische Unordnung, Herrenlosigkeit, Mangel an Oberbefehl, an Obrigkeit, Gesetz- und Regellosigkeit, die ein harmonisches soziales Miteinander unmöglich macht.* Das ist ein bemerkenswertes Beispiel dafür, wie ein System sich selbst erhält: Es stellt alles als Gefahr dar, was darauf hinweisen könnte, wie gewaltsam und marode es selbst ist. Ich habe noch keine*n getroffen, die*der sich im Rahmen ihrer*seiner Schulbildung mit dem Anarchiebegriff auseinandergesetzt hätte. Und natürlich gibt es all die oben genannten pubertären, unreifen Ausprägungen: Ich erlebe in meinem Umfeld viel → Wut auf Herrschaft. Kontrolle und Bevormundung kann in Menschen Ohnmacht erzeugen oder das Bedürfnis, sich zu widersetzen – egal wie, Hauptsache dagegen.

Was bedeutet denn nun *Anarchie* ursprünglich, wenn wir es von all diesen Dingen befreien? Nichts weiter als Herrschaftslosigkeit, es kommt von den griechischen Worten *an* (nicht), und *archein* (herrschen). Dass es ohne Befehle von oben nicht geht, weil sonst das Chaos ausbricht – das haben wir Menschen uns ausgedacht, aus Angst vor dem Unsicheren und Unvorhersehbaren. Wir können uns gar nicht vorstellen, dass niemand herrscht. Davon zeugt die absurde Redewendung »da herrscht Anarchie« – irgendwas muss unserer Überzeugung nach offensichtlich »herrschen«, und sei es die Herrschaftslosigkeit. Lebendige Systeme organisieren sich aber nicht so. Niemand managt den Frühling, gibt den Schneeglöckchen die Anweisung zu blühen. Sie bringen ihre Blüten hervor, weil sie verbunden sind, weil ihre Zwiebeln im Boden die Veränderung der Umgebungstemperatur, die Zunahme des Tageslichts und vieles andere mitbekommen. Das ist → Interbeing. Und vielleicht möchtest du einen Augenblick lang in deinen Körper hinein lauschen und bezeugen, wie sich dort gerade alles intelligent organisiert, ohne dass du Befehle gibst.

Die vielfachen Krisen unserer Zeit lehren uns, dass uns genau das fehlt. All unsere mühsam erdachten Systeme und Technologien stoßen an ihre Grenzen: Wir haben den Klimawandel nicht im Griff. Wir können seine Auswirkungen und seinen Verlauf nicht voll und ganz erfassen, berechnen, kontrollieren, steuern – und halten trotzdem immer noch daran fest. Das Herrschen ist eine menschliche Erfindung.

Anstatt jetzt in die Theorien der Anarchie zu versinken – was auch hochinteressant ist und schnell sehr kopflastig wird –, möchte ich mich auf die Biologin Elisabet Sahtouris beziehen. Sie beschreibt unser selbstüberschätzendes Verlangen nach Herrschaft so: »Wir sind immer davon überzeugt, dass der Mensch für alles verantwortlich ist und als nächsten Evolutionsschritt seine ganze Gesellschaft entsprechend verändern muss. Ich glaube demgegenüber, dass die eigentliche evolutionäre Herausforderung darin liegt, dass wir Menschen lernen müssen, uns harmonisch in dieses viel größere lebende Wesen zu integrieren [...]. Entweder wir schaffen das oder wir werden von diesem Organismus abgestoßen. Nicht, weil sich Gaia rächen will, sondern wegen unseres Mangels an Intelligenz und der fehlenden visionären Vorstellung von der Funktionsweise dieses großen lebenden Systems.«[24] Sahtouris tut mit diesen Sätzen nichts anderes, als uns Menschen dazu aufzufordern, uns von unserer Dominanzkultur zu verabschieden, von Machtmissbrauch, Unterdrückung und Ausbeutung, von Arroganz und Größenwahn. Sie ruft uns zu Demut auf, zur Hingabe an eine Intelligenz, die größer ist als unsere. Theoretiker*innen, die dann meist als »links« bezeichnet werden oder sich selbst so einordnen, entwerfen seit Jahrzehnten, seit Jahrhunderten Szenarios einer herrschaftsfreien Menschheit. Warum wurden und werden sie nicht gehört? Vielleicht war die Zeit noch nicht reif und wir mussten uns mit unserer Zivilisation wirklich bis ganz an den Abgrund manövrieren. Vielleicht blieb etwas, das als linke Theorie daherkam, bislang mit dem Stigma des Dagegenseins, des allzu → Radikalen behaftet. Vielleicht ist ein Großteil der Texte auch sehr wissenschaftlich, bedient sich einer Sprache, die nicht alle verstehen und richtet sich vor allem an den Verstand. Auch in den Gegenentwürfen zum Herrschafts- und Größenwahn fehlt interessanterweise häufig sowohl die Demut als auch das → Sinnliche.

Auf beides versuchen wir uns mit dem *Getanzten Vortrag* zu besinnen. Die Menschen im Kreis bezeugen Menschen, die sich tanzend ihrem eigenen lebendigen Körper im Spiel mit den Kräften des Lebens hingeben – ohne Befehl von oben. Und wir hoffen, damit in denen, die zugucken, Erinnerungen wachzurufen und jene »visionäre Vorstellung von der Funktionsweise dieses großes lebenden Systems« zu nähren.

24 Geseko von Lüpke: »Politik des Herzens«, S. 71.

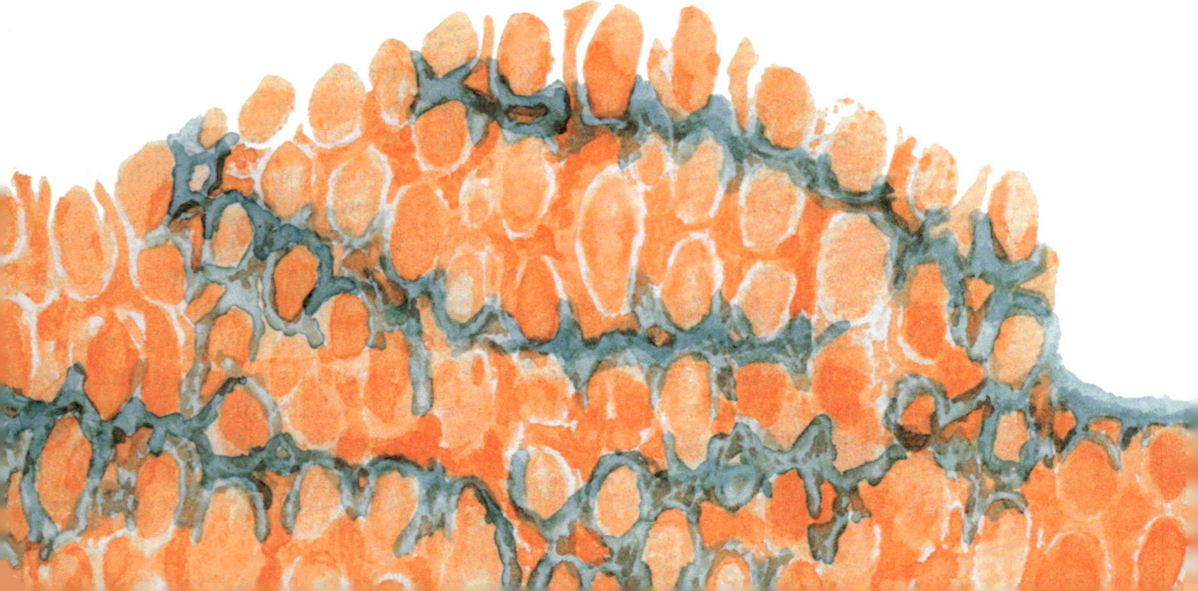

Deshalb also heißt die Geschichte *Nach der Demokratie*. Es geht darum, an dem zu rütteln, was wir für selbstverständlich, für unhinterfragbar halten und uns auf etwas auszurichten, das jenseits des gängigen → Paradigmas liegt. Ich bin dankbar, erleichtert und beflügelt, dass mutige, kreative und von den meisten für verrückt erklärte Menschen in allen möglichen Bereichen seit einiger Zeit den Versuch unternehmen, eine Gesellschaft »danach« oder »jenseits von« zu visionieren: nach dem Geld, nach der Arbeit, jenseits von Markt und Staat. Was geht noch? Gefängnisse, Schlüssel, Zäune und Versicherungen abschaffen, frei Lernen jenseits der Institution → Schule, nicht in Krankenhäusern gebären, aus der anonymen Krankenversicherung aussteigen und sich für die Gesundheitsfürsorge in Solidargemeinschaften zusammentun …[25] An mancher Stelle wird die Logik des Abschaffens auch umgedreht. Wer wird am Ende wen abschaffen? »Wollen wir das Geld abschaffen – oder schafft das Geld unsere Gesellschaft ab?«, fragt Jürg Conzett[26], denn es ist ganz offensichtlich, dass unser Finanzsystem bald zusammenbrechen wird, weil seine Logik auf Wachstumszwang fußt, wir aber auf einem endlichen Planeten leben. Ja, wir verlassen uns immer noch auf Strukturen, von denen klar ist: Sie sind auf Sand gebaut. Und sie werden sich in absehbarer Zeit selbst abschaffen, wenn nicht kluge Visionär*innen die Arbeit vorwegnehmen, indem sie die Strukturen abschaffen.

All diese Visionsarbeit braucht meinem Empfinden nach eine Verankerung im Körper, sonst bleibt sie ein Gespinst – denken kann man viel. Im Bereich des sofort Machbaren passiert diese Verankerung durch konkrete Projekte: Menschen, die sich zusammentun, um eine Schule ohne Druck, Noten, Lehrplan und Fächer zu gründen, erleben im gestaltenden Tun, dass das, was zunächst wie eine hehre Idee klang, wirklich umsetzbar ist. Für etwas wie eine *Gesellschaft nach dem Geld*[27] ist möglicherweise ein noch längerer Atem vonnöten. Jenen, die sich trauen, solche großen Visionen vom Leben in Verbundenheit zu entwickeln, darüber zu sprechen und zu schreiben, möchte ich Erfahrungs- und Übungsräume an die Seite stellen. Denn es will zellulär erlebt werden, braucht einiges an vertrauensbildenden Maßnahmen und viel Wahrnehmungsschulung, bis wir uns auch nur annähernd trauen werden, uns auf das Experiment einzulassen, unser Zusammenleben nach und nach wirklich so zu gestalten. Oder, um in der Sprache des Nervensystems zu sprechen: Es bedarf der Möglichkeit zur Co-Regulation, um aus der Anspannung in die Entspannung, aus dem Stress in die Gelassenheit und aus dem

25 In vielen Fußnoten dieses Buches finden sich Hinweise auf Menschen und Initiativen, die das Weiterdenken schon umgesetzt und damit lebbare Alternativen zum gängigen → Paradigma geschaffen haben.

26 In Preissing et al (Hg): »Zukunft ohne Geld? Theoretische Zugänge und gelebte Alternativen«, S. 11.

27 www.nach-dem-geld.de

Gefühl von Gefahr in das der Sicherheit zu gelangen. Eine Podiumsdiskussion, in der es darum geht, möglichst kontrovers zu diskutieren, hinterlässt uns mit hoch erregten Nervensystemen – kein Zustand, um in unser größtes Potenzial zu kommen. Wir dürfen das Kämpfen hinter uns lassen. Wir brauchen es nicht mehr.

Auch auf die Gefahr hin, mich zu wiederholen: Vertrauensvolle Räume entstehen dadurch, dass jemand beschließt zu vertrauen. Und auf die derzeitige Situation übertragen bedeutet das zunächst einmal, dem vorherrschenden Grundklima von Misstrauen und Distanz bewusst nicht zu folgen – vielleicht erst einmal in einem ganz kleinen unspektakulären Moment: »Ich vertraue, obwohl andere mich für wahnsinnig, naiv, distanzlos … erklären werden.« Damit Menschen solch einen Zustand von tiefem Vertrauen erleben und mit ihren Nervensystemen daran andocken können, darum tanzen wir den Vortrag. Er möchte klitzekleine Funken einer türkisen Gesellschaft in die Welt streuen, um uns an unser Potenzial zu erinnern – damit wir nicht mit unserem Wirken für den Wandel auf halbem Wege stecken bleiben und denken, mehr sei nicht drin. Und so komme ich nach langem Anlauf zum Thema dieses Kapitels zurück. Ich möchte einige Geschichten teilen – Eindrücke von ganz unterschiedlichen Momenten der Resonanz, die wir erlebten. Der erste *Getanzte Vortrag* wurde interessiert und begeistert aufgenommen, nach und nach bekamen wir Anfragen von allen möglichen Initiativen des gesellschaftlichen Wandels.

Zu schön, um wahr zu sein

Den dritten Vortrag tanzen wir auf Einladung eines Gemeinschafts-Wohnprojektes. Die im Entstehen begriffene Gruppe erhofft sich Anregungen für ihr gemeinschaftliches Zusammensein. In den Kommentaren der Menschen liegt an diesem Tag meinem Empfinden nach viel Sehnsucht nach einem Leben in Verbundenheit. Sie klingen mutlos, ratlos, frustriert, weil die erlebte Wirklichkeit im Projekt zu dem Zeitpunkt so meilenweit entfernt scheint vom großen Traum des gemeinschaftlichen Lebens, der sie zusammengebracht hat. Diese Gruppe befindet sich offensichtlich gerade an einem entmutigten Punkt dieses Prozesses.

Eva und ich tanzen. Ganz am Schluss, als unsere Bewegungen ausklingen, steht dieser Satz im Raum: »Zu schön, um wahr zu sein.« Dann ist es still. Aber anstatt gerührt und zufrieden zu sein, dass sie es »schön« fanden, werde ich ungeduldig, traurig. Wie kann etwas »zu schön« sein? Warum sollte es nicht wahr sein, wenn wir doch alle gerade eben erlebt haben, dass es geschehen ist? Warum verweigern wir dieser Welt wieder und wieder die Chance, eine reale Utopie zu werden? Was hält uns Menschen davon ab, in vollem Umfang Mensch zu sein? Das fragte ich mich damals und heute kann ich antworten: vor allem sehr viel angehäuftes → Trauma.

Während ich diese Situation nun wieder hervorkrame, um sie in diesem Buch wiederzugeben, viele Jahre, nachdem sie sich ereignete, entsteht unweigerlich noch einmal eine Verbindung zur Geschichte vom Barmherzigen Samariter. So äußert sich in unserem Alltag das Verbannen des Schönen in die Sphäre des Unwirklichen und nie Erreichbaren. Wir können ja hier eine halbe Stunde lang ein bisschen nett herumtanzen, aber für die harte Realität taugt das nicht. Es ist unmöglich, weil »zu schön«. Oder, um es noch einmal in aller Brutalität zu formulieren: Wenn etwas schön ist, kann es nicht wahr sein. Wie lautet der Umkehrschluss? Wahr und lebbar, möglich ist nur das Hässliche, das Schreckliche. Kennst du das? Etwas so Schönes erleben, dass du sofort denkst: »Das kann nicht wahr sein. Wo ist der Haken?«

Ich wünschte, mir wäre an jenem Nachmittag eingefallen, diesen Mann zu ermutigen, beides sehen zu können: den anstrengenden Moment, an dem sich das Projekt offensichtlich gerade befand, genauso wie die Sehnsucht, die Wahrheit, die alle Versammelten unverfälscht in ihren Herzen trugen. Sonst hätten sie doch nie den Schritt gemacht, solch ein Wohnprojekt zu gründen. Dass wir überhaupt traurig werden können, hat doch damit zu tun, dass wir beginnen wahrzunehmen, dass etwas Wesentliches in unserer Welt fehlt. Nicht »etwas Wesentliches«, das wirklich Wesentliche: hingebungsvoll verspielte Verbundenheit mit dem Leben, das wir sind. Interbeing.

In den Zellen

Im Anschluss an den *Getanzten Vortrag* im Rahmen eines Schenkökonomie-Symposiums spreche ich mit einem der Zuschauer aus dem Kreis. Er fällt ein bisschen heraus aus dieser buntgekleideten Menge, die hier am Boden sitzt: Niemand anders trägt ein Hemd. Ich kenne ihn flüchtig und weiß, er beschäftigt sich viel mit ökonomischer Transformation, also stark vereinfacht gesagt mit der Frage, wie wir Geld so nutzen könnten, dass es verbindend und nicht trennend wirken kann. Deswegen habe ich ihn heute hierher eingeladen. Ich möchte wissen, ob es für ihn aufgeht, so ein Thema mit dieser Form zu verbinden, oder ob es einem, der die Wirtschaftswelt kennt, ein bisschen wischi-waschi vorkommt. Erstaunlicherweise kann er etwas damit anfangen: »Wow, ihr schafft es in kürzester Zeit, tiefe Einsichten zu vermitteln, ja, fast in den Zellen zu verankern. Auf mich wirkte die Contact Improvisation ja von Weitem betrachtet immer etwas klebrig. Aber jetzt verstehe ich mehr von dem Sinn dahinter.« Wie kommt so ein Wirtschaftsmensch zu der Formulierung »in den Zellen verankern«? Das ist doch ganz klar unsere Sprache!

Ha! Wie interessant, mich bei meinen eigenen Beschränkungen zu beobachten. Da treten wir an, die verstandesgeprägte Welt mit Spürimpulsen zu bereichern – und ich ertappe mich bei meinem eigenen Schubladendenken, indem ich »solchen Wirtschaftsmenschen« nicht zutraue, ein Gefühl für ihre Zellen zu haben. Die vermeintlichen Fronten, die vermuteten Gegensätze dürfen aufweichen. Auch hier. Auch in mir. Durch Begegnungen, gemeinsames Erleben und geteilte Empfindungen wie diese. Ich möchte noch viel mehr solcher Begegnungen erleben. Räume zwischen Menschen. Zwischen Wirtschaft und Tanz und zwischen allen möglichen anderen Konzepten, die dadurch aufhören dürfen, Konzepte zu sein: Räume zwischen vermeintlich Unvereinbarem, das sich plötzlich ganz unvermutet aneinanderschmiegt.

Angst Eva und ich tanzen unseren Vortrag heute zum siebten Mal. Wir schlucken, als wir in den Veranstaltungsraum kommen. Der Raum winzig, der Boden dreckig. Es ist ein Seminarraum im Mathegebäude der TU Berlin. Viel Beton, fünfter Stock, stickige Luft. Man könnte sich einen lauschigeren Ort vorstellen. Hier findet die SOLIKON statt, die Konferenz für Solidarische Ökonomie und Transformation. Das Programm ist voll und umfangreich. Nur ein gutes Dutzend Leute finden zu uns, es sind längst nicht alle Stühle im Kreis besetzt. Eva ist halbkrank, alles ist ein bisschen gedämpft. Ist es der trotzige Kontrast zur Umgebung, die → Intimität dieser kleinen Gruppe, oder strahlen wir beide noch die intensive Nähe der vergangenen drei Tage aus, die wir miteinander verbracht haben? Das werden wir wohl nie genau sagen können, aber was die Leute heute in der Runde teilen, empfinde ich als noch persönlicher und mutiger als alles, was wir bisher erlebt haben:

»Wir haben hier jetzt die ganze Zeit in den Vorträgen und Workshops so komplizierte Themen gewälzt und es wurde deutlich, wie lang der Weg noch ist, den wir gehen müssen, um zu einem von Grund auf anderen Wirtschaften zu finden. Und ich hab gemerkt, wie ich im Laufe der Konferenz immer schwerer und deprimierter werde. Es ist so uferlos. Und wir sind so verstrickt. Und dann komme ich hierher und gucke euch zu und sehe, dass es ganz leicht sein kann, weil eigentlich alles schon da ist. Und mir fällt einfach ein riesiger Stein vom Herzen.«

Die nächste Frau, hält die Redekugel lange in der Hand, bevor sie sich ein Herz fasst und spricht: »Wenn ich sehe, wie ihr einander vertraut und euch aufeinander verlasst, dann bekomme ich Angst. Weil ich weiß, dass ich das nicht könnte. Nicht so. Eben weil ich zu viel Angst habe. Was ist, wenn ich … hm, ich kann gar nicht beschreiben, wovor ich genau Angst habe. Vielleicht ist es einfach gut, sie zu spüren.«

Es ist, als hätte diese Frau, die den Mut aufbrachte, ihre Angst zu benennen, den Bann gebrochen. Das war bisher nie Thema. Aber heute sprechen nach ihr noch andere darüber. Eine Frau formuliert es ungefähr so: »Ich spüre diese Angst auch, aber ich bin erstaunt, dass sie gar nicht wie ein schlimmes, negatives Gefühl daherkommt – nicht so, wie ich Angst normalerweise bewerten würde. Ich merke, die Angst steht ganz einfach für das Neue. Ich begreife jetzt, dass wir wirklich überhaupt nicht wissen, wie das gehen soll, unsere Wirtschaft umzukrempeln. Und ich bekomme richtig Lust, dieses Neue auszuprobieren, obwohl ich keine Ahnung habe, was es sein könnte. Aber es ist ganz offensichtlich, wir müssen über uns hinaus wachsen. Wir dürfen.« Und das tun sie dann auch im anschließenden Kurzworkshop. Und sind sehr froh über Bewegung nach so viel Sitzen und Zuhören bisher auf diesem Kongress.

Mich ergreift beim Zusehen eine → Zärtlichkeit für sie und ich empfinde ein dankbares Staunen darüber, wie viele Menschen hier über ihre Angst gesprochen haben. Für mich ist heute greifbarer geworden, warum wir eben nicht einfach Love, Peace & Happiness über die bestehende Welt stülpen können wie einen gehäkelten Klorollenwärmer aus dicker rosa Wolle. Wir sind als Menschheit auch deshalb da, wo wir sind, weil wir unserer Angst nicht begegnen, sondern sie mit käuflicher, vermeintlicher Sicherheit beruhigen. Und immer mehr davon brauchen, weil die Angst sich eben nicht austricksen lässt. Ein anderes Wirtschaften, ein Teilen der Fülle kann vielleicht dann entstehen, wenn wir auch unsere Angst miteinander teilen – auch wenn wir noch nicht genau wissen, wie das geht. Während wir an eine Tanzpartner*in lehnen und erleben, wie wir uns gegenseitig halten, erkennen wir, dass diese Zuversicht, die sich bilden möchte, eben kein blindes Vertrauen ist, sondern die Fähigkeit, wahrzunehmen, was ist. Diese Fähigkeit können wir schulen. Ich beschreibe sie in der *Ode an das Lehnen* (S. 321).

Im Nacken

Inzwischen haben wir mehrere »Besetzungen« für den Vortrag. Heute eröffnen Sophie und ich eine große Veranstaltung zu Themen von Wandel und Zukunftsfähigkeit. Die Konzentration und Intimität, die wir bei den bisherigen *Getanzten Vorträgen* erlebt haben, mag hier nicht so recht entstehen. Es herrscht Unruhe im Raum, das Ganze hat eher Marktplatzcharakter, direkt nebenan werden noch Stände aufgebaut. Schade, wir sind etwas enttäuscht und haben das Gefühl, es konnte gar nicht so richtig ankommen bei den Leuten, weil das Programm dicht ist und es schnell mit dem nächsten weitergeht. Doch das hat auch etwas Gutes, denn im Laufe des Tages kommt der eine oder die andere direkt auf mich zu und sucht das persönliche Gespräch. Zum Beispiel diese Frau: »Da gab es ja diesen Moment, da war Sophie eher am Boden und du hattest deinen Fuß in ihrem Nacken und standest so über ihr. Und wenn man das so sieht, dann denkt man ja erst mal, das ist eine total gewalttätige Geste. Aber das war es nicht. Überhaupt nicht. Es war sogar fast zärtlich. Es war auf jeden Fall zart. Und das versteh ich gar nicht, wie das sein kann. Aber irgendwie begreife ich dadurch, dass wir die Interpretationen alle selber machen. Wir sagen: Das kenn' ich, das ist so und so. Und heute war so deutlich: Es ist nicht entscheidend, was ihr macht, sondern wie ihr es macht. Das nehme ich mit. Ich nehme mit, mich immer wieder zu fragen: Ist das, was ich zu sehen meine, wirklich das, was ich auf den ersten Blick erfasse, oder ist es ganz was anderes?«

Hier zeigt sich eine Möglichkeit, den Titel dieses Buches fortzuschreiben: Wenn wir wieder wahrnehmen, dann werden wir zurückhaltender mit schnellen Interpretationen. Wir lassen uns ein auf einen zweiten Blick. Wir überprüfen die erste Deutung und geben uns und dem Wahrgenommenen die Chance einer Begegnung jenseits des Bekannten. Wenn wir wieder wahrnehmen, dann kann sich das vermeintlich Brutale als zärtlich entpuppen und hinter einer zärtlich daherkommenden Geste können wir Machtmissbrauch erkennen. Wenn wir wieder wahrnehmen, werden wir vielleicht sensibel für all jene Erscheinungsformen von → Gewalt, die sich in unserem System verstecken. Wenn wir wieder wahrnehmen, lassen wir nicht mehr zu, dass unsere Kinder »ausgefragt« werden oder ihrem ganz eigenen Sosein die Aufmerksamkeit verwehrt wird.

In diesem Leben

Die Transition-Town-Initiative einer kleinen Marktgemeinde hat uns eingeladen. Wir dürfen hier das Parkett des Rathaussaals betanzen. Das empfinde ich als äußerst befriedigend. Wenn ich mir vorstelle, dass hier bald wieder eine Gemeinderatssitzung stattfindet, fühlt es sich ein bisschen so an, als würden wir den Raum mit einer Haltung »düngen«. Dieses Mal ist es ein älterer Mann, ich schätze ihn auf Ende sechzig, dessen Kommentar noch lange in mir nachhallt:

»Was ich heute Abend gesehen und gehört habe, ist alles so neu und so anders«, sagt er, »das muss ich erst mal verdauen. Allein die Idee, Wahrnehmen könnte genauso wichtig sein wie Denken. Ich habe jetzt so viele Jahre in so anderen Schemata gedacht. Ich weiß nicht, ob meine Lebenszeit noch ausreicht, das wirklich zu begreifen.«

Wie ich das finde

Bei einer der nächsten Veranstaltungen ist es ein Kind, vielleicht zehn, elf Jahre alt, dessen Reaktion mir in Erinnerung bleibt. Ein sonniger Herbsttag geht zu Ende, im Ofen knistert ein Feuer. Der Raum ist klein, die Menschen sitzen dicht an dicht, als Redegegenstand kreist diesmal ein kleiner bunter Zierkürbis. Ein und dieselbe Kinderstimme höre ich immer wieder: »Also, ich finde das … doof und lustig!«. Noch einmal der gleiche Kommentar. Und nochmal. Ein bisschen albern kommt das daher, auch verschmitzt und zugleich ein wenig verlegen. Ich stelle mir gerade mit irgendeiner Faser meines Denkens die Frage, ob es mich nervt – ja, ein bisschen! – oder ob ich es als interessantes Phänomen beobachten kann: die bessere Idee. Da beobachte ich aus dem Augenwinkel, wie das Kind von seinem Platz aufsteht, um den Kürbis zu »überholen«, also eine weitere Möglichkeit zum Sprechen zu ergattern. Was für eine kreative Art, die Regeln zu beachten (»sprich, wenn du den Kürbis in der Hand hältst«) und doch dem eigenen Bedürfnis zu folgen. Was genau könnte dieses Bedürfnis sein? Die eigene Verwirrung äußern zu wollen? Ich weiß nicht, wie oft der »doof und lustig!«-Kommentar noch kommt. Er nervt mich nicht mehr. Er ist Teil dessen, was heute gesagt werden will. Wie ein Refrain. Der Kürbis kreist mehrmals. Kurz nachdem wir die letzte Runde angekündigt haben, höre ich die inzwischen vertraute Kinderstimme mit einem neuen Beitrag: »Ich weiß nicht, wie ich das finde.«

Was für eine Freiheit sich entfaltet, wenn wir aufhören, alles ständig irgendwie finden zu müssen und zugeben können, dass wir manchmal einfach keine Meinung haben – sondern nur sagen, dass wir irritiert sind.

So!

In einer eher sachlich-kühlen Turnhalle bauen wir einen improvisierten Kreis aus diesen lederbezogenen Turnkastenoberteilen. Er wirkt etwas verloren in der riesigen Halle. Die Lokalzeitung[28] hat den Vortrag angekündigt, aber wir haben keine Vorstellung, wie viele sich hierher verirren werden. Am Ende sind es etwa fünfundzwanzig. Trumps Amtsantritt ist wenige Wochen her.

Unsere kleine Holzkugel bleibt heute lange in den Händen einer Lehrerin: »Ich habe eine Woche hinter mir, in der ich viel Gewalt erlebt habe«, erzählt sie, »kleine, alltägliche Gewalt, unterschwellige Aggression. So viel Wut und Hass in den Schüler*innen. Und so viel Ohnmacht darüber in mir. Gestern war ich richtig entmutigt und habe mich gefragt: Warum ist das so? Soll es das sein, was Menschsein ausmacht? Der Blick

28 Der Presseartikel zu diesem *Getanzten Vortrag* und Berichte über weitere öffentliche Aktionen finden sich auf meiner Homepage unter *Publikationen*, dort *Pressespiegel* anklicken: www.beruehrbarewelt.de

auf die politische Lage stimmt ja auch nicht gerade hoffnungsfroh. Und dann komme ich hierher und gucke euch zu, atme auf und weiß: So sind wir Menschen eigentlich gemeint.«

Zu intim

Noch eine Turnhalle, alt und etwas muffig. Heute tanzen wir den Vortrag vor etwa 60 Menschen. Nachdem ich die einleitenden Worte gesprochen habe, gebe ich die Holzkugel an einen mir unbekannten Mann, der rechts neben mir im Kreis sitzt. Sonja und ich beginnen uns zu bewegen. Bald höre ich seine zögerliche Stimme: »Ich habe ganz ehrlich gesagt den Impuls, rauszugehen. Es ist mir unangenehm, euch zuzugucken; ich habe das Gefühl, es ist nicht für meine Augen bestimmt. Ich komme mir fast wie ein Voyeur vor.« Das ist eine Reaktion, die nicht zum ersten Mal so kommt – »sehr privat«, »zu → intim«, das hören wir nicht oft, aber doch immer wieder. Während wir weiter tanzen, bitte ich den Mann, sich zu nichts zu zwingen, nichts auszuhalten und gern den Raum zu verlassen, wenn ihm danach sei. Er nickt, gibt die Kugel weiter und bleibt sitzen. Der Rest der Beiträge an diesem Abend ist extrem enthusiastisch – die meisten Menschen im Kreis gehören zu einem Seminar, das sich auf der Basis von Michael Endes Buch »Momo« mit der trennenden Wirkung unseres Geldsystems beschäftigt. Sie sind also mitten im Thema. Ein Mann rezitiert ein Goethe-Gedicht, ein anderer lässt sich zu der Aussage hinreißen: »Was ich hier sehe, ist doch die Lösung für alles!« Die Kugel kommt zu ihrem Ausgangspunkt zurück. Bevor Sonja und ich in stillem Blickkontakt entscheiden können, ob dies ein angemessenes Ende sei, nimmt der erste Sprecher die Kugel noch einmal an sich: »Ich möchte noch etwas sagen. Nämlich, dass es im Laufe der Zeit für mich ganz anders geworden ist. Es ist jetzt gar nicht mehr unangenehm. Ich hab die Worte der anderen gehört und das hat meine Wahrnehmung verändert. Ich konnte euch ganz anders zugucken. Immer entspannter. Immer neugieriger.«
Später spreche ich den Mann noch einmal an. Ich möchte wissen, ob sein zweiter Beitrag unter Gruppendruck entstand – weil er nicht der einzige sein wollte, der nicht freudig, sondern eher peinlich berührt war. Nein, antwortet er, es sei höchst interessant gewesen, sich selbst dabei zuzusehen, wie sich sein Blick auf unser Tanzen gewandelt habe. Er sei nun beinahe neugierig, das selbst einmal auszuprobieren, obwohl es ihn doch zu Beginn mit dermaßen viel Scham erfüllt habe.

Ich frage mich, was genau wohl diesen Umschwung ermöglicht haben mag. Welche Ermutigung, welchen unterstützenden Rahmen brauchen wir, damit das Bezeugen oder direkte Erleben von Nähe, Vertrauen und Intimität uns nicht unangenehm berührt – möglicherweise weil wir es mit übergriffiger, ungewollter, ausgelieferter Nähe assoziieren? Was hilft uns, uns zu erinnern, »dass wir Menschen so gemeint« sein könnten? Und was schreckt oder stößt uns ab? Wie entsteht das Narrativ des Interbeing? Vielleicht dadurch, dass wir uns mit dem *Getanzten Vortrag* zeigen. Und mindestens ebenso sehr dadurch, dass andere ihr Befremden darüber ausdrücken können und gehört werden.

Unintelligent

Ein Kind, vielleicht fünf Jahre alt, hält unsere Holzkugel in der Hand und sagt, nein, ruft uns mit weit aufgerissenen Augen zu: »Ihr seid ja Menschen und ihr seid wie Tiere. Ihr seid Tiermenschen!«

Ein Erwachsener greift das auf. »Ja, dass ihr wie Tiere wirkt ... Mein Verstand findet das irgendwie unintelligent, wie ihr hier über den Boden kriecht. Mein Verstand findet sich sehr intelligent, das unintelligent zu finden. Und mein Körper, der hier sitzt und zuguckt, fühlt sich steif – und irgendwie ... auch unintelligent. Mein Verstand muss zugeben, dass eure Körper intelligenter wirken als meiner. Das tut er aber nicht gern. Er hätte das Privileg, intelligent zu sein, gern für sich. Und wenn ich mich drauf einlasse, das intelligent zu finden, was ihr da tut, dann kommt eine Riesensehnsucht, mitzumachen. Und ich weiß, ich würde dabei ein extrem unintelligentes Bild abgeben. Und mein Verstand weiß nicht, ob er das wagen kann.«

Meine Freiheit und deine Freiheit

Ein Experiment: der *Getanzte Vortrag* an der Hochschule. Seit Jahren bin ich dort mit Contact Improvisation und anderen →somatischen Angeboten im künstlerischen Wahlpflichtbereich des Studiengangs *Soziale Arbeit* unterwegs. Ich habe eine Weile gezögert, ihn in diesem Rahmen und in diesem wirklich unsinnlichen, der kognitiven Wissensvermittlung geweihten Betongebäude zu tanzen. Es kann ja sehr befremdend sein, die Dozentin, von der doch eindeutig ein anderes Rollenverhalten erwartet wird, in sehr ungewohnten Positionen zu erleben. Doch dieses Jahr ist es soweit, wir wagen es bei der Semesterauftakt-Veranstaltung. Das Motto des Semesters lautet »Stille und Überraschung«, das ist immerhin ein guter Aufhänger für Tanz, der ohne Musik auskommt. Mir ist wichtig anzumerken, dass es sich um eine freiwillige Veranstaltung handelt. Niemand muss bleiben, es entstehen keine Nachteile, wenn jemand aufsteht und geht – in einem Kontext von Zwang und Pflicht würde ich den Vortrag nicht tanzen wollen.

Etwa 120 Studierende versammeln sich in einem großen Kreis. Nora und ich tanzen. Vorsichtig und sichtlich überrascht beschreiben die jungen Menschen, was sie sehen – oft mit einem Fragezeichen versehen: »Watscheln?« ... »Annäherung?« ... »Kommunikation?« ... »Kopfüber?« ... »Frage und Antwort?« Ein Student platzt heraus: »Ich bin total geflasht, das ist ja Freiheit pur. Krasse Anarchie!« Seinem Ausruf folgt eindeutig kein Fragezeichen. Auf die Anarchie beziehen sich in der Folge noch einige. Interessant – bei keinem der bisherigen Vorträge fiel dieses Wort.

Beim anschließenden Austausch äußert eine Frau vehement ihr Befremden: »Also jetzt muss ich schon mal fragen. Das klingt bei euch allen so begeistert. Fandet ihr das nicht total *abartig*? Ich meine, so was macht man doch einfach nicht.« Mutig, dass sie das teilt. Es sagt eine Menge über die aufweichenden Hierarchien – auch – an unseren Hochschulen aus, dass sich eine traut, ihrer Dozentin zu sagen, sie empfinde sie als abartig. Und es weist auf noch etwas Weiteres hin, das ich nicht übergehen mag. Beim Schreiben merke ich, wie mein Körper auf das Wort *abartig* reagiert. Etwas zieht sich zusammen, will verschwinden. *Abartig* empfinde ich als extrem verurteilend, es erzeugt Scham und grenzt mich aus, indem es nahelegt: Wenn ich mich dermaßen *ab-artig* verhalte, zähle ich nicht mehr zur *Art* Homo Sapiens. Ich muss an dieser Stelle einiges an Impulskontrolle aufbringen, um nicht im Affekt zu reagieren, sondern die Beobachterin in mir auf den Plan zu rufen, um zu begreifen: Hier zeigt sich im ganz Alltäglichen die Unterdrückung unserer tierischen Natur. Und es wird deutlich, wie wir über → Beschämung dieses Selbstbild zementieren: »Sei nicht so animalisch, sonst gehörst du nicht dazu! Das ist unserer unwürdig. Darüber sind wir erhaben, also erinnere uns nicht daran, indem du bist wie du bist.« Vielleicht kann die Studentin schlichtweg nicht ertragen, dass Nora und ich uns eine Spielfreude und Hemmungslosigkeit herausnehmen, die sie sich mühsam abgewöhnt hat, um dazuzugehören. Sie muss wettern, um den Schmerz darüber nicht zu spüren. All diese Perspektiven rauschen in dem Moment durch mich hindurch und ich bin in der Lage zu antworten: »Stimmt. So was begegnet einem unter Menschen sonst eher nicht. Danke, dass du das sagst, damit bist du sicher nicht allein. Und ich möchte dich bitten, von dir zu sprechen und dein Erleben nicht zur Norm zu machen. Ich stimme dir zu, wie wir uns eben bewegt haben, ist sehr ungewöhnlich und kann auch abschreckend wirken. Und ich möchte die Frage in den Raum stellen: Wer bestimmt, was man macht und was nicht?«

Bevor wir das vertiefen können[29], meldet sich ein anderer Student zu Wort: »Ah, jetzt bin ich froh, dass das angesprochen wird. Das mit der Anarchie und der Freiheit hab ich nämlich ganz seltsam erlebt. Ihr nehmt euch da ja echt eine unglaubliche Freiheit raus, das ist ja auch irgendwie toll. Und die Frage war für mich trotzdem, ob ich euch dabei wirklich zugucken will. Was tu ich, wenn ich es nicht sehen will? Wo schränkt eure Freiheit meine ein? Wie viel verschiedene Freiheit hat denn in einem Raum Platz?«

Eines der großen Menschheitsthemen ist mal eben auf dem Tisch.

29 Das wirkt jetzt ein bisschen abrupt beendet – das war es in dem Moment auch. Doch die große Scham dieser Studentin hat mich noch lange beschäftigt. In Kapitel 9 komme ich noch einmal darauf zurück.

Für mich beginnt durch diese Situation an der Hochschule eine neue Runde mit einem mir nur allzu vertrauten Thema. Wie weit darf ich mich dieser Welt mit meiner Andersartigkeit zumuten? Was ist, wenn die Irritation, die gewissermaßen zum *Getanzten Vortrag* dazugehört, in Widerstand, Abscheu umschlägt? Ich glaube, das können, dürfen wir in Kauf nehmen. Alle können jederzeit die Augen schließen, den Raum verlassen oder lauthals ihr Unbehagen äußern. Aber ich möchte nicht mehr darauf verzichten, nur weil es Menschen verschrecken könnte. Es ist genau diese Freiheit in Respekt und Achtsamkeit, nach der ich mich sehne.

Etwas leisten

Heute bildet der *Getanzte Vortrag* den Auftakt zu einer spannenden Woche: Ich bin eingeladen, drei Tage lang mit *Project Peace* zu arbeiten – einem Friedensjahr für junge Menschen. Letztes Jahr habe ich das noch allein gemacht. Dieses Jahr bat ich eine Gruppe von Contact-Tänzer*innen, mitzukommen, damit es eine Begegnung sein kann und kein Unterricht. Unser Beitrag zum Kennenlernen ist der *Getanzte Vortrag*. Von den vielen klugen Beobachtungen der jungen Leute ist mir ganz besonders diese in Erinnerung: »lebendige Haut« – noch nie wurde die Rolle des bezeugenden und beschreibenden Kreises so ausdrücklich benannt. Und schon gar nicht so treffend: Unser Tanzen findet nicht im luftleeren Raum statt. Es wird getragen und genährt von den Worten derer, die im Kreis sitzen und uns wie eine lebendige Haut umgeben. Was für ein passendes Bild.

Direkt im Anschluss komme ich mit einem Achtzehnjährigen ins Gespräch, ich nenne ihn mal Finn. »Ich bringe gern Leistung«, erzählt er, Leistungssport, gutes Abi und so weiter. »Aber hier bei *Project Peace* ist Leistung irgendwie verpönt. Und bei euch hab ich auch das Gefühl: Es kommt euch nicht darauf an, eure Sache besonders gut zu machen. Ihr macht sie einfach und das reicht euch. Mir aber nicht.«

»Das kann ich verstehen, dass das so auf dich wirkt. Und ich möchte dich wissen lassen: Ja, es ist mir schon wichtig, es gut zu machen und nicht irgendwie.«

»Aber es sieht nicht so aus, als würdet ihr euch besonders anstrengen!«

»Stimmt, darum geht es uns nicht. Wir lernen, unsere Körper so zu organisieren, dass sie mit den Kräften arbeiten können und nicht gegen sie. Und weil wir im besten Fall mit den Kräften surfen, ist es viel weniger anstrengend, als wenn wir etwas erzwingen wollten. Die Leistung liegt vielleicht eher in einer verfeinerten Wahrnehmung als in der geballten Muskelkraft.«

»Aha.« Finn scheint nicht zufrieden mit meiner Antwort.

»Und«, schicke ich hinterher, »du wirst vielleicht erleben, dass es ganz schön schweißtreibend sein kann!«

Abends tanzen wir alle gemeinsam. Er wirft sich voll und ganz hinein. Es ist ganz deutlich, er sehnt sich danach, sich so richtig zu verausgaben. Ich beobachte ihn in einem wilden Trio mit zwei unserer Tänzer*innen, die auf wirklich hohem Niveau unterwegs sind: schnell, akrobatisch, wild. Finn ist gefordert bis an seine Grenzen. Ich kann seinen Ehrgeiz sehen. Er will zeigen, dass er dieser Herausforderung gewachsen ist und ist nassgeschwitzt von Kopf bis Fuß.

Später knüpfen wir an unser Gespräch an und ich spüre eine leise Ahnung bei ihm, dass nicht immer Wettbewerb, Konkurrenz und Bewertung vorherrschen müssen, um Leistung, ja Höchstleistung zu erbringen. Ich versuche, seinen Ehrgeiz und seine Wissbegier zu ehren und schlage ihm vor, sich bei Gelegenheit mit dem → Spiral-Dynamics-Modell zu beschäftigen, um den Frust mit seiner als verpönt empfundenen Leistungsbereitschaft besser zu verstehen. Denn mir hilft dieser Hintergrund ungemein, um einordnen zu können, woran er sich stößt. Das grüne Mem dieses Feldes von Friedensbewegten hat bei allem Sinn für Gemeinschaft und Toleranz einen großen Haken: Es grenzt sich vehement von Orange ab und weist sowohl Leistung als auch Hierarchien weit von sich. Und damit schüttet Orange das Kind mit dem Bade aus, denn beide brauchen wir – eben in der richtigen Ausprägung: nicht im Kontext von Macht und Konkurrenz, sondern als Antriebskräfte. Mal sehen, ob Finn damit etwas anfangen kann.

Am nächsten Morgen kommt er mit sehr kleinen Augen zum Frühstück. Er hat die halbe Nacht gelesen, inspiriert von dieser neuen Perspektive auf sein Leistungsdilemma. Und ich darf nun über die Porridgeschüssel hinweg einen Menschen erleben, der sich aus einer tief orangenen Überzeugung zu grün hin bewegt – vielleicht bald darüber hinaus. Denn er kann bereits erkennen, dass beides für sich keinen Sinn ergibt – weder Leistung als höchstes Gut, noch ihr rigoroses Verteufeln. Finn ist dabei, einen Blick zu entwickeln, der das integriert: Wie fühlt es sich an, meine ganze Kraft und meinen ganzen Ehrgeiz für eine Sache einzusetzen – nicht, um eine Gegnerin zu besiegen oder einen Konkurrenten zu übertrumpfen? Inwiefern stellt eine hochentwickelte, über das Alltägliche weit hinausgehende Wahrnehmungsfähigkeit eine erstrebenswerte Leistung dar, der ich mich mit Ausdauer und Disziplin widmen möchte?

Ein ganzes Stadion?

Das war eine kleine Auswahl an Eindrücken von über dreißig Vorträgen, die wir inzwischen in wechselnden Konstellationen, zu den verschiedensten Anlässen und in sehr unterschiedlichen Kreisen getanzt haben. Ich freue mich auf viele weitere *Getanzte Vorträge* und bin neugierig darauf, was für Entdeckungen die Menschen, die uns als »lebendige Haut«, als wahrnehmende Hülle bezeugen, dort noch machen werden

– und wir mit ihnen. Während ich diesen Satz hinschreibe, der eigentlich der letzte dieses Kapitels sein sollte, fällt mir auf, dass er etwas langweilig ist, ein bisschen pflichtschuldig klingt. Und dass ich mich ein wenig auf die Rolle der braven Berichterstatterin zurückziehe: »So, das war's, was ich über den *Getanzten Vortrag* zu vermelden habe. Danke für deine Aufmerksamkeit und guten Abend.«

Das ist doch eines Kapitels nicht würdig, das die Überschrift *Räume öffnen. Schritte machen* trägt und das Momente beschreibt, in denen das Unmögliche als möglich erlebt wird! Wer sagt denn, dass ich nur berichten kann, was bereits geschehen ist? Warum halte ich mich zurück, meine kühnsten Träume zu teilen, die es wagen, das Ganze ein bisschen größer zu denken? All jene Ideen, die mir morgens nach dem Aufwachen kommen und die mir Lust machen, aufzustehen, um sofort loszulegen – von denen ich jedoch vermute, meine Lebenszeit wird nicht reichen, um sie alle umzusetzen? Fürchte ich, jemand könne mich darauf festnageln? »Du hast doch in deinem Buch auf Seite 291 davon erzählt! Warum, bitte schön, hast du das immer noch nicht in die Tat umgesetzt?« Darf ich nur das träumen und noch aus dem Halbschlaf in die Welt singen, das ich auch werde realisieren können? Wer hat mir denn so eine Zurückhaltung eingetrichtert? Und könnte es nicht im Gegenteil viel aussichtsreicher sein, auch das, was ich nicht in die Tat umsetzen kann, hier zu teilen, damit es andere inspirieren kann? Na klar!

Also, was kann noch alles geschehen? Wie kann das Format des *Getanzten Vortrags* sich weiterentwickeln, Kreise ziehen, jede Menge Menschen erreichen, an vielen Ecken Sinnvolles bewirken?

Ich spüre gerade, wie lebendig es mich macht, mir die Erlaubnis zu geben, frei drauflos zu spinnen. Die Zeiten, den Vortrag bescheiden und klein, zu zweit und vorwiegend innerhalb der alternativen Subkultur zu tanzen, sind vorbei. Das große gesellschaftliche Potenzial des *Getanzten Vortrags* zeigt sich wohl erst mit einer größeren Gruppe Tanzender – und vielleicht auch erst, wenn er von so vielen Menschen gemeinsam bezeugt wird, dass → Feldbildung entstehen kann: Die Leute gehen am Ende des Abends nach Hause, verteilen sich in alle Himmelsrichtungen und wissen, dass sich gerade ein Netz spannt. Ein Netz an Menschen, die sich im Bezeugen des *Getanzten Vortrags* und im eigenen Erleben mit ihrer Sehnsucht und miteinander verbunden haben – und die wissen, dass sich dadurch der Möglichkeitsraum der Beteiligten geweitet hat. Das ist etwas anderes, als allein zu Hause im

Bett morgens beim Aufwachen einer vagen Vision nachzuhängen. Visionen wollen zu diesem Zeitpunkt des Großen Wandels geteilt werden und brauchen Räume, in denen sie als machbar erlebt werden können.

Ich habe Lust, ein Team von Menschen um mich zu versammeln, möglichst divers, die neugierig darauf sind, intensiv miteinander zu erforschen, was es mit diesem öffentlich bezeugten Improvisieren auf sich haben könnte. Und dann ziehen wir ein paar Monate lang durchs Land und bespielen die verschiedensten Orte: Parks, Kulturzentren, Stadthallen, Hörsäle, Theater, Schulen, öffentliche Plätze und den einen oder anderen Rathaussaal – aber wenn die Stadträt*innen anwesend sind. Vielleicht auch mal ein ganzes Stadion?

Unter den geltenden Hygienevorschriften ist das undenkbar. Doch wir müssen nicht warten, bis es wieder erlaubt ist, sich öffentlich zu berühren. Das wäre ein Verharren in der verordneten Unmöglichkeit. Es kann auch eine Corona-taugliche Variante des *Getanzten Vortrags* geben, die genau das zum Thema macht: wie sehr uns Berührung und Kontakt fehlt.[30] Und wie sehr wir → Intimität und Begegnung brauchen, um ganz Mensch sein zu können.

Ich stelle mir einen großen, belebten – vielleicht in diesen Zeiten auch eher verwaisten – Platz vor. Wir kommen in kleinen Gruppen von verschiedenen Seiten und haben Schilder dabei, darauf könnten Sätze stehen wie: »Was ist möglich in berührungsarmen Zeiten?«, »Wonach sehnst du dich?«, »Wie können wir trotz allem Verbundenheit erleben?« Ich denke, es könnte hilfreich sein, Worte wie Corona, Abstand, Physical/Social Distancing usw. gar nicht zu verwenden. Sie sind zu Schlagworten verkommen, die an uns abperlen. Darüber hinaus ist Vereinsamung und fehlende Intimität ja lange schon ein schmerzlicher, aber als normal erachteter Mangelzustand. Wir werden also im Rahmen des Möglichen öffentlich für Kontakt und Begegnung einstehen. Deswegen sind wir heute hier. Wir haben uns verabredet und das Ganze in einem Online-Treffen vorbereitet. Und wir sind richtig viele, vielleicht hundert. Auf jeden Fall so viele, dass wir nicht verloren gehen auf diesem großen Platz. Anstatt uns zu beschweren, was die bösen Politiker*innen uns alles verbieten, wollen wir sichtbar für all das stehen, was möglich ist, worauf aber niemand kommt, weil es, um die Formulierung erneut zu bemühen, nicht in die Liste der anerkannten Freizeitbeschäftigungen passt. Mit Kreide malen wir über den Platz verteilt Kreise aufs Pflaster. Darin beginnen Menschen, die dem gleichen Haushalt angehören, miteinander zu spielen, zu tanzen, so ähnlich wie wir das beim *Getanzten Vortrag* machen. Je weniger tänzerisch und akrobatisch, je schlichter, desto besser, denn dann ist es ohne Weiteres – außer dem Anerkennen von ein wenig Scham – umsetzbar für alle, die vorbeikommen und uns sehen.

30 Sogar eine Zeitschrift wie der »Focus« titelt gerade: »Die Kraft der Berührung. Warum wir ohne Nähe und Zärtlichkeit seelisch verkümmern«, und der Fernsehsender »Arte« hat der Berührung eine Themenwoche gewidmet.

Andere stehen einfach nur in ihren markierten Kreisen und suchen Blickkontakt zu Passant*innen. Aus dem Blick könnte ein Spiel entstehen, das die Grenze des Kreises überbrückt und damit deutlich macht, dass wir auch über die Augen miteinander in Beziehung treten können. Vielleicht haben wir auch Aufsteller herumstehen mit kleinen Texten, die den Zusammenhang noch deutlicher machen. Oder mit der Anregung: Wen könntest du bitten, mit dir ein Begegnungs-Team zu bilden, um nicht zu vereinsamen?

Ich habe das schon erlebt, wie sehr ein paar Worte Brücken schlagen können, damit Menschen neugierig werden, worum es geht bei diesen Menschen, die auf einem öffentlichen Platz seltsame Dinge tun. Und jetzt fällt mir ein, dass das, was ich hier beschreibe, gar kein kühnes, verwegenes Träumen ist. Denn vor einigen Jahren haben wir unter dem Motto »Die Würde des Menschen ist anfassbar« in der Nürnberger Straße der Menschenrechte etwas ganz Ähnliches gemacht – nicht mit hundert, eher mit zwölf Leuten, aber von der Grundidee her verwandt: in einer unsinnlichen Welt sichtbar werden mit einer sinnlichen Kultur.

Zwischen kleinen Schritten und großen Visionen, innerem und äußerem Wandel

Die Frage, ob wir uns um die Weiterentwicklung der Demokratie bemühen oder lieber gleich zu ihrem Verschwinden beitragen sollten, weist auf einen ganz empfindlichen Konfliktpunkt hin, der mir innerhalb der Bewegung der Wandelwilligen häufig begegnet: Wo sollen wir anfangen? Was ist wirklich wichtig?

Wenn wir uns auch einig sein mögen, dass → Veränderung nottut, gehen doch bisweilen die Meinungen über das Wie auseinander: Von welcher Seite her können wir Veränderung am wirkungsvollsten gestalten, Menschen am besten erreichen und zu sinnvollerem Handeln bewegen? Diese Fragen setzen – beinahe stillschweigend – voraus, dass es im Prozess des → Wandels Menschen gibt, die vorausgehen und andere zum Mitgehen anregen wollen. Das möchte ich klar benennen und nicht unter den Tisch fallen lassen. Ich gehe also davon aus, dass nicht alle Menschen mit dem gleichen Grad an Bewusstsein unterwegs sind. Manche sind schon ein bisschen »weiter« als andere, haben sich schon umfassender mit dieser veränderungsbedürftigen Gesellschaft auseinandergesetzt. Erzeugt dieser Satz Widerstand in dir? Vielleicht möchtest du ihn erforschen?[1]

Ich schreibe das hier mutig hin, obwohl ich weiß, dass es innerhalb der Werte des grünen Mems – ich stelle mir vor, damit identifiziert sich ein Großteil meiner Leser*innen – Unbehagen auslösen kann. Denn Hierarchiefreiheit und Gleichheit ist für Grün ein zentrales Anliegen – als gesunde Reaktion auf die Wunden von Blau (Obrigkeitshörigkeit) und Orange (Leistungszwang). Es ist allerdings hilfreich, zwischen *Machthierarchien* und *Kompetenzhierarchien* zu unterscheiden. Wenn wir prinzipiell Führung ablehnen, verhindern wir, dass Weisheit und Erfahrung uns leitet und enthalten unsere Kompetenzen der Welt vor, die ihrer so dringend bedarf. An dieser Stelle möchte ich dem bereits erwähnten Denkerteam Hanzi Freinacht[2] erneut meinen Dank aussprechen. In den Schritt des Anerkennens von Bewusstseinshierarchien weben sie Demut ein. Die Fähigkeit, eine erweiterte Perspektive einzunehmen, betrachten sie als → Privileg, nicht als persönlichen Verdienst, dessen wir uns mit stolzgeschwellter Brust rühmen können. Dieses Privileg bringt eine Verantwortung mit sich. Es wird notwendig sein, dass wir unsere Angst

1 Die Menschen, mit denen ich zusammenlebe, haben sich auf ein interessantes Experiment geeinigt. Wir nennen es Widerstandsforschung. Wir haben vereinbart – oder es hat sich vielmehr ergeben –, dass wir es uns mit Abneigung, mit Geschmack und Meinungen nicht allzu leicht machen wollen. Es zählt nicht mehr, einfach nur zu sagen: »Nein, da habe ich einen Widerstand, das will ich nicht. Ich bin dagegen.« Das bedeutet nicht, den Widerstand nicht ernstzunehmen (»Stell dich nicht so an!«), sondern ihn zu untersuchen: Wir schieben es nicht weg, sondern tauchen hinein und entdecken dabei oft, woher unsere Absolutheitsansprüche oder Schutzmechanismen rühren. Situationen mit hohem Konfliktpotenzial werden so zu gemeinsamen Reisen des Verstehens, wie vielschichtig die Perspektiven sein können.

2 *The Hitchhikers Guide to Hierarchy* (»Per Anhalter durch die Welt der Hierarchie«) in »The Listening Society«, S. 159.

vor Führung überwinden und mit unserer Kompetenz mutig und weise im Wandel dienen.

Wie stellen wir uns also gemeinsam der Weiterentwicklung des Menschseins auf großzügige und demütige Weise zur Verfügung? Wollen wir uns den kleinen, gangbaren Schritten zuwenden, die wir heute erkennen können, und dabei unter Umständen vor lauter Geschäftigkeit die übergeordnete Vision aus den Augen verlieren? Oder kann Wandel nur gelingen, wenn wir →radikal unseren Utopien treu bleiben und keinerlei Kompromisse eingehen – was letzten Endes dazu führen kann, das Wünschenswerte zwar spürbar in unseren Herzen und Gedanken zu tragen, aber nicht ins Handeln zu kommen? Geht es um Haltung oder um Taten, um *inneren* oder *äußeren* Wandel?

Die jungen Aktivist*innen im Hambacher oder Dannenberger Forst werfen den älteren Generationen häufig vor, sich feige aufs Meditationskissen zurückgezogen zu haben, während die Alten entgegnen, mit →Gewalt sei nichts zu lösen, sie seien des Demonstrierens müde oder Wandel finde ohnehin im Innen statt, sei ausschließlich eine Frage der Haltung.[3] Meditieren oder vor den Bagger legen? Beten oder an den Baum ketten? Da du nun schon einige dieser Zwischenraum-Kapitel gelesen hast, ist dir der Grundtenor bereits vertraut und du denkst dir: Beides, wird sie nun wieder sagen. Ja, beides, sage ich. Ja, wir können meditieren und uns gleichzeitig an einer Protestaktion gegen ausbeuterische Machenschaften beteiligen – wir können also aus einer tiefen Verbundenheit heraus »Nein!« sagen. Dann liegt dem Ganzen eine andere Haltung zugrunde als Hass auf ein gewaltsames System. Wir sind bemüht, die Spirale der Gewalt nicht fortzusetzen, sondern sind mit weichem Herzen unterwegs. Wieder landen wir bei dieser ganz besonderen Fähigkeit, verbindende Grenzen zu setzen – also etwas abzulehnen, ohne es zu verurteilen –, zu der wir kommen, wenn wir im Erdgeschoss der Aktivierungskurve zu Hause sind. Die Aktivistin Julia Butterfly Hill, die über zwei Jahre lang einen tausendjährigen Mammutbaum besetzte und auf diese Weise vor der Rodung bewahrte, beschreibt ihre Zeit auf der Plattform in der Baumkrone – auch – als Gebet.[4] Das geht sehr gut

3 Solch ein Aufeinanderprallen erlebte ich im Mai 2019 beim Symposium *Rebell*innen des Friedens*. Dort weichten die Fronten im Dialog sehr schnell auf. Die Alten sprachen den Jungen ihre überfällige Dankbarkeit für ihren Mut und ihre Beharrlichkeit in den Baumhausdörfern aus, und eine fruchtbare Kooperation wurde geschmiedet: nämlich das Angebot, dass die Jüngeren bei den Älteren sichere Häfen zum Ausruhen und Regenerieren finden können. Viele der im *Global Ecovillage Network* (GEN) organisierten Ökodörfer, Kommunen und Kleingemeinschaften boten an, ausgebrannten Aktivist*innen Unterschlupf und Begleitung zu bieten, um ihre Erfahrungen mit Polizeigewalt, Konfrontation und Räumung zu verdauen und sich davon zu erholen. Das Projekt heißt *Zähneputzen*: Diejenigen, die den Mächtigen die Zähne zeigen, brauchen die Möglichkeit zur Zahnpflege. https://aktivisti-retreat.org

4 Julia Butterfly Hill (im Interview mit Geseko v. Lüpke): *Dem inneren Impuls folgen*. In: »Politik des Herzens« von Geseko v. Lüpke, S. 313.

beides, und seit ein paar Jahren gibt es ein Wort dafür: *Sacred Activism*, heiliger Aktivismus.[5]

Kniffliger wird es bei einem Streit, wie er etwa zwischen Realos und Fundis bei den Grünen ausgetragen wird. Soll die Partei eigenen Werten, Prinzipien und Visionen standhaft treu bleiben und dadurch eine politische Randerscheinung bleiben, die allenfalls aus der Opposition heraus agieren kann? Oder lieber – mitunter schmerzhafte – Kompromisse machen, um breit wählbar und damit regierungsfähig, also wirksam zu sein? Es sieht wie eine Entweder-oder-Geschichte aus. Um das Dilemma sichtbar zu machen, möchte ich auf das bereits vertraute Bild 1b im Beiheft zurückgreifen – die Farbwahl ist kein Zufall, das wird durch meine Ausführungen zum → integralen Denken wahrscheinlich deutlich. Die Strukturen unserer gegenwärtigen Institutionen basieren auf einem Wertesystem, das stark von Orange (Leistung und Konkurrenz) geprägt ist, mit vielen Überbleibseln aus Blau (Hierarchien, Normen, Standards) und Rot (Dominanz), die wir der Einfachheit halber in der bildlichen Darstellung vernachlässigen. Der türkise Bereich stellt die andere Welt dar, eine nächste Kultur, eine zukunftsfähigere, ganzheitlich ausgerichtete Gesellschaft – dass das alles stark vereinfachend ist, erwähnte ich bereits. Die Realos oder Macher*innen sehen ihr Wirkungsfeld dort, wo der Kringel in Graphik 1f zu sehen ist. Sie wollen konkrete Maßnahmen ergreifen und sie erkennen, dass wir das nur da tun können, wo wir gerade sind. Daher lassen sie ihren einen Fuß in Orange stehen, als festes Standbein und vielleicht auch, um in Verbindung zu bleiben mit der Mehrheit der Menschen – um nicht abzuheben, den Boden nicht zu verlieren. Mit dem anderen Fuß tasten sie sich allmählich, aber beharrlich in etwas Neues vor, in das noch nicht Erprobte, das zu Entwickelnde, zu Entdeckende. Sie entwerfen machbare Konzepte, die zwar noch sehr weit von unserem höchsten Potenzial entfernt sind, dafür aber den unschlagbaren Vorteil haben, heute umsetzbar zu sein: mit den Menschen, die jetzt die Erde bevölkern – wenn auch vielleicht nur mit jenem Teil von ihnen, der bereit und in der Lage ist, etwas zu verändern. Das Spiral-Dynamics-Modell kann den Akteur*innen helfen, zu erkennen, wie weit sie sich vorwagen können, wie umfassend die Veränderung sein darf, um Menschen – sich selbst möglicherweise eingeschlossen – entsprechend dort abzuholen, wo sie sich befinden und niemanden zu überfordern.

Die Bürger*innenräte sind solch ein Beispiel. Sie stellen die parlamentarische Demokratie nicht infrage, nehmen sie erst einmal als gegeben hin und versuchen, Partizipation in dieses Staatsmodell hineinzuweben – denn das stellt nun einmal den Ist-Zustand dar. Dabei schaffen sie Strukturen, die ein Miteinander als echte Alternative zur Konkurrenz erlebbar machen: Es ist real möglich, miteinander zu reden statt gegeneinander zu argumentieren. Ebenso funktioniert die *Gemein-*

5 Mehr dazu in Kapitel 7, in dem ich von *Standing with the Earth* berichte, einer Praxis, die ich dem heiligen Aktivismus zuordnen würde.

wohlökonomie (GWÖ)[6] die auf die Initiative des Ökonomen Christian Felber zurückgeht. Er tritt an, die bestehende Marktwirtschaft um ethische Prinzipien zu bereichern und regt dadurch eine beachtliche Veränderung an – allerdings innerhalb der Grenzen von Tauschlogik[7] und anderer Grundsätze betriebswirtschaftlichen Denkens. Er bringt grüne Werte in eine blau-orangene Struktur, indem er ein Werkzeug anbietet: die Gemeinwohlbilanz für Unternehmen. Diese beiden Impulse – Bürgerrat und GWÖ – werden wirklich umgesetzt, als Pilotprojekte noch, aber immerhin. Die Initiator*innen haben einfach mal für möglich gehalten, dass man das einführen kann, und warten nicht auf irgendwann, wenn es nicht so viel Widerstand geben wird. Sie bieten neue Strukturen an, die, wie sie vermuten, einen Wertewandel einläuten können. Beide Projekte öffnen erfrischend neue Perspektiven, ohne gleich das ganze System sprengen zu wollen. Gemeinwohl und nicht Profit als oberste Maxime des Wirtschaftens? Sehr, sehr neu! Irgendwelche zufällig ausgelosten und nicht speziell dafür qualifizierten Bürger*innen als Beratende für das Parlament? Sehr, sehr neu!

Und trotzdem gibt es für diese und ähnliche Initiativen auch Gegenwind. Und zwar nicht nur aus den Reihen der Ewiggestrigen, der Reformblockierer*innen – also nicht nur aus dem tiefsten Blau-Orange heraus, das um seine Pfründe fürchtet. Nein, auch von der anderen Seite schimpft es herüber. Es rufen die Fundis, die Visionär*innen. Der Vorwurf lautet: nicht radikal genug, nicht weitreichend genug, zu tief im bestehenden System verhaftet. Das scheint absurd – handelt es sich bei diesen Konzepten doch um *Leading Edge*, um das Aller-Innovativste, was in den jeweiligen Gebieten momentan real erprobt wird! Und ich kann die Kritik verstehen. Warum? Aus welcher Perspektive kommt sie? Aus der Visionsecke, wie in Graphik 1g deutlich wird.

Menschen, die von hier aus Veränderungsprozesse betrachten, geht es nicht zuallererst um konkrete Maßnahmen, sondern um die zugrundeliegende Haltung. Sie verweigern sich – man kann es konsequent nennen oder auch radikal – dem geltenden Paradigma und seinen Strukturen und Institutionen. Sie haben in diesem → Narrativ gedanklich schon lange keinen Fuß mehr stehen. Es reicht ihnen, im alltäglichen Leben andauernd damit konfrontiert zu sein, und – falls sie nicht vollkommen ausgestiegen sind – ein Spiel mitspielen zu müssen, das sie vom Prinzip her zutiefst schmerzt. Sie wollen sich nicht an der Verbesserung eines Systems beteiligen, das es ihrer Meinung nach zu überwinden gilt – sie wollen transformieren statt

6 https://web.ecogood.org

7 Mehr dazu zum Beispiel in Büchern von Friederike Habermann: »Ausgetauscht. Warum gutes Leben für alle tauschlogikfrei sein muss«, oder auch: »Ecommony. Care zum Miteinander«.

nachbessern.[8] Was genau kritisieren sie an Projekten wie den genannten? Sie stoßen sich an der Logik, die ihnen zugrundeliegt, ja zugrundeliegen muss, damit sie anschlussfähig an Blau-Orange sein können, also an die Mehrheit der Menschen, die jetzt leben. Der »Bürgerräte-Hype« sei ein Kuschelkurs mit der Parteipolitik, »in dessen Schatten echte direktdemokratische Reformen, ein bundesweiter Volksentscheid beispielsweise, ausgebremst werden.«[9] An der Gemeinwohlökonomie stört mich persönlich, dass sie auf dem Belohnungsprinzip basiert: Ethisches Handeln soll per Steuererleichterung belohnt werden, ausschließlich profitorientiertes dadurch indirekt bestraft. Und zwar nach Maßstäben, die eine höhere Instanz festlegt. Woran erinnert mich das? Das ist Blau. Einst wichtig, um Willkürherrschaft zu beenden, aber weit von unserem Potenzial als Menschen entfernt. Wer hat die Macht, festzulegen, was ethisch ist und was nicht, was bestraft und was belohnt wird? Kann eine Gemeinwohlbilanz jemals gerecht sein, indem sie Faktoren wie Gleichstellung, innerbetriebliche Demokratie und CO2-Bilanz in einen Topf wirft, um eine Zahl zu generieren, die dann aussagt, ob der Betrieb »gut« ist? Und wie viel Auditing und Kontrolle wird das in der Umsetzung nach sich ziehen? Was für ein Menschenbild wollen wir den Strukturen zugrunde legen, durch die wir unser Zusammenleben organisieren? Zuckerbrot und Peitsche? Sind wir nur mit finanziellem Anreiz zu ethischem Handeln zu bewegen? Innerhalb des geltenden Narrativs ja. Und da uns so schnell kein anderes zur Verfügung steht, ist der Weg, der momentan gangbar, der Hebel, der einzig wirksam scheint: Belohnung. Puh. Und klar: Besser als weitermachen wie bisher, besser ein winziger Schritt, als eine ausbeuterische Wirtschaftsordnung für alternativlos zu erklären. Von Orange aus betrachtet ist die GWÖ ein gigantischer Fortschritt, von türkis aus ein kläglicher Kompromiss. Beides. Es kommt auf die Perspektive an. Und alle, denen das nicht weit genug geht, kommen nicht umhin, sich ernsthaft die Frage zu stellen, welche sichtbare Veränderung ihre Strategie denn zu bieten hätte. Wir können es nicht wissen. Ich, ebenfalls eher aus der kompromisslosen Ecke kommend, kann nur Geschichten erzählen von Menschen, deren Weltbild Risse bekam, indem ich sie in einen visionären Raum einlud – zum Beispiel durch den *Getanzten Vortrag*. Und ich möchte mich davor hüten, die eine Herangehensweise gegen die andere auszuspielen und ihre jeweilige Wirksamkeit über messbare Erfolge vergleichen zu wollen.

8 Das möchte ich an dieser Stelle deutlich unterscheiden: Was ich unter der Überschrift *Transformieren statt reparieren* (S. 223) beschreibe, war etwas anderes als das Systemverbessern, das von Bürger*innenräten und Gemeinwohlökonomie ausgeht. Was ich dort kritisiere, sind Menschen, die Nischen suchen, um sich von einem System auszuruhen, das sie kaputtmacht – ohne etwas am System verändern zu wollen. Im Gegenteil: Sie verlängern das Elend, weil sie sich fit machen, um weiter zu funktionieren.

9 Lenz Jacobsen: *Politik kann doch jeder* in der »Zeit« vom 3. Januar 2021: https://www.zeit.de/politik/deutschland/2020-12/buergerrat-demokratie-politik-wahlsystem-auslosung

Ich habe tatsächlich einmal solch einem erbitterten Streitgespräch beigewohnt, unwichtig, Ort und Namen zu nennen. Es war eine öffentliche Podiumsdiskussion, zu der schätzungsweise 150 Menschen gekommen waren, um etwas über Alternativen zum derzeitigen Wirtschaftsmodell zu erfahren. Und da saßen zwei Männer auf dem Podium und machten einander ihre Ansätze schlecht, die beide auf ihre Weise intelligent, richtig und wichtig waren. Der eine radikaler, kompromissloser, visionärer. Der andere konnte mit mehr konkreten, umsetzbaren Vorschlägen aufwarten. Und sie verbrachten einen Großteil des Abends damit, einander darzulegen, welche Schwächen der jeweils andere Ansatz aufwies. Das Publikum blieb verstört und entmutigt zurück. Ich nehme an, die Quintessenz, mit der sie nach Hause gingen lautete: »Es geht halt doch nicht anders, es ist zu kompliziert. Wir bleiben beim Alten, da wissen wir, wo wir dran sind.« Weil die beiden ihren jeweiligen Blickwinkel nicht verlassen konnten, erreichten sie das Gegenteil von dem, was ihnen sicher beiden am Herzen lag: Menschen zu ermutigen, dass Veränderung möglich ist. Damit möchte ich nicht zu schalen Kompromissen aufrufen, um bloß niemanden zu verwirren. Ich möchte nicht, dass wir beflissentlich und um des lieben Friedens willen das Mäntelchen von Harmonie und Vereinfachung über die Komplexität der Dinge legen. Doch wir können aus der Gewohnheit des Kampfes und der Diskussion[10] aussteigen. Wir können vom Streiten zum Beschreiben kommen: »Ich stehe gerade hier und von hier aus ergibt sich dieses Bild. Ich erkenne an, was ich von hier aus nicht überblicken kann und bin neugierig auf deine Perspektive.« Auch vor Publikum können wir uns damit zeigen, dass wir es bei aller Kompetenz einfach nicht abschließend wissen. Wir tasten, wir fragen, wir erhaschen Erkenntnis, die immer vorübergehend ist und immer neue Fragen aufwirft. Und das anzuerkennen macht die Qualität, nicht die Schwäche unserer Position aus.

Wie kann so viel Nichtwissen Menschen Orientierung in diesen Wandelprozessen anbieten? Welche Art von Führung braucht der Wandel? Eine multiperspektivische. Es ist wichtig, dass wir lernen, einander als Bereicherung wahrzunehmen, auch wenn Impulse aus einer ganz ungewohnten Richtung kommen und unseren eigenen zu widersprechen scheinen. Die Geschichte der Getrenntheit zu überwinden bedeutet hier: → Zuhören. Interessiert sein. Was ist dein Anliegen, deine Herangehensweise, dein Antrieb, deine Ausrichtung? Welche Weisheit steckt darin, die meine Perspektive außer acht lässt, nur um in sich logisch sein zu können? Das Vier-Quadranten-Modell (Graphik 5) kann hier den Blick schärfen, für Beruhigung in erhitzten Diskussionen sorgen und eine umfassende Perspektive ermöglichen. Jeder der Quadranten kann auf seine ganz eigene Weise Veränderungsimpulse generieren. Eine ganzheitliche

10 Um eine andere Kultur des Miteinander-Sprechens geht es im Kapitel *Eine Sprache finden*. Auf S. 432 erläutere ich die Bedeutung des Wortes *Diskussion*.

Sicht berücksichtigt und würdigt die Perspektive aller Quadranten, auch dann, wenn wir selbst an einer ganz anderen Stelle den Hebel ansetzen würden, weil uns diese Herangehensweise am meisten liegt. Und niemand von uns kann voraussagen, auf welche Weise unsere Impulse Wirkung zeigen werden.

Angenommen, wir stoßen bei einer Person eine Haltungsänderung an (Quadrant links oben), dann muss sich das noch lange nicht auf deren Handeln auswirken. Wir Menschen sind zu erstaunlich viel Widersprüchlichkeit fähig – der Barmherzige Samariter lässt grüßen. Oder wir führen auf der Strukturebene etwas wie die GWÖ ein (rechts unten) und beeinflussen Handlungsmuster von Menschen. Wir hoffen, das möge sich langfristig auch auf ihre Haltung auswirken – wir können allerdings nicht davon ausgehen, dass das eintreten wird. Die Belohnung im Fall einer verpflichtend eingeführten Gemeinwohlbilanz wäre der Anreiz für Betriebe, sich überhaupt damit auseinanderzusetzen, wie unethisch unsere bisherige Wirtschaftsordnung ist (links unten). Das klingt sinnvoll. Es kann aber auch hier sein, dass die betreffenden Menschen es weiterhin vorziehen werden, sich von anderen vorbeten zu lassen, was ethisch korrekt ist und was nicht, anstatt ein eigenes Gefühl für Stimmigkeit zu entwickeln. Haben wir es dann mit einer Haltungsänderung zu tun? Braucht es eher Räume, in denen Menschen lernen, sich auf ihre eigene Wahrnehmung für Stimmigkeit zu verlassen, um endlich dieser Obrigkeitshörigkeit zu entwachsen? Und werden sie dann automatisch aus freien Stücken ethischer wirtschaften wollen? In der Geschichte *Angst* (S. 282) habe ich beschrieben, wie sich die Zuschauer*innen beim *Getanzten Vortrag* ihrer eigenen Vorbehalte und Hindernisse bewusst wurden (links oben), sich auf ein vertrauensvolleres Geben und Nehmen einzulassen. Das klang nach einer umfassenden Weitung ihres Bewusstseins – und welche Verhaltensänderung (rechts oben) wird das nach sich ziehen? Ich weiß es nicht. Wir können Henne und Ei nicht voneinander lösen. Indem wir in Transparenz dafür einstehen, das lineare Prinzip von Ursache und Wirkung zu verlassen, ermutigen wir vielleicht auch andere, die komplexen Zusammenhänge zwischen ihrer Haltung und ihrem Handeln zu beobachten. Darum erübrigt sich höchstwahrscheinlich auch die Frage, wo wir anfangen sollen: Erst Haltungsänderung, dann Strukturen schaffen, die dazu passen, oder andersherum? Es braucht das alles nicht nacheinander, sondern gleichzeitig. An allen Ecken und Enden und von allen Blickwinkeln aus. Oder mit den Worten der weisen Joanna Macy: »Wir müssen einerseits so etwas sein wie ›Sterbebegleiter‹ für die alte Kultur und andererseits Hebammen für die neue Kultur. Beides muss zur gleichen Zeit geschehen. Das war zu allen Zeiten des kulturellen Wandels in unserer Evolution so. Auch politische Arbeit und die Entwicklung unseres Bewusstseins sind Faktoren, die voneinander abhängen. Auch da lässt sich nicht sagen, mach erst dies und dann das. Wir müssen alles zugleich tun. Denn wenn wir unsere Wahrnehmung und unser Denken verändern, werden wir politisch effektiver. Und wenn wir politisch etwas riskieren, dann ändert sich auch unsere Wahrnehmung.«[11]

Was ich sicher sagen kann: Es ist nicht hilfreich, wenn Menschen, denen der Wandel am Herzen liegt, ihre unterschiedlichen Herangehensweisen gegeneinander richten – anstatt dankbar alle Puzzlestücke zusammenzufügen und die Lücken der einen Perspektive mit den Schätzen der anderen zu füllen. Das Wahre ist meist nicht das einzig Wahre. Oder vielmehr: Die kleinen Wahrheiten können widersprüchlich erscheinen und doch in einer großen Wahrheit aufgehen. Vivian Dittmar formuliert es so: »Wir erkennen diese Wahrheit daran, dass mit ihr Frieden einkehrt – in uns und in unserem Umgang mit Widrigkeiten.«[12] Wir haben alle so viel beizutragen. Ich möchte mich nicht länger für meinen Beitrag rechtfertigen müssen, möchte nicht hören, er sei weltfremd. Möchte aufhören zu vergleichen, ob er so wirksam ist wie andere Wandelbemühungen. Und ich möchte auch nicht mehr wettern gegen jene, die weniger radikale Wege einschlagen. Ich bin sehr froh, dass es Menschen gibt, die die Geduld aufbringen, Konzepte auszutüfteln, Rechtsformen zu finden, Vereinbarungen zu formulieren – alles Tätigkeiten, die mir nicht so sehr liegen.

Indem wir das beherzigen, erkennen die Macher*innen an, dass sie die Unbedingtheit der Visionär*innen brauchen, um die grobe Richtung nicht aus den Augen zu verlieren. Und die Visionär*innen sind froh, dass es Menschen gibt, die den Mut aufbringen, konkrete Schritte zu gehen, und seien sie noch so klein und voller Kompromisse. Wenn wir auch an diese Stelle aus der Geschichte der Getrenntheit heraustreten, dann singt jeder kleine Beitrag das Lied von der großen Vision. Und die Vision ruft beherzt nach dem Konkreten. Das Große ist im Kleinen enthalten, das scheinbar Unmögliche im Möglichen. Bild 1h versucht das zu illustrieren.

Auch hier möchte ich die zweite Auflage nutzen, um etwas zu ergänzen: Menschen brauchen unterschiedliche Voraussetzungen, um sich zu engagieren. Manche sehen einen Missstand, einen Bedarf, und nehmen sich seiner an: einen Waldkindergarten, eine freie Schule oder eine solidarische Landwirtschaft gründen, die Rodung eines Waldes verhindern, die örtliche Stromversorgung in genossenschaftliche Hände nehmen, ein Unterstützungsnetzwerk für Geflüchtete auf die Beine stellen, Bäume pflanzen. Sie setzen sich ein Ziel und richten ihr Handeln darauf aus. »Nicht jammern – tun!« Vielleicht ist ihnen das Anpacken deshalb möglich, weil sie sich in ihrem Leben bereits als wirkmächtig erlebt haben. Andere haben eine so tiefe Ohnmachts- oder Bevormundungserfahrung in ihrem biographischen Gepäck, dass sie gar nicht sehen, wo sie anfangen könnten, obwohl sie sich danach sehnen beizu-

11 Joanna Macy (im Interview mit Geseko v. Lüpke): *Die Welt als Geliebte.* In: »Politik des Herzens« von Geseko v. Lüpke, S. 104.

12 Vivian Dittmar: *Kooperation mit Widrigkeiten*, in: »evolve« Nr 26/2021, S. 16.

tragen: »Ich kann nichts tun, das ist alles zu komplex, zu grundlegend falsch.« Die vorhandenen Strukturen scheinen sie zu erschlagen. Ich spreche häufig mit Menschen, die erzählen, wie viele Versuche sie unternommen haben, sich zivilgesellschaftlich zu engagieren – und wie sie irgendwann frustriert aufgaben, weil sie mit der Organisationsform, der Kommunikationskultur oder den Hierarchien der jeweiligen Initiative nicht klarkamen. Ja, das passiert. Es ist kaum möglich, dass jede Gruppe, jede Einzelperson, die sich für eine »gute Sache« engagiert, all die ankonditionierte Ungerechtigkeit, all das fehlende Privilegbewusstein, all den Sexismus unserer Kultur bereits überwunden hat. Manche von uns können »für den guten Zweck« großzügig über Unstimmiges hinwegsehen, andere nicht. Beides hat seine Vor- und Nachteile. Das Problem ist, dass letztere leicht untergehen und resignieren. Sie sehnen sich nach Veränderung von Grund auf. Sie sind empfindsam für alle Erscheinungsformen von Gewalt und Getrenntheit und fühlen sich erst in der Lage, wirklich von Herzen beizutragen, wenn sie sich gesehen fühlen in ihrem grundlegenden Verzweifeln an diesem System. Sie wünschen sich, dass alle, die mit ihnen arbeiten, erkennen, dass wir das Narrativ, das wir überwinden wollen, tief verinnerlicht haben und es ständig reproduzieren. Konkret: Sie ertragen es nicht, bei der Essensausgabe für Geflüchtete mitzumachen, wo Menschen würdelos und von oben herab behandelt werden, wo unsensible Witze gerissen werden, Männer das Sagen haben und Frauen die Fürsorge-Arbeit leisten, wo Plastikbesteck benutzt wird und alle Helfenden ganz selbstverständlich mit dem Auto gekommen sind. »Stell dich nicht so an!« ist keine angemessene Antwort auf solcherlei Unbehagen. Initiativen des sozial-ökologischen Wandels brauchen auch und ganz besonders diese unpraktische, auf den ersten Blick bremsende Perspektive. Wirkliche Veränderung kann geschehen, wenn Schmerz und Tatkraft gleichermaßen Würdigung erfahren. Die Weisheit der leisen Stimmen ist mindestens ebenso vonnöten wie die Perspektive der Anpackenden. Wenn das selbstverständlich geworden ist, dann haben wir schon ein wesentliches Stück inneren Wandels vollzogen.

Es macht mich froh, mit meinen Texten offensichtlich einige jener Menschen ermutigen zu können, die bislang keinen guten Platz für ihr Engagement finden konnten, weil ihnen die Basis fehlte. Nun packen sie das Buch, seine Inhalte und sein Netzwerk beim Schopfe, um ähnlich Empfindenden zu begegnen. Sie tun sich zu Lesekreisen zusammen, teilen ihren Schmerz, geben sich gegenseitig Halt und Trost und werden aus diesem sicheren Raum heraus tätig – zum Beispiel, um gemeinsam ein regelmäßiges öffentliches »Stehen mit der Erde« (siehe Kapitel 7) in ihrer Stadt zu organisieren.

Ja, bitte nutzt die Vernetzungswerkzeuge, die wir genau dafür auf der Buch-Website eingerichtet haben!

6 WAHRNEHMEN

Nun habe ich bereits einige Seiten gefüllt mit dem Versuch, darzulegen, wie uns das Wahrnehmen, das Spüren abhanden gekommen ist, wie wir Stück für Stück eine Zivilisation erschaffen haben und aufrecht erhalten, die uns das Wahrnehmen austreibt und uns Taubheit als Normalzustand unterjubelt – nicht boshaft, sondern aus Angst, Unsicherheit und Unvermögen. Und weil wir den Verstand zum Sicherheitszentrum erkoren haben. Schon zu Beginn habe ich eine Beziehung hergestellt zwischen dem Verlust einer feinen und differenzierten Wahrnehmung und den Krisen unserer Zeit. Ich bin bisher allerdings noch nicht umfassend darauf eingegangen, was Wahrnehmung eigentlich ist – oder sein könnte, wenn wir den ganzen komplexen Vorgang wirklich vollziehen und nicht verflachen oder auf einen simplen Reiz-Reaktions-Mechanismus reduzieren. In diesem Kapitel versuche ich also nachzuholen, was bisher fehlt: eine Annäherung an den vielschichtigen und komplexen Prozess des Wahrnehmens.

Was würde den Namen *Wahrnehmen* wirklich verdienen? Was für einen Vorgang oder Zustand, was für eine Fähigkeit verstehe ich darunter? Ich möchte dabei assoziativ und spielerisch vorgehen, nicht eine wasserdichte, allgemein gültige Definition erstellen. Vielleicht hast du – wieder einmal – Lust, zuerst selbst in all diese Fragen einzutauchen, bevor du mich auf meiner Erkundungsreise begleitest. Hier ist ein bisschen Raum dafür.

Wahr-Nehmen Wenn ich das Wort *Wahrnehmen* beim Wort nehme: Was sagt es aus? Wahrnehmen. Wahr nehmen. Für wahr nehmen. Wenn ich etwas wahrnehme, erachte ich es als wirklich, erkenne es an als ein Phänomen, das existiert, als etwas, das ich als wahr erlebe, als Wahrheit[1]. Ich sage zu etwas: »Du bist vorhanden.« Ich würdige das Wahrgenommene als Teil meiner Realität, indem ich mich ihm mit meinen Sinnesorganen und meiner Aufmerksamkeit zuwende. Halte ich mir die Nase zu oder verstopfe meine Ohren, dann möchte ich Gerüche oder Geräusche aus dem Bereich ausklammern, der in diesem Moment meine Welt, meine Wahrheit ausmachen soll – meine Wahrheit, die ich mir auch selber schaffe, wie hier deutlich wird.

Worauf weist nun der zweite Wortteil hin, das *Nehmen* im *Wahrnehmen*? Wenn ich mir etwas nehme, dann greife ich danach, fasse es und hole es zu mir. Ich eigne es mir an.[2] Ich nehme also einen Sinneseindruck zu mir, nehme ihn an, hin, in mich auf. *Nehmen* ist ein aktiver Vorgang. Das scheint mir wesentlich und erinnert mich – die ich mich häufig von Reizen überflutet fühle – daran, dass ich eben nicht ohnmächtig ausgeliefert bin. Auch im Wort *nehmen* wird das Aussortieren deutlich, ich habe an vielen Stellen die Wahl: Dies nehme ich und jenes nicht. Ich kann nicht alles nehmen, was da ist. Ich muss es nicht und wahrscheinlich möchte ich es auch nicht. Es geht nicht anders als auszuwählen – entscheidend ist, wie bewusst das geschieht. Mache ich mich taub und schneide mich ab, oder lenke ich den Fokus gezielt und bin an einem bestimmten Punkt ganz besonders anwesend? Ersteres geschieht reflexhaft und aus der – vermeintlichen – Not heraus, letzteres in Freiheit. Das sind die Fragen, die mich durch dieses Kapitel leiten: Wie bewusst kann das Wahrnehmen und alles, was den Vorgang beeinflusst, geschehen? Wodurch zeichnet sich ein Handeln aus, das auf einem so bewussten Wahrnehmen beruht? Und wie sähe eine Welt aus, in der all das mehr Bedeutung hätte? Eine Welt, in der Michael und alle anderen Schüler*innen nicht gesagt bekommen: So ist das mit den Gletschern,

1 Allein das Wort *Wahrheit* versetzt viele von uns in Aufregung. Wir erleben ständig, wie Informationen und Daten verdreht und missbraucht werden. Und wie Bilder – einst scheinbar handfeste Beweismittel – in jede beliebige Richtung manipuliert werden. Können und dürfen wir überhaupt noch von *Wahrheit* sprechen? Ein Misstrauen hat sich eingeschlichen.

2 Auch *nehmen* ist als Wort natürlich nicht neutral, *aneignen* erst recht nicht. Unsere Kultur baut in wesentlichen Teilen darauf auf, dass Menschen sich etwas *genommen* haben, unrechtmäßig angeeignet. *Nehmen* ist meinem Empfinden nach sehr stark verknüpft mit Gier und Unersättlichkeit: Ich nehme dir etwas weg – mit dem Ergebnis, dass ich dann mehr habe als du oder dass dir etwas fehlt, was du eigentlich brauchst. Es kommen mir sofort → Privilegien in den Sinn, also Machtgefälle und Ungleichheiten. Jemand nimmt sich das Recht heraus, nimmt sich selbstverständlich etwas, zu dem andere keinen Zugang haben. Es kann hilfreich sein, all das einen Augenblick lang abzustreifen und das *Nehmen* hier als rein räumlichen Vorgang zu betrachten: Ich bewege etwas zu mir hin.

den Eiszeiten und den Endmoränen. Eine Welt, die fragt: Was hörst du, was siehst, schmeckst, riechst, spürst du – und wie fühlst du dich? Wie nimmst du genau jetzt deinen Körper wahr, der diese Sinneseindrücke empfängt? Eine Welt, die Interesse daran zeigt, auf welche Weise sie sich in dir abbildet.

In beiden Wortteilen, *wahr* und *nehmen*, ist der Hinweis enthalten, wie subjektiv Wahrheit ist. Ich nehme etwas wahr, weil ich mich ihm zuwende, ihm Zeit und Aufmerksamkeit widme, es in meine Welt hole – die geprägt ist von einem →Narrativ, das diesen Vorgang des Auswählens stark beeinflusst. Dieses Auswählen ist nur einer von vielen Schritten, die das Wahrnehmen zu einer sehr subjektiven Angelegenheit machen. Von der Vorstellung, es könne eine ganz objektive Wahrnehmung geben, können wir uns getrost verabschieden. Und das ist gut so. Ich bin eben als genau die, die ich (geworden) bin, daran beteiligt, dass mir die Welt so erscheint wie sie mir erscheint. Das ist auch ein Grund, warum ich dieses Buch aus einer persönlichen Perspektive schreibe. Ich habe den Eindruck, die Welt braucht nicht noch mehr Verallgemeinerungen und vermeintlich objektive Theorien. Ich möchte teilen, wie sich mir die Welt darstellt und behutsam Schlüsse daraus ziehen.

Ein wesentlicher Lernschritt unserer Zeit könnte sein, dass uns allen dieses Subjektive bewusst wird. Das kann zweierlei Auswirkungen haben: Wir begreifen, wie sehr es unseren ganz eigenen Beitrag braucht – und nicht ein weiteres Abziehbild des zur Norm Erklärten. Und: Wir halten nicht alles, was wir wahrnehmen, für allgemeingültig. Ich habe eine Gruppe von Menschen kennen- und schätzen gelernt, die diese Erkenntnis bewusst in die Art und Weise einfließen lassen, wie sie sprechen. Sie sagen: »In meiner Welt ist das so …« oder »Ich erzähle mir die Geschichte, dass …« Dieses bewusste Benennen des eigenen Blickwinkels, der eigenen Perspektive finde ich wunderbar präzise. Und irgendwann werden wir derlei Vorbemerkungen auch wieder weglassen können, weil wir alle verinnerlicht haben: Was du sagst, zeugt von deiner Perspektive und deiner Auswahl. Doch noch ist unsere Art zu kommunizieren im Allgemeinen weit von diesem Bewusstsein entfernt: Wir lassen gern unsere jeweiligen vermeintlich absoluten Wahrheiten aufeinanderprallen und wundern uns, warum sie häufig so schlecht zusammenpassen – wo ich doch ganz sicher bin, dass ich recht habe, weil es ganz bestimmt genau so gewesen ist, wie ich es sage! Wir dürfen lernen, dass unsere unterschiedlichen Wahrheiten sich auf einer Ebene zu widersprechen scheinen, und sich auf einer anderen zu einem übergeordneten Bild ergänzen. Und es ist notwendig anzuerkennen, dass manche Sichtweisen ein wenig umfassender sind als andere, weil Menschen sich in unterschiedlichem Ausmaß der Filter bewusst sind, durch die sie die Welt betrachten.

Meine Wahrheit, meine wahrgenommene Wirklichkeit ist also jener Teil der Gesamtheit des Weltgeschehens, der sich mir zeigt, weil ich mich dafür entscheide, ihn wahr-zu-nehmen – und der sich mir auf

genau diese Weise zeigt, wie ich ihn an mich heranlasse. Es gibt sehr viele andere Perspektiven, aus denen das Gleiche ganz anders aussieht, weil Menschen aus einem anderen Winkel gucken, einen anderen Fokus setzen – das ist die logische Konsequenz, wenn ich die Begrenztheit meines Blickwinkels anerkenne. Hier liegt die Wurzel einer Gesellschaft, die

→ Diversität wertschätzt und explizit einlädt, damit das Bild vollständig wird. Mir gefällt die Vorstellung von einem Facettenauge, wie Insekten es haben. Das Gesamtbild setzt sich hier aus einzelnen Bildpunkten zusammen, die alle eine unterschiedliche Perspektive beitragen, weil sie zusammen eine stark gewölbte Fläche bilden. Übertragen auf menschliche Gemeinschaften bedeutet das: Meine Perspektive ist notwendig, damit das Bild der Welt komplett wird. Bei uns Menschen entsteht räumliches Sehen auf ähnliche Weise. Die Perspektiven unserer beiden Augen werden übereinandergelegt und dadurch eröffnet sich die dritte neue Dimension, aus der Fläche entfaltet sich der Raum. Es wäre absurd, wenn unsere Augen sich streiten würden, welches recht hat. Und manchmal setzt unser Gehirn Prioritäten: Mich fasziniert es, auf der Seite zu liegen und ein Teil meines Kopfkissens verdeckt das eine Auge. Gucke ich nur mit dem einen Auge, sehe ich nur das Muster des Kissens, mit dem anderen hingegen den ganzen Raum. Öffne ich beide Augen, sehe ich ebenfalls den Raum – das Kissen wird sozusagen wegretuschiert, der andere Ausschnitt für wesentlicher gehalten.

Wahrnehmen, was und wie wir wahrnehmen

Natürlich stimmt es nicht, was der Buchtitel nahelegt: dass wir nicht wahrnehmen. Wir können kaum leben ohne wahrzunehmen. Von allen Seiten, von außen und innen strömen Reize auf uns ein. Ununterbrochen nehmen wir etwas wahr, interpretieren das Wahrgenommene auf irgendeine Weise und handeln entsprechend – oder registrieren es zwar, lassen es aber nebenbei mitlaufen, sodass es keine gesonderte Aufmerksamkeit bekommt. Wenn es sich beim Wahrnehmen also zunächst einmal um einen umfassenden Vorgang des Aussortierens handelt, möchte ich das genauer beleuchten. Was sortiere ich genau jetzt in diesem Moment aus, während ich an diesem frühen Wintermorgen aufmerksam geradeaus auf diesen Bildschirm gucke? Was lasse ich hinein in meine momentane Wahrheit und was nicht? Ich höre kurz auf zu tippen, sitze still an meinem Schreibtisch und öffne meine kleine blasenhafte Welt einen Augenblick lang bewusst dem, was ich gerade ignoriere, um mich auf das Verfassen dieses Textes konzentrieren zu können. Ich blende ja mehr aus als ich hineinlasse in meinen fokussierten Raum. Was ist da noch? Vielleicht magst du das Experiment gemeinsam mit mir machen und ein paar Minuten lang den Fokus weiter werden lassen: Was blendest du gerade aus, indem du dich entscheidest, deine Aufmerksamkeit aufs Lesen zu richten?

Farben und Formen jenseits der Fensterscheibe – bis eben unbeachtet. Der Stuhl unter mir, der Boden – erst jetzt gelangen sie in mein Gewahrsein. Ein leichtes Kratzen des Wollpullis am Halsausschnitt – bis eben weitgehend wegretuschiert! Ebenso die Brille, sie drückt leicht auf meiner Nase und an meinen Ohren. Ohren. Das Rauschen des Heizkörpers neben mir dringt nun zu mir durch. Gleichmäßiges Rauschen, ab und zu ein Gurgeln. Da fließt Wasser. Kaum schreibe ich das Wort *Wasser*, spüre ich, wie es mir im Mund zusammenfließt – hm, ich könnte mal was essen, habe noch nicht gefrühstückt. Mein Magen meldet sich, jetzt, wo ich ihm Aufmerksamkeit schenke. Wie und wo nehme ich eigentlich Hunger wahr? Leere? Nicht wirklich. Ich versuche, mir einen leeren Magen vorzustellen, da fließt wieder die Spucke im Mund. Und dein Mund, dein Magen, deine Kleidung, deine Nase, deine Ohren?

Ich kann nicht so schnell tippen, wie die Empfindungen sich ereignen. Ich muss ständig aussuchen, was ich gerade benennen will, während nebenher noch zig andere Reize überall auf mich einwirbeln. Alle gleichzeitig. Ich entscheide, mich wieder der gurgelnden Heizung zuzuwenden: Das Wasser, das ich in den Heizungsrohren höre, wird von einem großen Kessel erwärmt. Den nehme ich nicht wirklich wahr, ich weiß um ihn, er steht drei Zimmer weiter. Doch mir scheint, der Raum, der mich umgibt, wird größer, wenn ich meine Welt bis zu diesem Heizkessel hin ausdehne: Er gehört jetzt zu dem, was in diesem Moment meine Welt ausmacht. Ich kann ihn vor meinem inneren Auge sehen. Wo verläuft die Grenze zwischen Vorstellen und Wahrnehmen? Eben noch saß ich hier wie in einer kleinen Raumkapsel, die nur jenen Bereich ausmachte, der vom Schein meiner Schreibtischlampe aus dem Dunkel des Morgens herausgeschnitten wurde – oder noch weniger, denn mein geradeaus gerichteter Blick erfasste eigentlich nur die Tastatur und den Bildschirm, und außer dem visuellen Sinn war vor allem der haptische aktiv: Tasten und Maus spüren. Jetzt ist auf einmal ein ganzes Gebäude um mich herum spürbar – samt Hof da draußen. Obwohl sich im Außen nichts verändert hat. Ich habe nur meine Welt vergrößert – wie mit einer inneren Zoomfunktion. Der Ofen ist hineingerutscht. Vorhin, gleich nach dem Aufstehen habe ich ihn mit Brennholz versorgt. Bei der Erinnerung daran steigt mir der leichte Rauchgeruch in die Nase, der noch in meinem Schal hängt – habe ich das die ganze Zeit nicht gerochen? Und während ich das schreibe, empfinde ich Freude darüber, dass mich hier Holz und nicht, wie an früheren Wohnorten, Heizöl wärmt. Freude nehme ich wahr als eine helle, angenehm prickelnde Weite an der Vorderseite meines Rumpfs, von tief im Becken über den Brustraum bis zum Kiefer. Öffnend, wohlig, sie bringt ein winziges Lächeln in mein Gesicht. Das spüre ich jetzt – und vielleicht bewegen sich beim Lesen auch deine Mundwinkel in Resonanz leicht nach oben?

Mein Mund schmunzelt noch mehr, während ich diese Worte tippe. Das Benennen wirkt wie ein Vergrößerungsglas[3]: Die Aufmerksamkeit auf die Freude verstärkt die Freude. Und wieder passieren in mir mehrere Dinge gleichzeitig, weil auch der Gedanke an Heizöl im Spiel war: Bilder von Ölraffinerien, Bohrinseln. Das Lächeln verschwindet, die Weite auch. Mehr Bilder. Pipelines, Standing Rock[4], Tanker auf offenem Meer, Havarien, verendende Meeresvögel mit verklebtem Gefieder. Diese Bilder möchte ich lieber wieder ausblenden. Dabei sind sie ja noch nicht mal meiner direkten Wahrnehmung zuzuordnen – sondern was? Sie drängen sich einfach auf, sind untrennbar mit dem Wort *Heizöl* verknüpft und lösen körperliche Empfindungen aus: Mein Herz wird bleischwer, die Vorderseite meines Körpers zieht sich nun zusammen, der Kopf sinkt. Wenn ich mich nicht schnell abwende und meine Aufmerksamkeit auf etwas anderes lenke, bin ich einen Augenblick lang dieser Vogel, dessen Flügel zusammenkleben. Und dann wieder ich, Mensch. Von → Scham erfüllt, in meinem Leben immer noch in so vielem von fossilen Energien abhängig zu sein und dadurch all das mit zu verursachen. Ich schüttle das ab, nehme einen tiefen Atemzug, spüre die Erleichterung, versuche in den gegenwärtigen Moment zurückzukommen, hier, am Schreibtisch – ich wollte mich doch all dem öffnen, was da ist, aber unter meinem Radar läuft, während ich mich aufs Tippen und aufs Formulieren von Sätzen konzentriere! Stattdessen schweifen meine Gedanken ab. Sind das nur die Gedanken? Die ganze Veränderung in meiner Brust, das war doch wahrnehmbar, nicht bloß gedacht! Also jetzt, hier: Wieder das Rauschen der Heizung rechts von mir. Noch einmal aufatmen, Erleichterung, wir heizen hier mit erneuerbaren Energien. Dann zucke ich zusammen über dieses Wort. Was geschieht, wenn ich einen Baum, ein Lebewesen darauf reduziere, eine Heizquelle, ein nachwachsendes Energiedepot zu sein? Ich sehe mich vor einer großen, mächtigen alten Buche stehen und sie fragen, ob sie bereit ist, ihr Leben dafür zu geben, damit mir einen Winter lang warm ist. Und ich tauche ein in die Ahnung, was → Interbeing bedeuten kann, wenn wir es ganz und gar leben. Mein Blick schweift in den nebligen Dezemberhimmel hinter der Fenster-

3 Diesem Phänomen widme ich mich in Kapitel 8 – *Eine Sprache finden.*

4 Standing Rock ist ein sogenanntes Reservat in North Dakota, wo ein Zusammenschluss indigener und westlicher Aktivist*innen sich gegen den Bau einer Ölpipeline wehrt.

scheibe. Diese milchige Morgenluft erscheint mir wie eine Flüssigkeit, die alles mit allem verbindet: das Rauschen der Heizung mit dem Rauch aus dem Schornstein und mit einer unaushaltbaren Menschheitsschuld, die Wärme um mich herum mit den Bäumen und den Meeresvögeln. Mir ist, als hätte mich diese kleine Frage: »Was blende ich in diesem Moment alles aus?« enger mit dem Lebensnetz verwoben, in räumlicher wie in zeitlicher Dimension.

Dieser Reigen an Verknüpfungen – von denen ich hier nur einen Bruchteil aufgeschrieben habe – ergab sich aus diesem einen Moment des Innehaltens, in dem ich versuchte, meinen Fokus vom Bildschirm wegzunehmen, um meinen Horizont weiter werden zu lassen. Hättest du oder wer auch immer dieses Experiment am gleichen Ort zur gleichen Zeit unternommen, wäre etwas völlig anderes dabei herausgekommen.

Jede momentane Wahrnehmung hat das Zeug dazu, einen langen Strang von Assoziationen auszulösen. Gehört das denn noch zur Wahrnehmung? Ist das nicht Denken? Ich wollte über Wahrnehmung schreiben und bin stattdessen ganz vielen Gedanken gefolgt, habe Überzeugungen und Fragen gestreift, Gefühle gefühlt. Nein, nicht stattdessen. Parallel und zusätzlich und dicht damit verwoben. Glauben, Wissen, Fühlen und Wahrnehmen befinden sich in stetigem Wechselspiel miteinander. Sie sind kaum voneinander und von der Gesamtheit dessen zu trennen, was sich mir als Wirklichkeit darstellt. Und ich kann üben, dicht dran zu bleiben am Faden der Wahrnehmung und das andere eher vorbeiziehen zu lassen. Alle, die Meditationserfahrung haben, die Vipassana probiert haben, alle, die sich schon einmal selbst beim Wahrnehmen beobachtet haben, kennen das.

Es gibt also nicht das Wahrnehmen allein und für sich, das pure Spüren. An jede Sinneswahrnehmung sind Erinnerungen, Prägungen, Vorlieben, Kontexte, Bedeutungen, Interpretationen, Haltungen geknüpft. Wo hört das Wahrnehmen auf und wo fängt das Deuten an? Und wie durchdringt und bedingt es sich? Mir gefällt das Wort *Gewahrsein*, es schließt in meiner persönlichen Definition die besondere Bereitschaft ein, mich selbst beim Wahrnehmen wahrzunehmen. Und das bedeutet auch, dass ich mir immer wieder das Narrativ bewusst mache, das mir Selbstverständlichkeiten vorgaukelt. Welcher Facetten von Wirklichkeit bin ich nicht gewahr, weil ich an dieser Kultur teilnehme – oder auch, um an ihr teilnehmen zu können? Durch welche Art von Nichtgewahrsein äußert sich jene → Gewalt der vorenthaltenen Aufmerksamkeit? Wie kann ich dem Vorgang des Wahrnehmens immer präziser auf die Spur kommen? Und wo im Körper geschieht das Wahrnehmen?

Wahrnehmung ist Berührung

Für mich war es wesentlich, zu begreifen: Als physiologischer Vorgang geht Wahrnehmen erst einmal mit Berührung einher, also mit einer körperlichen Empfindung.[5] Ein Reiz begegnet einer Rezeptorzelle meines Körpers. Beim Tastsinn ist das ganz offensichtlich. Durch den Kontakt nehme ich über mein riesiges und flächiges Sinnesorgan Haut die Beschaffenheit, Form, Temperatur von etwas wahr. All diese und noch viel mehr Informationen erreichen mich über Berührung. Beim Geschmackssinn mag es auch noch leicht nachvollziehbar sein: Das Fruchtfleisch des saftigen Pfirsichs berührt unmittelbar die Geschmacksknospen auf meiner Zunge, und wo der Fruchtsaft hinläuft, dort entfaltet sich die ganz besondere Mischung aus süß, salzig, sauer und bitter, die den Geschmack des Pfirsichs ausmacht – ergänzt von unserem Geruchssinn, der viel feiner differenzieren kann. Und beim Riechen? Auch das geschieht über Berührung, allerdings sind die Geruchsstoffe nicht so sichtbar und greifbar wie das Fleisch des Pfirsichs, sie sind flüchtig und schweben über die Luft in unsere Nase. Und doch berührt dort die jeweilige geruchsaktive Substanz die Rezeptoren der Riechschleimhaut. Es ist eine Berührung auf Mikroebene. Ähnlich verhält es sich mit dem Sehen und dem Hören, jenen Sinnen, die wir eigentlich *Fernsinne* nennen, von denen wir also vermuten könnten, es entstehe beim Wahrnehmen kein wirklicher Kontakt unseres Körpers mit dem Wahrgenommenen. Auch hier berührt uns etwas sehr Feines. Eine von der Schallquelle ausgesandte Schallwelle trifft auf mein Trommelfell und versetzt es dadurch in Schwingung. Wenn ich direkt neben einem großen Gong oder neben einem Subwoofer stehe oder wenn ich gehörlose Menschen im Takt der Musik tanzen sehe, kann ich nachvollziehen, dass Klang gespürt werden kann – nicht nur im Trommelfell, im ganzen Körper. Schall berührt mich also, auch wenn er unsichtbar ist. Ebenso kommt ein Lichtstrahl als Welle daher und trifft auf meine Netzhaut, erzeugt dort ein Bild. Die Sinne lassen sich schwer voneinander trennen, sie ergänzen und unterstützen sich gegenseitig.

Vielleicht magst du einen Augenblick das Buch beiseite legen und das anhand einer Sinnesberührung nachvollziehen, die jetzt im Moment geschieht oder die du bewusst herbeiführst. Solltet ihr tatsächlich zu zweit oder zu mehreren sein, stoppt hier kurz. Eine*r von euch kann den nächsten Abschnitt lesen und den anderen dann eine kleine Sinnesreise bescheren. Die *Rosinenmeditation* ist ein Klassiker der Achtsam-

5 Dies ist meine Perspektive. Für mich war es eine Offenbarung, zu realisieren, dass jede Wahrnehmung mit Berührung einhergeht. Mein Tastsinn ist sehr fein. Mein Beruf hat mit Körperkontakt zu tun. Ich möchte aber keiner* Leser*in dieses Bild überstülpen. Ich empfinde es oft so, dass solche Feststellungen auf unangenehme Weise verallgemeinert werden: Tanz sei die »unmittelbarste«, Musik die »ursprünglichste Kunst«, der Geruchssinn der »emotionalste« Sinn. Warum diese Superlative? Ich möchte es etwas bescheidener halten: Das ist ein Zugang, der sich mir persönlich leicht erschließt. Und ich teile das hier, weil ich vermute, es könnte andere inspirieren. Nicht, weil ich den Tastsinn zum Sinn aller Sinne erklären möchte.

keitsschule. Deine Partner*innen schließen die Augen, du holst ein paar Rosinen aus der Küche. Nun geht es um ausgiebiges Tasten, Riechen, Schmecken, Kauen. Sie strecken dir eine geöffnete Hand entgegen und du legst in jede eine einzige Rosine. Ist der Moment der ersten Berührung spürbar? Wie ist es, etwas so Winziges auf der Hand zu haben und nicht zu wissen, was es ist? Nehmt euch richtig Zeit dafür, mindestens eine Viertelstunde lang, die Rosine erst in der einen Hand, dann mit beiden, dann unter der Nase, schließlich an den Lippen, dann auf der Zunge und an verschiedenen Stellen im Mund zu erleben. Wie ist die Berührung jeweils beschaffen? Zögert das Zubeißen lange hinaus. Ich bin jedes Mal begeistert von der Geschmacksexplosion, die das Kauen schließlich hervorruft. Kaut und schluckt ganz langsam und nehmt wahr, wie lange es dauert, bis das letzte Fitzelchen Rosine die Mundhöhle verlässt. Schmeckt das Echo. Das Ganze geht natürlich auch allein und wenn du vorher weißt, was es ist. Kleiner Tipp für alle, die keine Rosinen mögen: Ein winzig kleines Stück Schokolade tut's zur Not auch!

Ich habe hier vorerst die Sinne betrachtet, mit denen wir uns nach außen hin orientieren. Wenn es um unsere Sinne geht, werden meistens nur diese fünf genannt. Wir tun so, als gebe es jene Wahrnehmung nicht, die sich den Zuständen und Vorgängen im Inneren unseres Körpers widmet, also Sinnesreizen, die nicht von außerhalb kommen. Doch es gibt sie – ich werde noch darauf eingehen.

Resonanzraum sein

Berührung ist ein Initialmoment des Wahrnehmens. Das scheint der Anfang zu sein – bevor der Reiz weitergeleitet, mit Erfahrungswerten abgeglichen, eingeordnet, interpretiert wird. Doch es gibt etwas noch Grundlegenderes, etwas, das den Boden für die Berührbarkeit bildet. Ein Vergleich aus der Musik mag das deutlich machen. Auf welchen Resonanzkörper trifft ein Ton, der schwingen und klingen möchte? Die Beschaffenheit des Musikinstruments ist wesentlich für den Klang. Hat der Gitarrenkörper einen Riss, scheppert der Ton. Sind die Saiten überdehnt, haben sie keinen Raum zum Schwingen. Hängen sie zu locker, können sie gar nicht gezupft werden. Es braucht genau das richtige Maß an Spannung, damit der Berührungsimpuls zu einem hörbaren Ton werden kann. Viele weitere Faktoren beeinflussen die Qualität des Klanges. Der Geigenbauer Martin Schleske füllt ganze Bücher[6] damit, zu beschreiben, wie die Beschaffenheit des Holzes, die Art wie es gelagert und bearbeitet wird, selbst das Führen des Hobels im Einklang mit der Richtung der Holzfasern, die innere wie äußere Haltung beim Arbeiten am Ende den Klang einer Geige beeinflusst. Seine ganze Leidenschaft widmet er dem Schaffen eines berührbaren Geigenkörpers, der das Zeug dazu

6 Martin Schleske: »Herztöne«

hat, genau den Ton zu beherbergen und ihn auf die spezielle Weise zum Klingen zu bringen, die der* jeweiligen Spieler*in und ihrer* Spielweise entspricht. Zuerst hört und sieht er sich an, wie ein*e Musiker*in spielt – und schneidert ihr* dann eine Geige auf den Leib, die ihrer* jeweiligen Eigenart Rechnung trägt. Ich habe Martin Schleske bereits zitiert, mit diesem Satz: »Die wesentlichen Dinge kannst du nicht machen, sondern nur empfangen. Aber du kannst dich empfänglich machen.« Diesem Empfänglichmachen, dem Zustand unseres Resonanzraumes schenken wir gemeinhin wenig Aufmerksamkeit. Wenn wir die Erkenntnisse aus der Werkstatt des Geigenbauers auf die menschliche Wahrnehmung übertragen, stellt sich die Frage: Wie ist mein eigener Resonanzkörper beschaffen? Wie berührbar ist er? Hält er die Balance zwischen Anspannung und Entspannung? Kann er schwingen, den Reiz angemessen annehmen und beherbergen?

Ich möchte nicht weiter über Empfänglichkeit schreiben, ohne zu benennen, an welcher Stelle das Bild vom Geigenbau – wie die meisten Bilder – hinkt. Wenn wir es konsequent weiterdenken, unterteilen wir die Welt in Musiker*innen und Instrumente. Doch keine*r von uns ist nur das eine oder das andere. Auf jeden Fall sind wir nicht so gemeint. Nur wenn beides in Balance ist, können wir ein selbstermächtigtes Leben in Resonanz mit dem Rest der Welt führen – und in Resonanz mit uns selber. Denn auch unser inneres Geschehen braucht Raum, um wahrgenommen zu werden. Es ist gut, wenn wir uns diesen Raum ein Stück weit auch selber zur Verfügung stellen können. In zwischenmenschlichen Beziehungen erleben wir nicht selten eine Schieflage, Empfangen und Aussenden sind häufig ungleich verteilt. Diejenigen, die Macht haben, die Spieler*innen, sind oft nicht empfänglich genug – sie handeln ohne zu lauschen. Andere nehmen stets die Rolle des Klangkörpers ein und haben sich derart aufs Empfänglichsein verlegt, dass sie gar nicht wissen, wer sie selbst eigentlich sind. Sie haben ihre Antennen überall, aber nicht bei sich. Unsere Erziehung sorgt dafür, dass Männer* eher zum ersten und Frauen* eher zum anderen neigen. Schnell wird das zum »männlichen und weiblichen Prinzip« erklärt, auch weil die Qualitäten so gut zur Form unserer Geschlechtsorgane passen. Doch das ist meinem Empfinden nach zu einfach und verstärkt eine unausgewogene Rollenverteilung. Handeln ohne die Bereitschaft wahrzunehmen artet schnell in Gewalt aus, auch unbeabsichtigt. Wenn ich nicht horche, ist mein Tun unverbunden und übergeht die Bedürfnisse anderer. Auf der anderen Seite gleiten wir schnell in Richtung Ohnmacht, wenn wir uns darauf beschränken, Empfangsstation zu sein, ohne uns als handlungsfähig zu erleben.

Duschvariationen

Wie unterschiedlich kann nun also der Moment aussehen, an dem ein Reiz von außen unseren Resonanzkörper berührt? Nehmen wir ein alltägliches Beispiel, das alle kennen. Vielleicht hast du heute oder gestern geduscht. Wie empfänglich warst du für die Berührungsreize, die damit verbunden sind? Wie wurden deine Sinne angesprochen? Woran erinnerst du dich? Kannst du detaillierte Empfindungen wachrufen?

Ich biete mal einige Szenarios an. Die →Aktivierungskurve (Graphik 4) kann wieder als Anhaltspunkt dienen. So könnte →sinnliches Duschen im Erdgeschoss aussehen:

Du nimmst dir Zeit, das Duschen als kleines Fest zu feiern und lässt dich vom Wasserschwall berühren, nicht nur äußerlich. Es ist rundherum behaglich. Das Wasser, das an dir herabrinnt, geht in Resonanz mit dem Wasser, aus dem du bestehst. Es fließt außen wie innen. Du dehnst das Einseifen als →zärtlichen Moment aus. Der Schaum ist weich, wohlwollend und samtig. Deine Hände erfreuen sich an den Formen deiner Anatomie. Erst verfolgen deine Finger tastend den Verlauf deines Schlüsselbeins, dann wenden sie sich zufrieden den weicheren Stellen zu. Sie folgen dem Schwung des Beckenknochens und ruhen eine Weile auf der Brust. Vielleicht sind es auch die Hände einer geliebten Person und ihr duscht zu zweit, macht ein kleines Spiel, ein Fest daraus, seift euch gegenseitig ein oder schmiegt eure Körper unter dem fließenden Wasser aneinander. Als du aus der Dusche steigst – allein oder zu zweit –, fühlst du dich sehr schön. Und ganz anwesend. Warum duschen wir nicht immer so? Und warum ist so ein sattes Körpergefühl nicht unser Normalzustand?

Ein zweites Szenario: Das Wasser ist alles andere als wohlig warm, denn du bist gerade wandernd in den Alpen unterwegs. Der Strahl kommt nicht aus einem Duschkopf, sondern von einem Wasserfall. Du hast weder die Erwartung an warmes Wasser noch eine Armatur, an der du drehen könntest, um diese Erwartung zu befriedigen. Hier gibt es mindestens zwei Möglichkeiten, wie du das erleben kannst: Entweder du liebst es, unter Wasserfällen zu duschen. Dann befindest du dich im angenehmen Bereich des aktivierten Sympathikus auf dem Übergang zwischen Erdgeschoss und erstem Stock, beim Flow-Erleben. Deine Sinne sind hellwach und auf Empfang ausgerichtet, du möchtest nichts von diesem Fest verpassen. Voll Vorfreude und mit entspannter Muskulatur hüpfst du der Begegnung mit dem kalten Nass entgegen, juchzt vielleicht vor Freude laut und fühlst dich während und nach dieser Dusche wach und sehr lebendig. So, als wäre mit dem Wasser pure Lebensfreude über dich herabgerieselt. Oder du bist eigentlich eine Frostbeule, würdest nie freiwillig so kalt duschen, möchtest aber auf der anstehenden Heimfahrt nicht verschwitzt und mit fettigen Haaren im Zug zu sitzen. Du hast entschieden, dich kurz unter diesen eiskalten Wasserfall zu stellen, um wenigstens ein bisschen sauber zu werden. Du spannst alles an, damit die Kälte nicht so tief in dich eindringen kann. In der Aufregung, es schnell hinter dich bringen zu wollen, stößt du dir vielleicht schmerzhaft den Fuß an einem spitzen Stein an. Hier sind wir weiter oben im ersten Stock angelangt, beim Hinter-sich-Bringen, im Erledigungsmodus, dort, wo auch das Duschen zu Hause meist stattfindet und wir wenig von dem wahrnehmen, was geschieht. Warum? Weil das alltägliche Duschen so ein routinierter Vorgang ist, dass wir ihm keine besondere Aufmerksamkeit mehr schenken. Deshalb hast du vielleicht auch an dein letztes Duschen keine spezifische Erinnerung. Vielleicht hast du währenddessen an die To-Do-Liste des Tages gedacht, dich über einen Konflikt von gestern geärgert oder dich beeilt, um die Straßenbahn noch zu erwischen. Der sinnliche Reiz war da, die Aufmerksamkeit jedoch woanders. Ich könnte sagen: Wir betrügen uns andauernd um sinnliche Erlebnisse. Für die Sinnlichkeit gehen wir nächsten Sonntag in die Therme. Haben uns noch eine Ganzkörper-Wellnessmassage dazu gebucht – das gönnen wir uns jetzt mal, wo alles gerade so anstrengend ist. Warum trennen wir das? Warum leben wir nicht dauerhaft in sinnlichem Kontakt mit uns selbst? Wann spüren wir unser Leben überhaupt mal in der Tiefe, die es verdient?

Noch eine andere Möglichkeit: Du stiegst heute früh unter die Dusche, drehtest am Hahn und sprangst im nächsten Augenblick zur Seite, weil es dir viel zu heiß entgegenkam. Du hast etwas wahrgenommen und reflexhaft darauf reagiert, um dich zu schützen. Da ging das mit dem Wahrnehmen plötzlich. Warum? Die Alarmbereitschaft funktioniert, Extremes bekommen wir mit. Aber in jedem Moment des Lebens für die Fülle der Empfindungen empfänglich sein? Das ist weit entfernt von unserer Realität. Warum? Zum einen, weil unsere Gedanken und Gefühle lauter sind, sie übertönen meist das körperliche Empfinden in der Konkurrenz um deine Aufmerksamkeit. Zum anderen, weil die Empfänglichkeit für das Zarte einen entspannten Körper voraussetzt. Und der steht uns im ersten Stock nicht zur Verfügung. Anspannung, Erregung, Druck, Eile – all das mindert unsere Wahrnehmungsfähigkeit. Unser Normalzustand im alltäglichen Funktionieren ist eine Art Notfallmodus, es kommen nur extreme Reize bei uns an, nicht jedoch all das Angenehme, Feine. Also duschen wir, ohne wirklich zu empfinden, was wir da gerade tun. Und es gibt noch eine Steigerung: das Duschen im Dachgeschoss der Aktivierungskurve – ich wünsche dir nicht, dass das auf dich zutrifft. Ein Mensch kann so schreckliche Erfahrungen mit Wasser gemacht haben, mit Gewaschenwerden, mit gefliesten Räumen im Allgemeinen oder in genau diesem konkreten Badezimmer, dass Duschen für sie*ihn genau hier oder jedes Mal richtig schrecklich ist. Das muss der Person noch nicht einmal bewusst sein, weil die auslösende Situation vergessen wurde. Unser Organismus hat ja jenes Notprogramm, wenn Überforderung droht: Wir können uns abspalten. Wir ertragen eine für uns eigentlich unerträgliche Situation, indem wir nicht wirklich anwesend sind und nur automatisch – wie ferngesteuert – die nötigen

Handgriffe abspulen. Das hilft, um nicht bei jedem Duschen eine Panikattacke zu bekommen. Aber es hilft nicht, um angemessen handeln, geschweige denn das Leben genießen zu können. Vielleicht kommt solch ein Mensch krebsrot aus der Dusche, weil er oder sie im dissoziativen Zustand nicht in ihrem Körper anwesend ist und daher einfach nicht wahrnehmen konnte, dass das Wasser viel zu heiß war. Oder extrem heißes Wasser hat sich als gute Methode zum Betäuben erwiesen.

All diese Beispiele machen deutlich: Wie viel und was ich in einer Situation wahrnehme, hängt wesentlich vom Erregungsgrad meines Nervensystems ab. Darum teile ich in diesem Buch Modelle wie die Aktivierungskurve. Es kann helfen, sich immer wieder dabei zu beobachten: Von welchem Stockwerk aus empfange ich gerade die Reize der Welt, die mich umgibt? Wenn ich mich verorten kann, fühle ich mich wahrscheinlich weniger ausgeliefert. Ich spüre etwas und kann es benennen. Wahrnehmung und Verstand können Hand in Hand gehen. Möglicherweise kann ich dann früh erkennen, wenn etwas Seltsames mit mir passiert: »Ach so, ich bin gerade ziemlich angespannt – deshalb strengt mich alles so sehr an.« Wenn ich an etwas arbeite, das dringend fertig werden muss, und dieser Zeitdruck bereitet mir Stress, dann empfinde ich die Geräusche von einem benachbarten Spielplatz höchstwahrscheinlich als störendes Kreischen. Sitze ich hingegen entspannt mit einem Fotoalbum auf dem Balkon, erinnere mich an die Zeiten, als meine Kinder klein waren, bin durchtränkt von der Liebe für sie und der Verbundenheit mit ihnen, dann nehme ich wohl die gleichen Kinderstimmen als Ausdruck purer Lebensfreude wahr. Noch einmal ganz anders stellt sich die Situation vermutlich für einen Menschen mit unerfülltem Kinderwunsch dar. Vielleicht macht sie*er sich lieber taub, blendet die Geräusche aus, weil es zu schmerzhaft wäre, diese Sehnsucht nach einem Kind im eigenen Leben spüren zu müssen. Wir können also lernen, das Bild, das wir uns von unserer Umgebung machen, nicht allzu absolut zu nehmen, indem wir anerkennen, dass wir alles durch den Filter unseres eigenen momentanen oder allgemeinen Zustands betrachten.

Wir können versuchen, die Lücke zwischen Wahrnehmung und Interpretation zu vergrößern, indem wir uns immer wieder fragen: Aha, das kommt gerade bei mir an – wie viel davon weist einfach nur auf den Erregungspegel meines Nervensystems hin? Und welchen Anteil an dem Bild, das sich mir zeigt, haben meine Deutung, meine Auswahl, das Anspringen auf gewisse Reize und das Ausblenden anderer? Hinzu kommt mein Weltbild, das mir eine Brille aufsetzt, durch die ich das Ganze nur so betrachten kann, und das Nar-

rativ, das mich als Normalität umgibt. All das ist eng miteinander verknüpft und bedingt sich. Genau so ausschlaggebend ist das Jetzt. Wie ist in diesem Moment der Körper beschaffen, mit dem ich wahrnehme? Kann er mir als Resonanzkörper dienen, um das, was ist, zum Klingen zu bringen? Dieser Frage kann ich angemessen begegnen, indem ich ein Gewahrsein für meinen eigenen Körper entwickle – oder vielmehr, indem ich mich wieder darauf besinne, dass diese Fähigkeit in mir von jeher angelegt, aber wenig geschult ist. Ich kann üben, mich selber als Wahrnehmende* zu beobachten und mich als Gefäß zu betrachten. Die Beschaffenheit des Gefäßes beeinflusst den Klang dessen, was als Weltmelodie bei mir ankommt.

Eine Ode an das Lehnen

Ich persönlich begann, meinen Körper als Resonanzraum zu schulen, als ich der → Contact Improvisation begegnete. Ich möchte erzählen, wie ich meine Wahrnehmungsfähigkeit erweitert habe und wie mir diese Verfeinerung zu Begegnungen ganz anderer Art verhalf als ich sie bis dahin kannte.

Wie begegnen wir uns in dieser speziellen Tanzkultur? Wie horchen wir zueinander hin? Wie fließt Information zwischen uns, wie nehmen wir einander und uns selbst wahr? Nach all den Jahren ist mir der zarte Anfangsmoment von Duetten zwar sehr vertraut, aber nicht zur Routine geworden. Ich staune immer wieder über das kleine Wunder, wie Körper einander zum Resonanzraum werden und sich dadurch ein dritter, gemeinsamer Raum öffnet, in dem der Tanz sich entfalten kann. Solch einen Moment möchte ich beschreiben – das gestaltet sich natürlich mit jeder* Tanzpartner*in jedes Mal neu und fühlt sich auch abhängig von meiner eigenen Verfassung immer wieder anders an. Es ist hilfreich, nicht gleich in Kontakt zu gehen, sondern zunächst einmal ein Gespür für mich selbst zu erlangen. Ich stehe. Meine Füße berühren den Boden und ich spüre, wie mein Gewicht der Unterstützung der Erde entgegenfällt und ich dadurch Aufrichtung erfahre. In diese so alltägliche Position kann ich aufmerksam hineinlauschen und spüren, wie viel Mikrobewegung sich in der vermeintlichen Stille abspielt, ein Austarieren, ein Pendeln um die Mittelachse. Ich erlebe und beobachte, wie mein Körper in jeder Millisekunde kommuniziert mit den Kräften, die auf ihn wirken. Und aus diesem aufmerksamen Beobachten dessen, was ohnehin schon da ist, kann alles Weitere entstehen. Ich lasse

es geschehen, bezeuge das Pendeln und erlebe die wundersame Wahrheit, die wir Menschen gar nicht oft genug hören können: Erst wenn wir loslassen, das Kontrollieren aufgeben und lauschen, entfaltet sich die vorhandene Ordnung in der ganzen Schönheit ihrer labilen Stabilität. Dieser winzige Tanz mit den Kräften ist nicht nur klein. Er ist ein sehr großer, sehr weiser Tanz, der uns im Lauschen alles offenbart. Ich beobachte meinen Körper dabei, wie er sich dem öffnet, was auf ihn wirkt. Er macht sich empfänglich, indem er sich entspannt. Neben mir steht meine Tanzpartnerin[7] und erlebt auf ihre Weise Ähnliches. Beide können wir die lotrechte Verbindung zwischen unserem eigenen Zentrum und dem Erdmittelpunkt wahrnehmen. An dieser Vertikalachse orientiert sich die Balance. Die Contact Improvisation fügt dieser Autonomie[8], die wir alle gut kennen, etwas Ungewohntes hinzu: das Lehnen. Meine Partnerin und ich kommen so nah zusammen, dass wir zueinander kippen und uns berühren – an der Schulter, am Kreuzbein, an der Hüfte, am Rücken, wo auch immer. Und wir lehnen zueinander hin. Dadurch geschieht physikalisch etwas Bemerkenswertes, das Balancegefüge verschiebt sich grundlegend: Eben noch floss unser gesamtes Gewicht durch unsere jeweils eigenen Füße in die Erde. Nun fließt ein Teil meines Gewichts durch die Füße meiner Partnerin in den Boden – und andersherum. Dadurch ist meine Balance von ihrer abhängig und ihre von meiner. Unsere beiden physikalischen Schwerpunkte liegen nun außerhalb unserer Körper. Sie fallen zu einem einzigen zusammen. Wir teilen uns einen Schwerpunkt. Die Begegnung findet im Raum zwischen uns statt. Das ist wirklich bemerkenswert. Wir sind eine Einheit der Gegenseitigkeit.[9] Und das widerspricht so ziemlich allem, was uns unablässig eingetrichtert wird: »Mach dich unabhängig! Teile nicht! Sorge für deinen Vorteil! Pass bloß auf! Schütze dich!« All das wird unmöglich, wenn wir lauschend zueinander hin lehnen. Die Logik des Lehnens setzt die Logik unseres Narrativs außer Kraft, sie straft die Geschichte der Getrenntheit Lügen. Denn wir erleben, dass dieses dynamische Beieinander-Aufgehobensein viel befriedigender ist als der angestrengte Rückzug in die vermeintlich sichere Autonomie und Kontrolle. Lehnen ist eine unmittelbare Erfahrung von Interbeing. Und an unserem Unvermögen zu lehnen, uns wach und spielerisch in einem geteilten Schwerpunkt miteinander und mit der Welt

7 Ich gehe für diese Situation einfach mal davon aus, dass ich diesen Tanz mit einer Frau* tanze. Das erspart mir im Folgenden viele Sternchen. Mit einem Mann* könnte ich das ebenso erleben.

8 Es ist natürlich nur eine vermeintliche Autonomie, die ich erlebe, wenn ich allein stehe, denn jede meiner Bewegungen findet in Beziehung zur Erde und ihrer Anziehungskraft statt. Das ist immer vorhanden.

9 Diese Formulierung umschreibt wunderbar die Qualität der Allmende, eines gemeinwohlorientierten Wirtschaftens, das wir verloren haben. Als Beispiel hierfür dient oft die gemeinsam genutzte und gepflegte Dorfweide, die allen und niemandem gehört. Die Commons-Bewegung, auf die ich in Kapitel 8 kurz eingehe, besinnt sich darauf.

zu treffen, krankt unsere Gesellschaft. Wir haben verlernt, im Vertrauen auf unsere Wahrnehmung zueinander hin zu lehnen. Weil wir alles denken, planen, kontrollieren und interpretieren, erscheint uns das Leben so schrecklich komplex und Alternativen so unerreichbar. Das brachten die Menschen zum Ausdruck, die den *Getanzten Vortrag* bei der SOLIKON bezeugten und von ihrer Angst sprachen.[10]

Für das Entstehen → regenerativer Kulturen wird es wesentlich sein, dass wir lernen zu lehnen, im direkten und im übertragenen Sinn. Das kann herausfordernd sein. Und es macht sehr glücklich. Seit ich mich so ausgiebig mit unserer großen Zivilisationswunde beschäftigt habe, mit diesem Schmerz, uns nicht geborgen zu fühlen, möchte ich behaupten: Wir können in solch einem Duett ein Stück weit nachholen, was wir als Neugeborene so vermisst haben. Das ist unfassbar schön und zutiefst befriedigend. Und wenn ich mir bewusst mache, welche Worte ich hier benutze – unfassbar schön –, kann ich auch jenen Mann besser verstehen, der meinte, das sei »zu schön, um wahr zu sein.« Weil ganz zu Beginn unseres Lebens unsere Sehnsucht, unsere Erwartung einer weichen Landung und eines lebendigen Erwidertwerdens so enttäuscht wurde, können wir irgendwann wirklich nicht mehr glauben, dass das möglich sein könnte. So wirkt → Trauma, individuell und kollektiv. Denn die meisten von uns tragen diesen Mangel in sich und haben ihren Körper verpanzert, um das nicht zu spüren. Der moderne Mystiker Thomas Hübl beschreibt das so: »Ein kollektives Trauma ist so etwas wie die ›dunkle Materie‹ des Gesellschafts-Kosmos: nicht direkt zu sehen, nur an ihren Wirkungen (Symptomen) zu erkennen. Dafür brauchen wir mehr als nur unsere Augen.« Zu diesen Symptomen zählt unsere Anspannung ebenso wie unser Kontrollbedürfnis, beide zeugen von einer tiefen Verunsicherung. Hübl schreibt weiter: »Ein Trauma zersplittert uns, und zwar besonders dann, wenn es lange anhält oder sich wiederholt. Es beschädigt unsere Kohärenz, innen wie außen. Es verzerrt die Wahrnehmung und unterbricht den Strom der Lebenskraft im Körper des Menschen und dem der Erde. Trauma beschädigt unsere Fähigkeit, aufeinander zuzugehen und uns aufeinander einzulassen. Wir können auch sagen: Trauma erzeugt die Illusion der Trennung.«[11]

Und hier geschieht es nun – diesem Trauma der Trennung steht ein heilsamer Moment gegenüber[12]: Wir lehnen zu einem Menschen hin und erfahren Halt und Antwort. Keinen starren Halt, der uns Sicherheit

10 Ich beziehe mich hier auf die Geschichte *Angst* auf Seite 282.

11 Thomas Hübl: »Kollektives Trauma heilen«, S.14.

12 Damit möchte ich nicht sagen, die Contact Improvisation sei in jedem Fall und für alle eine heilsame Praxis. Es kommt sehr auf die Bewusstheit und Achtsamkeit des → Feldes an, auf seine → Traumasensibilität und die Möglichkeiten, Herausforderndes gemeinsam zu bewegen, zu reflektieren, zu integrieren. Ganz allmählich entwickelt die »Contact Szene« eine angemessene Kultur, all dem zu begegnen.

verspricht, indem er uns einengt, fixiert und isoliert, sondern dynamisches Getragensein. Der Mensch, dem wir begegnen, schenkt uns seine* wahrnehmende Präsenz, ist bereit, unser Dasein zu bejahen: »Ja, du bist! Ich spüre dich, und weil ich dich spüre, werde ich auch meiner selbst voller, umfassender gewahr.«

Was im Fluss eines Duetts passiert, das mit dem Prinzip des Lehnens spielt, vereint so viele Merkmale einer umfassend anderen Kultur in sich, dass ich hier noch etwas verweilen möchte. Das Prinzip der Gegenseitigkeit kann ich schwerlich theoretisch erfassen. Es will beschrieben werden, wenn es sich zeigt. Andreas Weber schreibt: »An der Wirklichkeit teilzunehmen heißt […], in ein Verhältnis von Gegenseitigkeit einzutreten. Diese Gegenseitigkeit ist nicht abstrakt, sondern fleischlich. Sie ist immer auch verkörpert.«[13] Und das ist sie, weil unsere früheste Erfahrung von Gegenseitigkeit nur eine körperliche sein kann. Hier wurzelt Bindung. Wir sind nun einmal mit diesem Körper in diesem Leben unterwegs, nicht als reine Geistwesen, wir haben die Herausforderung mitbekommen, Materie zu sein. → Somatisch und nicht allein über den Intellekt können wir begreifen, dass das Gefühl von Sicherheit durch Anvertrauen entsteht – wenn diese fragende Bewegung Resonanz erfährt.

Ich spüre beim Schreiben im ganzen Körper dieses Glück, die Dankbarkeit, das immer wieder erleben zu dürfen. In mir prickelt meine Begeisterung für die Gegenseitigkeit im Wahrnehmen und die Art und Weise, wie wir uns im Duett aufeinander verlassen – nicht in blindem Vertrauen, sondern in stetigem Horchen auf die Tanzpartnerin und mich selbst. Um uns beide wahrnehmen zu können, dehne ich den Raum meines Spürens auf ihren Körper aus, und das geht nicht ohne ihre Einladung. Während ich versuche, Worte hierfür zu finden, staune ich erneut über die Tiefe der Begegnung, die hier stattfindet: Ich erlaube einer anderen Person, sich durch meinen Körper selbst zu erleben, wir werden einander Bezugspunkt und Spiegel. Ich gewähre ihr Zutritt in meine Sphäre – und sie mir in ihre. Das ist ein sehr → intimer Vorgang und ich kann ihn mit einer Person erleben, die ich noch nie vorher gesehen habe. Dafür braucht es nicht mehr und nicht weniger als unser beider Bereitschaft, den Raum des kreatürlichen Menschseins zu betreten.

Wie genau geschieht das? Zunächst einmal ist wichtig zu beschreiben, dass ich zwar zu meiner Partnerin hin kippe, mich dabei aber selber nicht verlasse. Und doch gebe ich Kontrolle ab, indem ich lehne. Würde sie sich jetzt abrupt aus dieser stillschweigenden Vereinbarung lösen, würde ich stolpern oder fallen. Ich muss mich auf meine Partnerin verlassen wollen. Ich schreibe *wollen* und nicht *können*. Können hieße: »Du musst mir beweisen, dass ich vertrauen kann, sonst mache ich das nicht.« Doch dass ich mich auf sie verlassen kann, werde ich nur dadurch erfahren, dass ich ihr mein Vertrauen schenke – und mein Gewicht. Ich

13 Weber: »Sein und Teilen«, S. 22. Über meinen Vorbehalt gegenüber dem Wort *verkörpert* schreibe ich später in diesem Kapitel.

spüre ja, wie viel ich lehnen kann, und zwar daran, wie viel von ihrem Gewicht mir entgegenkommt. Und dabei wird deutlich, dass das schwierig wird, wenn eine von uns sich zurückhält und eine Bedingung an ihr Lehnen knüpft: »Lehn du erst, dann mache ich es vielleicht auch.« Das geht nicht. Dieses Lehnen braucht unser beider Hingabe, gleichzeitig. Ich lehne zu meiner Partnerin im Vertrauen darauf, dass auch sie lehnen und mich durch das Gewicht, das sie mir schenkt, halten wird. Und das wird sie tun, weil sie spürt, dass ich mit meinem Gewicht da bin. So schafft Vertrauen und Präsenz immer mehr Vertrauen und Präsenz. Das gemeinsame Lehnen ist nicht Ergebnis der Forderung »Lehn!«, sondern die Summe unser beider Hingabe. Wir schaffen Sicherheit dadurch, dass wir uns in Unsicherheit begeben.

Wenn das jetzt alles sehr seltsam und abstrakt klingt, hilft vielleicht ein Bild aus der Baukunst: Es gibt gemauerte Bögen oder Gewölbe, die ohne Mörtel auskommen. Was die Konstruktion hält, ist der keilförmige Schlussstein oder Scheitelstein ganz oben in der Mitte. Von rechts und links drückt jeweils das Gewicht der Steine auf ihn, und dieser beidseitige Schub hält den Stein an seinem Platz. Keine Seite könnte ohne den Gegendruck der anderen halten. Etwas Ähnliches, nur weniger statisch, passiert an dem Kontaktpunkt zwischen mir und meiner Tanzpartnerin. Das Gewicht, das wir einander schenken, ist der Kleber, der uns verbindet, es zieht uns zueinander hin. Und so kann ich wundersamerweise durch die Skelettstruktur meiner Partnerin hindurch den Boden unter ihren Füßen spüren, weil ja über diese Verbindung ein Teil meines Gewichts in den Boden fließt. Bin ich allerdings mit sehr hohem Muskeltonus unterwegs, dann verwehre ich meiner Partnerin den Zugang zu meinem Körperraum und kann auch selber nicht spüren, wie viel Gewicht mir von ihr entgegenkommt und wie ich meines im Dialog damit angemessen dosieren kann. Um uns gegenseitig wahrnehmen zu können, entspannen wir uns also beide in die Begegnung hinein – was nicht heißt, dass wir kollabieren. Es ist jenes angemessene Maß an Spannung, jenes Zusammenspiel von → Yield und Push, das uns aus dem Verwurzeltsein in eine unangestrengte Aufrichtung bringt. Wir haben es mit einer flexiblen, einer dynamischen Stabilität zu tun.

Auch in diesem scheinbaren Paradoxon zeigt sich, wie anders Sicherheit hier beschaffen ist, als wir es aus dem Alltag kennen. In Kapitel 3 habe ich ausführlich beschrieben, wie unsere gängigen, auf Kontrolle basierenden Sicherheitsmaßnahmen einer Freiheitsberaubung gleichkommen. Das Sinnbild dafür waren *Gated Communities*, die Entscheidung für ein Leben im luxuriösen Gefängnis. Hier hingegen entsteht Sicherheit dadurch, dass wir uns größtmögliche Bewegungsfreiheit erlauben und unsere Körper einander als Spielfeld zur Verfügung stellen. Wir machen uns empfänglich und dadurch verletzlich. Wir liefern uns der Freiheit aus und können in jedem Augenblick die Position im Raum einnehmen, die uns erlaubt, der Herausforderung genau dieses einzig-

artigen Moments kreativ zu begegnen. Das ist schöpferisch im besten Sinne. Ohne Netz und doppelten Boden, ohne einer Methode oder Anweisung zu folgen, sondern einzig und allein auf unserer Bereitschaft beruhend, den Moment in seiner Besonderheit wahrzunehmen und ihm gestaltend zu antworten. Es kann sein, dass ich dafür auf eine Weise mit den Armen rudere, die in der Schuldisco nicht so gut ankommt. Ich dehne mich aus, weit in den Raum hinein, um meiner Partnerin so viel Fläche wie möglich anzubieten, auf der sie surfen kann. Oder einfach, weil es mir unbändige Freude bereitet, all den Platz einnehmen zu können, der zur Verfügung steht. Wir geben uns dem Fluss der gemeinsamen Impulse und dem Wirken der Kräfte hin – Schwerkraft, Fliehkraft, Reibung und so weiter. Wir lassen den Kontaktpunkt über unsere Körper wandern und richten uns in jeder Millisekunde neu aus, um uns den ständig wechselnden Gegebenheiten anzupassen.

Das ist dieser besondere Zustand, von dem ich schon so viel geschrieben habe und den ich der Welt so sehr wünsche: Die Fähigkeit, während des Handelns wahrzunehmen und während des Wahrnehmens zu handeln. Und die Bereitschaft, uns darauf zu verlassen, dass das trägt – und nicht nur das: Es ist die würdigste Weise, unser Leben zu leben und uns aus der Erstarrung zu lösen. In so einen Zustand können wir gelangen, wenn wir die Entschlossenheit aufbringen, die Beschränkungen des geltenden →Narrativs weitgehend hinter uns zu lassen, wenn wir also in den Raum zwischen den Geschichten eintreten und uns der Leere, dem Nichtwissen und der Orientierungslosigkeit stellen, die uns dort erwarten. Dann eröffnet sich ein Erfahrungsfeld, das wir uns durch die künstlichen Beschränkungen unserer Zivilisation vorenthalten. Diese inneren und äußeren Verbote und Hemmnisse dürfen wir nun beherzt überwinden – was hindert uns daran? Auch das meine ich, wenn ich schreibe, dass der gesellschaftliche →Wandel mit dem Mut zur →Schamlosigkeit einhergeht. Im Tanz bedeutet das: Es wird mitunter sehr seltsam aussehen, wir werden uns in Positionen wiederfinden, von denen wir überhaupt nicht wussten, dass unser Körper dazu in der Lage ist. Wir werden stolpern, in Sackgassen geraten, uns ab und zu verlieren. Das sind hervorragende Anzeichen dafür, dass wir wirklich unsere →Komfortzone verlassen und in unvertraute Gefilde eintreten. Wir pfeifen auf den Plan, den wir selbst oder andere gezeichnet haben und der uns gestern noch unverzichtbar erschien. Wir gehen der Nase nach, orientieren uns daran, wo wir uns am lebendigsten fühlen. Wir werden möglicherweise überwältigende Intimität erleben, an unsere Grenzen gelangen und uns wundern: »Bin das wirklich ich, die das erlebt? Darf ich so sein?« Solchen Tänzen liegt die Lust zugrunde, uns unserer Wildheit und →Kreatürlichkeit zu besinnen – ja, zu *be-sinnen*: Wir lassen uns nicht länger einreden, wir seien keine Tiere und Sinnlichkeit sei unserer unwürdig. Das ist nämlich eine gigantische Verschwendung von Lebensfreude und Potenzial.

Für Menschen, die der Contact Improvisation noch nie begegnet sind, klingt alles, was ich auf den letzten Seiten geschrieben habe, möglicherweise sehr seltsam. Es kann Angst oder → Scham erzeugen – und zwar zum einen wegen der großen körperliche Nähe, mit der das einhergeht, und zum anderen, weil wir es nicht gewohnt sind, planlos zu handeln und uns auf nichts anderes zu verlassen als unsere eigene Wahrnehmung und das Aufgehobensein im Leben. Probier das Lehnen ganz behutsam mit jemandem aus, wenn du magst. Oder schaut euch, wenn ihr mögt, erst einmal ein Filmchen[14] davon an.

Anspannung verhindert Wahrnehmung

Ich möchte es nicht dabei belassen, diesen wunderbaren Zustand des Lehnens zu bejubeln, sondern auch Wege dorthin aufzeigen. Wie können wir – die wir erzogen wurden, uns zu beherrschen, uns nicht zuzumuten, alles unter Kontrolle zu haben und allein klarzukommen – lernen zu lehnen? Können wir das wagen, auch wenn uns die volle Erfahrung von Urvertrauen fehlt? Und wollen wir es überhaupt? Allen, die eine Sehnsucht danach verspüren, kann ich ganz klar sagen: Es ist erlernbar, durchlässig und empfänglich zu werden. Oder vielmehr ist es verlernbar, undurchlässig zu sein – denn wir kommen sehr empfänglich zur Welt. Wie die meisten Verlernprozesse ist das nicht ohne Hürden und Stolpersteine zu haben. Das wurde deutlich, als ich in Kapitel 4 von meiner ersten Begegnung mit der Contact Improvisation berichtete.

Auch meine Schüler*innen hatten am Anfang mit blauen Flecken zu tun. Was, wenn ich das nicht stillschweigend hinnehme, sondern genauer hingucke, woher sie kommen? Was, wenn die Beschaffenheit meines Körpers wirklich beeinflusst, wie mir die Welt erscheint? Wenn der Boden mir hart vorkommt – woran liegt das? Wo und wie entsteht der Eindruck von Härte? Er entsteht am Berührungspunkt – und zwar durch die Art und Weise, wie Berührung geschieht und Nachhall erfährt. Wenn ich mich über den Boden rolle und der Boden nun einmal so ist, wie er ist, dann habe ich die Wahl: Entweder ich höre auf damit, weil es mir zu weh tut. Oder ich mache weiter und nehme die Schmerzen und blauen Flecken in Kauf, weil es mir einfach so viel Spaß macht. Es gibt eine weitere Möglichkeit: Ich kann hinterfragen, ob es eine unabänderliche Tatsache ist, dass die Begegnung mit einem harten Boden schmerzhaft sein muss. Ich kann den Versuch unternehmen, das Hartsein nicht dem Boden anzulasten, sondern mich selbst dabei beobachten, wie ich ihm begegne. Der Eindruck von Härte entsteht, wenn etwas Hartes ab-

14 Zum Beispiel die ersten Minuten dieses Videos, das wir vor einigen Jahren gedreht haben: https://youtu.be/YrHHy5dp9Kg Oder diese kleine Hommage an Nancy Stark Smith, eine der Pionier*innen der Contact Improvisation, die 2020 starb und der ich meine große Dankbarkeit aussprechen möchte: https://youtu.be/6_Ak86YoiR8 Wir hören sie dort auch über die Balance zwischen Spannung und Entspannung sprechen.

rupt auf etwas Hartes trifft: Klock. Peng. Rumms. Wenn etwas Weiches auf den Boden fällt, hört sich das nicht hart an. Und es sieht auch nicht hart aus. Immer wieder habe ich ein Stück Seil oder ein Tuch mit in meinen Unterricht genommen und habe es zu Boden fallen lassen, um das zu veranschaulichen. Wäre es möglich, dass der Kontakt mit dem Boden weich erscheinen könnte, wenn wir selber weich sind? Dass der Eindruck, den der Boden in uns hinterlässt, wesentlich von der Qualität der Begegnung abhängt und von der Beschaffenheit des Resonanzkörpers, den wir ihm zur Verfügung stellen? »Ja, aber wir haben nun mal ziemlich harte Knochen, wir sind nicht wie das Tuch«, erwiderte dann meistens eine*r der Hageren. Ich bin selber nicht allzu gut gepolstert und weiß mittlerweile: Die Weichheit beruht nicht auf der Größe unserer Fettpölsterchen, sondern auf Elastizität. Wir können uns rund machen, dem Boden statt eines abgewinkelten Ellbogens einen kufenförmigen Arm anbieten. Du kannst es beim Lesen ausprobieren, wenn du Lust hast. Vielleicht zunächst einmal mit der Hand. Wende dich einer harten Fläche in deiner Nähe zu – der Wand, einem Tisch, dem Boden, der Lehne des Stuhls, auf dem du sitzt. Nähere dich allmählich, entspanne deine Hand und lass sie hineinschmelzen.

Es ist möglich, eine Bewegungsqualität zu entwickeln, eine Art innerer Weichheit, die auch einem Knochen und einem soliden Holzboden ein sanftes Aufeinandertreffen ermöglicht. Wir lernen in der Contact Improvisation nach und nach, unser Skelett so zu organisieren, dass wir zu Boden gleiten, ihm entgegensinken oder uns hineinspiralen, anstatt zu rumpeln. Wir üben, bis es irgendwann geradezu →zärtlich anmutet. Das ist eine echte Alternative zu einem Aufprall. Es hilft, so weit zu verlangsamen, bis wir in jedem Moment der vielfältigen Möglichkeiten gewahr sind, die uns sich anbieten. Wenn wir immer weniger planen, werden wir irgendwann »zu Passagier*innen unserer eigenen Bewegung«[15], wir fügen uns der Logik des Bewegungsablaufs und erforschen bewusst unterschiedliche Wege. Sobald uns das in Fleisch und Blut übergegangen ist – wie passend diese Formulierung hier doch ist! –, können wir schneller werden und wir tun uns trotzdem nicht weh, weil wir beides gleichzeitig können: spüren und uns bewegen. Blaue Flecken rühren daher, dass wir verlernt haben, was ein Kleinkind noch richtig gut kann, nämlich Bewegung aus dem Spiel mit den Gegebenheiten entstehen zu lassen, anstatt sie kontrollieren und bestimmen zu wollen. Weil wir in unserem ergebnisorientierten, auf Routine und Funktionalität ausgerichteten Leben fast immer irgendwo hinwollen, bekommen wir nicht

15 Diese wunderbare Formulierung verdanke ich meinem Kollegen Charlie Morrissey: »Be a passenger to your own movement.«

mehr mit, wo wir uns in diesem Augenblick befinden. Dadurch gewöhnen wir uns im Laufe des Erwachsenwerdens einen seltsamen Umgang mit unserem Körper an: Mit mehr muskulärer Spannung als nötig führen wir Bewegungen aus, die so sehr auf ein Ziel hinstreben, dass der Vorgang selbst nicht mehr wahrnehmbar ist und wir uns immer weniger den Gegebenheiten des Moments anpassen können.

»Anspannung überdeckt und überlagert Sinneswahrnehmung« – falls du den in Fußnote 14 genannten Film anschaust, hörst du diese Sätze aus dem Mund von Nancy Starck Smith: »Tension masks and covers sensation.« Was bedeutet das? Anspannung macht uns undurchlässig. Ein verspannter Körper spürt viel weniger als ein wach entspannter. Und hier zeigt sich eine Art Teufelskreis. Unsere bevorzugte Art, über Kontrolle und Festhalten Sicherheit zu suchen, führt dazu, dass uns das verlässlichere und lebendigere Sicherheitssystem – wahrnehmen, orientieren, in Beziehung treten, antworten – immer weniger zur Verfügung steht. Weil uns Orientierung und Bezug fehlen, meinen wir, immer noch mehr festhalten und kontrollieren zu müssen. Das verengt unsere Wahrnehmung – und so weiter. Wie können wir verhindern, dieses ungünstige Muster immer weiter zu verstärken, um nicht in der völligen Starre zu enden? Wir können in uns hineinhorchen, ein Gewahrsein für unseren eigenen Körper entwickeln, um etwas über seinen Zustand zu erfahren. Ich habe bereits erwähnt, dass es seltsam ist, immer nur von den fünf Sinnen zu sprechen, die uns mit Informationen über die Außenwelt versorgen – Sehen, Hören, Tasten, Riechen, Schmecken. Wahrnehmung richtet sich eben nicht nur nach außen, sie findet auch innerhalb unseres Organismus statt. Man nennt das Propriozeption.

→ Einschub: Propriozeption, Top Down – Bottom Up, Faszien, Tensegrity

Unser Körper hat die Fähigkeit, sich selbst wahrzunehmen. Das ist notwendig, damit wir Balance halten können, die Hand zum Mund führen oder spüren, ob wir satt oder hungrig sind. Weil die Rezeptoren (Sinneszellen) dieses umfassenden Körpersinns notwendigerweise überall verteilt sind und nicht als ein spezifisches Organ dingfest gemacht werden können, wurde er lange nicht als Sinn erkannt und beschrieben. Er besteht aus mehreren Teilsinnen: dem Tastgefühl, dem Gleichgewichtssinn; eine wesentliche Rolle spielen die sogenannten Tiefensensoren in unseren Gelenken, Muskeln, Sehnen und Organen. **Propriozeption** lautet der Fachbegriff dafür, also Eigenwahrnehmung, auch *Interozeption* oder *Tiefensensibilität*. Es sind nur wenige Menschen auf der Welt bekannt, denen die propriozeptiven Sinne völlig oder zum Großteil fehlen, sie müssen ihre Funktion durch andere Sinne ersetzen, vor allem durch den visuellen, können ihren Bewegungsapparat also nur steuern, wenn sie hingucken. Einer der Betroffenen, Ian Waterman sagt: »Du weißt einfach nicht, was es ist – bis es weg ist.«[16] Einen vagen Eindruck davon können wir bekommen, wenn uns ein Bein eingeschlafen ist. Wir spüren das Bein schlecht und können es daher nicht wie gewohnt bewegen oder belasten. Hier zeigt sich, dass unser lange gehegtes Bild vom Körper nicht stimmen kann: die Idee vom Gehirn als Schaltzentrale und die Vorstellung, es gäbe Befehle an die Teilbereiche des Körpers, die dann laut Auftrag ihre Arbeit verrichteten. Ganz eindeutig ist solch ein Modell des Körpers von einer hierarchischen Denkweise geprägt, die davon ausgeht, alles organisiere sich **Top Down**, also von oben nach unten. Ohne Befehl einer übergeordneten Stelle, denken wir, könne nichts geschehen. Das ist jedoch schlichtweg falsch, auf jeden Fall einseitig und unvollständig. Es lässt zweierlei außer acht. Zum einen fehlt ein Bewusstsein für die andere Richtung, **Bottom Up**, also von unten nach oben. Inzwischen ist bekannt, dass auf eine Information, die vom Gehirn in die Bauchregion gesendet wird, etwa neun kommen, die in die andere Richtung fließen. Die Basis jeglicher Gehirnaktivität ist Wahrnehmung – eigentlich sehr logisch, aber lange unterschätzt. Um etwas verarbeiten zu können, braucht es ja zunächst einmal Daten. Die zweite Erkenntnis ist noch niederschmetternder für uns, die wir uns so viel auf unser Gehirn einbilden: Nicht alle körperlichen Vorgänge sind an Gehirnaktivität gekoppelt. Millionen von Rezeptorzellen verschiedenster Art sind über unseren ganzen Körper verteilt. Wir sind von einem Kommunikations- und Verbindungsnetz durchzogen, über das die verschiedenen Bestandteile unseres Organismus sich ununterbrochen mit Informationen über ihren Spannungszustand, ihre Lage im Raum und zueinander versorgen: die **Faszien**, besser bekannt als das Bindegewebe. Die noch recht junge Faszienforschung fand heraus, dass es sich hierbei um ein selbstorganisierendes System handelt. Das Gewebe kann in sich kommunizieren, ohne Umweg über das Gehirn. Erst in den letzten Jahrzehnten werden die Faszien ausgiebig erforscht, und das ist ein Zeichen dafür, dass sich unser Weltbild ändert. Die rein wissenschaftlich orientierte Medizin[17], die den Menschen in Einzelteile zerlegt und diese isoliert betrachtet, ignorierte lange diese filigrane aber stabile Schicht. Nun beginnt sie sich für den Zwischenraum zu interessieren, für Verbindung, Bezogenheit und Kommunikation. Das ist bahnbrechend und wegweisend und könnte Zeichen für einen → Paradigmenwechsel sein. Was genau sind nun die Faszien? Es ist das weißliche, faserige, feinmaschige Gewebe, das unsere Körperbestandteile umhüllt, durchdringt und hält, also voneinander trennt und zugleich miteinander verbindet. Die Faszien bilden eine Art

16 »You just don't know what it is, until it goes.« Ian Waterman in »The Brain with David Eagleman | Ian Waterman | PBS«: https://youtu.be/evtFaZ1DCMA

17 Hier stand ursprünglich »Schulmedizin«, das habe ich ersetzt, weil im Rahmen der Debatte ums Impfen sichtbar wurde: Dieser Begriff wurde – nicht ursprünglich, aber zwischenzeitlich – antisemitisch aufgeladen.

dreidimensionales, verzweigtes Spinnennetz.[18] Sie sind voller Nervenenden, transportieren Informationen, halten unsere Organe an ihrem Platz und sind wesentlich an der Elastizität und Aufrichtung unseres Körpers beteiligt. In einem ausbalancierten Wechselspiel von Druck- und Zugkräften sorgt dieses Strukturnetz für eine Grundspannung unseres Körpers, die in Anlehnung an architektonische Konstruktionen – etwa von Brücken und Gewölben – **Tensegrity** genannt wird. Der Architekt Buckminster Fuller prägte dieses Kunstwort, das sich zusammensetzt aus den englischen Wörtern *tension* (Spannung) und *integrity* (Ganzheit). Fuller beschrieb, dass Zug und Druck keine Gegensätze sind, sondern komplementäre Polaritäten, die immer zusammen auftauchen, eine Erkenntnis, die uns auch bei den Mustern → frühkindlicher Bewegungsentwicklung und beim Lehnen begegnet ist. Die flexible Stabilität unseres Körpers muss also nicht angestrengt kontrolliert werden, sondern stellt ein dynamisches Aufgespanntsein dar. Ebenfalls interessant: Die Kommunikation findet in dem Raum zwischen den kleinsten abgetrennten Organisationseinheiten unseres Körpers, den Zellen, statt. Wenn wir der Fähigkeit unseres Körpers, sich intelligent zu organisieren, nicht vertrauen, dann meinen wir, die stabilisierende Funktion der Faszien durch Anspannen der äußeren Muskulatur ersetzen zu müssen. Darauf beruht unsere Steifheit und Verspanntheit und die weit verbreiteten Rückenschmerzen. Stress, Anspannung und Bewegungsmangel lassen die Faszien verkleben und verhärten – woraufhin die Muskeln noch mehr ihrer Arbeit übernehmen, weil der Körper außer Balance gerät: ein Teufelskreis des Verkrampfens. Hier zeigt sich sehr deutlich die körperliche Seite des Erstarrens, von dem ich bereits so viel beschrieben habe. Alles wird immer härter und kann dadurch immer noch weniger wahrnehmen.

Verkörperung – Embodiment

Was machen wir nun mit diesem Wissen? Wie kann es uns dienen? Oft höre ich die Frage: »Wie können wir es verkörpern?« Die Begriffe *Verkörperung* oder *Embodiment* werden gerade inflationär benutzt – insbesondere, seit bekannt ist, dass wir uns Dinge besser merken können, wenn wir sie erlebt haben. Deshalb lassen erfinderische Lehrer*innen Kinder bisweilen als Elektronen im Raum herumrennen oder sich als geometrische Figuren aufstellen, um physikalische oder mathematische Lerninhalte zu »verkörpern«. Es ist erfreulich, dass ein bisschen Bewegung in den überwiegend sitzend verbrachten Schulalltag kommt. Aber ich möchte auch betonen, dass diese didaktischen Methoden weit entfernt sind von intrinsisch motiviertem Lernen oder aus der

18 Einen Eindruck, wie fasziales Gewebe aussieht, bekommst du in Minute 41 des insgesamt sehr informativen Dokumentarfilms »Faszien – geheimnisvolle Welt unter der Haut«: https://youtu.be/hijLMz9lEyg

Eigenwahrnehmung hervorgegangener, freier und spielerischer Bewegung. Nach wie vor ist der*die Lehrer*in mehr am Stoff interessiert als an der Forschungslust der Kinder. Nach wie vor sollen die Schüler*innen einer Anleitung folgen anstatt der eigenen Neugier nachzugehen. »Verkörperte Geometrie« kann hilfreich sein, um das räumliche Vorstellungsvermögen zu schulen, ist allerdings weit entfernt davon, Kindern einen Raum zu schaffen, in dem sie als sie selbst anwesend sein können, bezeugt und wahrgenommen werden, wie sie sind.[19] Das Ganze verfolgt einen Zweck: Sie sollen sich merken, was ein gleichschenkliges Dreieck von einem gleichseitigen unterscheidet. Und in der nächsten Prüfung sollen sie dieses Wissen abrufen können. Das Wort *Verkörperung* passt hier. Inhalte sollen über das körperliche Erleben in den Körper hineingebracht und dadurch effizienter gespeichert werden.

Etwas sperrt sich in mir, den Begriff zu verwenden. Denn mir geht es um etwas anderes: Aus dem Besinnen auf unsere somatische Basis und einer neugierigen und forschenden Körpererfahrung erwächst uns ein ganzheitlicheres Ich- und Weltempfinden. Es wird aus dem Körper geschöpft – und nicht in ihn hinein gebracht. *Ver-* erscheint mir nicht wie die geeignete Vorsilbe für diesen Vorgang: *ver*flüssigen, *ver*stetigen, *ver*innerlichen. Das *ver-* suggeriert ja, dass etwas von einem anderen Zustand in diesen gebracht wird. *Verflüssigen* heißt flüssig werden – heißt *verkörpern* folglich Körper werden? Wir sind doch Körper. Alles Denken beruht auf Wahrnehmung. Verkörperung findet so gesehen im Moment unserer Zeugung statt – und spätestens ab der Einschulung werden wir nachhaltig entkörpert, vielleicht bereits von dem Moment an, da wir nicht ganz landen dürfen. Nun gilt es also, die *Ent-Entkörperung* zu vollziehen. Ich wünsche mir, dass wir uns auf den Weg machen, die Schale der anerzogenen Verhärtung aufzuweichen und aus diesem Spüren heraus unser Leben gestalten. Und das beginnt mit dem Lauschen nach innen.

Wahrnehmen und Wissen

Wie kann uns das Faszienwissen dabei dienen? Als ich das erste Mal einen Film über Faszien anguckte, staunte ich, saugte diese neuen Einblicke aufgeregt in mich auf und wusste zugleich: »Das kenne ich doch!« Die Informationen, die mein Verstand bekam, waren neu. Aber mein Körper wusste das bereits – natürlich, das wundersame Gewebe gehört ja untrennbar zu ihm. Meinen Körper schon so oft in dieser dynamischen Stabilität erlebt zu haben und nun diese Bilder und Beschreibungen des Fasziengewebes zu bekommen, machte die Erfahrung komplett und fügte meinem Spüren etwas hinzu. Ich kann das, was meine propriozeptiven Sinne melden, nun um ein inneres Bild ergänzen. Viele →somatische Ansätze beruhen genau darauf,

19 Ich meine, den Einwand zu hören, es sei ein bisschen viel verlangt und das könne →Schule nicht leisten. Wie sähe Schule aus, die gar nichts leisten muss, sondern Kinder schlicht in ihrem Sosein bezeugt und bestärkt?

die Trennung von Körper und Geist als Illusion zu enttarnen. In Kapitel 3 habe ich das Modell der → frühkindlichen Bewegungsentwicklung vorgestellt. Wenn wir um Gesetzmäßigkeiten wissen (Yield-Push-Reach-Grasp-Pull), können wir uns in unserem Bewegen beobachten und Abläufe bewusster erleben. *Body Mind Centering* beruht darauf, Anatomie erfahrbar zu machen. Wir gucken uns ausgiebig Skelettmodelle an, eignen uns Wissen über die Lage von Organen, den Verlauf von Nervenbahnen und Bändern oder die Funktion von Drüsen an, um uns mit diesem Wissen feiner spüren und differenzierter bewegen zu können. Und das verkopft das Ganze nicht, sondern vertieft die Wahrnehmung. Es ist kein *Verkörpern*, eher ein Zusammenfügen verschiedener Ebenen menschlichen Lebendigseins, die wir gleichermaßen brauchen, um ganz zu sein, um das Bild komplett zu machen. Um Mensch werden zu können und dabei Tier bleiben zu dürfen. Das erlebe ich als sehr lustvoll und zutiefst menschlich: mein Spüren denkend begleiten und beobachten zu können, meinen Verstand mit der Weisheit meines Körpers füttern zu können und wissenschaftliche Erkenntnisse in die Feinheit meines leiblichen Erlebens einfließen zu lassen. Anatomisches Wissen, Kenntnisse über die Architektur meines Körpers erweitern meinen Bewegungshorizont. Ich bewege meine Arme anders, seit ich weiß, dass sie vorn über die Schlüsselbeine mit dem Brustkorb verbunden sind und nicht seitlich aus meinem Rumpf herauswachsen. Ich erlebe eine andere Freiheit in meinen Hüftgelenken, seit ich mich mithilfe von Anatomiebüchern in ihre kugelige Beschaffenheit vertieft habe. Mein Wissen unterstützt mein Wahrnehmen und das Wahrnehmen vertieft die Qualität des Wissens. Seit ich von den Faszien weiß, lehne ich mich noch genüsslicher in dieses Netz von Zug- und Druckspannung hinein. Es erscheint als Bild vor meinem inneren Auge, wenn ich mich bewege und wird dadurch in seiner unterstützenden Elastizität noch spürbarer – und dadurch steht es mir auch satter zur Verfügung. Manchmal scheint es sich in der Luft um mich herum fortzusetzen, gerade wenn ich ein Solo tanze. Dann ist es so, als würde mich der Raum tragen. Und so ist es ja auch. Wir sind Getragene, Gehaltene. Und das können wir spüren, wenn wir uns anvertrauen.

Das Körperwissen ist immer schon in uns. Und es kann mit dem Verstand entweder eine bereichernde Verbindung eingehen – oder die beiden stehen einander furchtbar im Weg. Aufgrund der Trennung von Körper und Geist, die unsere Kultur uns suggeriert, geschieht leider meist letzteres. Ich habe bereits geschrieben, dass das Denken ständig um unsere Aufmerksamkeit buhlt und uns vom Spüren ablenkt. Wir stehen unter der Dusche und sind dermaßen in Gedanken, dass wir das Wasser auf unserer Haut nicht wahrnehmen. Wir berauben uns des gegenwärtigen Augenblicks, indem wir über etwas Vergangenes

nachgrübeln oder Zukünftiges vorausplanen. Wir kontrollieren Bewegung, anstatt uns ihrem organischen Fluss hinzugeben.

Den Kopf ausschalten? Erleben wir einmal einen Moment tiefer → Sinnlichkeit, kann das wie eine Erlösung vom Geplapper unserer Gedanken sein. »Ich fasse es nicht, ich glaube, ich habe grade tatsächlich mal ein paar Minuten lang nicht gedacht!«, habe ich von meinen Schüler*innen oft gehört, wenn sie sich zum ersten Mal dem Zustand anvertrauten, »Passagier*in ihrer eigenen Bewegung« zu sein. Das kann wie ein Rausch erlebt werden. Ihre Schlussfolgerung lautete nicht selten: »Man muss den Kopf ausschalten, dann geht es.« Das sehe ich anders. Was ist denn »der Kopf«? Was für Assoziationen hast du zu dem Wort *Kopf*?

Es ist bezeichnend, dass wir damit meist nicht den Körperteil meinen, den wir anfassen können, sondern das Denken: *Ich bin total im Kopf, das ist doch kopfig, sie ist nicht auf den Kopf gefallen, das hatte ich nicht im Kopf, Kopfrechnen* und so weiter. Unseren Kopf betrachten wir vornehmlich als Ort von Verstandestätigkeit, nicht als Teil unseres Skeletts, als Schädel oben auf der Wirbelsäule, und das Gehirn selten als Organ und physische Masse. Während ich hier stehe und schreibe, nehme ich immer wieder ganz bewusst meinen Kopf in die Hände. Ich berühre meinen Schädel, vergewissere mich, dass da Substanz ist, Form, Gewicht, nicht nur abstrakte Gedanken.

Beim tänzerischen Improvisieren möchte ich in doppelter Hinsicht nicht auf meinen Kopf verzichten. Zum einen stellt sein Gewicht – er wiegt etwa sechs Kilo – eine enorme Hilfe dar, um meinen Körper durch den Raum zu bewegen. Stehend kann ich wahrnehmen, wie dieses Gewicht oben auf meiner Wirbelsäule balanciert. Sobald ich meine Nackenmuskulatur ein wenig entspanne, initiiert das pendelnde Gewicht meines Kopfes von ganz allein Bewegung, der ich in den Raum folgen kann. Ich kann mich von ihm zum Boden leiten lassen, indem ich zulasse, dass der Kopf nach unten sinkt und ich mit dem Rest des Körpers folge. Kopf und Becken bilden die Pole meiner Wirbelsäule, mit denen ich spielen kann, indem ich sie in immer neue Positionen zueinander bringe. Es gibt dabei keinerlei Hierarchie zwischen den beiden. Sie sind Körperteile im Raum, Masse, die ich den wirkenden Kräften anvertraue. Zwischen beiden Massen tanzt eine bewegliche, durchlässige Wirbelsäule, die dem Becken Auskunft gibt, wo der Kopf sich gerade befindet und andersherum. Und dieser Informationsaustausch geschieht nur zu einem geringen Teil über Gehirnaktivität. Ich erfahre so ziemlich das Gegenteil der zielgerichteten Anstrengung, die uns so oft nahegelegt wurde und wird: »Wenn du dich nicht bemühst, dann wird das nichts«.

Somatisch ausgerichtete Bewegungspraxis hingegen ermutigt uns schlichtweg zum Gegenteil, indem sie uns erinnert: Wenn du dich zu sehr bemühst, bringst du dich um das Vergnügen des Seins. Hier kommt das ins Spiel, was meine Schüler*innen gern »den Kopf ausschalten« nannten. Wir haben uns angewöhnt, unseren Verstand so gut wie ausschließlich als planende und urteilende Instanz zu benutzen. Und in dieser Eigenschaft stört er tatsächlich das Improvisieren, das Sein, die Hingabe an das, was ist. Er will so gern kontrollieren und bestimmen, er will die Macht über den Rest des Körpers nicht abgeben, er möchte der Chef sein. Genau dieses Bild wurde uns beigebracht, weil wir uns innerhalb eines bestimmten → Paradigmas gar nicht vorstellen können, dass Selbstorganisation und dezentrale Kommunikation funktionieren könnten. Die meisten menschengemachten Systeme und Institutionen basieren auf einem machthierarchischen Prinzip.[20] Also übertragen wir dieses Schema auf das Bild, das wir uns von der Funktionsweise unseres Körpers machen. Doch ein aufgeblasenes Verwaltungssystem frisst viel Zeit und Energie, das kennen wir von Behörden und anderen bürokratisch organisierten Institutionen. Und es kann unsere Wahrnehmungsfähigkeit und Eigenverantwortung verkümmern lassen. Wenn ich als Mitarbeiterin einer Firma merke, dass die Türklinke meiner Bürotür wackelt, habe ich wahrscheinlich den Impuls nachzusehen, woran das liegt. Ah, da hat sich eine Schraube gelockert und fehlt nun. Wenn ich freien Zugang zum Materiallager und zum Werkzeugkasten habe, kann ich das schnell beheben, ohne dass die* Chefin* überhaupt etwas davon mitbekommt. In einer Firma, die zentralistisch organisiert ist, muss ich womöglich erst um Erlaubnis bitten, den technischen Dienst beauftragen zu dürfen. Das nimmt viel Zeit in Anspruch und Umwege – für eine Sache, die in wenigen Minuten erledigt werden könnte. Auf den Körper bezogen: Unser komplex vernetztes propriozeptives Sinnessystem fragt nicht für jede Regung das Gehirn um Erlaubnis. Die einzelnen Teile versorgen sich gegenseitig mit den Informationen, die sie benötigen, um sich fein aufeinander abzustimmen. Alles andere würde viel zu lange dauern und wäre zu kompliziert. Ian Waterman, der ohne seinen propriozeptiven Sinn auskommen muss, kann ein Lied davon singen. Seine Bewegungen wirken roboterhaft. Körperliche Geschmeidigkeit ist nicht die Königsdisziplin des Verstandes.

Darauf bezieht sich der Wunsch, »den Kopf auszuschalten«. Bis zu einer gewissen Geschwindigkeit kann ich in einem Duett theoretisch dem rollenden Kontaktpunkt auch dann einigermaßen folgen, wenn ich versuche, die Bewegung im Griff zu behalten und sie »herzustellen«. Es macht zwar nicht so viel Spaß, aber irgendwie geht es. Irgendwann kom-

20 Ich bin überzeugt: Wir können von der Struktur und Intelligenz unseres Organismus wichtige Informationen ableiten, wie wir in Zukunft als menschliche Gemeinschaften miteinander sein können. Der Organisationsentwickler Frederic Laloux beschreibt die notwendige Transformation heutiger Firmen als Abschied vom Bild der Maschine. Es sei an der Zeit, uns an der Struktur lebendiger Organismen zu orientieren. Das Cover seines Buches »Reinventing Organisations« ziert eine Gewebestruktur, die sehr an Faszien erinnert.

me ich aber denkend nicht mehr hinterher, es wird zu schnell oder zu viel. Ich muss langsamer werden – oder loslassen und der Klugheit meines Körpers vertrauen. Steve Paxton, Pionier der → Contact Improvisation, sagt schlicht und einfach: »Da geschieht etwas, das für das Denken zu schnell ist.«[21] Wir bewegen uns also gewissermaßen an unserem Gehirn vorbei, die Informationen durch unseren Körper nehmen den direkten Weg. Wir hören auf, Bewegung zu planen, wir sind die Bewegung. Und das geht, wenn wir es wagen, unserer Wahrnehmung das Feld zu überlassen – weitestgehend. Wir verweisen den Verstand in seine Grenzen, um uns von der Übermacht seiner gewohnten Aktivitäten zu befreien. Und ein Geist, der sich darin übt, sich der Intelligenz des Körpers anzuvertrauen, hat Kapazitäten frei, das Geschehen liebevoll zu beobachten. Ihm steht dann die Möglichkeit zur Verfügung, den Fluss dieser Hingabe bewusst zu gestalten und mit den verfügbaren Parametern wie Rhythmus, Dynamik, Ebenenwechsel, Richtung, Raumebenen zu komponieren. Ich kann den Wunsch, »den Kopf auszuschalten« also nachvollziehen, möchte ihm aber nicht zustimmen. Das Zusammenspiel macht's.

Was dieses Buch bestimmt nicht sein möchte, ist eine Streitschrift gegen das Denken. Im Gegenteil. Ich sehne mich nach einer Welt, in der Wahrnehmen und Denken eine intime Beziehung miteinander eingehen und einander im ständigen Wechselspiel ergänzen, leiten und befruchten. Und ich sehne mich danach nicht im Sinne einer hehren Utopie. Ich habe solche Räume erlebt. Ich weiß, dass sie möglich sind, manchmal nur für kurze Momente, meist in sehr geschützter Umgebung, und ich werde nicht aufhören zu erforschen, wie wir sie einladen können – auch in die Mitte der Gesellschaft. Unsere Wahrnehmung schulen und improvisieren lernen – das scheinen mir vielversprechende Schritte zu sein.

Wahrnehmen, dass wir nicht wahrnehmen

Als mir allmählich bewusst wurde, was ich alles nicht wahrnehme und vor allem, wie oft ich → dissoziiere, war das für mich zunächst einmal ein richtiger Schock. Ich weiß noch, mein erster Gedanke war, wie viel meiner Lebenszeit vergeudet wurde in all diesen Minuten und Stunden, in denen ich nicht wirklich anwesend war. Es machte mich traurig. Und je nachdem, worauf ich meine Abwesenheit jeweils zurückführte, wurde ich auch wütend oder schämte mich. Es gibt ja ganz verschiedene Weisen, wie wir uns vom Wahrnehmen abschneiden: denken und uns anderweitig ablenken, hocherregt sein, erstarren. Dieser Moment, wenn wir merken, wie abgeschnitten wir über weite Strecken sind und wie oft wir aus der Präsenz verschwinden, kann sich am schlimmsten anfühlen: Wir bekommen

21 »Something is happening that is too fast for thought«, im Video »Fall after Newton«, das die frühen Jahre der Contact Improvisation dokumentiert. Der 20-minütige Film ist in drei Teilen auf YouTube zu finden. Teil 1: https://youtu.be/k768K_OTePM

mit, wie es neblig wird oder dass wir die Welt wie hinter einer Scheibe erleben, aber uns fehlen noch die Werkzeuge, um dableiben zu können. Das kann so schrecklich sein, dass wir uns wünschen, wir wären im Tal der Ahnungslosen geblieben: damals, als wir unser zeitweises Verschwinden, Erstarren oder Vernebeln noch nicht mitbekamen. Das ist doch angenehmer, als uns in diesem ohnmächtigen Zustand zu befinden! Mir half es, mir selbst zuzugestehen, einen Schritt nach dem anderen machen zu dürfen. Der entscheidende ist getan, wenn wir das Dissoziieren bemerken. Das ist ein enormer Fortschritt, auch wenn sich dieser Punkt am erbärmlichsten anfühlen kann, weil wir schon spüren, wie wir ins Nichtspüren abrutschen, es aber – noch – nicht verhindern können. Und es könnte wichtig sein, uns zu beobachten, ob der Schock über das viele Nichtwahrnehmenkönnen nicht selbst wieder eine Schockstarre in uns auslöst. Vielleicht möchtest du dich darin einen Moment lang selbst beobachten. Wie reagiert dein Nervensystem, wenn du über das Dissoziieren liest?

Wenn wir merken, wie wenig wir in der Welt der Sinne zuhause sind, ist es enorm wichtig, uns auf das zu fokussieren, was geht, was da ist und was spürbar ist – anstatt immer nur auf die Taubheit zu starren. Sonst entmündigen wir uns selbst dadurch, dass wir uns gar nicht erst zutrauen, den Weg des Wahrnehmens einzuschlagen. Mit unserer Wahrnehmungserweiterung können wir ja nur da anfangen, wo wir sind. Wie kann dieser Weg aussehen? Für jede*n von uns anders.

Gerade las ich den Text einer dreifachen Mutter[22], die ihre Kinder ohne medizinische Begleitung zur Welt gebracht hat. »Ich war voller Vertrauen, dass mein Körper ganz genau wüsste wie das geht«, schreibt sie, und weiter: »Das sage ich als eine Frau, die in ihrem Körper nicht zu Hause ist.« Sie bedauert, wie wenig sie spüren kann, und dass andere Frauen ihre → Sexualität wohl aktiver und umfassender genießen können als sie. Sie erwähnt, sie kenne Frauen, die ihren Eisprung oder den Moment der Empfängnis bewusst wahrnehmen können, was bei ihr nicht der Fall sei. »Das alles sind Puzzleteile, die uns ahnen lassen, wie viel mehr Frauen eigentlich empfinden könnten, wie es wäre, wenn wir ganz bei uns und in unserem Körper wären.« Trotz der Einschränkungen in ihrer Spürfähigkeit, die sie an sich beobachtet, beschreibt sie ihre Geburten als ekstatische, beglückende Erfahrung: »[…] Ich fühlte mich verrückt und lebendig, musste gleichzeitig weinen und lauthals lachen.« Danke für diese ehrlichen Worte. Sie sind mir so viel wertvoller als die von manchen Achtsamkeits-Coaches und Tantra-Expert*innen, die uns wasserdichte Methoden versprechen und anhand der pastellfarbenen Bilder in ihren Prospekten suggerieren, sie seien auf dem Weg der Wahrnehmungsforschung schon am Ziel angekommen. Was ich mit diesem Buch auf

22 Dagmar Frank: *Schwangerschaft und Geburt in Eigenregie* in der Zeitschrift »Oya« (Nr. 61, Dez.20-Feb.21, S. 218): https://lesen.oya-online.de/texte/3597-schwangerschaft-geburt-in-eigenregie.html

keinen Fall möchte, ist das Wahrnehmen zum Leistungssport machen. Wer spürt am besten, am meisten, am tiefsten? An dieser Stelle holt uns das Narrativ mit all seiner Scham und all seinem Druck ein. Und beides steht dem Empfinden im Weg: Scham macht uns klein, Druck macht uns taub. Warum hat mich der Bericht dieser Mutter so bewegt? Weil hier deutlich wird: Ich muss nicht darauf warten, bis ich eine Meister-Spürerin geworden bin, um anzufangen, mich auf meine Wahrnehmung zu verlassen. Ich muss auch nicht unbedingt zig Workshops besuchen, in denen Menschen mir beibringen, wie »es« geht. Natürlich kann Anleitung, Anregung, eine unterstützende Atmosphäre helfen, ebenso der Austausch mit anderen, die sich ebenfalls auf den Weg machen wollen. Und ich muss mich nicht davon abhängig machen, kann einfach jetzt in diesem Moment den Mut aufbringen, meiner Wahrnehmung zu vertrauen. So wie ich es beim Lehnen beschrieben habe: Das Vertrauen entsteht – scheinbar paradoxerweise – dadurch, dass wir es aufbringen.

Achtsamkeit als Ressource

Es ist so wesentlich, nicht im Angesicht des Ausmaßes unserer Erstarrung zu erstarren, sondern uns an dem auszurichten, das spürt, dass es spüren kann – und sei es noch so klein. Damit beenden wir ein weiteres Dogma, das wesentlich unsere Kultur ausmacht: Wir beginnen da, wo wir sind – und schielen nicht dorthin, wo wir denken, dass wir sein müssten. Wir ermutigen uns mit dem, was ist, anstatt uns von dem, was nicht ist, frustrieren zu lassen. Wir erkennen also an, wie uns das Wahrnehmen abhandengekommen ist und lernen die kleinen Spürmomente zu schätzen, die wir erleben. Wir geben ihnen Raum, weiten sie aus, entdecken uns als sinnliche Wesen und erfreuen uns an Kleinigkeiten. Und das können dann unsere Anhaltspunkte sein, unsere Anker, die uns helfen, da zu bleiben, nicht wegzudriften, uns im Jetzt zu verorten. *Ressourcen* werden sie oft genannt in der Trauma-Sprache. Es kann hilfreich sein, um sie zu wissen: Atmen, sich im Raum orientieren, sich bewusst bewegen oder berühren, den Boden unter sich spüren, sich auf eine konkrete Sinneswahrnehmung fokussieren. Ich lege zum Beispiel gern eine Hand auf mein Brustbein und lasse sie langsam kreisen. Das hilft mir, bei mir zu sein. Andere Menschen benutzen eher visuelle Anker. Kennst du etwas, das dich dabei unterstützt, präsent zu bleiben?[23]

In entspannten Momenten können wir verschiedene Sachen ausprobieren und üben – zum Beispiel jetzt –, um darauf zugreifen zu können, es als Werkzeug parat zu haben, wenn wir merken, dass wir aktiviert sind und sich eine Trauma-Reaktion über uns legt. Auch *Ressource* ist allerdings ein Wort, mit dem mir nicht ganz wohl ist. Ich möchte das

23 Vielleicht fällt dir nichts ein. Dann kannst du dir Anregungen holen. Im Internet findest du jede Menge Anleitungen zur Selbstregulation. Schau dir ein paar an, nicht alles ist für jede*n geeignet. Du wirst finden, was dir gut tut.

Spüren, die Empfänglichkeit nicht zur Ressource erklären – so wie wir die Erde zu einem Ressourcenlager degradieren, zu einer Ansammlung von Rohstoffen. Ich möchte es nicht zum Notfallwerkzeug, zur reinen Methode verkommen lassen, die ich zweckgebunden einsetze und den Rest der Zeit missachte. Wahrnehmen, Spüren, Empfinden: Das ist zunächst einmal Ausdruck von Lebendigkeit. Ich spüre, dass ich bin. Und ja, daran kann ich mich auch in der Not erinnern. Aber nicht nur dann – genauso in den wachen, angenehmen Momenten. Sonst landen wir nämlich wieder beim Reparieren: Wir legen eine kurze Wahrnehmungseinheit ein, nicht, weil es an sich wunderbar, angenehm und lebendig ist, sondern um uns wieder funktionsfähig zu machen für einen Alltag, der an sich unlebendig ist. Ich habe es bereits mehrfach betont: Das System ist gefräßig und verleibt sich alles ein, auch an sich wertvolle Impulse wie die *Achtsamkeitsbasierte Stressreduktion*, ein von Jon Kabat-Zinn entwickeltes Programm zur Minderung psychosomatischer Beschwerden durch Wahrnehmungsschulung und -lenkung. Es ist wunderbar, dass das vielen Menschen hilft – und schrecklich, wenn es dazu führt, dass sie sich wieder vereinnahmen lassen von einem Alltag, der dann wieder Stress erzeugt. Das nehmen sie in Kauf – sie haben ja jetzt eine Methode, um den Stress »wegzumachen«. So geht → Transformation nicht. Wir brauchen wahrnehmungsfördernde Lebensräume, keine Reparaturstationen.

Der Soziale Uterus ist ein Raum der Empfänglichkeit

Wie fast allen Menschen, die in meinen Texten vorkommen, schickte ich Laura und Janis – dem Elternpaar, von dessen zugewandter Gelassenheit ich in Kapitel 4 berichte – den Abschnitt, in dem sie vorkommen, um zu fragen, ob es für sie in Ordnung sei, dass ich so über sie schreibe. Ich möchte ihre Rückmeldung hier teilen. Zunächst einmal ist es Freude. Und dann kommt von beiden eine feine und wesentliche Ergänzung: »Ruhe und Gelassenheit sind nicht die Worte, mit denen ich mein Sein mit meinem Sohn beschreiben würde«, sagt Laura, »weil ich mich gar nicht immer so ruhig und gelassen fühle. Ich bemühe mich, nachvollziehbar und bedacht zu handeln, aber da ist auch immer wieder Aufregung. Die möchte ich nicht wegdrücken. Es geht mir darum, eingeschwungen zu sein, ich versuche, zu erspüren was er braucht und sein Bedürfnis wirklich zu beantworten.«

Damit beschreibt die junge Mutter die wichtigste Qualität des Sozialen Uterus: Die Empfänglichkeit. Und das ist ja auch sehr naheliegend. Die Gebärmutter ist als Organ der Inbegriff von Empfänglichkeit. Sie nimmt diese neue Eizelle auf, erlaubt ihr, sich einzunisten und dehnt sich auf ein Vielfaches ihrer Größe aus, um den wachsenden Embryo zu beherbergen. Das beschreibt sehr eindrücklich das Wachtumspotenzial, das für uns alle[24] darin liegt, Teil eines Sozialen Uterus zu sein: Es ist eine Initiation in unser volles soziales Potenzial. Wir haben die Chance, noch viel umfassender als in den sozialen Kontakten unseres bisherigen Lebens unsere Wahrnehmungsfähigkeit zu schulen, die sich auf einen anderen Organismus ausdehnt und sich ihm zur Verfügung stellt. Das Leben eines kleinen Wesens hängt davon ab, ob wir uns empfänglich, empfindsam, wach und empathisch machen. Das Sein des Säuglings braucht unser eigenes Sein.

Damit kommen wir zurück zu den Fragen, um die sich dieses Kapitel im Wesentlichen dreht: Wie ist mein eigener Resonanzkörper beschaffen? Wie berührbar ist er? Kann er schwingen, einen ankommenden Reiz angemessen annehmen, beherbergen, beantworten? Laura nimmt sich nicht nur als Versorgungsmaschine wahr, die funktionieren muss, sondern schenkt sich selbst Aufmerksamkeit, um sie dann an ihren Sohn weiterschenken zu können.

Doch in einer Gesellschaft, die sich viel über ihr Tun und wenig über ihr Sein definiert, liegt unser Fokus schnell auf dem Umsorgen, dem Pflegen, Dinge tun müssen, die der Säugling noch nicht allein tun kann. Das braucht es ja auch alles. Doch wenn wir uns damit stressen, was wir alles tun müssen, um gute Eltern zu sein, führt unser eifriges Bemühen möglicherweise zum Gegenteil. Nur am Rande: Neben dem Tun definiert ja das Haben unsere Kultur. An dem, was wir meinen, haben zu müssen, damit wir ein Baby angemessen versorgen können, verdient sich ein ganzer Babyausstattungsmarkt eine goldene Nase. Auch hier wird uns häufig suggeriert, es diene der Sicherheit des Kindes. Dabei braucht es erdenklich wenig, um einem Säugling Sicherheit zu schenken. Der Tokioter Vater sei hier noch einmal erwähnt: Wir brauchen weder die Rassel noch das Gewedel. Weniger Haben, weniger Tun wäre zuträglich. Sicherheit, die nicht durch Haben hergestellt wird, sondern sich durchs spürende Sein entfaltet. Es braucht Menschen, die dem Kind zeigen: Ich bin da, ich nehme dich wahr, ich öffne meine Sinne und meinen Innenraum für dich. Ich bin bereit, zu fühlen was du fühlst, zu spüren was du spürst, um deine Bedürfnisse zu befriedigen, deine körperlichen und deine emotionalen – die kaum zu trennen sind, denn diese frühe Bindung ist ein zutiefst somatischer Vorgang. Die Bedürfnisse des Säuglings brauchen also nur manchmal unser aktives Tun und Machen, meist einfach nur schieres, horchendes Dasein. Wie kann das gelingen inmitten einer Welt, die uns antrainiert hat, geschäftig zu sein und eben nicht empfänglich, die von uns erwartet, dass wir die Dinge gut machen?

Darauf geht Janis ein: »Ja genau«, sagt er, »es gibt noch eine Ebene darunter: Es kann passieren, dass ich mich unter Druck setze, weil ich

24 Ich beziehe mich hier absichtlich und ausdrücklich nicht nur auf die Eltern. Alle können das mit den Babys in ihrem Umfeld lernen: Geschwister, Nachbar*innen, kinderlose Bekannte. Es ist ein Jammer, dass es in unserer Kultur meist nur zwei Bezugspersonen für einen Säugling gibt, wo es doch eigentlich ein ganzes Dorf braucht.

weiß, wie wichtig es ist, mein Nervensystem zu regulieren und damit eine sichere Basis zu schaffen. Ich muss jetzt ruhig und gelassen sein – oder so wirken, besonders wenn andere Menschen zugucken. Dann erzeugt mein Wunsch, es besonders gut zu machen, Verunsicherung in mir, die sich ja auch auf meinen Sohn überträgt. Und ich stehe mir und uns im Weg mit meinem tollen Wissen über das Nervensystem. Dann ist es kostbar, mich an meine Intuition zu erinnern und mein Herz zu befragen. Das Wissen um die neuronalen Geschichten ist etwas anderes als auf mein Herz zu hören. Es tut mir gut, damit transparent zu sein: Ich will ein toller Papa sein. Und wenn ich das zeigen will, macht mir das Druck – und auch meinem Kind.«

Wie schön, dass Janis ausdrücklich das Wahrnehmungsorgan benennt, auf das ich in diesem Kapitel bisher wenig eingegangen bin: das Herz. Ich habe viel darüber geschrieben, als es um die Sehnsucht ging. Und auch das Herz können wir ganz leiblich spüren: Es klopft, es krampft sich zusammen, es wird weit und öffnet sich. All das ist nicht abstrakt und symbolisch, sondern als körperliche Empfindung wahrnehmbar. Das Herz ist ein wunderbares Organ, um das Lauschen nach innen zu üben.

Magst du dich deinem Herz einen Moment lang widmen? Wie schlägt es gerade? Kaum spürbar oder energisch pochend? Verändert sich das, wenn es Aufmerksamkeit bekommt? Wo genau verortest du dein Herz und wie weit strahlt sein Klopfen in den Rest deines Körpers hinein? Magst du eine Hand dorthin legen, wo du es vermutest? Kannst du das Organ ausmachen, den Muskel, der Blut bis in die Peripherie deines Körpers schickt? Spürst du, wie es in deinem Brustkorb liegt, eingebettet zwischen deinen Lungenflügeln, die es mit jedem Atemzug sanft massieren? Vielleicht öffnet sich hier eine weitere Ebene des Herzlauschens: Welche Botschaft empfängst du aus der Weite deines Herzraums? Was erfährst du über die Beschaffenheit deines Herzens und die Wahrheit, für die es schlägt? Hast du Worte oder ein Bild für die Qualität, die du da gerade bezeugst? Hier ist ein bisschen Platz.

Mehr wahrnehmen?

Wenn ich hier ein flammendes Plädoyer für mehr Wahrnehmung verfasse – was ich weder leugnen kann noch will –, dann geht es mir nicht um Quantität, sondern um Qualität. Ich sollte nicht *mehr* schreiben, sondern *feiner, differenzierter, bewusster*. Es ist die Tiefe, die Vielfalt, die Genüsslichkeit, die → Intimität und Bezogenheit im Wahrnehmen, die uns abhanden gekommen ist. Wir schöpfen das Wahrnehmen nicht in seinem ganzen Reichtum und Potenzial aus. Wir haben vergessen, dass Wahrnehmung die Quelle von Beziehung ist und dass sie uns ermöglicht, unsere Welt zu gestalten. Die Frage ist, ob dieses verflachte, schnelle, einseitige Wahrnehmen, das wir uns angewöhnt haben, überhaupt noch den Namen verdient, oder ob es nicht im Großteil der Fälle zu einem simplen Muster verkommen ist: Reiz – Interpretation

– Reaktion. Es gibt wenig Luft zwischen dem Reiz, der Interpretation dieses Reizes und dem daraus resultierenden Handeln – oder Ignorieren. Wir leben in einer Welt, die uns für einen Großteil der Sinneseindrücke standardisierte Reaktionen anbietet. Das Wahrnehmen als Vorgang hat seine tastende, horchende, fragende Qualität verloren, die Würdigung des potenziell Neuen und Einzigartigen in jedem Moment. Damit wir uns dem Wahrnehmen auf diese Weise widmen können, braucht es die Bereitschaft, aus Funktionalität und Verwertungsdenken auszusteigen, indem wir radikal verlangsamen – nicht als Trick für immer mehr Effizienz, sondern um das Leben zu ehren, das an sich sinnlich ist. Diesen Wunsch habe ich bereits beschrieben, als ich mein Unbehagen gegenüber dem Begriff *Ressource* zum Ausdruck brachte. Einen Sinnesreiz empfangen, mit ihm verweilen, mich ihm öffnen und ganz in Beziehung treten – kaum habe ich diese Worte getippt, da bekomme ich auch schon Gelegenheit, das zu üben. Mein Mitbewohner Andreas kommt auf dem Weg zur Dusche an meinem Schreibtisch vorbei, bleibt hinter mir stehen, legt seine Wange an meine und ich kann mich dabei beobachten, wie ich von einem Modus in den anderen wechsle. Eben noch war ich dabei, dieses Kapitel ein wirklich letztes Mal zu überarbeiten, um es für Endlektorat und Layout freizugeben. Ich wollte damit fertig werden, es erledigt haben. Diese Wange an meiner lockt mich nun in einen ganz anderen Zustand. Einen, der nicht weiß, was als nächstes passiert, der nichts erledigen oder schaffen möchte. Mir ist, als könnte ich jede einzelne Pore meiner linken Wange dabei bezeugen, wie sie sich atmend der Berührung öffnet. Meine Augen, meine Finger brauchen einen Moment, bis das bei ihnen ankommt, sie sich von Bildschirm und Tastatur lösen und völlig entspannen. Mein Zeitempfinden verändert sich von »so, das mache ich bis 9 Uhr noch fertig« zu … ja, zu was eigentlich? Zu zeitloser Empfänglichkeit, die wenig zu tun hat mit Sekunden und Minuten. Unsere Seele ist mit solch schlichtem Sein sehr vertraut. Unsere Kultur eher nicht.

Wie ist das mit dem Alltag vereinbar?

In Seminaren erlebe ich Menschen oft hin- und hergerissen. Sie schwärmen, sich noch nie so intensiv gespürt zu haben und baden in ihrem neuen Körpergefühl, das sie nie wieder gegen das alte eintauschen wollen. Und spätestens wenn die Veranstaltung sich dem Ende nähert, gesellt sich Angst dazu: Wie soll ich denn mit so offenen Sinnen im Alltag klarkommen? Das bringt mich doch um! Macht Wahrnehmungsverfeinerung uns alltagsuntauglich?

Ja und nein. Wenn ich mit empfänglichen Sinnen von einer einsamen Bergtour zurückkomme, dann ist schon das schrille Piepsen zu viel für mich, das die Türen der Regionalbahn beim Schließen von sich geben. Und ich bin ja noch im beschaulich stillen Unterammergau. Wie soll das erst am Münchener Hauptbahnhof werden? Viel zu viel, unaus-

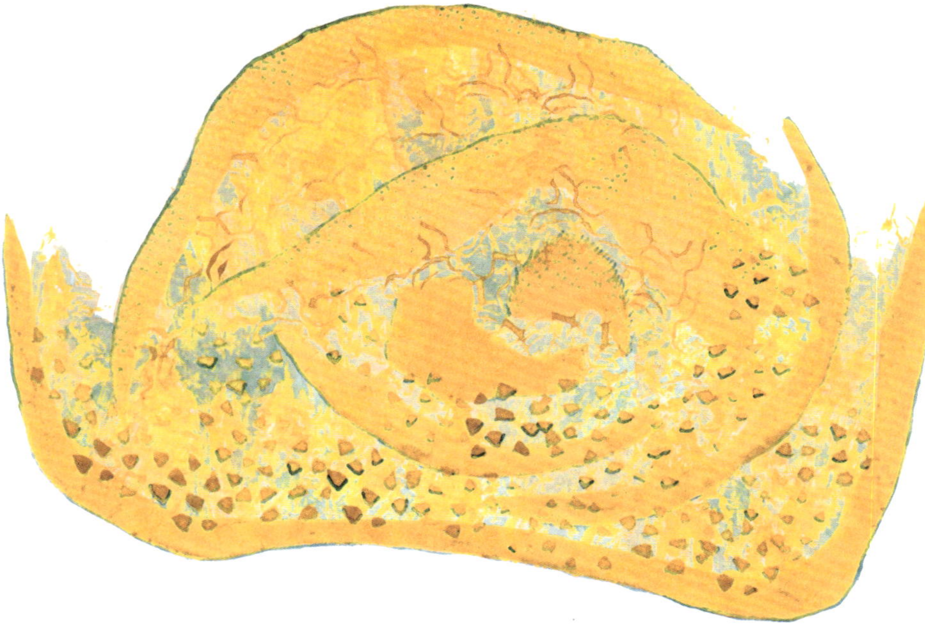

haltbar! Reizüberflutung, Überforderung. Ich finde es nur zu nachvollziehbar, wenn jemand sagt: »Dafür will ich mich doch nicht empfänglich machen!« Es scheint, als seien all diese Anregungen für Achtsamkeit und Spüren ja gut und schön, für den Alltag aber vollkommen unbrauchbar. Das hält doch kein Mensch aus, so fein spürend durch die Welt zu gehen, die gnadenlos und ununterbrochen auf uns einzudröhnen scheint. Und jene Strategie des verflachten Wahrnehmens, die wir uns angewöhnt haben, wirkt wie die einzig mögliche Weise, damit klarzukommen. Auch hier möchte ich die Frage stellen, was sich wie bedingt. Müssen wir abstumpfen, weil die Welt so laut ist, oder ist die Welt laut geworden, weil wir uns so umempfänglich gemacht haben?

Es ist alles viel zu viel – wenn ich diesen Satz hinschreibe, dann löst er vermutlich auch etwas in deinem Körper aus. Vielleicht kommt ein Seufzen? Vielleicht erzeugt die Tatsache, dass ich das Zuviel benannt habe, eine Enge, eine Nervosität in dir, weil etwas ins Gewahrsein kommt: Überforderung, Genervtheit, Überdruss, etwas, das meist unterschwellig da ist, aber selten Raum bekommt, um gespürt zu werden – ähnlich wie der Druck am Jeansbund, der dir nur auffällt, wenn du deine Aufmerksamkeit darauf lenkst. Möglicherweise empfindest du auch Erleichterung in dir, weil endlich einmal ausgesprochen wird, dass alles zu viel ist, etwas, das du schon lange – intuitiv – erkannt hast, aber das du dir nicht eingestehen magst, weil alle anderen doch auch klarzukommen scheinen und du dir das als Maßstab nimmst.[25] Nimm dir doch einen Augenblick, um wahrzunehmen, wie dein Organismus auf diesen Satz reagiert: »Es ist alles viel zu viel.«

Wenn alles zu viel ist, warum schreibe ich dann hier ein Buch, das zu mehr Wahrnehmung aufruft und das im Nichtwahrnehmen die Ursache für unsere multiplen Krisen sieht? Brauchen wir nicht weniger von all dem? Müsste der Buchtitel nicht heißen: »Wenn wir endlich nicht mehr so viel wahrnehmen müssen«? Ja, vielleicht auch das. Eine reizärmere Welt wäre unserem Wohlbefinden sicherlich zuträglich. Und wenn es weniger Reize gäbe, könnten wir uns diesen wenigen angemessener widmen, könnten wir tiefer spüren. Eben weil es so viele sind, müssen wir sie entweder schnell abarbeiten oder ausblenden, können uns auf jeden Fall höchst selten in einen sinnlichen Dialog mit ihnen begeben. Da klopft ja schon der nächste.

Was für eine Welt könnte entstehen, wenn wir uns viel bewusster wären, dass eigentlich alles, was wir tun, Sinnesreize für andere und uns selbst erzeugt? Diesen unzähligen Reizen sind wir ausgeliefert – manchen auf Gedeih und Verderb, manchen weniger drastisch. Insbesondere vor Geräuschen, vor Lärm können wir uns schlecht schützen – und die Welt ist laut geworden. Überall brummt, quietscht, piepst, rattert, röhrt es. Da freue ich mich vielleicht, an einem Sommernachmittag in Ruhe draußen in der Hängematte ein Buch zu lesen, aber genau jetzt dröhnen in sämtlichen Nachbargrundstücken und in allen Grünanlagen dieser Stadt die Rasenmäher, Kantenschneider, Laubgebläse und elektrischen Heckenscheren – eventuell begleitet von einem Ghettoblaster, um die Arbeit zu versüßen. Was kann ich tun? Ohropax? Musik auf die Ohren? Vor Wut und Verzweiflung, dass mir Ruhe verweigert wird, laut brüllen? Aufstehen und selber den Rasen mähen, weil es dann schon nicht mehr drauf ankommt? Vielleicht kann ich dann meine ganze Aggression in dieses Rasenmähen legen und Genugtuung verspüren in der Macht, die anderen zu übertönen. Aus meiner Perspektive stellt es sich zumindest so dar, dass ich jetzt am meisten Krach mache. »Bitteschön. Das habt ihr jetzt davon. Das kann ich auch. Und zwar noch lauter!!!«

Oder möchte ich hier und heute die Entscheidung fällen, diese Wiese fortan mit der Sense zu kürzen, um dem akustischen Aufrüsten, der zunehmenden Lärmverschmutzung auf kreative Weise ein Ende zu

25 Mit Freude entdeckte ich ein Buch, das ich nur quer gelesen habe: Zwei Mütter enttarnen den Machbarkeitswahn als Selbstausbeutung. Garsoffky/Sembach: »Die Alles-ist-möglich-Lüge: Wieso Familie und Beruf nicht zu vereinbaren sind«. Ähnliches aus der Perspektive zweier Väter: Brost/Wefing: »Geht alles gar nicht«: Indem wir mithecheln bei einem – von wem eigentlich? – vorgegebenen Rhythmus, tragen wir dazu bei, dass er für normal und machbar erachtet wird. Weil wir es auch irgendwie hinbekommen, denken andere, sie müssten es ebenfalls schaffen. Und so weiter ...

setzen?[26] Ich selbst liebe das Bewegen mit der Sense sehr und gebe mich gern der Drehbewegung im Körper hin, die notwendig ist, um die Sense zu führen. Auf den Kantenschneider kann ich ebenfalls verzichten. Die gemähte Fläche kann einen wilden Rand bekommen, wo das Gras und all die Blumen, die in ihm wachsen, groß werden können, Bienenfutter sein können.

Wenn die Nachbar*innen oder die Stadtverwaltung sich davon anstecken lassen, wird es ganz allmählich in meiner Gegend immer ruhiger werden. Irgendwo fängt es an – und setzt sich fort. Das ist die Antwort, die ich gern gebe, wenn Menschen Angst haben vor »der Welt da draußen«: Wenn uns durch gesteigerte Sensibilität das Zuviel der Reize in der Welt erst richtig bewusst wird, dann haben wir die Wahl. Wir können uns immer weiter zurückziehen aus der überfordernden Welt, oder wir beschließen, durch unser Verhalten dazu beizutragen, dass diese Welt mit weniger Reizen gefüllt ist – und vor allem mit solchen, denen wir uns widmen, mit denen wir in Beziehung treten können. Ich persönlich glaube an eine Mischung.

Und was machen wir in der Übergangszeit, in der wir offenporig sind und die Welt immer noch nicht sanfter ist? Wie schützen wir uns vor dem Zuviel, bis die Menschheit endlich maßvoller, die Welt endlich stiller wird? Sollen wir immer mit einer Schutzhaltung durch die Gegend laufen? Oder mit Kopfhörern, damit wenigstens angenehme Geräusche auf uns einwirken? Das kann nicht die Lösung sein. Menschen, die Kopfhörer aufhaben, sprechen meist unangemessen laut, weil sie ja etwas übertönen müssen, das sie sich zum Schutz vor dem Zuviel als Alternativbeschallung auf die Ohren gesetzt haben. Das macht die Kakophonie dieser Welt für sie selbst vielleicht im Moment erträglicher – die Welt im Ganzen wird dadurch aber noch lauter. Genau hier zeigt sich die Geschichte der Getrenntheit. Wir können uns nicht isolieren und eine Lösung finden, die nur für uns selbst Linderung bringt. Es braucht offensichtlich einen weiten, umfassenden Blick, um dem Zuviel zu begegnen. Es braucht die Haltung des → Interbeing, es braucht mich inmitten des Zuviel, also das Bewusstsein, dass ich Teil dessen bin, worunter ich leide. Dass es eben nicht die anderen sind, die den Lärm machen. Dieser Laster, der da eben ohrenbetäubend an mir vorbeidonnert, bringt mein Klopapier in den Supermarkt, meinen Tofu in den Bioladen. Und das stinkende Müllauto auf der anderen Straßenseite entsorgt die jeweiligen Verpackungen. Auch meine. Ich bedaure, wie wenig wir gelernt haben, uns als Teil dieses Gesamtkunstwerks Leben zu begreifen, dieser Symphonie, die wir gleichzeitig hören und spielen.

26 Das ist keine Anregung exklusiv für Menschen mit Eigenheimen – ich habe auch keins. Wie wäre es, sich mit anderen zu einer Initiative zusammenzutun, die der örtlichen Gemeindeverwaltung vorschlägt, Teile der öffentlichen Grünflächen mit der Sense zu mähen? Vielleicht gelingt sogar eine Kooperation zwischen einer Schule in der Gegend und Menschen, denen diese Kulturtechnik noch vertraut ist?

Dieses Bedauern ist weitreichender als die Trauer um all die wunderschönen Details des Lebens, die uns durch unsere verflachte Wahrnehmung verloren gehen. Es geht um mehr als sinnliches Duschen und hingebungsvolles Tanzen – auch wenn sich in diesen Kleinigkeiten so deutlich zeigt, was für ein Fest der Sinne unser Leben sein könnte. Uns ist nicht nur das Schöne im Leben weitgehend abhanden gekommen, sondern das Leben an sich. Ich möchte sagen, unser Unvermögen, uns selbst und alles, was uns umgibt, tief und bejahend wahrzunehmen, hat ganz direkt mit dem → kollektiven Trauma zu tun, das ich im dritten Kapitel beschrieben habe. Unser Nichtankommenkönnen beruht vor allem darauf, dass wir nicht wahrgenommen wurden und werden. Wir werden in eine Welt der Nichtwahrnehmenden hineingeboren, erfahren keine Resonanz und können daher kein Empfinden für uns selbst entwickeln. Der Körper des Neugeborenen spürt, wenn sein Dasein erwidert wird, nimmt wahr, dass er wahrgenommen wird. Er kann sich dem Sinken, dem Landen, dem → Yield dann hingeben, wenn jemand zur Verfügung steht, und zwar eine Person, die selbst in ihrem Körper anwesend ist. Erfährt ein Baby diesen Resonanzraum nicht, kann es nicht lernen, sich selbst zu spüren. Das erzeugt Stress in ihm. Es erlebt eine Leere, eine Einsamkeit – jene Einsamkeit, die ich als Elfjährige in der → Schule erlebte. Es gab keinen Resonanzraum für mein untrügliches Empfinden, wie das Leben sein müsste, um richtig und satt und stimmig zu sein. Wir alle erleben diese Einsamkeit, dieses Nichtbeantwortetwerden als Dauerzustand. Das ist unsere Seelenwunde. In der Philosophie, in der Literatur, in unserem Selbst- und Weltbild erklären wir westlich geprägten Menschen diese Wunde gern zur Conditio humana, zu jener Tragik, die das Menschsein ausmacht: Weil wir so bewusst und intelligent sind, so reimen wir es uns zusammen, können wir uns als abgetrennt erleben. »Aber«, schreibt Andreas Weber, »diese Tragik ist nicht in uns angelegt. Wir bringen sie selbst hervor. […] Die Trennung ist kein Verhängnis. Sie ist uns nicht angeboren. Sie ist vielmehr die tragische Außerkraftsetzung einer angeborenen Fähigkeit, zu sein.«[27]

Wahrnehmen und öffnen

Wie erlebe ich das Wahrnehmen meines Innenraums, wie kann ich es ganz präzise beschreiben, wenn ich mir wirklich Zeit nehme, ganz hineinzutauchen in diesen Vorgang? Vielleicht magst du dich an die Rosinenmeditation oder das Herzlauschen erinnern, bevor du weiterliest. Welche Qualität von Körperlichkeit wird da wach?

Beim Versuch, darüber zu schreiben, kommt Sprache an ihre Grenzen. Mir fehlen die Worte, obwohl ich es so klar vor mir, in mir habe. Es tauchen Körperempfindungen auf, vor allem ein Prickeln.

27 Andreas Weber: »Teilen und Sein«, S. 61, S. 20.

Ich spüre es zunächst auf meiner Haut, es breitet sich aus, bis ich die Gesamtheit meiner Hautfläche als Hülle empfinde, als Grenze meines physischen Ich – Grenze und zugleich Verbindung zur Außenwelt: keine durchgezogene Linie, eher eine gestrichelte. Von der Haut aus wandert mein Gewahrsein strahlenförmig nach innen und ich bekomme einen Eindruck von all dem Vibrieren und Pulsieren in mir. Ich erlebe mich sehr deutlich als Gefäß und entwickle ein Gewahrsein für das Volumen und den Zustand dieses Gefäßes. Manchmal braucht das ganz viel Aufmerksamkeit. Oder einfach Zeit, um meine Antennen wirklich von außen nach innen zu stülpen. Ich betreibe liebevolle und fürsorgliche Gefäßpflege: Wo ist mein Instrument überspannt oder unterspannt, wo schwingt es frei, wo scheppert und dengelt es? Gelingt es mir, das nicht zu verurteilen, sondern schlicht zu bezeugen? Ich wende mich allem zu, was mir begegnet: einem Herzklopfen, einer Unruhe, einer Anspannung, einem kleinen Schmerz, meinem Atem. Oft lassen ein paar tiefere Atemzüge Ruhe einkehren. Häufig antwortet mein Nervensystem dann mit einem Zucken, weil ich ihm jetzt jene Aufmerksamkeit schenke, die im Alltagsmodus zu kurz kommt. Selbstregulation, wie ich sie im dritten Kapitel beschrieben habe, kann geschehen, weil ich mich dieser kleinen unbewussten Anspannung zuwende, durch die das Zucken normalerweise unterdrückt wird. Ich lade mich sanft ein, das Kontrollieren loszulassen, schenke meinem Innenraum Aufmerksamkeit und dadurch entlädt sich Anspannung, von der ich gar nicht mitbekommen hatte, wie sie sich angesammelt hat. Manchmal braucht es auch ein aktives Schütteln, Ausschütteln, Hüpfen, Zappeln, um die erstarrten Zellen zu aktivieren und mein Nervensystem aus der Dachstube über den ersten Stock ins Erdgeschoss der → Aktivierungskurve (Graphik 4) zu locken. Ich merke, wie ich danach wacher, präsenter bin, wie meine Zellen sich ausdehnen, empfänglich und aufnahmebereit werden. Sie lauschen. Sie werden weiter und weiter. Und ich mit ihnen, denn ich bestehe ja aus ihnen. Und so kann ich das Fraktale[28] weiterverfolgen: Indem ich mich öffne und entspanne, wird die Welt als ganze offener und entspannter. Weil ich Teil von ihr bin und weil die anderen Teile des → Feldes – wie groß ich es auch definiere – in Resonanz mit mir sind.

Ich öffne mich, um Gefäß zu sein, damit sich die Welt in mir abbilden kann – wissend, dass ich mich nicht von ihr unterscheide. Ich bin diese ganz spezielle Ausprägung des Ganzen und es braucht all diese vielen besonderen individuellen Perspektiven von Wahrnehmung, damit der große Organismus Erde sich als Ganzes erleben kann. Und während ich mich zur Verfügung stelle, um Resonanzraum zu sein, während ich also Raum in mir schaffe, damit sich das Außen im Innen spiegeln kann, spüre ich, dass es gegenseitig geschieht: Die Welt, die ich als »das Außen« erlebe, bietet sich mir in ihrer ganzen Fülle an, damit ich mich selbst in

28 Diesen Begriff habe ich erklärt, als ich das türkise Mem von → *Spiral Dynamics* beschrieben habe (S. 269).

meiner Vielschichtigkeit erkenne. Wahrnehmen findet jetzt statt – es ist an genau diesen Moment gekoppelt und ist daher das Gegenteil von Verallgemeinern. Wenn ich das Potenzial des Jetzt ernst nehme, dann kann → Wandel bedeuten, die übermächtige vermeintliche Wahrheit von Allgemeinplätzen, Konzepten und Ideologien in den Hintergrund treten zu lassen – um Raum zu schaffen für die sinnliche Wahrheit des Moments, die sich ausdehnen will, bis sie ihr Nischendasein verlassen kann und Kulturelement wird. So kann sich Zukünftiges entfalten, das im Gegenwärtigen wurzelt. Weil es dort beginnt, wo wir sind: hier, jetzt, genau so. Mit unseren Wunden und Sehnsüchten, mit unseren Kompetenzen und Macken. Das ist die Art und Weise, wie wir nichts überspringen, wenn wir unserer Sehnsucht folgen, die Welt möge anders werden. Es ist ein Anderswerden, das unser Sosein wahrnehmend würdigt. Wir lehnen einer lebensbejahenden Kultur entgegen, mit allem Vorschussvertrauen, Öffnen und Horchen, das dem Lehnen innewohnt. Das ist zutiefst → regenerativ.

Dem Vorgang des Öffnens möchte ich noch einen Moment Aufmerksamkeit schenken. Es braucht einen Ausgangspunkt, es bedeutet eben nicht, dass ich nach allen Seiten hin offen, also grenzenlos bin. Voraussetzung ist, dass ich mich selbst mit meinen Grenzen gut spüren kann. Dann öffne ich mich von diesem konkreten Ort aus in eine bestimmte Richtung. Wenn ich das Bild des Gefäßes auf mich wirken lasse, dann kann ich mich an viele Situationen in meinem Leben erinnern, in denen mir das öffnende Wahrnehmen nur durch einen winzigen Spalt möglich war, gerade so, dass ein kleiner Lichtstrahl in mein Gefäß hineinkommen konnte. Mehr ging nicht – vielleicht weil das, was es da von außen zu empfangen galt, zu neu, zu unbekannt, vielleicht bedrohlich erschien. Alles andere hätte mich überfordert, ich hätte mich um des Öffnens willen selbst verloren.

Es ist gut, diesen Öffnungsmuskel eigenständig und bewusst betätigen zu können. Wenn ich etwas wahrnehme, dann erlaube ich der Außenwelt, sich in meinem Körper abzubilden. Ich stehe der Welt als Resonanzraum zur Verfügung. Ich mache mich empfänglich für etwas, das ist, ich gewähre ihm Einlass in mein System, das eben kein in sich geschlossenes, aber auch kein sperrangelweit offenes ist. Und ich trete in Beziehung dazu. Das ist ein zärtlicher, vertrauensvoller und sehr intimer Vorgang. Jetzt, während ich ihn beschreibe, spüre ich meinen Schoßraum sehr deutlich und würdige die große Ähnlichkeit mit einer → sexuellen Begegnung.

Wenn ich diesen letzten Absatz noch einmal durchlese, wird mir klar, dass es einen Aspekt des Wahrnehmens gibt, für den ich noch etwas andere Worte finden möchte: Mit etwas Scheu und einem Vibrieren in meinem Körper möchte ich davon erzählen, wie ich das spürende Erforschen meines Körpers immer mehr als spirituellen Weg empfinde.

Körperliche Empfänglichkeit als spirituelle Praxis

Ich habe mich lange Zeit nicht getraut, davon zu sprechen, dass ich meine Tänze und mein → somatisches Erkunden manchmal wie ein Gebet erlebe. Ich hatte keine Ahnung, wie ich das beschreiben oder erklären sollte. Dann tanzte ich mit einer Frau, der ich nie vorher begegnet war, und die stille, kraftvolle Intensität unseres Duetts sagte mir: Sie wird mich verstehen. Nach einem langen, tief befriedigenden Tanz lagen wir glückstrunken am Rand der → Jam und atmeten. Wir guckten uns an, robbten durch die offene Tür der Halle, legten uns in die Wiese – und ich fand ganz einfach Worte für mein Erleben und fragte sie, ob es ihr auch so gehe. Ihre Augen weiteten sich und ihr entfuhr ein »Yes!«. Sie erzählte mir, sie sei völlig unreligiös aufgewachsen und habe vor einigen Jahren den Ruf gespürt, zu erfahren, was Religion und Spiritualität wohl sei. Sie fand ein christliches Kloster und fuhr zu einem Meditationsretreat, das dort angeboten wurde. Neben Stille und Arbeit im Klostergarten gab es auch Vorträge über die Essenz des Christentums und die Lehre Christi. Was dort gesprochen wurde, sei ihr unglaublich bekannt vorgekommen, wie ein Wiedererkennen: »This is the Christ? I know the Christ! Here!«[29] Und sie berührte an verschiedenen Stellen mit beiden Händen ihren Körper.

Warum erstaunt uns das so? Warum bringt es solche Erleichterung? Weil wir in einer Kultur leben, die das »Fleischliche« und das »Geistige« voneinander zu trennen sucht ebenso wie sie das Heilige vom Profanen trennt. Und unser Körper wird da eher als Vertreter des Profanen betrachtet. Spiritualität vermuten wir im Geistigen, im Nichtmateriellen. Wie soll uns also ausgerechnet der Körper diesen Weg bahnen können? Ich komme auf mehrere Antworten: Es gibt diese gedachte Trennung von Körper und Geist nicht. Tiefes Wahrnehmen geschieht in Allianz von Körper und Geist. Empfänglichkeit an sich ist eine spirituelle Praxis, ob ich dem Wind erlaube, meine Wangen zu streicheln, die Schönheit einer Spinnwebe in mich aufnehme oder mich von einer Kraft inspirieren und durchfluten lasse, die so viel größer ist als ich. Daraus ergibt sich die zweite Antwort: Es ist letztendlich unwichtig, von wo aus wir uns auf den spirituellen Weg machen, Hauptsache wir tun es. Es gibt offensichtlich viele Pfade, und jeder Pfad führt, sofern wir uns ernsthaft auf die Suche machen, vom Begrenzten ins Unbegrenzte, von der Form ins Formlose, vom Individuellen zum Großen Ganzen. Die einen nähern sich über einsame Wanderungen in der wilden Abgeschiedenheit der Berge. Andere sitzen viele Stunden lang ganz still. Viele brauchen keine besondere Praxis, ihnen reicht das Leben selbst als Schulungsweg. Und mein Erkenntnispfad ist die sinnliche wache Bewegung, das Spüren. Ich erlebe es als äußerst lustvollen Weg. Und der ist nicht neu, es gibt ihn zum Beispiel in der tantrischen Tradition. Die dritte Antwort lautet: Es

29 Ich muss das hier auf Englisch wiedergeben, so klingt es mir im Ohr. »Das ist Christus? Den Christus kenne ich! Hier!«

gilt, unsere körperliche Existenz ganz zu durchdringen, uns ihr gänzlich auszuliefern, um sie zu überwinden. Während all der Jahre meiner somatischen Reise bin ich allmählich zu einer Ahnung davon gelangt, was *Metaphysik* eigentlich heißen könnte, nämlich: mitten durch das Körperliche hindurch hin zu etwas, das darüber hinausgeht. Als ich mich dann auf die Suche nach der Definition machte, stellte ich fest, dass die Vorsilbe *Meta* tatsächlich beides bedeutet: *inmitten*, aber auch *dahinter*, *danach* und *jenseits*. Um zum Metaphysischen zu gelangen, können wir das Physische also offensichtlich nicht aussparen, wir erreichen das, was dahinter liegt, indem wir unsere Körperlichkeit durchwandern, durchleben, durchdringen, in dem wir uns ganz hineinbegeben. Ich kenne kaum einen besseren Weg dafür als Bewegungsimprovisation – allein, zu zweit, zu vielen. Wir verfeinern dabei alles, was unsere physische Existenz ausmacht, in einem erstaunlichen Ausmaß. Manchmal meine ich, ein Vibrieren zu bezeugen, das vom Zusammenspiel aller Zellen herrührt: Ich höre meinen Zellen dabei zu, wie sie ohne Umweg über mein Gehirn miteinander kommunizieren. Mit jedem unserer Tänze erweitern wir unser Bewegungspotenzial und können Richtungen entdecken, die uns bisher unbekannt waren – die wir nicht hätten planen können, weil sie nicht einmal als Möglichkeit in unserem Denken existierten. Der Raum gewinnt einiges an Dimensionen hinzu. Wir begeben uns tief ins Innere unserer Bewegungen, zugleich ins Zentrum und in die Peripherie, sodass sie immer vielgestaltiger und reichhaltiger werden. Indem wir eins werden mit unserer Bewegung, indem wir sie sind und nicht mehr machen, verschmelzen wir mit dem Raum, in den wir uns hineinbewegen. Und der Raum unterscheidet sich als Dimension nicht mehr von der Zeit. Das *Jetzt* wird zum *Überall* und das *Hier* zum *Immer*. Und all das ist spürbar und echt.

Im tiefen und schutzlosen Erleben meiner Körperlichkeit kann ich sie ganz durchdringen und ihre Grenzen sprengen. Bewegtes Wahrnehmen, spürendes Tanzen kann mit einer so →radikalen Hingabe an unsere physische Bedingtheit einhergehen, dass sich eben diese dadurch für den Moment auflöst.

Ich wünsche mir, dass wir uns auf diese Weise dem Transformationsprozess, dem großen →Wandel hingeben. Lehnen wir beherzt und lustvoll wahrnehmend in den leeren Raum, der sich zwischen den Geschichten auftut!

Zwischen Bedeutung und Bedeutungslosigkeit, Wahrnehmung und Interpretation

Ich möchte noch einmal zum *Getanzten Vortrag* zurückkommen. Er war mir immer wieder Lehrer. Wenn ich mich zu sehr darauf versteifte, was er transportieren, was er bedeuten, was er bewirken möge, beschnitt ich ihn in seinem Potenzial. Dann begegneten mir Menschen und erinnerten mich – wie jene Frau, die ihren Eindruck vom Fuß im Nacken meiner Tanzpartnerin mit mir teilte: Sie erschrak, wie schnell sie bereit war, dieses Bild als → Gewalt einzuordnen. Und sie nahm sich die Zeit, eine Lücke zwischen Wahrnehmung und Interpretation zu öffnen, weil diese erste schnelle Deutung nicht zum Rest der Atmosphäre passte, die sie überhaupt nicht als gewaltsam empfand. Sie formulierte den Wunsch, in Zukunft beim Deuten von Situationen wach zu sein. Das war ihr so wichtig, so bedeutsam, dass sie mich in der Menge der Großveranstaltung suchte, um diese Erkenntnis mit mir zu teilen. Wie ist es möglich, dass sich im Loslassen von Bedeutung Bedeutsamkeit offenbart?

Diese Frage bewege ich, solange ich tanze, denn die → Contact Improvisation lebt von der Bedeutungslosigkeit jeder Bewegung, jeder Berührung, jeder Begegnung. Und was wir dabei erfahren, lernen und üben, kann uns helfen, zu begreifen, was es bedeutet, Mensch zu sein. Was für ein seltsamer Widerspruch ist das? Vor vielen Jahren habe ich versucht, das in einer Geschichte zu fassen.

Ein Kuss oder nicht?

Ein Duett. Ich kenne dich nicht, begegne dir heute zum ersten Mal, hier auf der Tanzfläche, ohne dass wir vorher ein einziges Wort miteinander gewechselt haben. Ich weiß nicht, wie du heißt. Der Fluss dieser → Jam hat dich in meine Nähe gespült und unsere Körper verstehen sich auf Anhieb und ohne Vorbehalte, von der ersten Berührung an. Zwischen uns gibt es sofort die unausgesprochene Verabredung, ganz präzise zu sein, nichts auszusparen oder verlegen zu umschiffen. Eine wortlose Vereinbarung zu Freiheit und → Intimität, die unser Fremdsein nicht übergeht, die es vielmehr als Quelle unserer Neugier würdigt. Wir spielen mit dem rollenden Kontaktpunkt, bieten uns unsere Körperoberflächen an, damit er reisen kann, wohin er mag. Eine Weltreise ist das, wir haben bereits viele und entlegene Orte besucht. Eben noch schmiegte sich mein Schulterblatt an deinen Nacken. Jetzt rollt dein Ohr an meinem Hinterkopf entlang, deine Wange an meinem Ohr, dein Mund an meiner Wange, dein Kinn an meinem Kiefergelenk. Moment, dein Mund an meiner Wange? – Das ist ein Kuss! So nennt man das: Ein Mund an einer Wange – sehr nah am Mundwinkel! Ich stelle mir vor, es gäbe von diesem Moment ein Foto. Nahaufnahme. Nur die Gesichter. Wir zeigen dieses Foto jemandem und fragen: Was siehst du hier? Die Antwort wäre: einen Kuss.

Wie kann es sein, dass etwas nicht das ist, wonach es ganz offensichtlich aussieht? Und wenn es das nicht ist, was ist es dann? Was ist diese Berührung, wenn sie unbenannt bleibt? Zwei deiner Zehen erwandern sich jetzt die Täler zwischen meinen Rippen. Das ist einfacher. Dafür gibt es keinen fertigen Namen. Es kann sein, was es ist: die Bewegung, die in diesem Moment deiner Neugier, deiner Spiellust folgt.

Das war also kein Kuss. Warum ist es so entscheidend, es nicht *Kuss* zu nennen? Weil ich nur so sicher sein kann, dass du aus dieser Begegnung deiner Lippen mit meiner Wange keine Schlussfolgerungen ziehst? Dass diesem *Kuss, den wir nicht so nennen,* nicht ein zweiter, diesmal bewusst gesetzter folgt, den wir dann auch eindeutig so nennen können? Dass wir diesen Moment beide nicht als Beginn einer Paarbeziehung begreifen? Dass der *Kuss* oder *Nichtkuss* folgenlos bleibt? Nichts zu bedeuten hat?

Hat er nichts zu bedeuten? Ist es belanglos, egal, dass wir gerade diesen Raum von verletzlicher Nähe miteinander geteilt haben? Hätte es genauso gut nicht geschehen können? Nein, es ist nicht belanglos. Diese Begegnung ist eine Perle an der stetig länger werdenden Kette von raren Erfahrungen, die mein Herz mutiger machen, mich schutzlos in die Welt zu begeben. Es ist nicht bedeutungslos. Es bedeutet mir viel. Und es bedeutet gar nichts innerhalb der Logik der Abläufe, die wir Menschen uns gebaut haben, um dem leeren Raum nicht so ausgeliefert zu sein, der durch Intimität entstehen kann.

Während ich all das denke, diesen seltsamen Widerspruch in mir bewege, rollt unser Kontaktpunkt weiter – obwohl er nur meine halbe Aufmerksamkeit hat: Die Intelligenz meines Körpers hat übernommen. Als ich mich wieder ganz dem Tanz widme, stellt meine Stirn gerade fest, dass sie genau in die Rundung deiner Fußsohle passt. Im weichem Bogen dieses Gewölbes ruht nun mein Kopf und lässt sich ganz langsam von deinem Fuß durch den Raum schieben. Mein Kopf ruht, und mit ihm der Versuch, zu verstehen.

Ein Konzert auf Finnisch

Ich nehme an, nicht alle Leser*innen hatten schon einmal das Erlebnis, ihre Stirn in die Fußsohle eines* Unbekannten zu schmiegen. Daher – und weil es so schön ist – ein weiteres Beispiel für bedeutsame Bedeutungslosigkeit: An einem Ort zu sein, wo eine fremde Sprache gesprochen wird, kennen wir wohl alle. Vor einigen Jahren unterrichtete ich zwei Wochen in Finnland. Immer wieder kam es vor, dass ich beim Essen von lauter Finn*innen umgeben war, die sich in ihrer Mutter*sprache unterhielten. Und wer schon mal Finnisch gehört hat, weiß: Da versteht man wirklich gar nichts. Das Finnische ist so anders, da lässt sich nichts ableiten oder ahnen – außer ein paar englischen Lehnwörtern. Den Versuch zu verstehen, Bedeutung zu wollen, konnte ich also getrost unterlassen. Ich saß am Tisch, umgeben von diesen Klängen, die einfach nur Klänge waren. Die Kolleg*innen waren in ein lebhaftes Gespräch vertieft, für sie bedeutete all das etwas. Plötzlich drehte sich eine von ihnen zu mir um und entschuldigte sich auf Englisch: »Oh, wie unaufmerksam und unsozial von uns, dich so auszuschließen.« Sie hob an, mir den Inhalt des bisher Gesagten zusammenzufassen. Es hatte gar nichts mit mir zu tun – wenn es für mich wichtig gewesen wäre, hätten sie wahrscheinlich ohnehin den Impuls gehabt, die Sprache zu wechseln. Ich stoppte sie in ihrem Eifer, bedankte mich und sagte, es sei mir ganz recht, einfach nur dazusitzen und dem Klang zu lauschen.

Das ist – nebenbei – auch ein Beispiel für die Lücke zwischen Wahrnehmung und Interpretation. Ich kann die Situation, dass ich Klänge höre, denen ich keine Bedeutung zuordnen kann, als entspannendes Konzert empfinden – oder ich kann mich empören, wie unerhört es ist, mich auszuschließen. Dann fühle ich mich einsam, überflüssig, ausgestoßen. Ich habe die Wahl. Und die habe ich natürlich nur, wenn ich in der Lage bin, einen Moment innezuhalten und meine Interpretation der Situation nicht mit der Situation selbst zu verwechseln. Die Situation: Ich bin umgeben von Finn*innen, sie unterhalten sich in ihrer Muttersprache, die ich nicht verstehe. Die Interpretationsmöglichkeiten sind unendlich und ich habe die Wahl, mit meiner Deutung Einfluss darauf zu nehmen, wie ich mich in dieser Situation fühle.

Weil mir das in diesem Moment gelang, saß ich also in Helsinki und genoss ein Klangbad. Ich ließ zu, dass all diese Laute zu mir hinrollten, die wir in unserer Sprache nicht haben. Ein D, dass viel pointierter ist als unser D, aber trotzdem nicht wie unser T daherkommt. Es klingt, als würde es abprallen, weich federn, dadurch scheinen die Worte sehr elastisch zu hüpfen. Das gerollte R kenne und liebe ich, bin ja in Bayern aufgewachsen. Aber mit solcher Inbrunst wie im Finnischen wird es dort nicht gerollt, eher ein bisschen fauler. Und dann die Vokale. Alle eine Spur intensiver als unsere, viel Bewegung im Mund. Und gern gleitet es ohne Umweg über einen Konsonanten direkt zum nächsten Vokal. Gibt's im Deutschen auch – EI, AU, EU – aber das mutet doch sehr verhalten an im Vergleich zu einem gedehnt ausgekosteten ÜÄ und vor allem UO. UO liebe ich wirklich. Ich beobachte mich jetzt beim Schreiben, wie meine Lippen und meine Zunge mitmachen, während ich tippe. Als wolle mein Mund für dieses finnische O, das nach all den Jahren noch sehr lebendig in mir klingt, so viel Platz wie möglich machen, Resonanzraum für das vollstmögliche, offenste O. Ein paar Worte habe ich mir doch gemerkt und so sitze ich hier an meinem Schreibtisch und spreche laut und begeistert den Namen einer U-Bahnstation in Helsinki: Ruoholathi. Noch heute murmle ich dieses wunderbare Wort manchmal vor mich hin und freue mich über die Bewegungen, die mein Mund dabei macht. Das Konzert ist also viel mehr als ein Konzert, es ist ein Tanz all der Muskeln, die am Artikulieren beteiligt sind – und das sind viele. Es ist Lust an Bewegung und Klang.

Zurück zu Hause wusste ich dann erst richtig zu schätzen, wie entspannend es ist, einfach nur den Klang von Sprache zu hören, den satten finnischen Us zu lauschen, die direkt in runde Os übergehen. In der Nürnberger U-Bahn verstand ich plötzlich wieder das meiste, das um mich herum gesprochen wurde. Ich fühlte mich hunderten von Beziehungsdramen, Verabredungen, Lästereien, Tagesberichten und Geschäftsvereinbarungen ausgeliefert und wünschte mich nach Finnland zurück, wollte von Bedeutung erlöst werden. Mich erschlug diese geschäftige Wichtigkeit, die so viel Raum einnimmt, dass die Welt zu einer Aneinanderreihung von Belanglosigkeiten verkommt. Ich sehnte mich nach der Bedeutsamkeit des Bedeutungslosen.

7 RÄUME ÖFFNEN – SCHRITTE GEHEN

MIT DER ERDE STEHEN

> Sich nie an die unsagbare Gewalt und gewöhnliche Ungleichheit des Lebens um dich herum gewöhnen. Freude auch an den traurigsten Orten suchen. Die Schönheit bis in ihren Kern verfolgen. Nie zu vereinfachen, was kompliziert ist, und nie zu verkomplizieren, was einfach ist. [...] Vor allem aber hinzuschauen. Versuchen, hinter die Dinge zu schauen. Nie den Blick abwenden.
>
> Arundhati Roy

Einige Jahre nachdem der *Getanzte Vortrag* entstanden war, kam ein weiteres Format hinzu, das meinem Wunsch entsprang, die Verbundenheit und Erdung, die ich im Tanz erlebte, in einen sichtbaren politischen Zusammenhang zu bringen: *Standing with the Earth* – mit der Erde stehen. Wenn ich es in wenigen Worten beschreibe, dann so: Innehalten und Verbundenheit spüren als stille und lauschende Form des politischen Aktivismus. Wie gut, dass ich ein ganzes Kapitel habe, um davon zu erzählen.

Wie die Idee reifte

Obwohl ich mich nie wirklich wohl fühlte auf Demos, ging ich trotzdem seit meiner Jugend immer wieder hin. Es kam mir wie eine Bürger*innenpflicht vor. Ich konnte das doch nicht alles so hinnehmen: Pershings, atomare Wiederaufbereitungsanlagen und Endlager, Startbahnen, Ackergifte, Tierversuche und Massentierhaltung, Fracking, Abschiebungen. Es gab, es gibt so vieles, wogegen, wofür es sich unbedingt lohnt, auf die Straße zu gehen. Doch die Konfrontation mit der Polizei nahm mich mit. Ebenso das Skandieren von Parolen – bis heute. Ich beobachte, wie sehr es mir widerstrebt, im Sprechchor etwas zu rufen, auch wenn ich den Inhalten noch so sehr zustimme. Es bereitet mir große Schwierigkeiten, mich zum Teil einer gleichgeschalteten Masse zu machen. Ich mag nicht gern mein Handeln automatisieren – das kenne ich aus dem Tanz: So sehr ich Momente von Schwarmintelligenz liebe, wenn sie sich in Gruppenimprovisationen ergeben, so unangenehm ist mir verordnete Gleichmacherei. Nach außen hin kann das auf den ersten Blick ganz ähnlich aussehen, die innere Haltung unterscheidet sich jedoch wesentlich.[1]

Was mein Unbehagen mit Sprechchören verstärkt: Ich mag nicht gegen irgendwelche Feindbilder anbrüllen. »Wir sind hier, wir sind laut, weil ihr unsre Zukunft klaut.« Ich mag nicht auf diese Weise zwischen *wir* und *ihr* unterscheiden.[2] »What do we want? Climate justice! When do we want it? Now!«[3] – das geht schon besser, aber so richtig beherzt kommt es mir auch nicht über die Lippen. Es klingt immer noch wie eine Forderung. Und es scheint immer noch davon auszugehen, ich, die das ruft, wisse, wie Klimagerechtigkeit geht. Immer wieder fragte ich mich, wie solche Veranstaltungen auf eine Weise stattfinden könnten, die mich und andere nährt anstatt uns auszulaugen. Aber es kam mir egoistisch, kleinlich vor, bei solchen großen, schrecklichen, bedrohlichen Themen über mein eigenes Wohlbefinden nachzudenken. Ich ertappte mich allerdings dabei, dass ich meine Kinder, als sie klein waren, als freudige Rechtfertigung für eine Demopause nutzte. Wenn mir diese Ausrede so willkommen war, war ich also nur aus Pflichtgefühl demonstrieren gegangen? Wie konnte das sein, wo ich doch alles andere wollte als ein pflichtschuldig angepasstes Leben?

Es brauchte einige Jahre und verschiedenste Erkenntnismomente, bis mein Unbehagen gegenüber den üblichen Formen des Widerstands sich einen Weg bahnte, Alternativen zu schaffen. Ich möchte diese Kette an Ereignissen schildern, bevor ich beschreibe, wie genau diese Praxis des spürenden Aktivismus schließlich entstand. Es mag auf den ersten Blick wirken wie eine unzusammenhängende Geschichtensammlung. Doch wenn ich von heute aus darauf gucke, kann ich eine Logik darin erkennen und mein Leben gewissermaßen rückwärts verstehen. Ich kann begreifen, wie diese Fäden aus den unterschiedlichen Richtungen zusammenlaufen an diesem einen Punkt: der Entstehung von *Standing with the Earth.* Und wie jeder einzelne Faden wichtig war.

1 Hierzu gibt es eine interessante Geschichte, die ich erzählen möchte, obwohl ich mich nicht erinnern kann, wo ich sie gelesen habe: Die Hamburgerin Lola Rogge war als Tanzpädagogin in den 1930er-Jahren für ihre Bewegungschöre mit Lai*innen bekannt. Ihre Arbeit basierte darauf, dass die Teilnehmenden eine Wahrnehmung für den Gruppenkörper entwickelten. Rogge wurde damit für das Kulturprogramm zur Eröffnung der Olympischen Spiele 1936 in Berlin eingeladen. Göbbels wohnte der Generalprobe bei und sagte daraufhin wieder ab – mit den Worten: »Es kommt in unserem Gewand daher, hat aber nichts mit uns zu tun.« Es berührt mich sehr, dass einer, der Einheit durch Gleichmacherei und Unterordnung herstellen möchte, erkennen kann, wenn er Verbundenheit zu sehen bekommt, die auf Wahrnehmung beruht. Göbbels machte die so beschaffene Gruppenkraft offensichtlich Angst. Es ist so ein himmelweiter Unterschied.

2 Teenagern kann ich das gut zugestehen, sich zu beschweren darüber, was für eine Welt »die anderen«, ihnen zurücklassen. Aber ich selbst, als erwachsene Frau muss mich einfach dazuzählen zu »den anderen«. Ich kann die Verantwortung nicht wegschieben, muss und möchte mich ihr stellen.

3 »Was wollen wir? Klimagerechtigkeit! Wann wollen wir es? Jetzt!«

Ein Tanzfestival. Bunt, gemeinschaftlich, lebendig. Vier Tage lang tanzen, singen, essen, leben wir miteinander. Für die Mahlzeiten haben die Organisator*innen einen Raum angemietet, der normalerweise als Treffpunkt linkspolitischer Initiativen dient. Wenn nicht gerade Weihnachtsferien sind, ist er Besprechungsraum, Café, Ort für Deutschkurse für Geflüchtete. Es freut mich, dass diese eher unpolitische Tanz-Community, die sich tendenziell gern in ihrer Wohlfühlblase versteckt, ausgerechnet hier unterkommt – ein guter Kontrast, finde ich. Und auch herausfordernd, ein Kulturschock.

Ich sitze auf dem Klo. Eigentlich ist es hier angenehm ruhig im Vergleich zu dem Raum nebenan, in dem an die hundert Leute essen, Geschirr spülen, die Espressomaschine bedienen und sich angeregt unterhalten. Aber es ist nicht wirklich still auf diesem stillen Örtchen – es schreit von allen Seiten auf mich ein. Aufkleber, Plakate und Edding-Botschaften mit linken Kampfansagen in allen Varianten: *Fight Capitalism. Stopp Sexism. Antifa. Nazis raus. Against Racism. Mütter gegen den Krieg. Krieg dem Neoliberalismus. Nieder mit ... Wehrt euch gegen ...* Weichgespült wie ich bin, durchlässig von all den Tänzen treffen mich die Worte tief ins Mark. Ich fühle mich von lauter emporgereckten Fäusten umzingelt, ducke mich unwillkürlich und sacke auf der Klobrille zusammen. Wie paradox, mit so viel → Gewalt gegen eine gewaltsame Welt angehen zu wollen. Zutiefst verständlich – und so wenig hilfreich. Es gibt so unendlich viel zum Dagegensein. Das allein ist schon frustrierend. Es erschlägt mich schier. Ich teile ja das Entsetzen und die → Wut, die hinter all diesen Parolen steckt. Ich möchte ganz bestimmt nicht in einer kapitalistischen, sexistischen, rassistischen, faschistischen Welt leben. Doch ich bin nicht länger gewillt, die Faust zu erheben. War es eigentlich noch nie, kannte nur keine Alternative. Ich möchte mich selbst befragen, an welcher Stelle ich zu all dem beitrage, möchte dem Rassismus, dem Kapitalismus in mir auf die Spur kommen. Denn dieses → Narrativ hat mich geprägt, es ist in mir, auch wenn meine politische Gesinnung näher bei den Antikapitalist*innen ist als bei den Kapitalist*innen, wenn ich von der Grundhaltung her antirassistischen Standpunkten zustimme und nicht rassistischen. Das Problem könnten die Standpunkte sein, die Fronten, die Schlagwörter. Ich möchte so gern den Raum dazwischen ausloten, zu mir nehmen, was zu mir gehört, anstatt die Gräben noch weiter zu vertiefen. Jedes Dagegen, jede Kriegserklärung trägt den Gedanken von Getrenntsein in sich, von Kampf und Härte, von Entweder-Oder – und führt es damit fort. Und zugleich weiß ich: Es gibt Dinge, die mein konsequentes Nein brauchen. Ich, hier und jetzt, butterweich vom Tanzen, auf diesem Klo sitzend, spüre: Meine Lebenskraft möchte ich dem *Dafür* widmen, nicht dem *Dagegen*. Und schon das ist paradox. Wenn ich nicht gegen etwas sein will, bin ich ja gegen das Dagegensein. Vielleicht so: Ich möchte kulturstiftend wirken. Wir erfahren in diesen Tagen doch genau das! Wir schaffen hier tanzend

Räume, die uns eine andere Kultur erleben lassen. Keine *Gegen*kultur, sondern eine ermächtigende, fragende, wahrnehmende, verbindende, eine hoffentlich irgendwann auch offene Kultur – im Moment sind wir von einer →inklusiven, diversen Multikultur noch weit entfernt. Und doch bewegen wir uns spielerisch in jenem Raum, der das Polarisieren beinahe absurd erscheinen lässt.

Also: Aufstehen von diesem Klo, Hose hochziehen und zum Entfalten einer solchen Kultur beitragen, auch über den Tanzraum hinaus. Einer Kultur des Ja. Einer Kultur, die auf Wahrnehmung beruht. Einer Kultur, die dem Wesen und dem Wachsen von Menschen angemessen ist. Nicht nur hier in dieser kleinen geschützten Blase, sondern als reale Möglichkeit für alle. Beim Händewaschen gucke ich mir selbst lange in die Augen. Die im Spiegel schaut mich eindringlich an. »Mach es, denk es nicht nur«, scheint sie zu fordern. Ich öffne die Klotür, krame mein Notizbuch hervor, setze mich mitten in den Lärm des Cafés und schreibe als allerersten kleinen Schritt den ersten Entwurf für diese Geschichte auf.

Gegenseitig

Seit vielen Jahren unterrichte ich nun →Contact Improvisation. Es ist normal geworden. Das ist jetzt mein Beruf. Heute leite ich das Aufwärmen zu Beginn eines Workshops. Ich höre mich sprechen und nehme mir das alles selbst nicht so richtig ab. Es hat etwas Routiniertes, Automatisches, was ich da sage. Ich langweile mich selber. Warum? Weil ich das schon so oft gesagt habe und glaube, dass es »funktioniert«? Weil das, worüber ich spreche, mir schon in Fleisch und Blut übergegangen und deshalb nicht mehr aufregend ist? Sage ich etwas, das ich schon kann, während die anderen es noch lernen müssen? Kann man Wahrnehmung endgültig »können«?

Es geht um die Schwerkraft – ist mir sehr vertraut! –, den Kontakt mit dem Boden – mein bester Freund! – und die daraus erwachsende Aufrichtung – ja, kenn ich, weiß ich, spür' ich! Erschreckt stelle ich fest, dass mir mein Forscher*innengeist abhanden gekommen ist. All diese Wunder, die ich mal aufgeregt entdeckt habe, Phänomene, mit denen ich fasziniert gespielt habe, haben sich durchs Wiederholen abgenutzt, sind fahl geworden. Ich weiß, ich kenne, ich wiederhole. Ich habe es mir in der Sicherheit des Selbstverständlichen bequem gemacht. Doch ich will mich nicht langweilen und will die Leute nicht langweilen, indem ich das Altbekannte herunterbete, das, was sich bewährt hat. Wie wäre es, andersherum zu verfahren: Ich ziehe mich nicht auf die Rolle der Lehrerin zurück, sondern tauche selbst ein und spreche nur dann, wenn ich etwas Neues spüre, etwas, das mich wirklich interessiert? Ja!

Der pädagogisch-verantwortliche Teil von mir funktioniert noch so gut, dass ich einen Satz finde, um die Stille einzuleiten, die jetzt unweigerlich kommen wird. Dann begebe ich mich hinein – und die Langeweile verfliegt sofort. Auf einmal nehme ich wahr, wie dieser riesige Planet an meinen Füßen klebt und bekomme ein Gefühl für die gewaltige Masse, die da mit mir verbunden ist. Ich erlebe, dass die Erdanziehung auf dieser Masse beruht und dass – ich staune! – auch ich die Erde anziehe. Kraft meiner Masse! Ich fühle mich kraftvoll und zart wie selten zuvor. Ich tanze ein Duett mit der Erde, jetzt in diesem Moment – und immer! Mein ganzes Leben ist ein andauerndes Duett mit diesem Planeten, der mir Heimat ist. Solch eine Ergriffenheit und Ehrfurcht vor der Erde hatte ich bislang in Momenten erlebt, wenn ich Satellitenaufnahmen des Blauen Planeten sah. Doch wie sah mein Kontakt zur Erde im Alltag aus? Eigentlich recht achtlos: Ich nahm nicht wahr, wie ich mit jedem meiner Schritte die Erde berührte. Als ich tanzen lernte, hatte ich ausgiebig erfahren, wie hilfreich es war, die Unterstützung des Bodens zu nutzen. Aber das war eben der Boden. Eine horizontale Fläche. Daneben gab es noch die Schwerkraft, eine physikalische Größe, ebenfalls nützlich, wenn ich effizient zwischen den Raumebenen wechseln wollte. Eine Fläche und eine Kraft. Und nun begegneten mir die beiden gemeinsam als Körper – dreidimensional. Der Boden war die Oberfläche einer Kugel. Das hatte ich natürlich gewusst, aber nun war es spürbar. Die Erde ist ein Körper wie ich. Ein Körper wie ich! Mir war nicht klar gewesen, dass das, was uns verbindet, auf Gegenseitigkeit beruht. Jede meiner Bewegungen hat eine Resonanz. Das ist nicht toter Stein. Das ist beseelt – und braucht meine Anwesenheit, meine Bereitschaft, zu fühlen. Hier ist sie. Hier bin ich. Mit wachem und gerade ziemlich aufgeregtem Herzen.

Jemand im Raum hustet. Ach ja, hier bin ich auch noch. Wie spät ist es? Habe ich all das ausgesprochen? Ich weiß nicht, wie viel Zeit vergangen ist. Ich könnte hier noch ewig bleiben, aber es gibt ja einen Workshop zu unterrichten. Und wer weiß, wer mir überhaupt folgen konnte ... oder wollte, ... ob nicht die meisten denken: »Was redet die?« Eigentlich ist für mich im Raum keinerlei Unruhe spürbar. Wäre ich nicht ein wenig peinlich berührt, möglicherweise seltsame Dinge gesagt zu haben, könnte ich unmittelbar wahrnehmen, dass im Raum eine Stimmung entspannter Verbundenheit liegt. Auf jeden Fall werde ich diese Atmosphäre in späteren, bewussteren Momenten erleben, in denen ich mich traue, das Empfinden von gegenseitiger Verbundenheit, von Interbeing beim Namen zu nennen, ohne mir pathetisch vorzukommen – aber das wird noch eine Weile dauern.

Eine Workshopteilnehmerin sagt später, sie hätte am liebsten den ganzen Abend damit weiter gemacht, die gegenseitige Anziehung mit dem Erdball zu spüren. Ich auch. Und in gewisser Hinsicht ist das auch geschehen. Es hält bis heute an und wird auch nicht mehr verschwinden, bis ich sterbe, vermute ich. Hinter diese Erfahrung kann ich nicht zurück. Mein Verhältnis zur Erde hat sich unwiederbringlich verändert an diesem Tag. Natürlich kann ich es zwischenzeitlich ausblenden und der Boden ist dann einfach nur der Boden, eine Straße, auf der ich gehe, eine

Oberfläche, Weg von hier nach dort. Doch sobald ich meinem Gehen auch nur ein bisschen Aufmerksamkeit schenke, ist die andere Perspektive wieder da: Jeder Schritt, den ich mache, ist eine →zärtliche Begegnung mit der Erde. Ein →sinnlicher Genuss, empfängliche Präsenz.

Auch an dieser Stelle erfahre ich durch einen Text von Charles Eisenstein wesentliche Unterstützung, um meinem Weg zu vertrauen und die neue Perspektive in einen gewandelten Blick auf die Welt zu integrieren. Eisenstein ruft uns dazu auf, uns der Erde gegenüber nicht länger wie Kinder oder Pubertierende zu verhalten, sondern erwachsen zu werden und eine Liebesbeziehung mit ihr einzugehen: »Wir schauen der Notwendigkeit ins Gesicht, die Erde nicht als Mutter – die uns ohne Ende alles zur Verfügung stellt, was wir wollen und brauchen –, sondern als Geliebte zu betrachten, mit der Geben und Nehmen in Balance ist.«[4] Ich kenne einige, denen diese Haltung widerstrebt. Wir seien doch Kinder der Erde und sie eindeutig unsere Mutter, die uns nährt. Alles andere sei größenwahnsinnig, selbstüberschätzend und anmaßend. Der Gedankengang ist mir durchaus vertraut. Ich kleiner Mensch – Geliebte der Erde? Es hilft mir, einer Ameise gegenüber die gleiche Haltung einzunehmen. Dann ist Demut keine Frage des Größenunterschiedes mehr, sondern schlicht und einfach Ehrfurcht vor allem Lebendigen, wie klein oder groß, wie einfach oder komplex es auch sein mag.

Was ist passiert an diesem Tag, an dem ich eigentlich einfach meine gewohnte Arbeit machen wollte, einen Workshop unterrichten? Ich habe Zugang erlangt zu der tief in meinem Körper wohnenden Erfahrung, dass es nichts gibt, das nicht auf Gegenseitigkeit beruht. Ja, wir können uns dieser Gegenseitigkeit ein Stück weit verweigern. Doch dann schneiden wir uns vom Interbeing ab, wir isolieren uns vom Leben. Eine essenzielle Einsicht. Ich ertappe mich bei dem Gedanken, dass das in den Lehrplan müsste statt Günz, Mindel, Riss und Würm. Das ist *Erd*kunde! Die wichtigste Kunde, die es über die Erde und unsere Beziehung zu ihr zu teilen gibt. Aber da ich ja nicht wirklich überzeugt bin, dass Lehrpläne geeignet sind, uns mit der Essenz von etwas in Kontakt zu bringen, wird diese Erkenntnis anders unter die Menschen kommen. Wie?

Mich zuwenden

Über mehrere Jahre gehörte ich einer Gruppe an, die ausprobierte, wie eine politisch orientierte Meditationspraxis aussehen kann. Einmal die Woche trafen wir uns morgens. Wir kamen – online – zusammen und teilten, welche Aspekte des aktuellen Weltgeschehens uns bewegten, beunruhigten, erschütterten. Meist war sehr eindeutig, welchem Thema wir uns

4 Charles Eisenstein: *The Ecosexual Awakening*, im Original: »We face the necessity of treating Earth not as a mother – a boundless provider of all we need and want – but as a lover, with whom we give and receive in equal measure.« https://charleseisenstein.org/essays/the-ecosexual-awakening

am jeweiligen Tag zuwenden wollten. Dann übten wir, unsere Aufmerksamkeit dorthin zu lenken und dort zu bleiben, auch wenn es schwer zu ertragen war. Und darum ging es ja: den Schmerz der Welt eben nicht *aushalten*, indem ich mich anspanne und hoffe, dass es schnell vorübergeht, sondern mich öffnen, empfänglich werden, dableiben. Es war keine Meditation im eigentlichen Sinne, kein völliges Leersein, kein Einswerden mit dem universellen Frieden. Auf jeden Fall war das nicht unser Ausgangspunkt oder Zugangsportal. Wir praktizierten vielmehr eine Art von Kontemplation, eine Übung in Präsenz und Öffnung – in jener Qualität, die ich im Kapitel *Wahrnehmen* beschreibe: die Welt in mir abbilden. War es möglich, jede Woche aufs Neue zu sitzen und anzuerkennen: All das geschieht gerade auf diesem Planeten? Kann ich mir abverlangen, dafür Raum zu schaffen in mir und die → Gewalt der vorenthaltenen Aufmerksamkeit wenigstens einen Hauch zu schmälern – dadurch, dass ich mich zuwende, statt zu ignorieren, auszublenden oder mich abzuspalten?

Zuwenden wurde mir dabei ein wirklich hilfreiches Wort. Ich erlebe es als räumlichen, als körperlichen Vorgang. Ich richtete mich wirklich mit meiner Vorderseite, mit Gesicht und Herz Richtung Südosten aus, als wir uns dem Krieg in Syrien zuwandten. Und als wir uns der Gewalt an Europas Südgrenzen widmeten, setzte ich mich so, dass ich nach Süden schaute. Es war nie vorhersehbar, was dann passieren würde. Zu meinem Erstaunen fand ich mich in der Rolle Europas wieder. Ich war Europa. An meiner Brust prallten Flüchtende ab. Die rigiden Grenzen, Mauern, Zäune, Patrouillen und Schlagbäume bildeten meinen Körperpanzer[5], meine verhärtete, verkrustete Angst. Im nächsten Moment stand ich als Grenzpolizist*in da und fühlte meine Dienstmütze, meine Uniform bleiern auf mir lasten – jene Insignien der Macht, die mir das vermeintliche Recht gaben, sicher auf der einen Seite dieser Grenze zu stehen und denen auf der anderen Seite den Zutritt zu verwehren. Ich fühlte die Willkür dieser Grenzen, zu deren Verteidigung ich hier stand und erschrak darüber, wie selbstverständlich wir sie als gegeben hinnehmen. Ich spürte, wie ich mich nicht ausklammern kann aus der Gewalt und Not im Mittelmeer – weder aus der Abschiebungspraxis noch aus den Fluchtursachen. Ich war, ich bin Teil davon. Jede*r in der Gruppe hatte eine ganz eigene Weise, Raum in sich selbst zu schaffen, die Welt zu sich hineinzuholen. Wenn wir nach der vereinbarten Zeit wieder zusammenkamen und von unseren Bildern und Eindrücken erzählten, dann war das, was der Rest des Kreises meinem

5 Diesen Begriff prägte bereits vor etwa hundert Jahren Wilhelm Reich, dessen Arbeit als Basis für → somatische, körpertherapeutische Arbeit gilt.

Erleben hinzufügte, immer eine Bereicherung, eine Perspektiverweiterung. Ich bin an diesen Morgenden zur Weltbürgerin gereift.

Während ich dies schreibe, höre ich die skeptischen Stimmen meiner Leser*innen – vielleicht höre ich sie, weil sie immer wieder auch in mir sind: »Und was soll das helfen? Was soll das bringen? Die Menschen ertrinken trotzdem im Mittelmeer. Sie verhungern oder kommen in Kriegen ums Leben.« Es wird wohl noch eine Weile dauern, bis wir vertrauen, dass wir auch mit unserer Aufmerksamkeit etwas ausrichten können – auf einer ganz anderen Ebene als der sofortigen unmittelbaren Linderung von Not. Einige aus der Gruppe haben sich dem Projekt *Global Social Witnessing*[6] angeschlossen. Axel Perinchery rief gemeinsam mit anderen *The citizen is present*[7] ins Leben.

Unsere Treffen veränderten auch meinen Alltag. In Situationen, auf die ich bisher reflexhaft mit Taubwerden reagiert hatte, versuche ich nun, mein Herz zu öffnen für das, was ist – auch wenn ich momentan direkt nichts ändern kann. Ich habe im Kapitel *Anerkennen* einige dieser kleinen Situationen aufgezählt und bin nicht näher darauf eingegangen, zum Beispiel diese: Ich höre in der Nachbarschaft irgendwo quer über den Hof ein Kind weinen und eine erwachsene Person brüllen. Wie gehe ich heute – nicht immer, aber doch öfter – damit um? Ich versuche, nicht wegzuhören. Wenn ich den Impuls erkenne, mich zu verschließen, mich taub zu machen, lasse ich nicht zu, dass das passiert. Ich nehme innerlich Verbindung mit dem Kind auf und flüstere: »Ich sehe dich. Ich höre dich.« Ein paar Atemzüge lang übe ich mich in der buddhistischen Praxis des Tonglen[8].

Durch den Wald latschen Hambacher Forst, Anfang Oktober 2018. Tausende von Menschen latschen durch ein Stück Wald, zu dessen Schutz sie angereist sind. Ich latsche mit, doch mir ist unwohl dabei. Warum begegnen wir dem Wald, zu dessen Schutz wir hier sind, nicht mit mehr Achtung? Mir war es wichtig, hierherzukommen, doch nun fühle ich mich etwas verloren.

Ich bin allein gekommen, weil ich an den vorangegangenen Tagen meine kranke Mutter versorgt habe. Mein Zug hatte Verspätung, mein Handyakku ist leer, ich habe keine Möglichkeit, die Leute zu finden, mit denen ich mich verabredet hatte und die aus lauter anderen Richtungen angereist sind. Ich hätte tatsächlich die Großdemo für ein fröhliches Stelldichein mit Freund*innen aus dem ganzen Land genutzt.

6 www.globalsocialwitnessing.org

7 www.thecitizenispresent.com

8 Dieser Praxis begegnete ich zum ersten Mal in den Büchern der buddhistischen Nonne Pema Chödrön. Sehr verkürzt: Es ist ein Übungspfad des Mitgefühls. Beim Ein- und Ausatmen verbinde ich mein eigenes Leid mit dem Leid der Welt.

Doch die Bahn streut mir zum Glück Sand ins Getriebe. Das ist meine Chance, wahrzunehmen, was hier passiert – allein unter zehntausenden fremden Menschen: Ich fühle mich ähnlich verloren hier wie in einem Einkaufszentrum. So wie ich dort von Werbebotschaften niedergeschrien werde, erschlägt mich hier der Sound aus den grölenden Boxen des Lautsprecherwagens, der durch den Wald fährt. Auch das Demonstrieren folgt einem wenig hinterfragten Narrativ – und es basiert ebenso auf Getrenntheit, wie das, wogegen es kämpft. Auf jeden Fall beruht es kaum auf Lauschen.

Ich bleibe stehen. Ich lasse die Leute an mir vorbeiziehen und bewege mich an den Rand der Menschenmenge. Hebe den Blick und gucke in die Kronen dieser Bäume, die hier schon so lange stehen. Weit länger, als ich auf der Welt bin. Lehne mich an einen dicken Baumstamm, atme. Sehe in einiger Entfernung ein rot-weißes Absperrband. Was ist dahinter? Ist dies der Ort, wo sich die Zähne der Bagger in die Erde fressen und in kürzester Zeit einen Lebensraum, ein Ökosystem vernichten, das hier in Jahrhunderten gewachsen ist? Nur um ein bisschen von jenem fossilen Brennstoff auszugraben, der einst die industrielle Revolution ermöglichte, von dem wir aber heute sehr genau wissen, dass wir für seinen Abbau leichtfertig Wälder opfern, obwohl seine Verbrennung extrem klimaschädlich ist? Ich schlüpfe ganz einfach und ungehindert durch die Absperrung, durchquere eine bereits gerodete, gespenstisch öde Fläche und plötzlich stehe ich an der Abbruchkante des Tagebaus. Das Ausmaß der Grube übertrifft all meine Vorstellungen. Ich betrachte die riesige Wunde, die da vor mir klafft. Es fühlt sich an, als wäre etwas aus meinem eigenen Körper herausgeschnitten. Der Anblick lähmt mich. Ich setze mich hin, lasse das Bild auf mich wirken, das innere und das äußere. Beide verschmelzen miteinander. Tränen laufen meine Wangen herunter. Weit entfernt höre ich das Wummern der Bässe vom Lautsprecherwagen. Was machen die da drüben? Warum sind nicht alle hier? In Stille? Warum stehen wir nicht beisammen und versuchen das Ausmaß dieses gnadenlosen Eingriffs – und so vieler anderer – zu fühlen? Warum bilden wir kein →Feld, warum knüpfen wir kein Netz, das vielleicht groß genug ist für diesen riesengroßen Schmerz, der ein einzelnes Herz überfordern würde, der aber so dringend gefühlt werden möchte, damit wir Menschen wieder unseren Platz finden können inmitten des Lebens auf diesem Planeten?

Mich ergreift die Sehnsucht nach einer verbindenden Demonstrationskultur, in der es nicht allein darum geht, meinen Körper an diesen Ort zu verfrachten, um Masse zu machen gegen einen skrupellosen Energiekonzern – von 50.000 ist am Abend in den Nachrichten die Rede. Ich beginne, tiefer zu verstehen, was mir an Demos widerstrebt und bekomme eine leise Ahnung davon, wie wir auf einer ganz anderen Ebene wirksam sein können, wenn wir wagen, bei solchen Anlässen gemeinsam zu spüren, wofür wir hier sind. Ich vermute, uns alle verbindet etwas

Gemeinsames: die Liebe zum Leben. Kann so etwas schwer Fassbares wie Liebe eine politische Gestaltungskraft sein?

Ja. Jetzt ist die Zeit, ihr zu Wirkmacht zu verhelfen – auch wenn wir noch nicht so recht wissen wie das geht und wenn es Mut brauchen wird, dafür einzustehen, weil es uns vielleicht etwas peinlich oder kitschig vorkommt und wir befürchten, damit nicht ernst genommen zu werden. Es ist dringend notwendig, diese → Scham zu überwinden und uns darin zu üben – und in diesem Üben sichtbar zu werden. Aber wie?

Freunde – Feinde

Die Demo ist vorbei. Das Kundgebungsfeld leert sich. Die Menge schiebt sich träge Richtung S-Bahn. Wie viele S-Bahnen wird es brauchen, um all diese Menschen wieder dahin zu bringen, wo sie herkommen? Der Weg wird schmaler, alles verlangsamt sich, niemand wird ungeduldig. Schon auf der Hinfahrt war ich überrascht: Die Atmosphäre in der völlig überfüllten S-Bahn war geprägt von einem entspannten Miteinander. Das wäre ganz bestimmt nicht so gewesen, hätte uns nicht das gleiche Ziel verbunden. Auf vielen Zweiersitzen saßen drei Menschen, anderswo wurde das Rotationsprinzip angewandt, damit alle immer abwechselnd sitzen und stehen konnten. Für die Stehenden gab es nicht nur zwischen den Türen Platz, sondern auch zwischen den Beinen der Sitzenden. All das geht mir durch den Kopf, während sich die Menschenmenge langsam den Feldweg entlang Richtung Bahnhof bewegt. Es ist schon früher Abend, aber immer noch unglaublich heiß. Von Weitem sehe ich rechts am Wegesrand einen Wagen vom Roten Kreuz. Sie verteilen Wasser. Ich bin unentschieden, ob ich mich freuen soll über diese Geste der Fürsorge oder wütend sein wegen des Müllbergs, den tausende kleiner Plastikflaschen erzeugen. Ist es wirklich vereinbar, Plastikmüll zu verursachen, während ich gegen den Kohleabbau protestiere? Wo ist die Grenze? Meine mitgebrachte Wasserflasche habe ich vorhin an einem Hahn aufgefüllt, aber sie ist längst wieder leer. Trotzdem will ich keine Plastikflasche haben. Walk your talk.[9]

Gegenüber vom Roten Kreuz, auf der linken Seite des Weges steht ein Einsatzwagen der Polizei. Sie stehen recht entspannt da und weisen uns den Weg zum Bahnhof. Vor mir läuft ein Grüppchen, Leute in Jeans und T-Shirt, an deren Äußerem sich nichts besonders »Extremes« ablesen lässt – und ich komme mir auch blöd vor, das so einordnen zu wollen. Einer von ihnen deutet mit großer Geste erst nach rechts, dann nach links. »Freunde – Feinde!« kommentiert er das Ganze. Mir rutscht das Herz und mit ihm der Mut in die Hose. Ich möchte das nicht mehr. Warum machen wir uns die Welt so einfach?

9 Das ist schwer zu übersetzen, wörtlich: »Gehe dein Reden.« Sinngemäß: »Setze das, worüber du sprichst, in die Tat um.« oder »Stehe durch deine Taten zu deinen Worten.«

Darum wünsche ich mir eine andere Demonstrationskultur! Weil die Zeit des reinen Dafür oder Dagegen, des Anfeindens und Rechthabens vorbei ist. Wir können uns nicht mehr nur auf rechte, linke, ökologische, antikapitalistische oder neoliberale Positionen berufen. Wir werden mit der Freund*innen-Feind*innen-Logik nichts wirklich anderes hervorbringen. Die Zusammenhänge sind zu komplex, als dass wir noch irgendetwas von uns weisen und anderen anlasten könnten. Wir alle sind verwickelt in diese schädigenden Strukturen.

Ein Ruf

Ein Freund schickt mir anlässlich der Wintersonnenwende den Link zu einem Podcast von Lucia René, die ich – sofern irgendwelche Einordnungen Sinn ergeben – als moderne Mystikerin bezeichnen würde. In meinen Posteingang flattern immer so viele Links und Empfehlungen, so viele Impulse, Filmchen, Posts und Texte, dass ich mich gar nicht allen widmen kann. Es ist mir einfach zu viel. Ich kann nicht sagen, warum ich mir ausgerechnet diesen anhöre. Am Ende des Podcasts weiß ich es. Er enthält vier Sätze, die mich in ihren Bann ziehen und die ich als letzten Anstoß noch gebraucht habe:

»This is a call.
Not a call to arms.
A call to stand.
To stand with the Earth.«[10]

Diese wenigen klaren Worte wirken tief. Ja, das ist es! Wenn Menschen sich in so einer Ausrichtung versammeln, da möchte ich dabei sein. Und wenn es das noch nicht gibt, dann müssen wir es halt erfinden: *Standing with the Earth.* Innehalten und horchen, bezeugen, wo wir als Menschheit stehen in der Beziehung zu dem Planeten, der uns nährt und trägt. Nicht »die Welt retten«, nicht »die Natur schützen«, auch nicht »den Mächtigen den Kampf ansagen« oder »die Schuldigen ausfindig machen«. Mit der Erde stehen. Das können wir alle, über die Weltanschauungen hinweg. Die Verbundenheit wahrnehmen und anerkennen, wie wir sie mit unserem Lebensstil missachten. Wir alle.

Standing with the Earth! Ich bin aufgeregt. Das klingt kraftvoll, zärtlich, solidarisch und entschlossen. Das könnte die Alternative zu meiner schalen Lehrplan-Idee sein: Menschen zu dieser Art des Innehaltens und Spürens einladen. In Gärten, auf Schulhöfen, auf öffentlichen Plätzen stehen und die Beziehung mit der Erde spüren, bevor wir überstürzte Maßnahmen ergreifen oder Forderungen an die anderen, die

10 In der deutschen Übersetzung offenbart sich meinem Empfinden nach die Vielschichtigkeit dieser Zeilen nicht so wie im englischen Original:
»Dies ist ein (Auf)ruf.
Kein Ruf zu den Waffen.
Ein Aufruf, zu stehen/stehenzubleiben/aufzustehen/standzuhalten/sich (entgegen) zu stellen.
Mit der Erde zu stehen.«

Mächtigen stellen. Einfach so, als Aktion des öffentlichen Lebens oder als Teil von Demos, Kundgebungen und anderen Veranstaltungen. Aber wird irgendjemand verstehen, was es soll? Es wäre schon sehr anders als der politische und Öko-Aktivismus, den wir kennen. Nein, nicht ganz. Es gibt bereits Bewegungen in eine ähnliche Richtung, sie lassen sich unter dem Begriff *Sacred Activism* – heiliger Aktivismus – vereinen: zum Beispiel Friedensmahnwachen, die → Tiefenökologie, *Ring der Kraft, Defend the Sacred.*[11] Und die Widerstandsbewegung *Extinction Rebellion*, erfahre ich, hat eine Untergruppe, die sich *Regenerative Culture* nennt. Ein → Feld ist dabei, sich zu bilden. *Standing with the Earth* könnte sich hier einreihen und der stetig wachsenden Wandelbewegung als gemeinsamer Boden, als verbindende Praxis dienen. Eine Praxis, die die vielschichtigen Initiativen verbinden kann, weil sie keine Forderung hat, nichts erreichen will, als uns an unser aller Lebensgrundlage zu erinnern. Und sie knüpft an unser aller Urschmerz an, nicht voll und ganz landen zu dürfen auf der Erde.

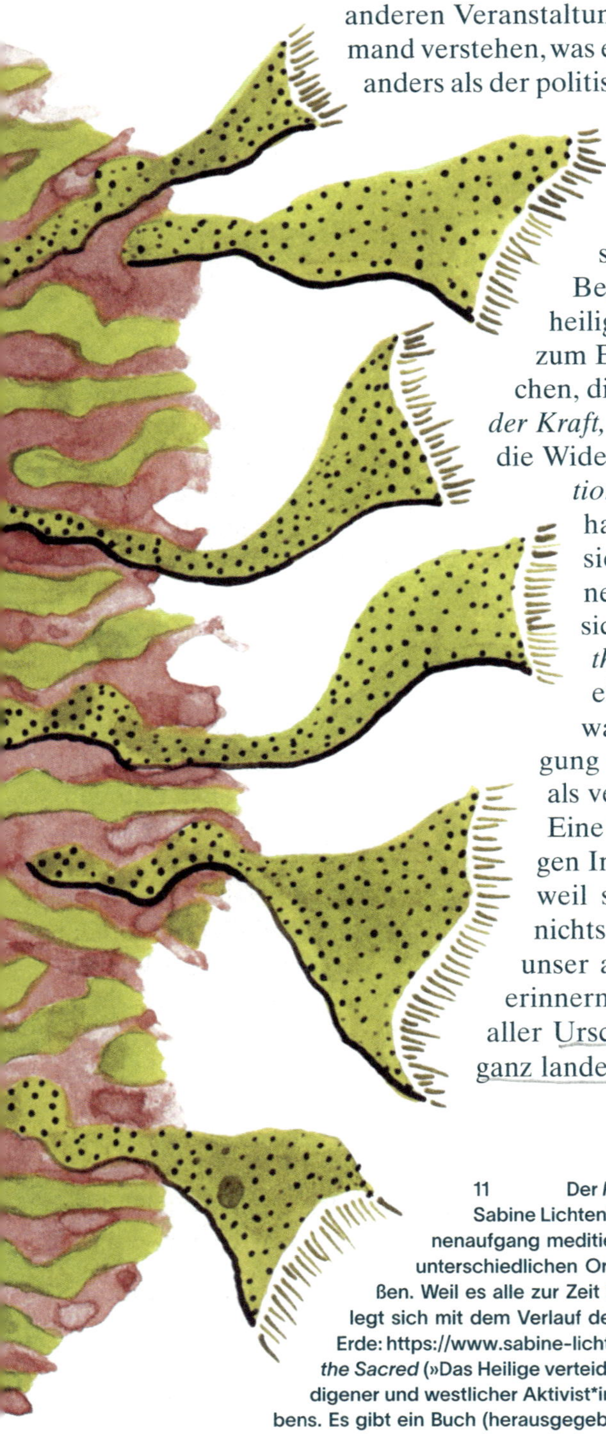

11 Der *Ring der Kraft* ist eine Invtiative von Sabine Lichtenfels. Jeden Montagmorgen zu Sonnenaufgang meditiert sie und lädt Menschen an ganz unterschiedlichen Orten der Welt ein, sich anzuschließen. Weil es alle zur Zeit ihres Sonnenaufgangs vor Ort tun, legt sich mit dem Verlauf der Sonne ein Ring der Kraft um die Erde: https://www.sabine-lichtenfels.com/ring-der-kraft/. *Defend the Sacred* (»Das Heilige verteidigen«) ist ein Zusammenschluss indigener und westlicher Aktivist*innen gegen die Zerstörung des Lebens. Es gibt ein Buch (herausgegeben von der *Grace Foundation*) und einen Film darüber: www.vimeo.com/190403297

Paul Hawken[12] legt anschaulich dar, dass die vielen kleinen politischen, ökologischen, sozialen Initiativen, die in den letzten Jahren allerorten aufblühen, die größte Umbruchsbewegung sind, die es jemals gab. Ihre Stärke ist die Dezentralität: Menschen handeln aus eigener Motivation heraus, nicht auf Befehl von oben. Die Kehrseite kann im Verzetteln liegen: Wir verlieren leicht aus dem Blick, dass unser so unterschiedliches Engagement aus der gleichen Quelle gespeist wird – der Liebe zum Leben selbst. *Standing with the Earth* könnte eine Praxis sein, die uns an diese gemeinsame Quelle erinnert.

Üben

Zurück zu Hause. Immer wieder gehe ich in den darauffolgenden Tagen allein in den Wald, um einfach nur zu stehen. Wie geht das? Was genau geschieht da eigentlich?[13] Wie würde ich Menschen dazu einladen? Was würde ich sagen, um hinzuführen? Ich stelle mich neben einen Baum. Dort, wo meine Füße den Waldboden berühren, berührt meine Haut die Haut der Erde. Sehr →zärtlich erlebe ich diesen Kontakt und weite diese Zärtlichkeit aus auf eine immer größere Fläche, versuche mir vorzustellen, wie ich über dieses Fleckchen bemoosten Waldbodens mit der gesamten Erdoberfläche verbunden bin. Mein Sein möchte sich mit dem Wurzelgeflecht der Bäume, der Pflänzchen, mit den Pilzmyzelen verweben und möchte spüren, wie es beteiligt ist an dieser großen Symbiose, durch die ein Leben das andere ermöglicht. »Möchte«, schreibe ich. Es erscheint mir, als müsse ich – Vertreterin einer Kultur, die sich vom Lebensprinzip der Gegenseitigkeit getrennt hat – um Einlass bitten. Also stehe ich und bitte und öffne mich für das Wurzelige. In mir gibt es das auch: Ich gelange zu einer sehr angenehmen und tröstlichen Wahrnehmung des Nervengeflechts in meinem Bauchraum und erlebe, wie es mich durchzieht, wie es sich verästelt und verzweigt, wie es pulsiert und Botschaften überbringt. Irgendwann ist das Verwobensein keine reine Vorstellung mehr. Ich erlebe mich als Teil der Humusschicht dieser Erde. Ich wachse aus ihr heraus, ich bin von ihr genährt, ich führe ihr Nährstoffe zu. Und es trifft mich wie ein Schlag, wie bedroht diese lebendige Schicht ist, weil wir Menschen uns aus der Balance des Gebens und Nehmens ausklammern und diese dünne Lebenshaut unseres Heimatplaneten ausbeuten. Wie von selbst sinkt mein Kopf Richtung Boden. Ich kauere noch eine Weile im weichen Moos, rieche den Wald und meine zu verstehen, warum der Islam diese Haltung für

12 Auf Paul Hawkens berührende Rede habe ich bereits auf S. 101 verwiesen. Sein Buch »Blessed Unrest« (wörtlich übersetzt: »Gesegnete Unruhe«) wurde leider etwas lau als »Wir sind der Wandel« ins Deutsche übersetzt.

13 Sibylle hat ihr eigenes Suchen in Bildern dokumentiert. Eine Auswahl findet sich im Beiheft (6a–c), die komplette Serie hier: www.sibylle-reichel.de/zeichnungen/erde-sein. Und es gibt den Film »ERDE SEIN«, der sie beim täglichen Stehen in ihrem Garten begleitet: https://vimeo.com/646458394

das Gebet gewählt hat. Wir haben so viel Demut nachzuholen. Bevor ich wieder in mein Zimmer gehe, pinkle ich genüsslich in den Waldboden.

An anderen Tagen geschieht das Verbinden über die Ohren, oder vielmehr über einen erweiterten Lauschsinn. Meine Sinne öffnen sich, ich höre das Rascheln und Surren, das Fiepen und Zwitschern, all das, wofür wir keine Worte haben, das Grundsummen der Lebendigkeit – und beobachte mich dabei, wie ich mich in diesen Klang des Organismus Erde einschwinge. Dann wieder erlebe ich sehr deutlich die vertikale Achse: Ich verfolge mein Gewicht, wie es durch die Fußsohlen in die Erde fällt. Und fällt und fällt, lotrecht Richtung Erdmittelpunkt. Und indem ich es fallen lasse, erfahre ich entlang genau dieser Achse Aufrichtung. Von der Erdmitte direkt in meine Mitte und durch den Scheitelpunkt hindurch in den Raum über mir. Ich muss mich nicht anstrengen, um hier zu stehen, ich kann mich der Achse anvertrauen und dem pendelnden Spiel, das die Nach-oben-Kraft mit der Nach-unten-Kraft spielt. Als ich mich umblicke, muss ich schmunzeln: Ich bin umgeben von Bäumen, die genau das gleiche tun: sich in diese Achse hineinbegeben, sich an diesem Spiel beteiligen. Und mit einem Mal sehe ich vor meinem inneren Auge das Lebensnetz wie einen Stern. All die Lebewesen, die sich im Erdmittelpunkt verankern und ins Universum hinausstrahlen. All die Achsen, die sich in der Mitte der Erde treffen (Bild 6c).

Und die Autobahn

Ostern 2019. Ich möchte endlich anfangen, mit Menschen gemeinsam zu stehen. Dort, wo sich ohnehin Gruppen zusammenfinden, die bereit sind, aktiv zu werden und aufzustehen für eine lebensfreundlichere Welt – aber nicht gleich als erstes bei einer großen Demo. Ich lade Teilnehmende eines Festivals und die Bewohner*innen der gastgebenden Gemeinschaft Tempelhof ein, *Standing with the Earth* gemeinsam im Kreis als morgendliches → Ritual auszuprobieren. Meinen Kollegen, Musiker und Gründer der Initiative *Verkörperte Ökologie* Florian Betz frage ich, ob er mich unterstützen und beim Ankommen Musik machen möchte. Möchte er. Wir haben es am Vortag angekündigt. Keine Ahnung, wie viele Menschen sich angesprochen fühlen – und wie viele es tatsächlich schaffen, an einem kühlen Aprilmorgen aus dem warmen Bett zu kriechen, um noch vor dem Frühstück im nassen Gras zu stehen.

Es ist kurz nach Sonnenaufgang, die Welt wirkt neu und frisch, als ich gemeinsam mit Florian den Hügel hinauflaufe. Hier oben habe ich schon das eine oder andere Ritual oder Fest mitfeiern dürfen. Es ist der feierlichste Platz der Gemeinschaft. Heute früh ist es still und laut zugleich. Über den Häusern liegt eine morgendliche Ruhe, die taubetropften Wiesen atmen noch die Nacht aus, doch der Wind steht so ungünstig, dass es wirkt, als verlaufe die einige Kilometer entfernte Autobahn direkt über das Gelände. Daran können wir nichts ändern. Florian setzt sich hin, packt sein Pantam aus und beginnt zu spielen. Das macht es etwas erträglicher.

Als hätte die Musik sie angelockt, beginnen nun Menschen auf den Hügel zu strömen. Es werden immer mehr. Mein Herz klopft. Immer wieder bewegt es mich, dass das möglich ist: Menschen zu rufen und sie kommen! Der Kreis schließt sich. Florian spielt die letzten Töne. Die Autobahn ist nun wieder sehr laut zu hören. Es kostet Kraft, dagegen anzusprechen. Florian und ich wechseln uns ab. Wir laden ein, den Kontakt zum Boden zu spüren. Die Autobahn dröhnt. Wir stehen. Wir machen aufmerksam auf alles, was um uns und in uns lebendig ist – und verletzlich. Die Autobahn dröhnt. Wir stehen. Wir verbinden uns mit den Bäumen, den Bergen, den anderen Tieren, dem Wasser – mit allem, was diesen Planeten bewohnt und mit uns den lebendigen Organismus Erde ausmacht. Die Autobahn dröhnt. Wir stehen.

Gern würde ich die Autobahn erwähnen. Und alle anderen Wunden, die wir mit unserem Lebensstil diesem Planeten zufügen. Aber ich fürchte, das könnte zu moralisch wirken. Ich selbst habe kein Auto. Ich bin überzeugt, dass diese Welt friedlicher und freundlicher wäre, wenn es weniger Autos gäbe – oder: so gut wie keinen Individualverkehr. Aber wenn ich jetzt die Autobahn erwähne, könnte es einige von denen, die hier stehen, ärgern. Ich habe mit vielen Menschen hier Gespräche geführt, habe hinterfragt, warum in einer Gemeinschaft wie dieser so viele Autos rumstehen und warum so wenig Fahrrad und Bus gefahren wird. Es könnte wie eine hineingemogelte Kritik ankommen, ein Sticheln. Das möchte ich nicht. Ich spreche nicht von der Autobahn. Aber je mehr ich sie verschweige, desto lauter wird sie in meiner Wahrnehmung. Und ich sehe nur noch Bilder von Auspuffen und Abgasen, von platzfressenden Autobahnkreuzen, totgefahrenen Igeln. Am Ende fühle ich mich vor allem hilflos, obwohl es gleichzeitig wunderschön ist, hier mit diesen Menschen im Kreis zu stehen.

Florian beginnt wieder zu spielen. Menschen umarmen sich, einige legen noch eine Weile ihre Hände auf den Boden, langsam löst sich der Kreis auf. Ein Freund kommt auf mich zu. Ausgerechnet der, von dem ich am meisten befürchtet hatte, er würde es moralisierend finden, die Autobahn zu erwähnen. »Krass wie laut die Autobahn heute ist, oder?«

»Hm«, sage ich vorsichtig, »die wollte auch bezeugt werden.«

»Warum hast du nichts gesagt?«, fragt er.

Wenn wir zu Verbundenheit einladen, geht es nicht, schönzufärben. Wir können nichts und niemanden außen vor lassen. Wir sind aufgefordert, alles einzubeziehen. Auch das, was uns schmerzt und was wir eigentlich nicht dahaben wollen – gerade das. Und erst jetzt verstehe ich so richtig, worum es bei *Standing with the Earth* geht. Ein paar Tage später finde ich bei der wunderbaren Arundhati Roy die Worte, die als Zitat diesem Kapitel voranstehen.

Es verstetigt sich

Frühling 2019. Bald führen wir *Standing with the Earth* als tägliche Morgenpraxis in unserer Gemeinschaft ein. Wir stehen – jetzt im Frühling ist es die Zeit kurz nach Sonnenaufgang – gemeinsam im Kreis unten auf der Wiese neben unseren Gewächshäusern. Barfuß im Morgentau. Jeden Morgen ist es anders: das Licht, die Luft, die Stimmung, die Menschen. Ein paar Leute aus unserer Gemeinschaft finden meist in den Morgenstunden den Weg auf die Wiese zwischen Bienenstöcken und Gemüsebeet, wo gerade ein Steinkreis entsteht. Eines Morgens habe ich ganz klar diesen Ablauf vor mir, der einen Rhythmus gibt und Anhaltspunkte bietet, verschiedene Positionen auszuprobieren:

- 10–20 min stehen – für den → Wandel, die Dringlichkeit und die Verbundenheit mit der Erde einstehen;
- etwa 3 min knien, Stirn am Boden – Demut und Dankbarkeit;
- etwa 3 min liegen – Hingabe ans Nichtwissen, Ausstieg aus menschlichem Allmachtsdenken, viel Kontaktfläche mit der Erde spüren.

Ab und zu bin ich allein auf der großen Wiese, manchmal verspüre ich so einen Bewegungsdrang, dass es eher ein *Dancing with the Earth* wird, ein lustvolles Feiern, Fallenlassen, Aufstehen, Wälzen im Gras – auch sehr schön. Das darf sehr lustvoll sein! Ich nehme den Impuls mit in Workshops, die ich gebe, trage ihn zu Tagungen und Festivals. Wir stehen beim Symposium *Rebell*innen des Friedens*[14], beim *Erdfest*[15] und anderswo. Menschen, die das erlebt haben, sprechen mich an oder schreiben mir E-Mails. Sie wollen das mit in ihren Alltag nehmen, zur gleichen Zeit mit uns stehen oder eine lokale Initiative starten. Eine Frau schreibt, die Uhrzeit sei ungünstig für sie, da sei sie immer auf dem Weg zu Arbeit. Aber nun habe sie es so eingerichtet, dass sie früher losfahre und unterwegs an einer schönen Stelle anhalte, um mit uns zu stehen. Oft versuche ich morgens, mir vorzustellen, wo wohl gerade Menschen in dieser Praxis mit uns verbunden sind.

Das geht den ganzen Sommer und Herbst so weiter. Immer neue Initiativen entstehen, Menschen bringen es zu ihren *Fridays for Future*-Ortsgruppen und in alle möglichen Zusammenhänge. Ich bekomme

14 Das war eine von Adelheid Tlach-Eickhoff und Geseko v. Lüpke initiierte Veranstaltung, die ich bereits erwähnte, als es um die Frage ging, ob wir uns zwischen Meditieren und tatkräftigem Aktivismus entscheiden müssen. Sie fand im Rahmen der *Sulzbrunner Symposien* statt: https://youtu.be/9F2zsEjdXcE

15 Seit 2018 rufen Hildegard Kurt und Andreas Weber jährlich rund um die Sommersonnenwende auf zu dezentral stattfindenden Veranstaltungen zum Thema Erdverbundenheit: www.erdfest.org

Fotos geschickt, zum Beispiel von 300 Menschen bei der *Rebellion Week* auf der Wiese vor dem Reichstag.

Manche Leute bitten mich um eine Anleitung. Ich bekomme auch solche Anfragen: »Ich habe von Ihrer Initiative *Für die Erde stehen* gehört. Wie kann ich mitmachen?« Wie kann ich das Missverständnis aufklären, dass wir nicht für, sondern mit oder noch lieber als die Erde stehen? Die Auffassung, wir sollen etwas für die arme Erde tun, wir müssten und könnten sie → retten, zeugt von so viel → Scham und Schuld, die auf uns lastet. Ich schreibe also ein paar Sätze als Anhaltspunkt:

»Du stehst da – alleine oder gemeinsam mit anderen. Auf öffentlichen Plätzen ist es besonders kraftvoll. In deinem Garten geht es ebenso gut. Vielleicht magst du barfuß sein, ganz direkt in Kontakt, doch Schuhsohlen beeinträchtigen das Wahrnehmen nicht so sehr. Nimm dir ein paar Augenblicke, um die Berührung zu spüren. Lass es eine zarte, eine zärtliche Berührung sein zwischen dir und der Erde. Du spürst den Planeten unter deinen Füßen, lässt dein Gewicht in den Boden fallen und spürst, wie die Erde dich aufrichtet. Du öffnest deine Sinne – was hörst du, riechst du, spürst du? Nimm die Vögel genauso wahr wie die Autos. Verbinde dich mit den Bäumen, den Steinen, dem Wasser, dem Wind, dem Leben. Verbinde dich sowohl mit der Verschmutzung, der Ausbeutung, der Abholzung, dem Verlust der Artenvielfalt als auch mit all der Freude und Schönheit dieser Welt. Sei anwesend mit allem was ist. Sei mit der Erde. Sei die Erde.«

Der kleine Prinz

Und als ich mal mit einer Gruppe das Stehen anleite, die wenig Erfahrung hat, sich selbst körperlich zu spüren, fällt mir eine ganz andere Hinführung ein: Um einen ersten Zugang zu bekommen, hilft vielleicht das Bild, das viele vom Buchcover des »Kleinen Prinzen« kennen. Der Prinz schwebt irgendwo in den Weiten des Universums, er steht auf »seinem« Planeten, der nur unwesentlich größer ist als er selbst. Wir könnten es auch andersherum betrachten. Der Planet klebt an seinen Füßen. Die beiden ziehen einander kraft ihrer Masse an: der Planet den Prinzen und der Prinz den Planeten. Masse zieht Masse an – das ist ein physikalisches Gesetz. Es ist eine Beziehung, die auf Gegenseitigkeit beruht. Und genauso verhält es sich mit uns und der Erde, auch wenn die Erde viel größer ist und sehr viele Menschen und noch viel mehr andere Lebewesen sie bevölkern. Genau diese Verbundenheit wollen wir wahrnehmen und würdigen. Es ist wichtig, uns das immer wieder klarzumachen. Verbundenheit können wir nicht »herstellen«. Sie ist immer da, ob wir sie spüren oder nicht. Um sie wahrzunehmen, müssen wir nichts tun, sondern können eher etwas lassen. Anspannung loslassen. Vor allem lassen wir die Vorstellung los, ein autonomes, von allem anderen getrenntes Lebewesen zu sein. Wir stehen also und spüren diesen Planeten unter unseren Füßen. Und um es uns besser vorstellen zu können, schrumpfen wir diese riesige Erde in unserer Vorstellung mal so weit zusammen, bis eine Art Ebenbürtigkeit entsteht. Mit der Erde auf Du und Du. Von lebendigem Körper zu lebendigem Körper. Das Bild scheint für viele hilfreich zu sein. »Der kleine Prinz« ist so etwas wie allgemeines Kulturgut, die meisten können es sich vor ihr inneres Auge rufen – ab einem gewissen Alter. Als ich eine Schulklasse einlade, mit uns zu stehen, nutze ich einen Gymnastikball und meine große Handpuppe, die Hexe Elvira, um das darzustellen. Und die Klasse, eine sechste, macht mit. Ich nehme vorweg, dass es ihnen vielleicht merkwürdig und ungewohnt vorkommen wird, betone, es ist alles nur ein Angebot, keine*r muss etwas tun, das ihm oder ihr unangenehm ist – und doch kauern am Ende alle am Boden. Das überrascht mich.

Berlin, Alexanderplatz Juli 2019. Nachdem wir viel auf Wiesen gestanden haben, abseits des Trubels, verspüren einige von uns den Impuls, an weniger idyllischen Orten zu stehen und öffentlich sichtbar, spürbar zu werden. Als kleine Gruppe, die sich beim schon erwähnten Sommercamp *Vertrauen, Verbundenheit und Wärme als Basis für den gesellschaftlichen Wandel* bei der morgendlichen *Standing with the Earth*-Praxis findet, machen wir uns vom ZEGG aus auf den Weg in die Stadt. Berliner Freund*innen wollen dazukommen. Als wir aus dem Zug steigen, treffen mich Lärm und Eile wie ein Schlag ins Gesicht. Was haben wir uns dabei bloß gedacht? Was sollen wir denn gegen diesen Wahnsinn ausrichten? Ha! Eben nicht dagegen. Wir wollen uns spürend hineinbegeben, genau hier anwesend sein. Wie schnell doch der Mechanismus wirkt, gegen etwas anarbeiten zu müssen, wenn ich mich bedrängt fühle oder mich vor etwas schützen möchte.

Wir haben ein paar Verabredungen getroffen: Von Runde zu Runde werden wir abwechselnd mit dem Blick in die Kreismitte, dann mit dem Blick nach außen stehen. Wir sind genug Leute, also können ein paar von uns als Satelliten außerhalb des Kreises sein, ansprechbar für Passant*innen. Sie können Fragen beantworten und einfach zuhören oder Interessierte einladen, ein paar Minuten mit uns zu stehen. Der Wechsel von einer Rolle in die andere geschieht fließend und ohne festen Plan. Ich empfinde das Stehen als so intensiv, dass es mich kaum nach außen zieht. Hier mitten im Rattern, das die Geschäftigkeit der Großstadt erzeugt, ist das Stehen wesentlich herausfordernder als bei Vogelgezwitscher und mit Gras unter den Füßen. Die Autobahn war ein Klacks dagegen. Und zugleich erscheint es mir kraftvoller, weil wir uns unmittelbar dem Ausmaß der Entwurzelung stellen, das unsere Zivilisation hervorbringt. Mein Körper vibriert – und lässt sich darauf ein, genau hier wirklich anwesend zu sein, Ruhe, Klarheit und Ausrichtung zu finden. Wir erleben: Es ist wirklich möglich, mit 30 Menschen in diesem lauten, hektischen Wirrwarr ein →Feld von Präsenz zu schaffen.

Zwischendurch scheint es mir, dass wir mit unserem Kreis eine Säule der Stille in den Großstadtlärm setzen, eine Oase des Gewahrseins in die Fahrigkeit. Noch nie habe ich das Stehen so tief empfunden und so dringlich. Die Steinplatten, auf denen wir stehen sind warm, fast heiß, und als ich mich hinlege, ist mir, als könne ich spüren, dass die Erde Fieber hat. Ich liege auf dem Bauch und umarme eine glühend heiße Erde.

Ein Regenguss überrascht uns. Erst bleiben wir, breiten unsere Arme aus, dem Regen entgegen, den es dringend braucht in diesem knochentrockenen Sommer. Schließlich stellen wir uns unter. Eine Weile lang warten wir, ob der Regen nachlässt. Doch der hat gerade erst so richtig angefangen. Wir wollen weitermachen. Einer kommt auf die Idee in die Tunnel der U-Bahn umzuziehen. Und das ist eine wirklich besondere Erfahrung. Wir stehen, kauern, liegen in der Erde, es ist völlig egal, wie dreckig der Boden ist, wir vertrauen ihm unsere Köpfe, unsere Körper an. Wir fühlen uns wie im Mutterleib an diesem unwirtlichen Ort. Die Enge dieser Gänge – sonst nur Ort des Vorbeigehens – hat etwas sehr → Intimes, unser Kreis ist klein und dicht, beim Kauern und Liegen berühren wir einander. Niemand stolpert über uns, viele bleiben stehen, einige stellen sich dazu.

Auf der Heimfahrt sind wir alle wie berauscht.

Eine ganze Woche lang

Freiburg, August 2019. Eine kleine Gruppe hat sich zusammengefunden. Wir wollen das Stehen in der Stadt weiter ergründen – eine Woche lang. Unsere Wahl fällt auf Freiburg, dort der Platz der alten Synagoge. Wir schicken die Einladung an alle Freiburger*innen die wir kennen mit der Bitte, es weiterzuleiten, weiterzusagen. Mit zwei Stunden wollen wir anfangen und jeden Tag etwas länger stehen, zum Schluss den ganzen Tag.

Wir haben für diesen Marathon diese Ausstattung dabei:

- ein großes rundes Tuch mit der Aufschrift: »Stehen mit der der Erde – in Verbundenheit und Demut. Als Akt des friedlichen Widerstands«[16], es hat etwa drei Meter Durchmesser und bildet die Mitte unseres Kreises;
- 2 Klappstühle, sie stehen mit im Kreis, um auch alten, gehbehinderten oder erschöpften Menschen die Möglichkeit zum Mitmachen zu geben;
- einen Wecker, eine Zimbel, um Signale für den Ablauf zu geben;
- 4 laminierte Zettel, die wir außerhalb des Kreises mit Steinen beschwert auf den Boden legen, damit Interessierte sich informieren können, warum wir hier stehen;
- Straßenmalkreide, mit der wir Einladungen zum Mitstehen auf

16 So haben wir es formuliert, als wir das Tuch bemalten. Immer wieder stellt sich die Frage, ob es nicht passender wäre, es *Mitstand* statt *Widerstand* zu nennen.

den Boden malen, auch Pfeile, die auf die Infozettel hinweisen oder zu den Klappstühlen zeigen;

- ein Klemmbrett mit Stift und Adressliste, damit Menschen sich eintragen können, wenn sie über weitere Aktionen informiert werden wollen.

Im Laufe der Woche kristallisiert sich ein Ablauf heraus: Zu jeder vollen Stunde geben wir eine Einführung, eine*r von uns führt ein bisschen in die Erfahrung hinein. Ein zweiter Durchlauf geschieht in Stille. Dann treffen wir uns in der Mitte, tauschen uns aus, trinken etwas, bevor es weitergeht. Die Eindrücke der Menschen, die sich auf unserem runden Tuch versammeln, Bekannte und zufällige Passant*innen, bereichern unser Erleben. Im Laufe der Woche werden wir zur festen Einrichtung auf dem Platz. Am späten Nachmittag kommen Menschen auf dem Heimweg von der Arbeit bei uns vorbei und stehen eine Runde mit uns.

Wogegen?

Auf die Adressliste, die ausliegt, hat jemand gekritzelt: »Wogegen seid ihr?« Ich seufze und etwas in mir empört sich, warum das so schwer zu begreifen ist, dass wir nicht gegen etwas sein müssen, um hier zu stehen. Dann wird mir meine eigene Dagegen-Energie bewusst, die in dieser Empörung steckt, sei sie noch so klein, noch so unterschwellig. Und nicht nur in dieser Empörung. Immer wieder merke ich, wie ich mich distanzieren möchte von so vielen Dingen, die wir hier mitbekommen: Von den Leuten, die mit vollen Einkaufstüten der Billig-Modeketten an uns vorbeispazieren. Von den Gehetzten, die ihre Kinder so hinter sich her zerren, dass sie nur stolpernd mithalten können. Von abfälligen oder verniedlichenden Kommentaren: »Oh wie süß, mit der Erde stehen!«, »Ist das Kunst oder kann das weg?« Das erzeugt Wut in mir. Und diese Wut ist gesund, sie sagt »Das ist falsch«. Sie ist der Grund, warum ich hier stehe, auch der Grund, warum das Wort *Widerstand* auf unserem Tuch steht. Erst, wenn ich verurteile, wird es trennend. In diesem Moment spüre ich Vorwurf in mir. Das macht meine Wut giftig, jetzt gerade nur einen Hauch – aber doch giftig: Die Leute sollen anders sein! Immer wieder gibt es Menschen, die unseren Raum nicht achten und einfach mitten durch den Kreis laufen. Das kann ich respektlos finden – und wer hat definiert, dass dies unser Raum ist? Erst wenn ich bereit bin, auch diesen kleinen Groll, diese unbewussten Territorialansprüche zu sehen und allmählich loszulassen, schwingt kein Vorwurf mehr mit in der Art und Weise, wie ich mich auf diesen Platz stelle. Erst dann stehe ich mit allem, was den Organismus Erde in diesem Moment ausmacht. Auch mit dem, was ich lieber weghaben möchte. In mir, in den anderen, in der Welt. Dann erst kann ich mich wirklich verbinden mit dem, was ist, und mich dem widmen, weswegen ich hier hergekommen bin: mit der Erde stehen.

Nun habe ich schon so viele Stunden gestanden und beginne doch gerade erst, es im Kern zu begreifen. Mal sinke ich tief und satt hinein in mein Empfinden, Erde zu sein, untrennbar. Oft kommt dann eine große Traurigkeit. Wenn ich sie zulasse, aber nicht im Schmerz versinke, wird eine Kraft spürbar, die alles beinhaltet. Zeitweise sucht mein Blick den Kontakt zu Menschen außen herum, dann wieder lasse ich sie einfach alle an mir vorbei ziehen, wir stehen wie im Auge des Sturms. Mal lasse ich mich ablenken von all dem, was auf diesem Platz passiert, mal wandern meine Gedanken weit weg. Manchmal kommen Momente glasklarer Präsenz. Mal fühlt es sich sinnvoll an, → radikal, das Einzige was jetzt angemessen ist. Dann wieder frage ich mich, was ich hier eigentlich mache und was es bringen soll.

Zwei junge Männer beäugen uns mit etwas Abstand: »Und ihr glaubt im Ernst, das hilft der Erde?« Das trifft mich. Es klingt zynisch und ist genau die richtige Frage. Ich lasse noch ein Stück Weltrettungsimpuls los – und das ist nicht gleichbedeutend mit resignierter Ohnmacht. Hier zu stehen wird für mich immer mehr zum Akt der Demut – oder zum Prozess des Demütigwerdens. Dieses Stehen ist der Versuch, mich zu verabschieden von der grenzenlosen Selbstüberschätzung des menschlichen Verstandes, von der irrigen Überzeugung, wir müssten uns nur immer noch cleverere Lösungen ausdenken, dann wird das schon.

Einfach nur da sein

Ein – ich nehme an – Paar geht vorbei, als wir gerade am Boden liegen. Nein, sie gehen nicht vorbei, sie steigen fast über uns. Mir scheint, sie wollen keinen Zentimeter von ihrem direktesten Weg zwischen A und B abweichen. Ich liege auf dem Bauch und sehe einen Schuh so nah vor mir, dass er einen Moment lang fast mein ganzes Gesichtsfeld ausfüllt. Mir wird klar, wie verletzlich ich hier bin – und dass mir das keine Angst macht. Einen Fetzen ihres Gesprächs schnappe ich auf.

»Was machen die da?«, fragt die Frau.

»Tja«, meint der Mann, »jeder macht das, was er am besten kann.«

Ich liege hier am Boden und lasse auf mich wirken, wo diese Worte bei mir landen. Und ich merke, ich habe die Wahl. Klar, ich kann es so verstehen: »Wer nichts anderes kann oder nichts Sinnvolleres beizutragen hat, muss sich halt bäuchlings auf öffentliche Plätze legen.« Und ich kann es auch als Anerkennung nehmen. Er könnte damit auch gesagt haben: »Das würde ich mich nicht trauen, mich so auszuliefern, so verletzlich zu machen.«

Etwas später kommt eine Bekannte vorbei und gesellt sich eine Stunde lang zu uns. Als wir uns zum Sprechen auf dem Tuch treffen, teilt sie diese Erfahrung mit uns: »Das war wirklich herausfordernd für mich. Ich habe gemerkt: Das gibt es nirgends sonst in meinem Leben, dass ich ohne den Schutz einer Rolle so zwecklos einfach nur irgendwo bin – und dass ich dabei von allen gesehen werde.« Sie ist Lehrerin, ist es also gewohnt, ständig von vielen Augenpaaren angeschaut zu werden. Außerdem tanzt sie – auch vor Publikum. Aber so nackt und einfach nur als sie selbst in der Welt habe sie sich noch nie gefühlt.

Schlechtes Wetter Der dritte Tag – wir stehen nun schon seit mehr als drei Stunden. Es ist heiß. Bisher war ich heute sehr versunken, habe wenig auf das geachtet, was außen herum passiert, war in einer seligen Stille. Auf einmal verändert sich das. Ich nehme das Wimmeln und Wuseln auf diesem Platz wahr. Und staune: Es ist so viel Ruhe in mir eingekehrt, dass beides gleichzeitig geht – mich spüren und die Welt um mich herum.

Ein Mann mit sehr dunkler Haut schlendert über den Platz und bleibt stehen. Er guckt uns lange an. Dann beugt er sich über die Infozettel, die wir ausgelegt haben. Die Zettel sind auf Deutsch. Wir sollten noch daran denken, Übersetzungen zu haben! Ich löse mich aus dem Kreis, gehe zu ihm, um gegebenenfalls zu übersetzen. Ich habe mich geirrt, bin dem so gängigen Trugschluss erlegen, von der Hautfarbe auf die Sprache zu schließen. In solchen Details, solchen unzulässigen Schlussfolgerungen liegt unbewusster Rassismus. Er spricht deutsch, versteht, was auf den Zetteln steht und guckt mir lange und unbeirrt direkt in die Augen. Weder muss ich übersetzen, noch muss ich etwas erklären. Es kommt mir vor, als sei es für ihn das Normalste der Welt, was wir hier tun. Keine Fragen nach dem Sinn oder dem Nutzen. Er komme aus Somalia, erzählt er mir. Dort sei das Wasser so knapp, dass einfach kaum noch etwas wachse. Es werde immer schlimmer, wer könne, gehe weg von dort. Nun sei er seit einiger Zeit hier in Deutschland und höre fassungslos, wie die Leute von »schlechtem Wetter« sprechen, wenn es regnet. Wie können sie diesen Segen so geringschätzen! Er stellt sich eine Weile zu uns. Ich merke, wie schön ich es finde, dass nun nicht mehr ausschließlich Weiße hier stehen – und frage mich, ob ich ihn damit zur Alibi-Person-of-Colour mache.

Als er sich mit einem kleinen Kopfnicken verabschiedet, versuche ich, mich der Dürre in Somalia zuzuwenden. Auch das ist Teil der Erde, mit der ich hier stehe. Ich verbinde mich mit der Versteppung, Verwüstung, Verödung dieses Planeten. Mit der zunehmenden Trockenheit, obwohl es doch so viel Wasser gibt. Wasser, das die Erde bedeckt, auf ihr fließt, verdunstet, kondensiert, hinunter regnet, versickert, sich sammelt. Ich würdige das Wasser, das einen Großteil meines Körpers ausmacht, nehme den ständigen Austausch wahr, den Schweiß auf meiner Haut, Trockenheit auf meinen Lippen, Speichel in meinem Mund. Auch hier ein Kreislauf, mal ist ein Wassermolekül in mir, dann scheide ich es aus und es gehört wieder zur Welt außerhalb meiner Selbst. Ich wende mich den vergifteten Gewässern zu, den Meeren voller Plastikmüll, all den begradigten Flüssen und versiegelten Flächen, den gerodeten Wäldern, der Humusschicht, die immer dünner wird und immer weniger Wasser speichern kann. Ich sehe in Plastikflaschen verpacktes Wasser, das zum Konsumartikel, zum Profitobjekt macht, was eigentlich ein Geschenk ist. Neben uns plätschert der Springbrunnen. Wasser im Überfluss. Ich spüre meinen Durst. Als ich in einer Pause meine Wasserflasche an den Mund setze, trinke ich weniger selbstverständlich.

Nicht spüren

Mir fällt eine ältere Frau auf, die stehenbleibt und unseren Infozettel liest, gestützt auf den Griff einer dieser Einkaufstaschen auf Rädern. Ihr Blick wandert zwischen uns und dem Geschriebenen hin und her. Sie wirkt unruhig und etwas verunsichert von dem Anblick, der sich ihr hier bietet. Ich wende mich ihr zu: »Haben Sie Fragen?«

»Ja«, sagt sie sehr schnell. »Was machen Sie da?«

»Wir versuchen, in all dieser Eile hier mal innezuhalten und die Erde unter unseren Füßen zu spüren«, ist der Satz, der mir in diesem Moment einfällt.

Sie erwidert fast in Panik: »Ach so? Wirklich? Wissen Sie, das ist genau mein Problem. Ich kann nichts spüren. Ich war schon bei allen möglichen Ärzten, aber keiner konnte mir helfen. Ich kann einfach nichts spüren. Ich kann das nicht.« Eine kleine Pause entsteht, sie guckt etwas verlegen auf ihre Füße.

»Ja«, sage ich. »Damit sind Sie wohl nicht allein. Genau deshalb stehen wir hier. Wir alle haben große Schwierigkeiten damit, nehme ich an. Und es ist ja auch herausfordernd, all das, was in der Welt und in uns selbst passiert, wirklich zu spüren. Das ist allein kaum möglich, da verzweifeln wir ja. Gemeinsam geht es etwas besser. Wollen Sie sich ein paar Minuten zu uns stellen?«

»Nein, nein, nein, mein Mann wartet ja auf mich. Ich bin sicher schon zu spät«, murmelt sie, schnappt sich ihr Einkaufswägelchen und eilt davon.

Ich stelle mich wieder in den Kreis. Den ganzen Vormittag habe ich mich dem Spüren gewidmet. Ich meine zu wissen, dass ich dank jahrelanger → somatischer Praxis zu differenzierterer körperlicher Wahrnehmung fähig bin als andere. Meine Fußsohlen fühlen sich gerade doppelt so groß an wie sonst und die Erde als physische Masse, als Kugel unter mir ist sehr präsent. Und als ich nach dem kurzen Gespräch hier wieder stehe, merke ich: Es hat sich etwas verändert im Vergleich zu vorhin. Diese Frau hat so radikal ehrlich gesagt, dass sie nicht spüren kann. Damit hat sie auch meine Aufmerksamkeit dahin gelenkt, was ich alles nicht spüre in diesem Augenblick. Ich lote die Ecken der Taubheit in mir aus – in diesem Kreis stehend, mitten auf diesem Platz, in dieser Stadt. Wir sind eine Gemeinschaft der Nichtspürenden.

Achtsamkeit und so

Freitag Nachmittag. Gerade stehen viele Menschen mit uns, die ich noch nie gesehen habe. Woher kommen die? Hat ihnen jemand von *Standing with the Earth* erzählt? Sind es Passant*innen? Haben sie uns vielleicht fünf Tage lang hier stehen sehen und heute, wo wir immer noch hier sind, wollten sie doch mal näherkommen?

Eine neue Runde hat begonnen. Rumo hat einführende Worte gesprochen. Stille kehrt ein. Da schlüpft von hinten ein Mann in den Kreis, vielleicht Ende dreißig, guckt sich um, als wolle er sich orientieren, blickt kurz auf seine Füße, stellt sich etwas breitbeiniger hin und atmet hörbar aus. Ich gehe zu ihm, heiße ihn willkommen und frage ihn leise, ob er Anhaltspunkte braucht, unsere Einführung sei eben zu Ende, die habe er vielleicht nicht mitbekommen. Seine zurückgeflüsterte Antwort überrascht mich: »Nee, ich versteh schon, Achtsamkeit und so, oder? Kenn' ich. War viel in psychosomatischen Kliniken. Chronisch depressiv. Da übt man das.« Überrascht von so viel Ehrlichkeit gehe ich an meinen Platz zurück und lasse mich anregen. »Achtsamkeit und so.« Atmen. Nicht nur den ersten, auch den siebzehnten Atemzug bewusst wahrnehmen. Ich versuche, mich in ihn hineinzuversetzen. Wie ist das für ihn, hier mit uns zu stehen? Wie ist es, diese Diagnose zu bekommen: chronische Depression?

Als die Runde zu Ende ist, kommt er zu mir und bedankt sich. »Ihr wart meine Rettung heute. Ich bin gerade aus der Klinik zurück, mal wieder. Und mein Therapeut hat mir die Auflage gegeben, jeden Tag mindestens einmal meine Wohnung zu verlassen. Sozialphobie. Die Vorstellung, raus zu müssen, ist die Hölle. Ich hab es den ganzen Tag versucht und mich irgendwann gezwungen. Dann läufst du durch die Straßen und fühlst dich so lost[17]. Und dann hab ich euch hier gesehen und konnte mich einfach dazustellen.« Wieder atmet er hörbar aus. »Ist super. Bräuchte es immer. Einen Ort, wo einfach Leute sind und du kannst dazu.«

Der Mann fasst meine Beobachtungen der vergangenen Tage zusammen. Unser beständiges Stehen, unser Hiersein, unsere Präsenz und die schlichte Tatsache, dass wir nichts fordern, nichts wollen, hat die Woche über immer wieder Menschen angezogen, die nicht wussten, wohin mit sich. Seit dem zweiten Tag ist einer unserer Stühle oft stundenlang von einem sehr einsam wirkenden Mann besetzt. Als er das erste Mal zu uns kam, erzählte er, er sei gestern um ein Haar von einer Straßenbahn gerammt worden. Der Schock saß ihm noch sichtbar in den Gliedern. Er lehnte jedes Hilfsangebot ab, wollte einfach nur da sein dürfen. Dann gibt es eine bunt gekleidete Frau mit Bollerwagen, die sich häufig zu uns gesellt. Wir wissen anfangs nicht gut mit ihr umzugehen, vor allem dann, wenn sie unsere Kreismitte als Bühne für ihre euphorisch in die Welt

17 Wörtlich: »verloren«.

gerufenen Botschaften nutzt. Auch wenn sie viel von Liebe spricht, wünschen wir uns doch, dass die Mitte leer, die Stille erhalten bleibt. Das akzeptiert sie irgendwann und stellt, kauert, legt sich immer wieder zu uns. Ich beobachte mich, dass ich es nicht ganz einfach finde mit ihr, schäme mich deswegen und frage mich, ob ich Vorurteile habe gegenüber einer, die ohne Obdach zu sein scheint. Manchmal geht sie einfach auf Menschen zu, umarmt und küsst sie. Der Umgang mit Menschen, die meinen Raum nicht wahren, hat mich schon immer gefordert. Ich möchte nicht, dass Passant*innen dieses Verhalten mit unserem Stehen in Verbindung bringen. Auch hier gibt es noch einiges zu lernen: mein Unwohlsein und unser Anliegen ernst nehmen, ohne abweisend zu werden.

Dass unser Stehen, unser bloßes Hiersein Menschen anzieht, die in unserem Gesellschaftsgefüge keinen Platz finden, macht sehr deutlich: Es gibt im öffentlichen Raum keine Anhaltspunkte, keine Orte, die uns einladen, einfach so da zu sein wie wir sind. *Standing with the Earth* hat eine soziale Dimension, die mir in diesem Ausmaß nicht bewusst war, als wir damit begannen. Wir schaffen damit einen öffentlichen Seinsraum.

Ihr müsst lauter sein!

Samstagabend. Heute wollen wir bis in die Dunkelheit hinein stehen, es ist der letzte Tag unserer Aktion. Es ist voll auf dem Platz der alten Synagoge, voller als an den anderen Tagen. Der FC Freiburg hat ein Heimspiel gewonnen, nun tummeln sich hier jede Menge Fans in Feierstimmung. Einer von ihnen kommt zu uns, im Fantrikot und möchte wissen, was wir da tun. Wir sprechen miteinander, Fabian heißt er. »Das klingt ja alles total sinnvoll«, sagt er zu meinem Erstaunen, »aber ihr müsst lauter sein! So bekommt das doch kein Schwein mit!« Wir versuchen zu beschreiben, warum wir eben nicht etwas Lautes gegen das Laute stellen wollen.

»Interessant«, meint er, »ich probier' das mal aus.« Also steht, kauert, liegt er eine Runde mit uns. Irgendetwas rührt mich daran, wie er in seinem Fußballoutfit in der Dämmerung neben mir auf dem von der Sonne des Tages noch warmen Pflaster liegt. Beim anschließenden Austausch möchte Fabian ganz viel erzählen und noch mehr wissen, am liebsten will er auch seine Freund*innen dazu holen. Offensichtlich ist er an einer sehr empfänglichen Stelle berührt. Die meisten von uns sind ein bisschen wortkarg, nach vielen Stunden Stehen heute eher in sich gekehrt, wollen gerade jetzt gar nicht so lange reden, sondern noch einmal stehen. Es ist die letzte Stunde, die letzte Runde.

Helen und Max aus unserer Gruppe, beide etwa im Alter der Fußballfans, eher jünger, haben Lust, mit ihnen zu sprechen. Also sitzen sie in kleiner Runde neben unserem großen Kreis. Ab und zu wehen Wortfetzen zu mir hinüber – und eine sehr entspannte Grundstimmung. Als wir nach einer knappen Stunde wieder zusammenkommen, ist klar: Max und Helen haben nicht nur Inhalt vermittelt, sondern vor allem Kultur. Diese sieben Menschen haben nicht über etwas geredet, sondern miteinander.

»Krass, ihr lasst euch ausreden.« Das ist für Fabian offensichtlich die inspirierendste Erkenntnis aus diesem Gespräch. Wenn ich das aufschreibe, staune ich über die Komposition des Moments. Es klingt wie eine schön erfundene Parabel, ein pädagogisches Lehrstück: Innerhalb einer Stunde verändert sich die Haltung eines Menschen von der Forderung »Ihr müsst lauter sein!« zur Beobachtung »Ihr lasst euch ausreden.« Dem kann ich nichts hinzufügen.

Wer steht denn da?

Anderswo, ein großer Kreis. Birgit möchte einleitende Worte sprechen. In der Ferne eine Kreissäge. Wie kann ich durchlässig bleiben, wenn mir dieses Geräusch so durch Mark und Bein geht, dass ich es als gewaltsam erlebe? Birgit muss warten, bis sie sprechen kann. Die Säge verstummt, ich lausche in die Stille hinein. Und die Worte, die dann kommen, erinnern mich an etwas, das mir abhanden gekommen ist: Auch die Erde horcht. Sie horcht zu uns hin. Sie spürt und fragt: »Wer steht denn da?« Sie kennt mich ja, denke ich.

Versteht Frau Merkel das?

Berlin, 21. September 2019. Es ist der Tag nach der gigantischen Klimademo. Auf der Wiese direkt neben dem Kanzlerinnenamt findet eine Woche lang das KlimaCamp von *We4Future*[18] statt. Dort gibt es Gespräche, Workshops, Vorträge und Aktionen wie den *Klimaplan*

18 https://we4future-camp.de

von unten[19]. Ein Fernsehteam kommt zu uns. Sie machen einen Beitrag dazu, wie Menschen demonstrieren. Ich gehe auf sie zu, weil ich den Wunsch verspüre, *Standing with the Earth* möge in diesem Zusammenhang als Form von politischem Aktivismus auftauchen und einen Platz bekommen. Tatsächlich ist die Journalistin ganz überrascht. »Aha, interessant«, meint sie. »Ich habe mir Demonstrationen immer so vorgestellt, dass Menschen mit Schildern in der Hand irgendwo langlaufen. Und sie stehen einfach nur still da? Was kann das denn bewirken?«

Wir sprechen eine Weile darüber, ob es wirklich Sinn macht, das Laute, Schnelle immer nur mit etwas noch Lauterem, noch Schnellerem zu übertönen. Irgendetwas daran scheint ihr einzuleuchten. Aber die Irritation überwiegt. Das kann ich ihr nicht verdenken. Ich habe ja auch beide Stimmen in mir: Die eine weiß, wie sinnvoll und richtig sich das Stehen anfühlt. Und die andere ist immer wieder versucht, mich selbst der Naivität zu bezichtigen, die mir vorwirft, keine wirksamere Form gewählt zu haben, eine, die handfeste → Veränderungen herbeiführt. In dem Moment, wo ich versuche zu erklären, was wir beim Stehen »tun«, wird diese Stimme lauter. Ich weiß, ich werde niemanden allein mit Worten überzeugen können, dass das sinnvoll ist.

»Kommen Sie doch morgen früh wieder, da stehen wir vor dem Kanzlerinnenamt, da können Sie einen Eindruck bekommen«, lade ich sie ein.

»Sie stellen sich also morgen einfach still vors Kanzleramt und tun nichts? Woran können denn Außenstehende sehen, worum es Ihnen geht?«

»Vielleicht können sie es eher spüren«, antworte ich vorsichtig. »Wir haben auch Texte ausliegen, die es etwas genauer erklären. Die Erfahrung zeigt: Viele Passant*innen können damit was anfangen. Manche kommen tatsächlich und stellen sich eine Weile dazu.«

Ha, ich beobachte mich dabei, wie ich in Beweisnot gerate: Es gibt Leute, die beim Vorbeigehen den Sinn erahnen und durch ihr Mitmachen gutheißen, was wir da tun. Man kann es »verstehen«. Ich spreche immer schneller. Sie soll nicht von ein paar blauäugigen Hippies berichten, die sich da barfuß hinstellen und meinen, damit etwas bewirken zu können. Wieder einmal ringe ich ums Verstandenwerden und prompt nimmt die Reporterin diesen Faden auf. Sie wird etwas unruhig, guckt auf die Uhr, bremst meinen Redefluss: »Nehmen wir mal an, die Kanzlerin guckt in dem Moment aus dem Fenster und sieht Sie. Die Frage ist doch: Versteht Frau Merkel das?«

»Ja«, sage ich, jetzt wieder etwas ruhiger, »das kommt vielleicht darauf an, wie man *Verstehen* definiert. Vielleicht ist es an der Zeit, uns von unseren gängigen Vorstellungen zu verabschieden, auf welchen Kanälen Verstehen stattfindet. Und dass der Versuch, die Welt allein mit

19 https://klimaplanvonunten.de

dem Verstand zu begreifen, uns überhaupt erst in die Krise gebracht hat, in der wir uns jetzt befinden.«

»Ja, ja, ich würde mich gern noch weiter unterhalten, das ist wirklich interessant. Mal was anderes. Aber ich muss los. Mein Flieger geht. Wiedersehen. Schön mit Ihnen zu sprechen« sagt sie, lässt sich noch meine Telefonnummer geben und verschwindet samt Kameramann. Da kommen sie also aus Köln angeflogen, um eine Reportage über Klimaschutzdemonstrationen zu machen.

Ich setze mich auf die Wiese neben dem Kanzlerinnenamt, um mir ein paar Notizen zu diesem Gespräch zu machen, das durch so viele Wellen von Widersprüchen gesurft ist, die es erst einmal zu verdauen gilt. Zwei Radler*innen kommen vorbei, ich habe den Eindruck, es könnten Abgeordnete sein. Ich schnappe einen Gesprächsfetzen auf :»... wieder völlig absurde Debatten gehabt, inwieweit das jetzt noch SPD-programmatisch ist oder nicht. Wer soll das denn noch nachvollziehen oder sogar verstehen?«

Meditieren oder Demonstrieren?

Am nächsten Tag breiten wir unser Tuch vor dem Eingang zum Kanzlerinnenamt aus, stellen uns rundherum. Schmunzelnd lasse ich meine Augen an der Fassade entlang wandern – guckt Frau Merkel gerade, und wenn ja, versteht sie das? Wir sind ein kleines, stilles Häufchen, im Vergleich zu den Massen vorgestern fühlt es sich fast verloren an. Es dauert nicht lange, da kommen drei Polizist*innen sehr zielstrebig auf uns zu. Wir haben das Stehen nicht angemeldet. Genau das teilen sie uns auch mit, freundlich, aber sehr bestimmt, und verweisen uns des Platzes. »Wir meditieren«, sagen wir, »ohne eine politische Forderung, sondern mit der Einladung zum Innehalten. Wir verbinden uns mit der Erde.«

Während sein Kollege unruhig wird, mit den Augen rollt und den Eindruck macht, als würde er das Ganze gern in kurzem Prozess beenden, bleibt der Polizist, der mit uns spricht, ganz ruhig. Er fragt nach, hört zu und kommt zu dem Schluss: »Gerade war hier die Großdemo. Da drüben ist das Klimacamp. Sich mit der Erde zu verbinden ist in dem Zusammenhang eine politische Aussage.« Es ist vertrackt. Denn so sehe ich das ja auch. Wenn Menschen anzweifeln, Innehalten könne politisch sein, widerspreche ich. Insofern kommt die Aussage des Polizisten fast wie eine Bestätigung bei mir an – amtlich beglaubigt: Meditieren ist politisch. Möchten wir so ein Siegel haben?

Was tun? Wenn wir ihm zustimmen, bedeutet das: Wir dürfen hier nicht bleiben. Möchte ich unser Stehen verharmlosen und kleinreden, um hierbleiben zu dürfen? Möchte ich etwas für bedeutungslos erklären, das für mich sehr bedeutsam ist? Möchte ich behaupten, wir meditieren »ja nur«? Auf welcher Grundlage können sie uns das Hiersein verbieten? Das Gesetz ist nicht auf unserer Seite. Wie wollen wir weitermachen?

Wir wollen keine Eskalation. Wollen uns nicht wegtragen lassen. Aber wir wollen auch auch nicht sang- und klanglos verschwinden. Wir wollen humorvoll den Raum nutzen, der möglich ist. Also verabreden wir uns, am nächsten Morgen das Stehen auf die erlaubte Wiese zu verlagern. Vorher wollen wir uns zum Frühstück unmittelbar dort treffen, wo wir heute standen – um uns den Raum nicht nehmen zu lassen. Ob wir uns dabei mit der Erde verbinden, kann von außen niemand sehen. Meine Freundin Uta, die in Berlin wohnt, bringt eine Tischdecke mit, eine Teekanne. Wir frühstücken in Stille vor dem Kanzlerinnenamt und danach stellen wir uns auf die Wiese, einen Steinwurf entfernt. Egal ob wir vor einem Gebäude stehen, das ein Zentrum der Macht in diesem Land ist, oder irgendwo: Ist es wichtig, gesehen und erkannt zu werden? Wenn ja, von wem?

Ich habe einen Enkel

Oktober 2019. Zum Abschluss unseres ersten *Sensing the Change*-Seminars[20], das in den Räumen der Gemeinschaft Sonnenwald im Nordschwarzwald stattfindet, wo ich zu der Zeit wohne, wollen wir einen Nachmittag im nahen Freudenstadt auf dem Marktplatz stehen. Als Morgenpraxis war es Teil unserer gemeinsamen Woche. Nach intensiven, bewegenden, vertrauensbildenden Tagen ganz unter uns bauen wir nun eine Brücke in die Welt. Wir sind etwa 60 Menschen. Nach einer kalten, fast schon winterlichen Woche kommt heute die Sonne heraus und uns umweht beim Stehen ein warmer Wind, als wolle er sagen: Ihr müsst euch nicht schützen! Eine Frau kommt vorbei. Grauer Kurzhaarschnitt, Leinenbeutel. Sie stellt sich schräg hinter mich. Ich spüre ihre Anwesenheit in meinem Rücken. Es ist ganz deutlich, das ist keine Zuschauerin, sie will nicht unbeteiligt gucken, was da los ist. Sie steht mit uns. In einer Pause nehme ich Blickkontakt mit ihr auf. Ich sehe, dass ihr Tränen die Wangen herunterlaufen und stelle mich ein bisschen näher zu ihr, als Gesprächsangebot, das sie annimmt.

»Ich habe einen Enkel«, sagt sie. »Der soll doch leben! Ich schäme mich so, ihm diese Erde so zu übergeben.« Die Tränen laufen weiter. »Ich weiß genau, warum ihr hier seid«, sagt sie. »Ihr braucht mir nichts zu erklären, ich bin froh, dass ihr nichts sagt. Weil man es gar nicht sagen kann. Und ich bin froh, dass ihr hier steht – gerade in dem Moment, wo ich hier vorbeikomme. Darf ich einfach noch ein bisschen bleiben?« – »Gerne. Wir freuen uns über alle, die mit uns stehen. Wir sind den ganzen Nachmittag hier.« – »Ja, das ist schade, weil ich einen Termin habe und gleich weiter muss.« Keine Stunde später ist sie wieder da: »Ich wollte ja eigentlich nach Hause. Und der Marktplatz lag auch gar nicht auf dem Weg, im Gegenteil. Die falsche Richtung. Aber ich musste einfach wiederkommen.« Und so steht sie bis fast zum Schluss mit uns.

20 Mehr zu *Sensing the Change* schreibe ich in Kapitel 9.

Die Zeitung kommt und ein Filmchen entsteht

Wir haben dem »Schwarzwälder Boten« Bescheid gesagt und ein Redakteur ist gekommen, sichtlich interessiert. Zwei Tage später erscheint ein halbseitiger Artikel.[21] Dass in einem Lokalblatt so wohlwollend berichtet werden würde, im Untertitel die Worte »in Demut innehalten« – das hätte ich nicht vermutet.

Einer von uns, Martin Consler, hat während des Stehens ab und zu gefilmt und möchte einen kurzen Beitrag daraus machen.[22] Er bittet mich um einen Text dafür. Wie beschreibe ich in 90 Sekunden, was *Standing with the Earth* ist? Vielleicht so:

»Wir stehen mit der Erde. Ganz allmählich wachsen und sinken wir in das Bewusstsein hinein, dass wir als die Erde dastehen. *Standing with the Earth* ist ein Aufruf zum gemeinsamen Innehalten und Wahrnehmen in Zeiten tiefgreifender Krise und Ratlosigkeit. Die Praxis kann uns dabei unterstützen, weder in lähmende Verzweiflung, noch in blinden Aktionismus zu verfallen. Sie kann als Nährboden dienen für unser vielfältiges Tätigwerden. Eine Haltung, aus der heraus wir ins Handeln kommen. Gemeinsam die Verbundenheit mit der Erde wieder spüren – das Schmerzliche wie auch das Wundervolle –, das ist im Moment vielleicht das → Radikalste, was wir tun können.«

Störgeräusch

Unser gemeinschaftliches Stehen zu Hause hat den Ort gewechselt: Es ist vom idyllischen Garten zu der jungen Linde umgezogen, im Herzen unseres alltäglichen Lebens, vor dem Eingang des Gebäudes, das wir *Zentrum* nennen, wo wir essen und uns versammeln. Das ist nicht der schönste Platz, auch nicht der sonnigste, aber der zentralste. Es verändert sich tatsächlich etwas dadurch, dass wir nun mittendrin sind. Manche Gemeinschaftsmitglieder stehen auf dem Weg zur Arbeit eine Minute mit uns oder verlangsamen ihren Schritt, nehmen das Stehen mit in ihren Tag.

Heute sind wir ein richtig großer Kreis. Diese Woche sind Gasthelfer*innen bei uns in der Gemeinschaft, viele von ihnen haben sich zu uns gesellt. Nach Wochen des Stehens in selbstverständlicher Stille braucht es also heute mal wieder eine kurze Einführung. Erst, als ich aufgehört habe zu sprechen, kann zu mir durchdringen, was schon eine Weile da war, bisher allerdings eher als Störgeräusch im Hintergrund: Jemand schreit sehr laut, eine Mischung aus wütendem Schimpfen und Wehklagen. Es kommt von Eberhard, ein paar Häuser weiter unten im Dorf. Alle, die hier wohnen, kennen dieses Schreien – und ignorieren es

21 Zu lesen auf meiner Homepage www.beruehrbarewelt.de unter *Standing with the Earth.*

22 Link zum Filmchen: www.vimeo.com/366601249 (Deutsch) oder www.vimeo.com/373624777 (Englisch).

meist. Ich auch. Nun würde ich ihm gern beistehen in seinem Schmerz, wie auch immer. Doch ich bin ja für die Gruppe hier verantwortlich, kann nicht einfach weggehen. Bin ich verantwortlich? Vielleicht hört er ja gleich auf. Nein, er hört nicht auf. Ich erinnere mich an das laute Rauschen der Autobahn, an die Frau mit dem Bollerwagen, an manches, das ich ausblende, weil es das Bild zu stören scheint. Hier stört schon wieder etwas. Will ich es wegschieben und mich dem Eigentlichen widmen – oder ist das Eigentliche das, was ein Störgeräusch zu sein scheint? Ich möchte da hin. Das geht doch nicht. Was kann ich denn tun? Lange unterdrücke ich meinen Impuls. Als ich ihm endlich nachgebe, passiert es sehr abrupt: Ich drehe mich um und jogge vom Kreis weg in Richtung des Schreiens. Ich weiß, wo Eberhard wohnt, aber ich war noch nie ganz nah dran an dem Haus, obwohl das Dorf sehr klein ist. Nun bin ich bei seinem Grundstück angelangt, ein bisschen außer Atem, das Schreien hat aufgehört. Von Weitem wirkte das Haus immer etwas ungepflegt auf mich. Nun, so nah dran, erkenne ich das Ausmaß der Verwahrlosung. Jede erdenkliche Ecke ist angefüllt mit Dingen: Möbelstücke, Elektrogeräte, Maschinenteile, Undefinierbares stapelt sich überall auf eine Weise, dass es aussieht, als wäre es herausgequollen aus einem bis unters Dach vollgestopften Haus. Ich erinnere mich, wie mir Eberhard beim letzten Sperrmüll auf der Straße begegnete. Er war gerade dabei, mit großer Anstrengung und Entschlossenheit einen alten Holztisch von einem der Haufen am Straßenrand auf sein Handwägelchen zu wuchten – einen wirklich schönen, heilen, großen Holztisch. Er schimpfte ununterbrochen. Als ich ihm zustimmte, was für ein Wahnsinn es sei, was Menschen alles wegwerfen, hörte er unvermittelt auf und redete ziemlich normal weiter. Wir unterhielten uns und ich lernte Eberhard, den »Irren« im Dorf, als einen belesenen, kulturkritischen, besorgten Mann kennen. Die aufgeregte, gehetzte Art, wie er diesen Tisch vorm Weggeworfenwerden rettete, kam mir verzweifelt vor. Als hätte er ganz allein die Sisyphos-Aufgabe, hinter dem Wahnsinn dieser Welt herzuräumen. Und zugleich fühlte ich mich ihm sehr verbunden. Selbstverständliches Müllproduzieren kann ich schlecht ertragen. Fast all meine Möbel stammen vom Sperrmüll – und ich brauche keine weiteren. Also blende ich Sperrmüllhaufen inzwischen aus, habe mich aufs Containern verlegt. Ich kenne also den Drang zum Retten. Was für eine Befriedigung, Dinge aus dem Müll zu fischen und zu verwerten. Und welch ein Wahnsinn, dabei mitzubekommen, in welchen Mengen Brauchbares weggeschmissen wird.

Nun stehe ich vor seinem Haus und sehe, wo sich Eberhards gerettete Dinge stapeln. Ganz eindeutig ist er einer, der die Erkenntnis »Es gibt keinen Ort, der *weg* heißt«, verinnerlicht hat. Sein Grundstück ist ein Gnadenhof für Wohlstandsmüll. Einen wie ihn nennt man wohl gemeinhin *Messie*[23].

In meine Gedankengänge schrillt der nächste Schrei. Ich erschrecke, als träfe er mich vollkommen unvorbereitet. Mein Herz klopft. Die Haustür steht eine Spalt offen, ich rufe hinein: »Eberhard?« Keine Antwort.

»Eberhard, hier ist die Heike. Ich wollte dir sagen: Ich höre dich.«

Ich trete einen Schritt zurück, überlege, ob ich ihn hinter dem Haus suchen soll, da steckt er schüchtern, fast wie ein gescholtener Hund, den Kopf aus der Tür. »War ich wieder laut? Konnte man es überall hören?«

»Ja, schon. Aber ich bin nicht gekommen, um mich zu beschweren.«

»Ach so? Du bist die Heike, gell?«

»Ja, genau. Und ich möchte dich wissen lassen: Ich bekomme mit, dass es dir gerade nicht gut geht.«

»Das ist doch auch alles zum Wahnsinnigwerden!« Ein Schwall ergießt sich über mich: 5G, Stuttgart 21, lokalpolitisches Geklüngel, Corona-Maßnahmen, Donald Trump.

Irgendwann muss ich ihn unterbrechen, um nicht in der Flut zu ertrinken. »Und was brauchst du darin gerade, Eberhard?«

»Aber Heike, was machst du denn, wenn du den Wahnsinn der Welt nicht mehr aushalten kannst?«

»Ich versuche, dem Rasen in meinem Kopf und meinem Herz Einhalt zu gebieten und mich aufs Spüren zu verlegen.«

»Aha?«

Ich erzähle ihm, wo ich gerade herkomme und lade ihn für morgen ein.

Am nächsten Tag kommt er und steht mit uns.

Bedingungslos Wie jeden Morgen: 8 Uhr – ich stehe. Ich fühle mich getragen. Diese Erde, die ich unter meinen Füßen spüre, ist das Verlässlichste, was ich kenne. Seit ich geboren bin bietet sie mir diese Unterstützung an. Bedingungslos.

Deutscher Herbst 2020 Ein Montagmorgen, Spätsommer. Ich bin früh und mit sehr lebendigen Bildern aufgewacht, kleine Stränge, wie ich Texte für dieses Buch weiterführen kann. Habe mir den Laptop geangelt und den Schlaf aus den Augen gerieben. Im Bett sitzend habe ich ein paar Zeilen Text verfasst, während vor meinem Fenster in wärmestrahlendem Rot die Sonne aufging. Habe mir

23 Ich schlage das nach und kann – wie so oft – kaum glauben, was ich lese. Wikipedia erklärt mir: »Das Messie-Syndrom ist eine Störung der Wertbeimessung.« Wir drücken also allen Ernstes als Gesellschaft, die den Wert von Dingen missachtet, einem, der ihn achten kann, den Stempel *Störung* auf die Stirn: https://de.wikipedia.org/wiki/Messie-Syndrom

dann eine Strickjacke übers Nachthemd gezogen und bin in eine irgendeine Hose geschlüpft. Um 8 Uhr, mit dem Schlag der Kirchturmglocke stand ich bei der Linde. Wir sind nur zu dritt heute. Nein, nicht »nur« – die da sind, sind da: Wir sind zu dritt heute.

Es ist Spätsommer, doch durch die extreme Trockenheit der letzten Wochen hat der Baum bereits Blätter abgeworfen, sie bedecken hellbraun raschelnd den Boden und unter meinen nackten Füßen scheint es bereits Herbst zu sein. Ich stehe, das vertraute Gefühl stellt sich ein. Tief in der Erde ankern und weit in den Himmel ragen, der Linde gleich, der ich zugewandt bin. Ich spüre sie, ich sehe sie ganz deutlich vor mir, auch mit geschlossenen Augen. Ab und zu geschieht das beim Stehen: Nach und nach füllt sich mein ganzes Sein mit solch einer Liebe zum Leben, dass es beinahe weh tut. So ist das heute. Und es scheint mir, als wäre da nicht nur die Linde vor mir, sondern noch etwas anderes, etwas Flächigeres, wie eine Wand. Die Art, wie ich hier bin, mit offenem, mit ziehendem Herzen einem Gegenüber zugewandt, lässt mich in eine Erinnerung hineingleiten. Auf diese Weise habe ich schon einmal in meinem Leben wo gestanden: vor den Fahndungsfotos, die in jeder Postfiliale, in jedem Bahnhof, in jeder Behörde aushingen.

Ich bin neun, fast zehn und die Zeit, die ich gerade erlebe, wird als der *Deutsche Herbst* in die Geschichte dieses Landes eingehen. Wir erleben eine zweite Anschlagswelle der besiegt geglaubten RAF. Rasterfahndungen und Straßensperren gehören zum Alltag, jeden Abend berichtet die *Tagesschau* von den Terroristen. Terroristen. Ich verstehe das Wort nicht. »Das kannst du noch nicht verstehen« – die Angst, einer Neunjährigen begreifbar zu machen, was Terrorismus ist. Es dauert eine Weile, bis mir endlich jemand den Unterschied zwischen *Terroristen* und *Touristen* erklärt. Vielleicht brauche ich auch lange, bis ich frage, weil an irgendeinem Punkt nicht mehr von der Hand zu weisen ist, dass es einen Unterschied geben muss. Es machte einfach keinen Sinn mehr, dass die Touristen solche Dinge taten.

Nun stehe ich vor diesen Fotos, die ich aus dem Fernsehen kenne, schwarz-weiß, pixelig. Das sind die Gesichter der Bösen. Darf ich das, die Terroristen angucken? Ich soll sie ja angucken, deswegen hängen die Plakate überall, ich soll mir ihre Gesichter einprägen, um sie wiederzuerkennen. Was würde ich tun, wenn mir einer von ihnen in unserem Treppenhaus begegnete? Sie leben ja oft in anonymen Hochhäusern, heißt es. Ich wohne auch in einem. *Sachdienliche Hinweise* – der Ausdruck ist mir inzwischen auch geläufig. Nur *mutmaßlich* verstehe ich immer noch nicht, ich nehme an, es heißt so viel wie böse. *Mutwillig* kenne ich, *mit Absicht*. Das ergibt aus dem Zusammenhang am meisten Sinn: die *mutmaßlichen Täter.* Sie bringen mit Absicht Menschen um. Darf ich die Terroristen also angucken? Darf ich sie so angucken? Stehe ich schon zu lange hier? Mache ich mich schuldig? Etwas lässt mich verweilen. Ich suche Blickkontakt, so gut das eben geht bei einem unscharfen Schwarz-

Weiß-Fahndungsfoto. Kann ich das Gefährliche in ihnen entdecken? In diesen, auch in jenen Augen sehe ich etwas, das Resonanz hat in mir. Eine Härte bei manchen, ja. Und dahinter Verzweiflung, Schmerz, tiefes Hadern, dass die Welt ist, wie sie ist und unveränderbar scheint. Und hinter dieser Verzweiflung etwas, das mir so vertraut wie unheimlich ist. Wie gut kenne ich dieses Loch in meinem Brustkorb, eng und drückend und zugleich so riesengroß, dass es überhaupt nicht zwischen meine Rippen passen kann. Eine unendliche Leere, die zugleich zum Bersten voll ist mit etwas Unerfülltem, Unbeantwortetem, von dem ich aber ganz sicher weiß, dass es beantwortet werden kann. Beantwortet werden könnte. *Sehnsucht* ist ein zu knappes Wort dafür, aber immerhin eine Annäherung, ein besseres will sich nicht zeigen. Ich kann es so deutlich spüren in mir und hier in den Augen derer auf den Fotos, und es ist mir unerklärlich, warum das »die Bösen« sein sollen. Das kann nicht sein. Da muss ein Irrtum vorliegen. Aber können sich denn all die Erwachsenen, kann sich etwas Offizielles wie die *Tagesschau* so dermaßen irren?

Es ist ganz ähnlich wie die Situation beim Ausfragen. Ich habe als Neunjährige keine Worte für das, was ich hier erlebe. Aber ich kann als Erwachsene an diesem Sommermorgen, der sich wie ein Herbstmorgen anfühlt, nachträglich für das Kind diese Sätze formulieren: Warum werden sie einfach nur *Terroristen* genannt? Warum fragt niemand, warum sie das tun? Warum sieht niemand, dass → Gewalt, wenn wir in einem gewaltsamen System aufgewachsen sind, wie die einzige Antwort erscheinen kann, die wir haben – selbst wenn wir eigentlich etwas anderes wollen als eben diese Gewalt, weil wir an ihr verzweifeln? Warum ist niemand in der Lage, einen Raum zu öffnen, in dem die Verzweiflung so gehört und im besten Fall auch beantwortet wird, dass sie nicht auf Gewalt zurückgreifen muss, um sich zu äußern? Und ich kann aus heutiger Perspektive fragen: Warum haben die meisten ehemaligen RAF-Mitglieder immer noch keinen Weg zur Reue gefunden? Warum ist es ihnen nicht möglich zu erkennen, dass ihre Gewalt die Trennung nicht beendet, sondern verstärkt hat?

Das Kind, das für solche Fragen weder Worte noch ein Gegenüber hat, geht nach Hause und nimmt all diese Gesichter und all diese Fragen mit als diffuses Unverständnis. In unserem Treppenhaus begegnet mir keine mutmaßliche Person. Es ist leer und kühl und eckig und riecht nach Putzmittel.

Die Kirchturmglocke schlägt. Trockene Blätter unter meinen nackten Füßen.

Beistand der Erde

Zwei Tage Später. Kurz vor 8 Uhr. Ich habe gestern den ganzen Tag mit dem dritten Kapitel gerungen, nicht besonders erfolgreich, es sperrt sich, ich drehe mich im Kreis und weiß nicht, wie ich das alles in eine logische Abfolge bringen soll. Ich streife mir etwas über, stolpere die Treppe runter, bin ein bisschen zu spät dran. Seufzend stelle ich mich in den Kreis an der Linde, heute sind wir ganz viele. Innerlich formuliere ich Sätze, strukturiere das Kapitel um. Ich bin nicht richtig anwesend, meine Gedanken rasen und kommen nicht zur Ruhe. Ein paar Atemzüge lang geht es, ich spüre, ich stehe hier, aufrecht, berühre den Boden. Dann überfällt mich schon wieder das Grübeln, aus dem Hinterhalt … Die nächste logische Verknüpfung will gedacht werden. Erbarmen!!! Kein Erbarmen. Es rattert. Wie geht es, nicht wütend zu sein auf uns Menschen und das Chaos, das wir hier anrichten? Mein Kopf ist voll und es kreist. Er ist schwer. Sehr schwer. Ich gebe auf und lasse ihn zu Boden sinken. Beginne ich wohl heute mal ein bisschen früher mit dem Kauern. Ich lege meine Stirn auf der Erde ab. Ausgerechnet jener Teil meines Gehirns berührt den Boden, der das ganze Rattern verursacht: der präfrontale Kortex da ganz vorn oben. Bleiern kann ich ihn spüren, extrem dicht, tonnenschwer. Und obwohl er so unglaublich viel wiegt, wird er getragen. Ganz deutlich kommt mir die Erde entgegen – wie eine große Hand, in die ich meinen erschöpften Kopf legen kann. »Du wirst es nicht denken können. Nur beschreiben und dich anvertrauen.« So bin ich da, sinke in meiner Erschöpfung tiefer und tiefer in die Entspannung hinein, in die diese Unterstützung mich einlädt. Ich höre nicht, wie die Kirchturmglocke viertel nach 8 schlägt, gehe erst viel später langsam und zufrieden zu meinem Schreibtisch zurück. Was ich schon mehrfach geschrieben habe, ist heute wirklich eine Etage tiefer gerutscht: Diese große Menschheitskrise, in der wir uns befinden, werden wir nicht denkend überwinden.

Anhaltspunkte überall Auch in diesem Kapitel kann ich mir zum Abschluss die Aufgabe stellen, zu horchen, wohin sich das Ganze entwickeln mag: Wo wünsche ich mir *Standing with the Earth*? Wozu soll es gedeihen, welches zukünftige Szenario breitet sich vor mir aus? Auf einer richtig großen Demo mit sehr vielen Leuten zu stehen – ja, das wünsche ich mir. Stefanie Steyrer von den *Pioneers of Change* ist das gelungen – bei einer Klima-Großdemo in Wien. Eine Minute lang. Vielleicht können wir es ganz allmählich steigern. Spüren braucht Zeit, um durch die vielen Schichten des Nichtspürens hindurchzusickern. Ich möchte so lange stehen, dass das → Feld seine Wirkung entfalten kann. So lange bis die vielen tausend Menschen, die zum Demonstrieren gekommen sind, wirklich wahrnehmen, wie die Erde sie trägt. So lange, dass spürbar werden kann, was die Anwesenden vereint. Auf den ersten Blick verbünden sie sich gemeinsam gegen etwas: Energiekonzerne, verantwortungslose Politiker*innen – das System. Der zweite Blick offenbart: »Die« gehören ja auch dazu. Wenn das große Ganze heilen soll, können wir nichts ausklammern. Dann entfaltet sich eine Kraft, die über den empörten Protest gegen etwas weit hinaus geht, so wichtig Wut als Anfangsimpuls auch gewesen sein mag, um uns hier zusammenzubringen. Und nun stehen wir hier so lange, bis wir nachvollziehen können, dass das Sauerstoffmolekül, das wir gerade einatmen, eben noch in der Lunge unsere*r Nachbar*in war – und davor vielleicht in der Lunge eines Menschen, gegen den sich diese Demo richtet. Dass es davor von einem Baum hervorgebracht wurde – und dass wir uns alle nicht herausnehmen können aus diesem Netz der Gegenseitigkeit. So lange möchte ich mit tausenden von Menschen in Stille stehen, bis sich dieses Bewusstsein einstellt. Und ich nehme an, wir werden mit einer Minute anfangen müssen. Na, zwei! Drei?

Gleichzeitig wird für mich sehr deutlich, dass das größte Potenzial von *Standing with the Earth* nicht in der Protestkultur liegt. Punktuelle Aktionen sind notwendig, ja. Und: Das Innehalten sehnt sich so sehr danach, Teil unseres Alltags zu werden.[24] Unser ganzer schneller, getakteter, hektischer Alltag sehnt sich so sehr nach dem Innehalten. Das Innehalten braucht einen Platz mittendrin. *Mystic in the Marketplace*[25] nennt Thomas Hübl sein Wirken. Genau da. Mittendrin im Alltag und

24 Mai 22: Seit Beginn des Krieges in der Ukraine stehen wir an meinem Wohnort dreimal in der Woche abends zwanzig Minuten lang an einem geschützten öffentlichen Platz. Wir wenden uns nach Osten, nach Kiew, nach Moskau und überall hin. Allmählich werden wir mehr. Wenn wir uns im Anschluss austauschen, geht es um unser ganz persönliches Erleben. Was lösen die allgegenwärtigen Nachrichten, Bilder und Diskussionen in uns aus? Was kann ich in mir abbilden – und was nicht? Wir holen das Weltgeschehen von außen in unseren Innenraum, es bekommt eine menschliche Dimension. Die Anwesenheit der anderen weitet und stärkt meinen eigenen Präsenzraum. Die Verbindung mit der Erde unter meinen Füßen hilft mir, anzuerkennen: Das geschieht gerade mit diesem Organismus Erde, und ich bin Teil davon.

25 »Mystik auf dem Marktplatz«. Mehr zu Thomas Hübl: www.thomashuebl.com

nicht nur auf dem Meditationskissen, unter perfekten Bedingungen, in Ruhe und ohne Störung. Deswegen empfinde ich das Stehen in den Innenstädten so tief – und so verwandelnd. Weil ich verletzlich an einem Platz bin, an den ich mich sonst nur gewappnet begebe: Augen zu und durch.

Ein Freund schickte neulich eine Nachricht mit nur diesen zwei Worten herum: »Hört auf!« Sie berühren mich in ihrer entschiedenen Doppeldeutigkeit, in der auch jener heilige Zorn mitschwingt, von dem ich schon geschrieben habe: »Schluss jetzt!« kann das heißen und »Horcht hin!« Das Lauschen ist so wichtig, so wesentlich. Zuhören, damit wir den ganzen Wahnsinn überhaupt in vollem Umfang erfassen können. Und dafür braucht es dieses Hinaustreten aus der Selbstverständlichkeit: Aufhören, um aufhorchen zu können. Anhalten. Die ratternde Maschine, die uns wie ein Perpetuum Mobile vorkommt, zum Stillstand bringen. Und dann, wenn das Getriebe zur Ruhe gekommen ist und das Getriebensein, erst dann können wir überhaupt wieder etwas hören. Hören, was andere Menschen sprechen. Hören, was das Leben spricht.

Wie könnte es geschehen, dass das Innehalten und Lauschen Teil unseres öffentlichen Alltags wird? Wenn ich weiterspinne, sieht das so aus: Inspiriert vom Ausruf »Hört auf!« kommt mir das Wort *Anhaltspunkte* in den Sinn – Orte, an denen wir anhalten und Halt finden. Sofort stelle ich mir eine riesengroße Holzstele vor, in die das Wort hineingeschnitzt ist – am besten in einer Gemeinschaftsaktion, ein Holzbildhauer arbeitet mit einer Gruppe von Menschen, die lernend beitragen und gemeinsam gestalten wollen. Das ist eine wahrlich Soziale Plastik. Sie steht auf einem zentralen, öffentlichen Platz und lädt zum Innehalten ein, zum Spüren, zum Sein, zum *Anhalten*. Es gibt ein großes Netzwerk von Menschen, die diesen Ort hüten und beleben. Den ganzen Tag über stehen, sitzen, liegen, kauern, sind sie dort. Das verändert die Atmosphäre in der Stadt so sehr, dass sich bald auch in anderen Städten Menschen finden, die so etwas einrichten – und dann in jedem Viertel. Wir können öffentliche Plätze wieder zu dem machen, was sie einmal waren, die Dorflinde, Räume der gemächlichen Begegnung, an denen wir genau das erfahren können, das der Mann beschrieb, der sich selbst als chronisch depressiv bezeichnete: »Bräuchte es immer. Einen Ort, wo einfach Leute sind und du kannst dazu.« Es gibt im Moment keine freien, selbstverwalteten Anlaufstellen im öffentlichen Raum.[26] Es gibt Subkulturen, ja. Projekte in Hinterhöfen, Szenetreffs, alternative Projekte. Doch etwas, das sich einladend, offen und frei zugänglich mitten auf den Hauptmarkt stellt und zum Sein einlädt – dauerhaft und verbindlich? Gäbe es mehr davon, könnten wir möglicherweise Wege aus Isolation und Vereinsa-

26 Das stimmt so nicht ganz. Soziale Randgruppen - wie z. B. als wohnungslose oder Punks gelesene Menschen - treffen sich genau so: frei und selbstorganisiert. Aber niemand von den anderen gesellt sich dazu. Sie bleiben unter sich.

mung finden. Stadtzentren können sich von Konsumtempeln zu Seinsorten entwickeln, Menschen, die einfach da sind. Und am Rand dieses Seinkönnens werden sich lebensdienliche Aktivitäten entspinnen, da bin ich mir ganz sicher: Gemeinschaftsküchen und -beete, Umsonstläden für Dinge und Dienste, Leihorte, Lernorte. Räume, in denen Menschen jenseits von Tauschlogik und Profit beitragen können. Und auch Orte, an denen Heilung stattfinden kann, wie ich es unter dem Begriff → *Regenerative Kulturen* beschrieben habe. Es ist bereits heilsam, die Erfahrung zu machen, bedingungslos da sein zu dürfen.

Ich lese im Moment häufig vom Kaufhäusersterben – zunächst verursacht durch den Internethandel, nun vorangetrieben von den Corona-Schließungen. Wenn demnächst also die Gebäude der Karstadts und Kaufhofs in unseren Innenstädten leerstehen, dann haben wir eine Ahnung, wie wir sie nutzen können: als offen zugängliche Räume, Allmende-Orte in unmittelbarer Nähe der *Anhaltspunkte*. Es gibt ein Kollektiv, das so etwas bereits skizziert hat. Seit das Nürnberger Versandhaus *Quelle* 2009 wegen Insolvenz schloss, stand der riesige Gebäudekomplex leer. Das *Institut für angewandte Heterotopie*[27] um die engagierte Commonerin Mia Trunk entwickelte in einer Reihe von Zukunftswerkstätten ein buntes Nutzungskonzept, das sie InspirationsQUELLE nannten. Der Stadtrat war nicht in der Lage, hier die Chance für eine Stadtentwicklung von unten zu erkennen und dafür zu sorgen, dass das Gebäude einem gemeinnützigen Zweck zugeführt wird. Ein Investor bekam den Zuschlag. Hoffentlich reagiert die Stadt beim nächsten Leerstand weiser und kann erkennen, dass zivilgesellschaftliche Initiativen bereits Entwürfe in der Schublade haben, kondensierte Sehnsüchte. Auf der Grundlage solcher Konzepte aus zivilgesellschaftlichem Engagement können wir in ein gemeinschaftlich getragenes Leben starten. Und von dort wird sich alles Weitere nach seiner ganz eigenen Logik entwickeln. Vielleicht mit einem großen *Anhaltspunkt* vor der Tür, der uns jeden Tag daran erinnert, Maß zu halten, indem wir dem Organismus lauschen, dessen Teil wir sind. Vielleicht hast du Lust, in diesen leeren Raum hinein deine Vision eines *Anhaltspunktes* in deiner Stadt, deinem Dorf zu skizzieren?

27 https://heterotopia.blog/2016/01/18

[1]

1 Was ist, wenn ich an dieser Stelle mit der Gewohnheit breche, mich im Raum zwischen zwei Kapiteln dem Spannungsfeld eines vermeintlichen Gegensatzpaars zu widmen?

2

2 **Nun mag ich doch ein paar Zeilen teilen zu diesem Zwischenraum, der aus der Reihe tanzt, und dessen Leere ich hiermit nun durchkreuze. Ich kann dem Ganzen sogar einen Titel geben.** Vielleicht möchtest du selbst eine Überschrift für diesen Zwischenraum finden, die dein Erleben dieser beiden (fast) leeren Seiten zusammenfasst, bevor du liest, wie ich ihn nenne.

Zwischen Verlässlichkeit und der Freiheit, es anders zu machen

Dieses Buch folgt einem Muster, einer Regel. Einem Prinzip? Wie auch immer wir es nennen: lange, ausführliche Kapitel mit kurzen dazwischen, den *Zwischenräumen*, in denen ich unser Entweder-oder-Denken ein wenig herausfordere. Diese Struktur habe ich mit meiner Lektorin Janne an irgendeinem Punkt im Schreibprozess festgelegt. Es erschien uns sinnvoll, das Ganze so zu gliedern, um die vielen Fäden und Stränge zu sortieren. Anschließend saß ich vor einem leeren Papier und habe versucht, die Gegensatzpaare, die ich behandeln wollte, den einzelnen Zwischenräumen zuzuordnen: Dieses Thema könnte zwischen Kapitel 2 und 3 passen, jenes zwischen 6 und 7. Das ging allerdings nicht. Es stellte sich heraus, dass sich meist erst beim Schreiben des vorherigen Kapitels zeigte, was im nächsten Zwischenraum Platz finden wollte. Ich ergab mich dem Offensichtlichen: Die Zwischenräume sind nicht planbar. Das würde sich schon alles finden. Einstweilen mussten ein paar Fragezeichen im Inhaltsverzeichnis bleiben. Und wenn der jeweilige Zwischenraum dann dran war, lag sein Thema ganz deutlich vor mir. Bis hierher. Hier frage ich mich: Was will denn jetzt geschrieben werden? Da ist gerade nichts.

Soll ich mir jetzt einen Zwischenraum aus den Fingern saugen, um dem Muster, der Form gerecht zu werden? Soll ich irgendein Thema nehmen, das so ungefähr hier hin passt? Gegensatzpaare gibt es ja genug. Soll ich etwas hinschreiben, das gar nicht spürbar dran ist, damit die Logik des Buches bedient wird? Nein. Also lieber auf die Regelmäßigkeit pfeifen und Unruhe erzeugen, vielleicht Irritation, weil ich mit den – vermeintlichen – Erwartungen der Leser*innen breche? Erwartungen, die ich selber erzeugt habe, weil ich diesem Buch diese Struktur gegeben habe? Vielleicht würde es auch niemandem auffallen, wenn ich ohne Zwischenraum weiterschreibe. Ich könnte ihn ausfallen lassen und hoffen, es merkt niemand. Wäre das meinen Leser*innen egal? Oder ich mache die Unregelmäßigkeit transparent – was ich gerade versuche.

Ich beobachte, wie häufig wir solchen Momenten in Wandelprozessen begegnen. Deswegen mache ich es zum Thema dieses Zwischenkapitels, das nun doch eines wird. Zu diesem Zweck habe ich mein Dilemma mit dem zu füllenden Leerraum ein bisschen aufgeblasen, um zu veranschaulichen, worum es geht. Ich glaube nicht, dass ich euch Leser*innen erschüttern könnte, indem ich einen Zwischenraum auslasse oder ein paar eher halbherzige Zeilen Füllmaterial in die Tasten tippe. In Seminaren erlebe ich allerdings oft Menschen, die stark verunsichert sind, wenn sie sich nicht darauf verlassen können, dass auch wirklich das passiert, worauf sie sich eingestellt haben – und zwar in der erwarteten Reihenfolge. Manchmal, so stelle ich fest, hat das gar nichts mit dem vereinbarten Ablaufplan zu tun, der irgendwo zur Orientierung für alle an der Wand hängt. Ich begreife nach und nach, dass Menschen sich auch einen inneren Ablaufplan bauen können.

Mich überraschten früher Einwürfe wie: »Aber an dieser Stelle haben wir doch immer das gemacht. Warum ist das ausgefallen?« Heute kann ich besser erkennen, dass die Interpretation »immer« bereits auf einer einzigen Wiederholung beruhen kann: An zwei Tagen hintereinander haben wir uns zuerst im großen Kreis getroffen und sind danach in Kleingruppen gegangen. Am nächsten Tag erscheint es uns als Team sinnvoller, mit Kleingruppen zu beginnen. Eine Person, die sich daran orientiert hatte, dass der Kreis »immer« den Anfang bildet, kann das stärker irritieren, als ich vermutet hätte.

Konflikte können also bereits dadurch entstehen, dass das innere Muster, das ich mir gebastelt habe, nicht zu deinem passt. Wir haben unterschiedliche Strategien entwickelt, um diesem chaotischen und unsicheren Leben eine gewisse Vorhersehbarkeit oder Verlässlichkeit zu entlocken.[3] Diese Strategien scheinen uns wichtig – und das sind sie mitunter auch –, weil wir die basale Sicherheit vermissen, von der ich schon viel geschrieben habe: Uns fehlt das Urvertrauen in die Weisheit des Lebens, also basteln wir uns unsere eigene, indem wir versuchen, Muster, Regelmäßigkeiten und Strukturen zu durchschauen und Dinge vorherzusehen. Gesetzmäßigkeiten zu beschreiben macht auch mir großen Spaß: »Ich beobachte, dass …«. Aus meiner Freude am Beschreiben von Ähnlichem und Wiederkehrendem ist mir schon viel Einsicht in Zusammenhänge und Dynamiken erwachsen. Die Frage ist, wie wir mit solchen Erkenntnissen umgehen, die ja eher Annahmen sind. Beharren wir darauf, dass es immer so sein muss? Oder bleiben wir flexibel und bereit, uns überraschen zu lassen, dass es auch für vermeintlich wasserdichte Regeln Ausnahmen geben könnte? Oder dass das Muster ohnehin nur in meiner Wahrnehmung existiert, weil ich es gesucht habe, weil ich es brauche, weil es gut in mein zurechtgebasteltes Weltbild passt?

Mein Kommentar dazu, immer wieder: Improvisieren lernen hilft, Körper und Geist für den Umgang mit Überraschungen zu schulen und sich unabhängiger zu machen von planbaren Abläufen. Dass wir individuell ganz unterschiedliche Strategien haben, Erlebtes zu interpretieren, zu sortieren und Regelmäßigkeiten darin auszumachen, kann zu Kollisionen führen. Daher sind Menschen im Lauf der Geschichte dazu übergegangen, sich auf Regeln, Abläufe und Strukturen zu einigen, die für alle gelten, um für Überschaubarkeit zu sorgen und unsere Zusammenarbeit zu organisieren. Im Spiral-Dynamics-Modell (Graphik 3) ist das die wesentliche Errungenschaft des blauen Mems. In letzter Zeit und in komplexeren Gefügen geschieht dieser Prozess im besten Fall

3 Wenn du dich ausgiebiger mit dieser Angewohnheit unseres Gehirn auseinandersetzen möchtest, empfehle ich noch einmal Lisa Feldman Barett, vor allem die vierte ihrer »7½ Lessons About the Brain« mit dem Titel »Your Brain Predicts (Almost) Everything You Do« – (Fast) alles, was du tust, ist eine Vorhersage deines Gehirns.

gemeinstimmig[4]. Mit solchen verbindlichen Vereinbarungen kommen wir unserem Sicherheitsbedürfnis nach – auch wenn sich an vielen Stellen zeigt, wie verschieden Regeln ausgelegt werden können. In Zeiten wie heute, also mitten in einem →Paradigmenwechsel, werden wir besonders häufig an Punkte kommen, wo uns bewusst wird: Diese Strukturen hindern uns eher, als dass sie uns unterstützen. Manche Regeln dienen nur denen, die sie gemacht haben. Sie sind Machtdemonstrationen, Herrschaftswerkzeuge. Es kann auch sein, dass sie eigentlich am Gemeinwohl orientiert und hilfreich sind – nur an dieser Stelle eben nicht, weil sie besonderen Umständen nicht gerecht werden. Solch eine Ausnahme muss nicht automatisch die Regel infrage stellen, sprichwörtlich kann sie sie sogar bestätigen. Ebenso ist es möglich, dass diese Punkte des Unbehagens Wachmacher sind: Sie machen deutlich, dass viele der Strukturen, von denen wir uns Unterstützung erhoffen, nach hinten losgehen. Mehr als alles andere engen sie uns ein und beschneiden uns in unserem Potenzial. Möglicherweise, weil sie dem →Narrativ verpflichtet sind, das wir überwinden wollen. Sie entspringen vielleicht eher der Kontrolle, als dass sie Vertrauen mehren wollen. Sie üben eher Macht und Druck aus, als dass sie für die Entspannung des kollektiven Nervensystems sorgen. Und es ist nicht immer leicht, das zu unterscheiden, weil wir ja gewohnt sind, durch Struktur und Regeln Sicherheit herzustellen.

Wir tun gut daran, das existierende Netz von Vereinbarungen, Verbindlichkeiten und Absprachen nicht von heute auf morgen durch totale Freiheit ersetzen zu wollen. Wir können immer aufs Neue überprüfen, was uns unterstützt und was uns einengt. Schritt für Schritt können wir hinderliches Regelwerk erkennen und loslassen oder durch Dienlicheres ersetzen. Eine angemessene Sprache kann uns helfen, dabei präzise und differenziert vorzugehen: Wie wollen wir die Prinzipien, Empfehlungen, Orientierungshilfen benennen, die uns auf dem Weg in eine regenerative Kultur als Anhaltspunkte dienen? Und damit hat dieser Zwischenraum, der eigentlich keiner sein wollte, mich wunderbar zum Beginn des nächsten Kapitel gelotst. Dort werde ich übrigens mit einer weiteren Gewohnheit brechen: Es gibt so viele Bezüge auf die Arbeit anderer, dass ich da unmöglich lauter Mini-Einschübe basteln konnte. Das wäre allzu holprig geworden. Also verzichte ich im folgenden Kapitel darauf und nenne all diese Dinge im Fließtext.

4 Ich liebe dieses Wort: *gemeinstimmig*. Mir begegnete es zum ersten Mal im Zusammenhang mit den »Mustern des Commoning«, die ich in Kapitel 8 genauer beschreibe (S. 446). In Fußnote 23 des fünften Kapitels (S. 276) habe ich bereits einige Werkzeuge für gemeinstimmige Entscheidungsfindung benannt.

8 EINE SPRACHE FINDEN

Sprache hinterfragen

Eine Sprache finden heißt dieses Kapitel – wieso finden? Wir haben doch schon eine. Ja, haben wir. Und ich habe an vielen Stellen in diesem Buch die Frage aufgeworfen, ob die vorhandenen Strukturen dienlich sind, um eine wirklich andere Kultur zu ermöglichen. In ähnlicher Weise möchte ich auch einen Blick auf die Sprache werfen, derer wir uns für Wandelprozesse bedienen. Ist die vorhandene Sprache das geeignete Instrument, um die Vorgänge zu beschreiben und Inhalte zu vermitteln, an denen uns gelegen ist? Wie sehr erzählt auch sie die Geschichte der Getrenntheit? Wo spaltet sie, anstatt zu verbinden – zum einen, weil sie ist wie sie ist, und zum anderen, weil wir sie auf eine bestimmte Weise anwenden? Kann sie Wahrnehmung angemessen abbilden? Wenn ich von Sprache rede, meine ich neben den Worten, die uns zur Verfügung stehen, und der Grammatik, die sie zu Bedeutungsgefügen verbindet, auch den Vorgang des Sprechens. Und auch den des Empfangens von Gesprochenem. Wir können also von vielen Seiten her einen wachen Blick auf unseren Sprachgebrauch und unsere Sprech- und Hörgewohnheiten werfen: Wo benutzen wir Sprache einfach, ohne sie zu hinterfragen? Sprache prägt unser Denken – und auch unser Wahrnehmen. Wenn uns das bewusst wird, kann es sein, dass wir beschließen, Sprache zu dekonstruieren – wie gehen wir dabei vor? Zerlegen wir sie so weit, dass Sprechen am Ende kaum mehr möglich ist, weil alles vermint und belastet scheint? Oder passen wir sie auf eine Weise an, die das ermöglicht, was wir mit Sprache tun wollen: kommunizieren? Kennst du das Gefühl, mit der Sprache, die uns zur Verfügung steht, an Grenzen zu kommen? Dass sie sich nicht eignet, um auszudrücken, was du wahrnimmst oder denkst? Hast du Lust, so einen Moment zu beschreiben, auch wenn es scheinbar keine Worte dafür gibt?

Was mich immer wieder amüsiert bei all diesen Fragen: Ich kann sie nur stellen, indem ich eben jene Sprache benutze, die ich untersuchen möchte. Das scheint absurd – und dann auch wieder nicht. Denn mit dem ganzen Leben verhält es sich nicht anders. Wir versuchen, irgendwie zu fassen, was es mit dem Leben auf sich haben könnte, wie uns das Bisherige geprägt hat und wie wir uns auf das Kommende ausrichten können. Und das tun wir, indem wir leben.

Eine Geschichte zum Einstieg.

Die Namen von Bäumen

Wir sind im Wald unterwegs, es ist Herbst. Mein Sohn ist neun, vielleicht zehn. Immer wieder heben wir bunte Blätter auf und vergleichen die Farben, die vielen Schattierungen von Rot, Orange, Braun und Grün. Es fasziniert ihn, wenn die Blattadern besonders sichtbar werden, weil sie noch grün sind, während sich der Rest des Blattes bereits verfärbt hat. Er möchte noch mehr solcher Blätter finden. Unter einer Kastanie bleibt er stehen. Zum ersten Mal gilt seine Aufmerksamkeit an einem Herbsttag nicht den glänzend braunen runden Früchten, obwohl er hier viele davon aufsammeln könnte, sondern den Blättern. Er hält ein großes gefingertes Blatt hoch und fragt: »Sehen so die Blätter von Kastanienbäumen aus?« Ein prüfender Blick nach oben gibt ihm die Antwort. Dort hängen noch jede Menge genau so geformter Blätter direkt neben den stacheligen Fruchthüllen. Das ist also ein Kastanienblatt. Ich glaube, soeben ist in meinem Sohn die Erkenntnis gereift, dass wir Bäume nicht nur aufgrund ihrer Früchte – Äpfel, Mirabellen, Walnüsse, Kastanien, ... –, sondern auch anhand ihrer Blattformen erkennen und unterscheiden können. Sein Ehrgeiz ist geweckt. Er lernt an diesem Nachmittag Eiche, Ahorn und Buche auseinanderzuhalten, weiß nun, wie ein Lindenblatt aussieht oder das einer Weide. Abends beim Ins-Bett-Bringen erzählen wir uns vom Tag, und er stellt diese Betrachtungen an: »Die Formen von den Blättern sind so verschieden, Mama. Das wusste ich gar nicht. Es ist schön, dass ich jetzt so viele Namen von Bäumen kenne. Aber es ist auch ein bisschen schade, weil man dann so schnell damit fertig ist, den Baum anzugucken.«

Wahrnehmen, Benennen und Einordnen

Als ich an diesem Tag von der Bettkante meines Sohnes aufstehe, staune ich, wie einfach und eindrücklich er beschrieben hat, welch ein Verlust an Beziehung mit dem Benennen einhergehen kann. Ich nehme an, Tim hat hier in zwei Sätzen ein großes menschliches Dilemma aufgezeigt: Dadurch, dass wir den Dingen Namen geben, können sie auch etwas von ihrer Vielschichtigkeit und Einzigartigkeit verlieren. Ich gucke diesen Baum an, scanne ihn, registriere wenige auffällige Merkmale und meine zu »wissen«, was ich da vor mir habe: weiße Rinde, schlanker Stamm – das ist eine Birke. Fertig.

Eine Begegnung mit genau dieser Birke habe ich damit aber verpasst. Ich habe meinem Blick nicht gegönnt, sich im Wurzelwerk zu verlieren, das sich hier und da an größeren Steinen festzuhalten scheint. Ich bin keinem der Käfer begegnet, die sie bewohnen, habe nicht gefühlt, wie sich die oberste Haut der Rinde pergamentartig unter meiner Hand einrollt, wenn ich über den Stamm streiche.

Wir geben den Dingen Namen, ordnen sie einer Kategorie zu und schenken damit nur dem Allgemeinen Beachtung – nicht dem Besonderen, also genau diesem Exemplar Birke. In Beziehung treten kann ich aber zunächst einmal nur mit dem Konkreten, nicht mit der gesamten Art oder Gattung. Obwohl wir – nicht völlig zu unrecht – denken, Sprache habe Kommunikation ermöglicht und damit Beziehung, hat das Benennen uns auch einer bestimmten Qualität von Beziehung beraubt. Ein Name, ein Begriff wiegt uns in der Illusion, das Wahrgenommene zu kennen, nur weil wir es benennen können. Er enthebt uns der Neugier. Unser Gegenüber verliert seine Wesenhaftigkeit, es schrumpft zu einem kategorisierbaren Etwas zusammen. Wir spulen da blitzschnell etwas ab: Reiz, Interpretation und Reaktion – weißer Stamm, Birke, gutes Brennholz. Das ist es, was unser Wahrnehmen so verarmen lassen kann. Für das Verweilen bei der Schönheit und Besonderheit dieses Baumes, den ich vor mir habe, für eine Begegnung ist kein Raum mehr.

Und noch etwas meine ich in Tims abendlichen Worten zu hören, ein Stück Verlust von Kindheit: »Es ist auch ein bisschen schade, weil man dann so schnell damit fertig ist, den Baum anzugucken«, sagt er und beschreibt damit den Unterschied zwischen der kindlichen und der erwachsenen Begegnung mit einem Baum. Erwachsene sind geneigt zu gucken, zu benennen und auf Funktion oder Verwertbarkeit zu überprüfen. Ein Kind[1] setzt sich in Beziehung mit dem, was ihm begegnet. »Wer bist du denn?«, fragt es den Baum und interessiert sich für Details, findet diese kleine Vertiefung in der Rinde, in die sein Daumen so wunderbar hineinpasst, entdeckt dann die Ameise, die dem Daumen ausweicht und den Stamm hinunter krabbelt, folgt ihr – und immer weiter. Es lässt sich von seiner Wahrnehmung leiten. Von dem, was jetzt gerade in den Raum seiner Sinnesempfindungen hineinragt und sein Interesse weckt. Das Kind folgt mit seiner Wahrnehmung der Neugier, die das Jetzt in ihm auslöst. Es hat natürlich auch weniger Erfahrungen, anhand derer es das Wahrgenommene sortieren kann. Anstatt eines routinierten »Kenne ich schon!« erfährt ein Kind viel häufiger den Zauber des Neuen, noch nie

1 Mir ist klar, dass ich hier ein idealisiertes Kind beschreibe, eher das kindliche Potenzial (das sich ja auch Erwachsene erhalten können) als ein reales Kind im 21. Jahrhundert. Die meisten Kinder haben heute nicht mehr die Möglichkeit, sich im Spiel treiben zu lassen. Sie lernen etwas über die Endmoränen, anstatt im Garten hinter dem Haus ein Loch zu graben. Zu sehr hat sich ihr Alltag dem der Erwachsenen angeglichen, ist getaktet, institutionalisiert und digitalisiert. Auch die kindliche Lebenswelt ist voller und zugleich ärmer geworden – reizüberflutet und ärmer an → Sinnlichkeit.

Erlebten. Es kriecht in die Wahrnehmung hinein, wird Teil von ihr und Teil des Wahrgenommenen. Es lässt sich führen, ohne zu ahnen wohin.

Das ist eine ganz andere Art des Begegnens als jene, die wir Erwachsenen in unserem Alltag meist pflegen: Wir sind »so schnell fertig damit«, Dinge zu benennen, zu kategorisieren, einzuteilen in relevant – irrelevant, nützlich – unnütz, schön – hässlich – … Wir lassen keine Lücke zwischen Wahrnehmen und Interpretieren. Dieses fast zwanghaft schnelle Benennen ist der Moment, an dem wir Dingen und Menschen Stempel aufdrücken, anstatt ihnen zu begegnen. Und das liegt nicht an der Sprache an sich. Es liegt an der Art, wie wir mit ihr umgehen. Wir nutzen ihre beschreibende, ihre fragende Kraft eher selten. Wir sprechen oft, um zu be- oder verurteilen, um eine Meinung haben zu können oder um uns selbst darzustellen.

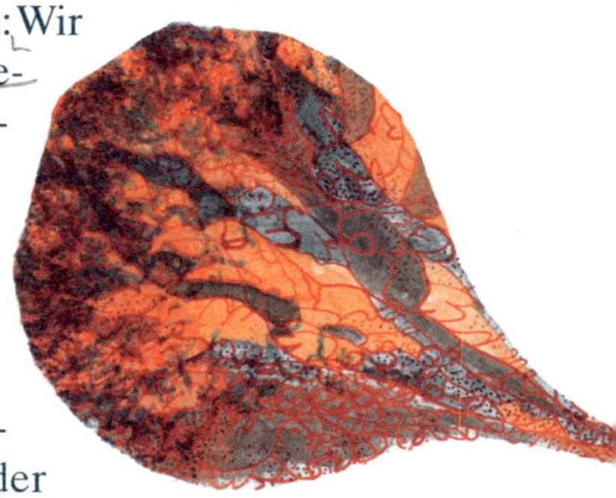

Die Macht des Benennens

Etwas benennen zu können gibt uns Macht. Kübra Gümüşay beschreibt in ihrem Buch »Sprache und Sein« das potenziell Gewaltsame an dieser Macht eindringlich und anschaulich, indem sie das Bild eines »Museums der Sprache« entwirft, um unsere Dominanzkultur zu entlarven: »Es gibt zwei Kategorien von Menschen in diesem Museum: Die *Benannten* und die *Unbenannten*. Die Unbenannten sind Menschen, deren Existenz nicht hinterfragt wird. Sie sind der Standard. Die Norm. Der Maßstab. Unbeschwert und frei laufen die Unbenannten durch das Museum der Sprache. Denn es ist für Menschen wie sie gemacht. Es zeigt die Welt aus ihrer Perspektive. [...] Die Unbenannten wollen die Benannten verstehen – nicht als Einzelne, sondern im Kollektiv. Sie analysieren sie. Inspizieren sie. Kategorisieren sie. Katalogisieren sie. Versehen sie schließlich mit einem Kollektivnamen und einer Definition, die sie auf die Merkmale und Eigenschaften reduziert, die den Unbenannten an ihnen bemerkenswert erscheinen. Das ist der Moment, in dem aus Menschen Benannte werden. In dem Menschen entmenschlicht werden.«[2]

Die Autorin schreibt aus der Perspektive einer Benannten, einer Fremden in ihrem eigenen Geburtsland, Frau mit Migrationshintergrund, Muslima, Kopftuchträgerin und dabei Feministin und Intellektuelle. Diese Kombination passt nicht in die Kategorien, in keine der Vitrinen des Museums. Das sorgt für Verwirrung bei den Benennenden, die ihre Perspektive für die einzig mögliche halten: »Um ihre eigene partikuläre Sicht auf die Dinge zu einer universellen zu erklären, geben

2 Kübra Gümüşay: »Sprache und Sein«, S. 53–54.

die Benennenden ihr Namen: *universal, neutral, rational, objektiv.* Ihre Sicht auf die Dinge [...] ist Norm, die sich nicht erklären muss und zugleich alles, was davon abweicht, zur Erklärung zwingt. [...] So wird die Perspektive der Unbenannten zum Maß aller Dinge, und wir bemerken nicht einmal, dass wir durch ihre Augen die Welt und sogar uns selbst betrachten. Wir merken nicht, dass wir gefangen sind in ihrem Blick auf uns, dass wir nicht *sein* können.«[3]

Auch hier halte ich es für wesentlich, dass wir zwar das → Privileg des Benennenkönnens durchschauen, aber nicht in der → Opfer-Täter*innen-Dynamik steckenbleiben. Ja, wir üben allein dadurch Gewalt über andere aus, dass wir sie durch Sprache in Kategorien stecken. Genau auf diesem Verallgemeinern und Katalogisieren beruht die → Gewalt der vorenthaltenen Aufmerksamkeit, weil wir alles an den Benannten ausblenden, das nicht in dem Begriff enthalten ist, den wir über sie stülpen. Das geschieht nicht nur durch Worte, die eindeutig abschätzend, ausgrenzend oder diskriminierend sind. Auch ganz normale, alltägliche Worte haben die Macht, andere in die Begrenzung einer Rolle einzusperren und die volle Freiheit ihres Seins zu beschneiden.

Zum Beispiel Michael: Er bekommt das Etikett *Schüler*. Ich habe ausführlich beschrieben, wie ihm dadurch das Recht abgesprochen wird, eine für ihn angenehme Lernumgebung mitzugestalten. *Schüler* genannt zu werden entzieht ihm ganz grundsätzlich die Entscheidungsfreiheit, ob er heute wirklich ein Lernender sein möchte oder nicht vielmehr ein Verdauender, Integrierender, ein Träumer, einer, der sich ausruht oder neugierig horcht, was der Tag ihm schenken mag – vielleicht ein unerwartetes und ungeplantes Lernerlebnis. Er wird in die Passivität des Belehrtwerdens gedrängt als einer, der noch nichts ist, aber etwas werden muss. Benannt zu werden verwehrt ihm das Recht, hier und heute Sänger, Ingenieur, Naturforscher, Lehrer, Philosoph zu sein. All das wird unmöglich durch das scheinbar so harmlose und »neutrale« Wort

3 Kübra Gümüşay: »Sprache und Sein«, S. 58–59.

*Schüler*in*, das wir so selbstverständlich benutzen. Michaels Erstarren geschieht also nicht nur körperlich, nicht nur im Nervensystem. Es ist ein Einfrieren in der Vitrine des »Museums der Sprache«, die ihn auf eine Rolle reduziert. Die sogenannten Schulverweiger*innen, von denen ich erzählt habe, kippen aus dieser Vitrine heraus – jedoch meist nicht, indem sie beginnen, kreativ mit dem Benanntwerden umzugehen und Bewegungs- und Benennungsfreiheit einzufordern. Die wenigsten haben die Ressourcen, die Phantasie, die Energie, die Unterstützung, sich einen würdigeren, einen selbstermächtigten Lebensraum zu gestalten. Ein Großteil der Schulverweiger*innen bleibt in der Erstarrung und lässt sich in die nächste Vitrine stecken. *Problemkind* könnte darauf stehen oder *schwer erziehbar*. Vielleicht gibt es auch eine psychiatrische Diagnose, mit der sie versehen und endlich wieder eingeordnet werden können. Das scheint innerhalb unseres Denkrahmens einfacher, als zu fragen: »Wer bist du, wer möchtest du sein? Kann ich dich dabei begleiten[4], es herauszufinden?« Und hier zeigt sich unsere kollektive Wunde erneut so deutlich. Kaum eine*r von uns wurde voll und ganz willkommen geheißen und konnte entspannt landen in der tiefen Zuversicht, genau so sein zu dürfen, wie sie*er ist und werden möchte. Wir alle wurden alsbald mit Begriffen versehen, denen wir seitdem zu genügen versuchen, wobei wir uns oft falsch fühlen und uns verbiegen, um in die Vitrine zu passen. Es braucht viel Anerkennen und Betrauern, viel Verbindung zu unserer Sehnsucht und viel Großzügigkeit, um unseren Kindern – und uns selbst – ein Leben jenseits der Vitrinen zu ermöglichen.

Nun macht es den Anschein, als seien die Benennenden die Täter*innen und die Benannten ihre Opfer. Und wenn wir genau hinsehen, benennen sich die Benennenden ja auch selbst. Sie haben zwar die Macht des Benennens, aber beschneiden damit nicht nur andere, sondern auch sich. Möchtest du dir einen Moment nehmen, um dein eigenes Benanntsein zu beleuchten? Die Vitrinen, in die du gesteckt wirst, indem du anderen die Macht zugestehst, dich zu benennen? Und jene Schubladen, die du dir selbst ausgesucht hast?

Die Lehrerin darf, weil sie *Lehrerin* genannt wird, auf keinen Fall zugeben, dass sie etwas nicht weiß, ihr Chef kann nicht einfach in Tränen ausbrechen, wenn er berührt ist, er heißt ja *Direktor*. Und die *Kultusministerin* zeigt höchstens mal unter Ausschluss der Presse, was sie eigentlich bewegt. Auch die vermeintlichen Täter*innen, diejenigen, die Michael von verschiedenen Ebenen aus klein halten und bevormunden, tragen also das fest sitzende Korsett ihres Rollennamens, das sie in ihrer Bewegungsfreiheit einengt. Wer hat ihnen das verpasst?

4 Viele freie Schulen sind sich der Macht der Sprache an dieser Stelle bewusst. Es gibt hier keine *Lehrer*innen*, sondern *Lernbegleiter*innen*. *Begleiten* empfinde ich wesentlich freilassender als *Lehren*. Ob das Lernen unbedingt benannt werden muss, könnten wir auch noch infrage stellen.

Deutungshoheit und Gestaltungsspielraum

Wer ist die oberste Instanz? Wer genau sind die Benennenden, die Kurator*innen des Museums? Es sind letztendlich wir, die wir diese Sprache sprechen. Ebenso wie wir die Kultur mit schaffen, deren Zwängen wir uns häufig hilflos ausgeliefert fühlen, so gestalten und prägen wir Sprache dadurch, wie wir sie benutzen. Es gibt zwar Autoritäten wie den *Duden* oder die *Deutsche Akademie für Sprache und Dichtung*. Hier können wir erfahren, ob es ein Wort offiziell gibt oder nicht, welche Schreibweise und Beugung üblich ist. Das sind Richtlinien, und eine gewisse Einheitlichkeit dient sicher dem Verstehen und Erkennen. Doch wir sind frei, kreativ damit umzugehen. Mir gefällt zum Beispiel das groß geschriebene *Du* in der Anrede nicht. Ich schreibe es klein, wie du bereits gemerkt hast. Ich finde, das Wort *Grafik* sieht so geschrieben richtig seltsam aus, daher schreibe ich es mit *ph*. Kleinigkeiten. Wie frei oder unfrei wir im Umgang mit Sprache sind, fällt mir manchmal beim Spielen auf: Scrabble, Scharaden, Erzähl- und Ratespiele. Ich erlebe, dass Menschen eine ganz unterschiedliche Lust und Bereitschaft an den Tag legen, spielerisch und frei mit Sprache zu hantieren. Manche lassen ausschließlich Worte gelten, die im Duden vorkommen, andere nutzen Scrabble als Anlass, Neues zu erfinden und aus den gegebenen Buchstaben poetische, nützliche oder einfach nur witzige Wortschöpfungen zu bilden. Genau so können wir auch jenseits des Spieleabends mit Sprache umgehen, wenn wir wollen. Ich freue mich, dass es Menschen in meinem Umfeld gibt, die von ihrer *Körperin* oder der *Mondin* sprechen oder in deren Gegenwart ich Worte wie *schnümpfeln* sagen kann und sie lauschen, was das wohl bedeuten könnte. Wir sagen gern »Wollen wir ein bisschen *körpern*?«, wenn wir uns einen Begegnungsraum wünschen, der nicht sprachlastig ist und von dem wir noch nicht wissen, ob es eher ein Kuscheln, ein Toben oder ein spielerisches Kämpfen sein wird.

Immer mehr Begriffe werden in den Wortschatz des Duden aufgenommen, einfach deshalb, weil sie von Menschen benutzt werden. Sprache formt sich vielfach von unten, → bottom up. Wir Dauerbevormundeten können begreifen, dass Wirksamkeit in diese Richtung möglich ist: Wir tragen zu → Veränderung bei, indem wir etwas sichtbar anders machen. Worte wie *geil* und *feiern* haben innerhalb kurzer Zeit eine Bedeutungsverschiebung erfahren. Das hat niemand so geplant, es ist geschehen. Durch solche Prozesse verarmt Sprache an manchen Stellen, an anderen wird sie bereichert, Schrecklichkeiten schleichen sich ebenso ein wie Schönes. Sprache ist veränderbar und gestaltbar. Und wir sind die Gestalter*innen. Neue Worte können schwerlich von oben verordnet werden, und als einzige Andersssprecherin werde ich auch wenig bewirken. Um Sprache bewusst zu verändern braucht es Gruppen, die sich zusammentun, um eine Sprachneuerung konsequent voranzubringen. Ein schwedischer Journalist und Linguist hatte in den sechziger Jahren vorgeschlagen, ein geschlechtsneutrales Personalpronomen einzuführen. Sprachen wie etwa Finnisch kennen kein grammatisches Geschlecht. *Hän* ist hier das Personalpronomen in der dritten Person, nicht *es*, sondern sowohl *er* als auch *sie*. In Anlehnung daran bot er für das Schwedische das neue Wörtchen *hen* an, um zu ermöglichen, von einer Person unabhängig vom Geschlecht zu sprechen, was im Schwedischen – ebenso wie im Deutschen – bislang nicht möglich war. Die Verwendung von *hen* beschränkte sich allerdings lange auf Schwedens queer-feministische Kreise. Das änderte sich, als 2012 ein Bilderbuch[5] erschien, das von Kivi erzählt, einem Kind, das weder durch ein *er* oder *sie*, noch durch seinen Namen oder die Illustrationen einem Geschlecht zuzuordnen ist. Es ist einfach ein Kind, *hen*. Das bislang ungewohnte Pronomen wird im Buch durchgängig ganz selbstverständlich verwendet. Noch im gleichen Jahr tauchte *hen* in den ersten Behördentexten auf, 2015 wurde es ins offizielle schwedische Wörterbuch aufgenommen.

Auch bei uns gibt es Petitionen, um neue Worte in den Duden aufzunehmen und damit aktiv dazu beizutragen, dass unsere Sprache immer weniger zu Ungerechtigkeit und Ausgrenzung beiträgt. Ich erzähle noch davon.

Ermächtigendes Sprechen

Wenn Sprache und Benennen so eng mit Macht verbunden ist wie Gümüşay es darlegt, dann gilt das auch im Positiven – im Sinn von Ermächtigung. Nie werde ich den Moment vergessen, als ich meinem knapp zweijährigen Sohn seine Schuhe anzog und er jammerte. Er mochte es nicht, an- und ausgezogen zu werden. Also hatte ich seinen Protest dabei als meist unvermeidliches Übel abgespeichert. Da mussten wir beide durch, auch wenn es manchmal half, ihn abzulenken. Ich würde heute sagen, ich habe mich ein Stück weit taub gemacht dafür. Ich zog ihn an, er quengelte. Doch an diesem Tag besann er sich offensichtlich, dass ihm in Ansätzen bereits eine differenziertere Kommunikationsform zur Verfügung stand. Er unterbrach sein Jammern und sagte laut und mit Nachdruck: »Mama nein, Mama Sune, nein, Mama.« *Sune* waren die Schuhe. Und sie waren ihm zu klein, wie ich daraufhin schnell feststellte. Ich war so entsetzt, dass ich im Begriff gewesen war, Schuhe an seine Kinderfüße zu pressen, die ihn drückten, dass ich mich überschwänglich bei ihm entschuldigte. In mein Erschrecken mischte sich große Freude: Mein Sohn konnte mir jetzt sagen, was nicht stimmte. Was für eine neue Ära damit anbrach, dämmerte uns offensichtlich beiden gleichzeitig. Er saß auf dem Fußboden und strahlte mich an, von einem Ohr bis zum anderen. Er badete in dem Glück, verstanden worden zu sein. Ich strahlte nicht minder. Lachend fielen wir uns um den Hals. Und während ich den warmen kleinen Kerl im Arm hielt, wurde mir wieder einmal ganz schwummrig bei dem Gedanken daran, wie viel Macht Eltern über Kinder haben. Mit jedem Wort, das Tim lernte, verschob sich das Machtgefüge ein wenig. Er machte ausgiebig Gebrauch von dieser Ermächtigung

5 Jesper Lundqvist: »Kivi och Monsterhund«

durch Sprache. Es war ein Genuss, ihn beim Spracherwerb zu begleiten, bis hin zu dem Punkt, an dem ihm bewusst wurde, wie viel wir außer Acht lassen, wenn wir einen Baum mit diesem einen, immer gleichen Namen versehen. Und natürlich üben wir Eltern auch und gerade durch Sprache sehr viel Macht über unsere Kinder aus – eben so wie Gümüşay es uns vor Augen führt: indem wir die Benennenden sind und sie die Benannten. Indem wir ihnen sagen, wie sie zu sein haben, anstatt sie willkommen zu heißen wie sie sind – bedingungslos, so wie die Erde es mit uns tut. Indem wir maßregeln, urteilen, und ja, selbst indem wir sie loben.

Die Macht des Benennens hat viele Facetten. Worte für etwas zu haben kann helfen, es zu verstehen. Ich habe von diesem befreienden Moment erzählt, an dem ich endlich ein Wort für das hatte, was in der Schule so falsch lief: →*strukturelle Gewalt*. Es existierte ein Begriff dafür, wie erleichternd! Das bedeutete ja, dass es irgendwo Menschen geben musste, die meine Wahrnehmung teilten, sonst hätten sie nicht diesen Begriff geprägt. Ich war nicht die Einzige, die das, was in unseren →Schulen passierte, als falsch empfand. Dem Begriff der *strukturellen Gewalt* zu begegnen war in doppelter Hinsicht ermächtigend für mich: Ich konnte es endlich benennen, konnte nun mit anderen darüber sprechen! Und ich erfuhr eine Wahrnehmungsbestätigung[6]. Die neue Formulierung versetzte mich in die Lage, kompetent *Nein* zu sagen zu etwas, das mir abgrundtief falsch erschien, und gleichzeitig *Ja* zu mir selbst und diesem Empfinden. Etwas bislang Diffuses, unterschwellig Nagendes erlebte Resonanz und wurde dadurch fassbarer. Ich war nicht mehr so allein damit.

Ähnlich ging es mir, als ich den Begriff *Sozialer Uterus* zum ersten Mal hörte – weite Teile dieses Buches legen Zeugnis ab von meiner Freude darüber –, oder als mir in den Texten von Joseph Beuys der Begriff *Soziale Plastik* begegnete: dass Gesellschaftsgestaltung als künstlerischer Vorgang betrachtet wurde und Kunst vor allem als sozialer Prozess! Ja, genau, das spürte ich doch! Und nun hatte ich Worte dafür. Ich war dann eine Weile lang irritiert, wenn ich den Begriff freudig benutzte und Menschen sich gar nichts darunter vorstellen konnten. Sie hatten offenbar nicht unbewusst aber sehnlich darauf gewartet, dass dieses Wort ihr Leben und Sprechen bereichern würde. Ich schon.

Wie ermutigend das doch sein kann: In mir wächst ein kleiner Keim von Erkennen, der aber so gar nicht zum vorherrschenden →Narrativ passen mag und daher nicht gesagt werden kann. Und dann finde ich genau das woanders formuliert, schon ein kleines bisschen mehr gereift. Jemand hat eine Sprache gefunden, um fassbar zu machen, was für mich bisher bloß eine vage Ahnung war, ein Unbehagen oder auch ein Hauch von Hoffnung. Das wirkt manchmal wie Dünger, wie nährstoffreicher Humus. Formulieren kann ein wesentlicher Beitrag zum Manifestieren sein. Für mich war es auf jeden Fall immer wieder so, dass

6 Dieses wunderbare Wort begegnete mir im Buch »Es zünde sich ein Licht am anderen an!« von Eva Neuner und Holger Niemeyer.

mein Herz rasend zu klopfen begann, wenn ich etwas las, das so sehr der Wahrheit eben dieses Herzens entsprach, bisher aber unaussprechbar, illusorisch, naiv schien – einfach zu weit weg vom Bekannten, Bestätigten, Normalen, um es dingfest zu machen. Und nun stand es da: schwarz auf weiß.[7] Jemand anders stellte mir Sprache zur Verfügung.

Ich vermute, das ist einer der Gründe, warum ich hier monatelang sitze und diese Texte tippe: Ich möchte dazu beitragen, dass immer mehr Menschen diese zarten Impulse in sich ernst nehmen. Und ich möchte Worte dafür finden, Lebensverachtendes benennbar, Visionen fassbarer, Wesentliches sagbarer machen. Und da mir das Versprachlichen von Empfindungen Spaß macht, biete ich gern meine Worte an. Möge es uns gelingen, Herzenswahrheiten durch den Vorgang des Aussprechens so dingfest zu machen, dass sie nicht mehr zu ignorieren sind und dass wir nicht anders können, als sie zum Leitfaden unseres Seins und Handelns in der Welt zu machen.

Und eine Kehrseite des Benennens: Schon in Kapitel 2 habe ich angedeutet, wie schnell es gehen kann, solch einen befreienden Begriff flugs als Waffe zu verwenden. Wenn ich Michaels Lehrerin unvermittelt die *strukturelle Gewalt* vor die Füße knalle, dann wird der Begriff nicht die gleiche erhellende Wirkung entfalten können, die er für mich hatte. Aus ihrer Perspektive wirkt das Ganze höchstwahrscheinlich nicht erleichternd, sondern bedrohlich. Der abstrakte Begriff der *strukturellen Gewalt* war für mich hilfreich, um das allgemeine Prinzip hinter der für mich unangenehmen Situation zu verstehen. Er taugt allerdings kaum, um ein allererstes Bewusstsein zu wecken, insbesondere dann nicht, wenn er nicht dem Erkenntnisgewinn dient, sondern dem Kampf.

Es ist wenig hilfreich, der Lehrerin gegenüber, die mitten in der Selbstverständlichkeit des Systems steckt, mit dem Gewaltbegriff zu hantieren. Wenn ich sie für das Schreckliche in unserem → Schulystem sensibilisieren möchte, kann ich sie fragen, wie sie als Schülerin das Ausfragen erlebte. Ich kann Interesse dafür zeigen, wie sie ihren Beruf am liebsten ausüben würde. Wenn ich ihr wirklich zuhöre und nicht insgeheim die Stelle suche, an der ich triumphierend »Siehst du!« rufen kann, dann könnte es sein, dass etwas weich werden kann und sie beginnt, darüber nachzudenken, ob Lernen auch anders gehen könnte als sie es täglich predigt. Es könnte sein. Es gibt keine »Erfolgsgarantie«, aber ihr Gewalt vorzuwerfen ist sicher nicht der Weg. Die Macht der Worte ist kaum zu trennen von der Art, wie ich mich ihrer bediene.

7 Damit meine ich auf keinen Fall, dass wir nur das ernst nehmen sollten, was irgendwo schwarz auf weiß geschrieben steht. Leider ist das ja häufig so: »Können Sie das belegen?«, fragt die* Professor*in ihre* Student*in. Daraufhin guckt die Studentin nach, ob das irgendwo geschrieben steht. Sie zitiert es folgsam, die Professorin ist zufrieden und die Studentin hat ihre Lektion gelernt: Dass sie es für sich als Wahrheit erkennen und formulieren konnte, reicht nicht. Es zählt nur etwas, wenn irgendjemand mit Rang und Namen das auch schon so geschrieben hat.

Der Kampf um korrekte Sprache

Zweifellos gibt es auch Wörter, die das Verachtende unmittelbar in sich tragen. Innerhalb einer gewissen Szene sind sich die meisten einig, dass sie nicht mehr benutzt werden sollten. Das betrifft vor allem solche Wörter, die Herrschaftsverhältnisse zementieren. Wie gehen wir damit um, dass Sprache ein machtvolles Unterdrückungsinstrument ist und dass sich dieser Missbrauch so tief in die Worte selbst eingeschrieben hat, dass wir sie nicht verwenden können, ohne Diskriminierung, Unterdrückung und Gewalt zu reproduzieren? Das im Sterben begriffene Narrativ hat überall seine Spuren hinterlassen. Und wir werden gleichberechtigte und lebensbejahende Kulturen nicht mit einer Sprache beschreiben können, die tief im Geist des Kolonialismus wurzelt. Um solchen Un-Wörtern noch nicht einmal dadurch immer wieder neue Macht zu geben, dass sie ausgesprochen werden, weil über sie verhandelt wird, greifen Menschen oft auf einen Trick zurück: Sie umschreiben sie in Gesprächen und Texten über eine herrschaftsfreie Sprache als *N-Wort, M-Wort, Z-Wort*. Leser*innen der ersten Auflage baten um Erklärung. Ich werde die Wörter nicht benutzen. Recherchiert selbst. Diese drei Wörter, die auch meinem Empfinden nach einfach nicht mehr gehen, gehören in den Bereich des Rassismus und repräsentieren kolonialistisches Denken. Und was ist mit Worten, in denen Sexismus steckt, Adultismus, Ableismus, Anthropozentrismus und so weiter? Uns werden sehr schnell die Buchstaben ausgehen, denn es gibt so viele Wörter, die sich von selbst verbieten, wenn uns an einer friedlichen Sprache gelegen ist. Wir werden Geduld brauchen – und Nachsicht. Mit uns selbst und miteinander. Denn es ist nicht gar nicht so leicht, Gewohnheiten abzulegen – auch wenn es ganz offensichtlich ist, dass sie eigentlich nicht unseren Werten und Wünschen entsprechen. Neulich schickte mir eine Freundin eine E-Mail mit dem schönen Betreff »*kriegen* darf *bekommen* werden«. Sie schrieb, ihr sei aufgefallen, wie oft in meiner ansonsten doch um Frieden bemühten Sprache das Wort *kriegen* vorkäme und schlug stattdessen *bekommen* vor: »Das ist auf jeden Fall einen Versuch wert, wie ich finde, Krieg kann endlich weichen, besonders beim Kinder bekommen.« Danke für die Anregung, Sil – ja! Noch ein Beispiel: *Beherrschen*. Ich erschrecke darüber, wie oft wir es benutzen, wir *beherrschen* eine Sprache, unseren Körper, uns selbst. Nein. Ich möchte das nicht mehr sagen – und es kostet Disziplin, es mir abzugewöhnen und bewusst zu ersetzen: Ich *spüre* meinen Körper, ich *spreche* eine Sprache, ich *bin* mir meiner selbst *gewahr*. Geht. Wenn das *Gewahrsein* die *Beherrschung* ablösen darf, dann sind wir auf dem Weg, das zwanghafte Kontrollieren loszulassen, um uns zu entspannen.

Es geht schon bei den kleinen Füllwörtern los: »Ich geh *nochmal schnell* auf Klo, ich muss *noch eben, …*«. Wie viel Eile und Druck laden wir mit solchen Alltagsfloskeln in unser Leben ein? Warum muss so vieles in Hochgeschwindigkeit vonstatten gehen? Kann ich nicht *in aller Ruhe* pinkeln? Mit eiligen Worten angekündigt ist es eher unwahrscheinlich, dass ich das Entleeren von Blase und Darm als → sinnlichen Moment empfinde, als Gelegenheit, mich mit den Funktionen meines Körpers zu verbinden, mit dem Kreislauf von Aufnehmen und Ausscheiden. Wenn ich nicht alles *mal eben schnell* erledige, ist es in jedem einzelnen Augenblick möglich, mich bewusst im → Interbeing zu erleben. Und der Abwasch geht mir wahrscheinlich freudvoller von der Hand, wenn ich ihn nicht mit *ich sollte wirklich* einleite. Lauter Kleinigkeiten – und in der Gesamtheit geben sie Auskunft über eine Haltung: *Möchte* ich mein Leben leben oder *muss* ich es? Lebe ich oder werde ich gelebt?

Dann gibt es da noch das kleine Wörtchen *man*. Häufig wird es verknüpft mit *sollte*, *müsste* oder *kann ja nicht*. Auch damit drücken wir aus, wie fremdbestimmt wir uns erleben. Und es hat noch eine andere Facette. Neulich sagte jemand zu mir: »Man vereinsamt ja schon irgendwie in diesen Corona-Zeiten.« »Man im Allgemeinen oder du im Besonderen?«, fragte ich. »Fühlst du dich gerade einsam?« Schon rollten die Tränen. Wenn wir *man* statt *ich* benutzen, spielen wir ein Versteckspiel. Wir machen eine unpersönliche Aussage, werden darin als wir selbst nicht sichtbar. Das ist eine traurige Krankheit unserer Kultur.

Ich freue mich, wenn ich mit Menschen zusammen bin, die vereinbart haben, sich auf solche seltsamen Sprechgewohnheiten aufmerksam zu machen. Wir experimentieren gerade mit einem humorvollen Umgang. Wir karikieren es: »Ich zieh mir noch schnell meine Schuhe an.« – »Ja, aber ganz schnell, beeil dich! Ich schau auf die Uhr, wir haben keine Zeit zu verlieren!« Wir lachen. Der Stress kann sich entladen, anstatt sich zu verdoppeln – das passiert nämlich, wenn wir uns Vorwürfe machen, wie unbewusst wir doch sprechen.

Anstrengend und wenig hilfreich empfinde ich es, wenn es in einen Kampf ausartet, wenn die Bemühungen um eine gewaltfreie Sprache also selbst gewaltsam werden. Worte werden auf den Index gesetzt. Wer sie benutzt, ist unten durch. Statt um Sensibilität zu werben, wird kontrolliert und verurteilt. Gerade in linken Kreisen, deren Bemühen um → Diversität, → Privilegbewusstsein und Genauigkeit ich wirklich schätze, kann der Anspruch an ein durch und durch korrektes Sprechen zum Drahtseilakt werden. Ich kann nur zu gut die Ungeduld verstehen, auch die → Wut, die aufkommt, wenn Privilegierte nicht erkennen wollen, wie herablassend und gewaltsam ihre Sprache bisweilen daherkommt – wenn sie stur sind, es nicht so wichtig finden, kleinlich, haarspalterisch. Ja, es nervt mich auch, wenn Menschen einfach zu bequem sind, sich in die willkürlich »Benannten« hineinzuversetzen und Verantwortung zu übernehmen für ihre Macht des Benennens. Ich erlebe allerdings, dass der Kampf um korrektes Sprechen immer erbitterter geführt wird. In dem Moment, wo Menschen sich anmaßen, über die alleinige Wahrheit zu verfügen und kontrollieren wollen, was andere sagen dürfen und was nicht, bekommt das Ganze leider etwas Totalitäres. Es kann nicht darum

gehen, dass Menschen umerzogen werden oder dass die Opfer gewaltsamer Sprache sich an den »Täter*innen« rächen. Diese Herangehensweise erzeugt wenig Neues, eher mehr vom Alten: Polarisierung, Bevormundung und Stress. Menschen können schwerlich entspannt sprechen, wenn sie befürchten müssen, beschämt oder bloßgestellt zu werden, sobald sie ein Wort benutzen, das auf der Negativliste steht. Kreise, die angestrengt die Korrektheit des Sprechens überwachen, erzeugen tendenziell Erregung im Gruppennervensystem. Dass die beiden oberen Etagen im Nervensystem-Haus keine Orte sind, von denen aus wir beherzt in unser Potenzial wachsen können, habe ich bereits ausgiebig erläutert. Es macht also keinen Sinn, Stress ins kollektive Nervensystem zu laden. Auf solch einem Boden wird keine friedliche Sprache gedeihen können. Doch was sollen wir tun, wenn Menschen unaufhaltsam diskriminierend daherreden? Wir können sie darauf aufmerksam machen – eher unter vier Augen und nicht als öffentliches Bloßstellen. Im Gespräch wird meist recht schnell deutlich, ob es unbedacht war – oder ob wir es mit einer Person zu tun haben, die notorisch ignorant darauf beharrt, so sprechen zu dürfen, wie ihr der Schnabel gewachsen ist. Der Masse an unachtsamen, gewaltsamen und diskriminierenden Auswüchsen unserer ganz normalen Sprache können wir nur gemeinsam beikommen: Die einen achten auf dieses, die anderen auf jenes. Im Ganzen werden wir wohl sensibler, wenn wir uns unsere Fehltritte nicht um die Ohren hauen oder gegeneinander aufrechnen, sondern uns gegenseitig erinnern – freundlich, aber bestimmt.

Gendern und der Wunsch, gemeint zu sein

Wenn es uns bei dem Wunsch nach Sprachgerechtigkeit allein ums Prinzip geht, dann lassen wir schnell die kollektive Wunde außer Acht und vertiefen – in bester Absicht – die Geschichte der Getrenntheit. Ich durfte das an einer eindrücklichen Situation lernen. Irgendwann in meinen Zwanzigern beschloss ich, beim Anleiten von Gruppen nur noch die weibliche Form zu benutzen.

Die Männer[8] sprachen so selbstverständlich von *Teilnehmern* und *Tänzern*, dass ich fand, es gäbe auf der Seite der Tänzerinnen und Teilnehmerinnen etwas nachzuholen. Vielleicht, so mein Ansinnen, könnten sich ja alle Frauen angewöhnen, in der weiblichen Form zu sprechen, dann könnten die Männer von mir aus beim Üblichen bleiben – viel später lernte ich den Begriff dafür kennen: *generisches Femininum.* Ich hatte einfach keine Lust mehr, zu sagen »sucht euch einen Partner«, wenn zwei Drittel der Anwesenden Frauen waren. Und ich hätte es auch nicht sagen wollen, wenn es hundert Männer gewesen wären und nur eine Frau. Das große I hatte in der Schriftsprache bereits Einzug gehalten, das Sprechen mit Genderlücke war aber noch nicht verbreitet: Tänzer-, Lücke, -innen – ich kannte auf jeden Fall keine*, die* so redete. Also erklärte ich – nicht ohne Genugtuung, vielleicht einen Hauch schnippisch – zu Beginn eines jeden Workshops, den ich hielt: »Ich werde die weibliche Form benutzen, Männer sind auch gemeint.« Natürlich kamen viele Frauen auf mich zu, freuten und bedankten sich. Das sei doch wirklich anders, endlich in der Sprache vorzukommen. Wenn Männer ihr Befremden äußerten, hatte ich lange Zeit nur diese Antwort: »Tja, so geht es uns immer. Da könnt ihr mal sehen.« Ein bisschen Schadenfreude, fand ich, stand uns zu nach tausenden Jahren Patriarchat – bis sich mir eines Tages eine andere Perspektive öffnete.

Ein Wochenendworkshop, → Contact Improvisation für Anfänger*innen, ich habe meinen üblichen Kommentar zum generischen Femininum gegeben und lade die Leute ein, sich »eine Partnerin zu suchen« und zu vereinbaren, »welche von beiden« beginnen wolle. Der Samstagvormittag vergeht. In der Mittagspause kommt ein Mann auf mich zu. Ich nehme eine Mischung aus Wut und Scham in ihm wahr, aber hinter

8 Eine Ausnahme – aber allein auf weiter Flur – stellte Matto dar. Wir sind ihm bereits begegnet, als ich von blauen Flecken übersät aus der Dusche stieg. Er legte bereits in den 1980er-Jahren ein Bewusstsein für gendersprachliche Feinheiten an den Tag, wie ich es bei keiner Frau erlebte. In eben jenem WG-Badezimmer hatte er augenzwinkernd ein Schild über dem Handtuch-Haken angebracht: »Gästinnen«.

einem Nebel, den ich mit meinem heutigen Wissen → dissoziativ nennen möchte. Es scheint ihn Überwindung zu kosten, mich anzusprechen, er druckst erst ein bisschen herum, dann sprudelt sein Anliegen aus ihm heraus: Es sei völlig befremdlich für ihn, dass ich nur die Frauen anspräche, und wenn er als Mann hier nicht willkommen sei, dann wolle er lieber gehen. Ich atme ein, um mein Sprüchlein loszuwerden – und atme aus, ohne etwas zu sagen. Zum Glück ist es mir in diesem Moment möglich, mein Gegenüber wahrzunehmen, anstatt reflexhaft zu reagieren und das Bekannte abzuspulen. Ich erkenne, dass der Mann wirklich in Not ist. Die Situation verlangt nicht nach Geschlechterkampf, sondern nach Empathie. Es wäre sinnlos, auf meiner Sprachregelung zu beharren oder auf vermeintlicher Gerechtigkeit. Hier zeigt sich unser beider Schmerz, nicht gemeint zu sein. Meiner im Bedürfnis nach einer Sprache, in der ich vorkomme, seiner in dem Erleben, ignoriert zu werden. Es öffnet sich ein kleiner Spalt von Einsicht, dass das, was uns zu trennen scheint, uns im Grunde verbindet. Der Mann steht nicht vor mir, weil er feministische Grundsatzdiskussionen mit mir führen will, sondern um sichtbar zu werden mit diesem uralten, fast allen von uns vertrauten Schmerz, nicht willkommen zu sein, keine Resonanz zu erfahren. Dieses Gefühl, uns in Luft aufzulösen, weil kein empfängliches Gegenüber da ist. Das erreicht mich. Und von diesem Ort aus bin ich in der Lage zu antworten. Ich danke ihm, dass er sein Bedürfnis nicht in Vorwurf oder Zynismus verpackt, sage, dass sein Wunsch bei mir ankommt und versichere ihm, dass ich mich bemühen werde, ab dem Nachmittag auch die männliche Form zu nutzen. Vor allem äußere ich meine Freude, dass er sein Unbehagen in Kontakt bringt, anstatt frustriert wegzubleiben.

Wenn ich das so schreibe, meine ich kritische Stimmen aus der feministischen Ecke zu hören, das sei doch die Masche der Männer, sich selbst zu → Opfern zu machen, anstatt mal anzuerkennen, wie gewaltsam ihre Sprache ist, die sie immer noch so selbstverständlich benutzen, ohne sich ihres Privilegs bewusst zu sein. Ja, auch das kann ich verstehen. Und ich möchte nicht auf Ewig Gleiches mit Gleichem vergelten. Ich wünsche mir so sehr, dass wir aufhören, unsere Verletzungen zu einer Wand zwischen uns aufzustapeln. Wir tun besser daran, sie Schicht um Schicht abzutragen bis wir erkennen, dass unsere Wunden möglicherweise den gleichen Ursprung haben, auch wenn wir ganz verschiedene Strategien entwickelt haben, damit im Alltag umzugehen.

Neue Wörter

Mitunter wird es nötig sein, neue Wörter zu schöpfen. Wenn das passende Werkzeug nicht vorhanden ist, um die Welt zu beschreiben oder in der Welt zu kommunizieren, die wir uns wünschen, können wir erfinderisch werden. Meine Tochter hatte eine Phase, in der sie Sprache sehr wach unter die Lupe nahm. Eines Tages saß sie auf dem Klo und verkündete, es müsse doch eigentlich nicht *Klopapier*, sondern *Popapier* heißen, man wische doch damit nicht das Klo ab, sondern den Po. Das ist der lustige Teil der Anekdote, der sich einfach erzählt. Die Geschichte hat auch noch eine Seite, mit der ich mich nicht so gerne zeige. Doch sie ist wahrscheinlich wesentlich aufschlussreicher. Der Satz meiner Tochter ging weiter: »... eigentlich müsste es doch *Popapier* heißen ... oder *Pimmelpapier*, oder *Scheidenpapier*«, schlug sie vor. Es schmerzt mich heute, dass ich vor zwanzig Jahren nicht in der Lage war, meiner Tochter ein schöneres Wort anzubieten als *Scheide*. Obendrein ist es unkorrekt, zumindest unpräzise. Heute erscheint mir der Name nicht nur steril und anatomisch falsch, sondern auch abwertend. Denn eine Scheide ist ja sozusagen der Behälter für ein Schwert. Diese Perspektive empfinde ich als sehr einseitig. Ich möchte mich und meine Vagina nicht durch den Namen, mit dem ich sie versehe, als etwas betrachten, in das lediglich etwas anderes hineingesteckt wird. Wenn dieses Kapitel *Eine Sprache finden* heißt, dann trifft dieses Findenwollen auch und ganz besonders auf all jene Aspekte unseres Lebens zu, die mit Schweigen belegt wurden, weil »man« nicht darüber spricht, oder weil »man« sich ihrer schämen sollte. All diese Nischen, für die uns die Worte fehlen. Neulich hatte ich eine Petition in meinem Posteingang, in der zwei Frauen fordern, das Wort *Vulvalippen* möge in den Duden aufgenommen werden.[9] Ja. Wie notwendig es doch ist, uns klarzumachen, dass wir kein entspanntes, freudiges, lustvolles Verhältnis zu Teilen unseres Körpers haben können, die wir als *Schamlippen* bezeichnen. Mit dem *Schambein* und den *Schamhaaren* verhält es sich ähnlich. Ich möchte mich ihrer nicht →schämen. Warum sollte ich das? Wie soll ich denn eine lustvolle →Sexualität leben, wenn ich keinen liebevollen und zugleich präzisen Namen für meine Geschlechtsorgane kenne? Ich habe inzwischen mit so vielen Frauen gesprochen, die bedauern, wie umfassend ihnen die Worte fehlen. Sie umschreiben verlegen, weichen aus auf vage Ortsangaben wie *da unten* oder *zwischen den Beinen*. Einige Frauen helfen sich, indem sie selbst kreativ werden. Sie denken sich eigene Namen aus und werden dadurch von Benannten zu Benennenden: Vulvalippen. Brauchen wir Frauen denn die offizielle Genehmigung des Duden, um ein neues Wort einführen zu können? Nein. Ich kann es einfach sagen. Und meinen Kindern beibringen und hier hinschreiben: *Vulvalippen, Vulvalippen, Vulvalippen.* Ich brauche keine Erlaubnis, keinen Segen von oben. Und es spricht auch nichts dagegen, das Anliegen öffentlich zu machen und Kampagnen zu starten wie diese Petition. Auf diese Weise bekommt es Aufmerksamkeit und vielleicht stutzt der eine oder die andere das nächste Mal, und *Schamlippen* kommt nicht mehr so leicht über die Lippen. Angemessene Sprache ist keine Privatangelegenheit – deswegen schreibe ich hier darüber, für alle lesbar. Und ich merke, es fällt mir nicht leicht, zu erzählen, dass ich so lange keinen befriedigenden Namen für meine Vulva hatte.

9 https://www.gwi-boell.de/de/2018/11/02/petition-weg-mit-der-scham-vulvalippen-den-duden

Mutter*sprache und die Verlockung englischer Wörter

Ich könnte noch viele Seiten damit füllen, an welchen Stellen es richtig sinnvoll sein kann, unsere Wortwahl zu überprüfen. Immer mehr englische Begriffe wandern in unsere Sprache und ich finde, wir dürfen uns fragen, in welchem Umfang wir das wollen und welchen Trends wir uns anschließen möchten. Dabei geht es mir nicht um die »Reinhaltung« unserer Sprache. Sie verändert sich und ist in ihrer Geschichte durch Migration, Handel und Reisen multikultureller geworden. Es gibt wohl keine Sprache ohne Lehnwörter, im Englischen begegneten mir unerwartet *Kindergarten, Leitmotiv* und *Poltergeist*. Und wir müssen nicht alles nehmen, was da so kommt. Wollen wir wirklich im wahrsten Sinne des Wortes *Business*-Sprache sprechen, also eine geschäftige Sprache? »Ich habe einen Call« klingt ja viel wichtiger als »Ich bin gleich noch zum Telefonieren verabredet.« Möchten wir die ganzen *Meetings* und *Facility Manager* und *Factory Outlets*, diese aufgeblasenen Worthülsen in unser Sprechen hineinlassen? Ich tendiere zu einem klaren Nein. Mein Eindruck ist, dass uns in einer Sprache, die wir erst später gelernt haben – einer *Fremd*sprache –, häufig eine ganz basale Bindung fehlt, ein körperliches Verwobensein mit der Bedeutung ihrer Worte. Es ist etwas anderes, ob ich eine *Umarmung* mit der frühen Körpererinnerung verbinde, wie mich mein Vater sanft an sich drückt, oder ob mir der *hug* zum ersten Mal im Vokalbelheft begegnet ist. Die *Umarmung* ist wahrscheinlich tiefer in mir verankert. Manches sagt sich in einer Fremdsprache einfacher, leichtfertiger, weil uns diese körperliche Schicht des Verstehens fehlt. Wollen wir, dass ein schnelles *love* die *Liebe* verdrängt – ein Wort das ich auch im Deutschen selten benutze, weil ich beobachte, wie es sich abnutzen kann? Es ist mir ein wirklich heiliges Wort – und das spüre ich besser, wenn ich es in meiner Mutter*sprache sage.

Warum habe ich dann in Kapitel 3 das englische → *Yield* benutzt? Es ist tatsächlich schwer übersetzbar. Und es gibt einen weiteren Grund: Wie viele meiner Kolleg*innen habe ich einen Großteil meiner tänzerischen Ausbildung auf Englisch genossen. *Alignment, Release, Suspense*[10] – all das sind körperliche Zustände, die ich zum ersten Mal bewusst erlebt habe, als sie mit einem englischen Begriff benannt wurden. Jeder von ihnen ist tiefer in meinem Körpergedächtnis verankert als im Wortschatz meiner Mutter*sprache. Ich musste sie erst im Wörterbuch nachschlagen, als ich auf Deutsch zu unterrichten begann. Es war mir wichtig, für all das auch deutsche Wörter zu finden, spätestens als ich mit Kindern arbeitete. Das sorgte für seltsame Überraschungen. Ich war sehr verwundert, zu lesen, dass *momentum* übersetzt einfach nur der *Schwung*, der *Impuls* ist. Die Erfahrung, die ich dazu abgespeichert hatte, war so viel reicher und umfassender. *Momentum* war ein Zauberwort gewesen

10 Ich versuche Übersetzungen: »Ausrichtung«, »Loslassen«, »in der Schwebe sein«.

– oder ist es immer noch – für dynamischen Dialog, es beschrieb, wie ich mich durchlässig machte, etwas aufnahm und weiterführte, wie es sich dadurch verwandelte oder die Richtung änderte. Es war die Art und Weise, wie ich mit meiner* Tanzpartner*in die Kraft, die uns bewegte, nährte und fütterte, damit sie uns weiter trug. Und nun sollte es nichts als ein *Impuls* sein?

Auch in Bezug auf Anglizismen mag ich kein Dogma aufstellen. Ich möchte die Vermutung äußern, dass die Globalisierung der Sprache ihren Teil zu unserer Entwurzelung beiträgt. All diese Begriffe, die wir nicht wirklich spüren können, machen unser Sprechen immer abstrakter und weniger verbunden mit dem Boden, auf dem wir stehen, und der Luft, die wir atmen. Und darin spiegelt sich unsere Heimatlosigkeit.[11]

Grammatik: der Raum zwischen den Worten

Was uns prägt, sind nicht nur die Worte an sich, sondern auch die Art,wie wir sie miteinander verbinden, um komplexe Sinngefüge zu bauen: die Grammatik.
Immer wieder fällt mir auf, dass unserer Sprache die räumliche Dimension fehlt. Wir reihen die Worte aneinander, auch wenn sie für Dinge oder Vorgänge stehen, die gleichzeitig existieren. Wenn ich versuche, Bewegung und Tanz zu beschreiben, begegnet mir dieses Defizit ständig. So richtig bewusst und benennbar wurde es, als ich Oliver Sacks erhellendes Buch »Seeing Voices«[12] las, in dem er die ganz eigene Logik und Grammatik der Sprachen Gehörloser beschreibt. Die meisten von uns kennen am ehesten die sogenannte lautbegleitende Gebärdensprache, eine Visualisierung der Lautsprache. Echte Gebärdensprache hingegen, die sich eigenständig unter Gehörlosen entwickelte, funktioniert eher wie eine kleine Bühne vor dem Oberkörper der sprechenden Person. Dort wird das zu Erzählende dargestellt. Worte für *vor*, *hinter* oder *während* sind nicht nötig, es wird ja von allein sichtbar, was wann wo passiert. Eine bestimmte Gebärde der Hand fungiert als »Wort« und kann in verschiedenen Richtungen, Geschwindigkeiten und Qualitäten durch den Raum bewegt werden, was ihre Bedeutung stark verändert. Den meisten von uns ist nicht bewusst, dass es eine Sprache gibt, die diesen Vorteil hat. Wir Hörenden stellen uns die Sprache von Menschen mit einer Einschränkung – bis wir uns eingehend damit beschäftigen – als tendenziell minderwertige Notlösung vor. Das für uns Normale halten wir für das Ideale und gehen davon aus, dass alles andere der gleichen Logik – in

11 Mir ist bewusst, ich begebe mich auf dünnes Eis, wenn ich die Begriffe *Boden* und *Heimat* kurz hintereinander verwende. Auch das ist ein Beispiel dafür, wie Sprache von bestimmten Gruppierungen auf eine Weise vereinnahmt wird, dass es scheinen kann, als stünden uns die Wörter nicht mehr zur Verfügung, weil sie – in diesem Fall rechts – belegt sind. Manche können wir uns zurückholen, indem wir sie neu definieren. Andere bleiben wohl für immer unsagbar.

12 Oliver Sacks: »Seeing Voices«, leider seltsamerweise mit »Stumme Stimmen« ins Deutsche übersetzt.

diesem Fall Grammatik – folgt. Das Sehen, so denken wir, muss in der Gebärdensprache das Hören »ersetzen«. Dabei ist es eher andersherum: In unserer gesprochenen wie geschriebenen Sprache muss das Aneinanderreihen von Worten behelfsmäßig die Gleichzeitigkeit von Ereignissen abbilden. Wie unbefriedigend das sein kann, wurde deutlich, als ich zu Beginn des 6. Kapitels versuchte, alles zu beschreiben, was ich wahrnehme, wenn ich meine Sinne öffne und in alle Richtungen lausche, anstatt nur auf meinen Bildschirm zu starren. Seit mir diese Zweidimensionalität der Wortsprache bewusst ist, beobachte ich mich mitunter viel genauer dabei, mit welcher Konjunktion ich zwei Satzteile aneinander koppeln möchte. Immer wieder frage ich mich: Ist dieses *weil* nicht eher ein *während*? Muss und will ich mit den winzigen Wörtchen zum Verbinden von Haupt- und Nebensatz der Logik von Ursache und Wirkung, These und Antithese folgen? Was könnte alles einfach so nebeneinanderstehen? Tatsächlich ersetze ich beim erneuten Durchlesen von Texten wie diesem das ein oder andere *aber* durch ein *und*.

Ein weiteres Beispiel dafür, wie die Grammatik unserer Sprache unsere Haltung prägt, fand ich bei der Linguistin Lera Boroditsky.[13] Sie betont, welche Unterschiede verschiedene Sprachen in der Verwendung von Aktiv und Passiv aufweisen. Im Deutschen und Englischen heißt es: »Sie* hat die Vase kaputtgemacht.« In den meisten romanischen Sprachen hingegen sei eher die Passiv-Formulierung üblich: »Die Vase wurde zerbrochen« – auf jeden Fall, wenn es sich um einen Unfall handelt. Im Spanischen weist die Verwendung des Passiv darauf hin, dass etwas nicht vorsätzlich geschah. Eine Wendung wie »ich habe mir den Arm gebrochen« erscheint so betrachtet fast absurd – als hätte ich es aktiv und willentlich getan. Doch so sagen wir das im Deutschen. Boroditsky zitiert Studien, die zeigen, dass Menschen, wenn sie die Aktiv-Form verwenden, eher darauf beharren, eine*n Schuldige*n zu finden und härtere Strafen fordern. Sie legten darüber hinaus weniger Bereitschaft an den Tag, zu vergeben. Das leuchtet mir sofort ein, und schockiert mich trotzdem.

Ich möchte ein weiteres Beispiel benennen, das mich unsere Sprache mit ganz anderen Augen sehen – Ohren hören? – ließ. Bei einem Symposium wurden einige Vorträge auf Englisch gehalten. Wir boten in einer Ecke des Raumes simultane Flüster-Übersetzung ins Deutsche an. Ein paar Freiwillige wechselten sich dabei ab. Mich strengt das normalerweise nicht besonders an. Hier erlebte ich nun etwas völlig anderes. Ich sollte den Vortrag von Tom Porter übersetzen, Ältester der Mohawk, eines indigenen Volks in Nordamerika. In einem Gespräch hatte er mir anderntags bereits erzählt, dass seine Sprache ganz anders beschaffen sei als das Englische. Es gebe zum Beispiel kein Wort für *ich*, es gebe nur *wir*. Ich kann wohl kaum ahnen, wie grundlegend es mich geprägt hat, dass es in meiner Mutter*sprache das Wort *ich* gibt. Ja, ich stoße mich

13 https://www.ted.com/talks/lera_boroditsky_how_language_shapes_the_way_we_think

häufig am ichfixierten Um-sich-selber-Kreisen, das in unserer Kultur so verbreitet ist. Und ich bin selbst so geprägt, es ist tief in meiner Sprache, meiner Kultur verwurzelt. Die Tragweite wurde mir erst beim Übersetzen annähernd bewusst. Tom Porter fing an zu sprechen und ich suchte beim Übersetzen seines Vortrags nach deutschen Worten, verirrte mich in den Sätzen, konnte nicht erkennen, wo sie anfingen und aufhörten, fügte meinen Übersetzungen immer wieder ein »oder so ähnlich« hinzu. Nach wenigen Minuten bat ich meinen Kollegen, mich abzulösen. Der übernahm und spielte den Ball bald wieder an mich zurück, ebenfalls sichtlich erschöpft. Und dabei hatte Tom Porter das Ganze ja schon von seiner Sprache ins Englische übertragen, das dem Deutschen von der Struktur her sehr ähnelt. Der Geist seiner Mutter*sprache durchwehte das Gesagte auf eine Weise, die das Übersetzen zu einem echten Verirrspiel machte. Gern möchte ich mehr erfahren über diese Sprache. Vielleicht kann sie uns Anhaltspunkte geben für eine Sprache des → Wandels. Das gibt dem Wort *Narrativ* noch einen viel unmittelbareren Geschmack: Was für eine Geschichte erzählen wir uns da eigentlich – und wie verfestigen wir sie allein durch die Art und Weise, wie wir sie erzählen? Können wir überhaupt aus der Geschichte der Getrenntheit hinaustreten, während wir uns dieser Sprache bedienen?

Ohne Worte

Ich vermute, jeden Tag, an dem wir bewusst mit Sprache umgehen, beginnen wir, auf subtile Weise eine andere Geschichte zu erzählen, in ein neues Narrativ einzutreten – und es wirkt ganz unmittelbar[14], weil eine Haltung zugrundeliegt. Je mehr unser Bewusstsein sich weitet und alle Ebenen unseres Sein mit einzubeziehen vermag, desto mehr gewöhnen wir uns daran, etwas zu empfinden, wofür wir – noch – keine Worte haben. Es wird uns immer selbstverständlicher, auch die Stille als Begegnungsraum zu würdigen.

Wenn es hier um Sprache geht, dann möchte ich mich nicht nur dem Gesprochenen, sondern auch dem Nichtgesprochenen widmen. Das Schweigen hat ja – mindestens – zwei Seiten: Das Schweigenmüssen und das Schweigenkönnen. Im Bisherigen war viel vom verschämten und erzwungenen Schweigen die Rede, von der Sprachlosigkeit, von fehlenden Wörtern und all dem Zurückgehaltenen und Unterdrückten. Und es gibt ja auch eine reiche, volle, freiwillige Stille: Worte, die Raum zum Nachhallen bekommen und Momente, in denen jedes Wort überflüssig wäre. Und es gibt eine Sprache, die keine Worte braucht, Klänge, die keine Bedeutung haben und doch bedeutungsvoll und beziehungsstiftend sind, Kommunikation, die über Berührung geschieht, über Blickkontakt. Wir haben wenig Übung darin. Stille wird schnell als betretenes Schweigen

14 Ein eindrückliches Erlebnis war mir der Moment, von dem die Geschichte *Ihr müsst lauter sein* erzählt (S. 387).

wahrgenommen und eilig mit Small Talk übertüncht – Worte, die keinen anderen Zweck erfüllen, als jene bedrohliche Leere zu übertönen, die vielleicht das Potenzial zu großer → Intimität gehabt hätte. Genau die fürchten wir und plappern daher schnell alle Lücken voll. Stille ist rar. Dabei ist sie die Voraussetzung für zugewandtes Zuhören.

Zuhören: Resonanzraum sein

Erst wenn jemand zuhört, entfaltet Sprache ihren Sinn. Sonst bleibt sie ein unbezogenes Nebeneinander von Monologen – das kennen wir vermutlich alle gut. Was genau ist Zuhören? Es begegnet uns – wenn überhaupt – in sehr unterschiedlichen Qualitäten. Ich habe von dem Geigenbauer erzählt, der seine Instrumente den Musiker*innen auf den Leib schneidert. Er schafft damit einen Resonanzraum für genau ihr Spiel. Dafür hört er ihnen erst einmal genau zu, er beobachtet, wie sie den Bogen führen, er misst die Frequenzen, die dabei entstehen. Dann baut er einen Geigenkörper, der genau diese Klangqualität gut beherbergen kann. Mit genau dieser Geige kann die Musik genau dieser Musiker*in voll und ganz erklingen, der angemessene Resonanzraum verhilft der Spieler*in zu ihrem eigenen Ausdruck. Das ist übertragbar: Wir alle können die Kunst verfeinern, einander Resonanzkörper zu sein. Das Lehnen, das ich so ausführlich beschrieben habe, ist nichts anderes als Zuhören auf körperlicher Ebene: ein Raum tiefer Gegenseitigkeit. Wir können einander immer offener zur Verfügung stehen, damit auch die allerfeinsten, die leisesten, vielleicht noch unbewussten Töne der* anderen zum Schwingen kommen. Und das wird auch in uns etwas verändern. Zuhören mutet vielleicht zunächst eher passiv und empfangend an, kann aber ein aktiver und schöpferischer Vorgang werden, wenn wir es ganz auskosten. Hier trifft sich die erwachsene, raumgebende Qualität des Sozialen Uterus mit der kindlichen Neugier. »Wer bist du denn?«, fragen wir und haben ein ernsthaftes Interesse – weil wir hoffen, etwas über die Welt unseres Gegenübers zu erfahren, worin wir zugleich uns erkennen können.

In seiner *Theorie U* schreibt Otto Scharmer »Zuhören ist wahrscheinlich die am meisten unterschätzte Grundfähigkeit«.[15] Er unterscheidet vier Ebenen des Zuhörens: Herunterladen, faktisches, empathisches und schöpferisches Zuhören. *Herunterladen* bezeichnet er als »Zuhören aus Gewohnheit«: Wir wollen lediglich eine Bestätigung für das haben, was wir bereits wissen und kennen. Das ist leider immer noch die gängigste Variante. Wenn wir aber Willen, Herz und Denken öffnen, weitet sich schrittweise unsere Fähigkeit, bereit zu sein für Tatsachen, die unseren Überzeugungen widersprechen, empathisch einem anderen Menschen zu begegnen und schließlich wirklich Neues zu empfangen.

15 Scharmer: »Essentials der Theorie U«, S. 42.

Über das *schöpferische Zuhören* schreibt Scharmer: »Es bildet einen schützenden Raum, in dem etwas Neues ankünftig werden kann. [...] Du hörst mit Offenheit darauf, was noch unbekannt und im Entstehen begriffen ist.«[16]

Die Qualität des Zuhörens können wir kaum überschätzen in ihrer Bedeutung für Wandelprozesse. Die neue Kultur möchte erlauscht werden: »An einem stillen Tag kannst du sie atmen hören.«

Impulse für bewussteres Kommunizieren

Ich bin in einem Umfeld aufgewachsen, in dem es völlig normal war, dass sich alle gegenseitig ins Wort fallen, nicht ausreden lassen, schnelle Antworten parat haben. So sieht unsere gängige Gesprächskultur aus. Für mich war das irgendwann schwer aushaltbar – besonders als mir auffiel, dass ich es genauso machte. Und es kostete mich einiges an Disziplin und Selbstgewahrsein, aus diesen Mechanismen auszusteigen. Es war und ist ein Prozess des Verlernens: mir schnelle Antworten verkneifen, in eine entstehende Stille hineinatmen, einen unglaublich interessanten Gedanken einfach nicht aussprechen, sondern lauschen, was entstehen möchte.

Es würde den Rahmen dieses Buches sprengen, alle Anregungen zu würdigen, die mich auf meinem Weg des bewussteren Umgangs mit Sprache und Kommunikation begleitet haben und mich weiterhin inspirieren. Doch einige will ich kurz und voller Dankbarkeit benennen. Das kann nur ein Blitzlicht sein, das den einzelnen Ansätzen nicht annähernd gerecht wird. Vielleicht springt hier oder dort ein Funken über und du möchtest dich über Texte aus erster Hand oder Workshops eingehender informieren.

Bereits im Studium begegnete mir das **Vier-Ohren-Modell** des Kommunikationswissenschaftlers Schulz von Thun.[17] Es war völlig neu für mich, eine Aussage daraufhin zu untersuchen, ob sie auf der Sach-, der Appell-, der Botschafts- oder der Selbstoffenbarungsebene gesendet und empfangen wird. Seitdem frage ich ab und zu: »Höre ich das gerade mit meinem Appell-Ohr?« oder »Was möchtest du mir eigentlich damit über dich mitteilen?«

Einschneidend war für mich die Begegnung mit dem **Dialogprozess** nach David Bohm.[18] Ich verstand plötzlich, warum ich die meisten Gespräche, insbesondere im Rahmen offizieller Veranstaltungen, als dermaßen unbefriedigend erlebte. Der Quantenphysiker Bohm leitet den Unterschied zwischen *Diskussion* und *Dialog* von der jeweiligen

16 »Essentials der Theorie U«, S. 43–44.

17 Friedemann Schulz von Thun: »Miteinander Reden«

18 Der Künstler Werner Ratering hat zu jedem der Dialogprinzipien ein eindrückliches Motiv geschaffen. Seine 13 Bildkarten nehme ich gern mit in Gruppenprozesse. Sie sagen mehr aus als lange Erklärungen. https://www.alsterdialog.de/hauptnavigation/unsere-arbeit/dialogkarten

Wortbedeutung ab. Dass das lateinische *discutere* wörtlich *zerschlagen, zertrümmern* oder *auseinandertreiben* bedeutet, wunderte mich nicht. Genauso empfand ich das oft. Bei Podiumsdiskussionen ebenso wie im Alltag konnte ich die gezückten Schwerter förmlich sehen. Und auch mich selbst beobachtete ich von da an immer häufiger bei dem Impuls, schnell etwas zu meiner Verteidigung vorbringen zu wollen. Hatte mich überhaupt jemand angegriffen oder geschah das aus reiner Gewohnheit? Nie wieder wollte ich diskutieren, ich wollte Dialoge führen. Denn *dia logos* heißt, auf seine griechischen Wurzeln zurückgeführt, *durch das Wort*. Ich bin ja noch mit den guten alten Dias aufgewachsen und hatte ein ganz klares Bild vor mir: Mein Licht will zu dir. Ich projiziere es in deine Richtung, und durch das Dia, also das Wort, bekommt es Form und Farbe und landet auf deiner Leinwand als Bild. Sprache ermöglicht mir also, etwas aus meinem Inneren heraus durch sie hindurchscheinen zu lassen und so für dich sichtbar zu machen. Dieser Blick aufs Miteinanderreden zog mich in den Bann. Ich beobachtete mich fortan dabei, in meiner Dia-, also Wortsammlung noch exakter nach dem Passenden zu suchen und es so vor meinen Lichtstrahl zu halten, dass das Gewünschte ankäme. Bald wurde mir bewusst, dass es im Dialogprozess bei Weitem nicht nur ums Kommunizieren geht, sondern dass die Haltung dahinter, ja unser gesamtes →Narrativ beleuchtet wird. So beschreiben Bohm und seine Kollegen ihr Anliegen: »Wir schlagen ein gemeinsames Erkunden vor, nicht nur des Inhalts, was wir sagen, denken und fühlen, sondern auch der tiefer liegenden Motivationen, Annahmen und Überzeugungen, die uns dazu veranlassen. Dialog, so wie wir das Wort verwenden, ist ein Weg, die Hintergründe der vielen Krisen zu untersuchen, mit denen Menschen sich heute konfrontiert sehen. Der Dialog ermöglicht uns das Erkunden und Verstehen jener Prozesse, die eine wirkliche Kommunikation zwischen Individuen, Nationen und sogar Teilen ein und derselben Organisation beeinträchtigen.«[19] Es ermutigt mich, das auf all diese verschiedenen Ebenen beziehen zu können, und ich habe in den vergangenen Jahren viele sehr bewegende Dialogprozesse erlebt, völlig offene ebenso wie solche, die einem ganz bestimmten Thema gewidmet waren.

Der nächste Impuls kam von Scott Peck und seinen **Kommunikationsempfehlungen**. Eine von ihnen lautet: » Therapiere und doziere nicht«, eine andere: »Formuliere nicht schon eine Antwort, während du zuhörst.«[20] Puh, ich fühlte mich so ertappt – das tat ich ja andauernd,

19 David Bohm/Donald Factor/Peter Garrett: »Dialog, ein Vorschlag« – diesen kurzen und aussagekräftigen Text haben einige, die mit dem Dialogprozess arbeiten, auf ihrer Webseite verlinkt, zum Beispiel: http://www.rylee.de/Dialog_Einfuehrung.pdf

20 Scott Peck: »Gemeinschaftsbildung – Der Weg zu authentischer Gemeinschaft« – ich habe ausgerechnet die beiden negativ formulierten zitiert. Zum Ausgleich noch diese: »Sprich von dir und deiner momentanen Erfahrung.«

und kam mir auch noch sehr intelligent vor, dass ich zu allem etwas sagen konnte. Auch hier konnte ich üben – und dabei nicht allzu vernichtend sein im Urteil mit mir selbst. Pecks Empfehlungen können ebenso wie die Bohmschen Dialogprinzipien als Anhaltspunkte für Gruppenprozesse dienen, zum Beispiel als Karten in der Kreismitte ausgelegt.

Es folgte die Begegnung mit der **gewaltfreien Kommunikation** (GFK) nach Marshall Rosenberg.[21] Hier berührte mich der liebevolle Weg, alles, was wir sagen, auf die Frage zurückzuführen: »Welches Bedürfnis steckt dahinter?« Daraus lässt sich meist eine Bitte formulieren, die aber nicht mit einer Forderung zu verwechseln ist. Ich begann, das Bitten zu lernen. Das ist gar nicht so leicht, wenn das Autonomiemuster »ich komme allein klar« sehr ausgeprägt ist. Ich werde dadurch sichtbar als eine, die Bedürfnisse hat. Darüber habe ich in Kapitel 4 viel geschrieben – es macht mich verletzlich. Leider habe ich immer wieder Menschen getroffen, die starr an GFK als Methode festhalten und die Haltung dahinter zu kurz kommen lassen. Sie hangeln sich wenig freudvoll durch den Vierschritt »Beobachtung – Gefühl – Bedürfnis – Bitte« und wachen penibel darüber, ob ein Bedürfnis auch echt ist. Ähnlich wie die Korrektsprech-Polizei trägt das nicht zur Entspannung im Gespräch bei. Ich möchte nicht versäumen, auf die bemerkenswerte Arbeit von Miki Kashtan hinzuweisen, die auf der Grundlage der GFK soziale → Transformation erforscht und lebt.[22]

Viele weitere erwähnenswerte Ansätze für einen bewussteren Umgang mit Sprache sind mir begegnet: Die **Idiolektik**[23] versteht sich als Gesprächsmethode, die uns zur Eigensprache, zu unserem ganz besonderen Selbstausdruck ermutigt. Als Zuhörende* achte ich hier auf Schlüsselwörter und stelle Fragen, um Sprechende immer tiefer in ihr ganz eigenes Erleben zu begleiten. **Circling** und **Authenic Relating**[24] kommen als Spielvereinbarung daher, laden uns zum Beispiel ein, Sätze zu sagen, die mit »ich bemerke« beginnen. Das hilft, bei den Empfindungen des gegenwärtigen Moments zu bleiben. Details bekommen Aufmerksamkeit, die sonst schnell untergehen, weil wir darüber hinweggehen.

In der **Transparenten Kommunikation** nach Thomas Hübl[25] sehe ich ganz besonders das Resonanzprinzip verwirklicht. Die zugrundeliegende Annahme, dass wir wahrnehmen können, ob und wie unser Gegenüber uns wahrnimmt, kann mich zu Tränen rühren: »I feel you feeling me«. Wenn ich versuche, das zu übersetzen, kommen wieder sprachliche

21 Marshall Rosenberg: »Gewaltfreie Kommunikation«

22 www.mikikashtan.org

23 www.idiolektik.de

24 www.circling.de

25 www.thomashuebl.com

Feinheiten ins Spiel. »Ich fühle, dass du mich fühlst« oder »Ich fühle, wie du mich fühlst«? Beides. Wörtlich und ganz genau genommen: »Ich fühle dich mich fühlend.« Klingt seltsam. Dass wir im Deutschen wenig Partizipkonstruktionen *(feeling – fühlend)* benutzen, verstärkt die Verzerrung, die ich schon im Zusammenhang mit der Gebärdensprache erwähnt habe: Wir können Gleichzeitiges kaum ohne kleine Verbindungswörtchen darstellen, die schnell eine Interpretation hineinmogeln. Und weil *feeling* und *fühlen* meinem Empfinden nach auch nicht ganz gleichbedeutend sind, schlage ich vor, es mit *wahrnehmen* zu übersetzen: »Ich nehme deine wahrnehmende Zugewandtheit wahr, ich erlebe mich als eine, die von dir wahrgenommen wird« – und das verändert mein Sein. Wir teilen unsere inneren Erfahrungsräume und erleben Gegenseitigkeit, Interbeing. Weil ich in dir Resonanz erfahre, kann ich als ich selber anwesend sein. Präsenz ist heilsam. Und hier schließt sich auch der Bogen zum Ende des sechsten Kapitels: Wahrnehmen, Empfänglichkeit ist eine spirituelle Praxis. Ich öffne mich dem Leben mit all meinen Poren – dem Leben, genau so wie es in diesem Moment ist. Ich nehme es an. Ich nehme mich an. Von diesem Ort aus kann ich stimmig kommunizieren und angemessene Worte finden. Das haben alle genannten Ansätze gemeinsam: Es geht beim achtsamen und bewussten Kommunizieren vor allem um die Haltung. Wenn ich meine Empfänglichkeit schule, dann geht das weit über die fünf Sinne hinaus. Ich mache mich empfänglich für die Weisheit des Lebens, die Schöpfungsweisheit, das Göttliche. Ich kann es überall finden.

Einen konsequent →somatischen Weg beschreitet die **Empfindungssprache**[26]. Die Künstlerin und Traumatherapeutin Angela von Rotz ist geprägt von Thomas Hübls Arbeit – und ganz maßgeblich von dem körperorientierten traumatherapeutischen Ansatz *Somatic Experiencing*, auf deren Prinzipien die Entwicklung der Empfindungssprache beruht. Sie erforscht, wie wir unsere Sinnesempfindungen noch mehr mit unserem Sprechen verbinden können. »Wir halten es für so normal, dass Sprache im mentalen Raum zuhause ist«, sagt sie im persönlichen Gespräch. »Und wir können üben, dass sie sich auch an den emotionalen und den physischen Körper anbinden kann.« Dafür ist es notwendig, überhaupt unterscheiden zu können zwischen Denken, Gefühl, Empfindung – auch wenn sie stark verwoben sind. Die beiden letzteren werden häufig verwechselt. Die Wörter *fühlen* und *spüren* verwenden wir meist gleichbedeutend. Wenn wir dazu übergehen, *fühlen* für →Gefühle und →Emotionen zu benutzen und *spüren* für körperliche Empfindungen, kann das unsere Fähigkeit schulen, hier zu differenzieren. Denn ein Gefühl zu benennen ist letztendlich bereits eine Interpretation meines körperlichen Erlebens. Es ist ein Unterschied, ob ich sage »Ich habe Angst« oder ob ich mein Empfinden beschreibe: »Mein Herz klopft gerade sehr heftig. Und jetzt,

26 www.empfindungssprache.ch

wenn ich darüber spreche, wandert das Klopfen vom Brustkorb in meinen Hals. Es wird eng und ich kann nicht gut atmen.« Wir können an dieser Stelle in die Lücke zwischen Wahrnehmung und Interpretation schlüpfen, die ich mehrfach erwähnt habe. Anstatt dem Herzklopfen einen Namen zu geben – Angst –, beschreiben wir es weiter, wir folgen der Spur unserer Empfindungen und werden dadurch vielleicht aufmerksam auf alle möglichen Informationen, die in unserem Körper gespeichert sind, aber nicht abgerufen werden können, wenn wir immer nur das benennen und interpretieren, was sich ganz obenauf zeigt. Vielleicht liegt dem, was wir vorschnell als *Angst* bezeichnen, eine Scham zugrunde. Vielleicht zeigt sich im momentanen Zustand eine viel frühere Situation, die mein Körper gerade wiederholt, in der Hoffnung, sie diesmal nicht durch → Dissoziieren abzubrechen, sondern zu Ende führen und Frieden finden zu können. Indem ich allzu schnell interpretiere, verlasse ich die Empfindungsebene, und manche Informationen können mich nicht erreichen. Das kann hilfreich sein, um ein allzu tiefes Eintauchen zu vermeiden und im Alltag handlungsfähig zu bleiben. Ebenso kostbar ist es, Räume zu haben, die sicher genug sind, um ganz hineinzuschlüpfen in dieses Erleben. So gelangen wir möglicherweise zu Schichten unseres Seins, die dem Verstand allein nicht zugänglich sind. Somatisch orientierte Ansätze der Traumatherapie wie *Somatic Experiencing* oder *NARM* basieren auf dieser Art von Schatzsuche. Sie legen behutsam und schrittweise frei, was sich im Nervensystem angesammelt hat, helfen uns, eingefrorene Bewegungen zu vollenden und öffnen den Zugang zu Vorsprachlichem. Und das tun sie über eine Sprache, die unsere Aufmerksamkeit immer wieder aufs Empfinden lenkt.[27] Hier wird es noch einiges zu entdecken geben. Angela von Rotz betont, wie wichtig es ist, die Empfindungsebene nicht zur tiefsten und echtesten zu erklären. Wer sich immer nur dem Empfinden widmet, weicht vielleicht dem Fühlen und Reflektieren aus. Wesentlich ist das Zusammenspiel von Denken, Gefühl und Empfindung. Angela vergleicht das mit dem Mischpult einer Musikanlange: Es ist hilfreich, alle Kanäle ansteuern zu können und, indem wir an den Reglern drehen, die richtige Mischung zu erhalten. Dafür benötigen wir eine Flexibilität in der Sprache. Unsere kognitive und interpretierende Sprechweise braucht eine Schwester an ihrer Seite, die in der Lage ist, einfach nur zu beschreiben, was ist. Dem widmet sich die Empfindungssprache und stellt uns damit auch ein hilfreiches Werkzeug zur Verfügung, unser erregtes Nervensystem zu regulieren: Wenn ich Worte finde für das Geschehen in meinem Körper, bin ich nicht mehr so ausgeliefert und rufe mich selbst in die Präsenz.

27 Das klingt hier sehr einfach, braucht aber hohe fachliche Kompetenz, um gut eingebettet zu sein. Auf Prinzipien wie das Pendeln und das Titrieren, die Überforderung und Retraumatisierung entgegenwirken, gehe ich in Kapitel 9 noch ein. Standardwerke zu *Somatic Experiencing* und *NARM* finden sich im Literaturverzeichnis, Levine: »Sprache ohne Worte« und Heller/Doerne: »Befreiung von Scham und Schuld«.

Um nervensystemgerechte Sprache und Präsenz geht es auch Daniel Remigius Auf der Mauer. In seiner Arbeit, der **Nervensystem-basierten und Trauma-informierten Konflikttransformation**, betont er, dass komplizierte Sprache unser Nervensystem schlecht erreichen kann. Er setzt darauf, zu verlangsamen, Gehörtes in einfachen Worten zu wiederholen, in Kontakt mit dem Gegenwärtigen zu bleiben, anstatt sich in einem Sollte, Würde, Möchte zu verlieren. Was ist jetzt? Das zeigt sich schon darin, wie ein Seminar mit ihm beginnt. Er sitzt der Gruppe gegenüber[28] und lässt allen Zeit. Sich selbst, um sich mit uns einzustimmen. Uns, um ihn zu beschnuppern: Wer ist das, dessen Führung wir uns nun anvertrauen werden? Er ist da, horcht zur Gruppe hin und fragt: »Was braucht ihr, welche Fragen habt ihr gerade an mich?« Ein junger Mann – nennen wir ihn

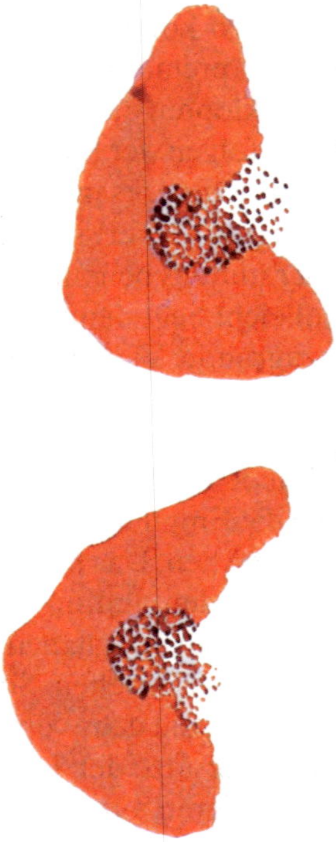

28 Allein das kann Menschen, die gewohnt sind, im Kreis zu sitzen, irritieren. Der Kreis ist das Format des grünen Mems, hierarchiefrei und auf Augenhöhe (s. Einschub S. 267). Auf Nachfrage erläutert Daniel, er stelle sich in seinen Seminaren mit etwas zur Verfügung, in dem er fortgeschrittener ist. Es wäre daher Gleichmacherei, im Kreis zu sitzen. Daniels Webseite: https://www.aufdermauer.name

Rico – meldet sich: »Ich möchte wissen, ob du es gut mit uns meinst.« Daniel gibt keine schnelle Antwort, sagt nicht »aber natürlich«, versucht nicht, Skepsis zu verscheuchen oder zu verurteilen. Er widmet sich dem, was jetzt in dieser Frage zum Vorschein kommt. Rico zeigt mit seiner – wie ich es empfinde – mutigen Frage, auf welch wackligem Boden wir bindungsverunsicherten Menschen stehen. Wir möchten so gern vertrauen, aber wir wissen nicht so richtig, wie das geht, weil so vielen von uns die basale Erfahrung von Geborgenheit fehlt. Es hilft nicht, das zu übergehen – im Gegenteil: Das würde nur den ohnehin schon riesigen Haufen weggeschobener Gefühle vergrößern. Wenn wir genau hier mit diesem unerfüllten Bedürfnis und der daraus resultierenden Unsicherheit bezeugt und gesehen werden, kann sich etwas entspannen. Weil wir ein Gegenüber haben an einer Stelle, an der wir bislang immer allein waren. Zur Erinnerung: → Trauma bedeutet, dass wir etwas Überwältigendes erlebt haben, und dass wir damit allein blieben.

In Daniels Antwort auf Rico erlebe ich, was ich über Vertrauen bereits formuliert habe: Es geht nicht um blindes Vertrauen, sondern um wahrnehmendes. »Ich möchte kein bedingungsloses, kein Vorschussvertrauen von dir«, sagt Daniel. »Prüfe das bitte immer wieder von Neuem, ob du dem Vertrauen schenken möchtest, was ich sage und tue.« Darin unterscheidet er sich von anderen »Bewusstseinslehrer*innen«, die ich erlebt habe: »Vertraue mir! Ich handle aus Liebe.« Daniel verzichtet auf den Imperativ. Er beschränkt sich darauf, zu beschreiben was ist, anstatt einzufordern was sein sollte. Seine Sprache wird nicht suggestiv, erzeugt nicht neuen Stress, neue Abhängigkeiten. Sie erkennt an, wo wir als Menschen mit dieser Zivilisationsgeschichte und diesen Überlebensstrategien gelandet sind – sehr häufig in der Dissoziation, im Nichtkontakt, im Misstrauen. Genau an der Stelle erfahren wir nun heilsame Begegnung. Diesen essenziellen Moment seiner Arbeit benennt Daniel so: »Uns selbst und andere in unserer Abwesenheit lieben lernen.«

Sprachliche Feinheiten beim Anleiten

Welche Rolle spielen meine Sprechgewohnheiten, wenn ich Seminare gebe? Wie führe und begleite ich Menschen, ohne allein durch die Wortwahl zu bevormunden? Kann ich Manipulatives thematisieren, ohne selbst zu manipulieren? Wie spreche ich freilassend und ermächtigend, ohne schwammig und beliebig zu werden?

Mir fällt zuallererst das Wörtchen *dürfen* ein. Es gehört für mich zu den Unworten beim Leiten von Gruppen. Formulierungen wie »Ihr dürft euch alle einen Zettel und einen Stift nehmen« klingen für mich bevormundend. Wer sind wir Anleitenden, dass wir etwas erlauben – und damit auch verbieten – könnten? Es mag wie eine Nebensache wirken, vielleicht wie Haarspalterei. Ich bin allerdings überzeugt, dass wir mit solchen Kleinigkeiten wesentlich zur Atmosphäre beitragen. »Wer mag, kann sich Zettel und Stift nehmen« empfinde ich sehr anders. Ich glaube, wenn Menschen angesprochen werden wie in einer (bayerischen) Grundschule (der siebziger Jahre), dann verhalten sie sich auch so: unmündig, unselbständig, passiv. Keine gute Ausgangssituation, um ins höchste Potenzial zu wachsen. Ich habe das als Dozentin an der Hochschule erlebt: Die Studierenden haben mich tatsächlich gefragt, ob sie auf die Toilette gehen *dürfen*. Und ich gebe zu, dass ich bisweilen auf *dürfen* zurückgreife, um das Wort *müssen* zu vermeiden, zum Beispiel: »Das dürfen wir verlernen.«

Eine weitere Stolperfalle beim Leiten ist der Imperativ, die Befehlsform: »Steht mal alle auf«, »Geht durch den Raum«. Das widerstrebt mir. Ich versuche, Formulierungen zu wählen, die einen Freiraum lassen, es ganz anders zu machen. Gern stelle ich Fragen, sage: »Vielleicht möchtest du …«, oder: »Was nimmst du gerade wahr?« Und wenn es sehr konkret wird und ich meine, den Imperativ zu brauchen, weil ich eine Übung anleite, ein Spiel vorschlage oder einen Ablauf beschreibe, dann versuche ich deutlich zu machen, dass es sich um ein Angebot, einen Vorschlag, eine Einladung handelt, nicht um einen Befehl. Manchmal sind es Feinheiten, die den Grenzbereich zwischen klarer Vorgabe und offenem Forschungsraum ausmachen.

Ein Beispiel aus dem somatischen Bereich ist die *Feldenkrais*-Methode. Um »Bewusstheit durch Bewegung« zu erlangen, bietet sie eine Reihe von Lektionen an, die nach einem vorgegebenen Schema ablaufen. Die Übenden müssen dabei nicht im Detail verstehen, was sie tun und warum es wirkt. Sie folgen den Anweisungen für kleine Bewegungsabläufe und erfahren meist, dass sich ihr Körpergefühl durch eine *Feldenkrais*-Stunde erheblich verändert. Ich persönlich erlebe große Unterschiede, je nachdem, wie es angeleitet wird. Ob *Feldenkrais* einfach eine Methode bleibt oder sich zum Erkundungs- und Selbsterforschungsraum weitet, kann von winzigen Worten abhängen. Wenn ich auf dem Boden liege und meinen Kopf langsam von einer Seite zur anderen rolle, ist es entscheidend, welchen Satz ich dabei höre: »Spüre, dass dein Becken an der Bewegung beteiligt ist« oder »Spüre, ob dein Becken an der Bewegung beteiligt ist«, oder noch freier und gänzlich ohne Befehl: »Was spürst du in deinem Becken, während dein Kopf rollt?« Die erste Formulierung setzt einen Standard – das Becken bewegt sich mit. Wenn es das bei mir nicht tut, mache ich wohl etwas falsch. Die anderen Sätze lenken meine Aufmerksamkeit zum Becken, um zu beobachten, was dort passiert und regen mich im besten Fall an, die Verbindung zwischen Kopf und Becken eigenständig zu erforschen. Es ist möglich, Dinge offen und einladend zu formulieren, sodass Menschen die Möglichkeit haben, eine ganz andere Erfahrung zu machen als jene, die mir als Anleitende vorschwebte.

Manchen mag es dabei ganz schwummrig werden. Bei der Vorstellung, keine eindeutigen Anweisungen mehr geben zu können, stellen sie sich vielleicht vor, alles werde im Chaos enden. Führung zu übernehmen, ohne machthierarchische Strukturen zu reproduzieren, ist wohl letztendlich eine Frage der Transparenz. Ich kann benennen, was ich gerade mache, kann sogar fragen: »Habt ihr Lust, mir hierbei einfach mal zu folgen?«

Landkarten: Sprache, die den Kulturwandel unterstützen kann

Wie können all diese Erkenntnisse über die Macht der Worte wandelwirksam werden? Wenn wir etwas formulieren wollen, das uns den Übergang zum → Interbeing erleichtert – welche Sprache könnte hilfreich sein? Wie schaffen wir mit Worten Anhaltspunkte und Wegweiser, ohne erneut zu gängeln? Es wird immer wieder darum gehen, uns ans Wahrnehmen und ans Beschreiben zu erinnern, anstatt – auch über Sprache – etwas zu kontrollieren, zu zementieren oder zu verallgemeinern.

Um unser Zusammenleben zu organisieren, kennen wir bislang vor allem **Regeln und Gesetze**. Hierbei handelt es sich um Werkzeuge aus dem blauen Mem, die unserem Bedürfnis nach Verlässlichkeit, Gerechtigkeit und Ordnung dienen. Wie menschengemachte Gesetze unser Potenzial beschneiden können, habe ich bereits an vielen Stellen in diesem Buch beschrieben. So wie Regeln und Vorschriften üblicherweise formuliert sind, ermutigen sie uns nicht dazu, unserer Wahrnehmung zu vertrauen, ein selbstermächtigtes Handeln daraus abzuleiten und kreative Wege zu beschreiten. Und doch werden wir im Prozess des → Wandels vorübergehend immer wieder auf solche Vereinbarungen zurückgreifen müssen, wenn wir merken, dass uns alles andere überfordert. An vielen Stellen fehlt uns noch das Vertrauen, die Disziplin, die Reife, um freier miteinander sein zu können. Dann ist es sinnvoll, das zu benennen. Nicht als Vorwurf, nicht als entsetzliche Niederlage, sondern als Standortbestimmung: »Aha, hier befinden wir uns. Ganz ohne unterstützende Maßnahmen geht es noch nicht. Lasst uns ein paar Vereinbarungen treffen, die unser Zusammenleben erleichtern!« Gemeinsam gefundene, achtsam in Sprache gegossene und immer wieder an die Bedürfnisse angepasste Regeln beinhalten im Gegensatz zu autoritären Verordnungen bereits sehr viel Wahrnehmen und Beschreiben. Wir können das Loslassen, das Verlernen von übermäßiger Kontrolle dann in einem Rahmen üben, der sich sicher anfühlt, weil das Wesentliche geregelt ist. Auf diese Weise können sich nach und nach immer mehr dieser Regeln erübrigen – es sei denn, wir verharren auf halber Strecke unseres Entwicklungsprozesses, weil uns das ewige Neuausrichten, Anpassen und Umgestalten zu anstrengend ist.

Der Logik des orangen Mems entspringen Methoden. Für ein Problem oder gewünschtes Ziel wird ein Werkzeug entwickelt: ein Lernweg, um sich Kompetenzen anzueignen, eine Schritt-für-Schritt-Anleitung, um ein Ergebnis zu erreichen. Methoden können sehr effizient sein: Menschen, die sich intensiv mit etwas beschäftigt haben, stellen ihr Wissen zur Verfügung, um anderen ähnliche Erfahrungen oder Ergebnisse zu ermöglichen, ohne dass sie den gleichen Forschungsprozess durchlaufen müssen. Ob sich die Dinge von dort aus einfach weiterentwickeln können, hängt vom **Rahmen** ab, den wir dafür schaffen. Strukturen, die für Starre und Mangel sorgen, sind Trademark und Copyright. Ich habe das bereits auf S. 41 beschrieben. Ebenso bedeutsam kann die Sprache sein, derer wir uns beim Vermitteln bedienen: »Genau so muss man es machen!« oder »Für uns war das ein guter Weg, vielleicht hilft er auch dir.«

Wir neigen dazu, unsere Erfahrungen als Patentrezepte weitergeben zu wollen. Aber das hemmt Entwicklung. Warum? Das Patentrezept entbindet uns von der Verantwortung, in ständigem wachen und gestaltenden Kontakt mit uns und unserer Umgebung zu sein. Das geschieht, indem es uns verspricht, es gäbe eine Lösung, eine Vorgehensweise, die für alle Menschen und Situationen passt: »So wird's gemacht.« Rezepte im Allgemeinen – egal wie patent – verhindern, dass wir mit dem in Beziehung zu treten, was ist. Wenn ich einem Rezept folge, kopiere ich etwas, das es bereits gibt. Die Sehnsucht, in den Wirren dieses Lebens an der Hand genommen zu werden von einer*, die* Bescheid weiß, ist enorm groß. Und mindestens ebenso groß ist – das schrieb ich schon – die Sehnsucht, dem ganz Eigenen auf die Spur zu kommen, diesem besonderen Beitrag, den jede*r Einzelne von uns leisten kann. Und genau das ist ja, was unser Hang zum Vereinheitlichen verkümmern ließ und das nun wieder hervorgekitzelt werden möchte. Was wir in diesen Krisenzeiten verstärkt brauchen, sind Formate, die uns ermutigen, unser Eigenes im Kontext des Ganzen zu spüren und zu verfolgen. Denn ein → Paradigmenwechsel kann nicht auf der Reproduktion des Altbekannten in neuem Gewand beruhen, er braucht die Bereitschaft sich von etwas wirklich Anderem überraschen zu lassen.

Einige solcher Anregungen für **ergebnisoffene Prozesse** möchte ich beschreiben. Ich habe Scott Peck bereits erwähnt. Für Gruppenprozesse formuliert er keine Regeln, sondern **Empfehlungen**, umgeht damit das Autoritäre und betont das Freiwillige, Offene. Interessanterweise verstehen viele Menschen seine Kommunikationsempfehlungen dennoch als Regelwerk und versuchen, alle Anregungen peinlich genau zu befolgen. Möglicherweise schlägt hier wieder unsere Konditionierung durch. Wir wurden so lange bevormundet, dass wir die Freiheit gar nicht erkennen können, die in Empfehlungen liegt, die eben keine starren Regeln sein wollen. Weil wir so etwas nicht kennen, können wir das Geschenk nicht annehmen, das uns einer macht, der uns ein bisschen Erfahrung voraus hat und sie uns einfach nur zur Verfügung stellen möchte. Scott Peck fügt eigens eine Karte hinzu, die uns daran erinnert, dass wir frei sind, den Empfehlungen nicht zu folgen: »Take a risk!« steht darauf, »Geh ein Risiko ein!« Erklärt das nun alle anderen Karten für nichtig? Nein, es fordert uns auf, nicht allzu brav und folgsam zu sein. Ich weiß noch, wie mich »Take a risk!« in meinem ersten Gruppenprozess nach Scott Peck herausforderte. Irgendein sehr angepasster Teil in mir dachte, ich müsste beweisen, dass ich die Karte verstanden hatte und »befolgte«, indem ich für alle sichtbar etwas ganz Verrücktes machte. Jemand anders kam mir zuvor. Er stand völlig unvermittelt auf, joggte einmal um den Stuhlkreis herum, in dem wir saßen, setzte sich wieder auf seinen Platz, zuckte mit den Schultern, guckte etwas verlegen in die Runde und sagte: »Take a Risk! Ich dachte, das probier ich mal aus.« Ich war offensichtlich mit meiner schrägen Reaktion auf den Aufruf zum Wagnis nicht allein. Vielleicht ist die Karte nicht ganz glücklich formuliert. Sie könnte als Aufforderung gelesen werden, mutiger zu sein, als ich bin. Und wenn ich die ganze Zeit damit beschäftigt bin, möglichst originell und risikofreudig rüberzukommen, ist nichts mehr echt, ich performe anstatt zu sein. »Begib dich ins Spannungsfeld zwischen deinem eigenen Empfinden für Stimmigkeit, dem Gespür für die Gruppe und diesen Empfehlungen« wäre vielleicht eine angemessenere Formulierung – nicht ganz so griffig allerdings.

Scott Peck bietet ein weiteres Werkzeug an, nämlich seine Beobachtungen zu den **vier Phasen der Gemeinschaftsbildung**, er nennt sie *Pseudogemeinschaft – Chaos – Leere – echte Gemeinschaft:* Erst einmal sind alle nett zueinander, dann entstehen erste Konflikte, darauf folgt eine Phase der Orientierungslosigkeit und schließlich ein neues, tieferes Miteinander. Das kann sich beliebig oft wiederholen und die Gruppe wächst zu einer immer authentischeren Gemeinschaft zusammen. Wenn Konflikte entstehen, können wir das Phasenmodell als Anhaltspunkt heranziehen und uns verorten: »Ach so, hier befinden wir uns gerade: im Chaos. Das gehört also dazu. Es ist ein Zeichen von Vertrauen, wenn Menschen sich auch mit ihren Kanten zeigen, ihrem Schmerz. So gut kennen wir uns also schon, dass das möglich ist.« Es kann einer Situation ihre Tragik nehmen und uns gelassener und zuversichtlicher stimmen, wenn wir solche Landkarten kennen. In indigenen Kulturen ist das die Rolle der Ältesten: beschreiben, was sie beobachten und es mit ihren Erfahrungen abgleichen. Und hier zeigt sich der Unterschied zur Methode: Wir bekommen keine Lösung präsentiert. Es ist eben kein Navi, sondern eine Landkarte. Sie gibt uns einen Überblick über das Gelände, nimmt uns aber nicht ab, uns zu orientieren und zu entscheiden, wohin wir wollen. Sie bevormundet uns nicht. Das Bild vom Navi finde ich sehr passend: Die meisten von uns sind gar nicht mehr in der Lage, sich zu orientieren, weil sie immer nur das Navi einschalten, sich also letztendlich fernsteuern lassen. Sie gucken immer nur auf diesen winzigen

Kartenausschnitt, folgen den Anweisungen und bekommen nichts von der Umgebung mit, prägen sich keine Wegmarken ein, beobachten nicht die Flussrichtung des Baches, den Lauf der Sonne und haben kein Gefühl für die Himmelsrichtungen. Es ist an der Zeit, die ganzen Navis auszuschalten, die unsere Wege lenken, uns klar zu machen, wer sie gebaut hat und mit welcher Absicht – und uns in der Welt umzugucken, die uns umgibt.

Wir sind nicht mutter*seelenallein mit unserem Wunsch, uns auf Wandel auszurichten. Viele, die vor uns gegangen oder mit uns auf dem Weg sind, haben uns wertvolle Hinweise für unsere Orientierung hinterlassen. Einige von ihnen habe ich in den Einschüben dieses Buches genannt: → Spiral Dynamics können wir als solch eine Landkarte verstehen, ebenso die → Aktivierungskurve, das → Vier-Quadranten-Modell, den → Gefühlskompass, das → Dramadreieck und die vier Ebenen des Zuhörens. Sie alle beobachten Dynamiken aufmerksam und beschreiben sie in ihren Regelmäßigkeiten. Ich erlebe solche Landkarten als äußerst hilfreiche, aber – je nachdem, wie wir sie nutzen – eben nicht gängelnde, sondern ermächtigende Unterstützung. Deshalb habe ich auch diesem Buch mit Kapitel 1 eine Art Landkarte vorangestellt: damit du als Leser*in selbstständig darin herumwandern und das Angebotene so nutzen kannst, wie es dir dient. Solche Orientierungshilfen kommen in unterschiedlicher Gestalt daher. Neben Modellen wie den eben genannten kann es auch eine schlichte Erinnerung zum Verlangsamen oder Innehalten sein, eine spirituelle und/oder → somatische Praxis – wie ich es mit *Standing with the Earth* beschrieben habe. Es können auch Verlaufsskizzen sein, wie die *Theorie U* nach Otto Scharmer, die besagt, dass jeder Prozess, der wirklich Zukunftsfähiges hervorbringen möchte, dem Bogen des Buchstaben U folgt: Wir müssen erst tief und spürend in die Abgründe eines → Felds, Narrativs, Problems eintauchen, bis zum Quellpunkt. Erst dann können wir es durchdringen und überwinden. »Das System dazu bringen, sich selbst zu spüren und zu sehen«, nennt er das, oder »Presencing«. Das neu geschöpfte Wort setzt sich zusammen aus *presence*, Gegenwart, und *sensing*, Spüren – ein weiterer Hinweis darauf, dass es notwendig ist, unsere Gewohnheit des Taubstellens gegen Wachheit und die Bereitschaft zum Wahrnehmen einzutauschen.

Lange vermutete ich, solche Landkarten zeichneten sich dadurch aus, dass das *Be*schreiben das *Vor*schreiben ersetzt. Doch ganz so einfach ist es nicht. Es ist kein Entweder-Oder. Die beiden gehen eine interessante Verbindung ein: Wenn das *Be*schreiben auf tiefem und sorgfältigem Beobachten beruht, dann trägt es auch die Verbindlichkeit einer *Vor*schrift in sich. Nicht deswegen, weil es sich letztendlich doch nur um Sprachkosmetik handelt, sondern weil ausgiebiges Lauschen uns in Kontakt bringt mit Prinzipien und Gesetzmäßigkeiten, die nicht menschengemacht sind. Wir machen uns empfänglich für jene Weisheit, die größer ist als wir und wahrer, als wir es uns ausdenken könnten.

Andere Orientierungshilfen konzentrieren sich auf das Formulieren von **Prinzipien**, etwa die Permakultur,[29] eine Praxis des achtsamen Gartenbaus. Sie bietet uns zwölf Leitlinien an, entlang derer wir unsere Haltung schulen können. »Vielfalt nutzen & schätzen« ist genau das Gegenteil der Monokulturen unserer industriellen Landwirtschaft. »Integrieren statt ausgrenzen« hilft uns, aus der Annahme auszusteigen, irgendetwas – Pflanze, Tier oder Mensch – könne ein »Schädling« sein und müsse »ausgemerzt« oder »bekämpft« werden. Vielmehr können wir einem weiteren Prinzip folgen: »Beobachten und Interagieren«. Worauf weist uns das vermeintlich Schlechte hin? Wo ist etwas aus dem Gleichgewicht geraten? Die Permakultur-Prinzipien sind Erinnerungshilfen, nicht immer wieder auf die Logik von Kontrolle und Kampf hereinzufallen. Sie machen keine konkreten Lösungsvorschläge, sondern bieten einen Gestaltungsansatz.

An dieser Stelle möchte ich noch ein kleines aber entscheidendes sprachliches Detail benennen. Viele solcher Landkarten sind zuerst auf Englisch formuliert worden. Im Englischen gibt es keinen Unterschied zwischen der Grundform (Infinitiv) und der Befehlsform (Imperativ) eines Verbs. Das Beschreibende und das Vorschreibende sind kaum voneinander zu trennen. »Take a risk« kann also heißen »Trau dich!« oder »sich etwas trauen«. Letzteres übt auf mich weniger Druck aus. Es erinnert mich: Das kann ich tun, muss ich aber nicht. Es lässt mir mehr Entscheidungs- und Handlungsfreiheit. Und ich möchte nicht verschweigen, dass dieser Spielraum mit Blick auf den katastrophalen Zustand unseres Planeten immer kleiner wird. Denn die Zeit drängt. Noch stehen uns Gestaltungsmöglichkeiten zur Verfügung, um unsere Kultur zu einer →regenerativen umzubauen. Und je weniger wir diese Spielräume eigeninitiativ nutzen, desto mehr werden wir müssen müssen – weil der Zusammenbruch aller Systeme schneller kommt, als wir ihm gegensteuern oder uns auf ihn vorbereiten können. Daher bin auch ich bei allem Bestreben, keinen Druck über Sprache zu erzeugen, im Angesicht der großen Dringlichkeit mitunter geneigt, alle Inhalte dieses Buches im Imperativ, in der Befehlsform zu rufen, und zwar laut und mit Nachdruck: Wacht auf! Hört hin! Gesteht euch ein, wie gefangen ihr seid! Spürt! Gebt die Kontrolle ab! Vertraut! Lehnt! Geht neue Wege! Gestaltet!

Es kann Angst machen, dass uns niemand sagen kann, wie dieses Gestalten denn nun gehen soll. Die Orientierungslosigkeit im leeren Raum ist herausfordernd. Ich bin unendlich dankbar für all die Gelegenheiten, die ich in meinem Leben hatte, mich im Improvisieren zu üben. Wesentliche Lehrerin war mir dabei Nancy Stark Smith, die ich bereits mehrfach erwähnt habe. Auch sie entwickelte eine Art Landkarte. Eine Landkarte, um sich dem freien Feld des Improvisierens ganz anvertrauen

29 www.permakultur.de

zu können – was wie ein Paradoxon klingen mag. Sie fragte sich: Wie lernen wir eigentlich, zu improvisieren? Diese Frage halte ich für extrem wandelrelevant, denn ein produktiver Umgang mit Unvorhergesehenem steht wohl recht weit oben auf der Liste dessen, was wir Menschen zu lernen haben in Zeiten der Krise. Nancy beobachtete sich und andere beim Improvisieren und beschrieb Muster – Muster des Ausweichens, Muster des Gelingens und das, was ohnehin da war, egal, ob wir es wahrnahmen, ignorierten, umschifften oder übertönten. Spezifische Phasen und Zustände wurden erkennbar und benennbar, und Nancy widmete sich der Aufgabe, die darunterliegenden Gesetzmäßigkeiten herauszuschälen. Sie entwickelte einen offenen, aber sehr verbindenden Rahmen und nannte ihn **Underscore**[30], das ist das englische Wort für den Unterstrich als typographisches Zeichen, es kann auch *Unterstreichung* heißen, also *Betonung* oder *Hervorhebung*. Und genau das tut der Underscore, er hebt hervor, indem er beschreibend unsere Aufmerksamkeit lenkt. Hier wird die ermächtigende Funktion des Benennens sehr deutlich. Namen zu haben für Zustände bzw. Qualitäten, die ich erleben und durchlaufen und zu denen ich auch immer wieder zurückkehren kann, trägt zu Bewusstheit und Orientierung im freien Gefüge einer Improvisation bei. Der mir wesentlichste Aspekt, den Nancy benennt, ist *the Gap – die Lücke:* Im Tänzerischen wie im Alltäglichen erleben wir Aktivität ja nicht als lineares Phänomen, sondern als Bögen. Etwas beginnt,

30 Weil Nancy sowohl den Prozess sehr schätzte als auch das Mündliche bzw. Körperliche überlieferte, gab es lange nichts über den Underscore zu lesen. Schließlich veröffentlichte sie doch die Symbole für die einzelnen Phänomene und ein wenig Text dazu in ihrem Buch »Caught Falling«.

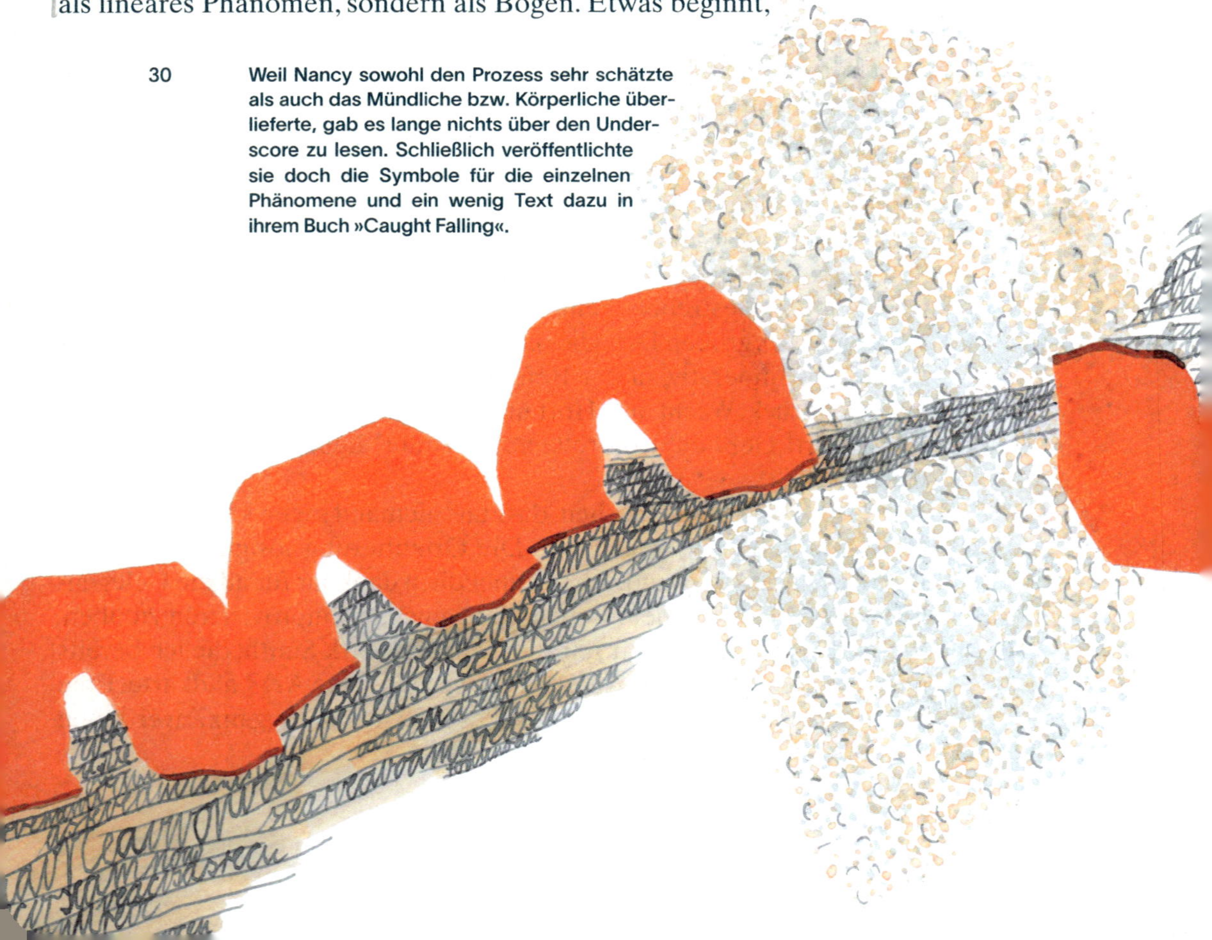

erreicht seinen Höhepunkt und findet ein Ende. Wenn der Fluss einer Bewegung, eines Solos, eines Duetts ausklingt, tritt Stille ein, Leere. Die meisten von uns sind mit diesem Zustand wenig vertraut, weil wir unser Leben lang fast zwanghaft beschäftigt wurden, damit eben keine Lücke entsteht. Darum können wir solche Momente nicht wirklich auskosten. Im Gegenteil, wir vermeiden sie. Nancys Beschreibungen halfen mir, solche Augenblicke von Potenzialität überhaupt wahrnehmen zu können, jene Möglichkeiten, die im Nichts wohnen. Wie gelang ihr das? Indem sie lapidar, aber liebevoll unsere Ausweichmanöver und Übersprungshandlungen in solchen Momenten benannte: Kaum ist etwas zu Ende, gehen wir aufs Klo, fangen an zu sprechen, trinken etwas oder fallen in Bewegungsmuster zurück, die uns vertraut sind – eine Drehung, ein bisschen Hüpfen. Wir kennen es nicht, in die Lücke hineinzulauschen, hineinzusinken. Wir verschenken die Kraft der Leere, weil wir sie nicht aushalten können und sofort mit Altbekanntem vollstopfen.

Ich vermute, das ist eine der wesentlichen Botschaften in diesen Zeiten des großen → Wandels, des → Paradigmenwechsels: Wenn du das Gefühl hast, verloren zu sein, dann wisse, dass du gar nicht verloren bist, sondern dich an einem Punkt befindest, der dazugehört und ohne den Veränderung nicht möglich ist. Verlorenheit interpretieren wir dann als bedrohlich, wenn uns der Boden unter dem fehlt, das wir für den Boden hielten, der gerade zerbröselt. Uns ist das Wissen um die Erde abhanden gekommen, die unter allen menschengemachten Bodenbelägen liegt. Sie ist der Urgrund. In bodenlos erscheinenden Momenten gibt es Hilfen. Und auch hier ist es wesentlich, zu erkennen, welche Sprache sie sprechen. Die Sprache des → radikalen Anerkennens ist uns kaum geläufig. Entweder wir schimpfen und beklagen uns, wie schrecklich alles ist – aber das ist meist ein »Sprechen über«, wir selbst kommen darin nicht vor. Um unseren Teil der Verantwortung für den Ist-Zustand zu übernehmen, braucht es ein Sprechen aus unserem eigenen Erleben und Empfinden heraus. Diese Sprache gilt es zu kultivieren. Das geht am besten gemeinsam. Wir brauchen dafür ein Gegenüber, das bereit ist zu hören, eine Person, die uns erkennt in unserer momentanen Verlorenheit. Auch Menschen, die zuhören können, sind rar. Die meisten von uns halten das nicht aus. Wir relativieren schnell, geben Tipps und gutgemeinte Ratschläge, versuchen zu trösten, indem wir verharmlosen, nicht, indem wir beistehen. Wir sagen: »… aber du musst keine Angst haben.« Warum sagen wir das, aus welcher Position heraus meinen wir, das beurteilen zu können? Angst ist hier vollkommen angemessen. Nicht in ihrer Schattenqualität, der Lähmung, sondern in ihrer Kraft: »Das ist neu, ich habe keine Ahnung, wie ich damit umgehen soll, es fordert meine gesteigerte Aufmerksamkeit.«

»Wenn alles zusammenbricht«, dann will das benannt und nicht beschönigt und verharmlost werden. Die buddhistische Nonne Pema Chödrön hat vor über zwanzig Jahren ein Buch mit diesem Titel geschrieben, der Untertitel: »Hilfestellung für schwierige Zeiten«.[31] Um das Bild aus Kapitel 4 noch einmal hervorzuholen: Dieses Buch ist kein Reparaturkit, sondern ein Transformationsbegleiter. Chödrön bietet uns spirituelle Unterstützung an, auf ganz persönlicher Ebene, um an einer Krise wachsen zu können.

Die **Commons-**Forscher*innen Silke Helfrich[32] und David Bollier tun Vergleichbares auf der gesellschaftlichen, der strukturellen Ebene. Commoning ist eine Art zu wirtschaften, die dem Allmende-Gedanken folgt und eine lebbare Alternative zum Kapitalismus darstellt. Commoning ist kein Zustand, sondern ein Vorgang des vertrauensstiftenden Neuausrichtens: »Menschen organisieren sich auf Augenhöhe, um miteinander gut auszukommen sowie selbstbestimmt Nützliches für sich und andere herzustellen. Die Beteiligten entscheiden gemeinverantwortlich darüber, was sie brauchen und wie sie Vermögenswerte (Ressourcen, Zeit und Räume) bewirtschaften, gestalten und verteilen. Vertrauen ist hierfür der Schlüssel. Es kann jedoch nicht vorausgesetzt werden, sondern entsteht im Tun.«[33] Die stetig wachsende Commonsbewegung schaut der Krise und dem Zusammenbruch bestehender Systeme ins Gesicht. Sie leugnet ihn nicht, sondern heißt ihn willkommen, weil die Neuausrichtung so überfällig ist. Helfrich und Bollier beschreiben, worauf wir ganz konkret achten können, wenn wir von einem Narrativ ins andere wechseln wollen. Sie nennen Konkretes, Machbares beim Namen. Nicht für einen kleinen, privaten Teilbereich unseres Lebens, sondern recht umfassend, nämlich mit einem Blick auf soziale, organisatorische und wirtschaftliche Aspekte von Transformation. Und hier kommt wieder die Sprache ins Spiel: Auf der Suche nach einem »Wirtschaften jenseits von Markt und Staat« haben sie den groß angelegten Versuch einer **Mustersprache** des Commoning gewagt, ein dickes Buch verfasst und ein praktisches Kartenset konzipiert, das Anhaltspunkte sammelt, »wie Transformation gelingt«.[34] »Jeden Tag stehen wir auf und machen Kapitalismus. Warum machen wir nicht mal was anderes?« Diese simple und ermächtigende Einladung zum Paradigmenwechsel, ein Zitat des Anthropologen David Graeber, ruft uns von der Kartenschachtel entgegen.

31 Pema Chödrön: »Wenn alles zusammenbricht. Hilfestellung für schwierige Zeiten«

32 Als ich diese Zeilen schrieb, lebte Silke noch. Im November 2021 kam sie bei einem Unfall im Gebirge ums Leben. In der Zeitschift »Oya« sind Nachrufe auf sie gesammelt, die ein Bild von ihrem unermüdlichem und herzenswarmen Schaffen zeichnen: Silke, wir danken dir (Oya #67, März/April 2022, S. 16). Danke, Silke, dass du uns eine wirklich großartige und wirksame Medizin gegen die Sprachlosigkeit hinterlassen hast!

33 Aus dem Begleitheft des Kartensets: »Commoning oder wie Transformation gelingt. Auftakt einer Mustersprache«, bestellbar hier: MusterspracheCommoning@commons-institut.org

34 Helfrich/Bollier: »Frei, fair und lebendig«

Mit dem Begriff *Muster* beziehen sich Helfrich und Bollier auf Christopher Alexander, der eine Mustersprache für die Architektur entwickelte: Er benannte Prinzipien, die sich beim Gestalten von Häusern als beachtenswert erwiesen haben. Nicht im Sinne von Regeln: »Das musst du immer so und so machen«, eher als Hinweis, diesem oder jenem Aspekt Aufmerksamkeit zu schenken. So können Häuser entstehen, die nicht alle gleich aussehen, aber jedes für sich intelligent den Gegebenheiten antworten. Bei ihrer Planung hat beides Raum: die Erfahrung und das Neue, tradiertes Wissen und Gespür für die Erfordernisse des Ortes und die Bedürfnisse der zukünftigen Nutzer*innen eines Gebäudes. Helfrich und Bollier wenden die Idee der Mustersprache auf die Umgestaltung unseres Wirtschaftssystems an, das nur mit einer grundlegenden Haltungsänderung und der Umstrukturierung unserer sozialen Systeme einhergehen kann. Ihre Mustersammlung ist vor allem eine Ermutigung zur Eigeninitiative. »Es geht!«, scheinen sie allen zuzurufen. Und: »Seid wachsam!«, denn unsere Gewohnheiten, Denkweisen und Strukturen holen uns allzu schnell ein und lassen uns wieder beim Altbekannten, aber wenig Lebensförderlichen landen. Daher lautet eines der Muster: »Commons & Kommerz auseinanderhalten«. Es erinnert uns daran, dass auch die hehrsten Ideale schnell von scheinbaren Notwendigkeiten ausgehebelt werden. Das Argument, etwas bringe Geld ein, kann plötzlich mehr Macht bekommen als alles andere. Deshalb erinnert dieses Muster daran, die Selbstverständlichkeiten des herkömmlichen Wirtschaftens nicht über eigene Werte zu stellen und dem Druck des Marktes zu widerstehen. Das bedeutet, wir sollten »Commons mit halbdurchlässigen Membranen umgeben« – ein weiteres Muster –, also das im Entstehen Begriffene pflegen und schützen und genau darauf achten, wie wir die Schnittstellen zum vorherrschenden System gestalten. Genau das haben wir uns als Buchteam sehr zu Herzen genommen, als es darum ging, wie wir mit Geld umgehen wollen, wenn dieses Buch zu seinen Leser*innen gelangt – jenseits der Idee eines für alle gleichen Preises und wissend, dass wir es nicht verschenken können, so gern wir das täten.

Manchmal braucht es auch hier Wortneuschöpfungen. So sprechen Helfrich und Bollier gern vom *Ich-in-Bezogenheit*, anstatt einfach nur *ich* zu sagen. Das lenkt unser Gewahrsein darauf, was mir die Begegnung mit Tom Porter so deutlich vor Augen führte: wie sehr unser Ich-Denken und unsere Ich-Sprache der Geschichte der Getrenntheit zuarbeitet und dass es letztendlich kein autonomes Ich geben kann. Das drückt dieses für mich sehr besondere Muster aus: »Die Beziehungshaftigkeit des Habens verankern.« Was bedeutet das? Es ist notwendig, uns bewusst zu machen, was Eigentumsrechte mit Beziehungen machen – nicht nur der Beziehung der Eigner*in zum Eigentum, sondern vor allem zu anderen, die es auch nutzen wollen. Silke, die zahllose Vorträge und Workshops zum Thema hielt, zog gern diesen Vergleich heran: Wenn mir eine Bank gehört, bin ich nach geltendem Recht befugt, dir zu verbieten, dich draufzusetzen – ich kann es dir auch heute erlauben und morgen nicht, oder Bedingungen daran knüpfen. Auf diese Weise bringt die Idee des Eigentums ein Machtgefälle in unsere Beziehungen. Das Commoning[35] setzt eine eindeutige Priorität: »Etwas tatsächlich zu gebrauchen und zu pflegen ist wichtiger, als es ausschließlich für sich zu haben.« Hier zeigt sich der entscheidende Unterschied zum kapitalistischen Denken, das es für rechtmäßig erachtet, zu sagen: »Das ist meins!« und es eher ungenutzt verkommen zu lassen, als es anderen zur Verfügung zu stellen. All das manifestiert sich auch durch Sprache. Weitere wundervolle Muster-Formulierungen: »Im Vertrauensraum transparent sein«, »Rituale des Miteinander etablieren und pflegen«, »Gegenseitigkeit behutsam ausüben«, »Konflikte beziehungswahrend bearbeiten«, und, wie bereits zitiert: »Gemeinstimmig entscheiden«. Und um das Prozesshafte daran zu betonen, gibt es im Kartenset auch leere Karten. Wir alle sind aufgefordert, uns der vorgeschlagenen Wandelweisheiten zu bedienen und neue zu formulieren, indem wir tun, wozu weitere Muster uns ermutigen: »Ohne Zwänge beitragen« und »Wissen großzügig weitergeben«. Was für ein Fest der gegenseitigen und freimütigen Inspiration!

Und wir dürfen uns daran erinnern, dass die zugrundeliegende Weisheit schon da ist und nicht von uns erdacht und erfunden werden muss. Ich habe im Zusammenhang mit der →somatischen Arbeit viel von **Gesetzmäßigkeiten** gesprochen. Wir erfahren sie in der Intelligenz unseres Körpers – und ebenso im größeren Zusammenhang des Organismus Erde. Dieser Weisheit zu lauschen hat eine lange Tradition, die nun allmählich auch in unserer Kultur wiederentdeckt wird: Schamanisches Wissen, die Kraft von Ritualen, das Medizinrad und viele weitere Schätze, die indigene Kulturen allen Widrigkeiten zum Trotz lebendig gehalten haben. Wir zivilisierten Menschen halten uns überwiegend an Orten auf, die stark von Menschenhand geprägt sind. Sobald wir draußen sind, jenseits des besiedelten Raums, wo es ein bisschen wilder ist, können wir uns in die komplexe Einfachheit des schieren Seins hineinentspannen. Wir kommen in Kontakt mit unserer →Kreatürlichkeit, spüren die Wahrheit und Intelligenz des großen Lebensnetzes. Wir erleben Interbeing. Wildnisschulen und Visionssuchen folgen nicht nur der Sehnsucht nach dem Geborgensein in der mehr-als-menschlichen Welt. Sie ermöglichen uns Initiationen, die uns wiederverbinden und erinnern: Wandel ist nichts Neues, er ist Teil alles Lebendigen. Dafür braucht es Worte, damit das eine Selbstverständlichkeit unserer Kultur werden kann und wir aufhören, Natur und Kultur zu trennen. Auch das stellt eine Orientierungshilfe dar: uns rückzubesinnen auf das Gegebene. Stellvertretend für viele andere möchte ich Ursula Seghezzis Buch »Das Wissen vom Wandel«

35 In dem Moment, wo ich über Commoning schreibe, erreicht mich der Link zum Trailer des Films »Homo communis - wir für alle«: www.vimeo.com/498939259

nennen. Mit dem *Lebensrad der Transformation* orientiert sie sich an zyklischen Abläufen wie den Jahreszeiten und benennt anhand von Märchen Stationen auf dem Weg wirksamer → Transformationsprozesse.

Die einleitende Frage dieses Abschnitts war: Welche Worte verwenden wir, um solche Hilfen zu benennen, die weder Regeln noch Methoden sind? Nun habe ich einige Begriffe zusammengetragen: Muster, Empfehlungen, Modelle, Zyklen und Gesetzmäßigkeiten, Prinzipien, Formate, Landkarten, Anhaltspunkte, Orientierungshilfen, Transformationsbegleitung, Underscore. Für unsere Arbeit mit *Sensing the Change* haben wir den Begriff **Kulturelemente** gewählt: Welche Elemente machen eine regenerative, lebensförderliche, heilsame Kultur aus? In Kapitel 9 schreibe ich mehr darüber.

Sprache verändern und verständlich bleiben

Um dem → Wandel zu dienen, wird auch Sprache sich verändern müssen, das liegt auf der Hand. Es wird wichtig sein, immer wieder zu überprüfen, ob wir dabei sind, eine Art Parallelsprache zu entwickeln, einen abgehobenen Insiderjargon, einen Szenesprech, der für die meisten Menschen völlig unverständlich ist. Das kann letztendlich niemand wollen, denn es grenzt aus, erzeugt Gräben und bewirkt höchstwahrscheinlich das Gegenteil vom Beabsichtigten: Menschen fühlen sich nicht angesprochen, glauben nicht, dass sie je dazugehören könnten zu einer Gruppe, die so seltsam redet.

Ich weiß, ich bin nicht frei davon, Wörter überzustrapazieren. Du hast inzwischen so viele Worte von mir gelesen, dass dir schon aufgefallen ist, welche ich für deinen Geschmack vielleicht ein bisschen zu häufig verwende. Auch hier können wir unserer Wahrnehmung vertrauen und uns hoffentlich auf die Intelligenz des → Feldes und auf das Resonanzprinzip verlassen. Wir können uns gegenseitig Rückmeldung geben und andere ausdrücklich darum bitten. Dann kann sich das hoffentlich selbst regulieren und wir bleiben verständlich, anschlussfähig für den Rest der Welt – ohne uns anzubiedern. Ein bisschen anders kann es ja ruhig klingen. Es wäre kein → Paradigmenwechsel, wenn er nicht auch in seiner Sprache hier und da Irritation und Befremden hervorrufen würde.

Zwischen Verletzlichkeit und Verletztheit

In diesem Buch ist viel die Rede davon, Räume zu schaffen, die Verletzlichkeit einladen. *Sozialer Uterus* habe ich solche Räume genannt, in denen wir uns so richtig sicher fühlen und ganz als die zeigen können, die wir sind. Es sind Räume des Vorschussvertrauens. Indem wir unser Vertrauen, unsere Offenheit, Weichheit und Verletzlichkeit hineingeben, entsteht für alle Sicherheit. Das ist wirklich magisch. Und wenn wir so etwas erleben, denken wir vielleicht: So schwierig ist es doch gar nicht – warum gehen wir nicht immer so miteinander um? Mir ist dazu eine Geschichte eingefallen. Ich habe sie aufgeschrieben und war überrascht, wohin sie mich führte.

Erster Weihnachtstag

Dieses Jahr feiern meine Kinder Weihnachten mit ihrem Vater und ich habe mich mit meiner Freundin Eva verabredet, den 25. Dezember draußen in der Natur zu verbringen. Wundervolle Aussicht – ich war noch nie ein großer Fan von Christbaum und Glitzer, Jingle Bells und Geschenkebergen und gestalte mir die Rauhnächte gern so, dass ich mich dem Ganzen möglichst entziehen kann.

Eva hat den Heiligabend-Besuch bei ihren Eltern absolviert und wir treffen uns am ersten Weihnachtstag morgens mit Rucksäcken und Wanderschuhen auf dem Bahnsteig, um aus der Stadt hinauszufahren. Wir haben uns viel zu lange nicht gesehen und es gibt einiges zu erzählen. Und so sind wir schon völlig ins Gespräch vertieft, als wir uns einen Platz im erstaunlich vollen Zug suchen. Wir setzen uns in eine Vierer-Sitzgruppe zu einer alten Frau dazu, grüßen kurz, ohne den Redefluss dabei nennenswert zu unterbrechen. Das Thema, das wir gerade am Wickel haben, geht für uns beide mit großer Leidenschaft einher, wir sprühen, gestikulieren: »Ja, genau, so geht es mir auch!«

Die weißhaarige Dame, die uns gegenübersitzt, beobachtet uns mit wachsendem Interesse. Ihre Augen springen von der einen zur anderen. Ich frage mich, ob wir vielleicht ein bisschen zu laut sind. Aber eigentlich sprechen wir recht leise – es ist nur alles sehr intensiv. Ich liebe es, in Evas wache und warme Augen zu gucken, wenn sie von etwas spricht, für das sie brennt. Wir fühlen uns beide sehr lebendig und sind voller Wiedersehensfreude, die sich auch darin ausdrückt, dass wir uns zwischendurch immer mal wieder berühren oder die Köpfe aneinander lehnen, während ohnehin meine linke Hand die ganze Zeit in ihrer rechten ruht. All das zieht die Aufmerksamkeit der mitreisenden Frau auf sich, die ja keine zwei Meter von uns trennen. Auf einmal wird mir klar, wie ausgegrenzt sie sich auch fühlen könnte. Sie sieht uns in unserer Innigkeit und wird sich dadurch ihres eigenen Alleinseins bewusst – möglicherweise, das ist eine Interpretation. Meine, einen Moment lang.

Eva steht kurz auf, um die Thermoskanne aus ihrem Rucksack zu holen, der über uns im Gepäcknetz liegt. Diese Gelegenheit packt die Frau beim Schopfe, um mich anzusprechen.

»Es ist ja vielleicht ein bisschen unhöflich, weil sie ja über ganz persönliche Dinge sprechen. Aber ich konnte gar nicht weghören und nicht weggucken – so wie sie miteinander sprechen. Wissen Sie, ich fahre gerade zu meinem Sohn und meiner Schwiegertochter. Die haben mich eingeladen, den Tag mit ihnen zu verbringen. Aber eigentlich habe ich gar keine Lust dazu. Denn wir werden gar nicht wirklich miteinander reden. Da kann ich doch gleich alleine zu Hause bleiben. Im März ist mein Mann gestorben und seitdem haben sie mich kein einziges Mal gefragt, wie es mir geht. Und warum fragen sie mich nicht? Weil sie Angst haben, dass ich jammere und klage. Aber das will ich doch gar nicht. Oder sie haben Angst, ich könnte anfangen zu weinen, und das können sie nicht aushalten. Dabei ist das doch gar nicht schlimm.«

»Nein«, sage ich, »das finde ich auch nicht schlimm.« Und es vibriert warm in meinem ganzen Körper, dass sich ein Mensch an einem vollkommen unvermuteten Ort so zeigt.

Wie von selbst wandert meine Hand über das kleine Tischchen ihr entgegen, und ohne einen Augenblick zu zögern legt sie ihre Hand in meine. Wir gucken uns an, während ein paar Tränen ihre Wange herunterlaufen, die sie nicht verschämt wegwischt. Eva hat sich leise dazugesellt. Wir sitzen am ersten Weihnachtstag in einer überheizten Regionalbahn, ich halte die faltige Hand einer Frau, die ich noch nie vorher gesehen habe, in meiner – und das ist in diesem Moment beides zugleich: ein kleines Wunder und eine völlige Selbstverständlichkeit.

Zweiter Weihnachtstag

Abends beim Einschlafen ist diese Szene wieder ganz gegenwärtig. Mein Körper erinnert sich, wie sich die zarte, knochige Hand, die weiche, dünne Haut der alten Frau angefühlt hat, deren Namen ich nicht kenne. Am nächsten Tag wache ich auf und da ruft als erstes diese Frage in mir: Wenn dies der erste Weihnachtstag war – was geschieht dann am zweiten? Wie will das heute weitergehen? Und an den kommenden Tagen? Was ist die logische Konsequenz, die sich folgerichtig aus diesem Erlebnis ergibt? Wie könnte es mein Handeln, mein Sein zukünftig verändern? Was könnte mir ab jetzt möglich werden, weil ich dies als möglich erlebt habe? Oder: Wie könnte ich diesen kleinen Moment viel größer denken?

Dieser wachen, traurigen, aber nicht verbitterten alten Frau meine Hand hinzuhalten, ist mir nicht schwer gefallen. Nur jene kleine Schwelle wollte überschritten werden, die Menschen unserer Kultur davon abhält, Fremde zu berühren. Den entscheidenden Schritt hat ohnehin sie gemacht: indem sie sich traute, mich anzusprechen und von ihrer Sehnsucht zu erzählen. Indem sie den Mut aufbrachte, gesehen und gehört zu werden in ihrer Trauer. Und indem sie tatsächlich ihre Hand in meine legte, also Berührung wagte.

Mit wem wäre das Händehalten schwieriger, also für mich herausfordernder? Es ist das Weihnachten nach Trumps Amtsantritt. Ich frage mich, ob ich in der Lage wäre, Donald Trump die Hand anzubieten, so wie ich sie der weißhaarigen Frau anbot. Eine nette alte Dame, das ist einfach. Aber jemand, den ich richtig schrecklich finde? Jemand, der gezielt seine Macht ausnutzt, um zu spalten und zu polarisieren? Jemand, der wissentlich Entscheidungen fällt, die unzählige Menschen ausgrenzen und in Not bringen? Könnte ich diesem Mann offen begegnen und ihm meine Hand hinhalten?

Kann ich mir Donald Trump als kleinen Jungen vorstellen, an dem gezogen und gezerrt wurde? Kann ich mir ausmalen, wie er gedemütigt wurde, weil er etwas nicht wusste, was er laut Lehrplan hätte wissen müssen? Oder wie er dasaß und zugucken musste, wenn andere vorn an der Tafel zitterten? Kann ich ein inneres Bild davon entstehen lassen, wie der kleine Donald, ein im Kern seines Herzens empfindsamer Junge, allmählich stumpf und berechnend wurde, weil das erträglicher war? Wie jeder Tag seines Lebens ihm den handfesten Beweis erbrachte, dass die Story vom Barmherzigen Samariter Bullshit für Weicheier und Tagträumer*innen ist? Ist es möglich, dass auch er, den die meisten von uns als → Täter wahrnehmen, → Opfer dieses perfiden → Narrativs wurde – eben weil er in der Lage war, das Spiel so verdammt gut mitzuspielen, und weil er immer dann belohnt wurde, wenn er sich die Geschichte der Getrenntheit erfolgreich zu eigen gemacht hatte? Könnte er vor der Entscheidung gestanden haben: Entweder ich werde hart, dann habe ich eine Chance, oder ich bleibe wie ich bin, aber dann werden sie mich fertigmachen?

Ja, das ist tatsächlich alles möglich. Nicht nur das. Es macht auch viel mehr Sinn, als mir vorzustellen, Donald Trump sei als einer der Bösen auf die Welt gekommen und bereits sein Babyspeck hätte große Portionen nationalistischer Gesinnung und Machtgier enthalten. Das bedeutet nicht: »Der arme Kerl, der kann doch nichts dafür.« Ich enthebe Trump mit dieser Geste nicht seiner Verantwortung. Aber ich kann scharfe Kritik an seiner Politik üben und im Bewusstsein behalten, dass wir beide Teil des gleichen Organismus sind. Mit all dem sitze ich an diesem zweiten Weihnachtstag eine gute Stunde lang auf meinem Meditationskissen und versuche mein Herz offenzuhalten, während ich mir vorstelle, Donald Trump säße mir gegenüber und ich hielte seine Hand, in Mitgefühl mit allem, was ihn und sein Gewordensein ausmacht. Donald Trump wird mir in dieser Stunde zum Sinnbild dieser Menschheit, die sich ein unbarmherziges Narrativ erzählt, um in ihrer Verletzlichkeit und Verletztheit nicht sichtbar werden zu müssen.

Es fiel mir gar nicht so schwer, damals eine Weile mein Kissen mit ihm zu teilen. Im Laufe seiner Amtszeit entglitt mir dann allerdings doch häufig das Bemühen um Empathie mit ihm, etwa wenn ich mich mit Trumps ungeschminkt frauenfeindlicher und rassistischer Rhetorik konfrontiert sah.

Trotzdem vermute ich, dieser zweite Weihnachtstag war ein wesentlicher Beitrag zu meinem allmählichen Ausstieg aus dem Entweder-oder-Denken. Denken – ja, denken kann ich das inzwischen in fast jeder Situation. Es konsequent und mit allen Menschen umsetzen, daran übe ich noch. Wie kann es gelingen, dass ich mich nicht einsaugen lasse in die alte Strategie von Abwehr, Misstrauen, Verurteilung und Verteidigung, auch dann nicht, wenn ich mich selber unsicher und bedroht fühle?

Dritter bis tausenddreihundertdreiunddreißigster Weihnachtstag

Womöglich war diese Begegnung mit Trump relativ einfach, weil ich keine unmittelbare Beziehung, keine Geschichte mit ihm habe.[1] Weil er mich noch nie an einem ganz persönlichen wunden Punkt berührt hat, der mich in Nullkommanichts aus dem friedlichen Erdgeschoss der Aktivierungskurve sonstwohin katapultiert. Natürlich können Nachrichten über Trumps politische Entscheidungen mich wütend machen. Doch ich meine einen Punkt, der über weltanschauliche Differenzen hinausgeht, weil er etwas Verletztes in mir berührt – nicht momentane → Gefühle, sondern → Emotionen, ganz Altes, schwer Greifbares.

Wen gibt es in meiner direkten Umgebung, mit der*dem ich den Schwierigkeitsgrad steigern könnte? Eine Person, bei der ich mich überwinden und über meinen Schatten springen müsste? Das könnte eine angemessene Herausforderung für den dritten Weihnachtstag sein. Da fällt mir sofort eine Person ein, mit der ich seit Jahren im Unfrieden bin. Um darüber zu schreiben, würde ich mir jetzt das neutrale Pronomen *hen* wünschen. Es wäre mir recht, wenn nicht erkennbar wäre, ob es sich um eine Frau* oder einen Mann* handelt. Erstens, weil ich es gern so anonym wie möglich hätte, und zweitens, weil ich vorschnelle Interpretationen ausschließen möchte. Ich möchte einfach über einen Menschen erzählen, egal welchen Geschlechts.

Diese Person also: Ich finde sie* blöd, einfach so richtig blöd. Und sie* mich ebenfalls, da bin ich mir ganz sicher. Sie* hat sich mir gegenüber mehrfach dermaßen verletzend verhalten! Ich habe also Beweise, dass sie* doof ist![2] Da es sich aber lange Zeit nicht so richtig vermeiden ließ, dass wir uns ab und zu begegneten, auch zusammenarbeiteten, haben wir eine seltsame, etwas gezwungene Art entwickelt, so miteinander zu reden, als wäre gar nichts. Das kam mir immer so falsch und unaufrichtig vor, dass es mein ohnehin schon beachtliches Misstrauen

1 Ich muss immer wieder herzlich über den Satz lachen: »Wenn du dich für erleuchtest hältst, geh und verbringe ein paar Tage mit deiner Familie.«

2 Nur für den Fall, dass jemand sich fragt, ob ich das ernst meine: Das findet der erwachsene Teil in mir natürlich nicht. Ich schätze diesen Menschen sehr für die Arbeit, die er* tut. Aber der verletzte Teil in mir – der braucht es, diese Person so richtig doof zu finden. Das ist meine Strategie, meine Verletzlichkeit nicht spüren zu müssen.

bestätigte und vergrößerte: Die Person tut doch nur nett – und ich ja auch. Und dies könnte der entscheidende Punkt sein, warum sich meine Abneigung so hochgeschaukelt hat, denn hier liegt eine große Wunde meiner Kindheit: so tun zu müssen als wäre nichts, obwohl jede Menge war, das aber nicht gesagt werden durfte. Gute Miene zum bösen Spiel machen. Über etwas nicht reden dürfen, um eine Person zu schützen, und dabei meinen eigenen Schmerz verraten. Scheinheiligkeit, Doppelbotschaften, Uneindeutigkeit – das kann mir den Boden unter den Füßen wegziehen. Immer noch, immer wieder. Ich brauche Ehrlichkeit und Transparenz, um mich sicher zu fühlen.

So hatten wir beide in dem vermeintlich erwachsenen Anspruch, irgendwie miteinander klarzukommen, einen Umgang entwickelt, der mein Misstrauen mit jeder Begegnung verstärkte. Es wurde für mich immer bedrohlicher. Sobald die Person den Raum betrat, war mein Nervensystem in Alarmbereitschaft, und ich habe mich auch häufig beim Erstarren, beim Wegdriften beobachtet. Ja, es gab mehrere Schlichtungsversuche, eine Mediation, begleitete Gespräche. Doch der Knoten, an dem ich – schon so lange – in meinem tiefsten Vertrauen verletzt bin, wird sich nicht rational lösen lassen. Es hilft mir nicht, die andere Person zu verstehen und um Empathie mit ihr zu ringen, wenn ich für mich selber keine aufbringen kann. Im Gegenteil, in diesem Fall wurde alles nur noch schlimmer, weil ich mir einredete, es sei dumm und destruktiv, zu empfinden, wie ich empfand. Das kann ich erst seit Kurzem so erkennen, nicht jedoch in jenem Dezember, als ich mich fragte: Könnte ich diese Person bitten, mir gegenüber zu sitzen? Könnte ich ihr versöhnlich meine Hand hinhalten?

Eine kleine Bemerkung zwischendurch: Es ist interessant, wie langsam das Schreiben dieses Abschnitts vorangeht. Während mir die Begegnung im Zug förmlich in die Tasten floss, schreibe ich hier einen halben Satz und muss dann dringend aufstehen und neuen Tee kochen oder mich ein wenig räkeln oder ... Genau so war es auch an diesem dritten Weihnachtstag. Mir fiel immer noch etwas anderes ein, was ich tun wollte, anstatt auf diesem Kissen zu sitzen. Es ist nicht schön, mir das einzugestehen, aber ich habe das Experiment abgebrochen und auch nicht weiter verfolgt. – Nein, dieser Satz ist auch noch unecht, er hält immer noch daran fest, was ich können müsste. Wirkliche Entspannung tritt ein, wenn ich schreibe: Wie gut, dass ich dieses Experiment abgebrochen und nicht weiter verfolgt habe. Warum? Weil es mich überfordert hat, damit allein auf meinem Kissen zu sitzen.

Dieser Mensch löst etwas in mir aus, das zu bedrohlich ist, als dass ich mich dem allein zuwenden könnte. Aber es möchte endlich gefühlt werden. Ich nehme an, darum begegnete mir diese Situation – als Aufforderung, zu fühlen, und dann zu integrieren, was einst überwältigend gewesen war. Dafür brauche ich allerdings die Unterstützung mindestens eines gut regulierten Nervensystems. Je mehr ich über Entwicklungstrauma lernte, desto deutlicher wurde mir, in welcher Schleife ich mich befand. Ich machte mir klar, wie viel Selbstverleugnung in meinem hehren Anspruch steckte, mit allen Menschen gut klarkommen zu müssen. Ich wiederholte eine alte, dysfunktionale Strategie. Als ich mir das eingestand, schaffte ich endlich Bedingungen, um diesem Menschen erst einmal nicht mehr begegnen zu müssen, zog mich aus einer Gruppe zurück, in der wir beide waren, und machte so gut wie möglich transparent, warum.

Was für eine Erleichterung, mir endlich zu erlauben, meine Verletztheit ernstzunehmen und nichts mehr aushalten zu müssen. Ich muss mich nicht verstellen. Ich muss nicht souveräner tun als ich bin. Und ich lerne daraus: Wenn mein Anspruch an gutes Auskommen mit allen zu pauschal oder zu ambitioniert daherkommt, tappe ich in die Optimierungsfalle. Ich übergehe möglicherweise Grenzen – meine eigenen oder die anderer. Verletztheit braucht Schutz und Zuwendung – und ihr ganz eigenes Tempo, um heilen zu können. Da kann ich nichts erzwingen und nichts beschleunigen. Wenn ich das verinnerlicht habe, dann kann ich andere Menschen in verletzliche Räume einladen – und respektieren, wenn sie als überfordernd empfunden werden.[3]

3 Es könnte sein, dass ich auf dieser Basis demnächst den Kontakt mit dieser Person wagen kann, die ich so lange doof finden musste. Aber ich sehe keine Eile.

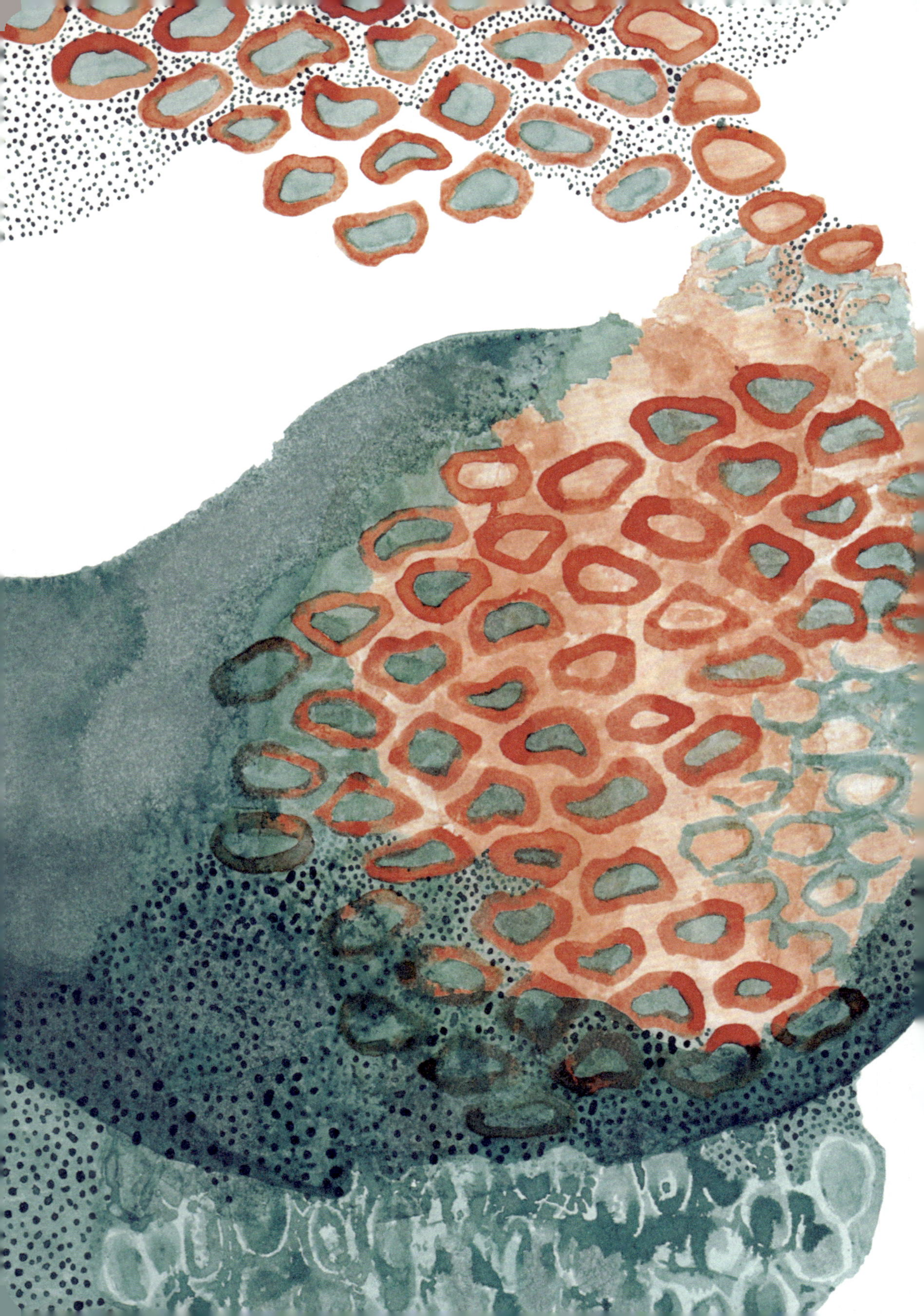

9 RÄUME ÖFFNEN – SCHRITTE GEHEN

SENSING THE CHANGE

Könnte es sein, dass dem Sinnlichen, Genussvollen und Spielerischen unsere größte politische Kraft innewohnt? Was ändert sich, wenn wir uns der Vorstellung öffnen, das, was uns wirklich nährt und lebendig macht, könne der Urboden für die Gestaltung unseres Gemeinwesens sein?

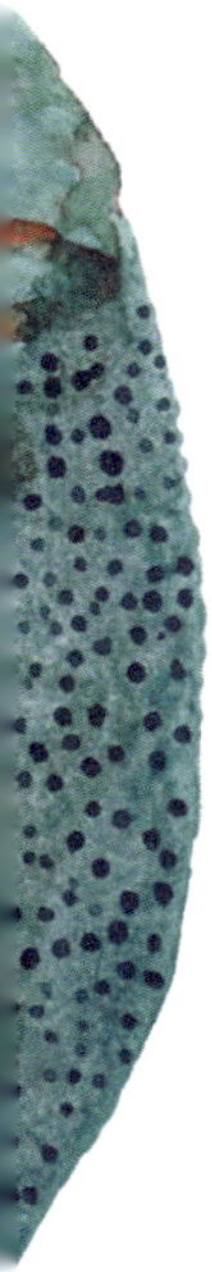

Diese beiden Sätze formulierte ich am Ende eines langen Abends im Spätherbst 2018, an dem sich vier Menschen[1] zusammensetzten, die ahnten, ihr Ruf könnte ein ähnlicher sein: Uns verband und verbindet der Wunsch, unsere → somatischen Erfahrungen, unsere Lust an Sinnlichkeit, unser Wissen über das Nervensystem und sichere Wir-Räume für politische Felder und den gesellschaftlichen → Wandel wirksam werden zu lassen. Bei allem, was eine*r von uns damals aussprach, gab es ein erleichtert ausatmendes »Ja!« von den anderen. Ich fuhr beseelt von diesem Treffen nach Hause und schon am nächsten Morgen beim Aufwachen war klar, wie dieses Projekt heißen will: *Sensing the Change.* Das sollte unser Name sein.

Sensing the Change: Den Wandel spüren. Spürend den Wandel herbeiführen. Über das Spüren Wandlung erleben. All unsere Wahrnehmungskompetenzen dem Wandel zur Verfügung stellen. Ja, das wollten wir. Also planten wir für Oktober 2019 eine Veranstaltung, um auszuprobieren, wie sich die großen Themen des Wandels in unseren Körpern abbilden. Die Resonanz war groß. Es folgten weitere. Und von Mal zu Mal wurde uns umfassender bewusst, was wir da losgetreten hatten. Nach einer ambitionierten Gründungsphase halten wir nun schon seit einigen Monaten inne. Wir, das ist ein bunter Haufen von Menschen, die unter anderem die Sehnsucht nach einer trauma-informierten Gesellschaft zu-

1 An diesem Abend visionierten Andreas Duda, Ruby May, Daniel Werner und ich. Danach waren wir in wechselnden Konstellationen unterwegs.

sammengebracht hat. Wir verdauen, was wir gemeinsam gelernt haben und sortieren uns neu. Noch wissen wir nicht, wo es hingehen wird, und wie wir diese Kultur pflegen, weiterentwickeln und weitergeben wollen. Das hält mich aber nicht davon ab, hier einige unserer Erlebnisse zu teilen.

***Sensing the Change* hat das Potenzial, dies zu sein oder zu werden:**

- ein **Zusammenschluss von Menschen**, die sich der Bewusstseinsentwicklung und dem (Er)finden einer →regenerativen Kultur auf der Grundlage von Sinnlichkeit und Körperlichkeit widmen;
- ein **Netzwerk**, in dem sich Menschen austauschen, inspirieren, ermutigen und gemeinsame Projekte entwickeln können – Menschen, die vermuten, dass der Wandel nicht nur denkend vonstatten gehen wird, sondern eine Basis im Spüren und Wahrnehmen braucht;
- eine **Bildungsinitiative**, um Erkenntnisse über Wahrnehmung, Kreatürlichkeit, Feldbewusstsein, Nervensystem, Traumasensibilität, Regulation und Resilienz vielen Menschen zugänglich zu machen (über Texte, Vorträge, Seminare, Erfahrungsräume, Multiplikator*innenschulungen);
- ein **Forschungsraum**, in dem wir in fokussiertem und möglichst sicherem Rahmen spürend, spielend, lauschend und selbstermächtigt neue Qualitäten menschlichen Miteinanders erleben und reflektieren, um Bedingungen zu schaffen, die unserer Menschwerdung dienlich sind und uns dabei unterstützen, in unser volles Potenzial zu wachsen;
- ein **Impuls für spürenden politischen Aktivismus**, der z. B. mit *Standing with the Earth* das Wahrnehmen als Wandelimpuls in die Öffentlichkeit bringen möchte;
- eine **Bewegung**, die sich selbst erfindet, während sie erste Schritte unternimmt.

Vielleicht ist es interessant, woher die Leute kommen, die sich da versammelt haben, und welchen Hintergrund sie mitbringen. Das ist wirklich recht divers. Einige kommen aus dem politischen Aktivismus (*Extinction Rebellion, Fridays For Future, Ende Gelände,* Demokratieentwicklung, →partizipative Prozesse). Andere sind in der Organisationsentwicklung zu Hause, arbeiten an kollektiver Führung und schaffen Formate, die Wandel von der strukturellen Seite her ermöglichen. Manche haben ihren Hintergrund in verschiedensten Bereichen somatischer Arbeit: Berührungs-, Bewegungs- und Kampfkünste, mit gestalterischem, spirituellem oder therapeutischem Schwerpunkt – was meist ohnehin nicht klar zu unterscheiden ist. Die einen wünschen sich mehr →Kreatürlichkeit in ihrer politischen Arbeit, die anderen wollen, dass ihre lang und ausgiebig kultivierte Fähigkeit, tief zu spüren, an einer gesellschaftlich wirksamen Stelle zur Entfaltung kommen kann.

Warum treffen sich Menschen mehrere Tage lang, um zu üben, sich körperlich tiefer zu spüren? Und wie kann das eine politische Dimension haben? Eine Teilnehmerin fasste das so zusammen: »Ich konnte wirklich in meinem Körper spüren, dass es Frieden gibt, nicht als etwas, das wir irgendwie erreichen müssen – keine Ahnung wie –, sondern das wirklich in mir erlebbar ist. Mein Organismus ist Frieden.« Auf genau diese Weise möchten wir mit unserem Wirken Raum und Zeit schaffen, damit Wahrheiten, die im gängigen Narrativ eher als Gedanken und Ideologien vorkommen, in uns und in der Welt wahrnehmbar werden – im wahrsten Sinne des Wortes: Sie sind schon da und wollen als wahr anerkannt und erfahren werden. Etwas wie Frieden oder Verbundenheit kennen wir eher als philosophische, religiöse oder ethische Konzepte. Wir haben vielleicht im Ethikunterricht darüber diskutiert, haben versucht zu verstehen, was sie bedeuten könnten, und es erschien uns meist wie etwas nicht Greifbares, nie Erreichbares: eine Utopie. Und es ist interessant, was Utopie wörtlich bedeutet: *U-topos* heißt so viel wie *Nicht-Ort*. All die hehren, großen Menschheitsideale brauchen also nichts nötiger als einen Ort, um sich in uns zu beheimaten, einen Raum, in dem wir am eigenen Leib erfahren können: Sie sind wahr. Sie sind das, worauf das Leben an sich fußt. Die Theorien und Ideologien, die moralischen und ethischen Kategorien haben wir vernunftbegabten Menschenwesen dazuerfunden. Und wir haben dabei, wie ich in Kapitel 3 versucht habe aufzuzeigen, unsere Basis verloren. Oder umgekehrt: Wir haben aus lauter Verlorenheit so viele Konzepte konstruiert – weil uns das Wahrnehmen und Spüren abhanden kam. Wenn diese Haltlosigkeit, dieses Abgehobensein wirklich der Kern der Krise der Menschheit ist, dann ist es an der Zeit, uns zurückzubesinnen und in den grundlegenden Lebenswahrheiten wieder spürbar zu verwurzeln. Das ist der Prozess, dem sich *Sensing the Change* widmet.

Wenn wir uns erlauben, tief und lauschend in unsere Körperlichkeit hineinzusinken, dann wird zellulär erfahrbar, dass es so etwas wie Frieden nicht nur geben müsste, sondern dass es ihn wirklich gibt, in mir, in jeder Faser meines Seins. Ich erschaffe mir eine innere Heimat, erlaube dem Lebensnetz, mich zu tragen, und Frieden kann sich dort ganz und gar ausbreiten, einfach, weil er in allem Lebendigen wohnt. Unsere Arbeit ist also letzten Endes sehr unspektakulär. Wir tun nichts anderes als etwas erfahrbar zu machen, das immer schon da ist, das wir aber in all der Geschäftigkeit zu spüren verlernt haben – weshalb wir auch nicht mehr daran glauben können. Gleichzeitig ist das → radikal und tief, weil wir uns nicht damit zufrieden geben möchten, Symptome der Entwurzelung zu lindern, sondern die Entwurzelung wirklich zu spüren. Das ist schmerzhaft. An dem Schmerz kommen wir nicht vorbei. Wenn er gemeinschaftlich getragen ist, können wir uns ihm stellen. So pendelt unsere Arbeit zwischen den Polen Schmerz und Kraft: Wir schaffen einen Boden, der tragfähig ist für unsere Verzweiflung. Und wenn wir beginnen, uns in diese Unterstützung hineinsinken zu lassen, wird erst so richtig spürbar, wie groß das Entbehren in unserem bisherigen Leben war – individuell wie kollektiv.

Andreas Weber, den ich immer wieder zitiere, stellt fest: »Wir dürfen unser Fühlen wieder ernst nehmen. Dieser Schritt [...] heißt nicht nur, intellektuell zu wissen, dass wir empfindende Wesen in einer Welt voll von solchen Wesen sind, sondern es bedeutet, sich diesem Empfinden ganz an die Hand zu geben. Dafür hat der Westen keine Praxis.«[2] Das ist wahr – und es stimmt auf einer anderen Ebene überhaupt nicht. Bezogen auf die vorherrschende Kultur ist diese Aussage schmerzhaft zutreffend. Doch in allen möglichen Bereichen sind Menschen seit vielen Jahren daran, zu ergründen, wie solch eine Praxis aussehen kann. Ganz allmählich entstehen »Islands of Sanity«, Oasen des Spürens, Nischen des Fühlens, heilsame Orte der Andersartigkeit. Die Gemeinschaft Tamera in Portugal etwa betrachtet sich als Heilungsbiotop[3] und baut darauf, dass sich ein Netz solcher lokalen Zentren webt. Ähnlich wie die Imaginalzellen das Bild vom Schmetterling hüten und nähren, können diese Biotope die lebensbejahende Information in den sterbenden Raupenkörper unserer Gesellschaft bringen. In diesen Zusammenhang stellen wir uns mit unserem Forschen. Zunächst einmal schaffen wir solch eine Praxis, indem wir beherzt anfangen, das Empfinden in unser Leben einzuladen und Räume zu gestalten, in denen Sicherheit nicht auf einem mentalen Konstrukt und auf Kontrolle beruht, sondern spürbar ist. Wachsen wir in unsere Aufgabe hinein, einander Sozialer Uterus zu sein! Uns ist zunehmend bewusst, wie behutsam wir dabei vorgehen müssen, um nicht an allen Ecken über unser Gewordensein zu stolpern und über vertraute, aber toxische Sicherheitsstrategien. Und dieses Stolpern kann zum Gestaltungselement und zum Wegweiser unseres Tanzes werden. Wir können die Stolperer willkommen heißen, aus ihnen lernen und versuchen, nicht fortgeschrittener wirken zu wollen, als wir sind. Wir erkennen an, dass wir uns einer Aufgabe stellen, von der wir nicht wissen, wohin sie uns führen wird. Das ist eine sehr persönliche, eine innere Reise. Und sie reicht über das Individuelle hinaus: Wenn unser gemeinsames Reflektieren das Private verlässt und bereit ist, kollektive Rahmenbedingungen und Dynamiken zu würdigen, dann können wir miteinander und aneinander auf eine Weise wachsen, die gesellschaftlich relevant ist. Politisch bedeutsam wird dieses Forschen, wenn wir das somatische Vertiefen nicht als angenehmes Vergnügen Einzelner betrachten, sondern uns mit unseren Prozessen dem Ganzen zur Verfügung stellen. Es ist ein stetiges Verweben von Individuellem und Kollektivem, Persönlichem und Transpersonalem – indem wir unsere kleinste Lebensregung

2 Andreas Weber: »Indigenialität«, S. 92.

3 www.tamera.org
Die Vision der Heilungsbiotope wird hier umfassend beschrieben: www.dieter-duhm.com/2018/09/14/der-plan-der-heilungsbiotope/?lang=de

als Ausdruck des Lebens an sich wahrnehmen. Und das bedeutet, diese Regungen gleichermaßen sehr ernst und uns selbst nicht allzu wichtig zu nehmen. Hanno Burmester formuliert das aus der Perspektive eines Politik-Erneuerers so: »Unsere individuelle Entscheidung, ob wir die Muster unseres erlernten Selbst fortschreiben, reicht weit über unser individuelles Leben hinaus. Sie wirkt sich wellenartig auf unser soziales Umfeld und die Gesellschaft als Ganze aus.« Daraus folgert er: »Die Gesellschaft kann sich nicht als abstraktes Ganzes transformieren. Gesellschaftliche Transformation wird von sich transformierenden Einzelnen und Gruppen vorangetrieben und 'gemacht'.«[4]

Diese Verknüpfung und gegenseitige Bedingtheit liegt uns am Herzen, wenn wir uns selbst und andere ermutigen, unser Sein, Gewordensein und Werden am eigenen Leib zu erforschen und damit den Kulturwandel zu unterstützen.

Unser berechnender und vorausplanender Blick auf die Welt darf der Fähigkeit weichen, wahrzunehmen, was jetzt ist. Dadurch können wir unser kontrollierendes Eingreifen und Absichern zugunsten eines verbundenen Antwortens loslassen. Der erste Schritt: nach und nach das Ausmaß unserer Abstumpfung erfassen, betrauern und überwinden.

Kulturelemente

Ich habe bereits geschrieben: Es gibt keine Methode, kein Patentrezept. Schritt für Schritt sammeln und beschreiben wir daher die Elemente, die solch eine Kultur ausmachen können. Ähnlich wie die *Muster des Commoning* werden sie ständig beobachtet, reflektiert, ergänzt und angepasst. Vor ein paar Tagen trafen wir uns als Team, um sie zu sortieren. DIN-A4-Zettel mit Wörtern für Elemente der *Sensing the Change*-Kultur bedeckten den gesamten Boden des Raumes – jede Menge kostbarer Impulse. Wir wollten die zentralen herauskristallisieren. Eine kleine Auswahl stelle ich hier vor. Die Essenz dieser Kulturelemente ist es, neben dem *Was* immer das *Wie* im Blick zu haben und mindestens genauso wichtig zu nehmen. Das meiste wird eine zusammenfassende Wiederholung sein, denn es bezieht sich auf Qualitäten, die ich bereits ausführlich beschrieben habe.

Verlangsamen

Die Geschwindigkeit herunterzufahren kann helfen, unser schnelles Reiz-Reaktions-Muster zu verlassen und Automatismen auf die Spur zu kommen. So entsteht überhaupt erst Raum, uns zu beobachten, Muster zu erkennen, tiefer wahrzunehmen und bewusste Ent-

4 »Our individual decision whether we perpetuate the patterns of our learned self reaches far beyond our individual lives. It causes ripple effects for our social environment and for society as a whole. Society cannot transform as an abstract whole. Societal transformation is driven and 'made' by the transformation of individuals and groups of people.« www.hannoburmester.com

scheidungen zu treffen. Das bedeutet nicht, dass wir fortan ein Leben in Zeitlupe führen. Es geht nicht um erzwungene Langsamkeit und die Unterdrückung dynamischer Impulse – das würde wieder Stress und zusätzliche Anspannung erzeugen. Vielmehr erleben wir, dass vieles letztendlich effizienter vonstatten gehen kann, wenn wir uns im entscheidenden Moment Zeit lassen. Und das soll kein Trick sein: langsamer werden, um schneller zu sein. Manches braucht einfach mehr Zeit, wenn wir uns den Details widmen und nichts eilig übergehen wollen. Bewährte Werkzeuge in der »Achtsamkeitsszene« sind die Klangschale, der Gong oder die Zimbel. Ein Treffen mit einer einminütigen Stille zu beginnen und auch zwischendurch Ruhemomente einzuläuten, kann Klarheit, Ausrichtung und Gelassenheit in Gruppen bringen. Schwierig wird es, wenn so ein Verlangsamungsimpuls als Waffe verwendet wird und ich ihn ertönen lasse, um jemanden zum Schweigen zu bringen. Solch ein Abwürgen hat nichts mit wohltuender Ruhe zu tun.

Gefäßbewusstsein: Was gehört wann wohin?

Wenn wir der Spur folgen, all dem Aufmerksamkeit zu schenken, das sonst gern übergangen wird, dann kann das äußerst erhellend und aufschlussreich sein. Und es kann Gruppenprozesse lahmlegen, weil es einfach zu viel wird. Wir haben immer wieder erlebt, dass nicht alles, was auftaucht, von der Gesamtgruppe behandelt werden kann. Daher bilden wir bei Veranstaltungen von Anfang an verschieden große Einheiten: Einzelpersonen – Triaden (Dreiergruppen) – Clans (zwei oder drei Triaden) und die Gesamtgruppe, die je nach Größe und Bedarf auch noch halbiert werden kann. Die Triade ist die Bezugsgruppe, sie schafft Verlässlichkeit und Bindung, indem sie sich täglich trifft und austauscht. In den Clans kann an Fragen geforscht werden, es stehen mehr Menschen mit ihren Kompetenzen und Perspektiven zur Verfügung. Wir versuchen zu erkennen, in welchem dieser Gefäße aufkommende Themen gut aufgehoben sind – ganz im Sinne des angemessenen Resonanzraums, von dem ich viel geschrieben habe. Nicht immer kann die ganze Gruppe alles bewegen. Und manchmal braucht es genau das: einen großen, kollektiv gehaltenen Raum, viele Herzen, die sich zur Verfügung stellen, um einem Thema wirklich umfassend gerecht zu werden. Das steckt hinter dem Wort *Gefäßbewusstsein*. Weiter unten beschreibe ich unser Forschen damit an zwei Beispielsituationen.

Pendeln und Titrieren

Diese beiden Elemente möchte ich als Werkzeuge betrachten, sie kommen aus der Traumatherapie und stehen im Wesentlichen für richtige Dosierung und für Abwechslung. *Titrieren* ist ursprünglich ein Begriff aus der experimentellen Chemie: Wenn zwei Substanzen, die stark miteinander reagieren, zusammen gegossen werden, kann es zu einer Explosion kommen. Fügt man allerdings mit einer Pipette Tropfen für Tropfen der einen Flüssigkeit zur anderen, vermischen sich die Substanzen allmählich, ohne dass es knallt. Auf ähnliche Weise können

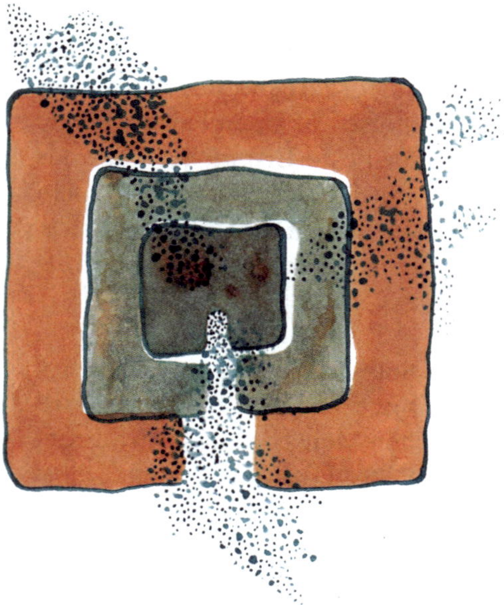

wir uns unserem Schmerz, unserer Wut und Verzweiflung zuwenden. Wir sollten nicht alles auf einmal ans Licht zerren wollen. Es ist notwendig, immer wieder zu prüfen: Hat das Gefäß noch Raum dafür? Und mit Gefäß ist sowohl das eigene Herz gemeint als auch der Gruppenkörper. Manchmal brauchen wir eine Atempause vom Schrecklichen. Und hier kommt das Pendeln ins Spiel. Es ist notwendig, um unsere individuellen und gemeinsamen Ressourcen zu wissen, also um nährende und unbeschwerte Zustände, Tätigkeiten oder Gedanken, zu denen wir zurückkehren können, wenn wir drohen, uns zu verlieren oder zu verausgaben. Das kann bedeuten, uns bewusst dem Freudvollen zuzuwenden, mal ein albernes Spiel zu spielen, vom Entspannen in die Bewegung, von drinnen nach draußen, vom tiefen Fühlen in ganz praktisches Arbeiten zu kommen. Es ist hilfreich, wenn jede*r Einzelne von uns um etwas weiß, was uns beruhigt. Das trägt zur eigenen und zur allgemeinen Sicherheit bei, im Sinne der Selbst- und Co-Regulation.

Spielen, Humor, Leichtigkeit

Das alberne Spiel, das ich eben erwähnte, weist bereits darauf hin: Bei allem Ernst wollen wir den Humor nicht verlieren. Immer tiefer hinabzusteigen in die Abgründe des Menschseins braucht einen Ausgleich, eine Erinnerung an Freude und Leichtigkeit. Lachen kann sehr befreiend sein, reinigend für das Nervensystem – und natürlich gibt es auch das Weglachen, das Ausweichen oder gar ein Lustigmachen auf Kosten anderer. Wir können lernen, lebensförderlich mit Humor umzugehen. Neben der Werkzeug- braucht es also auf jeden Fall auch eine Spielzeugkiste. Manchmal ist ein Spiel der beste Eisbrecher oder das aufschlussreichste Forschungsfeld. Und mit Spielen meinen wir nicht nur solche, die einem vorgegebenen Ablauf folgen. Offene, improvisatorische, freie Spiel- und Seinsräume sind ein Kernelement von *Sensing the Change*. Hier spüren wir uns in unserer Lebenskraft.

Selbstermächtigung

Ganz eng damit verknüpft ist die Selbstermächtigung. Natürlich leiten wir als Team bei Veranstaltungen Dinge an, teilen hilfreiches Wissen und lenken den Prozess. Wir ermöglichen Menschen neue Erfahrungen. Darauf aufbauend ermutigen wir sie, ihre Forschungsräume selbst zu gestalten, so wie sie es brauchen, mit ihren ganz eigenen Themen und in der Intensität, die ihnen gut tut. Niemand wird gedrängt, »noch tiefer« in etwas hinein zu gehen. Wir sagen nicht: »Das ist doch nicht deine ganze Wut, schrei lauter!« Zum einen halten wir das für bedenklich, weil es retraumatisieren kann. Zum anderen geht es uns ja gerade darum, die Geschichte der Bevormundung zu verlassen. Wir sind davon überzeugt, dass die menschliche Psyche sehr gut dosieren (titrieren) kann, was sich gerade zeigen möchte und was noch nicht reif ist. Wenn wir darauf vertrauen, können alle die volle Verantwortung für ihre Gefühle übernehmen, für die Schritte, die sie gehen wollen, und für das angemessene Tempo. Und ganz klar: Es ist wichtig, um die Grenzen zu wissen. Manche Dinge brauchen professionelle therapeutische Unterstützung. Wir schulen uns darin, das während einer Veranstaltung zu erkennen und fragen vorher ab, ob Menschen sich psychisch stabil empfinden.

Zoomen und Perspektivwechsel

Das Zoomen kenne ich vom bereits erwähnten *Underscore*. Im Improvisationsraum kann es inspirierend sein und der Orientierung dienen, von der Mikro- in die Makroebene und zurück zoomen zu können, wie bei einer Kamera, aber alle Sinne betreffend: Im einen Moment tauche ich tief ein in die Empfindung meines kleinen Fingers und im nächsten bin ich des gesamtes Raumes gewahr oder dehne meine Aufmerksamkeit weit darüber hinaus – ich nehme das, was ich erlebe und bezeuge, als Teil vom großen Fluss des Lebens wahr. Mit *Sensing the Change* versuchen wir zwar, intensiv und detailliert unser Ureigenes zu erforschen, doch nie bei einer reinen Nabelschau zu bleiben, sondern alles in den Kontext jenes Kulturwandels zu stellen, der sich gerade vollzieht. Auf diese Weise schulen wir das fraktale Bewusstsein, sind also wach für die Muster des Großen, die sich im Kleinen zeigen und andersherum. Das geschieht in beide Richtungen: Manchmal beginnen wir bei uns selbst und versuchen dann, den Raum zu weiten. Wir üben uns in Empathie und stärken das Bewusstsein dafür, dass wir privilegiert sind, so zu forschen wie wir es tun – und dass wir es stellvertretend für andere machen, für die es möglicherweise gerade ums nackte Überleben geht. Dann wieder entdecken wir die Spuren dieser toxischen Kultur erst im Großen und dann in unseren eigenen Mustern.

Das Dreifache Ja

Diese wundervolle Anregung stammt von Vivian Dittmar[5]. Hier ist unsere Variante davon: Die Erkenntnis, dass Veränderung dringend notwendig ist, führt nicht selten zu einem hohen Anspruch an sich und andere. Es soll, es muss jetzt bitte alles ganz schnell anders werden. Das kann dazu führen, dass wir ungeduldig und ungnädig werden. Druck entsteht – und der ist kontraproduktiv. An dieser Stelle hilft das *Dreifache Ja*. Ich erkenne an, wo ich stehe – ja. Ich richte mich auf mein Potenzial aus – ja. Ich weiß, dass ich da noch nicht bin, und würdige die Lücke zwischen den beiden – ja. Wir können uns immer wieder daran erinnern – selbst und gegenseitig –, gnädig zu sein mit dem Tempo unserer Entwicklung.

Den Wir-Raum kultivieren

Was dieses Kulturelement bedeutet, habe ich bereits im Zusammenhang mit dem Mohawk-Ältesten Tom Porter skizziert. Wir Mitteleuropäer*innen sind geprägt von einer extrem individualistischen Kultur, die sehr viel *Ich* sagt und denkt. Eine Sprache ohne dieses Wort können wir uns kaum vorstellen. Wandel kann nur dann gelingen, wenn wir uns darin üben, den Fokus auf das *Wir* auszudehnen, ohne uns dabei selbst zu verlieren. Anfänglich kann das Verunsicherung erzeugen: »Wie soll das gehen, was soll ich denn da wahrnehmen?« Menschen können üben, ein Gespür für das kollektive Nervensystem zu entwickeln. Auch hier gibt es keine Methode. Es ist eine Frage des Fokus und des Lauschens und Einstimmens.

Schritte würdigen

Ein Leben im Umbruch bringt so viel Veränderung mit sich, dass wir bisweilen gar nicht erkennen können, wie viel schon passiert ist und wie weit wir schon gekommen sind. Darum halten wir es für wichtig, uns immer wieder Zeit zum Reflektieren zu nehmen und Momente zu würdigen, wo Kulturelemente schon richtig gut umgesetzt werden – nicht als Selbstbeweihräucherung, sondern um uns selbst auf unserem Weg zu begleiten, zum Beispiel, indem wir wertschätzen, an welcher Stelle wir verschiedene Sichtweisen nebeneinander stehen lassen können, die noch vor Kurzem zu Streit oder Diskussionen geführt hätten.

Auf weitere Kulturelemente bin ich bereits eingegangen: Beobachten, bezeugen, beschreiben. Die Empfindungssprache. Es wird sich noch Weiteres herauskristallisieren.

5 Sie schreibt darüber in ihrem Buch »Sacred Sex« ab Seite 38 und schlägt eine Übung vor, die sie *Mut zur Lücke* nennt.

Ankommen und Anfangen

Wenn Menschen zu einer Veranstaltung zusammenkommen, um miteinander zu forschen, was braucht es dann? Unser Anliegen ist, dass Form und Inhalt wirklich zusammenpassen. Wir wollen von Beginn eine Kultur etablieren, die mehr Heilung ermöglicht als Retraumatisierung verursacht. Welche Mischung aus Vertrautem und Herausforderung, aus Wissensvermittlung und Erfahrungsräumen braucht es? Welche Balance zwischen dem Herstellen einer gewissen Sicherheit und dem Anerkennen von Unsicherheit ist angemessen? Wie viel Anleitung und Halt sollen wir geben und wie viel Freiraum? Wie geht das denn nun ganz konkret, jenen Sozialen Uterus zu schaffen, von dem hier so viel die Rede war? Das ist die große Forschungsfrage seit unserer ersten Veranstaltung 2019. Es fängt bereits an, wenn die Menschen kommen – eigentlich schon vorher, mit der Weise, wie wir sie einladen, willkommen heißen, ihnen vorab Informationen zur Verfügung stellen, den Gruppenraum gestalten.

Und dann trudeln sie irgendwann ein – leibhaftig. Das Zusammentreffen von 60 einander größtenteils fremden Menschen geht mit Unsicherheit einher. Wie können wir bewusst damit umgehen? Auf welche Weise würdigen wir, dass die Verhaltensmuster der Getrenntheit tief in unsere Zellen eingeschrieben sind – und dass für diese bindungsverunsicherten Wesen, die wir fast alle sind, ein neuer sozialer Raum sehr fragil ist?[6] Es passiert so schnell, dass wir uns ausgeschlossen fühlen oder meinen, uns auf eine gewisse Weise inszenieren zu müssen, damit das auf keinen Fall geschieht. Und die Strategie der einen, cool und lässig ihre Unsicherheit zu überspielen, kann dazu führen, dass sich die anderen erst recht klein, inkompetent und fehl am Platze fühlen. Was hilft? Transparenz. Benennen, was alles sein könnte.

Wir beginnen meist nicht mit einem großen Kreis, sondern so, dass die Menschen im Raum ankommen und wir sie bitten, allmählich ins nichtsprachliche Beisammensein überzugehen. Währenddessen spricht eine*r von uns einiges aus, was solch eine Situation so alles mit sich bringen könnte. Es gibt keine festgelegte Liste an Dingen, die wir erwähnen. Wir versuchen, im Kontakt mit dem Raum und den Menschen zu sein. Ich greife dabei gern auf das Wörtchen *vielleicht* zurück und stelle Fragen, etwa: »Vielleicht guckst du dich um, orientierst dich, schielst ein bisschen, wie die anderen sich verhalten, um nichts falsch zu machen und den ungeschriebenen Gesetzen dieser Gruppe und ihrer Kultur auf

6 Vielleicht liest du das und denkst dir: »Man kann es auch übertreiben. So gefährlich ist es nun nicht, in eine neue Gruppe zu kommen. Was seid ihr denn für Sensibelchen?« Ich kann die Reaktion verstehen. Und ich weiß: Sobald wir mit dem Spüren anfangen, zeigt sich immer deutlicher, welche Strategien wir entwickelt haben, um die ganze Unsicherheit zu übertünchen. Ohne diese Strategien kann die Welt erst einmal enorm unsicher erscheinen – bis die Information bei uns angekommen ist, wie viel entspannter es sich ohne Schutzpanzer lebt, und auch sicherer, weil ganz viel Anstrengung von uns abfällt.

die Spur zu kommen. Tust du in diesem Moment das, was du möchtest, oder das, von dem du denkst, du solltest dich so verhalten? Vielleicht merkst du, dass du noch gar nicht richtig angekommen bist und möchtest dir noch etwas Zeit geben. Was brauchst du gerade? Kannst du es dir hier schaffen, auch wenn alle anderen etwas ganz anderes tun? Welche Strategien hast du im Laufe deines Lebens entwickelt, um dich sicher zu fühlen? Welche davon sind hilfreich und unterstützend? Und welche davon waren vielleicht irgendwann mal sinnvoll, aber heute dienen sie nicht deinem Wohlbefinden, sondern hindern dich daran, du selbst zu sein? An welcher Stelle möchtest du vielleicht etwas Neues versuchen? Jetzt wäre eine Möglichkeit, es auszuprobieren – oder bewusst beim Vertrauten zu bleiben.« Uns ist sehr wichtig, dass sich niemand unter Druck gesetzt fühlt, gewohnte und als sicher empfundene Pfade zu verlassen. So leicht geht es eben nicht, auf all unsere Konditionierungen und die verinnerlichten Verbote zu pfeifen. Wenn wir das behaupten, ersetzen wir ein Dogma durch das nächste: »Mach dich locker!« In Subkulturen, die es unbedingt anders machen wollen und sich vehement gesellschaftlichen Normen verweigern, geschieht es ganz schnell, dass die Dynamik der Scham umgedreht wird. Unser Leben lang wurde uns beigebracht, uns unserer Körper zu schämen. Das können wir nicht auf Befehl abschütteln. In einen Raum zu kommen, in dem keine Stühle stehen und Menschen sich genüsslich seufzend über den Boden rollen, kann extrem irritierend sein, wenn ich das noch nie erlebt habe. Wenn die »alten Hasen« der somatischen Kultur sich hier nun betont frei und ungehemmt geben, fühlen sich möglicherweise diejenigen verklemmt und nicht zugehörig, die da nicht ohne Weiteres mitmachen können. Es hilft, all das zu

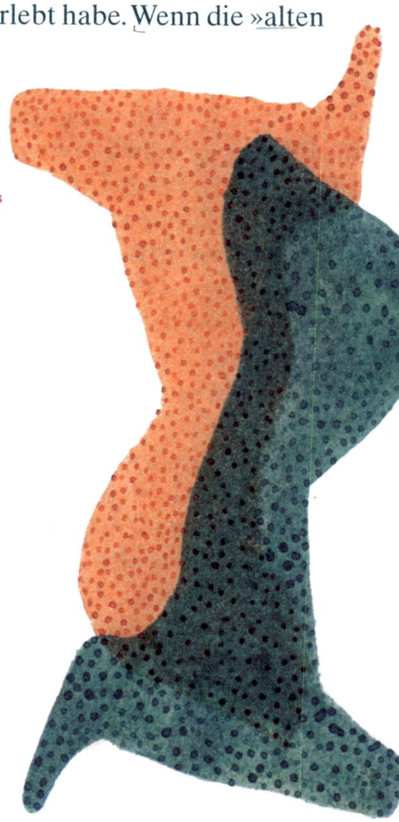

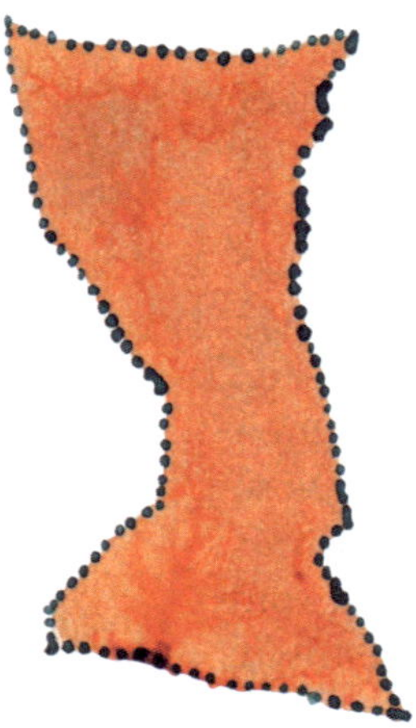

benennen, anstatt demonstrativ eine Kultur vorzuleben, in die neu Dazukommende sich jetzt mal flugs hinein entspannen sollen. Das wäre nichts als eine neue Dominanzkultur. In der Geschichte *Dümpeln* ab S. 499 erzähle ich von einem Versuch, bewusst und achtsam mit Scham und Nacktheit umzugehen.

→ Einschub: Komfortzone – Lernzone – Panikzone

Vor vielen Jahren gab ich einen Workshop. In dem Raum hing eine Zeichnung an der Wand, die ungefähr so aussah wie Bild 9a im Beiheft: »Das ist deine Komfortzone … und hier ist der Ort, an dem Wunder geschehen.« Der Satz begleitete mich wochenlang. Stimmte das? Ja, ich hatte erlebt, dass ich oft dann etwas Wesentliches, Erstaunliches, Unerwartetes, Wundervolles gelernt hatte, nachdem es zunächst einmal richtig unbehaglich wurde. Aber ist das Verlassen der Komfortzone wirklich die Grundvoraussetzung für Neues, also für Lernen? Ich beobachtete mich dabei, dass ich immer versuchte, es für meine Schüler*innen möglichst sicher zu machen – und dass Stress dem Lernen häufig im Wege stand. Was trifft zu? Geschieht Lernen im sicheren oder im herausfordernden Raum? Je nachdem. Für mich ist hier ein Modell hilfreich, das in der Erlebnispädagogik genutzt wird, auch im Coaching: das Modell von Komfortzone, Lernzone (auch Wachstums- oder Herausforderungszone) und Panikzone (auch Überforderungszone). Die Zonen werden gern als konzentrische Kreise dargestellt – wie in Bild 9b: grün, gelb, rot. In der Mitte fühlen wir uns wohl, alles ist vertraut – etwa zu Hause auf dem Sofa. Dort werden wir jedoch höchstwahrscheinlich nicht so wahnsinnig viel Neues erleben. Um lernen zu können, so das Modell, müssen wir den sicheren Hafen ein wenig verlassen. Lernen bedeutet ja, etwas Neuem zu begegnen und es zu integrieren. Dafür steht der mittlere Kreis, der uns etwas mehr herausfordert als das Sofa, aber nicht allzu sehr. Erst im äußeren Kreis überwiegt das Überfordernde so sehr, dass ich vor Angst nicht mehr aufnahmefähig bin, rot, »Ich kann nicht« – die Parallele zum Dachgeschoss der → Aktivierungskurve ist deutlich erkennbar. Doch welcher Bereich begünstigt nun Entwicklung und Lernen, der grüne oder der gelbe? Das Modell berücksichtigt nicht, dass wir alle ganz verschiedene Lernbiographien haben. Um dem gerecht zu werden, stelle ich die Kreise gern nebeneinander, wie in Abbildung 9c. So werden Überschneidungen sichtbar und wir können unterscheiden: Für Michael und die meisten seiner Leidensgenoss*innen, die autoritäre Schulsysteme durchlaufen haben, ist Lernen wahrscheinlich fast immer mit Stress verknüpft. Diese Erfahrung steckt uns in den Knochen, sie wird aktiviert, wenn wir als Erwachsene ein Seminar besuchen, auch wenn wir freiwillig dort sind und kein Druck ausgeübt wird. Lern- und Panikzone sind fast identisch, es gibt nur einen ganz kleinen Bereich, in dem sich Lernen sicher und freudvoll anfühlt (9d). Die wenigen unter uns, die in ihrem ganz eigenen Tempo die Welt erkunden konnten und lustvoll selbstbestimmt lernen durften, ohne beurteilt zu werden, nehmen die ganze Welt als Spielplatz wahr. Die Lernzone ist riesengroß und fast identisch mit der Komfortzone (9e) – wie gesagt: das trifft für die wenigsten zu. Lernen und Stress – das will für einen Großteil der Menschen erst wieder entkoppelt werden. Nicht alle kommen mit den gleichen Voraussetzungen zu einem Workshop. Manche sind sehr gelassen, andere mit großer Angst am Start. Das differenziertere Modell kann dazu dienen, das sichtbar zu machen.

Einen sicheren Raum schaffen

Wie können wir Lernzonen nervensystemgerecht gestalten? Auch hier gibt es keine wasserdichte Methode. Wir können nicht wissen, was Menschen unter Umständen in Panik versetzen könnte. → Traumasensibilität bedeutet nicht, jede Herausforderung oder Irritation auszuschließen. Diese Art von Sicherheit ist eine Illusion – allein deshalb, weil Menschen von genau gegenteiligen Auslösern gestresst oder getriggert werden können. Während die einen Stille bedrohlich empfinden, reagieren die anderen ganz sensibel auf Lärm und anderweitige Reizüberflutung. Bei so unterschiedlichen, bisweilen diametral gegensätzlichen Bedürfnissen können wir gar nicht Sicherheit für alle Anwesenden herstellen. Auf jeden Fall nicht auf der Lösungsebene. Sehr wohl hingegen auf der Aufmerksamkeitsebene. Was bedeutet das? Wir sagen nicht: »Wir lösen das für euch«, sondern wir richten gemeinsam unsere Aufmerksamkeit darauf. Damit den Einzelnen ihre Wünsche und Erwartungen an einen sicheren Raum bewusster werden, stellen wir Fragen, etwa: »Was brauchst du, um dich hier sicher zu fühlen? Was kannst du dazu beitragen? Was wünscht du dir von der Gruppe, vom Team?« Diese Fragen bewegen die Teilgebenden[7] zunächst für sich, dann in ihren Triaden. Oft hilft es, sich Bedürfnisse bewusst zu machen und sie auszusprechen. Mehr braucht es nicht. Anderes möchte vielleicht aufgeschrieben und an der Wand für alle sichtbar gemacht werden. Vielleicht kommt dieser Zettel neben einem anderen zu hängen, auf dem etwas steht, das damit unvereinbar scheint. Schön, wenn sich Vielfalt so zeigt. Auf diese Weise bilden wir eine gesellschaftliche Realität ab – und durch das Anerkennen und Stehenlassen der Unterschiede geschieht ein kleines Stück Kulturwandel. Das schult unser politisches Gewahrsein. Denn Politik ist letztendlich das andauernde Jonglieren mit

7 Statt von Teil*nehmenden* können wir von Teil*gebenden* sprechen, das klingt weniger passiv. Wir würdigen damit, dass alle allein schon durch ihre Anwesenheit beitragen. Und nicht nur das – sie sind eben keine Konsument*innen (selbst wenn andere die Rolle der »Leitung« innehaben), sondern selbstwirksame Teile einer Gruppe, für deren Erlebnis und Ergebnis sie mitverantwortlich sind.

sich – scheinbar – widersprechenden Anliegen. »Scheinbar« schreibe ich, denn oft zeigt sich: Es sind weniger die Bedürfnisse als die Strategien, die sich unterscheiden. Menschen haben sehr ähnliche Grundbedürfnisse, eines davon ist Sicherheit. Jemand verhält sich vielleicht auf eine Weise, die mir sehr seltsam erscheint – bis ich erkenne, welches Bedürfnis er*sie damit zu befriedigen versucht. Dadurch kann deutlich werden, dass Konflikte entstehen, weil wir ganz Ähnliches brauchen oder wollen, aber sehr unterschiedliche, ja unvereinbar scheinende Wege gewählt haben, um es zu erreichen. An dieser Stelle können wir üben, das Wir zu kultivieren und vom Persönlichen ins Größere zoomen. Was kann in genau dieser Gruppe der Sicherheit dienen?

Wesentlich ist auch die Frage, ob es irgendetwas gibt, das alle wissen sollten. Beispiele wären – insbesondere bei Gruppen, die sich viel miteinander bewegen werden – eine Verletzung, eine frische Operation, eine Schwangerschaft. Oder auch die Tatsache, dass eine Person ihr Handy anlassen wird, weil sie für einen Notfall oder ihr Kind erreichbar sein möchte. Daran zeigt sich, dass rigide Regeln nicht hilfreich sind. Natürlich bitten wir alle, ihre Handys auszuschalten. Und es gibt Ausnahmen, die viel sinnvoller sind als ein generelles Verbot.

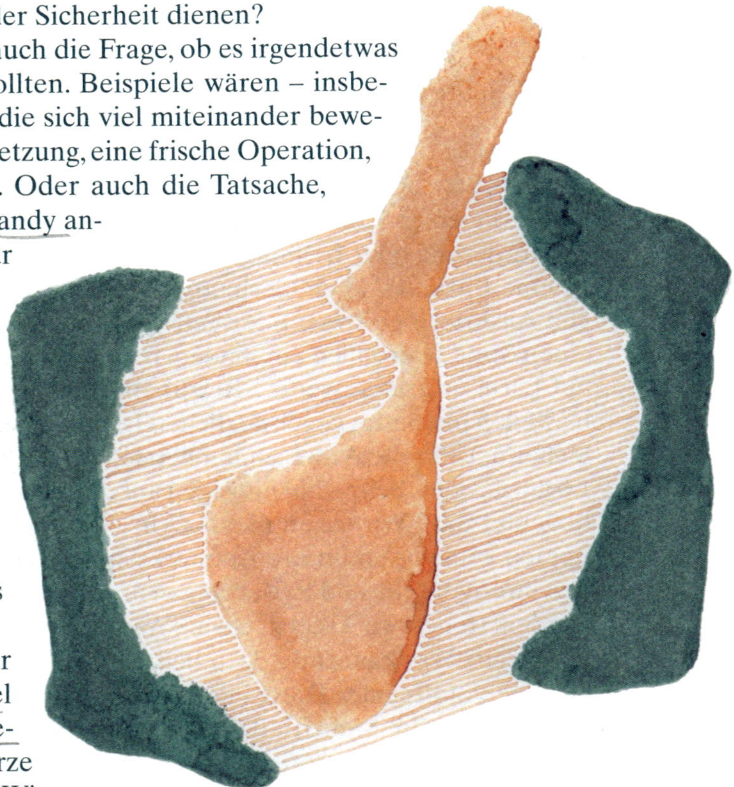

Wir geben der Gruppe Zeit, die Zettel der anderen zu studieren und bei Bedarf kurze Nachfragen zu stellen. Wir diskutieren aber nicht jeden einzelnen Punkt. Und wir versuchen auch nicht, in langwierigen Prozessen Absprachen zu treffen, auf die sich alle einigen können. Wir vertrauen darauf, dass es reicht, wenn Bedürfnisse gehört wurden. Darin liegt der Unterschied zwischen *Lösen* und *Aufmerksamkeit schenken*.

Auf diese Weise gehen wir auch mit den erschwerten Bedingungen um, die durch Corona entstehen. Im Rahmen des Möglichen bauen wir bei Veranstaltungen stärker auf das verantwortliche Verhalten der Teilgebenden als auf verallgemeinernde Verbote.

Im Folgenden kommen nun, ähnlich wie in Kapitel 5 und 7, jede Menge Beispiele und Geschichten von besonderen, erkenntnisreichen, bewegenden, ermutigenden Momenten unserer Arbeit – noch ein wenig unsortiert. Ich fange mit einem Format an, das wir *Engeln* nennen oder *Somatisches Begleiten*. Das ist auf keinen Fall das allererste, was wir mit einer Gruppe machen – im Gegenteil, es bedarf einer ausführlichen Hinleitung und Vorbereitung. Aber es steht so sehr für die Essenz meiner und unserer Arbeit, dass ich es an den Anfang des Geschichtenreigens stellen möchte. Dafür reise ich erst einmal ins Jahr 2007 zurück.

Marvin auf dem Ball

Eine Frau, die seit Jahren in meine Kurse für → Contact Improvisation kam, sprach mich eines Tages an, ob ich nicht Lust hätte, mit Kindern zu arbeiten. Sie war Psychologin in einer therapeutischen Kindertagesstätte. Ich sagte zu und erlebte in den kommenden Jahren, wie heilsam Präsenz sein kann. Ich begegnete Vier- bis Sechsjährigen, denen ihre Traumatisierung und Verunsicherung deutlich anzusehen war, die meisten von ihnen erlebten zu Hause Gewalt. Wenn ich nach einem Vormittag mit den Kindern heimradelte, bekam ich manchmal Respekt vor der Verantwortung, die ich da trug, und fragte mich, was mich eigentlich qualifizierte, diese Arbeit zu tun. Die Antwort war jedes Mal sehr deutlich: Was hier gebraucht wurde, nämlich einen einladenden nonverbalen Resonanzraum zur Verfügung stellen, hatte ich mir über zwanzig Jahre hinweg mit der Contact Improvisation angeeignet. Ein bisschen half wohl auch mein pädagogisches Studium und die Tatsache, dass ich selbst Mutter war. Außerdem, dass ich selbst ein verletztes Kind gewesen war – das wurde mir allerdings erst im Laufe der Zeit bewusst.[8]

Ganz besonders bemerkenswert und lehrreich war für mich die Arbeit mit einem Jungen, nennen wir ihn Marvin. Beide Eltern waren psychisch extrem instabil, er also stark bindungstraumatisiert – das Wort kannte ich damals allerdings noch nicht. Er kam viereinhalbjährig zu mir, und bis zu seiner Einschulung sahen wir uns fast wöchentlich. Bei der ersten Begegnung fiel mir auf, wie steif er war, nervös und angespannt. Sein ganzer Körper drückte aus, dass er ständig mit unangenehmen Überraschungen rechnete. Mir war klar, um ihn nicht zu erschrecken, durfte ich nicht zu viel wollen. Körperkontakt ging erst einmal nur sehr begrenzt. Es galt, etwas zu finden, das eine Brücke zwischen uns bauen konnte. Er liebte Bälle, und in der Turnhalle der Kita gab es jede Menge

8 »Wie kann dir das nicht bewusst gewesen sein?« fragte mich eine junge Kollegin. Der Altersunterschied zwischen uns macht viel aus, merke ich. Sich Kindheitswunden zu widmen ist – zumindest in manchen Kreisen – selbstverständlicher geworden, es ist nicht mehr so schambehaftet. Das macht mich zuversichtlich, denn es scheint sich hier und da etwas zu verändern an der Selbstverständlichkeit, die Andreas Weber noch vor wenigen Jahren so beschreibt: »Fast alle sind Überlebende von Bindungstraumata. Aber diese Tatsache kommt in unserem Weltbild nicht vor. Wir haben eine falsche Wirklichkeit erfunden, um die Folgen einer schweren Schädigung vor uns selbst zu verbergen.« Andreas Weber: »Sein und Teilen«, S. 79.

davon. Also spielten wir ein paar Wochen lang in allen Variationen mit Bällen. Es war schrecklich, mitanzusehen, wie sich dieser kleine Kinderkörper beim Werfen und Schießen verkrampfte. Härte und Anspannung wollten auch im Spiel nicht aus seinen Gliedern weichen. Also bot ich ihm immer größere und weichere Bälle an, bis hin zu Gymnastikbällen. Ich begann, mich auf die Bälle zu legen, auf ihnen durch den Raum zu kugeln, sie zu umarmen, um Marvin vom Schießen in fließendere Begegnungen mit den Bällen einzuladen. Ich ließ ihm Zeit, er gab das Tempo vor. Wir spielten, er wurde mutiger, begann zu toben, wie Kinder eben toben, und suchte dabei auch Körperkontakt mit mir. Schließlich besorgte ich einen richtig großen Gymnastikball mit 120 cm Durchmesser. Gemeinsam probierten wir alles Mögliche mit dem neuen Ball aus. Ich hängte mich bäuchlings darüber, stieß mich vom Boden ab, rollte vor und zurück, so dass immer abwechselnd meine Hände und meine Füße den Boden berührten. Marvin guckte eine Weile zu, war nicht so sicher, ob er das auch ausprobieren wollte. Er brauchte ja meine Hilfe, der Ball war ungefähr so groß wie er. Wir trafen Absprachen, er würde mir sofort sagen wenn ihm etwas zu viel sei. Dann stellte er sich mit dem Bauch an den Ball, ich legte eine Hand auf seinen unteren Rücken und mit der anderen rollte ich den Ball so, dass Marvin vom Boden abhob und schließlich obendrauf zu liegen kam. Das Ganze kommt mir wie ein Sinnbild vor, die fehlende weiche Landung nachzuholen: die Erde umarmen, → Yield, sich ganz und gar anvertrauen, geschaukelt werden. Für Marvin, der sich in seinem Leben wohl noch nie in die sichere Geborgenheit seines Zuhauses hatte sinken lassen können, musste dieser Schritt riesig sein. Für ihn gab es keinen Sozialen Uterus. Mein Herz klopfte, mir wurde bewusst, was für ein bedeutender Augenblick dies war. Marvin schenkte mir sein Vertrauen. Er lag auf dem Ball, ich rollte Kind und Ball sehr sanft hin und her. Meine Hand, die auf seinem Rücken lag, konnte spüren, wie die Aufregung sich legte und allmählich Ruhe in diesen gestressten Kinderkörper einkehrte. Dann ein kleines Zucken, als ich ihn offenbar etwas zu weit aus der Mitte rollte.

»Das war jetzt ein bisschen zu viel oder?«, fragte ich ihn.

»Ja«, antwortete er, »da hab ich Angst.«

Ich entschuldigte mich, brachte ihn zur Mitte zurück und erinnerte ihn, jederzeit »Stopp« zu sagen, wenn etwas nicht angenehm sei. Das erforschten wir eine Weile und ich bekam ein klares Gefühl für den kleinen Bereich, der sich für ihn sicher anfühlte. In der darauffolgenden Woche wollte Marvin wieder auf dem großen Ball liegen. Es war mir wichtig, den von ihm abgesteckten Radius sehr genau einzuhalten, ich machte nur winzig kleine Bewegungen mit dem Ball. Auf einmal hob er seinen Kopf, schaute mir in die Augen und sagte: »Du merkst dir alles, meine Mama merkt sich nichts!« – und fasste damit seine tiefe Bindungsverunsicherung mit einer Mutter zusammen, die nicht in der Lage war, die Grenzen ihres Sohnes wahrzunehmen und zu respektieren. Dass ein gerade fünfjähriges Kind das so klar benennen konnte, erstaunte mich. Auch bei all unseren weiteren Terminen war es beinahe so, als hätte Marvin ein Lehrbuch über das Titrieren gelesen. Er nahm unser weiteres Vortasten aktiv in die Hand und sagte ganz genau, wann ich ihn wie weit in welche Richtung rollen sollte. Der Radius wurde von Woche zu Woche ein wenig größer, dann wieder ruhte Marvin sich aus in seiner sichtlich erweiterten → Komfortzone. Irgendwann war sein Mut so groß, das ich ihn an den Füßen festhalten sollte, damit seine Hände den Boden berührten und er vom Ball herunterkrabbeln konnte. Es war eine Entwicklung, die sich über einige Monate hinzog. Schließlich nahte seine Einschulung und damit unser letzter Termin. Ich wollte ihm viel Zeit für den Abschied geben und ihn nachvollziehbar gestalten. Zu wissen und zu sehen, dass unsere Zeit endlich war, entfachte offensichtlich den Wunsch in Marvin, unseren Vertrauensraum ganz und gar auszukosten – vielleicht auch herauszufordern. Er wurde immer kühner. Die erste Stufe: Er wollte sich vor den Ball stellen, auf ihn springen und von mir darin begleitet und gehalten werden. Sein Eifer und seine Freude dabei, sein Einfallsreichtum, immer neue Varianten zu probieren, ließen Tränen in meine Augen schießen. Ich machte mir in dieser Zeit viele Gedanken um den Begriff der *professionellen Distanz*. Dieses Kind war nicht wiederzuerkennen, er brachte mir so viel Vertrauen entgegen, es war mir nicht möglich, hier nur meinen »Job« zu erledigen. Ich wollte nicht in der Distanz bleiben, sondern mich ihm, soweit es in diesem Rahmen möglich war, als ich selbst zur Verfügung stellen. Und gleichzeitig war mir nur zu bewusst, dass dies meine Arbeit war und er am Nachmittag in eine dysfunktionale Familie zurückkehrte.

In unserer letzten Stunde eröffnete Marvin mir strahlend, er wolle heute mit Anlauf auf den Ball springen. Er suchte das Risiko – vielleicht auch, um sich selbst zu beweisen, dass es eben doch die bessere Strategie ist, nicht zu vertrauen, um nicht enttäuscht zu werden. Ich versuchte, ihm zu erklären, dass das nicht ungefährlich sei. Er war entschlossen, es zu versuchen. Gemeinsam legten wir den Boden mit Matten aus, um bei einem möglichen Sturz weicher zu landen. »Ich kann dir nicht versprechen, dass ich dich auffangen kann«, sagte ich. »Aber ich versuche es. Es könnte auch passieren, dass wir beide zu Boden purzeln und uns vielleicht sogar ein bisschen wehtun. Überleg mal, ob das doof wäre.« Er lächelte nur. Konnte ich das verantworten? Ja, ich wollte es verantworten. Marvin hatte in unseren Stunden Geborgenheit erlebt und wollte auf dieser Grundlage etwas wagen. Er wollte sich lebendig fühlen in der Begegnung mit den Kräften des Lebens. Er gab mir einen enormen Vertrauensvorschuss. Ich wollte das nicht aus Sicherheitsgründen ausschlagen. Selbst wenn er sich wehtun sollte, wäre ich ja da, um ihn zu trösten. Ich staunte über dieses Kind, das mir gerade so deutlich zeigte, dass es ins Leben vertrauen will. Er nahm Anlauf und sprang, ich fing ihn auf.

Engeln oder Somatisches Begleiten

Die Geschichte mit Marvin bewegte mich noch lange: Meine Aufgabe war gewesen, einfach nur anwesend zu sein. Und das hatte unfassbar viel Veränderung bewirkt. Irgendwann wurde mir bewusst, wie oft ich Räume für Menschen schuf – Kinder wie Erwachsene –, die ich mir selber wünschte. Ich wollte das nun endlich auch für mich. Also trommelte ich ein paar Menschen zusammen. Wie sollte ich beschreiben, zu was ich da einlud? Somatisches Forschen? Nährende körperliche Bewusstseinsarbeit? Ein Raum, in dem ich selber vorkomme? Die Gruppe fand sich schnell, ein vages Sehnen führte uns zusammen. Ohne wirklich zu wissen, was geschehen würde, mieteten wir einen Raum und trafen uns zu neunt jeden Dienstagabend, drei Stunden lang. Anfangs waren wir noch recht zurückhaltend, als könnten wir nicht glauben, dass es so etwas tatsächlich gab: einen ganzen Abend lang freies Spielen nach Lust und Laune. Ich fand großen Spaß daran, auf Stefan herumzuklettern – der das auch genoss. Erst war es mir ein bisschen peinlich, ich fragte ständig nach, ob es zu viel sei – immer wieder die deutliche Antwort: »Nein.« Es war sehr befreiend, irgendwann aussprechen zu können, dass da gerade das kleine Mädchen in mir zum Vorschein kam, das schon so lange diese Papa-Energie vermisste. Wir sprachen über unsere Scham und zeigten uns zunehmend mit unseren kindlichen, bedürftigen Anteilen. Eines Abends sagte Judith, Mutter einer kleinen Tochter: »Wisst ihr, was wir sind? Ich glaube, wir sind eine Krabbelgruppe.« So nannten wir uns fortan und experimentierten damit, wie wir miteinander etwas erkunden und nachnähren konnten, das zu kurz gekommen war in unseren Leben. Ähnlich wie Marvin wurden wir immer mutiger darin, uns ganz genau das zu wünschen, wonach wir uns sehnten. Und ganz oft war es, begleitet und bezeugt zu werden mit einem Anteil von uns, der bisher wenig Beachtung bekommen hatte, weil er mit Scham oder etwas anderem Unangenehmen behaftet war. Für das Bezeugen konnten wir auf ein bereits existierendes Format zurückgreifen: *Authentic Movement.*

→ Einschub: Authentic Movement

Authentic Movement ist eine Bewegungspraxis[9], die in dem gleichen Geist entstand wie die Contact Improvisation: Wie kann Bewegung aus inneren Impulsen heraus entstehen? Im *Authentic Movement* geht es nicht so sehr um den physikalischen oder anatomischen Aspekt von Bewegung, sondern vielmehr um das innere Bewegtsein, auch im emotionalen Körper. Woher kommt Bewegung, wenn ich sie nicht »mache«, keine Form-Idee habe, kein vorweggenommenes Bild, sondern so lange warte, bis ein Bewegungsimpuls

9 Janet Adler: »Die Gabe des bewussten Körpers. Authentic Movement als Weg«

in mir geboren wird, schlichtweg dadurch, dass ich mich darauf einlasse, zu sein? Und was geschieht, wenn ich in diesem authentischen Sein bezeugt werde? *Authentic Movement* folgt einer ganz klaren, festgelegten zeitlichen Struktur, zum Beispiel zehn Minuten bewegen, drei Minuten sprechen, weitere drei Minuten sprechen, dann Rollenwechsel und das Gleiche noch einmal. Wir sind meist zu zweit – um allzu viele Sternchen zu vermeiden, gehe ich im Folgenden von zwei Frauen aus: Die eine bewegt sich, die andere bezeugt. Zunächst setzen sich die Partnerinnen einander gegenüber und schauen sich in die Augen. Dieser Blickkontakt schafft einen sicheren, verbindlichen Raum zwischen den beiden. Diejenige, die sich gleich bewegen wird, signalisiert damit: »Du darfst mich sehen«, der Blick der Zeugin bedeutet: »Ich sehe dich«. Dieses kleine Anfangsritual ist in seiner Bedeutung nicht zu unterschätzen. Wir kennen im Alltag wenig Räume, in denen wir uns jenseits einer Funktion oder Rolle zeigen, ganz pur.[10] Und andersherum sind wir es nicht gewohnt, Menschen wirklich so unmittelbar angucken zu dürfen. Diejenige, die sich bewegen wird, schließt die Augen, wenn dieser Vertrauensraum ihrem Empfinden nach wirklich etabliert ist. Und sie lässt sie über die gesamte Zeit geschlossen. Der visuelle Sinn ist hier nicht ausschlaggebend, er könnte sogar dabei stören, den inneren Impulsen wirklich zu folgen. Einzig, wenn die Bewegungen ausladender und es dadurch gefährlich werden könnte, öffnet sie kurz die Augen, um sich im Raum zu orientieren. Doch zunächst einmal sitzt, steht, kauert, hockt oder liegt sie, horcht, wo Bewegung entstehen mag, und folgt diesem Pfad. Sie versucht, der Zeugin gewahr zu sein, aber nicht für sie zu »performen«. Das kann herausfordernd sein, vor allem, wenn minutenlang gar nicht viel passieren möchte und sich die Befürchtung einstellt, die Partnerin zu langweilen. Auch Scham kann aufkommen: Darf ich wirklich mit meiner Zunge spielen, mein Becken auf diese Weise bewegen, seltsame Geräusche machen, wie ein Baby sein, Wut ausdrücken? Die Zeugin hat unterdessen allein die Aufgabe, Resonanzraum zu sein. Sie stellt sich und ihre Präsenz zur Verfügung, um der anderen eine Erfahrung zu ermöglichen, die genau diesen gehaltenen Raum braucht, um sich zu zeigen. Immer wieder erlebe ich, was für ein Geschenk das ist. Die beiden aufeinander eingeschwungenen Nervensysteme schaffen einen Raum, der weiter ist, als eine allein ihn herstellen könnte. Die Gegenwart der zweiten Person vergrößert das Gefäß, und ich kann mehr von mir erleben, als mir ganz für mich möglich wäre – Menschen brauchen einander als Resonanzraum, auch Erwachsene. Am Ende der vereinbarten Zeit ertönt ein Gong, und die Bewegende bringt ihre Reise allmählich zu einem Ende. Dort angekommen öffnet sie die Augen und sucht wieder den Blick ihrer Zeugin. Die beiden rutschen näher zusammen und tauschen sich aus. Zuerst spricht die Person, die sich bewegt hat, wenn

10 Die Geschichte *Einfach nur da sein* auf S. 383 erzählte bereits davon, wie unbekannt uns das ist.

möglich im Präsens, also: »Ich hebe meinen Arm und merke, dass mein Kopf dabei zur Seite sinkt.« So und nicht in der Vergangenheit zu erzählen, macht es oft leichter, beim Sprechen noch einmal in die Bewegung einzutauchen. Dadurch sind wir, während wir Worte finden, direkt mit unserem körperlichen Erleben verbunden, wie sprechen aus der Situation heraus und nicht darüber. Das ist ein großer Unterschied. Nach einer kurzen Stille ist die Zeugin dran. Vielleicht hatte sie während des Zuschauens Sorge, ob sie sich alles in der richtigen Reihenfolge würde merken können. Es geht nicht um einen lückenlosen Bericht. Vielleicht vereinbaren die beiden, dass sich die Zeugin nur auf jene Sequenzen beziehen soll, die ihre Partnerin bereits benannt hat, vielleicht soll sie ganz frei erzählen. Das Sprechen als Zeugin stellt eine wunderbare Übung dar in der hohen Kunst, eine Sprache zu finden, die wirklich würdigend und verbindend ist, indem sie sich aufs Beschreiben beschränkt. Das Urteil lauert manchmal im Detail, etwa in der Formulierung »Wirklich schön fand ich den Moment, als du …« Es geht hier ums Bezeugen, nicht um Geschmack. Die Zeugin ist jedoch keine neutrale Beobachterin, denn so etwas gibt es gar nicht. Sie war nicht außerhalb, sondern Teil des Geschehens und bietet der Partnerin ihre Perspektive, ihre Resonanz an. Dazu könnten Bilder gehören, Assoziationen, die sie allerdings deutlich als ihre kennzeichnet. Sie sagt nicht »Da warst du ein Adler«, sie sagt »Ich habe einen Adler gesehen.«

Authentic Movement erlebe ich als wertvolle Medizin, um die Wunde zu heilen, die die → Gewalt der vorenthaltenen Aufmerksamkeit in uns geschlagen hat. Ich werde bezeugt und erfahre Resonanz. »Ich habe mich noch nie so gesehen gefühlt«, sagen Menschen danach häufig.

Diesen Rahmen für achtsames Bezeugen gab es also bereits. Es war nun an uns, herauszufinden, wie wir das Bedürfnis nach Begleitung erfüllen wollten. Wir probierten alles Mögliche aus, begannen, zu dritt zu arbeiten, fügten den Rollen des *Authentic Movement* eine weitere hinzu, eine Person, die an der Seite der Bewegenden blieb und sie – ganz nach Wunsch – berührte, auffing, Widerstand anbot, Richtungen verstärkte, zum Spielen zur Verfügung stand. Nach und nach verschmolzen Begleiten und Bezeugen miteinander, es waren einfach zwei Menschen, die nach ihren Möglichkeiten für die Bedürfnisse eines dritten Menschen da waren. Manche, die begleitet wurden, äußerten vorab, was sie brauchten, gaben Anweisungen und setzten einen klaren Rahmen. Andere begannen, ohne zu wissen, was passieren würde, folgten einem Faden, der beim Bewegen oder einfach in der Ruhe zum Vorschein kam. Die Begleitenden gingen ihrer Intuition nach, was und wie viel von ihnen gebraucht wurde. Manchmal bekamen sie zwischendurch Informationen wie: »ich wünsche mir eine Hand an meinem Hinterkopf«, – »ein bisschen weniger

Druck, bitte«, – »ja, genau so« – »und jetzt brauche ich Widerstand«. Alle drei ließen sich führen von dem, was geschehen wollte. Aus solch einer halbstündigen Reise mit zwei Begleitenden tauchte einer von uns ganz weich und selig wieder auf, öffnete die Augen und sagte: »Hmmm … das ist, wie zwei inkarnierte Schutzengel an der Seite zu haben.« Am darauffolgenden Dienstag wollte er unbedingt »wieder *engeln*«. Das Format hatte seinen Namen.

Seitdem habe ich viel damit gearbeitet und es stetig weiterentwickelt. Je länger ich mich und andere dabei erlebe, desto mehr staune ich darüber, was alles möglich ist und welch ein wirklich besonderer und kostbarer Raum sich hier öffnet. Wo sonst muten wir uns anderen so gänzlich zu? Beim *Engeln* können wir heilsame Prozesse ganz nach unseren Bedürfnissen gestalten – ohne ein Hierarchiegefälle, sondern in gelebter Gegenseitigkeit: Ich begleite dich, du begleitest mich. Nicht immer müssen wir die Rollen tauschen, aber wir können es. Ich bin nicht auf die Rolle der »Klientin« festgelegt. Von jeder Seite her kann ich wertvolle Erfahrungen machen. Da die meisten Phänomene, die uns als Einzelne bewegen, kollektiver Natur sind, ist auch das Begleiten ein bereicherndes Erlebnis. Meist fühle ich mich auch als Begleiterin sehr beschenkt. Denn oft erfüllt sich in diesem Zusammenspiel das, was ich hier schon mehrfach beschrieben habe: Während ich Resonanzraum in mir und zwischen uns schaffe, damit mein Gegenüber darin in seiner ganzen Wahrhaftigkeit zum Klingen kommen kann, spüre ich, dass es gegenseitig geschieht – dieser Mensch, den ich als anders, als physisch von mir getrennt erlebe, zeigt sich in diesem momentanen Aspekt seiner selbst, und so offenbart sich mir eine neue Facette meines eigenen Menschseins. Dadurch werde ich ganzer, vollständiger, mehrdimensionaler.

Was auch wichtig ist: Die »Engel« gehen nicht über ihre Grenzen, sie sagen jederzeit, wenn sie gewisse Wünsche nicht erfüllen möchten. Es ist ein durch und durch selbstermächtigter Prozess. Wir stellen uns einander zur Verfügung, damit alle in ihrem eigenen Tempo an die Punkte kommen können, wo es wackelig, unsicher, schmerzhaft, neblig – wo es aufschlussreich wird. Und wir machen die Erfahrung, dass wir nicht allein sind damit, sondern uns genau die Unterstützung erbitten können, die wir in diesem Moment benötigen. Ich bin immer wieder überrascht, wie genau die meisten von uns wissen, was hilfreich ist. Manchmal braucht es eine Nachfrage, eine Ermutigung, doch niemand wird gedrängt, weiter zu gehen, als es sich stimmig anfühlt. Niemals hätte ich zu Marvin gesagt: »Und heute springst du mal auf den Ball.« Eher sagt eine*r: »Jetzt ist es genug.« Es ist wichtig, das nicht zu übergehen. Auch ganz klein wirkende Erfahrungen wollen verdaut und integriert werden. Mitunter zeigt sich erst im Nachhinein, wie einschneidend und aufschlussreich ein zunächst winziger und unscheinbarer Moment war.

Beim *Engeln* kann es um ein klar benennbares Forschungsanliegen gehen: »Da ist so ein Vibrieren in mir, dem ich auf den Grund gehen möchte« oder »Ich will meine Wut erkunden!« Nicht immer geht es zart und sanft zu. Es kann sehr wild werden, auch laut – und immer wieder sehr lustig, weil sich ganz viel übermütiges Leben seinen Weg nach außen bahnen kann, das sich ängstlich verkrochen hatte. Bei mir bildet manchmal ein sehr konkretes körperliches Bedürfnis den Ausgangspunkt. Es gibt zum Beispiel einen Wunsch, der ab und zu wiederkehrt: Ich stelle mich hin und breite meine Arme aus. Dann möchte ich, dass meine Begleiter*innen fest meine Handgelenke umfassen und sich nach außen lehnen. Es tut mir wirklich gut, so klar zwischen den beiden gehalten zu sein, mit dem Widerstand zu spielen, mich in diese Ausdehnung hineinfallen zu lassen, mich wild zu Boden zu werfen und den Spielraum in diesem aufgespannten Dazwischen zu erkunden. Danach fühle ich mich meist weit, lebendig und sehr kraftvoll.

Im Kontrast dazu kann es beim *Engeln* auch Begegnungen geben, da bleibt es die ganze Zeit über still, kaum Bewegung, keine Berührung, es entsteht ein schlichter Seinsraum, in dem zwei Menschen nichts als ihre Präsenz anbieten, damit ein*e Dritte*r besser spüren und entfalten kann, was der jetzige Augenblick bereithält.

Ich habe das *Engeln* auch schon als wunderbare Hilfe in akuter Not erlebt: Eine Person erkennt, dass sie aktiviert ist und ihr Nervensystem zu flattern beginnt, zum Beispiel von einer Äußerung im Gruppengeschehen. Sie benennt das und zwei andere (nicht die auslösende Person) verlassen mit ihr den Ort des Geschehens und geben ihr Raum, zu ergründen, was sie da so beutelt. Dabei geht es zunächst einmal darum, zu spüren und mit Empfindungssprache zu beschreiben, in welchem Zustand sich ihr Körper gerade befindet. Oft wird dann auch deutlich, woher sie das kennt, welche alte →Emotion sich hier meldet. Wenn sie entscheidet, das eingehender ergründen zu wollen, bekommt sie die Unterstützung, es wirklich zu fühlen und körperlich auszudrücken, die ihr früher gefehlt hat. Das kann sehr erleichternd sein – als würde der Deckel von einem Topf genommen, oder als würde ein eingeschlafener, taub gewordener Fuß zum Leben erweckt.

Zweierlei ist mir wichtig: Ich möchte das *Engeln* nicht als Allheilmittel für alles hinstellen. Es gibt Dinge, die professionelle therapeutische Begleitung brauchen. Und ich möchte nicht verschweigen, dass dieses Format hohe Anforderungen an die Kompetenz der Begleitenden stellt. Wie gesagt, wir schicken Menschen nicht unvorbereitet ins *Engeln*. Wer gar keine Erfahrung mit einer verwandten Praxis hat, kann das nicht einfach aus dem Stand – das heißt, eigentlich können wir es schon, weil wir ja resonanzbegabte Wesen sind. Allerdings unterscheidet sich *Engeln* in der Art und Weise, einander zu begegnen, erheblich von unserem gewohnten alltäglichen Miteinander. Einiges will verlernt und anderes neu geübt werden: die Berührungsqualität, das Lauschen, das Gespür für das gute Maß, die dienende, sich aber nicht verausgabende Präsenz. Improvisation, also eine spielerisch leichte Offenheit für den Moment und ein Vertrauen in die eigenen Impulse, wird immer die wesentlichste Kompetenz bleiben.

Als ich meinen jetzigen *Sensing the Change*-Kollegen Andreas Duda zum ersten Mal traf, nachdem wir jahrelang immer nur aus der Ferne voneinander mitbekommen hatten, leiteten wir unsere Begegnung mit einem *Somatischen Dialog* ein. Was für eine wunderbare Art, sich kennenzulernen! Ja, für Menschen, die es gewohnt sind, über ihre Körper miteinander zu sprechen, ist es möglich, gleich und ohne viele Worte in diesen Vertrauensraum zu springen.

Ein Krümel vom Kuchen

Wie kann das *Engeln* einen Platz in unseren Veranstaltungen bekommen? Ein Beispiel: Eine junge Frau hat sich gewünscht, von Rina und mir begleitet zu werden. Sie kann kein Thema nennen, das sie beforschen möchte, dafür ist aber umso klarer, was geschehen soll. Sie möchte auf dem Rücken liegen, wir sollen links und rechts von ihr sein und sie sanft schaukeln. Und vielleicht, sagt sie, können wir auch gemeinsam mit ihr summen. Sie hat auch eine ganz genaue Vorstellung vom Zeitrahmen. Obwohl uns jede Menge Zeit zur Verfügung steht, setzt sie fest: Zehn Minuten. Das gemeinsame Summen, vorsichtig gewünscht, stellt sich als eine Art Meer heraus, in dem wir diese intensiven und auch zeitlosen Minuten verbringen. Wir tönen gemeinsam, manchmal alle drei auf einem Ton, manchmal in Harmonien, dann auch dissonant. Meist atmen wir gemeinsam und lassen den Klang an- und wieder abschwellen. Manchmal hält eine von uns den Ton durch die Stille hindurch, während die anderen einatmen. Rina und ich probieren, wie wir den Körper der Liegenden sanft hin- und herschaukeln können, zu Beginn noch tastend – was ist der richtige Rhythmus, die angemessene Stärke? Alle drei lauschen wir. Noch ist ein wenig Unsicherheit im Raum, bei uns allen dreien. Weil sie sein darf und keine von uns etwas erzwingen oder herstellen möchte, verwandelt sie sich allmählich in Selbstverständlichkeit. Es geschieht nichts sichtbar Spektakuläres in diesen zehn Minuten. Wir unterstützen mit unseren Händen die Frau in der Mitte, die sich langsam und genüsslich zu bewegen beginnt. Manchmal nimmt sie unsere Hände, manchmal legt sie ihre eigenen auf Brustkorb und Bauch, dann wieder lässt sie ihre Arme in den Raum über sich wachsen. Wir summen und wogen zusammen in den wohligen Wellen des Seins. Warum nur zehn Minuten lang? Warum beenden wir dieses Glück so bald, setzen uns auf und kommen ins Sprechen zurück? Die Frau, die zum allerersten Mal auf einer unserer Veranstaltungen ist, beweist ähnlich wie Marvin ein intuitives Gespür für die richtige Dosierung: »Das war ein winziger Krümel von einem riesigen Kuchen. Und dieser Kuchen ist so anders als alles, was ich kenne. Den möchte ich sehr langsam essen«, sagt sie.

Wollte ich diesem Kuchen einen Namen geben, würde ich ihn *Kuchen des präsenten Seins* nennen. Wir sind normalerweise so viel mit Funktionieren beschäftigt, dass bereits ein Krümel des Seinskuchens fast überwältigend schmecken kann. Ich bewundere die junge Frau, die nicht gierig »Mehr!« ruft, sondern dieser Medizin die Möglichkeit gibt, allmählich und im richtigen Maß zu wirken. In den darauffolgenden Tagen ist sie damit beschäftigt, diese Erfahrung zu integrieren. »Nichts ist mehr wie es vorher war«, sagt sie. Und wir dürfen sie ein wenig beim Eintreten in den »Raum zwischen den Geschichten« bezeugen und begleiten.

Nachnähren und Mensch sein

Während ich dieses Kapitel schreibe, lebe ich im »Winterquartier«, einer Gemeinschaft auf Zeit mit einer Gruppe von Menschen, die zum *Sensing the Change*-Feld gehören. Wir alle haben Lust, ein Zusammenleben zu erproben, in dem wir mit unserer Kreatürlichkeit anwesend sein können. Wir wollen das *Engeln* als Format nutzen und weiterentwickeln. Zeitweise ist es mehrmals pro Woche Teil unserer somatischen Morgenpraxis, wir entdecken viele neue Facetten und Variationen. Täglich aufs Neue zeigt sich hier, wie sehr der Satz zutrifft: »Wenn wir wieder wahrnehmen, dann nehmen wir wieder wahr.« Immer differenzierter können wir erkennen, worum es jeweils in der Tiefe geht, weil wir uns erlauben, so zu verlangsamen, dass jene Momente spürbar werden können, wo wir zögern, etwas zurückhalten, uns verbiegen. Es ist ein sich selbst verstärkendes →Feld: Weil die anderen sich mit solchen Feinheiten zeigen, fühle ich mich ermutigt, es auch zu tun – und andersherum. All diese winzigen Regungen nicht zu übergehen, sondern ihnen Aufmerksamkeit zu schenken, kommt uns nicht mehr unwichtig, nebensächlich, peinlich, haarspalterisch vor. Was ist, darf sein und gesehen werden. Heute gestaltet sich bereits der Einstieg ins morgendliche *Engeln* wach und horchend: Wer fängt an? Wir wissen es noch nicht so recht – und es muss ja gar nicht schnell gehen, es darf sich ergeben, was dran ist. Sylvie sagt: »Ich hab was.« Dann schweigt sie und meint nach einer Weile: »Nein, es ist doch noch nicht reif.« Vielleicht ein wenig zu zügig wenden wir unsere Aufmerksamkeit Rina zu. Sie beginnt, ihr Anliegen zu beschreiben. Da sagt Sylvie auf einmal: »Ich merke, ich kann gar nicht richtig zuhören, ich bin noch so mit meinem eigenen Suchen beschäftigt.« Wir verlangsamen. Mit Rinas Einverständnis wenden wir uns wieder Sylvie zu. Sie sitzt, beschreibt eine Bewegung in sich, ein spiralendes Zusammenziehen zu ihrer Mitte hin, und bittet uns, nichts zu tun, als damit anwesend zu sein. Es ist deutlich in ihrem Körper sichtbar und spürbar, obwohl sie sich kaum bewegt. Dann wünscht sie sich, wir mögen uns beide ihr gegenüber setzen. Sie hat die Augen geschlossen. Ihre Lider beginnen zu zittern, Tränen laufen die Wangen herab. Rina und ich bezeugen ganz still etwas, das wohl zugleich schmerzhaft und friedlich ist. Ich erlebe das immer wieder, dass eine lange zurückgehaltene Not auch Freude und Leichtigkeit auslösen kann, wenn sie endlich gefühlt wird. Genüsslich empfängt Sylvie ihre Tränen mit ihrer eigenen Zunge. Nach einer weiteren Stille kommen wieder zaghafte Worte: »Wenn ich jetzt die Augen aufmache, wen von euch soll ich denn zuerst angucken? Manchmal überfordern mich schon die allerkleinsten Entscheidungen.« Mehr Tränen. Und dann, noch leiser: »Warum begegnet mir denn ständig ein Entweder-Oder, wenn doch eigentlich alles eins ist? Es fühlt sich oft so zerstückelt, so Nicht-Eins an.« Ich bin ihr dankbar, dass sie ausspricht, was ich so gut kenne. Meine Aufmerksamkeit ist bei ihren Augen, ich kann wahrnehmen, wie sie nicht wissen, wohin sie gucken sollen und daher lieber geschlossen bleiben. Erneut flattern die Lider. Und ich beobachte mich bei dem Impuls, ihr diesen Schmerz ersparen zu wollen. Soll ich sie, wenn sie das nächste Mal die Augen öffnet, damit überraschen, dass ich mir die Hand vor meine Augen halte, damit sie sich nicht entscheiden muss? Sie spricht weiter: »Manchmal fühle ich mich so geführt, dass ich genau weiß, was stimmig ist. Und wenn es nicht so ist, entsteht Trauer und eine Sehnsucht nach diesem Gefühl von Stimmigkeit.« Soll ich mich hinter Rina setzen, damit Sylvie uns beide auf einmal angucken kann? Nein, es geht hier eben nicht darum, etwas wegzumachen, sondern Sylvie dabei zu unterstützen, genau das zu erleben, was sich gerade zeigt, indem ich bleibe wo ich bin. Es ist nicht meine Aufgabe, etwas zu lindern, indem ich die Situation manipuliere. Wir sind alle drei gefordert, an diesem Morgen die Geduld und die Liebe aufzubringen, gemeinsam unsere Aufmerksamkeit einem großen Dilemma des Menschseins zuzuwenden: Unsere Seele ist so selbstverständlich zuhause im All-Einen. Und in der physischen Welt macht sie die verwirrende Erfahrung von Dualität. Unser aller Lernweg ist es, das nicht mehr als widersprüchlich zu erleben und uns an beidem zu erfreuen: dem Begrenzten und dem Unbegrenzten, dem Geteilten und dem Ungeteilten, dem Physischen und dem Metaphysischen. Sie brauchen einander, damit wir das Leben in seiner vollen Spannweite erfahren und seiner Ganzheit bejahen. Es ist ein großer Schatz für uns drei, das an diesem Morgen gemeinsam zu würdigen – ganz schlicht und unaufgeregt.

Nach einer Pause wenden wir uns Rina zu. Sie wünscht sich, das Verhältnis zwischen dem kindlichen und dem erwachsenen Anteil in ihr zu beleuchten. Noch hat sie kein Bild, wie das geschehen könnte. Sie erzählt uns, wie sie am Tag zuvor in einer alltäglichen Situation etwas Neues erlebte, nämlich dass sie sich an einem Punkt selbst beistehen konnte, an dem sie bislang immer dachte, sie sei auf Unterstützung angewiesen. Die erwachsene Rina verschwand diesmal nicht, wie es sonst häufig geschieht, wenn die kindliche sich in ihrer Bedürftigkeit zeigt. Im Gegenteil, sie übernahm Verantwortung und durchbrach damit die → Opferspirale, die in der Ohnmacht kreist: »Ich kann nicht, ich brauche Hilfe.« Wir erkunden nun beim *Engeln* gemeinsam, wo diese Anteile in ihrem Körper aufzuspüren sind, begegnen in Rinas Bauch einer strengen, harten Stimme, die jede kindliche Bedürftigkeit verurteilt. Wir geben dieser Stelle Aufmerksamkeit und Berührung und entdecken das Hilfreiche in dieser Härte: Es ist der Ruf in die Selbstverantwortung. Hier zeigt sich ein Aspekt, der uns beim *Engeln* immer wieder begegnet und den ich für wesentlich halte: Es ist sehr verlockend, mit der mütterlichen, väterlichen Zuwendung, die diese Trios auszeichnen kann, immer nur die kindlich-bedürftige Seite der Person zu bedienen. Mindestens ebenso wichtig ist es, Zugang zur eigenen Gestaltungsmacht zu erlangen. Wir können nach und nach üben, auch den erwachsenen Teil dabei zu haben. Das Wort *Nachnähren* mag sich wie ein Zauberwort anhören: Jetzt bekomme ich alles, was ich immer vermisst habe. Das klingt verheißungsvoll – und es besteht die Gefahr, das Bedürftige in einer Dauerschleife zu wiederholen und keinen Schritt weiter zu kommen. Wir missbrauchen das *Engeln* dann als Vorwand, in jenem scheinbar bodenlosen Loch zu bleiben, das ich im Kapitel über die Sehnsucht beschrieben habe. Ich erzählte dort auch, wie ich an den Punkt gelangte, an dem ich mich plötzlich und unerwartet satt fühlte. Es ist schade, wenn wir diesen Moment übergehen, denn er ist ein entscheidender Wendepunkt. Packen wir ihn nicht beim Schopfe, verstecken wir uns hinter einem nimmersatten kindlichen Ich und liegen auch bei der zigsten Engel-Verabredung mit dem Kopf im Schoß unserer Begleiter*innen, lassen uns hätscheln und wiegen. Es ist wunderbar und heilsam, das eine Weile lang nachholen zu können, keine Frage. Und irgendwann ist der Punkt gekommen, so einen Engelraum aktiv zu gestalten, um sein Potenzial wirklich zu nutzen: Er ist so viel mehr als ein Kuschelhaufen. Die Qualität des Sozialen Uterus heute zu erleben bedeutet nicht, dass wir wieder zu Babys werden. Wir können uns als Erwachsene in diesen fürsorglichen Raum begeben und den Vorgang aktiv gestalten, anstatt zu warten, ein unerfülltes Bedürfnis möge irgendwann befriedigt werden. Ein Freund beschrieb es einmal als Staudamm in uns, den wir bewusst öffnen für das, was wir brauchen, aber als Kinder nicht bekamen. Wir können uns dafür – hier ist es wieder: – empfänglich machen. Dann fließt es wie von allein zu uns hin. Das ist für unsere Partner*innen beim Engeln und anderswo wesentlich lustvoller, als wenn wir saugend und klammernd an ihnen hängen. In uns Menschen ist das Heilen- und Wachsenkönnen angelegt. Wir wissen, wie es geht. Und wir können uns ein Umfeld schaffen, das uns auf unserem Weg unterstützt – auf der körperlichen, der emotionalen, der mentalen und der geistigen Ebene. So erlebe ich das Engeln im besten Fall.

Wo stehen wir als Menschheit?

Wie gesagt,
mit dem *Engeln*
würden wir nie beginnen.

Es gibt keinen festen Plan, dem wir immer folgen, um Menschen einen ersten Zugang zum Körperlichen, zum Spüren zu bahnen. Denn es kommt sehr darauf an, mit wem wir es zu tun haben. Arbeiten wir mit einer politischen Initiative, mit einer Gruppe von Körpertherapeut*innen oder mit Menschen, die einander noch gar nicht kennen? In jedem Fall ist es uns wichtig, die somatische Arbeit vom erstem Moment an in den großen Zusammenhang des → Wandels zu stellen. Denn wir haben – auch an uns selbst – die Erfahrung gemacht, dass das Hineinsinken in die Sphären des Spürens die Welt zunächst einmal sehr klein machen kann: Schnell verlieren wir uns im Nur-Persönlichen. Das *Zoomen* soll als Kulturelement von Anfang an dabei sein. Wir wollen vom Großen ins Kleine tauchen, vom Übergeordneten ins Spezielle, vom Gesamtmenschheitlichen ins Individuelle – und dann auch immer wieder zurück ins Große.

Unsere Situation als Menschheit in der Krise thematisieren wir zu Beginn eines Seminars, indem wir sie im Raum erlebbar machen. Dabei beziehen wir uns auf das Bild der Geschichte der Getrenntheit, des → Interbeing und des Raums zwischen den Geschichten. In den ersten Buchkapiteln, insbesondere im ersten Zwischenraum (ab S. 44) war ausführlich die Rede davon, vielleicht magst du zu den orange-türkisen Bildern ganz vorne im Beiheft zurückkehren, um es dir zu vergegenwärtigen. Inspiriert von *Systemischer Aufstellungsarbeit*[11] bilden wir die Situation symbolisch in dem Raum ab, in dem wir arbeiten. Wir teilen ihn in drei Felder auf: Abbildung 10a (in Anlehnung an 1b) zeigt, wie. Die Gruppe entscheidet, welche Seite des Raumes für unser vorherrschendes Narrativ stehen soll (in der Abbildung der orangene Bereich) und welche für das Interbeing (türkis). In der Mitte öffnet sich der leere

11 Aufstellungsarbeit ist eine Methode der Systemischen Therapie und Beratung. Stellvertretend verkörpern (hier passt der Begriff) wir Personen, Anteile der eigenen Person oder Kräfte, die wirken. Dadurch, dass diese Stellvertreter*innen im realen Raum zueinander in Beziehung gestellt werden und beschreiben, was sie dabei in sich und im Raum wahrnehmen, können sich die Dynamiken einer Gruppe, eines Systems, einer Situation zeigen.

Raum – es ist gut, ihn wirklich frei zu räumen. Wir stimmen uns gemeinsam ein und begeben uns dann auf eine etwa zwanzigminütige Reise, die keiner linearen Chronologie folgt: »Hier bin ich und da drüben will ich hin, ich muss nur noch irgendwie den leeren Raum durchqueren.« Das wäre etwas einfach. Vielmehr geht es darum, Zustände zu erfahren und sich mit dem körperlichen Erleben in den verschiedenen Feldern zu verbinden. Die meisten spüren intuitiv, wo sie beginnen wollen. Es gibt keine weiteren Vorgaben als die Einteilung des Raumes in die drei Felder. Sprache ist nicht explizit eingeladen, aber nicht ausgeschlossen. Vielleicht entstehen Begegnungen, Blickkontakt, Interaktion, Klang. Manche horchen ganz für sich: Welche Empfindungen, welche Gefühle und Gedanken habe ich in diesem Feld, welche in jenem? Sie wandern hin und her, pendeln. Besonders interessant: Was geschieht an der Schwelle, am Übergang? Wie fühlt es sich an, in die Orientierungslosigkeit des Raums zwischen den Geschichten einzutauchen?

Im Anschluss teilen wir unser Erleben zunächst in Triaden, schließlich im großen Kreis. Ich möchte hier gar nicht viel berichten, was Menschen in diesem Raum so alles erlebt haben, es ist immer neu, zugleich persönlich und allgemein. Und immer macht es uns sehr wach, uns gemeinsam zu vergegenwärtigen, an welcher wesentlichen Schwelle wir uns als Menschheit und als Individuen befinden. Vielleicht magst du es selber ausprobieren. Du kannst spürend in diese verschiedenen Zustände eintauchen, indem du das Prinzip von Abbildung 10a auf deinen Raum überträgst und die einzelnen Felder und den Wechsel zwischen ihnen erkundest. Jetzt, in deinem Zimmer oder morgen mit ein paar anderen Menschen auf einer Wiese? Hier ist Platz, ein paar Eindrücke zu notieren.

Diese Möglichkeit, Menschheitsgeschichte in Raum und Körper erlebbar zu machen, wird sich weiterentwickeln. Als Team experimentieren wir mit verschiedenen Variationen dieses Formats. Manchmal teilen wir den Raum auch zusätzlich in eine individuelle und eine kollektive Hälfte, sodass es sechs verschiedene Felder gibt, und ausdrücklich die ganz eigene Ausprägung erfahren werden kann wie auch die gesellschaftliche Dimension – das kann ja sehr unterschiedlich empfunden werden, auch wenn es eng miteinander verwoben ist, zum Beispiel: Wie bildet sich die Geschichte der Getrennheit in meinem Körper ab und wie prägt sie das Umfeld, in dem ich lebe? Eine Variante für Gruppen, die sich bereits kennen, zeigt Abbildung 10b. Zwischen dem Individuellen und dem Kollektiven gibt es die Möglichkeit, in diese ganz spezielle hier anwesende Gruppe hineinzuhorchen, ihr Gewordensein, ihr Sein und ihr Werden betreffend. Wie können wir spüren, wo wir – als soziale Einheit, als Institution, als Zusammenschluss von Menschen – herkommen, wo wir gerade sind und worauf wir uns ausrichten wollen? Und in welchem Zusammenhang steht das zu den Individuen, die diese Gruppe bilden und der Gesellschaft, der sie angehört?

Das gemeinsam zu spüren kann sehr kraftvoll und erkenntnisreich sein. Manchmal wird deutlich, dass die Gruppe sich weit entfernt fühlt von gesellschaftlichen Selbstverständlichkeiten, sich abgeschnitten vorkommt und um Anschluss und Verständnis ringt. Die Spannung zu erkennen, die sich daraus ergibt, kann Wandelbewegten helfen, zugleich gnädig und demütig zu sein. Als modernes Ritual kann diese Art von Aufstellung Einzelnen und Gruppen helfen, ihren Platz in der Welt zu überprüfen und sich eventuell neu zu positionieren.

→ **Einschub: Rituale** Ein Ritual ist eine bewusst vollzogene Handlung, um einen wesentlichen Moment, Einschnitt oder Übergang würdig zu begehen, anstatt ihn unbeachtet nebenbei geschehen zu lassen. Dadurch erfährt er Aufmerksamkeit und Bedeutung. Sonnwend, Erntedank, Silvester sind Rituale im Jahreskreis. Eine Taufe, Hochzeit oder Trauerfeier, auch das Fest zur Einschulung beziehen sich auf ein individuelles Leben. Viele Kulturen kennen Initiationsrituale, die den Übergang ins Erwachsenenalter markieren, indem sie Jugendliche einer existentiellen Situation aussetzen, in der sie auf sich allein gestellt sind – begleitet von ihrer Gemeinschaft, die ihnen geistig beisteht. Unsere Kultur lässt uns damit tendenziell allein: Wir spüren in unserem Rücken nicht diese Selbstverständlichkeit eines großen Wir, zu dem wir bedingungslos dazugehören.

Ich habe bereits erwähnt, dass wir die derzeitige Krise als kollektiven Initiationsmoment betrachten können. Rituale dafür zu gestalten kann ein wichtiger Schritt sein, unsere Lage zu begreifen, die → Tiefenökologie arbeitet viel damit.

In der zivilisierten Welt sind uns gemeinschaftliche Rituale verlorengegangen. Wir halten nicht mehr inne, um uns gemeinsam zu orientieren, wo wir uns befinden – und dann bewusst einen nächsten Schritt zu machen. Allenfalls kennen wir Rituale wie den still getrunkenen Morgenkaffee. Einige Menschen spüren diesen Verlust und machen sich auf, etwas wiederzuentdecken. Eine, die das Bewusstsein für die Bedeutung von Ritualen aus ihrer Kultur in den Westen trug, war Sobonfu Somé.[12] Sie brachte das Wissen und die Erfahrung der Dagara, ihres westafrikanischen Volkes mit, hütete sich aber, diese Rituale eins zu eins mit Westler*innen nachzumachen. Es ist wesentlich, dass wir nicht einfach irgendetwas imitieren, das ohne die Einbettung in eine bestimmte Kultur wenig Sinn ergibt – das käme einer seltsamen kulturellen Aneignung gleich. Doch wir können uns selbst fragen, was uns unterstützen kann, um bewusster zu erleben, wo wir uns gerade befinden im Bogen des Lebens, des Jahres, der Beziehungen. Sobonfu Somé teilte ihre Weisheit, ihre Haltung, nicht aber die genauen Abläufe. Sie ermutigte Menschen, Eigenes zu gestalten, das in die jeweilige Kultur passt. Ich habe solch ein Ritual miterlebt, zu dem drei ihrer Schülerinnen einluden, mehrere Tage lang. Wir waren dabei alles gleichzeitig: Wir bereiteten das Ganze gemeinsam vor, gestalteten verschiedene Stationen und wechselten fließend zwischen den Rollen. Eben noch hatte ich eine andere Frau auf ihrem Weg zum Feuer begleitet, schon stand ich selber dort und warf in die Flammen, was ich der Glut übergeben wollte.

Auch meine Initiation zur Ältesten, von der ich bereits erzählte, geschah in diesem Kreis von Frauen. Durch solche Erfahrungen können

12 Ihre Geschichte erzählen Elke Loepthien und Geseko von Lüpke in der »Oya«: *Sobonfu Somé. Nachruf auf eine bemerkenswerte Frau.* Zwei von Sobonfu Somés Büchern finden sich im Literaturverzeichnis.

wir ein Gespür für die heilsame und ermächtigende Kraft von gemeinschaftlich begangenen und bezeugten Schritten entwickeln. Wir können gemeinsam Rituale erfinden und uns auf diese Weise mit wachem Herz, Verstand und Leib bewusst im Prozess des Großen Wandels verorten. Auf dieser Basis ist es uns möglich, uns wirklich darauf einzulassen, über die Schwelle zu treten und in die zukunftsschwangere Leere einzutauchen, die jetzt dran ist.

Rituelle Reise in den Raum zwischen den Geschichten

Bei langen Veranstaltungen haben wir ausreichend Zeit, um Menschen zu ermutigen, sich mit Unterstützung ihres Clans ihren eigenen heilsamen Raum zu gestalten. Wie kann das geschehen? Wo auch immer der Schwerpunkt liegt – es geht vor allem darum, etwas körperlich zu erleben, das uns sonst eher gedanklich beschäftigt. Für die Vorbereitung stehen sich die Mitglieder des Clans gegenseitig zur Verfügung. Sie unterstützen jedes Clanmitglied darin, herauszufinden, welcher Rahmen angemessen sein könnte, welche Rollen, welche Kompetenzen gebraucht werden, was in welcher Reihenfolge geschehen soll, was festgelegt und was dem Lauf der Dinge überlassen werden möchte. Vielleicht ist auch die Tageszeit oder bewusste Ortswahl wichtig – morgens oder abends, drinnen oder draußen, geschützt oder einsehbar, Erde, Holzboden oder Matratzen unter den Füßen? Braucht es einen ganz besonderen Schutz? Stille oder die Möglichkeit, ungehemmt laut zu werden?

Solch ein Ritual gestaltet sich Runa auf der Basis des Formats, das Abbildung 10a zeigt. Nachdem wir uns als ganze Gruppe gemeinsam durch die drei Felder bewegt haben, spürt Runa, wie sehr es für sie dran ist, bewusst die Schwelle vom alten Narrativ in den Raum des Nichtwissens zu überschreiten. Als sie sich die Frage stellt, warum sie diesen Schritt nicht schon lange vollzogen hat, wo sie sich doch so bereit fühlt und etwas wirklich anderes herbeisehnt, wird ihr klar, was noch fehlt: Zum einen möchte sie die Schätze aus dem alten Narrativ ernten, das ja nicht ausschließlich schlecht war. Zum anderen wünscht sie sich Anhaltspunkte, um in die bevorstehende Leere und Ungewissheit eintauchen zu können. Sie will Anker setzen, auf die sie auch im Alltag zurückgreifen kann. Was wird sie wohl am meisten brauchen in der Orientierungslosigkeit? Ihre Antwort: »Freude und Stille«. Für dich sind vielleicht ganz andere Qualitäten zentral – welche?

Runa sucht sich zwei Frauen, die das verkörpern sollen, und positioniert sie im leeren Raum – sie stellen jene Anhaltspunkte dar, über die ich geschrieben habe: Hilfen im Nebel des Nichtwissens, Imaginalzellen im Raupenmatsch. Der »Freude« gibt Runa Schokolade und wünscht sich, damit gefüttert zu werden, wenn sie während des Rituals vorbeikommt. Die »Stille« bekommt ein Fläschchen Rosenwasser, mit dem

Runa besprüht werden möchte. Nun bauen wir an der Stirnseite des großen Saals aus grauen Matten den Bereich, der für die Geschichte der Getrenntheit stehen soll, der Rest des Raumes bleibt leer. Das dritte, in Abbildung 10a türkise Feld ist für dieses Ritual nicht wichtig, denn Runas Augenmerk liegt darauf, die Schwelle vom herrschenden Narrativ zum Raum zwischen den Geschichten zu überschreiten. Diese Schwelle bildet der Mattenrand, hier liegt eine Reihe roter Kissen. Alles ist gut vorbereitet, auf einzelnen Zetteln hat Runa notiert, wovon sie sich verabschieden will, wenn sie nun aus der Geschichte der Getrenntheit heraustritt, und für welche Lernschritte und Errungenschaften sie dankbar ist. Dabei wird einmal mehr deutlich, dass in jeder Eigenschaft – auch wenn wir sie wirklich hinter uns lassen möchten – ein Licht- und ein Schattenaspekt steckt. Runa hat mir ihre Notizen zur Verfügung gestellt. Hier sind sie – ihre eigene Ernte in ihren eigenen Worten. Für andere ist an dieser Schwelle sicherlich anderes wesentlich.

Was sie hinter sich lassen möchte	**Damit verbundene Kompetenzen, die sie dankbar mitnimmt**
die »Sollte-Diktatur«	dran bleiben, da bleiben, Durchhaltevermögen
von allem abgetrennt sein	für mich sorgen, mich abgrenzen können
Selbstoptimierungszwang	Reflektieren, in mich schauen, offen sein, Lust am Wachsen
mich klein machen, Patriarchat Leistungsdruck	Weichheit, Weiblichkeit andere wahrnehmen können, gemeinsam produktiv sein

Jeden dieser Aspekte spricht Runa in aller Ruhe aus, sagt laut, was sie zurücklassen und was sie mitnehmen möchte, legt dafür jeweils eines der roten Kissen vor sich auf den Boden und macht schließlich einen großen Schritt über Schwelle und Kissen hinweg in den großen Raum hinein. Damit setzt sie ein →integrales Grundprinzip um, »transzendieren und integrieren«: Gesunde Entwicklung erkennt die Grenzen jeder Entwicklungsstufe, würdigt die gemachten Erfahrungen und wächst über sie hinaus. Was ich hinter mir lasse, muss ich weder verurteilen noch kleinreden. Es ist unverzichtbarer Teil meines Weges und kann nun in eine umfassendere Perspektive integriert werden.

Runa wandelt nun eine Weile im leeren Raum, besucht die Freude und die Stille und begegnet anderen, die sie eingeladen hat, mit ihr diesen Weg zu beschreiten. Was erlebt sie? Es sei »irgendwie orientierungslos und nicht sehr gefühlsintensiv« gewesen in diesem Zwischenraum, »eher leer eben«, erzählt sie hinterher. Und dass es ihr »total gut tat, die anderen im gleichen Raum wahrzunehmen, also das Gefühl zu haben, hier nicht allein zu sein«. Unser Halt in der Krise wird nicht vorrangig unser Wissen sein, sondern dass wir es wagen, uns gemeinsam ins Nichtwissen zu begeben. Rituale wie dieses können uns zeigen, dass das trägt.

Yielding: sinken – und nicht versinken

Natürlich gibt es bei einer *Sensing the Change*-Veranstaltung – neben dem ausgiebigen →somatischen Ankommen jeden Morgen – viele Einheiten, in denen wir ganz konkret zum körperlichen Erleben hinführen. Auch das gestaltet sich jedes Mal anders, es hängt vor allem von den Vorerfahrungen der Gruppe ab. Einiges habe ich bereits skizziert, zum Beispiel das Herzlauschen (S. 342), wo wir das Gewahrsein auf unsere Organe lenken – in diesem Fall Herz und Lunge. Alle Körpersysteme eignen sich für Momente erfahrbarer Anatomie: Vielleicht wollen wir uns den →Faszien widmen und unseren Körper als vernetztes System erfahren. Dann wieder braucht es die klare, aufrichtende Qualität, die uns zugänglich wird, wenn wir uns mit der Beschaffenheit unserer Knochen beschäftigen. Weitere Möglichkeiten sind der »kleine Tanz« und das Lehnen, die ich ausführlich in Kapitel 6 beschreibe. Als besonders wertvollen Schatz empfinde ich es, die Phasen →frühkindlicher Bewegungsentwicklung nachzuvollziehen. Ich habe an vielen Stellen dieses Buches dargelegt, dass ich im fehlenden →Yielding/Sinken eine maßgebliche Ursache für unsere unverbundene Kultur vermute. Unser tiefes Bindungstrauma betrifft nicht nur die Beziehung zu unserer Familie, die aufgrund ihres eigenen Mangels nicht in der Lage war, uns den Sozialen Uterus zu bereiten, den wir gebraucht hätten. Es bildet sich in einer gestörten Verbindung zu unserem Heimatplaneten ab. Was kann hier heilsam wirken – ganz im Sinne der →tiefenökologischen »Arbeit, die wieder verbindet«? Das *Stehen mit der Erde* habe ich bereits beschrieben, es erinnert mich täglich an diese Verbundenheit. Und es gibt noch etwas darunter. Denn als wir auf die Welt kamen und nicht angemessen empfangen wurden, konnten wir noch nicht stehen. Es ist also wichtig, bei diesem Prozess des Wiederverbindens auf der somatischen Ebene früher anzusetzen. Ganz wunderbar kann die Arbeit im warmen Wasser sein, die an vorgeburtliche Zustände anknüpft. Ich erzähle unter Überschrift *Dümpeln* ansatzweise davon.[13] Das Ankommen auf der Erde als Säugling findet viel im Liegen statt – optimalerweise angeschmiegt an einen warmen, lebendigen Körper. Es gibt viele Wege, das zu erkunden und Verpasstes als Erwachsene ein Stück weit nachzuholen, indem wir üben, uns der Erde anzuvertrauen. Manchmal leiten wir solch ein Liegen und Sinken mit einem ausgiebigen Schütteln ein. Wir wirbeln alles so richtig auf – ähnlich wie bei diesen Schneekugeln aus Souvenirläden –, und beobachten dann, wie es sich niederlässt, nach der Schwerkraft ausrichtet, Richtung Boden fällt. Es kann hilfreich sein, zu zweit zu arbeiten, zum Beispiel so: Ein*e Partner*in steht der* anderen zur Verfügung, um sie* zu begleiten und zu bezeugen. Die* Forschende entscheidet, ob sie zuerst allein in den Boden sinken möchte oder in Körperkontakt. Es ist wirklich sehr verschieden für Menschen, welche Variante ihnen mehr Sicherheit bietet und welche herausfordernder ist. Manche fühlen sich schnell einsam und verloren, wenn sie ohne Berührung am Boden liegen. Andere stresst es eher, einen anderen Körper so nah bei sich zu haben. Immer wieder gilt es anzuerkennen: Wir sind verschieden. Für die einen ist Einsamkeit das bedrohlichste Thema, für die anderen Vereinnahmung, für viele eine komplexe Mischung aus beidem. Also entscheidet jede*r Einzelne, womit er oder sie beginnen möchte. Wir nehmen uns mindestens eine halbe Stunde pro Person. Die Hälfte der Zeit liegt die forschende Person allein und beschreibt mithilfe der Empfindungssprache, was sie erlebt, sie kann ihre*n Partner*in bitten, ebenfalls Beobachtungen auszusprechen. Meist fällt uns dabei auf, dass wir in Etappen sinken. Wenn wir das Gefühl haben, wirklich loszulassen und am Boden anzukommen, kommt oft ein Seufzer. Mit ihm weicht vielleicht noch mehr Anspannung. Finger und Kiefer lösen sich, die Beine öffnen sich und fallen möglicherweise weiter aus den Hüftgelenken – falls wir auf dem Rücken liegen. Es kann sich einige Male wiederholen, dass wir erleben, wie wir uns noch tiefer in die Unterstützung hinein entspannen – und sie dadurch überhaupt erst wahrnehmen können. Manchmal kommt ein Zittern oder Zucken – das Nervensystem reguliert sich. Und es entsteht häufig erstmals ein Eindruck davon, was wir alles festhalten und auch jetzt nicht loslassen können – wieder ist wichtig, dass kein Stress entsteht, etwas besser können zu sollen. Die andere Hälfte der Zeit – nach Wahl vorher oder nachher – versuchen wir das Gleiche im Körperkontakt. Es kann eine Weile dauern, eine geeignete Position dafür zu finden, wir sind ja keine winzigen Neugeborenen mehr, die einfach auf dem Brustkorb ihrer Bezugsperson liegen können. Die Partner*innen experimentieren so lange, bis es für beide be-

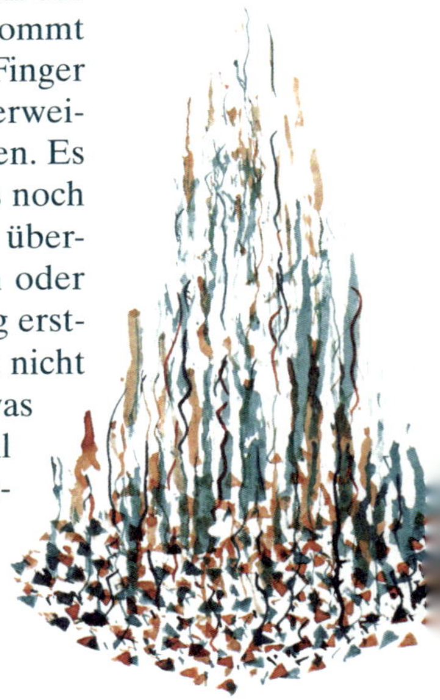

13 Mir ist wichtig, zu betonen, dass auch das Schweben im Mutterleib nicht für alle ein ausschließlich geborgener und seliger Zustand war. Wir sind als Ungeborene so untrennbar mit dem Nervensystem unserer Mutter verbunden, dass sich auch Stress und Anspannung auf uns überträgt. Trauma kann bereits vorgeburtlich beginnen.

quem ist. Vielleicht möchte ich nur für meinen Kopf oder meine Beine Unterstützung haben. Oder wir suchen uns eine weiche Matte und ich lege mich so flächendeckend wie möglich auf dich drauf, falls du dir das vorstellen kannst. Es kann Überwindung kosten, sich das überhaupt zu wünschen. Und ebenso viel Überwindung, es abzulehnen, denn das ist sehr →intim, vielleicht in diesem Moment und in dieser Konstellation zu intim, nicht angemessen. Wieder teilen wir Empfindungen und Beobachtungen, während wir uns zurechtruckeln, bis es für beide angenehm ist, und auch danach, wenn wir einfach nur still liegen und ich in deine Unterstützungseinladung hineinsinke. Oft geht es dabei um Bedenken wie »Bin ich nicht viel zu schwer?« oder »Darf ich mich wirklich so zumuten?« Und schon diese Fragen erzählen ja Bände darüber, dass wir es nicht gewohnt sind, Unterstützung wirklich anzunehmen, die Kontrolle abzugeben, uns anzuvertrauen und Interbeing für möglich zu halten. Wieder kann das Kulturelement des *Dreifachen Ja* (S. 467) helfen, sich nicht unter Druck zu setzen, sondern mit dem zu sein, was gerade möglich ist. Meist gibt es hier viel Gesprächsbedarf.

Nach dieser Erforschung des Sinkens laden wir alle ein, aus diesem entspannten Zustand heraus in Bewegung zu kommen, also zur nächsten Phase der frühkindlichen Bewegungsentwicklung überzugehen und mit Abdrücken und Abstützen, Rollen und Gewichtverlagern zu experimentieren. Wieder geht es ums Transzendieren und Integrieren: Wir arbeiten jetzt nicht plötzlich gegen den Boden, sondern bringen uns auf der Grundlage der Hingabe an die Schwerkraft in eine geerdete Aufrichtung. Satt verwurzelt nach oben kommen – das ist nicht allen von uns möglich. Es gibt Menschen, die ins Bodenlose zu sinken meinen. Sie können die unterstützende Kraft der Erde nicht spüren, sondern nur, dass es sie bleiern nach unten zieht und immer schwerer und schwerer werden lässt. Es ist wichtig, dass wir als Anleitende lernen, den Unterschied zwischen tiefer Entspannung und Wegdriften, ja →Dissoziation zu erkennen. Es kann helfen, Menschen anzusprechen, von denen wir den Endruck haben, sie verschwinden. Sinken zu lernen ist wertvoll – *ver*sinken nicht. Was geschieht, wenn Menschen versinken? Ich habe im Zusammenhang mit der Empfindungssprache bereits angedeutet, dass die Möglichkeit besteht, über das viele Spüren dem Fühlen der Gefühle und dem Reflektieren ausweichen zu wollen. Endlich erleben wir die Welt als einfach, rund und verbunden. Nie wieder wollen wir in die Komplexität und Widersprüchlichkeit der mentalen oder auch emotionalen Welt zurück. Wir wollen einfach nur sein. Vielleicht sind wir so selig, endlich spüren zu können, dass wir das verteufeln, was uns bisher scheinbar alleinig davon abgehalten hat: den bösen Verstand und die vielleicht auch verwirrenden Emotionen. Unter der Überschrift *Den Kopf ausschalten* habe ich solch eine Tendenz bereits beschrieben. Wenn uns bewusst wird, wie sehr unsere Kultur den Verstand überbewertet, neigen wir möglicherweise dazu, als Gegenreaktion nur noch spüren zu wollen. Dann tauschen wir die Überbetonung des einen gegen eine andere ein. Doch wir brauchen es, dass sich alle Ebenen ergänzen. Wir können üben, uns zu entspannen, ohne zu kollabieren und ohne in einen ausschließlich kleinkindlichen Zustand zu fallen. Dafür ist die beobachtende Instanz so wichtig – zunächst in Form einer* bezeugenden Partner*in, und später, wenn es uns vertrauter geworden ist, in uns selbst. Mit dem Öffnen für tiefes somatisches Empfinden können wir in vorsprachliche Bereiche gelangen. Frühe Anteile werden zugänglich, frühes Erleben – unbeschwertes Babysein ebenso wie frühes grundlegendes Entbehren, dem wir völlig ausgeliefert sind, wenn wir keine Sprache zur Verfügung haben, um zu beschreiben, was wir empfinden. Daher ist es unabdingbar, uns in Zeug*innenschaft zu üben, also immer mit einem Fuß als Erwachsene anwesend zu sein. Das ermöglicht uns, nicht vollkommen in frühkindliche Zustände wegzukippen, sondern von der erwachsenen Perspektive aus beobachten und reflektieren zu können, was gerade geschieht. Nur so bleibt das Loch, der Mangel nicht bodenlos. Nur so gewinnen wir trotz früher Wunden Boden unter den Füßen und verharren nicht in der ewigen Bedürftigkeit. Ab und an wird das vorkommen – dann können wir es vielleicht immerhin bezeugen: »Ah, das geschieht gerade mir mir.«

Ähnliches erleben wir im Sprachlichen: Schweigen ist etwas völlig anderes als Verstummen. Wenn ein Mitglied einer Gruppe ganz still ist, kann das bedeuten, dass diese Person entspannt und gelassen da ist und einfach gerade keinen Impuls verspürt, zu sprechen. Oder es kann heißen, dass irgendetwas in unserem Zusammensein von ihrem System als so bedrohlich wahrgenommen wurde, dass die Person sich ausklinkte, hinter einer unsichtbaren Mauer verschwand und nur ihren Körper bei uns zurückließ. Wir bemühen uns, solche Vorgänge bewusst mitzubekommen und als Gruppe, nicht nur als Leitung, ein Gespür dafür zu entwickeln. Um uns selbst und gegenseitig Wege aus der Erstarrung aufzeigen zu können, ist es zuallererst notwendig, die Taubheit als solche zu erkennen und nicht mit Entspannung zu verwechseln: Erlebe ich mich, dich, uns, euch gerade ruhig-verbunden oder starr-abgespalten? Ich bin sehr dankbar, dass ich momentan mit Menschen zusammenlebe, die sich vorgenommen haben, das im Alltag zu beobachten. Immer wieder sagt eine*r von uns: »Ich bin gerade nicht ganz da.« Oder jemand fragt: »Wo bist du eigentlich?« Wir werden immer geübter darin, zu erkennen, was uns gerade den Zugang zum gegenwärtigen Moment vernebelt. Und sobald ich beginne, das erkennen und benennen zu können, und von Menschen bezeugt werde, die das nicht schlimm oder verwerflich finden, bin ich dem Dissoziieren Stück für Stück weniger ausgeliefert. Die »Gemeinschaft der Nichtwahrnehmenden« erkennt sich selbst. Und bevor wir uns auf den Weg, machen, die kollektive Taubheit und Abspaltung zu überwinden, braucht es das liebevolle Annehmen dieser Zustände – irgendwann war das mal eine sinnvolle Überlebensstrategie.

Umgang mit heftigen Emotionen

Von der Taubheit habe ich viel geschrieben. Wir alle halten sehr viele Gefühle und Emotionen zurück, um unseren Alltag bewältigen zu können – eben weil die meisten Abläufe darauf fußen, dass wir nicht spüren, nicht fühlen. Wenn wir an einen Ort kommen, wo das Wahrnehmen explizit eingeladen ist, kommt das Unterdrückte zum Vorschein – und zwar bisweilen so geballt, als würde eine Schleuse geöffnet. Wie können wir solch einem Schwall angemessen begegnen? Das Kulturelement *Was wann wohin?* ist Zeugnis unserer Erfahrung, dass es auch schnell zu viel werden kann. Wir können nicht alles bislang Zurückgehaltene auf einmal fühlen. Das wäre überfordernd – für die Gruppe, für die Einzelnen und auch für uns, die wir diese Räume halten und begleiten. Es braucht also ein *Gefäßbewusstsein*: Wann ist wo Kapazität für wie viel emotionale Entladung? Achten wir nicht darauf, wiederholen wir ohne es zu wollen Mechanismen von Überforderung und Abwehr. Es braucht Strukturen, um dem, was sich zeigt, einen angemessenen Raum anzubieten, in dem es gehört, gesehen, beantwortet werden kann. Ganz allmählich lernen wir, wie das gehen kann.

Bei unserer ersten einwöchigen Veranstaltung saßen wir gegen Ende im großen Kreis zusammen. Plötzlich sprang Thomas auf, ein junger Aktivist, der sich mit seinem Engagement für *Extinction Rebellion* an den Rand des Burnout gebracht hatte. Er stürzte in die Mitte, schrie wild umher und nutzte diesen Raum, von dem er ahnte, hier könnten Menschen versammelt sein, die in der Lage sind, mit ihm zu fühlen, was sich so sehr danach sehnte, gesehen und gehört zu werden: Wut und Verzweiflung über unseren achtlosen Umgang mit diesem Planeten. Wieder und wieder warf er sich weinend zu Boden und brachte in unsere Mitte, was nur gemeinsam gefühlt werden konnte. Er zeigte sich mit einem Schmerz, der ganz deutlich seiner war und zugleich viel größer als er selbst. Er brauchte den kollektiven Resonanzraum, alles andere wäre viel zu klein gewesen. Ein einzelnes Herz kann das nicht beinhalten. Es war so wichtig, so richtig, was hier geschah – und zugleich für viele völlig überfordernd. Hier hätte es eine Absprache des Teams geben müssen: Wer kümmert sich in solch einer Situation worum? Die gab es nur sehr unzulänglich. Ich setzte mich zu Thomas in die Mitte, versuchte mit ihm präsent zu sein. Von den Kolleg*innen bekam ich dabei nicht viel mit. Es entstand ein wildes Gewirr von Reaktionen. Einige Leute verließen den Raum, manche fielen in einen dissoziativen Zustand, andere waren wach dabei, öffneten ihr Herz, bereit, das gemeinsam zu fühlen, andere sahen sich aufgerufen zu helfen, zu beschwichtigen, die obligatorische Taschentuchbox wurde gereicht. Thomas schob sie mit großer Klarheit von sich. Er wollte das nicht kleiner machen, nicht wegputzen, was sich hier endlich zeigte. Auf dem Boden vor ihm hatte sich bereits eine Pfütze von Tränen und Rotz gebildet. Mit beiden Händen fasste er hinein und schmierte es sich ins Gesicht. Eine Geste: »Ich will die Verzweiflung ganz fühlen – macht sie nicht kleiner, wischt sie nicht säuberlich weg, teilt und fühlt sie mit mir!« Dieser Ausbruch hat uns aufgerüttelt. Wie können wir lernen, den Raum für das ganze Ausmaß an Verzweiflung zu halten? Von da an schufen wir kleinere Gefäße für heftige Emotionen und baten die Menschen, ihre Anliegen nicht geballt und plötzlich in den Kreis zu werfen. Das löste bei einigen Wut und Widerstand aus. In der Mal-Ecke entstanden Bilder, auf denen zugenähte oder rot durchgestrichene Münder zu sehen waren. Das ist sehr verständlich, wenn Menschen so oft erlebt haben, dass etwas nicht gefühlt, nicht geäußert werden darf, dann reagieren sie hier mit Wut. Es ist wichtig, dass wir als Team lernen, auf diesem Grat zu navigieren, den Gruppenkörper zwar nicht zu überladen, aber auch nicht allzu ängstlich und reglementierend aufzutreten. Wenn wir diese Verantwortung übernehmen und immer wieder auch Grenzen setzen, machen wir uns auch zur Projektionsfläche. Das ist uns bewusst – und wohl erst einmal nicht zu vermeiden, bis es irgendwann nicht mehr so bedrohlich ist, auch heftige Emotionen willkommen zu heißen, weil alle um die heilsame Wirkung solch kollektiver Fühlräume wissen und die Gruppe wie auch jede*r Einzelne gute Möglichkeiten der Selbst- und Co-Regulation zur Verfügung hat.

Ich möchte von einem Moment berichten, in dem uns das recht gut gelungen ist: In die Zeit einer Veranstaltung, die nur unter Hygieneauflagen stattfinden kann, fällt die Nachricht über den zweiten Lockdown. Die meisten der Teilnehmenden haben die Woche über ihre Handys aus und empfangen kaum Nachrichten. Wir empfinden es als unsere Aufgabe, die Gruppe darüber zu informieren. Doch wie, ohne eine riesige Welle an Emotionen auszulösen? Es gibt ohnehin schon jede Menge Dinge, an denen sich die Gruppe aufreiben kann: Lüften, Abstand, Masken. Vielerlei Haltungen sind vertreten. Nach unserer morgendlichen Spür- und Bewegungseinheit bitten wir zunächst, dass sich alle in ihren Triaden zusammenfinden, damit sie die Nachricht über den erneuten Lockdown in einem vertrauten und geborgenen Raum zu hören bekommen. Dann sprechen wir es aus, so ruhig wie möglich. Eben noch haben wir uns satt, wohlig und entspannt über den Boden gerollt, nun ist deutlich, was die Nachricht im Feld verändert, der Raum surrt und vibriert. Wir schlagen den Dreiergruppen vor, sich auszutauschen und sich gegenseitig zu unterstützen bei den ausgelösten Gefühlen. Viel Angst

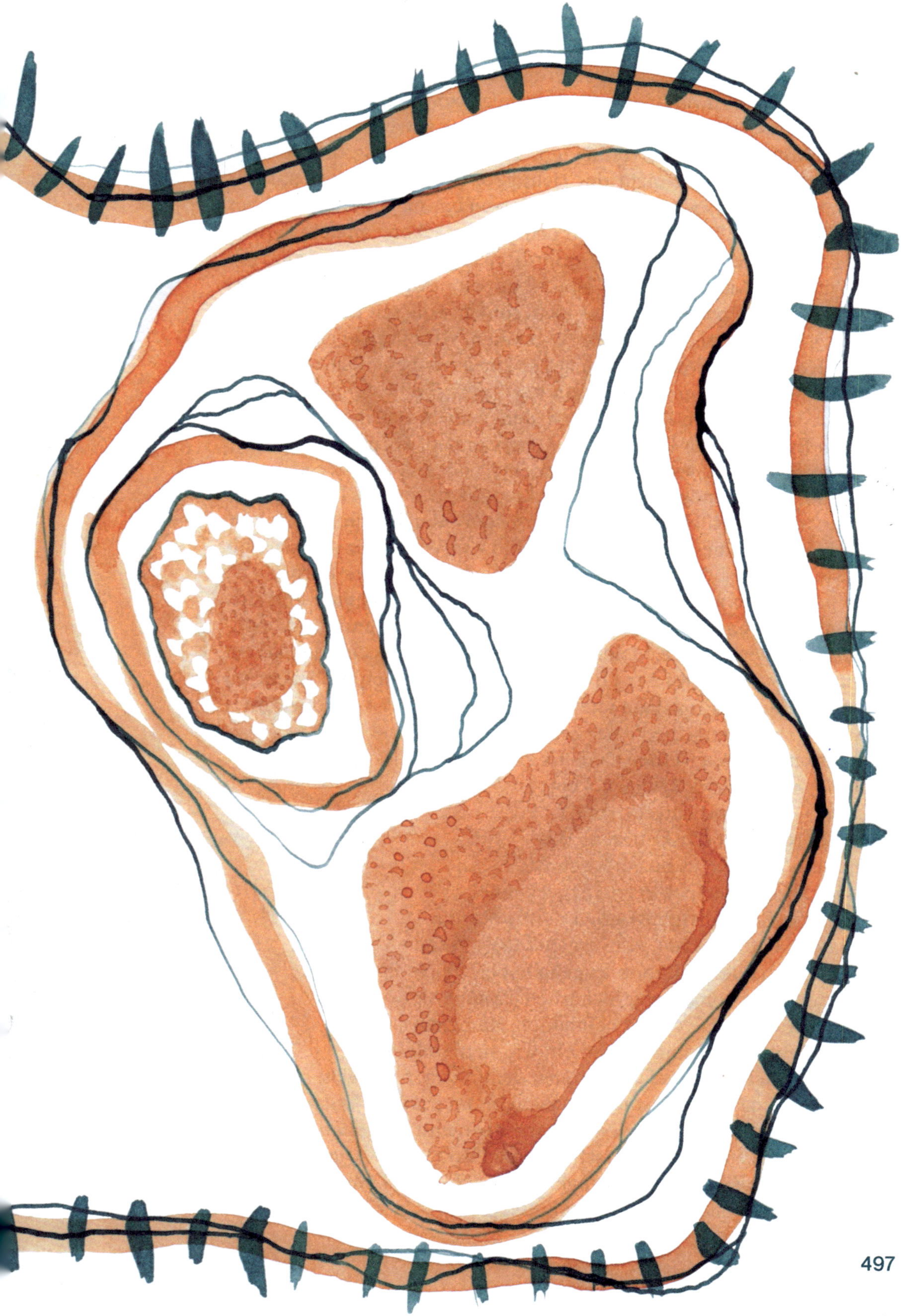

und Wut ist im Raum. Es dauert nicht lange, da kommt eine aufgeregte Frau zu uns. Sie fordert, dieses wichtige und brisante Thema nicht in die Kleingruppen zu verlagern, sondern im ganzen Kreis zu besprechen. Als Team tauschen wir uns kurz aus, fragen uns: Weichen wir dieser Wut aus, wollten wir etwas vermeiden? Wir sind uns einig, die Gesamtgruppe ist im Moment nicht der richtige Ort, besinnen uns unseres Kulturelements *Was wann wohin?* und lassen uns nicht irritieren. Aber wir wollen unsere Überlegungen transparent machen, um dem Gefühl zu begegnen, hier werde etwas unterdrückt: »Wir nehmen wahr, wie viel Wut, auch Angst im Raum ist«, sagen wir. »All das soll Aufmerksamkeit haben. Und wir halten es nicht für sinnvoll, mit dieser Ladung jetzt als ganze Gruppe zusammenzukommen. Wir bitten euch noch um etwas Geduld, um diese Aufregung gut einzusammeln. Dafür wenden wir uns erst einmal ganz basal unserem körperlichen Empfinden zu, als Ressource.« Wir regen dann dazu an, den eigenen Bauch zu berühren, damit in Bewegung zu kommen, zu atmen, um auf körperlicher Ebene für Entspannung zu sorgen. Der Boden ist noch da. Weiter erinnern wir daran, dass es möglich ist, Körperkontakt zu suchen, falls sich das stimmig anfühlt. Rücken an Rücken zu sein oder Bauch an Rücken, um dem Schreck dieser Nachricht ein Bild von Verbindung an die Seite zu stellen. Schließlich bitten wir die Menschen, dieses körperliche Empfinden wach zu halten, während sie ins Sitzen kommen und sich im Raum umschauen. Wir erinnern sie daran, wie viele unterschiedliche Erfahrungen, Ängste, Meinungen und Überzeugungen es zu diesem Thema gibt – auch in dieser Gruppe –, und dann geben wir Raum, zu teilen, was für die Einzelnen jetzt gerade wesentlich ist. Und wir erleben, dass sehr Unterschiedliches gesagt, gehört und gemeinsam gehalten werden kann. Es gibt keine schnellen Erwiderungen, kein »ja, aber«. Niemand verfällt ins Argumentieren oder Diskutieren. Wir treffen uns dort, wo es uns möglich ist, die Vielfalt der Perspektiven anzuerkennen. Wir sind auf friedlichem Boden – obwohl das Thema das Potenzial hat, alles zu sprengen. Wenn Menschen bei aller Irritation Zugang haben zu einem Empfinden von basaler Sicherheit, können sie erstaunlich viel → Diversität beinhalten. Hier zeigt sich in aller Deutlichkeit und Schönheit, wie sich *Spüren* und *Fühlen* unterscheiden und wie sie einander brauchen – es geht hier nicht um das *Gefühl*, sondern vielmehr um das *Empfinden* von Sicherheit. Die Information von Geborgenheit und Aufgehobensein mit meinen Sinnen zu empfangen, schafft einen Boden, um Angst, Wut und Trauer willkommen zu heißen, angemessen fühlen zu können und nicht im Affekt gegen andere richten zu müssen.

Das Team ist erleichtert. Hier ist etwas gelungen, das uns wie ein Prototyp für kontroverse politische Auseinandersetzungen vorkommt. Und es braucht Zeit, Geduld, Vertrauen und die Bereitschaft aller, um aus der Geschichte der Getrenntheit und dem Diskutieren, dem »Zerschlagen« auszusteigen. Sich körperlich zu spüren scheint zu helfen. Zusammenfassend könnte die Essenz dieses Erlebnisses so lauten:

Lasst uns unser Spüren, Fühlen und Denken weiten, so weit, bis wir an die Ränder dessen vorgedrungen sind, was unsere Gesellschaft spaltet. Und dann lasst uns alle in der Mitte des Raumes Platz nehmen, der durch die Weitung entstanden ist. Von dort aus können wir uns vielleicht gemeinsam ein Bild machen, wo wir sind – indem wir aus möglichst vielen verschiedenen Perspektiven beschreiben, was sich zeigt. Aus dieser Weite heraus können wir uns möglicherweise neu ausrichten.

Dümpeln

Für diese Geschichte springe ich zeitlich zurück in die Zeit vor Lockdowns und Atemmasken. Wir haben einen geeigneten Seminarort gefunden für unsere zweite große Veranstaltung. Er hat, weil es sich um ein ehemaliges Hotel handelt, sogar einen sogenannten Wellnessbereich. Wir sind als Team zwei Tage vor Seminarbeginn angereist und wollen unser Treffen mit einem Sauna-Abend einläuten. Hier braucht es einen kurzen Schlenker zurück zur Frage der → Privilegien: Ich bin keine Dauerbesucherin von Thermalbädern und Spas und bin immer wieder überrascht, wie häufig und selbstverständlich manche Menschen in meinem Umfeld diese extrem wasser- und energieaufwändigen Einrichtungen nutzen. Ich bin nicht in der Lage, das einfach wegzuschieben, um unbefangen saunieren und baden gehen zu können, sondern mag auch anerkennen, dass es unzählige Menschen gibt, die keinen Zugang zu sanitären Anlagen oder sauberem Trinkwasser haben. Es kommt mir unverhältnismäßig vor, mich so im Überfluss zu wälzen und dabei so viel Wasser und Energie zu verbrauchen. Ich kenne diese Mahnerin in mir, die sagt: Wenn es nicht allen zugänglich ist, möchte ich auch nicht in den Genuss kommen. Diese Stimme möchte ich ernst nehmen, mich aber nicht komplett von ihr lähmen lassen. Das kann schnell ins extreme Gegenteil umschlagen: Selbstkasteiung, totaler Verzicht – mitsamt Verurteilung all derer, die dazu nicht bereit sind –, oder ein extrem schlechtes Gewissen, wenn ich doch mal eine Ausnahme mache. Solche Phasen hatte ich in meinem Leben. Mir selbst gar nichts zu gönnen ist kein wirklich freudvoller Ort, von dem aus ich mich für das Lebenfreundliche engagieren kann. Doch der hedonistischen »Das gönn ich mir!«-Haltung kann ich erst recht nichts abgewinnen. Ich wünsche mir, *Gönnen* möge eine größere Einheit umfassen als nur mich selbst. Ab und zu lasse ich mich wirklich gern im warmen Wasser treiben, es verbindet mich mit dem Fließen alles Organischen, damit, dass Leben nicht ohne Wasser sein kann. Und es nützt niemandem, wenn ich das mit

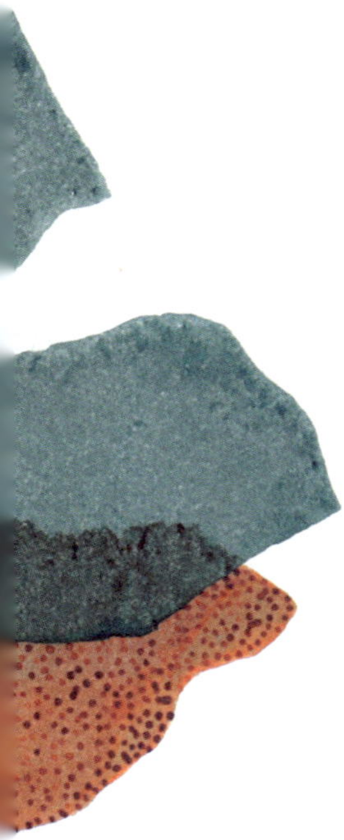

schlechtem Gewissen tue. All dem versuche ich meine Aufmerksamkeit zu widmen, als ich kurz innehalte, bevor ich diesen durchweg mit winzigen runden Fliesen gekachelten Bereich betrete. Ich gehe duschen, die anderen sind bereits in der Sauna. Sitzen und Schwitzen finde ich zwar auch ganz angenehm, doch am meisten liebe ich Becken mit warmem Wasser – eine Weile lang einfach nur schwebend sein. Hier gibt es einen kleinen Whirlpool, er hat einen Durchmesser von etwa zweieinhalb Metern. Im Moment gurgelt er still vor sich hin. Ich setze mir eine meiner Nasenklemmen auf, dann lege ich mich auf den breiten Rand des Beckens und tauche ganz langsam ins Wasser ein. Die Augen geschlossen, die Nase ebenfalls. Wasser rund um mich herum. Meine Haut begrüßt das wohlige Warm. Mein Balancesinn jubelt der Schwerelosigkeit entgegen und ich reise auf der Stelle weit zurück in der Evolution. Zuerst bin ich so etwas wie eine Amöbe, dann vielleicht eine Qualle. Das orangene Licht hinter meinen Augenlidern weckt Erinnerungen an mein Dasein als Embryo im Fruchtwasser. Kleine Bewegungsimpulse entstehen aus meiner Mitte heraus, meine Wirbelsäule möchte sanft schlängeln. Wellen entstehen, in mir, im Wasser. Entfernt höre ich, wie sie neben mir in den Überlauf gespült werden. Ich berühre mit meinem Ellbogen die Wand des Pools, erinnere mich, dass ich Arme und Beine habe, beginne, mich mit allen möglichen Teilen meines Körpers an den Beckenrändern abzustoßen und gleite schließlich mit immer ausladenderen Bewegungen durchs Wasser. Es schwappt noch mehr und ich tauche tief in meinen Übermut hinein. An der Peripherie nehme ich etwas im Raum wahr, da draußen. Mein Kopf kommt an die Oberfläche, die Augen gehen für einen Moment auf. Die anderen kommen gerade aus der Saunakabine. Ich tauche wieder unter. Bisher fühlte ich mich geborgen und sicher, ganz für mich allein in meiner kleinen Wasserwelt, unbeobachtet und zufrieden mit mir selbst. Kann ich es zulassen, hier so gesehen zu werden? Sollte es mir peinlich sein, dass in diesem Moment wohl eine Pobacke samt halbem Oberschenkel von mir aus dem Wasser ragt? Erfreut stelle ich fest: Diese Menschen sind mir so vertraut, sie dürfen mein sinnliches Sein bezeugen – genau so wie es ist, kindlich, animalisch, Hals über Kopf, ungehemmt. Kreatürlich. *Vertraut* ist nicht das richtige Wort, die meisten kenne ich noch nicht sehr lange. Es ist *vertrauensvoll* zwischen uns. Einige von ihnen gehen dampfend umher, verschwinden unter der Dusche oder nach draußen. Ich bleibe meinem sanft-wilden Wassertanz treu. Und dann tauche ich ein weiteres Mal aus meiner seligen Unbedarftheit auf. In mir wird die Frage wach, ob die anderen wohl auch in den Whirlpool möchten, sich aber nicht trauen, wenn ich hier *so* bin. Woher kommt meine Sorge? Es könnte jenes schlechte Gewissen sein, das ich gut kenne: »Ich nehme zu viel Raum ein! Es steht mir nicht zu, das Becken für mich allein zu haben und mich so maßlos darin zu räkeln! Ich muss mich stets so verhalten, dass ich die Freiheit anderer nicht einschränke!« Und natürlich lauert da auch die Befürchtung, es könne ihnen doch peinlich sein, mich so zu sehen. Diese Befürchtung ist mir wohlbekannt. Vermutlich gibt es viele Menschen, denen ich tendenziell peinlich bin. Ich verspüre den Wunsch, dass der Rest des Teams zu mir kommt und dass wir gemeinsam die mir momentan einzig vorstellbare Art feiern, solch einen Pool zu benutzen. Wie kommen die meisten Menschen dazu, Whirlpools seien zum Stillsitzen da? Das will mir nicht in den Körper. Ich verlangsame meine Bewegungen und nehme Blickkontakt auf mit denen, die da draußen in einem ganz anderen Element wandeln. Es hinterlässt eine staksig hölzerne Resonanz in meinem Wasserkörper, ihnen beim Laufen auf festem Boden zuzusehen. Es ist fast, als müsse ihnen das wehtun. Ich deute auf weitere Nasenklemmen am Beckenrand. Eine*r nach dem anderen gesellt sich zu mir. Die meisten von ihnen haben Erfahrungen mit der Contact Improvisation. Berührung ist uns allen nicht fremd oder unangenehm. Nun sind wir alle nackt – das ist neu. Ich stelle mir vor, wie es wäre, wenn wir Fremde in einem öffentlichen Schwimmbad wären. Wie peinlich genau wir darauf achten würden, uns nicht zu berühren! Es wäre wirklich richtig anstrengend, denn wir sind viele für diesen kleinen Pool. Wir würden alle flacher atmen, um weniger Bewegung zu erzeugen und auf keinen Fall in den Bereich der anderen einzudringen. Es hat etwas Feierliches, als wir allmählich in Bewegung kommen. Langsam und achtsam, aber nicht ängstlich beginnen wir, umeinander herum zu fließen. Ich streiche an zwei Rücken, an einem Oberarm vorbei. Ein Zopf streift mein Gesicht, während mein Fuß etwas Weiches berührt – keine Ahnung was das ist. Ein Po? Eine Brust? Könnte es eine Brust gewesen sein? Habe ich eine Brust getreten? Nein, nicht getreten. Füße können auch Sanfteres tun als Treten. Keiner der hier versammelten Füße würde in diesem Moment treten. Und sollte das Weiche eine Brust gewesen sein, wird sie es nicht als Tritt wahrgenommen haben. Wir schmiegen, gleiten und schlängeln, wir aalen uns – alles sehr gemächlich. Es geschieht nichts Abruptes, auch nichts Zielgerichtetes: kein Greifen, Grapschen. Erst jetzt merke ich, wir haben doch alle ein wenig die Luft angehalten, haben etwas ungläubig all unsere Antennen ausgefahren: Passiert das hier wirklich? Wir beginnen, es zu glauben, und entspannen uns in dieses genüssliche Dümpeln hinein. Es ist eine Körpersuppe. Boullion corporelle. Irgendwann ist es egal, was zu wem gehört. Mir scheint, ich könne gar nicht mehr zwischen mir und den anderen unterscheiden. Ein vielarmiger Krake vergnügt sich hier und lässt seine Gliedmaßen fließend tanzen. Was für eine sanfte Kraft das hat! Es ist in genau dem Sinn → erotisch, wie ich es bereits beschrieben habe, und – in stiller Vereinbarung – nicht → sexuell. Niemand greift zielstrebig irgendwohin, will etwas stimulieren, mehr machen als ist. Wir erleben einen sehr → sinnlichen Raum, in dem es nicht darum geht, etwas zu steigern oder zusätzlich zu reizen, zu erregen. Wir wollen nichts. Ich kann das natürlich nicht wissen. Vielleicht steigt ein Wollen auf, ein Begehren, hier oder dort. Doch es scheint uns allen sehr bewusst zu sein, wie sehr es diesen Raum verändern würde, wenn wir ihm nachgingen. Wir haben die Wahl. Und natürlich streifen mich auch hier und da Momente von Scham – ich nehme an, nicht nur mich. Wenn meine Finger beim Umherstreifen im Wasser eine Nase, einen Mund berühren. Wenn ich mich frei bewege und plötzlich die Frage zu surren beginnt: Wie weit kann ich meine Beine öffnen, wenn ich hier plantsche, ohne dass es für die anderen unangenehm oder seltsam wird? Haben die eigentlich die Augen auf? Ich habe sie zu. Wäre es komisch, wenn ich die einzige wäre, die gerade nichts sieht, während alle anderen gucken? Befinde ich mich womöglich als einzige in diesem seligen Flowzustand? Ich werde neugierig, tauche mit den Augen über die Wasseroberfläche und öffne sie. Etwa fünfzig Zentimeter von mir entfernt schwebt – einer Boje gleich – ein Penis[14] im Wasser, friedlich schaukelnd. Ich schließe die Augen wieder, wie alle anderen auch. Vielleicht schwebt er da auch wie eine Alge, eine Wasserpflanze. Und mit einem Schlag wird mir etwas bewusst, was mir noch nie vorher aufgefallen ist. Ich habe mich eben gefragt, ob es für andere befremdlich ist, wenn meine Vulva offen sichtbar wird, und ob ich darauf achten sollte, sie eher versteckt zu halten. Diese Wahl haben Männer ja gar nicht. Sie können ihre Penisse nicht verstecken – es sei denn, sie klemmen sie sich in einer wirklich verkrampften Geste zwischen die Beine –, und somit auch eine Erektion nicht, wenn sie geschähe. Es ist mir ja schon fast mein Leben lang bewusst, dass Penisse sichtbarer sind als Vulven. Und doch kamen mir nackte Frauenkörper immer viel verletzlicher, viel ausgelieferter vor. Woran misst sich Verletzlichkeit? Ob das Verletzliche weit in den öffentlichen Raum oder tief in mich selbst hineinragt? Ist es wirklich notwendig, es zu vergleichen und ein Ranking zu machen? Nein. So unterschiedlich kann sich Verletzlichkeit zeigen. Während ich das aufschreibe, erkenne ich dies als einen Moment, in dem sich das Wahrnehmen in jener Dimension zeigt, die ich an so vielen Stellen versucht habe zu beschreiben: Ich sehe etwas in der Welt da draußen, etwas, das ich im Abgleich mit dem Speicher meiner Erinnerungen auch als bedrohlich einschätzen könnte. Doch im Umfeld dieses friedlichen gemeinsamen Treibenlassens – eindeutig das Erdgeschoss des Nervensystemhauses – hat das Bild die Chance, zu mir vorzudringen als das, was es ist: ein Körperteil, der hier verletzlich im Wasser herumschwimmt. Und ich kann ihn als solchen erkennen, weil ich Zugang zu dieser Verletzlichkeit in mir habe. Ich kann dieses Bild in mich hineinlassen – das Bild von etwas, das anders ist als ich, aber auch verletzlich. Dadurch erweitert sich mein Verständnis von Verletzlichkeit. Mein Blick auf die Welt in all ihren unermesslichen Facetten wird weiter und bei aller Beschränktheit um ein My kompletter. Das bedeutet es, wenn ich Wahrnehmen als den Vorgang bezeichne, mich der Welt zu öffnen, um Gefäß

14 Auch hier könnte ich mich analog zu den Gedanken rund um die Vulva um einen freundlicheren Namen bemühen. Ich belasse es einstweilen beim etwas sachlichen Wort *Penis*.

zu sein und sie in mir abzubilden. Wie gern möchte ich dazu auch in ganz alltäglichen Situationen in der Lage sein. Wie gern möchte ich mein Leben dieser Aufgabe widmen. Es kann sein, dass diese Geschichte Empfindungen in deinem Körper auslöst. Vielleicht magst du dem Aufmerksamkeit schenken, bevor du weiterliest.

Spüren und sprechen, beobachten und ganz hineintauchen

Später fasse ich mir ein Herz und teile mein Erleben und die Gedanken dazu mit einem Mann. »Ja«, sagt er. »Ja, genau.« – Erleichterung, dass das gesehen werden kann. Wir erzählen uns von weiteren Situationen im Pool. Wie unbefangen waren wir wirklich – und wo hat sich Scham oder Unbehagen über uns gestülpt? Wie sind wir damit umgegangen? Was hat diese ungewöhnliche Intimität in uns ausgelöst? Ich spreche auch mit anderen darüber, Männern und Frauen. Zum Beispiel fragen wir uns, ob wir eine Erektion in so einer Situation automatisch bedrohlich und unangemessen finden würden. Alle sind sich recht einig: Vor unserem Gespräch wäre das so gewesen, ja. Und nun hat sich etwas verändert. Was ist, darf sein, muss nicht unterdrückt, aber auch nicht unbedingt befeuert werden. Beobachten hilft.

Immer wieder höre ich den Einwand, das sei doch ein Widerspruch: Wir können doch nicht ganz eintauchen in unser Erleben und eine beobachtende Distanz wahren! Schließt sich das nicht aus? Ich würde sagen: Nein. Das habe ich beim Improvisieren gelernt. Ich kann mich dem Fluss hingeben, freudig die Intelligenz meines Körpers bezeugen und gleichzeitig gestaltend anwesend sein, indem ich bewusst entscheide, diesem und nicht jenem Impuls zu folgen. In der Geschichte *Nach der Demokratie* sprach ich von »dem Moment, wo wir die Kontrolle ganz haben und ganz aufgeben«. Ja. Es ist möglich, die Innenperspektive mit einer übergeordneten zu verweben. Ich begebe mich tief hinein in mein sinnliches Erleben und mir ist bewusst, wo ich mich gerade befinde. Es gilt, aufmerksam zu bleiben und nichts zu übergehen, wenn wir uns unsere Lebendigkeit zurückholen. Wenn wir eine Wachheit für Unstimmiges entwickeln, dann erliegen wir nicht so leicht der Versuchung, in gewohnte Fahrwasser zurückzurutschen oder aber entspannter, freier, animalischer wirken zu wollen als wir sind. Wenn wir an solche Punkte gelangen, an denen sich etwas künstlich hergestellt oder betont locker anfühlt, können wir innehalten. Wir horchen dann auf die Schätze, die Informationen, die dieses Unbehagen uns schenkt. Auf diese Weise können wir Schritt halten mit unserem Wachsen, uns nicht zu viel auf einmal abverlangen und geraten nicht in ständig neue Überforderungs- oder Triggerschleifen. Die Arbeit von *Sensing the Change* möchte dazu beitragen, dass Menschen mit dieser Seinsqualität vertraut werden. Wenn Verstand, Gefühle und Kreatürlichkeit eine fruchtbare Verbindung eingehen, erlauben wir uns mehr und mehr, mit allem anwesend zu sein, was uns ausmacht – auch

mit dem Herausfordernden, dem Schambehafteten. Und je transparenter wir untereinander damit sind, desto leichter wird es, weil wir aufhören uns zu fragen, ob wir wohl die einzigen sind, denen es so geht. Es hilft, zu erleben, dass andere an ähnlichen Stellen zu knabbern haben – oder an ganz anderen. Solche Prozesse zu teilen, beschleunigt unser aller Wachstum. Dafür braucht es zunächst einmal jede Menge Zeit – und eine angemessene Sprache, in der nicht im Subtext Verurteilung mitschwingt, sondern die sich traut, einfach zu beschreiben was ist. Wir stellen beim Forschen immer wieder fest, dass Austausch und Resonanzraum mitunter länger dauern als das Erleben selbst. Das macht mich manchmal ein bisschen ungeduldig, denn diejenigen, die immer nur reden, sind das nicht die anderen? Wir wollen doch spüren, uns bewegen, lebendig sein! Und dann sitzen wir doch wieder da und reden. Ich werde allmählich gelassener damit. Denn erstens können wir uns beim Sprechen ja bewegen. Wir können dabei rumliegen, uns aneinanderkuscheln oder die Füße massieren. Kein Mensch sagt, dass beim Reden alle einzeln und still auf Stühlen sitzen müssen. Ich bin zuversichtlich, dass das viele Reflektieren die Übungsphase darstellt. Irgendwann wird es leichter werden, weil wir an einem anderen Punkt beginnen können: dort, wo der Modus des beschreibenden Sprechens bereits selbstverständlicher ist. Wir müssen das Beschreiben nicht mehr beschreiben. Es wird einfacher werden und irgendwann nicht mehr so viel Zeit in Anspruch nehmen. Und es kann genauso gut sein, dass sich alles immer noch mehr weiten wird: Je mehr wir sprechen, desto tiefer gelangen wir, und desto mehr Aspekte tun sich auf, die auch noch alle wahrgenommen, benannt, erkundet, geteilt werden wollen. Dabei ist es schon nach Mitternacht … Es ist gut zu ahnen, dass ab einem gewissen Grad an Weisheit und Demut das Schweigen immer leichter fällt.

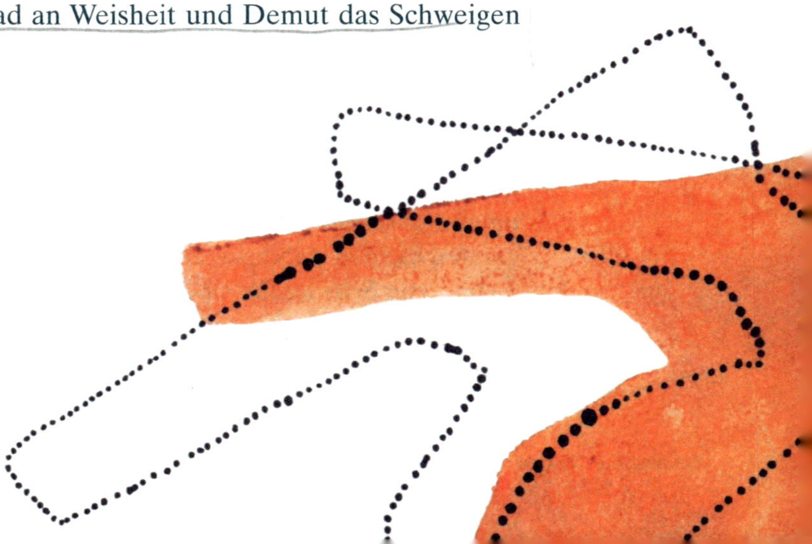

Was wir im Wasserbecken im Kreis des Teams erleben, erfährt noch eine Fortsetzung: Die Teilnehmenden reisen an, die ersten Tage vergehen und ein Abend in der Sauna steht auf dem Programm. Am Morgen treffen wir uns als Gesamtgruppe, um gemeinsam einen Überblick über den Tag zu bekommen. Ich spreche den angedachten Sauna-Abend an und frage in die Runde, ob es Menschen gibt, die Lust haben, das mit mir zusammen vorzubereiten, damit es ein bewusster Raum wird, der für alle gut ist und nicht nur für diejenigen, die vertraut sind mit Saunagepflogenheiten und Nacktheit. Es meldet sich nur eine einzige Frau. Als wir uns zusammensetzen, wird mir klar, sie ist nicht aus einer Freiheit heraus hier, sondern aus schierer Angst. Ich spreche das an, und sie erwidert: »Ja, klar. Das ist doch das Schrecklichste, was man sich vorstellen kann, nackt zu sein vor allen.« Ich bin mir nicht sicher, ob die Panik, die mir da entgegenschwappt, ein geeigneter Zustand ist, aus dem heraus dieser Abend gestaltet werden möchte. Und zugleich weiß ich, dass ich in meinem Leben oft aus der Not oder aus einem Mangel heraus etwas richtig Gutes geschaffen habe: Weil mir die Räume, die ich vorfand, nicht sicher genug, nicht lebendig, transparent, achtsam oder bewusst genug waren, habe ich andere zu genau dem eingeladen, was ich mir selbst gewünscht hätte – das habe ich ja bereits beschrieben. All diese Überlegungen teile ich mit der Frau. Nein, sagt sie, sie habe eigentlich gar keinen Impuls, als Verantwortliche für den Abend aufzutreten. Sie habe sich nur gemeldet, weil sie es richtig schlimm fände, wenn er einfach so geschieht, ohne dass sich jemand kümmert. Ich versuche, sie zu beruhigen und versichere ihr, dass ich dazu beitragen möchte, einen sicheren Raum zu gestalten – und zwar auf eine Art und Weise, die ihr ermöglicht, dabei zu sein, wenn sie das denn möchte, und zwar ohne über ihre Grenzen zu gehen. Natürlich sei das Nacktsein kein Zwang, sie könne gern auch bekleidet kommen. Wir sprechen noch eine Weile, ich versuche, ihrer Angst auf den Grund zu gehen und herauszufinden, was sie braucht, um sich wohlzufühlen. Am Abend treffen wir uns alle – bekleidet – in unserem Gruppenraum. Eigentlich wollte ich nur ein paar einleitende Worte sprechen, um dann in einen achtsamen Sauna-Abend überzugehen, der das Gespür für Nacktheit und Scham im gemeinsamen Gewahrsein hat. Doch dann wird eine richtig lange Rede daraus – und erstaunlicherweise wird niemand unruhig. Das wollte offensichtlich alles mal ausgesprochen werden: Zunächst sage ich vom Inhalt her in etwa das, was im Einschub → Intimität zu lesen ist. Von da aus komme ich zur → Scham. Ich möchte ein Bewusstsein dafür schaffen, wie verlockend es ist, den Scham-Spieß einfach umzudrehen: Wenn wir die Gesellschaft, in der wir leben, als verklemmt empfinden und keine Lust mehr haben, uns für unsere Nacktheit und Lust und Lebendigkeit schämen zu sollen, dann kommt es bisweilen vor, dass wir eine Art Racheakt veranstalten. Sollen sich die anderen schämen! Wir verweigern uns der Scham und lehnen sie als spießig rundherum ab. Dadurch schaffen wir leider ein neues Korsett, ein neues Dogma: Schämen ist out, Schamlosigkeit ist angesagt! Manche können das ganz gut: »Fake it till you make it« – tu einfach eine Weile lang so, als ob es dir nicht peinlich wäre, und dann ist es dir irgendwann wirklich nicht mehr peinlich. Diejenigen von uns, deren Wunde ist, so tun zu müssen als ob, bleiben da allerdings auf der Strecke. Sie stehen am Rand und fühlen sich falsch. Sie würden vielleicht gern mitmachen, können aber diesen Widerstand in sich nicht überwinden. Alles was sie sich wünschen ist ein authentischer Umgang: spüren, was geschieht, benennen, wo es holpert, titrieren, einen Schritt nach dem anderen machen dürfen. »Lasst uns den Scham-Spieß nicht umdrehen«, bitte ich die Gruppe. »Lasst uns wach bleiben für das, was uns auf dem Weg begegnet, anstatt rauschhaft in die schmerzlich vermisste Kreatürlichkeit zu kippen!« Und dann kommen gänzlich ungeplant diese Worte aus meinem Mund: »Nehmt Eure Scham zu euch! Wenn ihr sie nicht fühlen wollt, ladet ihr sie anderen auf.« Das habe ich vorher nicht gedanklich bewegt. Es kommt einfach, offensichtlich inspiriert von der Frau, die sich am Vormittag so mutig mit ihrer Angst gezeigt hat. Und es ist eine große Erleichterung, diesen Wunsch zu äußern, der mir bislang so gar nicht bewusst war. Gemeinsam gehen wir dann hinüber in den Wellnessbereich, fast andächtig, eine kleine Prozession. Auf dem Weg nimmt mich jene Frau zur Seite und erzählt: »Du, ich hab so was noch nie erlebt, was gerade passiert ist. Während du geredet hast, hatte ich das Gefühl, dass ich meine Aura ganz deutlich spüren kann, ziemlich dunkel. Und es war, als steckten lauter Nadeln darin, sie war richtig gespickt. Und als du gesagt hast 'nehmt eure Scham zu euch', da fielen diese Nadeln ab.« Ich kann gar nichts wirklich Angemessenes antworten, weil ich so überrascht bin von dem Geschehen, das sich hier in einer Intelligenz entfaltet, in der ich mich allenfalls als Ausführende erlebe. Ich frage sie ob sie nun mitkommen mag – »Ja, auf jeden Fall!« – und ob sie noch etwas braucht, um sich wohlzufühlen. »Ich habe meine Triade,« sagt sie, »die wissen Bescheid.« Kurz darauf sehe ich sie in der Sauna, sie trägt einen Bikini und wirkt wesentlich entspannter als am Vormittag. Unsere Blicke treffen sich kurz.

Von diesem Erlebnis aus kann ich zu der Studentin zurückkehren, die unser Tanzen vor einigen Jahren als »abartig« bezeichnete. Vielleicht hatte sie unter allen Anwesenden damals beim *Getanzten Vortrag* an der Hochschule die Rolle, die nicht gefühlte Scham zu tragen. Und ihr Satz, den ich als gewaltsam erlebte, war für sie ein Akt der Erleichterung. Indem sie »abartig« sagte und von allen gehört wurde, forderte sie die anderen auf, ihren eigenen Anteil davon zu fühlen und entledigte sich der Last, Stellvertreterin zu sein und mehr als ihr Eigenes fühlen zu müssen. Wie viel – verbale wie physische – Gewalt in der Welt beruht wohl darauf, dass Menschen verzweifelt versuchen, sich von der Last der nicht gefühlten Gefühle anderer zu befreien?

Ebenso denke ich an Eberhard, den Sperrmüllsammler. Es war auf so sinnbildliche Weise sichtbar, dass sich bei ihm stapelte, was die anderen von sich wiesen: ein angemessenes Gespür für den Wert von Dingen – »Es gibt keinen Ort der *weg* heißt«, – das gilt für das Materielle wie für das Emotionale. Irgendwo wird es landen. Wenn wir uns weigern, unseren Teil zu fühlen, laden wir es anderen auf, die sich kein ausreichend dickes Fell angeeignet haben, um es wegschieben zu können.

Es kommt mir wesentlich vor, dass wir lernen, noch viel genauer zu beobachten, welche Platzhalter*innenfunktion Einzelne in Gruppen haben – insbesondere die, die allen anderen auf die Nerven gehen, ihnen peinlich sind oder auf andere Weise als unnormal oder unangenehm empfunden werden. Das geht weit über den »Sündenbock« hinaus. Und ebenso wesentlich ist es, eine Sprache zu finden, die uns ermöglicht, solche Beobachtungen ohne Schuldzuweisung zu äußern: »Ich bin gerade in Not, etwas lastet auf mir und es scheint mir nicht nur mein Eigenes zu sein. Ich möchte es aussprechen, damit es seinen angemessenen Platz bekommen kann.« Gerade gestern erlebte ich das ganz hautnah: Wir saßen bei uns zu Hause im Kreis. Nele sagte: »Ich fühle gerade Wut. Ich bin mir ziemlich sicher, dass es nicht meine ist. Wem auch immer sie gehört – könntest du sie zu dir nehmen?« Erst da fiel mir auf, dass ein kleiner Satz, der kurz vorher gefallen war, mich wirklich wütend gemacht hatte. Irgendeine mir unbewusste Instanz in mir hatte diese Wut für nebensächlich erklärt und ausgeblendet. Doch sie war im Raum, Neles Sensoren waren angesprungen und hatten sie aufgespürt. Wir können im Kleinen und Alltäglichen üben, das zu fühlen und auszusprechen, und es dann aufs Große zu übertragen, auf kollektives Trauma.

Patrick Dougherty, Vietnamveteran und Psychotherapeut, berichtet von seiner Teilnahme an einem von Thomas Hübl geleiteten *Collective Trauma Integration Process*, an dem etwa 150 Menschen teilnahmen, 40 von ihnen US-Amerikaner*innen: »Die anwesenden Amerikaner sahen wortlos zu, wie ich unter der ganzen Last der Trauer über diesen schrecklichen Krieg keuchte und mich für alle Zeiten schuldig fühlte, weil ich direkt an den Kriegsgräueln beteiligt war. Am letzten Tag des Treffens wurde mir bewusst, wie wütend ich auf sie war, und zum Glück konnte ich das auch noch mitteilen.« Daraufhin erlebte er zum ersten Mal Resonanz, indem drei Frauen sich zu ihrer Mitverantwortung bekannten: »Patrick, es tut mir so leid. Mir wird erst jetzt klar, dass ich als Amerikanerin und Steuerzahlerin deine Uniform gekauft habe. Ich habe dein Gewehr bezahlt und dafür gesorgt, dass es Patronen im Magazin hatte. Ich habe dich in dieses Land geschickt, damit ich Zuhause ungestört mein gutes Leben genießen konnte.« Sie weinten gemeinsam und Dougherty beschreibt weiter: »Diese drei Frauen sahen und fühlten den furchtbaren kollektiven Schatten, mit dem sie bis dahin nie etwas zu tun haben wollten. Jetzt hatten sie ihn in ihre Gegenwart geholt und verstanden, wie schwer er auf mir gelastet hatte. Vierzig Jahre hatte ich diesen ganzen Schmerz und Kummer getragen und jetzt weinte ich vor Erleichterung, weil diese Frauen sich zu ihrem Teil der Verantwortung bekannten. Sie versprachen mir, ihren Teil weiter zu tragen und sich nicht wieder abzuwenden.«[15] Auch das kann geschehen, wenn wir wieder wahrnehmen, anstatt uns taub zu machen und uns vom Unangenehmen abzuwenden, zum Beispiel, weil die politischen Zusammenhänge zu groß, zu undurchschaubar erscheinen.

»Aufrichtige Ironie«

Was ich hier schreibe, mag den Anschein erwecken, wir seien ein allzeit tiefschürfender und dem Schmerzhaften zugewandter Haufen. Ja, der Wandel ist uns ein ernsthaftes und dringliches Anliegen – und ich habe bereits oben geschrieben, dass wir den Humor dabeihaben wollen. Beim Planen unserer letzten *Sensing the Change*-Woche kam die Idee eines bunten Abends zum Abschluss auf – ich gebe zu, ich war etwas skeptisch. Die Kolleg*innen wünschten sich einen augenzwinkernden Rückblick auf die gemeinsam verbrachte Zeit. Und genau damit wurden wir beschenkt. Was mich am meisten freute: Es wurde an diesem Abend kein einziges Mal auf Kosten anderer gelacht, sondern wir guckten vor allem belustigt auf uns selbst. Wir sind gemeinsam einen Schritt aus den Selbstverständlichkeiten unserer im Entstehen begriffenen Kultur herausgetreten und haben schmunzelnd auf unsere Eigenarten und Marotten geblickt. Viele der Beiträge drehten sich um Langsamkeit und Nichtwissen, sie witzelten über Klangschalengebimmel oder die fortwährende Aufforderung, »mal tief in sich hinein zu spüren«. Das war wohltuend und erfrischend. Und es freut mich, in Hanzi Freinachts »Listening Society« zu lesen, »sincere irony« – aufrichtige Ironie – betrachte er als Merkmal der »metamoder-

15 Patrick Dougherty im Buch »Kollektives Trauma heilen« von Thomas Hübl, S. 176-177.

nen« Kultur. Eine Gesellschaft, die bereit ist zu einer übergeordneten Perspektive, kann sich in ihrer kritischen Reflexion selbst mit einschließen. Dann muss sie nicht den Rest der Welt für dumm und unzulänglich erklären und ihr Vergnügen nicht im Spott oder im Schaden anderer suchen. Das stimmt mich sehr zuversichtlich – und blinde Flecken haben wir natürlich auch jede Menge, das sei hier ausdrücklich gesagt. Wir werden versuchen, dafür wach zu bleiben und freuen uns über Spiegel von Menschen, die uns kennenlernen.

Gemeinsam verletzlich in der Welt sein

Wenn Menschen in solchen Veranstaltungen in diese Weichheit, Kreatürlichkeit und Verletzlichkeit hineintauchen und dann wirklich viel intensiver wahrnehmen als sonst, kann auch Angst aufkommen. Es scheint beinahe unmöglich, sich in diesem Zustand in die »Welt da draußen« zu begeben. Das kann ich unendlich gut nachvollziehen. Wie soll das denn zusammenpassen? Wenn ich mich so öffne, bin ich doch komplett alltagsuntauglich, ich fühle mich ausgeliefert! Die Kunst besteht wohl darin, diese Diskrepanz anzuerkennen und den Graben nicht noch tiefer zu machen. Die Einschätzung ist ja völlig berechtigt – aber eben auch nicht hilfreich, um Veränderung geschehen zu lassen. Darum braucht es einen sehr bewussten Übergang von der »Blase« eines Seminars zurück in den Alltag. Anker mögen helfen – wie zum Beispiel Runas Schokolade. Auch die zu Beginn dieses Kapitels beschriebenen Kulturelemente können unterstützende Wegbegleiter sein, allen voran das *Dreifache Ja* als wertvolle Erinnerung, wenn etwas noch nicht so ist, wie wir es uns wünschen. Verlangsamen, atmen, Resilienz entwickeln ohne abzustumpfen, Ressourcen zur Hand haben, ohne sie zu funktionalisieren. All das kann uns unterstützen, nicht an der Welt zu verzweifeln, die wir vorfinden. Und noch wesentlicher als diese Werkzeuge ist eine gemeinsame Erfahrung. Wenn die Gegebenheiten es erlauben, begeben wir uns am vorletzten oder letzten Tag eines Seminars auf einen öffentlichen Platz und stehen mit der Erde, wie in Kapitel 5 beschrieben – wenn möglich mehrere Stunden lang. Dort machen wir die Erfahrung: Ja, wir können uns gemeinsam so verletzlich mitten in die Welt stellen. Es ist wichtig, das zu spüren, allzu schnell ziehen wir uns sonst in unseren Schutzpanzer zurück und halten für unmöglich, was wir doch schon erlebt haben. Am Heimatort – egal ob Dorf oder Großstadt – eine *Standing with the Earth*-Initiative zu starten kann ein Brückenschlag sein, die *Sensing the Change*-Erfahrung aus der Workshopblase mit in die Welt zu nehmen.

Wo stehen wir? Wohin sind wir unterwegs?

Dieses 9. Kapitel kommt – wie bereits in der ersten Auflage – als buntes Sammelsurium daher, noch etwas unsortiert. So ist das. Geordneter kann ich derzeit nicht beschreiben, was *Sensing the Change* ist – oder was sein Potenzial sein kann. Es ist eine Such- und Tastbewegung, etwas, das einer Sehnsucht folgend einen Schritt macht, ohne den nächsten zu kennen. Nicht immer fällt es mir leicht, das als Qualität zu verbuchen und nicht als Mangel. Wir lernen – und wir stolpern. In all der Unsicherheit, die wir erleben, zeigt sich vielleicht, dass wir wirklich im Raum zwischen den Geschichten unterwegs sind. Wie chaotisch und orientierungslos es dort erst einmal wird, das konnten wir alle nicht vorausahnen – wie auch? Gerade weil wir bereit sind, die Wunden unserer Kultur anzuerkennen und zu fühlen – Hierarchien, Kontrolle und Macht, Überforderung und Ungenährtes, Angst, Wut, Trauer und Scham, Mann-Frau-Themen –, müssen wir damit selbst erst einmal ein paar Runden drehen. Nicht immer können wir dabei all unser Wissen über Trauma und das Nervensystem, über Kommunikation, neues Führen und kollektive Intelligenz auch gleich umsetzen. Wer es an so vielen Stellen gleichzeitig anders machen möchte als bisher, begibt sich auf dünnes Eis. Im Rückblick erscheint es manchmal wie ein Wunder, dass es uns nicht völlig zerlegt hat mit diesem Vorhaben. Ich mache all das Herausfordernde hier transparent, weil ich ich andere, die am Kulturwandel forschen, ermutigen mag, wenn ihnen Ähnliches widerfährt: Das gehört dazu, gebt nicht auf! So ist das vielleicht mit Pionier*innen, die ganz neue Wege beschreiten. Sie müssen auf gewisse Weise naiv an die Sache herangehen, sich etwas trauen, das sie noch gar nicht können können, mitunter beherzt scheitern. Und sie sind in diesem Anfänger*innengeist auch beschützt und behütet von – ja wovon? Mir kommt es vor, als sei es das Leben selbst, das sich so gerne weiterentwickeln möchte, und jene, die etwas Neues wagen, mit einer Art Nestschutz umgibt. Mir, uns hätte es sicherlich geholfen, vorab klarer zu sehen: Uns dem somatischen Tieftauchen zuzuwenden und es in einen globalen Kontext zu setzen ist nicht die Lösung, sondern Teil eines ebenso aufreibenden wie beglückenden Lern- , Öffnungs- und Transformationsprozesses. Das war offensichtlich eine Erfahrung, die gemacht werden wollte. Wesentlich scheint mir, dass wir uns jetzt das Kulturelement des Verlangsamens noch viel mehr zu Herzen nehmen. Wir waren einfach zu schnell unterwegs. Angesporntvom großen Interesse an unseren Veranstaltungen und den vielen positiven Rückmeldungen verfielen wir in eine Art Hybris: »Die Welt braucht unsere Arbeit so dringend, wir müssen das jetzt ganz schnell möglichst vielen Menschen zur Verfügung stellen!« Wie anstrengend. Der konditionierte Druck vermischt sich mit dem evolutionären (vgl. Seite 231). Ganz schnell saugt es uns in die alte Logik zurück. Und wieder hilft das *dreifache Ja*: Wir sind noch nicht da, wo wir gern wären. Wenn wir selbst als die, die wir sind, in unserer Arbeit vorkommen wollen, dann wird es langsamer gehen als wir dachten. Daher folgte nun auf die anfängliche Betriebsamkeit zunächst eine Art Winterschlaf. Verdauen, integrieren, klären, was wir brauchen und wofür wir eigentlich unterwegs sein wollen. Uns nicht selbst überholen, blinde Flecken sichtbar machen.

Richtig dankbar bin ich für diese Erkenntnis: Wahrscheinlich haben alle Menschen, die sich in alternativen Subkulturen zusammentun, etwas gemeinsam: eine Zugehörigkeitswunde. Wir haben ja deshalb zueinander gefunden, weil wir uns in der Kultur, in die wir hineingeboren wurden, falsch oder verloren fühlten. Wir erfuhren keine Resonanz und machten uns auf die Suche nach etwas anderem. Das Dazugehören, das Gruppengefühl, die Erleichterung, endlich Menschen zu treffen die mich mit meiner Verzweiflung und mit meinen Visionen sehen können – das ist nicht zu unterschätzen. Im Moment ist es richtig wunderbar, einfach dankbar dieses Glück zu feiern, uns gefunden zu haben, anzukommen, Zugehörigkeit zu erleben, ohne schon gleich etwas damit tun und die Welt verändern zu müssen.

Wenn das hinreichend genährt ist, werden wir an ganz unterschiedlichen Stellen wirken können. Wie wir uns organisieren, das wird sich noch zeigen. Mich selbst ruft es, konkret zu werden und die geschützte Blase zu öffnen. Mit diesem satten kulturellen Boden von *Sensing the Change* unter meinen Füßen und mit diesen Menschen um mich herum möchte ich dazu beitragen, unsere Bildungslandschaft zu transformieren. Und damit schließt sich der Bogen zu Kapitel 2, wo ich ja unter der Überschrift *Keimzellen ausfindig machen* beschrieben habe, dass Schulkultur die Weichen stellt für Gesellschaftskultur. Es ruft mich zur jungen Generation, die nur darauf wartet, von uns Älteren gefragt zu werden: »Wie geht es dir damit, in einer von Krisen geschüttelten Welt aufzuwachsen – und wie können wir dem gemeinsam begegnen?« Andere aus dem Sensing-the-Change-Feld wenden sich anderen Themen zu. Ich bin gespannt, was für ein Netz entstehen wird.

Zwischen Mut und Verzweiflung, Integrität und Zugehörigkeit

Auch wenn ich viel Beklemmendes, ja Niederschmetterndes geschrieben habe über den Zustand des Ökosystems Erde und das kollektive Trauma unserer Kultur, das uns Menschen tief in den Gliedern sitzt – es liegt mir doch sehr am Herzen, in die Welt zu rufen: »Wandel ist möglich!« Wir können uns ermächtigen, sind in der Lage, aus Fremdbestimmung, Bevormundung und Ohnmacht auszusteigen. Wir können horchen, wofür unser Herz schlägt und entscheiden, wobei wir nicht mehr mitspielen wollen. Wir können uns zusammentun und anders handeln, wir haben die Wahl, regenerative Kulturen zu schaffen, anstatt das Leben zu verraten, jeden Tag aufs Neue. Ja. Und ich möchte ehrlich sein: Nicht immer habe ich Zugriff auf diese Perspektive. Nicht immer kann ich das wirklich fühlen, glauben, hoffen. Manchmal bin ich vor allem ratlos, verzweifelt, und will vor der Unausweichlichkeit, der Allgegenwart des Lebensfeindlichen, der Übermacht von Gewalt, Bequemlichkeit und Erstarrung kapitulieren. Dann weiß ich nicht, wo ich anfangen soll, und fühle mich sehr allein in diesem täglichen Abwägen: Was soll ich wofür in Kauf nehmen? Welcher Zweck heiligt welche Mittel? Kann ein Zweck irgendwelche Mittel heiligen? Wo verschließe ich wissend die Augen vor Unstimmigkeiten, mache Kompromisse, um überhaupt handlungsfähig zu sein, und wo verursache ich Leid, ohne mir dessen überhaupt bewusst zu sein? Diese Zeilen tippe ich auf einem Laptop, den ich zwar gebraucht gekauft habe, der aber irgendwann mal auf eine Weise hergestellt wurde, der ich garantiert nicht in jedem Detail von der »Rohstoffgewinnung« bis zur »Vermarktung« zustimmen könnte. Doch wie sonst soll ich diese Gedanken in Buchform bringen? Ich bin verstrickt und beteiligt, so sehr ich mich auch distanzieren mag von dieser Kultur. In meinen vertrauten Kreisen, in der kleinen Blase der Wandelbewegten und Transformations-Engagierten kann ich solche Bedenken immerhin aussprechen. Und sogar hier werden sie häufig als übertrieben angesehen, zu drastisch. Natürlich gibt es auch diejenigen, denen ich noch zu wenig rigoros und aktiv bin, oder die darauf pochen, dass wir allein mit Spüren die Klimakatastrophe nicht verhindern werden. Und wenn ich in der »ganz normalen Welt« unterwegs bin, fehlt meist jegliche Bereitschaft, sich mit meinem Unbehagen auseinanderzusetzen.

Was jetzt kommt, möchte ich nicht als Vorwurfstirade aus der Ecke der moralisch überlegenen Besserwisserin verstanden wissen. Ich möchte erzählen, wie verloren ich mir oft in den Normalitäten dieser Welt vorkomme und wie mich das lähmen, verunsichern und schwächen kann. Wenn ich Bekannte oder Familie besuche, bin ich dort meist mit Selbstverständlichkeiten konfrontiert, die sich gewaltsam und vereinnahmend anfühlen: Ich werde eingeladen, in überheizten Wohnungen auf plastikbeschichteten Wegwerfmöbeln Platz zu nehmen, inmitten von Unmengen an weiterem potenziellen Sondermüll. Dann werden mir Lebensmittel aufgetischt, die unter großem Leid entstanden sind und Berge an Verpackungsmüll verursachen. Beim Essen lasse ich mich in Gespräche verwickeln, die mich sowohl vom Inhalt als auch von der Haltung her schmerzen, kaum jemand hört wirklich zu, ein Satz folgt auf den anderen. Und wo soll ich hin, wenn das Wasserklo mit dem pinken Duftstein drin einfach jenseits dessen ist, was ich bereit bin, mitzuverantworten? »Könnte ich bitte zwischen die Blumenrabatten im Garten pinkeln?« – »Soll das ein Witz sein?« Völliges Unverständnis auf beiden Seiten. Schier unvereinbare Perspektiven. Manchmal könnte ich allein deshalb einen Wutanfall bekommen, weil jemand mir zumutet, sein*ihr penetrantes Deo einzuatmen, den Dunst von Weichspülern und Putzmitteln – oder wahlweise möchte ich in Tränen ausbrechen, weil die Person offensichtlich so abgestumpft ist, dass sie das alles gar nicht riecht. Keine Ahnung, wie es geht, das auszublenden. Ganz schnell falle ich in solchen Momenten zurück in jene Schlussfolgerung, die weite Teile meines Lebens geprägt hat: dass Empfindsamkeit unpraktisch ist. Heute weiß ich meist zu schätzen, was für ein → Privileg und Geschenk es ist, fein und differenziert wahrnehmen zu können. Und manchmal wäre es erheblich einfacher, wenn ich das alles nicht so genau riechen, sehen, fühlen, spüren würde. Es scheint unmöglich, so oft »Nein«, »Stopp« oder »Das möchte ich nicht« zu sagen, wie es eigentlich stimmig wäre. Darum fange ich an manchen Tagen gar nicht erst an damit. Aber »Augen zu und durch« geht auch nicht. Es geht nicht! Es ging eigentlich noch nie – und jetzt geht es gar nicht mehr. Ich halte das nicht mehr aus. Oder genauer: Ich muss mich in einen Zustand des Aushaltens bringen, in einen Überlebensmodus, jenen Modus, den wir für normal erachten. Und das will ich nicht mehr.

Während der Arbeit an diesem Buch habe ich versucht, Worte zu finden für das, was ich als richtig und lebensdienlich wahrnehme – und was nicht. Dadurch, dass ich diese meine Wahrheit in Sprache gegossen habe, hat sie sich noch tiefer in mir gefestigt. Das Schreiben war ein stetiges Verweben dieses körperlich empfundenen »Ja« mit meiner emotionalen, mentalen und spirituellen Integrität, ein Verschränken meines persönlichen Spürens, Fühlens, Reflektierens und Benennens mit dem, was ich als das Große Ganze erfahre. Durch diesen Vorgang habe ich mich noch ein Stück weiter von der Möglichkeit entfernt, mich den Normalitäten unserer seltsamen Welt zu fügen. Und gleichzeitig hat es mir zu tieferem Verständnis verholfen. Ich begreife nun besser, wie das Gewaltsame dadurch Macht bekommt, dass wir es als selbstverständlich hinnehmen. Nun kann ich erst recht nicht mehr ausblenden, was es bedeutet und was es mit uns allen macht, uns an einer toxischen Kultur zu beteiligen. Doch wie soll ich in dieser Welt klarkommen? Wie kann ich erwarten, ernst genommen zu werden, wenn ich schon am »Normalsten« verzweifeln kann und mich bereits klitzekleinste Alltäglichkeiten vollkommen überfordern? Ich könnte vor → Scham, so schlecht hineinzupassen, so sperrig und unpraktisch zu sein, im Boden versinken – wenn ich mir nicht wieder und wieder zu Herzen nehmen würde, was ich auf

Seite 66 geschrieben habe: »Es wird eine Zeit großer und genussvoller Schamlosigkeit anbrechen! Ich freue mich drauf!«

Und ich möchte nicht so tun, als fände ich den Weg dorthin nicht mühsam. Immer wieder passe ich mich an, verstumme. Warum? Vor allem, weil ich befürchte, als anstrengend wahrgenommen zu werden. Eine Zumutung. Das mag klingen wie eine jämmerliche → Opfer-Geschichte: »Oh je, das 'Böse' ist so übermächtig. Ich kann nichts ausrichten und wenn ich es versuche, werde ich ausgelacht« – also leide ich still vor mich hin und fühle mich hilflos und ausgeliefert. Diesen Vorwurf mir selbst gegenüber kenne ich gut. Und wenn ich gnädiger mit mir bin, dann erkenne ich das Dilemma. Es ist der bereits beschriebene Konflikt zwischen zwei Grundbedürfnissen: Integrität und Zugehörigkeit. Ich möchte dazugehören, ich brauche ein soziales Zuhause – aber ich will es nicht dort suchen, wo ich mich selbst verraten müsste. Es wird ganz schön eng mit den Möglichkeiten, im Ich und im Wir Stimmigkeit zu erfahren.

Wenn ich alte Freund*innen treffe, bin ich sehr berührt davon, wie weit unsere gemeinsamen Erinnerungen zurückreichen; 30, 40, 45 Jahre. Wir sitzen zusammen ums Feuer, singen die alten Lieder. Wir schwelgen im Damals, ich spüre meine Wurzeln: Da komme ich her. Diese Menschen kannten mich schon als Jugendliche, als junge Erwachsene. Das schafft eine große Verbundenheit – und mit ihr kommt eine Wehmut. Warum bin ich weggegangen, warum habe ich Geborgenheit und Dazugehören aufgegeben? Es hat einen Grund, warum unsere Lebenswege an einem gewissen Punkt auseinandergingen. Ich konnte in dieser Umgebung nicht die werden, die ich werden wollte, denn uns fehlte die gemeinsame Ausrichtung. Sie teilten mein Drängen nicht im gleichen Maß, auch nicht mein Befremden, mein Unbehagen, meinen Schmerz über den Zustand dieser Welt. Andere, die ich traf, kannten den Schmerz – und hatten eine Resignation und Härte entwickelt, die mir ebensowenig entsprach wie das sorglose Schönreden. Etwas in mir blieb unbeantwortet, oft fühlte ich mich allein mit dem, was mich bewegte. Ohne mir dessen bewusst zu sein, sehnte ich mich danach, mich weiterentwickeln zu können. Ich durchkämmte die Welt nach Orten und Menschen, die mich fordern, fördern und bestärken würden, mein Potenzial zu entfalten. Immer wieder entwurzelte ich mich auf meinem Lebensweg, um einem vagen Ruf zu folgen, verließ das Vertraute, zog los ins Unbekannte. Und das bedeutete, dass das Band zu alten Freund*innen, das Empfinden von Zugehörigkeit, auch zu meiner Familie, noch dünner wurde. Mitunter hat sich das einsam und verloren angefühlt. Wir Menschen brauchen beides, Wurzeln und Flügel, Bleiben und Aufbrechen, Sicherheit und Herausforderung, Geduld und Neugier, Verbindlichkeit und Veränderung, Belonging und Becoming – Zugehörigkeit und die Möglichkeit, zurückhaltungslos die zu werden, die wir sein können. Dieses wiederholte Entwurzeln hat auch Narben und Leerstellen hinterlassen – und für meinen Lebensweg war es notwendig. Denn auf diese

Weise durfte ich Menschen begegnen, die ähnlich empfinden wie ich. Manchmal bin ich erstaunt, wie vertraut wir miteinander sind, obwohl wir uns erst recht kurz kennen. Sie wissen nicht, wie ich als Teenager war. Sie kennen meine Herkunftsfamilie nicht, oft auch nicht meine Kinder. Doch uns verbindet, dass wir uns endlich nicht erklären müssen für unser Anderssein. Wir teilen den dringlichen Wunsch, dass wir als Menschheit gemeinsam in unser Potenzial hineinwachsen und überwinden, was nicht dem Leben dient. Ich habe Gefährt*innen gefunden, die mich ermutigen, ebenso verletzlich wie → radikal zu sein. Weder empfinden sie mich als bedrohlich, noch belächeln sie mich oder nötigen mich zu Kompromissen. Sie bestärken mich darin, ganz und gar die zu werden, die in mir angelegt ist – ja, sie verlangen es mir ab, kitzeln es aus mir heraus. Sie machen mir keinen Druck, aber sie geben sich auch nicht damit zufrieden, dass ich weniger bin als ich sein kann. Wie wohltuend, wie beheimatend. Ich bin in den Herausforderungen, in Verwirrung, Leere und Orientierungslosigkeit nicht mehr so allein, denn diese Menschen wissen darum, wie verloren und wie eng es sich dort abwechselnd oder gleichzeitig anfühlen kann (Bild 1b und 1c) – und dass ein umfassender → Paradigmenwechsel kein Sonntagsnachmittagsspaziergang auf geteerten Feldwegen ist. Sie sind bereit, sich gemeinsam dem zu stellen, was uns in diesem Raum zwischen den Geschichten begegnet: Ungeduld, Verzweiflung und düsterste Dystopien, Anflüge von Arroganz und Weltrettungsgrößenwahn, Sehnsüchte und hehre Visionen. Sie kennen all das und die wilde, verwirrende Mischung daraus. Wir können uns gegenseitig die Perspektive in Erinnerung rufen, dass Reibung und Diskrepanz integraler Bestandteil der Umbruchszeit sind, in der wir leben. Das Zwischen-den-Stühlen-Sitzen gehört dazu. Nur so kann kultureller Wandel sich vollziehen. Manchmal müssen wir uns in die Geborgenheit unserer kleinen Subkultur zurückziehen, um uns zu nähren und zu vergewissern. Bestärkt durch die erfahrene Zugehörigkeit können wir dann die Fühler wieder aus der sicheren Blase hinausstrecken und mit denen in Kontakt treten, die – aus Angst, Not, Bequemlichkeit oder warum auch immer – an alten Selbstverständlichkeiten festhalten, als stünde nicht die Welt lichterloh in Flammen.

Es ist ein Drahtseilakt zwischen Empörung und Mitgefühl, zwischen Verständnis und der Wahrung meiner Integrität. Wir werden Schritt für Schritt lernen, wie es geht, »Nein« zu sagen und dabei die Verbindung nicht zu kappen. Manchmal kann das bedeuten, über alles mögliche zunächst völlig Inakzeptable hinwegzusehen, um überhaupt Kontakt aufnehmen zu können zu Menschen, deren Wahrheit so extrem anders ist als meine. Manchmal hilft mir dabei das Wissen um → Trauma und unser aller Gewordensein. Dann werde ich weicher. Wir sind gefordert, die Welt anzuerkennen, ja zu lieben wie sie ist, während wir sie uns gleichzeitig sehr anders wünschen. Und dieser Spagat wird wohl erst aufhören, wenn wir eines Tages in einer fundamental anderen Kultur angekommen sind. Auf dem Weg gilt es zu üben, mit all den Widrigkeiten umzugehen und Frieden mit ihnen zu schließen. Denn die Grundlage dieser anderen Kultur wird genau das sein: die Fähigkeit, unser Herz so weit werden zu lassen, dass sehr viel scheinbar Widersprüchliches darin Platz hat und nicht bekämpft werden muss.

Falls du dich ab und zu allein fühlst mit deinem Sehnen nach Veränderung: Die Gemeinschaft derer, die sich dem sozial-ökologischen Wandel widmen – wie Robin von *Ideen³* ihn in der Vorbemerkung nennt –, wächst stetig und unaufhaltsam. Es wird immer einfacher, ähnlich Gesinnten zu begegnen.[1]

Meine große Dankbarkeit gilt den frühen Pionier*innen der Zeitenwende, die sich wahrscheinlich noch viel einsamer gefühlt haben. Sie haben die Grundlagen gelegt, sie waren die ersten Imaginalzellen. Treten wir beherzt ihr Erbe an und führen wir fort, was sie unter wesentlich widrigeren Bedingungen begonnen haben, in der Zuversicht: Wandel ist möglich!

1 *Ideen³* möchte Sammelbecken für Menschen im Aufbruch sein und Impulse zur Verfügung stellen. Auch *Living Utopia, Transition Town* oder die *Pioneers of Change* mit ihrer engagierten Netzwerkarbeit für den Wandel sind wunderbare Möglichkeiten, Anschluss zu finden. Und es gibt viele weitere Initiativen dieser Art. Ein Treffen – und du bist mittendrin!

10 UNS IN EINE NEUE KULTUR HINEIN GEBÄREN

Den Schluss macht nun, wie könnte es anders sein, eine Geschichte. Es ist die Geschichte, auf welch bemerkenswert unterschiedliche Weise meine beiden Kinder Tim und Nomi zur Welt kamen. Ich bin ihnen sehr dankbar, dass ich das erzählen darf – ich würde es nicht ohne ihr Einverständnis tun.

Es ist ja meine eigene Entscheidung, mein Leben daraufhin zu untersuchen, wo und wie das Narrativ der Getrenntheit mich einverleiben will. Es ist mein Wunsch, meiner eigenen Wahrnehmung treu zu bleiben, um meine Integrität zu wahren, die untrennbar verbunden ist mit der Würde des Lebens an sich. Es ist meine Entscheidung, mich dem zu widersetzen, was ich für lebensfeindlich halte, und diesen holprigen Pfad einzuschlagen, der versucht, in einer Kultur der Getrenntheit dem → Interbeing zu dienen. Meine Kinder werden auf ihre ganz eigene Weise ihren Platz in der Welt finden, auf der Basis dessen, was sie mitbekommen haben – von ihren Eltern und dieser Kultur.

Und es ist meine Entscheidung, darüber zu schreiben und es zu veröffentlichen. Alle, die es lesen, wissen dadurch Dinge über mich, die wir gemeinhin als privat ansehen. Das Private wird öffentlich, wird sichtbar, wird untrennbarer Teil gesellschaftlicher Prozesse – und eben nicht nur mein Privates, sondern auch das derjenigen Menschen, mit denen ich zu tun habe und die Teil meiner Geschichte(n) sind. In dieser abschließenden Geschichte sind das meine Kinder. Sie sind inzwischen erwachsen, doch ihr Leben ist nach wie vor mit meinem verwoben – mit meinem Leben, das sich an so vielen Stellen mit den Selbstverständlichkeiten unserer Kultur reibt. Ob sie es wollen oder nicht, sie sind betroffen von meiner Weigerung, ein normales Leben zu führen – und von dem Anderssein, das damit einhergeht. »Weißt du, Mama«, sagte mein Sohn einmal, »dir macht es nichts aus, aufzufallen. Mir aber schon.« Bei aller Wertschätzung haben meine Kinder es also nicht immer leicht mit mir, und ich bin dankbar, dass und wie wir das gemeinsam bewegen können. Sie haben mich viel gelehrt über die Verwirrung und Reibung, die uns im »Raum zwischen den Geschichten« begegnen kann.

Es geht in dieser letzten Geschichte ums Gebären. Ähnlich wie es mir bei der *Endmoräne* nicht vorrangig um das Thema Schule ging, möchte ich diese Geschichte nicht in erster Linie als Beitrag zur Debatte um die schul- versus alternativmedizinische Geburtshilfe verstanden wissen. Ich mag nicht auf die Ebene von Für und Wider, von Meinungen und Anschuldigungen rutschen, möchte nicht ein Thema diskutieren. Die Grundhaltung einer Gesellschaft wirkt eben in alle Lebensbereiche hinein, auch und ganz besonders in die Übergänge. Wie sehr lassen wir doch aus Angst, Unsicherheit, Unvermögen – weil wir nicht anders damit umzugehen wissen – Sterbende, Gebärende und Neugeborene allein auf ihrem Weg zwischen den Welten. Nun stehen wir als Menschheit an der Schwelle zu etwas Neuem. Wir können nicht umhin, unsere Aufmerksamkeit auf diese Übergänge und Zwischenräume zu richten, die wir so lange vernachlässigt haben.

Mir wurde an einem entscheidenden Punkt in meinem Leben bewusst, warum es für mich und mein Werden wichtig war, die Geburten meiner beiden Kinder genau so zu erfahren, wie sie gewesen sind. Ich habe etwas Wesentliches dabei erkannt, das mich sehr geprägt hat. Davon erzählt diese Geschichte. Solltest du selbst Gewalt bei einer Klinikgeburt erlebt haben, prüfe doch bitte, ob du das Folgende allein oder überhaupt lesen möchtest. Magst du in diesem Moment daran erinnert werden? Falls ja, wünschst du dir Beistand?

Den Wecker umdrehen

Die Geburt meines ersten Kindes war das Gegenteil von dem, wie ich es mir erträumt hatte: eine abgebrochene Hausgeburt, ins Krankenhaus verlegt. Endlose Stunden Wehen, schließlich Zange und Kopfschwartenelektrode. Ich war der Geburtsmedizin aufs Verletzlichste ausgeliefert.

Am Tag zuvor hatte ich eine sehr verstörende Begegnung gehabt, die mich in einen tauben, ohnmächtigen, dissoziierten Zustand versetzt hatte. Erst Jahre später, als ich mich fragte, warum meine erste Geburt so schrecklich verlaufen war, wurde mir klar, dass ich aufgrund dieses Erlebnisses am Vortag gar nicht wirklich bei mir war. Ich war nicht in meiner Kraft, also nicht in der Lage, die Wehen willkommen zu heißen, mich ihnen anzuvertrauen und den Tanz mit ihnen zu tanzen. Statt nach unten schienen die Wehen nach oben zu wirken. Ich kotzte mir die Seele aus dem Leib. Nichts half. Nach zwölf Stunden fühlte sich die Hebamme mit ihrem Latein am Ende und schickte uns ins Krankenhaus. Eine Vollmondnacht, auf der Station herrschte Hochbetrieb. Weil alle überlastet waren, bei mir aber nichts weiterging und sich mein Muttermund einfach nicht nennenswert öffnen wollte, wurden wir in einem Nebenzimmer geparkt, das mir im Rückblick wie eine Abstellkammer vorkommt, ein Raum mit der Gemütlichkeit einer Ausnüchterungszelle. Dort verbrachten wir Stunde um Stunde, ich vor mich hin dämmernd, Kian verlässlich an meiner Seite, aber selbst ohne Beistand. Der einzige Einrichtungsgegenstand, an den ich mich außer dem Bett erinnere, ist eine Uhr über der Tür, deren großer Zeiger alle sechzig Sekunden mit einem erbarmungslos lauten *Tock* einen Strich auf dem Zifferblatt weiterwanderte. Dieses *Tock* ist in meinem brüchigen Erinnerungsfilm der monotone Soundtrack jener endlosen Stunden von Schmerz, Ohnmacht und kurzen Schlafphasen zwischen den Wehen. Ab und zu ein Blick auf die riesige Uhr. Was ich da sah, machte keinen Sinn. Minuten und Stunden geronnen zu einem zähen Brei, während gleichzeitig das penetrante *Tock* alles in Einzelteile zerhackte, bis nichts Greifbares mehr übrig blieb. Es kam mir vor, als wären wir schon eine Ewigkeit hier und als würde das den Rest unseres Lebens so weitergehen.

Kian versuchte mich zu unterstützen, mir Tee einzuflößen, mir das Kreuzbein zu reiben, mir Ermutigendes ins Ohr zu flüstern. Doch er hatte keine Chance, mich wirklich zu erreichen. Mein Mut, meine Lebenskraft und mein Wille, ein Kind zu gebären, waren alle längst nicht mehr anwesend. Ich hatte kein Gefühl mehr für dieses Wesen in mir, das da ins Leben kommen wollte, und ebenso wenig Beziehung zu ihm wie zu mir selbst. Wir hatten die Choreographie dieses Ereignisses an Hebammen, Ärzte und Geräte abgegeben. Es war nur noch mein Körper, der da lag und alles über sich ergehen ließ. Irgendwann hatte es dann doch ein Ende. Ein Arzt drückte von oben auf meinen Bauch und der andere zerrte mit der Zange meinen Sohn aus mir heraus. So kam er zur Welt.

Doch ich war zu schwach, mein Kind freudig in Empfang zu nehmen. Mir war alles egal. Ich hoffte einfach nur, endlich schlafen zu können. Zum Glück war Kian da, er wiegte unseren Sohn auf seinem Arm, sang ihm ein leises Lied, sorgte dafür, dass endlich das Neonlicht gelöscht wurde. Doch schließlich schickten sie ihn nach Hause und legten mein Baby in ein Bettchen aus Plexiglas. Weit von mir entfernt.

Die Geburt meines zweiten Kindes war phänomenal anders. Mein Nestbautrieb hatte mir einen Putzanfall beschert, dem ich den ganzen Vormittag lang gefolgt war. Als der letzte Stuhl wieder an seinem Platz stand, spürte ich die erste zaghafte Wehe. In unserem blitzsauberen Wohn-Ess-Schlafzimmer richteten wir unsere Gebärstube ein. Musik, Kerzen, ab und an Besuch von unseren Mitbewohner*innen. Bei ihnen in der Wohnung unter uns war unser Großer die ganze Zeit gut aufgehoben.

Kuscheln. Atmen. Wehen. Zärtliche Geborgenheit. Schließlich die unaufgeregte Ankunft meiner Hebamme Elke. Sie blieb eher im Hintergrund, ließ uns unseren, mir meinen Rhythmus. Und dann kam doch der Punkt, an dem die Wehen drohten, mich zu überwältigen. Mir kam das Vertrauen und der Wille abhanden, dass es diesmal ganz anders werden könnte. Ohne zu realisieren, was ich da tat, verließ ich die Hingabe an jenen zeitlosen Zustand des Heranrollens und Abebbens der Wehen und suchte Orientierung in der messbaren Zeit. Ich hatte keine Ahnung, wie spät es war, wollte wissen, wie viele Stunden schon vergangen waren und wie viele wohl noch kommen würden. Draußen war es immer noch hell. Meine Augen hefteten sich auf den Wecker, der leise neben uns auf der Kommode tickte. Allein der Anblick des Zifferblattes reichte offensichtlich aus, um mich in den alten Film zu katapultieren. Ich wurde zusehends jämmerlicher.

»Das ist unser letztes Kind, ich mag nicht mehr«, sagte ich zu Kian, versank in einem Kissenberg und war drauf und dran, mich hineinsaugen zu lassen in diesen hilflosen und ausgelieferten Zustand, der ja die einzige Geburtserfahrung war, die mir als Anhaltspunkt diente. »Ich kann das nicht.« Mein Blick wanderte immer wieder zu den Zeigern des Weckers, als könnten sie mir Auskunft geben, wann es vorbei sein würde. Kian bemerkte das und verstand, dass sich etwas zu wiederholen drohte. Er drehte den Wecker um. Mehr tat er nicht. Er sagte nichts. Aber er sandte mir eine eindeutige Botschaft: »Bleib hier. Geh nicht dahin zurück. Du bist jetzt woanders. Nimm wahr, wo du bist. Nimm wahr, was jetzt ist. Atme. Alles ist möglich, wenn du dich dafür entscheidest.«

Das reichte, um mich aus der Erstarrung zu locken und abhanden geglaubte Kräfte zu mobilisieren. Die Worte meiner Hebamme kamen wieder wirklich bei mir an. Ich richtete mich auf, wir probierten verschiedene Positionen aus, Kian immer dicht an meiner Seite, doch keine erschien mir wirklich angenehm. Ich wackelte herum, setzte mich auf die Bettkante, zog auf den Fußboden um und zurück aufs Bett. Und fand mich schließlich im Vierfüßlerstand, der mir Löwinnenkräfte verlieh. Auf einmal ging es sehr schnell. »Ich kann die Haare sehen«, sagte Elke, nahm meine Hand und legte sie auf das kleine Stückchen Kopf, das schon zum Vorschein kam. Es fühlte sich weich und pelzig an und überwältigend. Dieses Kind, das all die Monate in mir geruht und gestrampelt hatte, konnte ich nun von außen berühren, ohne Bauch dazwischen.

Von diesem Moment an wusste ich genau, was zu tun war. Nachdem ich bis dahin die Wehenpausen oft zu kurz gefunden hatte, um wieder zu Kräften zu kommen, wurde mir diese hier plötzlich zu lang. Es sollte weitergehen, ich wollte nicht mehr warten, aber ich spürte auch, dass nur wir beide zusammen, die Wehe und ich, dieses Kind in die Welt spülen konnten. Ich sehnte die nächste Wehe herbei und wollte die Welle reiten. Sie kam, ich begrüßte sie freudig, warf mich in sie hinein und meine Tochter flutschte in einem Rutsch aus mir hinaus. Ich gebar sie in meine eigenen Hände und guckte in ihre großen staunenden Augen. Dann legte ich sie mir auf meinen Bauch, wo sie schmatzend an meiner Brust zu saugen begann. Von Anfang an war alles gut.

Danke für diese winzige, alles verändernde Geste, Kian.

Wenn wir Menschen uns nun in eine neue Kultur hineingebären wollen – oder: müssen, oder: werden –, dann wird es helfen, wenn wir einander auf genau diese Weise dabei begleiten. Bei dem großen und umfassenden Wandel, der uns jetzt bevorsteht – nein, in dem wir bereits stecken –, braucht es immer wieder Menschen, die in der Lage sind zu erkennen, wenn der Blick auf das Alte eine*n oder mehrere von uns in die Hilflosigkeit und Ohnmacht, in die verengte Wahrnehmung zurückzieht. Ich wünsche mir, dass wir uns darin schulen, zu beobachten und zu benennen, an welchen Stellen wir uns weigern, mehr als das Bekannte für möglich zu halten. Und wo wir uns von für normal Gehaltenem, von alten Zifferblättern, dem gnadenlosen Ticken und dem Glauben an die messbare Zeit lähmen lassen.

Ich baue auf Gefährt*innen, die bereit sind, im gegebenen Moment den Wecker umzudrehen und das Szenario so zu verändern, dass neue Wege gangbar werden. Ich wünsche mir Menschen, die meine Hand nehmen, an die wesentliche Stelle legen und sagen: »Du kannst es schon fühlen, hier ist es, schon fast da. Gib nicht auf!«

Wir können uns gegenseitig ermutigen und bestärken. Es wird ein Reigen des Unterstützens und Begleitens sein, ein Sozialer Uterus im besten Sinne. Wir sind darin alles zugleich: Baby, Gebärende*,

Hebamme*, empfangende Gemeinschaft – in ständig wechselnden Rollen. Auch die Unterstützenden brauchen Unterstützung. Wir sind alle tief verwoben in die Geschichte von Erstarrung und Ohnmacht und wir werden sie nur gemeinsam überwinden, indem wir nicht müde werden, uns gegenseitig zu erinnern und beizustehen. Nicht in Form einer abstrakten Mahnung: »Vertraue!«, sondern indem wir es leibhaftig leben und uns selbst dem noch Unbekannten anvertrauen – und der Unterstützung der wachsenden Gemeinschaft der Wandelwilligen. Vielleicht schauen wir uns eines Tages um und merken, dass wir einen Kreis bilden, meine Hand auf deinem Rücken, deine auf dem Rücken der Person vor dir und immer weiter, bis auch ich eine Hand von hinten spüre, warm und bestärkend. Mal drehe ich dir den Wecker um, mal führst du meine Hand. Ab und zu kann ich selber erkennen, wie ich, Ochs vorm Berg, aufs Zifferblatt starre und mich hypnotisieren lasse. Ein andermal taucht ein*e gänzlich Unbekannte*r auf und und flüstert mir zu:

»Folge nicht dem Altbekannten. Du bist jetzt woanders. Nimm wahr, wo. Hier! Alles ist möglich, wenn du dich dafür entscheidest. Nimm wahr, wie das Leben in dir ruft. Du hast es lange getragen und in dir reifen lassen, hast deinen Organismus seinem Wachsen zur Verfügung gestellt. Du hast dabei deine Form verändert, hast erlebt, wie dein Gewebe weich wurde, um sich dehnen zu können und Platz zu schaffen – und doch fest genug blieb, um dem wachsenden Leben in dir Halt zu geben. Dieses Rundwerden war eine Freude, ein Wunder und manchmal auch eine Last. Dein Schwerpunkt hat sich so verlagert, dass du dich neu ausbalancieren musstest. Manchmal wurdest du ungeduldig, wolltest dieses Kind jetzt in deinen Händen halten, wolltest nicht mehr warten. Dann wieder überrollte dich die Angst vor der Geburt. Je größer das Wesen in dir wurde, desto unvorstellbarer erschien es, dass es durch diese kleine und empfindsame Öffnung in dir auf die Welt kommen könnte. Du sehntest es herbei und hattest zugleich großen Respekt vor dem, was passieren würde. Zwischen diesen beiden Polen pendeltest du, als du begannst, nach Zeichen zu lauschen, dass die Geburt beginnen möchte. Und nun spürst du genau, es ist soweit. Öffne deine Pforten. Wende dich dem scheinbar Unmöglichen zu. Lass zu, dass es passiert, lass dich leiten. Heiße die Wehen willkommen und gib dich dem Tanz mit ihnen hin.«

Möge dieses Buch denen, die es lesen, ein Moment des Weckerumdrehens sein. Eine Ermutigung, wahrzunehmen, was geboren werden möchte und es zu gebären, wenn es reif ist – auf eine bisher völlig unvorstellbare, überraschende, lustvolle Art und Weise.

NACHWORT ZUR ZWEITEN AUFLAGE

Es ist kein Jahr her, dass dieses Buch zum ersten Mal erschien. Schon heute würde ich es anders schreiben. Rückmeldungen und Gespräche, mein Weiterforschen und Lesen haben meine Perspektive erweitert. Meine intensivere Beschäftigung mit Erkenntnissen der Hirnforschung etwa ließ mich erkennen, warum Kapitel 3 in sich nie ganz stimmig war. Ich habe es umfassend überarbeitet. Der Rest blieb weitgehend wie er war. Ich kann nicht Schritt halten mit dem »Nachbessern«. Dieses Nachwort möchte ich nutzen, um mich dort klarer zu positionieren, wo ich Missverständnisse, Projektionen oder auch Vereinnahmung erlebt habe:

- Es geht mir nie darum, zu spüren anstatt zu handeln. Natürlich gibt es in mir eine Stimme, die fragt, ob ich es verantworten kann, Menschen zum Spüren zu ermutigen, wo doch an allen Ecken so dringlicher Handlungsbedarf besteht. Viele schreiben, dieses Buch erreiche sie dort, wo sie sich bislang einsam, sprachlos und handlungsunfähig fühlten. Immer deutlicher wird mir bewusst, wie viel Ohnmacht es erzeugen kann, wenn Menschen meinen, sie seien ganz allein mit ihrem Verzweifeln an unserer Welt. Bevor sie etwas tun können, möchte dieses Unbehagen gespürt und gesehen werden. Das scheint mir so wesentlich für den gesellschaftlichen Veränderungsprozess, dass ich auf S. 302 im Text etwas dazu ergänzt habe.
- Was ich ebenfalls nicht vorschlage: spüren und fühlen anstatt zu denken. Ich wünsche mir, das möge Hand in Hand gehen. Wenn ich schreibe, dass der Verstand in unserer Gesellschaft überbewertet wird, dann ist das kein Aufruf, uns Sachinformationen und Argumenten zu verweigern, weil wir da »so ein Gefühl« haben, das jedes Hinterfragen erübrigt. Beides, bitte! Manche halten meine Texte für gefühlsduselig und wissenschaftsfeindlich. Besonders in Zeiten wie diesen sei das brandgefährlich, warnen sie. Man wisse doch aus der Geschichte, wo eine Emotionalisierung des Politischen hinführe: ins Totalitäre. Die Sorge verstehe ich. Der Rutsch nach rechts, den wir erleben, findet kaum auf der Ebene von Sachargumenten statt. Totalitäre Systeme arbeiten damit, sich an Unzufriedenheiten anzuheften, vage Ängste für Stimmungsmache zu nutzen und Zugehörigkeitsgefühle zu erzeugen, indem Menschen in eine Solidarität gegen etwas manipuliert werden. Genau darum ist es so wesentlich, dass wir genau hier Resilienz entwickeln, indem wir einen wachen Umgang mit Emotionen lernen – mit unseren eigenen

und denen anderer. Angestaute Emotionen verschwinden nicht, indem wir immer noch sachlicher werden. Im Gegenteil: Wenn wir ihnen keine Aufmerksamkeit schenken, werden sie immer subtilere Wege finden, sich in Argumente, in unsere Rhetorik, in die Interpretation und Auswahl von Informationen einzuschleichen. Das können wir in Corona-Zeiten gut beobachten – und es trifft auf uns alle gleichermaßen zu, ob und aus welchen Gründen wir eine Impfung oder andere Maßnahmen gutheißen. Es kann unsere Diskurse transparenter machen, wenn wir lernen zu beobachten, von welchem Ort aus wir sprechen – oder von welchem Stockwerk der Aktivierungskurve aus (vgl. S. 134). Wir können das Emotionale nicht außen vor lassen, nur weil es missbraucht werden kann, missbraucht wird. Wenn wir das Fühlen intensiv erforschen – bei uns selbst angefangen –, können wir uns und anderen auf die Schliche kommen, wo wir manipulativ damit umgehen. Ähnliches gilt für Sprache. Wir haben erlebt, dass Begriffe wie *Alternative* oder *Querdenken* innerhalb weniger Jahre eine drastische Bedeutungsverschiebung erfuhren. Auch *Vision* und *Systemausstieg* werde ich in Zukunft mit noch mehr Bedacht verwenden, denn sie tauchen auch im Zusammenhang mit rechten Ideologien und einer von oben diktierten »Neuen Weltordnung« auf (dazu eine neue Fußnote auf S. 50). Ich wünsche mir die Bereitschaft zu unterscheiden, ob Menschen sich in ihrem Wunsch nach einer »anderen Welt« um Verbundenheit und Diversität bemühen, oder ob sie sich als einzig »Auserwählte« präsentieren und gegen alle aufhetzen, die ihren Ideologien widersprechen. Vielleicht ist das Wort *Vision* wirklich überholt – und damit auch die Vorstellung von einer Zeitenwende, »The Great Turning«. Möglicherweise ist es am hilfreichsten, einfach nur zu beschreiben, was geschieht: Wir erleben Angst, Abschied von Vertrautem, Leere, Orientierungslosigkeit und die Notwendigkeit, sich auf die eigene Stimmigkeit zu besinnen, weil äußere Anhaltspunkte zerbrechen. Auch das halten einige für bedenklich: Sobald wir Menschen ermutigen, ihrer inneren Wahrheit zu vertrauen, fürchten sie, verlören Fakten ihre Bedeutung, alles werde subjektiv und schwammig. Noch einmal: Es kann nicht sein, dass wir um alles einen Bogen machen, das verdreht und missbraucht werden kann. Fußnote 1 auf S. 362 erzählt eine eindrückliche Geschichte zu diesem Unterschied. Im Kern geht es darum, unsere Neigung zu schnellen und undifferenzierten Zuschreibungen zu beobachten. Ich möchte mir nicht verbieten, am Feuer zu sitzen und zu singen, nur weil es auch Ultrarechte gibt, die das ebenfalls tun. Was singen wir? Und wie? Wo ist ein Nebeneinander von Verschiedenem angemessen und wo klare Abgrenzung? Das möchte ich immer wacher überprüfen – und euch bitten, das beim Lesen auch zu tun.

• Eine Anmerkung für alle, die im Integralen Denken unterwegs sind: Die Farbwahl der Bilder 1 a-h im Beiheft hat für Verwirrung gesorgt. Verständlich, wir können ja nicht mal eben Grün und Gelb überspringen. Ich habe eine Erklärung hinzugefügt: Fußnote 4 auf S. 47.

• Es liegt mir fern, die Welt einzuteilen in die, die spüren, und diejenigen, die taub, dumpf und unsensibel durchs Leben hasten. Diejenigen, die sich schon etwas länger im Spüren üben, sollten sich nicht allzu erhaben fühlen. Bei mir selbst führt das Spüren-Üben vor allem dazu, dass ich allmählich beginne wahrzunehmen, wie oft ich mich nicht spüre. Das kann Ungeduld erzeugen: Wenn das so mühsam ist und so lange dauert, dann ist es wohl nicht der richtige Weg, denn die Zeit drängt. Ich vermute, ich hoffe, es gibt eine Art Schwelle, eine kritische Masse – und wenn genügend Menschen sich dem Wieder-Spüren-Lernen widmen, dann ist, wird ab einem gewissen Punkt der Weg viel leichter, weil es ein selbstverständlicher Teil unserer Kultur geworden ist.

• Mein nächstes Anliegen hinzuschreiben bereitet mir ebenso viel Herzklopfen wie Erleichterung: Bitte geht behutsam damit um, dass ihr sehr Persönliches von mir erfahrt, wenn ihr dieses Buch lest. Es ist unangenehm, einen Satz zu hören wie »Ich habe jetzt auch Heikes Trauma gefunden, und zwar auf Seite soundso«. Mein großer Wunsch ist, dass wir alle die Erfahrung machen: Ich kann mich an einer ganz verletzlichen Stelle zeigen, werde damit gesehen und niemand nutzt diese Schwachstelle für Angriff oder Bloßstellung. Lasst uns gewissenhaft mit dem Begriff *Trauma* hantieren, uns vor laienhaften »Diagnosen« und unterkomplexen Interpretationen hüten.

• Ich wünsche mir von uns allen viel Demut. Sich als Teil der »Wandelszene« zu fühlen, ist kein Freibrief für Hybris oder Selbstüberhöhung. Wir – wer auch immer dieses »Wir« ist – sind nicht »die Guten«, denn zwischen den Guten auf der einen Seite und den Bösen, den Schuldigen und Lebensverachtenden auf der anderen unterscheiden zu wollen, schon das ist Teil des →Narrativs der Getrenntheit. Ich habe versucht, das ab S. 160 noch klarer zu herauszuarbeiten.

Neben den inhaltlichen noch diese Anmerkungen:

• Unser Finanzmodell ist keine Schenkökonomie, da gab es wohl Missverständnisse. Wir erproben eine fairere Form des Beitragens. Das ist ein kleiner Schritt, noch sehr weit weg von einem tauschlogikfreien Wirtschaften. Dabei nutzen wir immer noch eine Währung, die nicht von ausbeuterischem Wirtschaften zu entkoppeln ist, leider. Wir wären gern schon weiter.

• Wir haben nichts gegen Buchläden und freuen uns sehr, wenn sie auf uns zukommen, damit wir Möglichkeiten finden, wie das Buch in ihrem Sortiment auftauchen kann. Hier experimentelle Wege zu gehen lässt die Abläufe erst einmal komplizierter erscheinen. Dabei sind sie nur anders.

• Auf der ersten Auflage war nicht nur *Ideen³* sondern auch *Sensing the Change* als Herausgeber genannt. Im überarbeiteten 9. Kapitel beschreibe ich, wie *Sensing the Change* sich gerade neu sortiert. Es schien uns nicht angemessen, dass ein Netzwerk, das gerade gar nicht weiß, was es eigentlich ist, als Herausgeber auftritt. Auch an dieser Stelle ist uns Transparenz wichtig.

DANK

Heikes Dank

Viele Menschen haben das Enstehen dieses Buches unterstützt. Ich bin allen dankbar, die für mich eingekauft, gekocht und abgewaschen haben an diesen langen Schreibtagen, wenn ich zu kaum etwas anderem in der Lage war als Tippen. Danke Schernbach, danke Winterquartier. Danke, Edmund, für eine erste Schreibphase bei dir im Grünen, und danke euch in Mötzelbach für eine Intensivwoche, in der Text und Kunst erste Annäherungen erlebten. Und an Alexandra und Rolf für ruhigen Unterschlupf auf den letzten Metern.

Und euch mag ich ganz besonders für inhaltlichen Austausch danken, für Gespräche, die mich bestärkt oder meinen Blick auf Unstimmiges gelenkt haben: Eva, Tilman, Angela, Andreas, Andreas, Andreas, Daniel, Stephen, Max, Sarah, Janis, Laura, Helen, Thomas. Danke an Christopher, Sylvie und Katja für Geburtshilfe mit Kapitel 3, das einfach nicht rund werden wollte. Für die zweite Auflage bekam ich dann entscheidende Hilfe von Leser Tom. Sein Hinweis auf Lisa Feldman Barrett machte deutlich, warum es nicht stimmen konnte. Kollektive Intelligenz!

Danke an alle, die neugierig gefragt haben, wann das Buch denn endlich zu lesen ist, und an alle, die geduldig gewartet haben, bis es fertig war. Danke an Stephen für tägliche Smoothies und an Elgin und Freya für warme Füße.

Nele und Andreas haben ab und zu etwas für mich getippt, was für eine feine Entlastung!

Andreas Duda, dir möchte ich noch einen ganz besonderen Dank aussprechen: Du glaubst so sehr an dieses Buch und musstest bei aller Unterstützung, die du mir gabst, feststellen, dass ich dir als Kollegin vorübergehend verloren ging, weil das Buch einen Großteil meiner Aufmerksamkeit brauchte. Danke für alles, was du unterdessen allein getragen hast.

Ein tief empfundener Dank geht an alle Pionier*innen der somatischen Arbeit, von denen ich direkt und indirekt gelernt habe – und an alle, die sich auf vielfältigste Weisen für den Wandel engagieren.

Und ich danke allen, die in meinen Geschichten vorkommen, ganz besonders meinen Kindern Tim und Nomi.

Mein dickster Dank gilt meinem Buchteam, Janne, Sibylle, Sabrina und Nils – und nun auch Jens. Während des Schreibprozesses hatte ich in vielerlei Hinsicht einen Sozialen Uterus um mich herum, der das Werden dieses Buches möglich machte und zärtlich begleitete. Das Gleiche gilt für die Arbeit an der zweiten Auflage. Wie schön, wenn eine Gruppe von Menschen sich findet und gemeinsam auf den Weg macht, etwas in die Welt zu bringen, von dem noch nicht klar ist, was es am Ende sein wird. Wir haben als Buchteam einige der beschriebenen Kulturelemente praktisch umgesetzt und sind an unseren Aufgaben gewachsen und gemeinsam entspannt geblieben, auch als es immer noch und noch länger dauerte als gedacht. Euch allen danke ich, wie sehr ihr auch inhaltlich engagiert wart und immer wieder den Austausch gesucht habt. Was für ein Geschenk! Und ich freue mich sehr, wie ausgiebig wir gegenseitig unser Zutun und unsere Qualitäten würdigen konnten.

Sibylles Dank

Danken möchte ich Frank für sein geduldiges Verständnis, wenn ich bisweilen sehr im Gestalten versunken war, und ebenso für manch kritischen Blick und Inspiration! Anja danke ich für eine Woche liebevoller Kreativ-Bekochung und die nährende Verbindung auf dem Seelengrund. Jana, ein Dank in deine Richtung für die Herzstärkung auf den letzten Metern. Und zahlreichen Menschen, die mir auf verschiedene Weise nahestehen, danke ich ebenso für ihre Geduld, dass ich monatelang kaum zu sprechen und zu erleben war.

Mit der zweiten Auflage wende ich mich wärmstens an meine Schwester Beate: Danke, dass du so offen warst, die Inhalte des Buches vielfältig zu bewegen. Es macht mich froh, dass uns das Buch einander näher gebracht hat.

Jannes Dank

Danke an all die vielen zusätzlichen Augen und Herzen, die beim Aufspüren von Fehlerchen immer wieder zur Seite standen: Sibylle, dein Tigerinnen-Blick fand selbst den kleinsten Buchstabendreher. Alex, du warst immer wieder hilfreicher Kommafragen-Telefonjoker. Danke an alle Menschen aus meinem Umfeld, die immer wieder Begeisterungsstürme das Buch betreffend liebevoll und neugierig aufgenommen und mit mir bewegt haben. Euer frisches Dasein, das Mit-Draufschauen und Mit-Reinspüren halfen mir beim letzten Schliff und schenkten motivierenden, warmen Beistand, der mich als Lektorin sehr vor allem durch die letzte dichte Zeit vor dem Drucktermin getragen hat. Und abschließend noch einige Zeilen zum Zusammenwirken des Buchteams: Es ist unmöglich für mich, wirklich in Worte zu fassen, wie viel mir das gemeinsame In-die-Welt-Bringen dieses Buches bedeutet und wie unumkehrbar es meine Perspektive erweitert. So kann Zusammenwirken tatsächlich aussehen!? Ja! Bei aller Unterschiedlichkeit und allen Unwägbarkeiten in diesem Entstehungsprozess verband uns stets deutlich die gemeinsame, auf lebensdienlichen Wandel ausgerichtete Absicht. Und es tut so gut zu sehen, wie viele Menschen uns zuarbeiten, im Rücken stehen, unterstützen, das Buch mit möglich machen – und nach dem Druck beitragen werden, es in die Welt zu bringen.

Das Buchteam dankt zahlreichen Unterstützer*innen

Zunächst einmal danke an Jonas, der dem Buchteam eine erste Struktur und Arbeitsgrundlage gab. Und an die Agentur Erdmann und Freunde, deren Template Nils die Erstellung der Webseite erheblich erleichtert hat. Wir möchten allen danken, die sich als Verteilstation zur Verfügung stellen – das sind im Moment der Drucklegung um die 80 Menschen bzw. Orte. Luka, Andrea, Sebastian, Simon Rumo, Anna, Sylvie, Melina, Anne und Ulrike stellten sich für die allerletzte Endkorrektur zur Verfügung. Danke! Für die zweite Auflage gab es das »Fehlerteufelchen-Pad«, auf dem viele Menschen – wir wissen gar nicht wie viele – Druckfehler zusammengetragen haben, ebenso sachliche Anmerkungen. So ein reiches Beitragen!

Neben all der ideellen und tatkräftigen erfuhren wir auch finanzielle Unterstützung, ohne die die Arbeit am Buch und schließlich der Druck nicht möglich gewesen wäre. Danke an alle vorfreudig vorabüberweisenden Vorbesteller*innen und nicht zuletzt an die Darlehensgeber*innen. Für die erste Auflage: Aileen & Oliver, Alexander, André, Andrea, Anna S., Caroline, Heidi, Jana, Kai, Kerstin, Martin, Matthias, Meike, Merrit, Petra, Tobias sowie drei weitere, die nicht namentlich genannt werden wollen. Für die zweite Auflage: Alexander, Anna, Anna S., Anne, Annette, Christoph, Doris, Heidi, Irmela, Kerstin, Madlen, Martin, Meike, Thomas, Ulrich und Ulrike und zwei weitere, die namentlich nicht genannt werden wollen. Ihr habt Vertrauen in das Projekt gesetzt und es finanziell auf sichere Füße gestellt. Immer wieder ein kleines Wunder, zu erleben, wie leicht auch recht große Geldbeträge zusammenkommen können!

Der Druckerei Gugler dankt das ganze Buchteam sehr für die unterstützende und geduldige Zusammenarbeit. Und natürlich ein dicker Dank an alle von *Ideen³* für dieses bereichernde gemeinschaftliche Projekt!

Und es hört nicht auf. Seit Erscheinen des Buches erreicht uns so viel Wertschätzung, Begeisterung und Freude. Leute, die wir nicht kannten, bieten uns ihre Unterstützung an und entwickeln Ideeen, wie das Buch in die Welt finden kann. Das ist so berührend für uns und so hilfreich. Danke! Robert engagierte sich dafür, ein Forum für den Austausch einzurichten und setzte es in Absprache mit uns um. Sabine unterstützte Janne bei der Vernetzung und Betreuung der Lesekreise. Viele Menschen trafen sich mit uns zu einem Resonanz-Zoom und erzählten sehr offen, was sie beim Lesen bewegt und wie sie das mit in ihr Leben nehmen. All das ist unglaublich nährend für uns.
Am Schluss dieser Zeilen steht also unser Dank für eure Dankbarkeit.

LITERATURVERZEICHNIS UND ANHANG

Hinweis zum Buchkauf Wenn du eines der hier aufgeführten Bücher besorgen möchtest, dann beginne doch gleich mal damit, deiner Wahrnehmung zu folgen. Was empfindest du als stimmig? Kann so ein Buch auf eine Weise zu dir kommen, die keine bzw. wenig ausbeuterische Strukturen unterstützt, sondern dem Leben dient und Menschen zugute kommt, die nicht nur auf ihren eigenen Vorteil aus sind?

Vielleicht magst du zunächst einmal den Weg der Wiederverwertung, des Kreislaufs versuchen. Ist das Buch antiquarisch erhältlich? Das könnte jede Menge Papier, Wasser und Strom einsparen – ich mag das Wort *Ressourcen* ja nicht so gern, es legt nahe, dass alles nur dafür da ist, um vom Menschen verwertet zu werden. Ein Baum ist dann nur noch potenzielles Papier.

Im zentralen Verzeichnis antiquarischer Bücher könntest du fündig werden:
DE: www.zvab.com;
AT: www.eurobuch.at, www.zvab.com/antiquariate/oesterreich.shtml;
CH: www.zvab.com/antiquariate/schweiz.shtml.

Vielleicht möchtest du das Buch gern neu kaufen, weil es gebraucht nicht erhältlich ist oder weil du Lust hast, mit deinem Geld Autor*innen, Verlage und Initiativen zu unterstützen, die solches Wissen, solche Weisheiten in die Welt bringen. Dann geh doch bitte nicht den leider immer noch normalen Weg: Kauf es nicht bei jenem großen Versand, bei dem man alles bekommen kann, der sofort als erstes erscheint, wenn man im Internet ein Buch sucht, und der vor allem danach strebt, Gewinn anzuhäufen, ganz egal auf wessen Kosten. Bestell es bei deiner Buchhandlung vor Ort – möglichst nicht bei der Kette mit dem

Riesengeschäft in der Fußgänger*zone, sondern bei jenem gemütlichen Buchladen, an dem du schon so oft vorbeigegangen bist, ohne hineinzugehen. Vielleicht nimmt er das Buch daraufhin in sein Sortiment auf und die Informationen über Wege hin zu einem lebensförderlichen Leben werden immer zugänglicher.

Falls gerade Lockdown ist, du auf dem Land lebst oder aus anderen Gründen keinen schnuckligen Buchladen erreichen kannst, gibt es immer Alternativen zum Gewohnten und Bequemen, z. B. www.buch7.de, www.ecobookstore.de, www.fairbuch.de, die einen Teil ihrer Gewinne an soziale oder ökologische Projekte spenden.[1]

Warum diese ausführliche Anmerkung? Weil es genau darum in diesem Buch geht: Sehr viel von dem, was wir als richtig(er) wahrnehmen, ist lebbar. Es stimmt nicht, dass es keine Alternative zu den großen Konzernen gibt. Große Konzerne sind große Konzerne, weil wir ihnen bereitwillig unser Geld in den Rachen werfen. Selbst im knallhärtesten Kapitalismus zeigt sich das Grundprinzip des Interbeing: Diese Konzerne sind von unserem Konsumverhalten abhängig. Wenn wir das Spiel von Marktanteilen und Wettbewerb nicht mitspielen, also nicht die bequemste Shoppingvariante wählen, die uns aufgedrängt wird, können wir durch unser eigenes Verhalten die Spirale beenden, die die Schere zwischen Arm und Reich immer weiter auseinander gehen lässt. Konzerne brauchen uns als Konsument*innen. Wenn wir ihnen unser Geld entziehen, entziehen wir ihnen die Macht. Also tun wir doch bitte nicht länger so ohnmächtig! Nutzen diese Verbraucher*innenmacht! Wenn wir wollen, dass sich etwas ändert, dann ist Disziplin vonnöten und die Erkenntnis, dass sich diese → Veränderung auch in den kleinen und vermeintlich nebensächlichen Aspekten unseres Alltags zeigt – zum Beispiel beim Bücherkaufen.

Kurz nachdem ich dies schrieb, flatterte eine Petition in meinen Posteingang: Es ging darum, für bessere Arbeitsbedingungen bei diesem riesengroßen, ausbeuterischen Versandhandel zu unterschreiben. Nein, das werde ich nicht tun. Warum denken wir so klein? Mir fällt ein Vergleich ein, der wahrscheinlich etwas überzogen wirken mag, aber ich schreibe ihn mal hin, um die Absurdität deutlich zu machen. Diese Petition zu unterschreiben wäre so ähnlich, wie der Misshandlung meines Kindes zuzustimmen, aber auf der Einhaltung der Hygieneregeln zu bestehen: »Bitte desinfiziere dir die Hände und lege einen Mundschutz an, bevor du mein Kind verprügelst.« Was für ein Blödsinn. Warum verlangen wir so wenig? »Keine Forderung kann groß genug sein.« Dieser Satz und Buchtitel von Charles Eisenstein war vor vielen Jahren eine wirkliche Erleichterung für mich – eine Erlösung vom Klein-Klein-Denken. Warum also begnügen wir uns mit ein paar Euro mehr für Menschen, die beschissene Jobs machen, anstatt die beschissenen Jobs abzuschaf-

1 Das ist eine winzige Auswahl. Mehr hier: www.sinnblock.de/buecher-bestellen-alternativen-amazon

fen? Warum wollen wir, dass solche Konzerne überhaupt weiterhin bestehen? Wir alle können dazu beitragen, dass eine kleinteilige, regionale, commonsbasierte Art des Wirtschaftens entsteht – zum einen, indem wir uns organisieren und fairere Strukturen erfinden, zum anderen, indem wir als Individuen bewusste Konsumentscheidungen fällen. Jede*r Einzelne zählt. Das vergessen wir gern: »Die anderen machen es ja auch so. Ob ich da jetzt bestelle oder nicht, das macht doch keinen Unterschied.« Wirklich nicht? Das ist der Haken an vielen der Petitionen, die gerade in die Welt geschickt werden. Sie richten sich oft untertänig an die »Mächtigen«, sie mögen etwas ändern. Statt zur Bittstellerin zu werden – »bitte handelt nicht so böse« –, können wir an vielen Stellen unser eigenes (Konsum)Verhalten so verändern, dass wir ihnen diese Macht überhaupt nicht mehr geben. Wir können viel bewegen – indem wir etwas tun, und genauso, indem wir etwas unterlassen.

Es ist hilfreich, uns immer wieder gegenseitig zu erinnern, dass wir nicht ohnmächtig sind. Was ich hiermit versuche – eine von vielen Weisen, »den Wecker umzudrehen« (vgl. S. 520). Dreh du mit, dreh weiter. Erinnere andere. Danke.

Bücher
alphabetisch nach Autor*innen

Viele dieser Bücher sind auf Englisch erschienen, wir führen hier die deutschen Übersetzungen auf. Nur Titel, die – noch – nicht ins Deutsche übersetzt sind, nennen wir im englischen Original.

Abram, David
Im Bann der sinnlichen Natur. Klein Jasedow, 2012

Adler, Janet
Die Gabe des bewussten Körpers. Authentic Movement als Weg. Books on Demand, 2014

Arendt, Hannah
Vita activa oder Vom tätigen Leben. München/Zürich, 2002

Assel, Birgit
Die Untertanenfabrik. Was wir unter Erziehung verstehen, traumatisiert und deformiert unsere Kinder.
www.rubikon.news/artikel/die-untertanenfabrik

Baeck, Ria
Collective Presencing.
www.collectivepresencing.org/ebook-download

Bainbridge Cohen, Bonnie
Sensing Feeling and Action. Northampton, 2008

Bendell, Jem
Deep Adaptation. Paper von 2018:
www.lifeworth.com/DeepAdaptation-de.pdf

Birken, Almut/Eschen, Nicola
Links leben mit Kindern.
Unrast Verlag, Münster, 2020

Bohm, David
Der Dialog. Das offene Gespräch am Ende der Diskussionen. Hamburg, 2014

Bohm, David/Factor, Donald/Garrett, Peter
Dialog – Ein Vorschlag. Glos, 1992
Zum Beispiel hier:
www.rylee.de/Dialog_Einfuehrung.pdf

Bregman, Lutger
Im Grunde gut. Eine neue Geschichte der Menschheit. Hamburg, 2020

Britt, Helen/Rosswog, Tobi
Wenn Utopie konkret wird. In: Sozial-ökologische Utopien. Diesseits oder jenseits von Kapitalismus und Wachstumszwang? Görgen/Wendt, München, 2020

Brost, Marc/Wefing, Heinrich
Geht alles gar nicht: Warum wir Kinder, Liebe und Karriere nicht vereinbaren können. Hamburg, 2015

Burmester, Hanno
Transformative Politik: Selbstermächtigt und kokreativ. Im Interview mit Mike Kauschke. In: evolve 29/2021, S. 20

Burmester, Hanno/Holtmann, Clemens
Liebeserklärung an eine Partei, die es nicht gibt: Warum wir Politik radikal neu denken müssen. Köln, 2021

Ciobanu, Alia
Revolution im Klassenzimmer: Wenn Schüler ihre eigene Schule gründen. Freiburg/Basel/Wien, 2012

Charf, Dami
Auch alte Wunden können heilen. Wie Verletzungen aus der Kindheit unser Leben bestimmen und wir dennoch Frieden in uns selbst finden können. München, 2018

Chenoweth, Erica/Stephan, Maria J.
Why Civil Resistance Works: The Strategic Logic of Nonviolent Conflict. Columbia, 2011

Chödrön, Pema
Wenn alles zusammenbricht: Hilfestellungen für schwierige Zeiten. München, 2001

Conzett, Jürg
Wollen wir das Geld abschaffen – oder schafft das Geld unsere Gesellschaft ab? In: In Zukunft ohne Geld? Theoretische Zugänge & gelebte Alternativen. Preissing et al, Berlin, 2021, S. 11

Dittmar, Vivian
Gefühle und Emotionen. Eine Gebrauchsanweisung. München 2014

Kleine Gefühlskunde für Eltern. Wie Kinder emotionale & soziale Kompetenz entwickeln. München, 2014

Sacred Sex. Das intime Gebet. München, 2016

Der emotionale Rucksack. Wie wir mit ungesunden Gefühlen aufräumen. München, 2018

Kooperation mit Widrigkeiten.
In: evolve 29/2001, S. 16

Dürckheim, Karlfried Graf
Hara. Die Erdmitte des Menschen. München, 1973

Eisenstein, Charles
Keine Forderung kann groß genug sein. Die Revolution der Liebe. Der Geist von Occupy. München, 2012

Die schönere Welt, die unser Herz kennt, ist möglich. München, 2017

Wut. Mut. Liebe. Politischer Aktivismus und die echte Rebellion. Zürich, 2020

The Deschooling Convivium. 2007

The Ecosexual Awakening. 2015

Diese beiden Essays sind – wie viele weitere – auf Eisensteins Homepage abrufbar: https://charleseisenstein.org/essays
Einige Aufsätze sind ins Deutsche übersetzt worden: https://charleseisenstein.org/de

Elworthy, Scilla
Mit sanfter Macht. Vom inneren Frieden zum Weltfrieden. Kreuzlingen/München, 1999

Ende, Michael
Momo. Stuttgart, 1974.

Extinction Rebellion
Wann wenn nicht wir*: Ein Extinction Rebellion Handbuch. Frankfurt/Main, 2019

Feldman Barrett, Lisa
Seven and a Half Lessons about the Brain. London, 2021

Frank, Dagmar
Schwangerschaft und Geburt in Eigenregie. In: Oya 61/2021, S. 18

Franziska
Auf dem Spielplatz. In: Links leben mit Kindern. Birken/Eschen, S. 265 (Viele Autor*innen erscheinen in diesem Sammelband nur mit ihrem Vornamen.)

Freinacht, Hanzi
The Listening Society: A Metamodern Guide to Politics, Book One (Metamodern Guides, Band 1). Metamoderna, 2017

Galli, Thomas
Weggesperrt. Warum Gefängnisse niemandem nützen. Hamburg, 2020

Garsoffky, Susanne/Sembach, Britta
Die Alles ist möglich-Lüge. Wieso Familie und Beruf nicht zu vereinbaren sind. München, 2014

Goldberg, Marilee C.
The Art of the Question. Michigan, 1997

Göpel, Maja
Unsere Welt neu denken. Eine Einladung. Berlin, 2020

Görgen, Benjamin/Wendt, Björn (Hg.)
Sozial-Ökologische Utopien. Diesseits oder jenseits von Wachstum und Kapitalismus? München, 2020

Grace Foundation (Hg.)
Defend the Sacred. Wenn das Leben siegt, wird es keine Verlierer geben. Bad Belzig, 2019

Gümüşay, Kübra
Sprache und Sein. Berlin, 2020

Habermann, Friederike
Ecommony: UmCARE zum Miteinander. Sulzbach, 2016

Ausgetauscht! Warum gutes Leben für alle tauschlogikfrei sein muss. Roßdorf, 2018

Haines, Steve/Standing, Sophie
Trauma ist ziemlich strange. Heidelberg, 2019

Harari, Yuval Noah
Eine kurze Geschichte der Menschheit. München, 2013

Harlan, Volker
Was ist Kunst? Werkstattgespräche mit Beuys. Stuttgart, 1986

Hawken, Paul
Wir sind der Wandel. Warum die Rettung der Erde bereits voll im Gang ist – und kaum einer es bemerkt. Roßdorf, 2010

Haßmann, Jörg
To be or not to be? To be! In: CIM – Magazin für Contact Improvisation 2/1999, Nr. 7, S. 6-7

Helfrich, Silke/Heinrich-Böll-Stiftung (Hg.)
Commons. Für eine neue Politik jenseits von Markt und Staat. Bielefeld, 2014

Helfrich, Silke/Bollier, David
Frei, fair und lebendig. Die Macht der Commons. Bielefeld, 2019

Heller, Laurence/Doerne, Angelika
Befreiung von Scham und Schuld. Alte Überlebensstrategien auflösen und Lebenskraft gewinnen. Das Neuroaffektive Beziehungsmodell – NARM. München, 2020

Honauer, Urs
Vom Verlust der inneren Sicherheit. Im Interview mit Sarah Kohler. In: Cigar 04/2011, S. 28

Huddle, Norie
Butterfly. Eigenverlag, 1990

Hundertwasser, Friedensreich
Scheißkultur – die heilige Scheiße. www.hundertwasser.com/texte/the_sacred_shit_-_the_shit_culture

Hübl, Thomas
Kollektives Trauma heilen. Persönliche und globale Krisen verstehen und als Chance nutzen. München, 2021

Illich, Ivan
Entschulung der Gesellschaft. München, 2017

Kashtan, Miki
Spinning Threads of Radical Aliveness: Transcending the Legacy of Separation in Our Individual Lives. Fearless Heart Publications, 2014

Kauschke, Mike
Die Zeit drängt... müssen wir langsamer werden? In: evolve 25/2020, S. 70

Knecht, Ursula/Krüger, Caroline/Markert, Dorothee/Moser, Michaela/Mulder, Anne-Claire/Praetorius, Ina/Roth, Cornelia
ABC des guten Lebens. Rüsselsheim, 2012

Joubert, Kosha Anja
Die Kraft der Integration. Kollektives Trauma heilen. Im Interview mit Mike Kauschke. In: evolve 26/2020, S. 24

Laloux, Frederic
Reinventing Organisations. Ein Leitfaden zur Gestaltung sinnstiftender Formen der Zusammenarbeit. München, 2015. Auch als illustrierte und stark gekürzte Version verfügbar: Reinventing Organizations visuell. München, 2016

Le Guin, Ursula K.
Am Anfang war der Beutel: Warum uns Fortschritts-Utopien an den Rand des Abgrunds führten und wie Denken in Rundungen die Grundlage für gutes Leben schafft. Klein-Jasedow, 2020

Levine, Peter
Sprache ohne Worte. Wie unser Körper Trauma verarbeitet und uns in die innere Balance zurückführt. München, 2011

Liedloff, Jean
Auf der Suche nach dem verlorenen Glück. Gegen die Zerstörung unserer Glücksfähigkeit in der frühen Kindheit. München, 1980

Loepthien, Elke/Lüpke, Geseko v.
Sobonfu Somé. Nachruf auf eine bemerkenswerte Frau. In: Oya 44/2017 https://lesen.oya-online.de/texte/2743-sobonfu-som.html

Lorde, Audre
Vertrauen, Kraft & Widerstand: Kurze Texte und Reden von Audre Lorde. Berlin, 2015

Lüpke, Geseko v.
Politik des Herzens. Nachhaltige Konzepte für das 21. Jahrhundert. Gespräche mit den Weisen unserer Zeit. Uhlstädt-Kirchhasel, 2003

Macy, Joanna
Die Wiederentdeckung der sinnlichen Erde. Zürich/München, 1994

Macy, Joanna/Bloom, Molly Young
Die Reise ins lebendige Leben. Paderborn, 2003. Auch als überarbeitete Neuauflage: Für das Leben ohne Warum. Ermutigung zu einer spirituell-ökologischen Revolution. Paderborn, 2017

Macy, Joanna/Johnstone, Chris
Hoffnung durch Handeln. Dem Chaos standhalten, ohne verrückt zu werden. Paderborn, 2014

Miller, Alice
Das Drama des begabten Kindes und die Suche nach dem wahren Selbst. Berlin, 1980

Morin, Edgar
Die sieben Fundamente des Wissens für eine Erziehung der Zukunft. Hamburg, 2001

Nelson, Lisa/Starck Smith, Nancy
Contact Quarterly's Contact Improvisation Sourcebook. Collected Writings and Graphics from Contact Quarterly dance journal (1975-1992); Northampton, 1997

Neuner, Eva
Grenze und Beziehung. Manuskript No 11, Nürnberg, 2014. Zu beziehen über: www.eva-neuner.de/index.php/veroeffentlichungen

Neuner, Eva/Niemeyer, Holger
Es zünde sich ein Licht am anderen an! Wie trotz unterschiedlicher Überlebensstrukturen das wahre Selbst durch wirkliche Begegnung erwachsen kann. Ilmenau, 2020

Novack, Cynthia J.
Sharing the Dance: Contact Improvisation and American Culture. Madison, 1990

Olsen, Andrea
Körpergeschichten. Das Abenteuer der Körpererfahrung. Freiburg, 1994.

Pallant, Cheryl
Contact Improvisation: An Introduction to a Vitalizing Dance Form. North Corolina, 2006

Portmann, Adolf
Die Entscheidungen des ersten Lebensjahres. Wien, 1957

Pourian, Heike
Eine berührbare Welt. Contact Improvisation als gesellschaftsbewegende Kultur. Dresden, 2016

Preissing, Sigrun/Schubert, Gottfried/Lehner, Heidi (Hg.)
Zukunft ohne Geld? Theoretische Zugänge & gelebte Alternativen. Wien/Berlin, 2021

Redecker, Eva v.
Revolution für das Leben. Philosophie der neuen Protestformen. Frankfurt/Main, 2020

Renggli, Franz
Verlassenheit und Angst – Nähe und Geborgenheit: Eine Natur- und Kulturgeschichte der frühen Mutter-Kind-Beziehung. Gießen, 2020

Richter, Dolores
Die Liebe als soziales Kunstwerk: Ein Zukunftsbuch. Books on Demand, 2011

Rohr, Jascha
In unserer Macht – Aufbruch in die Kollaborative Demokratie. Klein Jasedow, 2013

Ross, Loretta J.
I'm a Black Feminist. I Think Call-Out Culture Is Toxic. There are better ways of doing social justice work. www.nytimes.com/2019/08/17/opinion/sunday/cancel-culture-call-out.html

Rosenberg, Marshall
Gewaltfreie Kommunikation: Eine Sprache des Lebens. Paderborn, 2012

Rosswog, Tobi
After Work. Radikale Ideen für eine Gesellschaft jenseits der Arbeit: Sinnvoll tätig sein statt sinnlos schuften. München, 2018

Roy, Arundhati
Die Politik der Macht. München, 2002

Das Ende der Illusion. Politische Einmischungen. München, 1999

Die Revolution der Konzerne. Vortrag beim Weltsozialforum 2003: www.weltsozialforum.org/2003/2003.wsf.1/2003.wsf.meldungen/news.2003.63/

Rytz, Thea
Achtsam bei sich und in Kontakt. Emotionsregulation und Stressreduktion durch achtsame Wahrnehmung. Bern, 2018

Sacks, Shelley/Kurt, Hildegard
Die Rote Blume. Ästhetische Praxis in Zeiten des Wandels. Klein Jasedow, 2013

Sacks, Oliver
Stumme Stimmen: Reise in die Welt der Gehörlosen. Reinbek, 1990

Sahtouris, Elisabet
EarthDance. Living Systems in Evolution. Lincoln, 2000

Erwachsene Menschen auf Mutter Erde. In: Politik des Herzens. Lüpke, S. 65-72

Scharmer, Otto
Essentials der Theorie U. Grundprinzipien und Anwendungen. Heidelberg, 2019

Scharmer, Otto/Käufer, Katrin
Von der Zukunft her führen: Von der Egosystem- zur Ökosystem-Wirtschaft. Theorie U in der Praxis. Heidelberg, 2017

Scheub, Ute
Demokratie – Die Unvollendete. Plädoyer für mehr Teilhabe. Mehr Demokratie e.V. (Hg.): München, 2017

Glücksökonomie. Wer teilt, hat mehr vom Leben. München, 2014

Schmitt, Nicola
Artgerecht. Babys Bedürfnisse stillen. Gesunde Entwicklung fördern. Naturnah erziehen. München, 2017

Schulz von Thun, Friedemann
Miteinander Reden, Band 1-4. Hamburg, 2014

Seghezzi, Ursula
Das Wissen vom Wandel. Triesen, 2013

Sheldrake, Rupert
Das schöpferische Universum. Die Theorie des morphogenetischen Feldes. Berlin, 2009

Somé, Sobonfu E.
Die Gabe des Glücks. Westafrikanische Rituale für ein anderes Miteinander. Berlin, 2016

In unserer Mitte. Kinder in der Gemeinschaft. Berlin, 2000

Stark Smith, Nancy/Koteen, David
Caught Falling. The Confluence of Contact Improvisation, Nancy Stark Smith, and Other Moving Ideas. Northampton, 2008

Stiefel, MarieLuise/Waldhubel, Thomas/ Karrenbauer, Regina
Wir werden nicht alt, wir werden neu. Ein Bericht vom Symposium *radikaALTERnativ*, bei dem über eine neue Kultur des Alterns nachgedacht wurde. In: Oya 61/2021, S. 7

Svane, Christina
In praise of bad dancing. In: Contact Quarterly's Contact Improvisation Sourcebook, Nelson/Starck Smith, S. 36

Thunberg, Greta
No one is too small to make a difference. Penguin, 2019

Wahl, Daniel Christian
Designing Regenerative Cultures. Charmouth, 2016

Ein Schmetterling ist viel mehr als eine Raupe mit Flügeln. Die Heilkraft regenerativer Kulturen. In: evolve 25/2020, S. 40

Weber, Andreas
Lebendigkeit. Eine erotische Ökologie. München, 2014

Sein und Teilen. Eine Praxis schöpferischer Existenz. Bielefeld, 2017

Indigenialität. Berlin, 2018

Wheatley, Margaret J.
Who do we choose to be? Facing Reality. Claiming Leadership. Restoring Sanity. Oakland, 2017

Zschocke, Anna Katharina
Bakterien »tun« nichts, sie »sind«. Im Interview mit Grit Fröhlich und Matthias Fersterer. In: Oya 59/2020, S. 54

Schulen für Potenzialentfaltung

(vgl. Fußnote 4 aus Kapitel 2) Dies ist eine kleine Auswahl an Schulen, die das Lernen wirklich anders angehen. Sie sind auch auf der Seite www.wahrnehmen.org/fussnoten abrufbar. Erfreulicherweise gibt es laufend neue Schulgründungen.

Schweiz:
Arco Schule für lebendiges Lernen in Säriswil,
Läbesschuel Steckborn (Lebensschule) in Glarisegg;

Österreich:
Lernwerkstatt Pottenbrunn, Schulgarten Telfs,
Schule an der Alm in Pettenbach,
Bildungswerkstatt Knittlingerhof in Hohenzell,
Lernwelt Rubenshof in Berg im Attergau;

Deutschland:
Kleine Dorfschule Lassaner Winkel,
Freie Schule Roddahn, Schule des Lebens Potsdam,
Freie Demokratische Schule Kapriole in Freiburg,
Schule für Freie Entfaltung Schloss Tempelhof.

Viele weitere reformpädagogische Schulen (z. B. Montessori, Jenaplan, Demokratische Schulen) wagen ebenfalls den Abschied von Lehrplänen und Machthierarchien – immer wieder bleibt vor lauter Anpassung an Vorgaben für die staatliche Anerkennung jedoch kaum noch etwas von der namensgebenden Philosophie übrig.

Beispiele von Projekten für ältere Freilerner*innen:

Wandererhaus und Project Peace, Sulzbrunn im Allgäu,
Die Frieda, Brück im Fläming, Bachelor of Being,
und natürlich die freie Bildungsarbeit von *Ideen³*.

Einige Filme zum Thema Anders Lernen:

»Being and Becoming« von Clara Bellar,
»alphabet – Angst oder Liebe« von Erwin Wagenhofer,
»Schulfrei« von Anne Sono.

Und ein paar Initiativen zum Bildungswandel

Wer sich Schule anders wünscht aber bisher noch recht allein damit fühlt, kann sich für Austausch und Inspiration zum Beispiel an eine dieser Initiativen wenden:
LernKulturZeit
Schule im Aufbruch
Wir für Schule
Education Innovation Lab

BILDLICHE RESONANZEN

Falls du den Prozess des Verwebens von Wort und Bild genau nachvollziehen möchtest, findest du hier die Textstellen, zu denen die Bilder entstanden sind.

Kapitel 5

Kapitel 6

Kapitel 7

Kapitel 8

Kapitel 9

Kapitel 10

Heike Pourian (geb. 1967) versteht sich als Wandelforscherin. Seit über 30 Jahren praktiziert und unterrichtet sie Contact Improvisation, eine Spielart des Neuen Tanzes. Dabei sammelte sie wesentliche Erkenntnisse über das Zusammenspiel von Wahrnehmen und Handeln, die sie auf gesamtgesellschaftliche Prozesse übertragen möchte. 2016 schrieb sie ihr erstes Buch »Eine berührbare Welt. Contact Improvisation als gesellschaftsbewegende Kultur« als kleinen Beitrag, der gegenwärtigen Menschheitskrise angemessen zu begegnen. Seitdem gilt ihr Hauptinteresse der Frage, wie umfassende Transformation gelingen kann, individuell wie kollektiv. Darüber schreibt und spricht sie. Am meisten lernt sie dadurch, dass sie Gruppen begleitet, Wege in eine lebensdienliche Kultur zu erkunden – an der Schnittstelle von Spüren, Fühlen und Denken, von Beobachten, Benennen und Handeln. Immer deutlicher wird ihr bewusst, dass die Beschäftigung mit Trauma untrennbar dazugehört, und bildet sich in diesem Bereich kontinuierlich fort. Große Dankbarkeit empfindet sie dafür, Mutter von zwei wunderbaren erwachsenen Kindern sein zu dürfen.

beruehrbarewelt.de

Sibylle Reichel (geb. 1971) erkundet, wie Menschen miteinander kommunizieren. Auf ganz unterschiedlichen Ebenen erforscht sie dialogischen Austausch und regt andere dazu an. Als Künstlerin gestaltet sie Bilder oder visualisiert durch Graphic Recording die Gedankengänge von Gruppen, in Vorträgen und Fachtexten. Sie begleitet WIR-Runden und Dialogprozesse nach David Bohm und fühlt sich auch in der improvisatorischen Bewegung zuhause. In der Wahrnehmung, wie sich Zwischenräume aufspannen und gestaltet werden, schließt sich der Kreis zu ihrer Ausbildung als Architektin. All das verwebt sie miteinander und begeistert sich, wenn durch Verknüpfungen Neues entstehen kann, wie zum Beispiel in diesem Buch. Für ihre Bilder entwickelt sie gern neue Techniken – zum Beispiel die Linografie, eine Kombination aus Handdruck mit Linolstempeln und Zeichnung. Von ganzem Herzen möchte sie mit ihrem vielfältigen Wirken zur Wandelbewegung beitragen und authentische Begegnungen von Mensch zu Mensch ermöglichen.

sibylle-reichel.de

Postkarten

Weil uns viel Begeisterung zu Sibylles Bildern erreichte, gibt es nun Postkarten. So kann die Kunst auch außerhalb des Buches wirken, an euren Wänden hängen, Seminare bereichern, zu lieben Menschen reisen …
Wir haben ein Set von 8 Motiven zusammengestellt, mit kurzen Buchtexten auf der Rückseite.

Der Verkauf der Karten hilft uns auch, das ganze Buchprojekt finanziell auf einen guten Boden zu stellen. Und es gefällt uns, dass es jetzt eine Art Essenz des Buches in Bild und Wort gibt.

Auch für die Postkarten gibt es einen flexiblen Preis:
8-15 € pro Set (8 Karten), zzgl. Versand.
Bestellung per E-Mail an postkarten@wahrnehmen.org.
Bitte Anzahl der gewünschten Sets und Postadresse angeben. Danke.